Revolutionskultur ohne Revolution

Wolfgang Hans Stein

Revolutionskultur ohne Revolution

*Die französischen Nationalfeste im Rheinland
am Beispiel des Saardepartements 1794–1804*

RÖHRIG UNIVERSITÄTSVERLAG
ST. INGBERT 2018

Bibliografische Information der Deutschen Nationalbibliothek
Die Deutsche Nationalbibliothek verzeichnet diese Publikation in der Deutschen Nationalbibliografie;
detaillierte bibliografische Daten sind im Internet über http://dnb.d-nb.de abrufbar.

Gedruckt mit finanzieller Unterstützung der Aleksandra-Stiftung
zur Förderung der Westricher Geschichtsforschung, Wellesweiler (Saar)

© 2018 by Röhrig Universitätsverlag GmbH
Postfach 1806, D-66368 St. Ingbert
www.roehrig-verlag.de

Alle Urheber- und Verlagsrechte vorbehalten!
Dies gilt insbesondere für Vervielfältigung, Mikroverfilmung,
Einspeicherung in und Verarbeitung durch elektronische Systeme.

Umschlag: Sascha Hantschke
Druck: Strauss GmbH, Mörlenbach
Printed in Germany 2018

ISBN 978-3-86110-632-6

Inhaltsverzeichnis

I. Einleitung 1
   1. Quellen 3
   2. Forschungsstand 7
   3. Methodik 15

II. Französische Republik und Rheinland 21
   1. Die Gleichzeitigkeit des Ungleichen 21
   2. Revolution und Direktorium 22
   3. Revolutionsexpansion: « *Frontières naturelles* » und
      « *Grande Nation* » 25
   4. Friede von Campo-Formio, Staatsstreich vom 18. Fruktidor V
      und Annexion 31
   5. Republik und Öffentlichkeit 42

III. Revolutionskalender und Dekadenfeiern 51
   1. Revolutionskalender und Dekadenfeiern in Frankreich 52
   2. Rezeption im Rheinland 54
   3. Dekadenreden: intellektuelle Zueigenmachung der
      fremden Republik 71
   4. Sonntag und Dekadi 81

IV. Einführung der Nationalfeste 83
   1. Revolutions- und Nationalfeste in Frankreich 83
   2. Rezeption der Nationalfeste im Rheinland 91
   3. Periodizität, Frequenz und Verbreitung der Nationalfeste
      im Saardepartement 96
   4. Quellenkritik der Festberichte 120

V. Inhalt der Revolutionsfeste 129
   1. Baum der Freiheit und der Verbrüderung.
      Die Feste zur Einsetzung der neuen Verwaltung 130
      1.1. Einsetzung der Verwaltungen in Trier 132
      1.2. Einsetzung der Verwaltungen in den Kantonen 141
         1.2.1. Spontane Baumsetzungen 142

1.2.2. Baumsetzungen bei der Einsetzung der Kantonsmunizipalitäten 145
1.2.3. Baumsetzungen in den Gemeinden 155
1.3. Jahrestag der Einsetzung der Verwaltungen 158
1.3.1. Zentralfest in Trier 159
1.3.1.1. Eine Reunionsbegründung am Vorabend 159
1.3.1.2. Der Reunionswunsch der Verwaltungen 161
1.3.2. Feiern in den Kantonen 165
2. Allgemeinpolitische Feste 167
2.1. Fest der Gründung der Republik 168
2.2. Fest der Volkssouveränität 178
2.3. Fest der Dankbarkeit 187
2.4. Akzeptanz der allgemeinpolitischen Feste 191
3. Moralische Feste 192
3.1. Fest der Jugend 194
3.2. Fest der Eheleute 201
3.3. Fest des Alters 206
3.4. Fest des Ackerbaus 210
3.5. Akzeptanz der moralischen Feste 223
4. Feste der Revolutionsgeschichte 225
4.1. Feste des 14. Juli 1789 und 10. August 1792: ein missglückter Transfer 226
4.2. Fest der Freiheit oder des 9./10. Thermidor II: Parallelgeschichte und Geschichtstransfer 231
4.3. Fest des 21. Januar 1793: Geschichte als Paradigma 241
4.4. Revolutionsgeschichte und annektiertes Rheinland 249
5. Feste der aktuellen Republik 250
5.1. Fest des 18. Fruktidor V: ein überzähliges Fest 251
5.2. Trauerfeier für die Gesandten beim Rastatter Kongress: eine ambivalente Einstimmung in den nationalen Protest 254
5.3. Trauerfeier für Joubert: ein verspätetes Fest 261
5.4. Die Abwesenheit der aktuellen Republik 263
6. Ende der republikanischen Feste 263
7. Revolutionsrezeption durch Feste 270

VI. Form der Nationalfeste 275
   1. Festort 276
      1.1. Freiheitsbaum 276
      1.2. Altar 280
      1.3. Dekadentempel 282
      1.4. Natur 284
   2. Festzug 285
      2.1. Ankündigung durch Glocken, Böller und Musik 286
      2.2. Ausschmückung der Straßen 287
      2.3. Wege der Festzüge 288
      2.4. Gliederung der Festzüge 291
      2.5. Beteiligung der Gemeinden 298
   3. Zeremonien, Requisiten und Festarchitektur 301
      3.1. Zeremonien 301
      3.2. Requisiten 305
      3.2.1. Symbole 305
      3.2.2. Allegorien 312
      3.2.3. Tafeln und Wagen 314
      3.3. Festarchitektur 315
   4. Teilnehmerzahl 316
      4.1. Zahl der Teilnehmer und Zuschauer 316
      4.2. Militär 320
      4.3. Volksgesellschaften 323
      4.4. Besucher aus anderen Kantonen 325
      4.5. Frauen 327
      4.6. Juden 329
   5. Fest und Religion 331
      5.1. Sakralität der Nationalfeste 332
      5.2. Präsenz von Geistlichen bei den Nationalfesten 335
      5.3. Konkurrenz zwischen republikanischen und kirchlichen Feiertagen 340
   6. Soziabilität des Festes 344
      6.1. Bankette 345

6.2. Spiele und Wettkämpfe 346
6.3. Konzerte, Bälle, Illuminationen 348

7. Kosten der Feste 351

8. Liedgut der Feste 355
   8.1. Rezeption der französischen Revolutionslieder 356
      8.1.1. *Marseillaise* 359
      8.1.2. *Chant du Départ, Ça ira* und weitere
             französische Festlieder 364
   8.2. Deutschsprachige Lieder 368
      8.2.1. Republikanische Lieder 368
      8.2.2. Anlasslieder der Nationalfeste 375
      8.2.3. Allgemeines deutsches Lied- und Kulturgut 381
   8.3. Inkulturation der Republik im Lied 385

9. Der Blick der Anderen 386
   9.1. Festverständnis der Zuschauer 388
   9.2. Verweigerung und Widerstände 390

10. Reden bei den Nationalfesten: Der Einbruch der Realität 394
    10.1. Parlamentsreden und Festreden in Frankreich
          und Deutschland 394
    10.2. Redner bei den Nationalfesten 398
    10.3. Reden bei den Nationalfesten 401
       10.3.1. Textkorpus 401
       10.3.2. Redemodi 404
       10.3.3. Utopie der republikanischen Glückseligkeit 411
       10.3.4. Verteidigung der französischen Reformen 416
    10.4. Hochrufe und Toasts 421

11. Einheit und Varianz der rheinischen Nationalfeste 424

VII. Rheinische Nationalfeste und republikanische Festkultur
     im Rheinland 427

VIII. Illustrationen von François Manouisse zu den Nationalfesten
      in St. Wendel 1798-1799 435

   1. Bericht der Mairie St. Wendel über die Feier anlässlich der
      Hochzeit von Napoleon mit Marie-Louise von Österreich
      am 23. April 1810, Titelseite 435

2. Faszien und Schrifttafeln im Zug des Festes der Gründung
der Republik am 1. Vendémiaire VIII / 23. September 1799 436

3. Trikoloren und Schrifttafeln im Zug des Festes der Gründung
der Republik am 1. Vendémiaire VIII / 23. September 1799 437

4. Schrifttafel im Zug des Festes der Gründung der Republik
am 1. Vendémiaire VIII / 23. September 1799 438

5. Altar des Vaterlandes beim Fest des Ackerbaus am
10. Messidor VI / 28. Juni 1798 439

6. Illumination beim Fest der Gründung der Republik
am 1. Vendémiaire VII / 22. September 1798 440

7. Scheiterhaufen beim Fest des 9./10. Thermidor VI /
27.28. Juli 1798 440

8. Scheiterhaufen beim Fest des 9./10. Thermidor VII /
27./28. Juli 1799 441

9. Kenotaph für die ermordeten Gesandten beim Rastatter
Kongress am 20. Prairial VII / 8. Juni 1799 442

IX. Anhänge 443

1. Territoriale Einteilung des Saardepartements 443

2. Kalender der Nationalfeste im Saardepartement 444

3. Nationalfeste in den einzelnen Kantonen 448

4. Eidesleistung der Funktionäre in einigen Kantonen 457

5. Parcours des Festzuges in Meisenheim anlässlich
der Pflanzung eines neuen Freiheitsbaumes beim
Fest der Jugend am 20. Germinal VII / 9. April 1799 458

6. Parcours der Festzüge in Trier 459

    6.1. Topographische Übersicht 459

    6.2. Fest der Volkssouveränität am 30. Ventôse VI /
    20. März 1798 460

    6.3. Fest des Ackerbaus am 10. Messidor VI /
    28. Juni 1798 461

    6.4. Fest der Freiheit am 9./10. Thermidor VI /
    27./28. Juli 1798 462

    6.5. Fest des Alters am 10. Fruktidor VI /
    27. August 1798 463

7. Mitwirkung von Geistlichen an den Nationalfesten 464
   7.1. Gesamtstatistik 464
   7.2. Aufstellung für die einzelnen Kantone 466
   7.3. Pfarrer als Redner 475
8. Lieder aus *Der freundschaftliche Besuch* 477
9. Redner bei den Nationalfesten im Saardepartement 479
   9.1. Redner, die in den Festberichten genannt werden 479
   9.2. Bürger als Redner bei den Nationalfesten 482
   9.3. Redner der volltextlich erhaltene Reden 484

X. Verzeichnisse 485
   1. Handschriftlich überlieferte Reden 485
   2. Publizistik der Nationalfeste 489
   3. Archivische Quellen 504
   4. Forschungsliteratur 508
   5. Index der Orte und Personen 534

I. Einleitung

Die französischen Revolutions- und Nationalfeste im Rheinland haben eine kleine, aber bemerkenswerte Ikonographie hinterlassen. Bilddarstellungen der Baumsetzungen in der Zeit der Mainzer Republik 1792/93 finden sich als Illustrationen in Almanachen und als Flugblätter und stellen eine Vielzahl von Motiven dar, die, angefangen von statischen Objektdarstellungen, über Szenendarstellungen der Festzüge bis hin zu Karikaturen auf das Zeremoniell der Feste und die Bestrafung der Revolutionsanhänger nach der Wiedereroberung reichen. Auch von den Militärfesten in der Kriegs- und Besatzungszeit 1794-1797 sind einige Stiche und Ölbilder überliefert, die meist den ganzen Festplatz mit dem Festgeschehen in einer Gesamtansicht zeigen.

Für die eigentlichen Nationalfeste nach der Einrichtung der vier rheinischen Departements ab 1798 ist die Bildüberlieferung etwas weniger reich. Zunächst setzt ein Stich von der Pflanzung des Freiheitsbaumes auf dem Domplatz in Speyer durch den dortigen konstitutionellen Zirkel am 1. Germinal VI / 21. März 1798 die Tradition der lebhaften Szenendarstellungen aus der Zeit der Mainzer Republik noch fort. Es ist eine prorevolutionäre Darstellung, geschaffen von Johann Ruland, der selbst Mitglied des veranstaltenden Zirkels war, und bildet vielleicht den Höhepunkt der Ikonographie der französischen Revolutions- und Nationalfeste im Rheinland. Um den Freiheitsbaum haben Frauen einen Ring gebildet, der von Soldaten und an der Baumsetzung direkt beteiligten Männern gefüllt wird und um den sich weiter eine große Menschenmenge von Bürgern, Soldaten und Kindern drängt. Auch die Fenster der angrenzenden Häuser und selbst deren Dächer sind mit Zuschauern besetzt. Es handelt sich also um ein Volksfest, bei dem die Standesschranken aufgehoben scheinen und der Platz zum Theater wird.

Über die weiteren Nationalfeste sind dagegen keine Bilddokumente überliefert. Eine Ausnahme stellt lediglich eine Reihe von Aquarellen und Federzeichnungen aus St. Wendel dar, die Teil der Festberichte der dortigen Kantonsmunizipalität sind. Sie wurden von dem Sekretär bzw. Chefsekretär der dortigen Verwaltung François Manouisse geschaffen[1], der in der Zeit vor der französischen Besatzung Buchillustrator in Zweibrücken gewesen war. Hier sind es nun durchweg statische Darstellungen, die einzelne Motive von den Hauptfesten darstellen. Anlässlich des Festes der Gründung der Republik am 1. Vendémiaire VIII / 23. September 1799 werden die im Festzug mitgeführten Embleme, Fahnen und Schrifttafeln in mehreren Illustrationen vorgestellt

---

[1] Signiert sind Abb. 7: «*Manouisse employé invenit et fecit*», Abb. 9 «*Manouisse fecit*».

(Abb. 2-4). Die mit Bändern in den französischen Nationalfarben umwundenen und mit Eichenlaub geschmückten Faszes tragen die Aufschriften « *Freiheit* » und « *Gleich[h]eit* » in Deutsch, und die Trikoloren haben in den weißen Feldern die Aufschriften « *Liberté* » und « *Egalité* » in Französisch. Die Schrifttafeln sind mit Eichenlaub geschmückt und gleichen so kleinen Freiheitsbäumen. Sie stellen das Thema des Festes als « *Anniversaire de la Fondation de la République française* » vor und erinnern an den Sturm auf die Bastille am 14. Juli 1789 und den Sturz des Königtums am 10. August 1792 sowie an die toten Generäle Hoche und Joubert. Ziel der Festzüge war neben dem Freiheitsbaum auch der Vaterlandsaltar. Beim Fest des Ackerbaus am 10. Messidor VI / 28. Juni 1798 wurde er in St. Wendel auf freiem Feld errichtet (Abb. 5), und die Federzeichnung von Manouisse ist die einzige bildliche Darstellung eines Vaterlandsaltars im Rheinland. Bei der Trauerfeier für die ermordeten französischen Gesandten beim Rastatter Kongress am 20. Prairial VII / 8. Juni 1799 in der als Dekadentempel dienenden Hauptkirche der Stadt erscheint der Vaterlandsaltar in der Funktion eines Kenotaphs (Abb. 9). Hinzu kommen zwei Bilder von den Scheiterhaufen bei den Festen des 9./10. Thermidor in den Jahren VI und VII / 27./28. Juli 1798 und 1799 (Abb. 7-8), bei denen Insignien des Feudalismus und der Jakobinerherrschaft verbrannt wurden. Bei der früheren Darstellung im Jahre VI steigen aus dem kathartischen Feuer die Symbole von Freiheit (Jakobinermütze) und Gleichheit (Dreieck mit Senklot) auf. Schließlich bietet Manouisse noch ein stimmungsvolles Bild der abendlichen Illumination der Stadt St. Wendel anlässlich des Festes der Gründung der Republik am 1. Vendémiaire VII / 22. September 1798 (Abb. 6). Auch nach dem Ende der Nationalfeste ist Manouisse noch gelegentlich bei offiziellen Anlässen als Maler aktiv geworden, so mit Aquarellen von der Illumination der Stadt bei dem Feste anlässlich der Heirat von Napoleon mit Marie-Louise von Österreich am 23. April 1810, die ebenfalls Teil des administrativen Festberichtes der Stadt sind (Abb.1)[2].

Die früheren szenischen Darstellungen und die späteren statischen Objektbilder ergänzen sich, um ein bildhaftes Zeugnis von dem Festgeschehen zu geben. Insofern sind sie unverzichtbare Quellen für die Rekonstruktion der Feste. Gleichwohl sind sie keine einfachen Dokumentationsbilder, die für sich selbst sprechen. Sie enthalten z.T. verschlüsselte Darstellungen, die der Interpretation bedürfen. Außerdem sind sie punktuell und erfordern eine Ergänzung und Kontrolle durch die diskursiven Festberichte, die den Gesamtablauf schildern und die abgebildeten Szenen und Objekte situieren. Es schien deshalb nützlich, die schon früher vorgestellten Bilddokumente[3] durch eine Darstellung der

---

[2] STEIN: Napoleonfeste im Saardepartement, 2012.
[3] STEIN: Ikonographie der rheinischen Revolutionsfeste, 1989. Ausstellungskatalog: Die Französische Revolution und die Saar, 1989, S. 218 ff.

I. Einleitung

Feste zu ergänzen. Da schon die ikonographischen Darstellungen der rheinischen Nationalfeste allein für das Saardepartement vorliegen, lag es nahe, auch für die ergänzenden Quellen von der Überlieferung des Saardepartements und insbesondere den Festberichten für dieses Departement auszugehen.

1. Quellen

Hier ist die Quellenlage denkbar günstig. Die deutschen Archive verwahren die Akten der Verwaltungen der rheinischen Departements der Französischen Republik der Revolution und des Empire[4]. Im Landeshauptarchiv Koblenz findet sich die Aktenüberlieferung von zwei französischen Departements, dem Rhein-Mosel-Departement und dem Saardepartement. Die Akten des Saardepartements lagen dort bisher noch in der Ordnung, wie sie zwischen 1831 und 1853 von der preußischen Regierung Trier an das Archiv abgegeben worden waren, und waren deshalb entsprechend schwierig zu benutzen. Der Verfasser konnte zunächst eine Neuverzeichnung dieses mit fast 100 Rgm relativ großen Bestandes durchführen[5]. Dabei ergab sich eine Fülle von Hinweisen auf neue Quellen zu bisher noch wenig behandelten Themen der rheinischen Geschichte in der Zeit der Französischen Revolution und des Empire. Das betraf auch eine Serie von Protokollen zu den Nationalfesten[6], die eine geschlossene Überlieferung von Berichten über die im Departement durchgeführten Feste darstellt. Sie waren völlig unbekannt und sind seither nur für einige Vorstudien des Verfassers herangezogen worden[7]. Sondierungen in den Aktenbeständen der anderen rheinischen Departements ergaben, dass die Überlieferung des Rurdepartements und des Donnersbergdepartements[8] keine entsprechenden Akten über die Nationalfeste enthält. Für das Rhein-Mosel-Departement liegen zwar auch Festberichte vor[9] und konnten vergleichsweise herangezogen werden, aber die Festpublizistik für dieses Departement ist weniger umfangreich und schlechter überliefert.

Allerdings ist die Überlieferung für die anderen Verwaltungsebenen nicht ganz so gut. Die rheinischen Departements standen bis 1802 unter der Aufsicht eines Integrationskommissars mit dem Titel eines Regierungskommissars für die vier rheinischen Departements, der seinen Sitz in Mainz hatte und ab

---

[4] STEIN: Une archivistique alternative? Le traitement des archives des départements français d'Allemagne de l'époque révolutionnaire et impériale, 1993.
[5] STEIN: Die Akten der Verwaltung des Saardepartements, 1991.
[6] STEIN: Die Akten der Verwaltung des Saardepartements, 1991, S. 170ff.
[7] BUCHHOLZ: Französischer Staatskult, 1997, kennt sie nicht.
[8] Aus Lokalüberlieferung lassen sich allerdings manchmal Ergebnisse gewinnen, vgl. MAHLERWEIN: Die Herren im Dorf, 2001, S. 380-383 über das Ackerbaufest 1798 im Kanton Bechtheim (Departement Donnersberg).
[9] LHA Koblenz: Teil des Bestandes 241, der das Schriftgut der Zentralverwaltung und der Kantonsmunizipalitäten des Rhein-Mosel-Departements enthält.

1800 mit dem Präfekten des Donnersbergdepartements identisch war. Der Bestand seiner Verwaltung ist als Bindeglied zwischen der Regierungsebene in Paris und der Ebene der rheinischen Departements wichtig und ist nach 1814 ebenfalls im Rheinland verblieben. Er wurde aber zwischen den damaligen Staatsarchiven Koblenz, Darmstadt und Speyer aufgeteilt. Nach vollständigem Kriegsverlust des Darmstädter Teiles stehen heute nur noch die Koblenzer und Speyerer Teile des Bestandes der Forschung zur Verfügung[10].

Ähnliches gilt auch für die Kantonsüberlieferung. Die Akten der Kantonsverwaltungen sind im Rheinland meist nur für die größeren Städte, die eigene Munizipalitäten bildeten, erhalten. Das trifft im Saardepartement nur für Saarbrücken und Trier[11] zu, die über eigene Stadtarchive verfügen. Dagegen sind die Archive der ländlichen Kantone nur bruchstückhaft erhalten, und zwar meist in den Gemeindearchiven der ehem. Kantonshauptorte. Trotzdem konnten zu Einzelfragen die Akten verschiedener ländlicher Kantone (Bernkastel, Birkenfeld, Blieskastel, St. Arnual, St. Wendel, Waldmohr, Wittlich) herangezogen werden[12].

Daneben liegt für das Saardepartement eine geschlossene Überlieferung der zeitgenössischen Publizistik vor. Dabei treffen zwei Faktoren zusammen. Einmal hat Trier sehr früh eine Stadtbibliothek erhalten, die die lokal vorhandenen Publikationen aus der Zeit der Französischen Revolution und des Empire aufnehmen konnte. Zum anderen wirkte in Trier mit dem Richter Hermes[13] eine zeitgenössische Persönlichkeit, die eine umfangreiche Privatbibliothek aufbaute, die der Grundstock der Stadtbibliothek geworden ist. Die Bibliothek von Hermes enthält eine Fülle von zeitgenössischer französischer Literatur, so dass aufgrund dieser Sammlung die Rezeption der politischen und juristischen Literatur aus der Zeit des Direktoriums in Trier und dem Saardepartement ermittelbar ist. Daneben sammelte Hermes die zeitgenössische Publizistik, die in chronologischer Reihenfolge und nicht selten mit handschriftlichen Zuschreibungen und Datierungen von ihm die Tagespublizistik für Trier umfasst[14]. Abgesehen von Trier und dem Saardepartement gibt es kleinere Sammlungen der Festpublizistik[15] noch für Mainz[16] und das Departement Donnersberg[17].

---

[10] Die Findbücher der Bestände LHA Koblenz: Best. 241,15-23 und LA Speyer G 2 sind als Online-Findbücher auf der Homepage dieser Archive konsultierbar.
[11] STEIN: Die französischen Bestände des Stadtarchivs Trier, 2013.
[12] Vgl. Archivübersicht im Anhang.
[13] GROSS: Johann Peter Job Hermes, 1984.
[14] STEIN: Die französischen Bestände des Stadtarchivs Trier, 2013, S. 123 ff.
[15] Eine einführende Bibliographie zur zeitgenössischen linksrheinischen Publizistik bietet KUHN: Linksrheinische Jakobiner, 1978, S. 337-346.
[16] Die Nationalfeste in Mainz aufgrund der zeitgenössischen Festpublizistik schildert REICHARDT: Französische Revolutionskultur in Mainz, 1993, S. 34-46.
[17] LA Speyer: Best. G 6 Nr. 1, in Auswahl ediert bei: SCHNEIDER: « Triumph », 1989, S. 185 ff; UB Heidelberg: Heid. Hs. 745, in Auswahl ediert bei BONKHOFF: Politische Reden, 1978/79.

I. Einleitung 5

Festberichte und Festpublizistik werden ergänzt durch Zeitzeugenberichte in Form von Chroniken und zeitnahen Tagebuchaufzeichnungen, so besonders für Saarbrücken[18] und Trier[19], während ähnliche Quellen für die Landkantone kaum zur Verfügung stehen[20]. Chroniken und Tagebücher aus den anderen rheinischen Departements schildern z.T. auch die französischen Nationalfeste[21], sind aber nur zum Teil gesammelt[22].

Schließlich sind noch die Akten der Pariser Ministerien im Centre historique des französischen Nationalarchivs (Site de Pierrefitte-sur-Seine) zu berücksichtigen. Die Serie F mit der französischen Ministerialüberlieferung[23] verwahrt unter anderem unter F^{1c} III Akten zur öffentlichen Meinung (*esprit public*) in den rheinischen Departements und so auch im Saardepartement[24]. Sie bieten Ergänzungen zu den rheinischen Quellen, erlauben aber allein keine hinreichende Rekonstruktion der Vorgänge. Wichtiger sind die Akten des Polizeiministeriums in der Serie F^7, auch wenn sie vor allem aus Einzelfall-

---

[18] Sog. Gottlieb'sche Chronik, verfasst von dem Drechsler Heinrich Gottlieb, dann von anderer Hand fortgesetzt, vgl. Klaus RIES, in: Die Französische Revolution und die Saar, 1989, S. 129-130, Auszüge für 1775-1815 veröffentlicht von KROHN, 1900; sog. Firmond'sche Chronik, verfasst von dem Kaufmann und Gastwirt Georg Ludwig Firmond, vgl. Klaus RIES, in: Die Französische Revolution und die Saar, 1989, S. 130-131, für 1790-1801 veröffentlicht von KROHN, 1900; Der Pfarrer von Malstatt Johann Friedrich Köllner war 1798-1800 Kommissar bei der Kantonsmunizipalität St. Arnual. Seine Stadtgeschichte von Saarbrücken, die nach seinem Tod von seinem Sohn, Adolph Köllner, herausgegeben wurde, beruht für diese Zeit auf autobiographischen Erfahrungen, vgl. KÖLLNER: Geschichte der Städte Saarbrücken und St. Johann, 1865.

[19] Chronik des Trierer Privatgelehrten Ludwig Müller, vgl. Guido GROSS in: Trierer Biographisches Lexikon, 2000, S. 315. Die Chronik ist im Autograph erhalten (LHA Koblenz: Best. 701,62 Nr. 28), dessen Edition durch LAGER (Trierische Chronik, 9-11, 1913-1915) „das Original zu ersetzen nicht im Stande ist" (HANSEN, Quellen, Bd. 2, 1933, S. 29*). Es ist weitgehend eine selektive Paraphrase der Chronik. - Chronik des Trierer Juristen Michael Franz Josef Müller, vgl. Guido Gross in: Trier Biographisches Lexikon, 2000, S. 315, hg. ebenfalls von LAGER (Trierische Chronik 11, 1915). - Das Tagebuch von Johann Friedrich Lintz endet mit dem Beginn seiner Tätigkeit als Präsident der Zentralverwaltung, vgl. SCHIEL: Johann Friedrich Lintz und sein Tagebuch, 1970-1972.

[20] Pfarrchroniken sind nur wenig erschlossen, vgl. ZANTEN: Gemeinde, 1989, S. 141 für Pfalzel; BAUMGART: Roemmich, 1999, S. 105 ff für Meisenheim. - Die Chronik von Anton Baur für Blieskastel, Grumbach und Pfalzel (Privatbesitz, Mikrofilm bei der Kommission für Saarländische Landesgeschichte, Mikrofilm III/39) ist aus der Perspektive eines französischen Verwaltungsbeamten geschrieben und deshalb für Rezeptionsfragen weniger ergiebig.

[21] Eingehend berichtet über die Durchführung der Nationalfeste in Sobernheim (Rhein-Mosel-Departement) das Tagebuch des dortigen kurpfälzischen Einnehmers Aloys Regnier, 1794-1801 (Privatbesitz, maschinenschriftliche Transkription in der Heimatwissenschaftlichen Zentralbibliothek des Landkreises in Bad Kreuznach).

[22] Einen Überblick geben HANSEN: Quellen, Bd. 4, 1938, S. 46*-51* sowie SCHMITT: Die französische Herrschaft von 1792/96 bis 1814 im Nahegebiet in der Sicht der Zeitzeugen, 1998.

[23] Inventar von Quellen zur deutschen Geschichte in Pariser Archiven und Bibliotheken, 1986, S. 152 ff.

akten bestehen, da es dazu keine rheinische Gegenüberlieferung gibt. Sie enthalten Gendarmerieberichte, die Auskünfte über öffentliche Vorkommnisse und die öffentliche Meinung geben können[25].

Erst diese Verbindung einer geschlossenen Aktenüberlieferung der Festberichte mit der Sammlung der zeitgenössischen Publizistik und weiterer Quellen gibt der Quellenüberlieferung der politischen Festkultur im Saardepartement ihre besondere Bedeutung, die eine exemplarische Untersuchung möglich macht.

Die Geschichtsschreibung über die rheinischen Departements ist bis heute geprägt durch das monumentale Quellenwerk, das der Kölner Stadtarchivar Joseph Hansen und seine Mitarbeiter in den Jahren zwischen 1913 und 1938 herausgegeben haben[26]. Es dokumentiert die Geschichte des Rheinlandes vom Ende des Alten Reiches (1780) über die Zeit der Revolutionskriege und der Annexion bis zum Frieden von Lunéville (1801), auf dessen Grundlage die rheinischen Departements endgültig mit Frankreich vereinigt wurden. Dabei verbinden sich Quellenabdruck, Quellenreferat und Kommentierung zu einer so dichten Dokumentation, dass fast alle Punkte der rheinischen Geschichte in dieser Zeit dargestellt sind. Es handelt sich also um ein fast unerschöpfliches Grundlagenwerk, das auch heute noch Entdeckungen ermöglicht[27]. Allerdings kann ein so dominierendes Quellenwerk auch die Forschung beschränken, indem man sich mitunter mit einer Auswertung des Werkes von Hansen begnügt, ohne die dort zitierten Quellen selbst beizuziehen oder neue Quellen zu erschließen. Für das Saardepartement gilt nun, dass der Bestand dieses Departements im Landeshauptarchiv Koblenz wegen des schlechten Erschließungszustandes bisher kaum benutzbar war und von Hansen auch nicht herangezogen wurde. Die Darstellung der französischen Nationalfeste im Saardepartement dürfte deshalb nicht der einzige Fall sein, bei dem über die Quellensammlung von Hansen und die darauf fußende Forschung hinaus nun auf der Grundlage der Neuerschließung des Bestandes der Akten der Verwaltung des Saardepartements im Landeshauptarchiv Koblenz wesentlich neue Sachverhalte dargestellt werden können.

---

[24] Für die innerfranzösischen Departements finden sich hier umfangreiche Serien von Protokollen der Nationalfeste (Ozouf: La fête révolutionnaire, 1976, S. 224). Wegen der besonderen Verwaltungsanbindung der rheinischen Departements enthält die Serie für diese aber keine Festberichte.

[25] Stein: Polizeiüberwachung, 2000.

[26] Hansen: Quellen zur Geschichte des Rheinlandes im Zeitalter der französischen Revolution 1780-1801. Bd. 1-4, 1913-1938.

[27] Eine Geschichte des Saardepartements allein auf der Grundlage von Hansen hat z.B. vorgelegt: Schumacher: Idéologie révolutionnaire et pratique politique de la France en Rhénanie de 1793 à 1801. L'exemple du pays de Trèves, 1989. Eine Neuentdeckung auf der Basis der von Hansen publizierten Quellen sind z.B. die nur für das Rurdepartement vorliegenden Stimmungsberichte der Kantone, die Smets: Les pays rhénans, 1997, S. 228 ff analysiert.

I. Einleitung

2. Forschungsstand

Für ein solches Unternehmen steht eine reichhaltige Grundlagenforschung und eine vielfältige Methodik zur Verfügung. So sehr der Bicentenaire der Französischen Revolution eine Synthese der seit mehr als einem Jahrhundert geleisteten Forschungen war[28], so wurde er doch noch fast übertroffen durch das Dezennium der Revolutionserinnerung, das nicht nur die Forschungs-, Kolloquien- und Publikationstätigkeit ohne Unterbrechung fortsetzte, sondern auch mit zunehmender Entfernung von 1789/1989 die bisher weniger behandelten Perioden der Französischen Republik in den Blick rückte und dabei schließlich auch das Direktorium[29] und seine Beziehungen zum Reich sowie die Annexion des Rheinlandes[30] zum Gegenstand von neuen Forschungen machte. Dabei soll weniger die verspätete Auseinandersetzung der deutschen Forschung mit diesem Problem beklagt[31] als vielmehr die reiche Forschungstätigkeit der letzten Jahrzehnte gewürdigt werden.

Gerade der chronologische Durchgang durch das Revolutionsjahrzehnt hat mit zur Wiederentdeckung der politischen Revolutionsgeschichte beigetragen, die freilich schon wegen der dauernden politischen Abhängigkeit der Revolutionsphänomene nie wirklich vergessen gewesen war. Programmatisch war die weit gefächerte Darstellung politischer Revolutionsphänomene von Vovelle[32], die aber im Zusammenhang mit vielen anderen Arbeiten steht. Schon vor dem Bicentenaire hatte Vovelle auch eine programmatische Schrift zu einem kultur- und mentalitätsgeschichtlichen Ansatz der Revolutionsgeschichte vorgelegt[33], die breit rezipiert wurde und auch zu parallelen Forschungen u.a. in Deutschland[34] und den USA[35] in Beziehung stand. Sie hat auch der ideengeschichtlichen Forschung zur Revolution neuen Aufschwung gegeben, deren Ergebnisse inzwischen in einer Synthese verfügbar sind[36].

---

[28] Literaturberichte über den Forschungsertrag des Bicentenaire und der Revolutionsdekade sind zusammengestellt bei Schröer: Republik im Experiment, 2014, S. 22, Anm. 70.

[29] Wichtig für die Neubeschäftigung mit dem Direktorium war das Kolloquium: La République du Directoire, 1998 und dabei u.a. der Beitrag von Serna: Le Directoire. Un non lieu de mémoire à revisiter, 1998. Überblicke über die neueren Forschungen zum Direktorium geben Goudeau: Le Département de l'Eure sous le Directoire, 2012, S. 13-17; Schröer: Republik im Experiment, 2014, S. 13 ff.

[30] Müller: Das Jahr des Umbruchs im Rheinland, 1998.

[31] Smets: Les pays rhénans 1794-1814, 1997, S. 1-15. Pelzer: Die Wiederkehr des girondistischen Helden, 1998, S. 9-15.

[32] Vovelle: La découverte de la politique, 1993.

[33] Vovelle: Die Französische Revolution. Soziale Bewegung und Umbruch der Mentalitäten, 1982.

[34] Die Französische Revolution als Bruch des gesellschaftlichen Bewußtseins, 1988.

[35] Hunt: Symbole der Macht, Macht der Symbole, 1989, zuerst englisch 1984.

[36] Handbuch politisch-sozialer Grundbegriffe in Frankreich 1680-1820, 1985-2000. Heuvel: Der Freiheitsbegriff der Französischen Revolution, 1988.

In der Chronologie über die Periode der Revolution hinausgegangen ist die Memoriaforschung[37]. Sie hat die Revolutionsforschung sehr befruchtet und tut es noch. Nicht auf die Revolution beschränkt ist auch die neuere deutsche Variante der Kulturgeschichte in Form einer symbolischen Kommunikationsforschung[38], aus der inzwischen auch Beiträge zur Geschichte der Französischen Revolution entstanden sind. Nach Sammelbänden[39] liegt nun eine Geschichte der Symbolpolitik der ersten Französischen Republik und insbesondere des Direktoriums[40] vor. Ähnliches gilt für die Festforschung, worunter hier nicht die auf einer eigenen Grundlage beruhende Forschung zu den Revolutionsfesten als Teil der Revolutionshistoriographie verstanden werden soll, worauf zurückzukommen ist, sondern die neuere Festforschung[41], deren Bedeutung hier vor allem auf grundlegenden Forschungen zum Phänomen des Festes sowie auf epochenübergreifenden Forschungen zu bestimmten Festtraditionen beruht. Das gilt zunächst für die Geschichte der Nationalfeiertage, und zwar sowohl in Frankreich[42] wie in Deutschland[43]. Es gilt auch für Arbeiten über die politische Festkultur im 19. Jahrhundert[44] und besonders über die Nationalisierung der revolutionären und postrevolutionären Festkultur mit Nachwirkungen bis in die kommunistischen und faschistischen Staaten des 20. Jahrhunderts[45]. Studien zu Sonderfällen wie den Festen im Reichsland Elsass-Lothringen[46] oder den Festen des Vichy-Regimes unter deutscher Besatzung[47] lesen sich - bei aller Unterschiedlichkeit - in mancher Beziehung wie ein Gegenbild zu der vorliegenden Studie.

In Kontext all dieser Ansätze und Forschungen, so könnte man annehmen, muss nun das zunächst von Frankreich besetzte und dann mit Frankreich

---

[37] Nora (Hg.): Les lieux de mémoire, 1984-1992.
[38] Ausstellungskatalog: Spektakel der Macht. Rituale im Alten Europa 800-1800, 2008.
[39] Symbolische Politik und politische Zeichensysteme im Zeitalter der Französischen Republik (1789-1848), 2005.
[40] Schröer: Republik im Experiment, 2014.
[41] Maurer: Feste und Feiern als historischer Forschungsgegenstand, 1991. Maurer: Das Fest. Beiträge zu einer Theorie und Systematik, 2004.
[42] Sanson: Les 14 juillet, 1976. Bois: Histoire des 14 Juillet, 1991. Kroen: The cultural politics of revolution and counterrevolution in France (1815-1830), 1993. Ihl: La fête républicaine, 1996. Dalisson: Les Trois Couleurs, Marianne et l'Empereur: fêtes libérales et politique symbolique en France 1815-1870, 2004. Dalisson: Célébrer la nation. Les fêtes nationales en France de 1789 à nos jours, 2009.
[43] Schellack: Nationalfeiertage in Deutschland von 1871 bis 1945, 1990.
[44] Öffentliche Festkultur, 1988. Bürgerliche Feste, 1993. Schneider: Politische Festkultur im 19. Jahrhundert, 1995.
[45] Mosse: Die Nationalisierung der Massen, 1993. Das Dritte Reich im Fest. Führermythos, Feierlaune und Verweigerung in Westfalen 1933-1945, 1997. Kratzer: Feiern und Feste der Nationalsozialisten, 1998. Malte: Das sowjetische Massenfest, 2005.
[46] Riederer: Feiern im Reichsland, 2004.
[47] Dalisson: Les fêtes du Maréchal, 2015.

vereinigte Rheinland eine besondere Rolle einnehmen, und in der Tat haben die angesprochenen allgemeinen Zusammenhänge auch eine reiche jüngere Forschung über die Auswirkungen der Französischen Revolution auf das Rheinland hervorgebracht[48]. Trotzdem fällt auf, dass bei Forschungen in übergeordneten Zusammenhängen das Rheinland als Teil Frankreichs oft nicht in seiner besonderen Funktion als Kristallisationspunkt dieser Phänomene erkannt wird, sondern auf eine regionale Sonderrolle beschränkt bleibt. Die Geschichten von Frankreich in der Zeit der Französischen Revolution berücksichtigen das Rheinland oft nicht, weil sie vielfach von Frankreich in seinen heutigen Grenzen ausgehen[49], das im Konzept des Hexagon geradezu sakrosankt ist[50]. Die neuen belgischen, deutschen etc. Departements werden nur selten in den Vergleichskanon der nationalen französischen Geschichte einbezogen. Selbst wo man um ihre Berücksichtigung bemüht ist, werden sie doch höchstens als ein Annex des eigentlichen Frankreichs behandelt[51]. Allerdings erschweren die andersartigen Bedingungen, die die importierte Revolution in diesen Gebieten vorgefunden hat, auch eine solche Einbeziehung. Ebenso oft beschränkt sich auch die Historiographie zur deutschen Geschichte in der Zeit der Französischen Revolution auf das rechtsrheinische Deutschland. Aus dieser Perspektive gehört schon das besetzte und mit noch größerem Recht das annektierte und dann reunierte linke Rheinufer nicht zur deutschen Geschichte. Das gilt für viele Gesamtdarstellungen[52] wie auch für thematische Sammelbände[53].

---

[48] Überblick bei: Franzosen und Deutsche am Rhein, 1789-1918-1945, 1989; MÜLLER: Das Jahr des Umbruchs im Rheinland, 1998. Vgl. auch den Literaturbericht von SMETS: Les pays rhénans, 1997, S. 1-15.

[49] Am deutlichsten wird dies in den historischen Atlanten. Der Atlas de la Révolution française, Bd. 1 ff, 1987 ff, beschränkt sich meist auf das Hexagon. NORDMAN: Frontières de France, 1998, beschränkt sich für die Karten zu den Reunionen der Revolution allein auf die Reunionen, die in einem unmittelbaren territorialen Zusammenhang mit dem Hexagon stehen. Fast schon kurios ist die Behandlung des Territoriums in der Quellenpublikation des französischen Nationalarchivs: La situation des départements et l'institution des premiers préfets en l'an VIII, 2000, das nicht nur von den damals 102 französischen Departements die 13 Departements, die „provenaient des conquêtes révolutionnaires" auslässt (S. 9), sondern die verbliebenen 89 Departements auch mit einer fiktiven Geographie präsentiert. So werden die „départements du Nord et du Nord-Est de la France" als „départements proche des frontières" präsentiert, doch diese Grenzen gab es damals gar nicht.

[50] WEBER: L'Hexagone, 1986.

[51] So als achter und letzter Teil (Le Directoire et l'étranger) bei dem Kolloquium: La République directoriale, 1997. Ähnlich als Exkurs (La vente des biens nationaux dans les territoires annexés) in BODINIER / TEYSSIER: L'événement le plus important de la Révolution. La vente des biens nationaux, 2000, S. 279-308.

[52] Deutsche Verwaltungsgeschichte, Bd. 1-6, 1983-1988. WEHLER: Deutsche Gesellschaftsgeschichte. Bd. 1, 1987. Neben der Betonung der verwaltungsmäßigen Neuansätze in Preußen und den Rheinbundstaaten fehlt eine Berücksichtigung der deutschen Departements der Französischen Republik und des Empire.

[53] Deutschland und Frankreich im Zeitalter der Französischen Revolution, 1989.

Eigenartigerweise gilt eine ähnliche Ausblendung der linksrheinischen Departements selbst für die Jakobinerforschung[54]. Sie hat die Biographien von deutschen Revolutionsanhängern in den Territorien des deutschen Reiches untersucht. Sie hat auch intensiv die revolutionären linksrheinischen Bewegungen analysiert, nämlich die Mainzer Republik von 1792/93 und die Cisrhenanen um Köln, Bonn und Koblenz 1797[55]. Ihre Forschungen machen aber oft in dem Moment halt, wo der Republikanismus dieser Revolutionsanhänger nicht mehr nur politisches Programm und politische Agitation war, sondern wo wirklich „ein Teil des ehemaligen deutschen Reiches republikanisiert wurde" (Fink)[56], nämlich mit der Annexion des linken Rheinufers durch Frankreich und mit dem nun einsetzenden Transfer der französischen republikanischen Institutionen in dieses Gebiet.

Demgegenüber ist deutlich zu machen, dass das Gebiet des linken Rheinufers mit der Annexion Teil der Französischen Republik geworden war. Hier wurde also verwirklicht, was sonst in Deutschland nur als Utopie gefordert werden konnte. Die Annexion war verfassungs- und staatsrechtlich nicht vollständig und behielt den Rheinländern wichtige Rechte der politischen Partizipation vor. Die Annexion konnte auch zu keiner besseren Republikanisierung führen, als es die annektierende Republik des Direktoriums selbst war, die im eigenen Lande große Probleme hatte, sich eine politische Mehrheit zu schaffen, und die auch unter den ausländischen Revolutionsanhängern nach anfänglicher Zustimmung je länger um so kritischer beurteilt wurde[57]. Aber die rheinischen Departements waren als französische Departements nun Teil einer Republik,

---

[54] Auf die speziell deutsche Polemik um die Jakobinerforschung soll hier nicht erneut eingegangen werden, vgl. WAGNER: Die Deutschen Jakobiner im internationalen Vergleich, 1997. Sie hat international nie bestanden. GODECHOT: La Grande Nation, 1983, S. 211, qualifiziert sie als „fausse querelle" und verweist demgegenüber auf die international übereinstimmende Meinung, dass „les propagateurs du mouvement révolutionnaire dans tous les pays furent qualifiés de 'patriotes' de 1770 à 1792, puis de 'jacobins'." (S. 9). In diesem Sinn wird das Wort auch in der vorliegenden Studie gebraucht.

[55] Typisch für diese Blickrichtung ist die Mainzer Jakobinerausstellung von 1981, deren Untertitel die Perspektive präzis angibt: Deutsche Jakobiner. Mainzer Republik und Cisrhenanen 1792-1798. Die gleiche Perspektive ließe sich für viele Arbeiten der Jakobinerforschung nachweisen. STEPHAN: Literarischer Jakobinismus in Deutschland, 1789-1806, 1976, behandelt das Rheinland (S. 113-117), aber nennt konkret nur die Mainzer Republik und die Cisrhenanen, die gesamte intellektuelle Szene in den annektierten Departements bleibt unberücksichtigt. HOCKS / SCHMIDT: Literatur und politische Zeitungen, 1789-1805, 1975, behandeln in Bezug auf das Rheinland außer der Publizistik der Mainzer Republik ausführlich nur die Zeitschriften von Görres. Sie nennen dann wenigstens noch einige weitere, aber auch hier bleibt das Saardepartement mit den verschiedenen Trierer Zeitschriften ausgeblendet.

[56] FINK: Die Französische Revolution im Spiegel der deutschen Literatur und Publizistik, 1989, S. 139.

[57] DEINERT: Konrad Engelbert Oelsner und die Französische Revolution, 1981, S. 221 ff.

I. Einleitung

nämlich der Republik des Direktoriums, und auf dieser Basis kam es zu einem breiten Transfer von politischen Institutionen[58], Recht[59], Sprache[60] etc., was dauerhafte Strukturen in der Gesellschaft des Rheinlandes hinterließ. Dabei war es von ausschlaggebender Bedeutung, dass dieser Transfer unter der Republik stattfand, so dass er republikanische Institutionen, revolutionäres Recht, eine davon geprägte politische Kultur sowie die französische Sprache betraf. Es wurden Verwaltungsstrukturen geschaffen, die auch abgesehen von dem Wahlrecht, das in den rheinischen Departements unter dem Direktorium nie eingeführt wurde, zu einer gewissen Verwaltungspartizipation führten. Es wurde das Recht in einer speziellen Kodifizierung des intermediären Rechtes der Revolution eingeführt, das wichtige Individualrechte wie die individuelle Rechtssicherheit, die Gleichheit der Bürger vor dem Recht sowie die Mündlichkeit und Öffentlichkeit im Prozessverfahren garantierte. Es wurden schließlich Formen einer politischen Kultur übertragen, die diese verfassungsrechtlichen Institutionen propagierte und eine Sprache verbreitete, die diese republikanisch-revolutionäre Tradition in sich aufgenommen hatte und so semantisch identifizierbar machte.

Dieser ganze Komplex ist bisher vor allem aus der Post-Perspektive gesehen worden, als er nach dem Wiener Kongress für die Integration des linken Rheinufers in die (rechtsrheinischen) deutschen Staaten (Preußen, Hessen-Darmstadt, Bayern) unter dem Namen der rheinischen Institutionen von Bedeutung wurde[61]. Dabei ist nicht nur die Frage der Chronologie zu stellen, ob denn die Rheinländer den Wert der französischen Institutionen erst erkannten, nachdem diese nicht mehr an die Zugehörigkeit zu Frankreich gebunden waren? Es ist auch die substantielle Verschiebung zu sehen, die diese Perspektive mit sich brachte. Sie führte zwangsläufig zu einer verrechtlichten Sicht auf die von Frankreich eingeführten Reformen, was der Name der „Institutionen" ja auch schon zum Ausdruck bringt. Aber es ist ebenfalls zu sehen, dass alle diese Institutionen in einem politischen Prozess eingeführt worden sind. Die juristische Perspektive des post festum ist somit durch eine politische Perspektive des Transferprozesses zu ergänzen, und dies durchaus mit verschiedenen Aspekten. Für Frankreich handelte es sich vorwiegend um eine Integrationspolitik, die die annektierten Departements an das eigene Land assimilieren sollte, wobei diese Assimilierung freilich auch eine Republikani-

---

[58] GRAUMANN: Französische Verwaltung am Niederrhein. Das Roerdepartement, 1990.
[59] SCHUBERT: Französisches Recht in Deutschland, 1977. FEHRENBACH: Traditionale Gesellschaft und revolutionäres Recht, 1978. STEIN: Französisches Scheidungsrecht im katholischen Rheinland (1798-1803), 1994. WADLE: Ehescheidung vor dem Standesbeamten. Das revolutionäre Scheidungsrecht und seine Praxis in Saarbrücken, 1995.
[60] STEIN: Sprachtransfer durch Verwaltungshandeln, 1997.
[61] FABER: Die Rheinlande zwischen Restauration und Revolution, 1966; ders.: Die rheinischen Institutionen, 1964.

sierung war, insofern die Assimilierung eben an die Französische Republik erfolgen sollte. Für das Rheinland dagegen stellte sich die Lage gerade umgekehrt dar. Hier wirkte diese Politik als Republikanisierung, insofern sie in einer Integration in die französische Republik bestand, und eben auch als eine Französisierung, insofern die Assimilierung eben an Frankreich erfolgte. Es waren also vor allem die mit der Republikanisierung verbundenen Institutionen und Reformen, die politische Reaktionen hervorriefen, die sich in dem Maße äußern konnten, in dem mit dieser Republikanisierung auch der Rahmen für ein bestimmtes Maß an Öffentlichkeit verbunden war. Somit stellt sich hier das Thema der Genese der politischen Meinungsbildung über die rheinischen Institutionen in der Öffentlichkeit der rheinischen Departements unter dem Direktorium. Hier haben auch die Nationalfeste ihren Platz.

Natürlich haben auf diese Fragen im Grunde auch schon die älteren Darstellungen antworten wollen, deren Argumentation von dem erkenntnisleitenden Interesse des Nachweises von Akzeptanz oder Ablehnung der Integration in die Französische Republik bestimmt war. Von deutscher Seite ging es dabei um „französische Fremdherrschaft" (Hashagen 1917) oder „Fremdherrschaft der Franzosen" (Ecker 1934), um „französische Herrschaft" (Hashagen 1908) oder „Franzosenherrschaft" (Nießer 1907; Springer 1926) oder auch abgeschwächt nur um die „Franzosenzeit" (Conrady 1922)[62], womit schon in der Terminologie die gesamte Zeit der Zugehörigkeit des Rheinlandes zu Frankreich als kurze Episode eines fremden Einbruches in die Kontinuität der nationalen Geschichte charakterisiert war. Von französischer Seite dagegen wurde aufgrund der Anwesenheit der Franzosen am Rhein (Funck-Brentano 1919, Rambaud 1919, Tirard 1930) das Rheinland als „Rhin français" (Sagnac 1917) oder als „France rhénane" (Coubé 1915) auf Dauer ein Teil der nationalen Frankreichutopie[63]. Sicherlich handelt es sich hier durchweg um wissenschaftliche, quellenfundierte Arbeiten, die unterhalb der programmatischen Ebene durchaus seriöse historische Darstellungen bieten und - nach dem Verlust von verschiedenen Archivbeständen im Zweiten Weltkrieg - heute sogar teilweise Quellenwert besitzen. Aber gerade wegen dieser Differenz zwischen Programmatik und Darstellung war die Frage nach

---

[62] Niessner: Zwanzig Jahre Franzosenherrschaft am Niederrhein 1794-1814, 1907. Hashagen: Das Rheinland und die französische Herrschaft. Beiträge zur Charakteristik ihres Gegensatzes, 1908; ders.: Die Rheinlande beim Abschluss der französischen Fremdherrschaft, in: Die Rheinprovinz 1815-1915, 1917, S. 1-56. Conrady: Die Rheinlande in der Franzosenzeit 1750-1815, 1922. Springer: Die Franzosenherrschaft in der Pfalz, 1792-1814, 1926. Ecker: Der Widerstand der Saarländer gegen die Fremdherrschaft der Franzosen, 1792-1815, 1934.

[63] Coubé: Alsace, Lorraine et France rhénane, 1915. Sagnac: Le Rhin français pendant la Révolution et l'Empire, 1917. Funck-Brentano: La France sur le Rhin, 1919. Rambaud: Les Français sur le Rhin, 1792-1804, 1919. Tirard: La France sur le Rhin, 1930.

I. Einleitung

der Reaktion von Bevölkerung und Gesellschaft des Rheinlandes auf die Französische Revolution methodisch neu aufzunehmen.

Dazu will auch die vorliegende Studie beitragen. Sie wendet sich (1.) einem in der historischen Forschung noch wenig berücksichtigten Departement im französischen Rheinland zu, nämlich dem Saardepartement, das wegen seiner Abgelegenheit und seiner geringen Städtedichte auf den ersten Blick wenig zu einer Analyse der öffentlichen Meinung herauszufordern scheint, das aber wegen seiner Nähe zur alten französischen Grenze und den vielen Kontakten über die Grenze hinweg interessant ist. Sie betrachtet (2.) ein bisher für die deutschen Departements nicht systematisch analysiertes Phänomen der öffentlichen Meinungsbildung, nämlich die französischen Nationalfeste[64]. Diese stellen ein sich periodisch wiederholendes Phänomen dar und erlauben so, die Entwicklung der öffentlichen Meinung kontinuierlich oder doch mit einem sehr engen Raster zu verfolgen. Sie finden in aller Öffentlichkeit statt, und sie richten sich an jedermann, so dass sich bei ihnen die Reaktionen der gesamten Bevölkerung manifestieren können. Endlich konnten (3.) auch Quellen ermittelt werden, die es erlauben, diese Fragestellungen methodisch zu behandeln. Dazu gehört außer den Verwaltungsbeständen auch die politische Publizistik in Form von Zeitungen und Flugschriften.

Die Untersuchung der französischen republikanischen Festkultur im Saardepartement thematisiert direkt die Rezeption der Französischen Revolution in der Öffentlichkeit der rheinischen Departements und betritt damit Neuland[65]. Die Feste der Französischen Revolution waren im Lauf des Revolutionsprozesses entstanden und hatten bis in die Zeit des Direktoriums schon eine eigene Entwicklung durchlaufen, die zu einer formalen Fixierung und einer inhaltlichen Kanonisierung der Feste geführt hatte. Sie wurden überdies von

---

[64] Auf diese Forschungslücke weist hin REICHARDT: Französische Revolutionskultur in Mainz 1792-1801, 1993, S. 35, wo er davon spricht, dass diese Feste „für den deutschen Kulturraum überhaupt wiederzuentdecken bleiben".

[65] Literaturmäßig bekannt sind bisher nur die Feste in Trier, die in der Lokalhistoriographie verschiedentlich im Anschluss an die zeitgenössische Chronistik (LAGER: Mitteilungen aus einem Trierer Tagebuch, 1915) dargestellt wurden, vgl. MARX: Denkwürdigkeiten, 1860, S. 54-61; MARX: Geschichte des Erzstifts Trier, Bd. 5, 1864, S. 357-372, 394-399; KENTENICH: Geschichte der Stadt Trier, 1915, S. 634-644. Auch die grundlegende Quellenpublikation von HANSEN: Quellen, Bd. 4, 1938, berichtet für das Saardepartement fast allein über die Trierer Feste auf der gleichen Quellengrundlage, allerdings unter Beiziehung des Originals. - Dazu kommen in neuester Zeit noch verschiedene Einzelstudien. Zu Trier wurden Festberichte ediert (DELAPORTE: La fête du 1er ventôse an VI à Trèves, 1994) und Feste beschrieben (GERTEIS: Die Installierung der „Neuen Zeit". Republikanische Feste und Feiern, 2004; GROSS: Der Napoleonkult in Trier, 2004). Außerdem wurde eine Kölner Dissertation dem Thema gewidmet (Geschichtsforschung an der Universität Köln, Köln 1995, S. 58-59) und der Verfasser der vorliegenden Arbeit legte einige Vorstudien vor.

der französischen Verwaltung eingeführt. Es waren also Feste in festgelegten Formen, deren Durchführung von der Verwaltung angeordnet und sogar selbst vollzogen wurde. Andererseits aber sollten sie die Bevölkerung ansprechen und zur Teilnahme veranlassen, da das Direktorium wie die Revolution überhaupt in den Festen ein wichtiges Mittel zur politischen Bewusstseinsbildung sah. Es ging also nicht nur um die Demonstration von Verwaltungshandeln, sondern auch und vor allem um die Vermittlung der Rechte und Pflichten des Staatsbürgers sowie überhaupt der französischen Revolutionstradition. Das initiierte einen Rezeptionsprozess, der ein breites Spektrum von Handlungsoptionen zwischen Widerstand, Verweigerung, geschäftsmäßiger Ausführung oder kreativer Ausgestaltung bot. Dabei kann gerade das von der Verwaltung vorgegebene Schema als Gradmesser für Vergleiche zwischen den einzelnen Realisationen dienen. Hinzu kommt, dass die Feste in einer dichten Periodizität von einem oder teilweise sogar nur einem halben Monat stattfanden, so dass sich Entwicklungen verfolgen lassen. Doch ebenso wichtig wie die Chronologie der Feste ist ihre Geographie. Die Feste fanden immer gleichzeitig in der gesamten Fläche des Departements bzw. in allen Kantonshauptorten statt. Dies erlaubt somit eine vergleichende serielle Auswertung, um die Rezeption der Institutionen der Französischen Republik in den rheinischen Departements sowohl in ihrer zeitlichen Abfolge wie ihrer geographischen Streuung zu verfolgen. Schließlich sind die Feste mit einer großen Vielfalt an politischen Ausdrucks- und Reaktionsmöglichkeiten verbunden. In ihrem Kern bestehen die Feste in einem Festzug und Zeremonien, die - mit oder ohne Varianten - nachvollzogen werden. Sie sind begleitet von Reden und Liedern. Insbesondere diese Reden sind politisch motiviert, zumal sie meist von den Funktionären der französischen Verwaltung selbst gehalten wurden. Doch diese Propaganda ist auch publikumsbezogen, indem sie vielfach auf Interessen, Wünsche und Befürchtungen der Bürger einzugehen versuchte. Die Feste verbinden sich weiter mit einer breiten Festpublizistik. Die Festberichte, die eigentlich internes Verwaltungsschriftgut zur Rechenschaftslegung gegenüber der vorgesetzten Behörde sind, wurden veröffentlicht und als Flugschrift sowie als Zeitungs- oder Zeitschriftenbeitrag gedruckt. Gedruckt wurden außerdem die dabei gehaltenen Reden und die dabei gesungenen Lieder. Vielfältig ist auch die personelle Beteiligung an den Festen. Die Verwaltungen organisierten die Feste und nahmen möglichst geschlossen an ihnen teil. Integriert wurde aber auch ein Kreis von lokalen Meinungsführern, deren Mitwirkung gerne gesucht wurde. Es waren vor allem die Pfarrer und lokalen Honoratioren, deren genaue Funktion unter der republikanischen Uniformierung als „Bürger NN" nicht immer leicht zu erkennen ist. Eine nennenswerte Rolle spielten auch die Lehrer, zumal sie die Schulkinder und sogar deren Eltern mobilisieren konnten. Mitwirken an den Festen sollten schließlich alle Bürger, und hier liegt in der unterschiedlichen Beteiligung der Bevölkerung wohl die größte

Varianz zwischen den verschiedenen Festrealisierungen. Dieses ganze, durch Zeremoniell und Polizei kaum wirklich festgelegte und kontrollierte Geschehen spielte sich nun in der Öffentlichkeit ab. Es wurde öffentlich angekündigt. Oft fanden die Feiern unter freiem Himmel auf Plätzen statt, immer waren sie mit einem Umzug durch die Hauptstraßen des Festortes verbunden. Nimmt man dieses Zeremoniell zusammen mit seiner publizistischen Verbreitung und seinem gesellschaftlichen Beziehungsgeflecht, so kann man die Feste als Brennpunkt des öffentlichen Raumes in den rheinischen Departements erkennen.

3. Methodik

Methodisch geht es dabei zunächst um Beziehungsgeschichte, für die auf das theoretische Konzept der Transfer-Forschung zurückgegriffen werden kann. Dazu liegen neben theoretischen Arbeiten[66] auch Einzelstudien speziell zum französisch-deutschen Kulturtransfer in der Zeit der Revolution vor. Das bisher umfangreichste Arbeitsfeld war wohl die Erfassung der deutschen Übersetzungsbibliothek der Französischen Revolution[67], aber auch andere Transferprozesse wurden analysiert, so der Bild- und Symboltransfer[68], der Sprachtransfer[69], der Rechtstransfer[70] etc.

Durch die Transfer-Forschung wurde eine Reihe von neuen methodischen Prämissen in die Beziehungsforschung eingeführt. Sie ersetzt (1.) das von der Empfängerperspektive ausgehende Konzept der Rezeption durch das Konzept des Transfers, das von der Entstehungsperspektive ausgeht. Sie betont (2.) die Prozesshaftigkeit des Geschehens und kann so die Rezeption als das Ergebnis eines Prozesses erkennen, bei dem die drei Phasen von Ursprung, Transfer und Rezeption zu unterscheiden sind. Schließlich ergibt sich daraus, dass (3.) diese Prozessphasen prinzipiell gleichberechtigt nebeneinander stehen. Also ist weder die Rezeption das Ergebnis der Aufnahmen von nur als Vorformen zu würdigenden Einflüssen, noch ist umgekehrt das Ausgangsphänomen das Urbild, das sich in der Rezeption nur verfälscht wiederfindet. Dadurch eröffnet die Gleichberechtigung der Transferphasen (4.) die Möglichkeit zu einer viel-

---

[66] ROOLFS: Das Forschungskonzept des Kulturtransfers, 2012, mit weiterführender Literatur.
[67] Kulturtransfer im Epochenumbruch, 1997. PELZER: Die Wiederkehr des girondistischen Helden, 1998.
[68] HERDING / REICHARDT: Die Bildpublizistik der Französischen Revolution, 1989. STEIN: Die Zeitung als neues bildpublizistisches Medium, 1992. DANELZIK-BRÜGGEMANN: Ereignisse und Bilder, Bildpublizistik und politische Kultur in Deutschland zur Zeit der französischen Revolution, 1995.
[69] ABDELFETTAH: Die Rezeption der Französischen Republik durch den deutschen öffentlichen Sprachgebrauch, 1989. VOSS: Zur Entwicklung der politisch-sozialen Sprache in der deutschen Spätaufklärung, 1997. KEILHAUER: Begriffstransfer in französisch-deutsch-französischen Wörterbüchern, 1997.
[70] SCHUBERT: Französisches Recht in Deutschland, 1977.

fältigen Komparatistik zwischen Ursprungsphänomen und Rezeption. Zu berücksichtigen ist dabei auch (5.) die Einbettung des Ursprungsphänomens wie der Rezeption in ihren jeweiligen kulturellen, sozialen, politischen etc. Kontext. Es ist also nicht nur zu fragen, was wie zu was transferiert wurde, sondern ebenso, von wo was in welchen neuen Zusammenhang übertragen wurde. Angewandt auf den Gegenstand der vorliegenden Untersuchung bedeutet das, dass die Festkultur als französische Institution zu betrachten ist, die von der Französischen Republik in den rheinischen Departements mit der Annexion eingeführt wurde. Hier ist jeweils von den für Innerfrankreich geltenden Modellen und Regelungen auszugehen. Es sind dann die Vermittlungs- und Einführungswege zu untersuchen, wobei schon auf der normativen Ebene Änderungen und Varianzen eingetreten sein können. Bei der Festkultur ist dieser normative Transfer auch überlagert von Formen von informeller Vermittlung durch Personen und Institutionen über die Grenze hinweg. Schließlich sind die in den rheinischen Departements eingeführten Formen dieser Institutionen zu untersuchen und die Reaktionen der Bevölkerung darauf zu analysieren.

Es geht dabei aber nicht nur um Transfer und Rezeption. Die in den rheinischen Departements rezipierten Institutionen stehen nicht allein. Sie sind in ähnlicher Weise auch in den anderen annektierten und reunierten Departements eingeführt worden. Schließlich handelt es sich auch immer um französische Institutionen. Sie existieren nicht nur auf der normativen Ebene als Modelle, sie existieren auch immer ganz konkret als Realisierungen in allen innerfranzösischen Departements. Die Untersuchung der Revolutionsrezeption fordert somit ergänzend als komplementäre Untersuchungsmethode einen Vergleich der Institutionen im Saardepartement mit den Institutionen, die aufgrund der gleichen politisch-verwaltungsmäßigen Rahmenbedingungen auch in den innerfranzösischen und in den anderen annektierten und reunierten Departements existiert haben[71]. Die Beziehungsgeschichte findet somit ihre komplementäre Ergänzung[72] in der vergleichenden Analyse[73]. Sie ist in doppelter Hinsicht von Bedeutung. Sie hilft heuristisch, die wichtigen Elemente in den untersuchten Institutionen zu erkennen, und sie hilft analytisch die charakteristischen Elemente auf den verschiedenen Stufen der Erweiterung des Bezugsbereiches zu unterscheiden.

Für die Betrachtung der Transferprozesse ist von der normativen Ebene auszugehen, wozu die Synthesen zur Entwicklung in Frankreich die erste Referenz

---

[71] REICHARDT: Die Französische Revolution und Deutschland. Thesen für einen komparatistischen kulturhistorischen Neuansatz, 1990.
[72] PAULMANN: Internationaler Vergleich und interkultureller Transfer, 1998.
[73] HAUPT / KOCKA: Historischer Vergleich, 1996.

I. Einleitung

darstellen[74]. Allerdings sind sie im Lichte der neueren Forschung zu sehen, die sich um eine Entdeckung der Epoche des Direktoriums unter dem Aspekt einer Integration in die französische republikanische Tradition bemüht[75].

Hinzu kommt die Forschung zu den Revolutionsfesten, wo das Kolloquium von Clermont-Ferrand (1974) eine perspektivenreiche empirische Forschung zu eröffnen schien, so insbesondere in Bezug auf die Festtheorie der Revolution, die Rolle von Musik und Dichtung bei den Festen oder die Einbettung der Revolutionsfeste in die übergreifende Festgeschichte. Die kurz darauf publizierte Synthese von Ozouf (1976) hat dann aber zumindest die französische Diskussion so dominiert, dass sie die Diskussion mehr abschloss als anregte. Dagegen verpuffte die Wirkung des Kolloquiums von Clermont-Ferrand durch eine verspätete Publizierung (1977) weitgehend[76]. Das impliziert auch mitunter eine gewisse Beschränkung des aktuellen französischen Forschungsstandes, da Ozouf's Werk mehr ein philosophischer Essay als eine historische Synthese ist und fast ohne genaue Quellennachweise auskommt. So ist man für viele Zusammenhänge der Transferprozesse auf gut dokumentierte Einzeluntersuchungen angewiesen, von denen hier eine Reihe exemplarisch herangezogen wurde. Dagegen bilden sich Neuansätze zu einer Untersuchung der französischen Festkultur erst langsam und oft nicht aus der direkten Perspektive der Untersuchung der Feste selbst, sondern aus der Perspektive der Untersuchung anderer Phänomene wie z.B. der Religion während der Revolution[77] oder kürzlich des Vergleichs mit der Festkultur der Dritten Republik[78]. Ungebrochen ist allerdings der Strom von Mikrostudien zur französischen Festkultur unter dem Direktorium auf lokaler oder departementaler Ebene. Sie sind vor allem bei einer Publikation in Sammelbänden wertvoll, weil sie hier gleich unter komparatistischem Aspekt dargeboten werden[79].

Die Vergleichsperspektive beginnt schon bei der Analyse des engeren Untersuchungsgegenstandes, für den sich die Studie auf archivalische Quellen stützen kann. Untersucht werden soll nämlich nicht nur die Departementsebene, sondern vor allem die Situation vor Ort in allen 34 Kantonen des Saardeparte-

---

[74] Ozouf: La fête révolutionnaire, 1789-1799, 1976. Les Fêtes de la Révolution. Colloque de Clermont-Ferrand, 1977. Baxmann: Die Feste der Französischen Revolution. Inszenierung von Gesellschaft und Natur, 1989.
[75] Kolloquien: Pour une République sans Révolution. 1996. La République directoriale, 1998.
[76] Das Werk ist in der Bibliographie annuelle de l'histoire de France nie angezeigt worden.
[77] Pratiques religieuses, mentalités et spiritualités dans l'Europe révolutionnaire, 1770-1820, 1988. Byrnes: Celebration of the Revolutionary Festivals under the Directory: A Failure of Sacrality, 1994.
[78] Ihl: La fête républicaine, 1996.
[79] Fêtes et politique en Champagne à travers les siècles, 1992. Fêtes et jeux entre Saône et Meuse, 2003. Réjouissances citoyennes en Côte-d'Or 1789-1800, 2005. Emblèmes et symboles de la Révolution en Côte d'Or, 2013.

ments und darüber hinaus (soweit erkennbar) in den einzelnen Gemeinden. Es handelt sich also immer um Parallelphänomene in vielen Kantonen, für die jeweils festzustellen ist, inwieweit dabei bestimmte Modelle nachvollzogen oder variiert werden, wieweit gegebenenfalls das Spektrum möglicher Varianz geht, und welche Reaktionen der Aufnahme, Veränderung oder Ablehnung der Verwaltungsvorgaben sich dabei zeigen. Schon auf der Ebene der Kantone des Saardepartements muss also mit komparatistisch gewonnenen Modellen gearbeitet werden, um das Phänomen greifen zu können.

Bei den Vergleichen auf den weiteren Vergleichsebenen, für die in der Regel nur die vorhandene Sekundärliteratur herangezogen werden kann, ergibt sich dann ein anderes methodisches Problem. Unterschiede bei Quellengrundlage, Untersuchungsmethode und Forschungsinteresse führen häufig dazu, dass nur partielle Vergleiche durchgeführt werden können. Das betrifft schon die Ebene der rheinischen Departements, für die die Studie auf der Grundlage der Ergebnisse für das Saardepartement eine gewisse Repräsentativität beansprucht. Das verlangt ebenfalls einen vergleichenden Nachweis. Problematisch ist aber, dass für die Feste in den anderen rheinischen Departements eine ähnlich gute Quellenlage, die vergleichbare Untersuchungen ermöglicht hätte, nicht existiert. Die vorhandene Literatur ist deshalb den Weg gegangen, die allgemeine Entwicklung aufgrund von Einzelfesten in den größeren Städten, für die die Quellen reichlicher fließen, darzustellen[80], und gerät dabei gelegentlich in die Gefahr, die nötigen Differenzierungen vermissen zu lassen[81]. Gerade für das Spezifische der vorliegenden Untersuchung, nämlich eine Betrachtung eines gesamten Departements unter Einbeziehung der ländlichen Kantone, gibt es deshalb kaum Vergleichsmöglichkeiten.

---

[80] Einen ersten Überblick über die rheinische Festkultur geben: SAGNAC: Le Rhin français, 1917, S. 188-191; KUHN: « *Und ewig soll am Vater Rhein die Freiheits-Eiche blühn!* », 1981, und DOTZENROD: Republikanische Feste im Rheinland, 1988. Eine Lokalstudie bietet REICHARDT: Französische Revolutionskultur in Mainz 1792-1801, 1993.

[81] BUCHHOLZ: Französischer Staatskult 1792-1813 im linksrheinischen Deutschland, 1997, behandelt die rheinischen Feste als Beispiel, um für die französischen Revolutionsfeste insgesamt zu zeigen, dass es sich um einen durchgehend staatlich gelenkten und zu einer großen Einheitlichkeit und Uniformität führenden „Staatskult" handelte. Das ist gerade für die Epoche des Direktoriums richtig, aber auch nie bestritten worden. Aus dieser Perspektive zieht Buchholz dann aber die verschiedenen Hierarchien der normativen Ebene meist ebenso zusammen wie die Ausführungen der Feste in den annektierten, reunierten und innerfranzösischen Departements. Demgegenüber geht es in unserer Untersuchung, ganz abgesehen von einer anderen Umgrenzung des Gegenstandes, um eine Untersuchung der Transferprozesse, die in gleicher Weise Identität und Varianz bei der Einführung der französischen Revolutionsfeste im Rheinland verfolgt. Aus dieser Perspektive kann man deshalb gerade nicht sagen: „Die dreizehn neuen Departements des Rheinlandes und Belgiens wurden bei Historienfeiern so wie alle anderen Departements in Frankreich behandelt" (BUCHHOLZ: Französischer Staatskult, 1997, S. 111).

I. Einleitung 19

Eine weitere Vergleichsebene stellen die anderen annektierten und reunierten Departements dar. Von ihnen sind die belgischen Departements[82] für die rheinischen Departements von besonderer Bedeutung. Die zeitliche Versetzung der Einführung der französischen Verwaltung zuerst in den belgischen und dann in den rheinischen Departements gab der französischen Regierung die Möglichkeit, aus den Erfahrungen mit der Integration der ehemaligen österreichischen Niederlande in die Französische Republik zu lernen, so dass es nicht unwesentliche Unterschiede gibt, die auch auf die Durchführung der politischen Feste[83] in den jeweiligen Gebieten Rückwirkungen hatten. Dagegen zeigen die italienischen Republiken und auch die batavische Republik in ihren Festkulturen[84] eine größere Eigenständigkeit, bei der sich die Rezeption der Modelle der Französischen Republik mit Elementen der eigenen Festtradition vermischte.

Die weiteste Vergleichsebene stellen dann die Verhältnisse in den innerfranzösischen Departements dar. Hier kann auf die gerade in jüngster Zeit sich stark entwickelnde regionale Forschung zum Direktorium zurückgegriffen werden. Sie umfasst sowohl regionale Synthesen[85] wie auch spezielle Mikrostudien[86]. Hinzu kommt eine reiche Aufsatzliteratur, die besonders neue Ansätze in der Bewertung der französischen Lokalverwaltung unter dem Direktorium betrifft. Für die revolutionäre Festkultur liegt die Regionalstudie von Vovelle[87] über die Provence vor, die auch eine Reihe von Nachfolgearbeiten beeinflusst hat, die im Umkreis des Bicentenaire entstanden sind[88]. Trotzdem kann sie eine Synthese der vielfältigen Regionalforschung zur revolutionären Festkultur nicht ersetzten, die bisher fehlt. Insofern war es für Einzelvergleiche vielfach

---

[82] WARTELLE: Belgique, in: Dictionnaire historique, 1989. La Belgique française, 1993.
[83] Eine Gesamtdarstellung existiert nur in der kurzen Skizze von BERNARD: La fête révolutionnaire du rassemblement spontané à la manifestation, 1993. An Einzelstudien sind zu nennen: SPANG: Les fêtes décadaires à Luxembourg, 1963. RAXHON: Fêtes civiques à Liège de la Révolution au Consulat, 1999.
[84] BOSSENO: Iconographie des fêtes révolutionnaires italiennes, 1796-1799, 1988. GRIJZENHOUT: La fête révolutionnaire aux Pays-Bas (1780-1806), 2001. JOURDAN: La Révolution batave entre la France et l'Amérique (1795-1806), 2008, S. 307-319.
[85] Hier ist vor allem auf die für Frankreich klassische Gattung der Departementsgeschichten (monographies départementales) zu verweisen, von denen eine Reihe auch auf die Festkultur eingeht: BRELOT: La vie politique en Côte-d'Or sous le Directoire, 1932; REINHARD: Le département de la Sarthe sous le régime directorial, 1935. CLÉMENDOT: Le département de la Meurthe à l'époque du Directoire, 1966. D'HOLLANDER / PAGEOT: La Révolution française dans le Limousin et la Marche, 1787-1799, 1989. BOURDIN: Le Puy-de-Dôme sous le Directoire. Vie politique et esprit public, 1990. GOUDEAU: Le département de l'Eure sous le Directoire, 2012.
[86] JESSENNE: Pouvoir au village et Révolution, Artois, 1987. ARZALIER: Des villages dans l'histoire. Vallée de Montmorency, 1996. BIANCHI: La Révolution et la Première République au village. Pouvoirs, votes et politisation dans les compagnes d'Ile-de-France, 2003.
[87] VOVELLE: Les métamorphoses de la fête en Provence de 1750 à 1820, 1976.
[88] DELALEUX: Les fêtes de la Révolution à Metz, 1989.

notwendig, gut bearbeitete Beispiele aus der älteren Literatur der Lokalmonographien zur Revolution, die insbesondere in der Zeit der Dritten Republik entstanden sind, heranzuziehen, wobei weniger die Pariser Festkultur[89] als die Nationalfeste in den Departements interessierten. Allerdings ist die französische Literatur hier sehr uneinheitlich. Die meisten Regionalstudien betreffen Departementshauptstädte[90], während die Festkultur in den kleineren Kantonshauptorten oder gar den kantonsangehörigen Gemeinden kaum wissenschaftlich bearbeitet ist[91] und allfällig vorliegende lokalgeschichtliche Arbeiten[92] nicht immer einen Ausgleich dafür darstellen. Insbesondere fehlen Arbeiten, die die Feste über die gesamte Ausdehnung eines Departements verfolgen und statistisch auswerten[93]. Insofern konnte keine Studie gefunden werden, die in ihrer Methodik mit der vorliegenden Untersuchung direkt vergleichbar gewesen wäre.

Schließlich ist speziell für die Untersuchung der Festkultur in den rheinischen Departements und der damit zusammenhängenden Forschungsbereiche der politischen Semantik, des Symboltransfers etc. auch die parallele Rezeption dieser Phänomene in den deutschen Staaten rechts des Rheins zu beachten[94], so dass sich die vorliegende Untersuchung auch in den weiteren Horizont des Themas Deutschland und die Französische Revolution integriert.

---

[89] BIVER: Fêtes révolutionnaires à Paris, 1979. Fêtes et Révolution, 1989. SCHRÖER: Republik im Experiment, 2014.

[90] Wichtige ältere Arbeiten sind u.a. BOIS: Les fêtes révolutionnaires à Angers de l'an II à l'an VIII (1793-1799), 1929, sowie die verschiedenen Aufsätze von DOMMANGET, insbesondere: La déchristianisation à Beauvais. Le culte décadaire et la Théophilanthropie, 1921. Benutzt wurden auch Arbeiten für Limoges (FRAY-FOURNIER: Les fêtes nationales et les cérémonies civiques dans la Haute-Vienne pendant la Révolution. 1902.), Marseille (MEINZER: Der französische Revolutionskalender, 1992.), Rouen (CHARDON: Dix ans de fêtes nationales et de cérémonies publiques à Rouen, 1911.), Toulouse (BARRE: Les fêtes révolutionnaires à Toulouse, 1976.) und Tulle (FOROT: Les fêtes nationales et cérémonies publiques à Tulle sous la Révolution et la première République, 1904.).

[91] Eine exemplarische Arbeit, die sich auf ein eigenes Festregister der Gemeinde stützt, ist LAROCHE DE ROUSSANE: Les fêtes civiques à Sainte-Foy La Grande sous le Directoire, 1989.

[92] Ein gutes Beispiel bietet: LEGRAND: Les fêtes civiques à Abbeville, 1978.

[93] Ansätze bei: DENIS: Les fêtes révolutionnaires dans le département du Maine-et-Loire, 1988. Die neue Studie von LAIDIÉ: Fêtes et manifestations publiques en Côte-d'Or pendant la Révolution française, 2005, versteht sich als eine rechtshistorische Arbeit, die folglich die normative Ebene betont. Sie enthält allerdings auch einen Gesamtkatalog der im Departement stattgehabten Revolutions- und Nationalfeste (S. 99-109), der interessante Vergleichszahlen bereitstellt, vgl. Kap. IV, 3.

[94] PETER: Die Revolution als Fest - das Fest als Revolution, 1990.

II. Französische Republik und Rheinland

1. Die Gleichzeitigkeit des Ungleichen

Die Französische Revolution war nicht nur ein Stadtpariser Ereignis. Ebenso sind die großen Städte der Provinzen revolutioniert worden und haben ihre eigenen revolutionären Prozesse erlebt, und schließlich ereignete sich parallel dazu die antifeudale Revolution in den Landgemeinden. Dagegen hat eine Revolutionierung des Rheinlandes nicht stattgefunden. Vielmehr handelt es sich für die Zeit des Koalitionskriegs ab 1794 um Eroberung und für die der Annexion ab 1798 um Republikanisierung. Die französische Besatzung und Verwaltung setzten keine Revolutionsprozesse in Gang, sondern transferierten republikanische Rechts- und Verwaltungsinstitutionen. Auch wenn dies nicht auf diese institutionellen Maßnahmen beschränkt blieb, sondern durchaus auch soziale Folgen hatte, so war es doch nicht das Gleiche, ob es sich dabei um basisrevolutionäre Prozesse innerhalb einer Nation oder um von einer Besatzungsmacht dekretierte Institutionsreformen handelte. Auch wenn also ab 1798 in Frankreich wie im annektierten Rheinland grundsätzlich die gleichen Verwaltungs- und Rechtsstrukturen galten, so hatten sie doch unterschiedliche Wirkungen und setzten unterschiedliche Prozesse in Gang. Institutionell und personell handelt es sich sicherlich um miteinander verbundene, aber eben doch um getrennte Phänomene.

Schon die Cisrhenanen, die das Land wirklich revolutionieren wollten, hatten das Problem, einen französischen Partner zu finden. Mit dem Sturz der Gironde hatte Frankreich den Revolutionsexport aufgegeben und für die konventionelle Kriegsführung optiert, bei der die Armeen aus den besetzten Ländern unterhalten werden sollten. Für eine Politik der Ausbeutung der besetzten Gebiete aber war eine Revolutionierung nur hinderlich. Hinzu kam, dass die Cisrhenanen für die Pläne einer eigenständigen Republik eher bei den gemäßigten Politikern in Paris Unterstützung finden konnten, während die radikaleren Kräfte in Paris eine Integration des Rheinlandes in die Französische Republik anstrebten. Gerade der neojakobinische Staatsstreich vom 18. Fruktidor V beendete den Traum der Gründung einer cisrhenanischen Tochterrepublik. Umgekehrt hatte aber Hoche als Protektor der Cisrhenanen beim Antritt seines Militärkommandos im Rheinland die einheimischen Revolutionsanhänger gerade aus ihren lokalen Ämtern verdrängt, indem er die alten Verwaltungsstrukturen neu belebte. Schließlich ist auch die dann folgende Annexion des Rheinlandes asymmetrisch. Das Rheinland rezipierte die Institutionen der Revolution in der Form der Republik des Direktoriums. Das

Direktorium stellte aber in vieler Hinsicht ein Ende der Revolution dar. Es beendete die direkte Demokratie sowohl in ihrer konkreten Form der Einflussnahme der Pariser Sektionen auf den Konvent wie auch in der Norm des direkten Wahlrechtes der (nie in Kraft gesetzten) Verfassung von 1793. Es beendete die staatliche Unterstützungspolitik und schwenkte zu einer liberalen Sozial- und Wirtschaftspolitik um. Es beendete die Dechristianisierung und gab der katholischen Kirche wieder Spielraum. Was aber für Frankreich ein Ende oder doch zumindest eine Abschwächung der Revolution war, das konnte für das Rheinland noch immer revolutionär genug sein. Recht und Verfassung waren noch immer von den revolutionären Individualrechten geprägt. Die neue liberale Sozial- und Wirtschaftspolitik basierte um so mehr auf der Aufhebung der feudalen Privilegien. Die staatliche Religionspolitik in Form der Polizeiaufsicht über die Religionsausübung musste für das katholische Rheinland ein Schock sein. Die Rezeption der Französischen Revolution in den rheinischen Departements stellt sich so als ein komplexer Vorgang dar, dessen Ambivalenzen und Asymmetrien sich sofort ergeben, wenn man ihn von beiden Seiten, von Innerfrankreich wie vom Rheinland aus betrachtet.

2. Revolution und Direktorium

Das Frankreich, das das Rheinland annektierte, war die Republik des Direktoriums. Es war nicht mehr die Revolution des Sturms auf die Bastille, die den Weg einer Reform des Staates in den Grenzen einer konstitutionellen Monarchie versucht hatte und die in Deutschland mit so großem Interesse und mit so viel Sympathie begrüßt worden war. Es war auch nicht die zweite Revolution des Sturms auf die Tuilerien, die eine demokratische Republik angestrebt hatte und diese im Kampf gegen die inneren politischen Gegner wie auch gegen die militärische Bedrohung von außen nur durch das Mittel einer Politik der *terreur* durchsetzen zu können geglaubt hatte und deren historia negra die gegenrevolutionäre Propaganda auch in Deutschland dann um so wirksamer medial inszenieren konnte. Es war die Republik des Postthermidor, die in einem mehr als ein Jahr dauernden Prozess von dem Parlamentskomplott des Konvents gegen Robespierre am 9. Thermidor II / 27. Juli 1794[1] bis zur Verkündigung der neuen Verfassung am 1. Vendémiaire IV / 23. September 1795 vorbereitet wurde. In der Tat war das Parlamentskomplott vor allem eine Auseinandersetzung innerhalb der jakobinischen Partei selbst, denn die meisten Verschworenen waren *montagnards*. Richtig ist auch, dass sich die eigentlichen Machtverschiebungen von der Niederwerfung der Volksaufstände von Germinal (2. April 1795) und Prairial (20.-23. Mai 1795) und der Ausbootung der jakobinischen Mitverschwörer bis hin zu den institutionellen und legislativen Umgestaltungen erst innerhalb eines längeren Prozesses voll-

---
[1] Walter: La conjuration du Neuf Thermidor, 1974.

zogen². Immerhin bleibt aber das Geschehen um den 9. Thermidor ein Wendepunkt, auch wenn die neue Republik erst mit der Verfassung des Direktoriums endgültig Gestalt annahm³.

Der postthermidorianische Konvent kehrte nicht zur Verfassung der konstitutionellen Monarchie von 1791 zurück, sondern rezipierte die Republik von 1792. Er setzte auch nicht die Verfassung von 1793 in Kraft, sondern schuf die neue Verfassung des Direktoriums⁴. Dabei versuchte er die Lehre aus der bisherigen Revolutionsgeschichte zu ziehen. Schon in diesem Ansatz ist die neue Staatsideologie der doppelten Abgrenzung sowohl von der Monarchie als auch von der Jakobinerherrschaft gegeben. Die Monarchie wurde weiterhin als Tyrannis abgelehnt, womit das neue Regime nicht nur außenpolitisch den Krieg gegen die europäischen Monarchien übernahm, sondern sich auch innenpolitisch zu Königsmord, Nationalgüterverkäufen und Emigrantengesetzgebung bekannte. Die Jakobinerherrschaft wurde als Anarchie und verkappte Tyrannis abgelehnt, womit nicht nur die Usurpierung der Macht durch den Wohlfahrtsausschuss und Robespierre selbst sowie die basisdemokratische Partizipation der Sektionen proskribiert, sondern auch die auf dem allgemeinen Wahlrecht basierende Verfassung von 1793 zurückgewiesen wurde. Jenseits der verworfenen Alternativen von Monarchie und Anarchie blieb die Möglichkeit einer repräsentativen Republik, und diesen Weg suchte die Verfassung des Direktoriums zu beschreiten. Dabei sind drei Ebenen zu unterscheiden.

Auf der Regierungsebene stellte die neue Verfassung ein höchst kompliziertes Gebilde der Machtverteilung und Kontrolle dar und trennte streng zwischen Exekutive und Legislative. Die Exekutive war einem Gremium übertragen worden, das Direktorium (*Directoire exécutif*) genannt wurde und aus fünf Direktoren (*Directeurs*) bestand. Seine Pluralität sollte schon innerhalb dieses Gremiums zu einer gegenseitigen Kontrolle beitragen. Zwar gab es einen Präsidenten, aber der hatte nur einen Ehrenvorrang und wurde auch nur jeweils auf drei Monate bestellt. Das Direktorium bildete so eine Art kollektiven Staatspräsidenten mit einem eigenen kleinen Verwaltungsapparat in Form eines Generalsekretariates. Zur Durchführung der eigentlichen Verwaltung unterstanden ihm Ministerien, die - wie unter den früheren Revolutionsverfassungen - von nicht politisch verantwortlichen Ministern geleitet wurden. Sie wurden vom Direktorium ernannt und waren ihm allein verantwortlich. Das Direktorium mit den ihm unterstellten Ministerien hatte so die höchste Ver-

---

[2] BRUNEL: Thermidor, La chute de Robespierre, 1989, 127-128.
[3] Grundlegend zur Geschichte des Direktoriums noch immer LEFEBVRE: La France sous le Directoire, hg. v. SURATTEAU, 1977. Außerdem: WORONOFF: La République bourgeoise de Thermidor à Brumaire, 1972. LE BOZEC: La Première République, 2014.
[4] Les Constitutions de la France depuis 1789, 1995, S. 93 ff. GODECHOT: Les institutions, 1968, S. 395 ff. La Constitution de l'an III, 1998.

waltungskompetenz, aber keine Gesetzesinitiative. Diese lag vielmehr allein bei der Kammer (*Corps législatif*). Doch auch diese Kammer war pluralistisch organisiert und bestand aus dem Rat der Fünfhundert (*Cinq-Cents*) mit einem Mindestalter von 30 Jahren, der über die Gesetzesinitiative verfügte, und dem Rat der Alten (*Anciens*) mit einem Mindestalter von 40 Jahren, der über die Gesetzesvorlagen abstimmte. Auch das Direktorium wurde auf diese Weise bestimmt, indem aus einer von dem Rat der 500 aufgestellten 10er Liste für jeden vakanten Direktorenposten einer von dem Rat der Alten gewählt wurde. Dieses Verhältnis von Gleichgewicht und gegenseitiger Kontrolle zwischen den höchsten Verfassungsorganen führte allerdings auch zu einer politischen Immobilität, die vielfach politisches Handeln nur außerhalb der formalen Entscheidungswege zuließ und wiederholt zum Eingreifen eines deus ex machina in Form von Staatsstreichen auf der Basis des einzigen nicht in dieses Gleichgewicht eingebundenen Machtfaktors im Staate führte, nämlich der Armee.

Regierung und Parlament legitimierten sich durch ein Repräsentativsystem, das auf einer Stufenwahl mit Wahlzensus beruhte und jährliche Wahlen vorsah, die sich aber immer nur auf ein Drittel der gewählten Abgeordneten bezogen. Das Wahlrecht zielte also auf eine doppelte Abfederung des Volkswillens, nämlich erstens durch den indirekten Wahlmodus und zweitens durch die Teilwahlen. Was aber dem Regime eine größere politische Stabilität bringen sollte, führte durch die jährlichen Neuwahlen gerade umgekehrt zu einer größeren Politisierung. Dabei ließ die Verfassung des Direktoriums keine Parteien und keine Wahlkämpfe zu, sondern organisierte die Wahlen als Direktentscheidungen der Wahlversammlungen[5]. Das sollte die politischen Organisationen der Monarchisten und der Anarchisten (Jakobiner) treffen, es beraubte aber auch das Direktorium selbst der Möglichkeit zu einer eigenen Parteibildung. Wie in der ganzen Revolutionsgeschichte ging es auch unter dem Direktorium somit um die Monopolisierung des politischen Willens und die Dominanz der Wahlen, nicht um eine Öffnung des Regimes für pluralistische Parteien[6]. Das führte zu Kontrolle, Manipulation und Kassation von Wahlen, konnte aber auf Dauer die mangelnde politische Basis des Regimes nicht ersetzen, so dass schließlich zwischen Monarchisten und Jakobinern kaum noch ein gouvernementales Elektorat übrig blieb und das Regime immer mehr von der Unterstützung durch die Armee abhängig wurde.

Schließlich regelte die Verfassung auch die Verwaltung in den Departements. Die Departements wurden durch Zentralverwaltungen verwaltet, die das

---

[5] Einen Überblick geben: Rosanvallon: Le sacre du citoyen, 1992, S. 188-195. Reichardt: Das Blut der Freiheit, 1999, S. 180-189. Zum aktuellen Forschungsstand siehe: Gainot: La République Française et la „Démocratie électorale", 2015.
[6] Hunt / Lansky / Hanson: The failure of the Liberal Republic in France, 1979.

Spiegelbild des Direktoriums waren. Wie das Direktorium auf der Ebene der Republik, so bestanden die Zentralverwaltungen auf der Ebene der Departements aus fünf Mitgliedern mit dem Titel von Verwaltern (*administrateurs*), die als Kollegium die Verwaltung leiteten. Auch sie hatten einen Präsidenten, der nur den Ehrenvorsitz führte, hier jedoch ohne Zeitlimit bestimmt wurde. Über ein Generalsekretariat hinaus verfügte die Zentralverwaltung auch über einen kleinen Verwaltungsapparat, wobei jeder Verwalter für einen Verwaltungsbereich zuständig war. Zu diesem Kollegium der Zentralverwaltung kann noch ein vom Direktorium ernannter Kommissar (*commissaire du Directoire exécutif près l'administration centrale du département de ...*, oder kürzer: *commissaire central*), der die Aufgabe hatte, die Einhaltung der Gesetze in der Verwaltung zu überwachen. Dies institutionalisierte einen Dualismus zwischen einer gewählten Verwaltung und einem kontrollierenden, ernannten Kommissar. Der gleiche Dualismus findet sich dann auch auf der untersten Stufe der staatlichen Verwaltung in den Kantonen wieder, wo ebenfalls gewählte Kantonsmunizipalitäten einem nun von den Zentralverwaltungen der Departements ernannten Kommissar bei den Kantonsmunizipalitäten gegenüberstanden. Ist in der Verwaltung der Departements und der Kantone also das gleiche Prinzip des Gleichgewichtes durch gegenseitige Kontrolle zu erkennen, das für die Verfassung als Ganzes bestimmend war, so ist die Wirkung dieser Prinzipien anscheinend unterschiedlich zu beurteilen, je nachdem es sich um Regierungsorgane oder um nachgeordnete Verwaltungen handelt. Auffällig ist jedenfalls, dass die heutige französische Verfassung im Zuge einer Dezentralisierung und Parlamentarisierung der Regionen und Departements wieder auf ganz ähnliche Instrumente zurückgegriffen hat, wie sie schon die Verfassung des Direktoriums kannte. Auch hier basiert die Delegierung von Verwaltungskompetenzen auf einem Dualismus zwischen gewählten Körperschaften (Conseil régional) und kontrollierenden Regierungskommissaren (Préfet de région, Préfet). Anscheinend hat also die Verfassung des Direktoriums ein Instrument zur Entpolitisierung und Kontrolle der Departements zur Verfügung gestellt, das auch heute noch Anhänger hat.

3. Revolutionsexpansion:
«*Frontières naturelles*» und «*Grande Nation*»

Das Direktorium hatte den Koalitionskrieg nicht erklärt, es hatte ihn geerbt, aber es war keine fremde Erbschaft[7]. Die Kriegserklärung vom 20. April 1792

---

[7] Grundlegend: GUYOT: Le Directoire et la paix de l'Europe, 1911; BIRO: German Policy of Revolutionary France, 1957; GODECHOT: La Grande Nation, 1983; BLANNING: The French Revolutionary Wars, 1787-1802, 1996, S. 107 ff..
Dazu die jüngere Aufsatzdiskussion: TULARD: La diplomatie française et l'Allemagne de 1789 à 1799, 1983; SURATTEAU: Le double langage de la France révolutionnaire en

war eine fast einstimmige und dadurch Einheit stiftende Entscheidung der Nationalversammlung (*Assemblée législative*). Sie war mehr ein innenpolitischer Ausweg aus der Blockade zwischen Parlament und Krone als eine Exportierung der Revolution, und auch die Emigrantenproblematik stellte weniger eine militärische Bedrohung als eine innenpolitische Infragestellung der Revolution dar. Der Schock der alliierten Invasion führte dann auch zu einer innenpolitischen Lösung, allerdings in der kaum erwarteten Weise des Sturms auf die Tuilerien am 10. August und der Ausrufung der Republik am 21. September 1792. Nach der Wende von Valmy am 20. September 1792, wo die Alliierten auf ihrem Marsch auf Paris immerhin schon über den Punkt hinaus vorgedrungen waren, bis zu dem sich Ludwig XVI. bei seiner Flucht hatte aus Paris entfernen können (Varennes), und weniger als 200 km von Paris entfernt waren, gelang den Revolutionstruppen dann aber noch im Herbst 1792 die Eroberung des größten Teils der österreichischen Niederlande sowie eines Streifens des linken Rheinufers zwischen Landau und Mainz. Diese Erfolge führten zunächst zu einer neuen Interpretation des aus der Volkssouveränität folgenden Rechtes auf politische Selbstbestimmung der Völker, indem die Législative durch zwei Gesetze vom 19. November und 15. Dezember 1792 die Generale zum aktiven Eingreifen zugunsten von Revolutionsbewegungen in den besetzten Gebieten und sogar zur einseitigen Revolutionierung dieser Gebiete ermächtigte. Darüber hinaus führten diese militärischen Erfolge auch dazu, dass das Ziel der natürlichen Grenzen nun Teil der französischen Politik wurde, indem Danton am 31. Januar 1793 und Carnot am 14. Februar 1793 die Alpen, die Pyrenäen, das Meer und eben den Rhein als die Frankreich von der Natur vorgegebenen Grenzen bezeichneten[8]. Nachdem schon 1791 Avignon als erste innerfranzösische Enklave reuniert worden war, konnten nun 1792/93 auf dieser Basis auch die anderen Enklaven wie die Reichsgrafschaften Saarwerden, Salm und Mömpelgard sowie benachbarte eroberte Gebiete wie Belgien an Frankreich angegliedert werden[9], wobei sich interne Reunionsbewegungen, von außen organisierte Reunionskampagnen und schlichte Eroberungen vermischten. Ebenso vermischten sich bei der Rechtfertigung der Reunionen das revolutionäre Institut des Völkerrechts auf Selbstbestimmung mit der Idee der natürlichen Grenzen, die aufgrund der revolutionären Gleichsetzung von Natur und Logos nicht weniger eine Qualität als Kategorie eines natürlichen Völkerrechts erhielt. Allerdings

---

Rhénanie, 1989; BUDRUSS: Die Deutschlandpolitik der Französischen Revolution, 1990; LEUWERS: Révolution et guerre de conquête, 1993; DELINIÈRE: La politique allemande du Directoire, 1997; NERI: Frankreichs Reichspolitik auf dem Rastatter Kongreß, 1997.

[8] RICHET: Frontières naturelles, 1988; ULBRICH: Rheingrenze,1991; SMETS: Le Rhin, frontière naturelle de la France, 1998. Für die Genese der Theorie vgl. NORDMAN: Frontières de France, 1998, S. 67-122 et passim.

[9] DUMONT: Mainzer Republik, 1993, S. 300 (Karte).

konnte in dem Konzept der natürlichen Grenzen auch eine Begrenzung der Revolutionsexpansion liegen[10]. So beschränkten sich die Reunionen im Bereich des eroberten Gebietes zwischen Landau und Mainz auf zwei Arten. Natürlich wurde das Gebiet, das von der französischen Armee direkt erobert worden war, mit Frankreich vereinigt[11]. Darüber hinaus aber wurde nur noch für solche Gebiete die Reunion ausgesprochen, die auch schon vorher in Rechtsbeziehungen zu Frankreich gestanden hatten. Dies war aber nur ein Vorspiel, denn die rheinischen Reunionen des Jahres 1793 hatten vorerst keinen Bestand.

Der Sturz der Gironde und die Machtübernahme durch die Montagnards (2. Juni 1793), von denen Robespierre sich schon immer gegen Eroberungen ausgesprochen hatte, zusammen mit den schweren militärischen Rückschlägen des Jahres 1793 ließen den Diskurs der Revolutionsexpansion vorübergehend zurücktreten. Nachdem aber die militärische Situation durch die *levée en masse* stabilisiert worden war und die französischen Offensiven von 1794/95 sogar die Wiederbesetzung von fast den gesamten österreichischen Niederlanden sowie die Eroberung der Generalstaaten und eines großen Teiles des Rheinlandes gebracht hatten, konnten nach dem 9. Thermidor die neue Konventsmehrheit und dann das Direktorium an die girondistische Politik von 1792 anknüpfen. Nach der Gründung der Batavischen Republik erneuerte der Konvent am 1. Oktober 1795 die Reunion von Belgien. Allerdings hatte sich in der Zwischenzeit die Besatzungspolitik deutlich geändert[12]. Es ging nicht mehr darum, den Völkern die Gelegenheit zur Selbstbestimmung zu geben, es ging auch nicht mehr um eine Revolutionierung der besetzten Länder, es ging vielmehr um Eroberung und um den Unterhalt der Armeen aus den eroberten Ländern[13]. Zwar waren auch die ersten Feldzüge der Revolutionsarmeen von Kontributionen und Requisitionen begleitet gewesen, aber die Härte der Ausplünderung bei der Wiedereroberung 1794/95 schlug gerade im Rheinland so stark durch, dass auch auf französischer Seite nicht unbemerkt blieb, dass eine solche Behandlung des Landes in Bezug auf eine spätere Reunion kontraindiziert war[14]. Andererseits bedeutete die Rückkehr zur traditionellen Eroberungspolitik nicht einfach eine Aufgabe der revolutionären Prämissen,

---

[10] ULBRICH: Rheingrenze, 1991, S. 243.
[11] DUMONT: Mainzer Republik, 1993, S. 437; HANSEN: Quellen, Bd. 2, 1933, S. 813 (mit Liste der Orte).
[12] Vgl. dazu das Kolloquium: Occupants - Occupés, 1792-1815, 1969, mit den Beiträgen von GODECHOT: Les variations de la politique française à l'égard des pays occupés, 1792-1814, und DEVLEESHOUWER: Le cas de la Belgique. - In jüngster Zeit ist die Diskussion unter Aspekten des Völkerrechts fortgeführt worden, vgl.: LEUWERS: Révolution et guerre de conquête, 1993; BELISSA: La cosmopolitique du droit des gens, 1996; LEUWERS: Théorie et pratique des relations internationales chez les hommes du Directoire, 1997.
[13] BLANNING: French Revolution in Germany, 1983, S. 73-74; CORVISIER: La place de l'armée dans la Révolution française, 1993, S. 17.

aber der politische Diskurs hatte sich geändert. Das in der frühen Revolution und besonders in der Föderationsbewegung entstandene politische Bewusstsein, eine Nation zu sein, hatte durch Krieg, Reunionen und Eroberung zu einer Nationalisierung der Revolution geführt[15]. Die Nation begriff sich als ein Volk in Waffen, das seine Freiheit selbst verteidigte. Das konnte in dreifacher Weise geschehen, nämlich durch die Sicherung der bestehenden Grenzen, durch die Ausdehnung des Territoriums bis an die als von der Natur gesetzt angesehenen Grenzen und durch die Kontrolle eines Glacis von Tochterrepubliken vor den eigenen Grenzen. Das bedeutete eine aggressive territoriale Eroberungspolitik bis zum Erreichen der selbst gesetzten Grenzen und eine Kontrolle und Ausbeutung der weiteren benachbarten Länder. Trotzdem konnte sich aber noch eine solche imperiale Politik mit dem Transfer von revolutionären Freiheitsrechten verbinden, indem die Bevölkerung der eroberten Gebiete entweder in die französische Nation durch Annexion integriert wurde oder unter einem französischen Protektorat eigene Republiken bildete, deren Institutionen sich nach dem Vorbild der Verfassung der Französischen Republik richteten. Dies ist die Kernvorstellung von Frankreich als einer « *grande Nation* », wie sie sich seit 1794/95 entwickelte und dabei revolutionäre Befreiungsideologie nahtlos mit nationaler Eroberungspolitik verband[16].

Auch nach 1794 konnte die Expansionspolitik der Französischen Republik also noch immer zu einem Transfer von revolutionären republikanischen Institutionen führen[17]. Allerdings war dies nun eine Frage der politischen Opportunität, wie sich auch in der französischen Rheinpolitik zeigt. Die Feldzüge in Belgien und im Rheinland hatten seit 1792 immer in direktem Zusammenhang miteinander gestanden. Insofern war parallel zur Erneuerung der Reunion der österreichischen Niederlande auch die Reunion des Rheinlandes vorbereitet worden. Doch dann beantragte Merlin de Douai als Mitglied des Wohlfahrtsausschusses in der Konventssitzung vom 1. Oktober 1795 nur die Reunion der österreichischen Niederlande. Trotz der expliziten Berufung auf den Rhein als dem wichtigsten Element der natürlichen Grenzen von Frankreich (« *l'affermissement de la République et le repos de l'Europe sont*

---

[14] GODECHOT: La Grande Nation, 1983, S. 434, vgl. ibid, S. 423 ff, 433 ff, 446 ff zum Gesamtzusammenhang.

[15] KRUSE: Militarismus, 2003.

[16] In diesem Sinne hat GODECHOT die « *Grande Nation* » als einen Staatenverbund beschrieben. Zur Semantik des Begriffes, die erst teilweise erhellt ist vgl. FEHRENBACH: Nation, 1986, S. 29-30; SURATTEAU: Nation / Nationalité, 1988; LÜSEBRINK: Die Genese der « Grande Nation », 1996; GUIOMAR: Histoire et signification de « *La Grande Nation* », 1999, S. 326-327.

[17] LEUWERS: Théorie et pratique des relations internationales chez les hommes du Directoire, 1997, S. 958, der hier Thesen von GODECHOT: La Grande Nation, 1983, S. 532 ff aufnimmt.

essentiellement attachés au reculement de notre territoire jusqu'au Rhin ») und einem grundsätzlichen Hinweis auf die Notwendigkeit auch der Reunion des linken Rheinufers wurde ein paralleler Antrag auf Reunion auch dieses Gebietes aber nicht gestellt, und zwar aus außenpolitischen wie auch militärischen Gründen. Der Friede von Basel mit Preußen vom 5. April 1795 hatte Frankreich den Rückzug der preußischen Armee und die Neutralisierung von ganz Norddeutschland gebracht, aber die auch schon zugestandene Abtretung der preußischen Besitzungen auf dem linken Rheinufer unter den doppelten Vorbehalt einer Bestätigung durch einen Friedensvertrag mit dem Reich und der Kompensierung durch rechtsrheinische Gebiete gestellt. Diesen diplomatischen Erfolg der Neutralisierung von Preußen wollte der Konvent offensichtlich nicht durch eine vorzeitige Annexion des Rheinlandes gefährden. Außerdem war auch die militärische Eroberung des Rheinlandes noch nicht so weit gediehen, als dass man schon den Rhein in seiner ganzen Länge zur französischen Grenze hätte erklären können. So wurde die Reunion des linken Rheinufers zurückgestellt[18].

Auch das am 31. Oktober 1795 gewählte Direktorium verhielt sich in dieser Frage vorsichtig. Carnot und sein Parteigänger Letourneur befürworteten eine antiannexionistische Politik, die sich militärisch auf die Sicherung des Landes durch den bestehenden Festungsgürtel im Norden und Osten stützte und eine auf dieser Basis mögliche außenpolitische Stabilisierung der Republik höher einschätzte als revolutionäre Eroberungen. Diese Position wurde auch von einigen der bei den Armeen in Deutschland eingesetzten Generäle (Kléber) und Kommissare (Jourdan) geteilt[19]. Dagegen bildeten Reubell[20] und La Révellière-Lépeaux die Expansionistenpartei innerhalb des Direktoriums. Reubell vertrat die am weitesten ausgreifende Politik, die den Rhein als die natürliche Grenze Frankreichs forderte, dazu Brückenköpfe auf dem rechten Rheinufer bei den wichtigsten Grenzfestungen anstrebte und darüber hinaus noch einen Kranz von rechtsrheinischen Tochterrepubliken vorsah, während La Révellière-Lépeaux als Befürworter von Tochterrepubliken galt. Auch die Expansionisten konnten sich auf Kräfte außerhalb des Direktoriums stützen, zu denen besonders Merlin de Douai und Sieyès zählten. Außerdem scharten sich die deutschen Jakobiner um Reubell[21]. Dies führte allerdings nicht zu theoretischen Grundsatzdiskussionen und zu dogmatischen Entscheidungen im Direktorium. Die Parteiungen innerhalb des Direktoriums waren letztlich nur

---

[18] HANSEN: Quellen, Bd. 3, 1935, S. 651-656.
[19] GODECHOT: La Grande Nation, 1983, S. 82-83, 130; SMETS: Le Rhin, frontière naturelle de la France, 1998, S. 684.
[20] SURATTEAU / BISCHOFF: Reubell, 1995.
[21] SURATTEAU: La politique du Directoire à l'égard de l'Allemagne, 1984; RUIZ: Du Rhin comme limite: un concours franco-allemand, 1994; COTTEBRUNE: Des «*réfugiés mayençais*» dans le Paris révolutionnaire: histoire d'un exil politique, 2003.

insoweit von Bedeutung, als sie bei einer grundsätzlichen Pattsituation von zwei Direktoren (Carnot und Letourneur bzw. ab dem 20. Mai 1797 Barthélemy) gegen zwei Direktoren (Reubell und La Révellière-Lépeaux) und einer undurchsichtigen Haltung des fünften Mitgliedes (Barras) eine wirkungsvolle Politik des Direktoriums in der Frage einer Reunion des Rheinlandes verhinderten. Konkret folgten die Debatten des Direktoriums der jeweiligen nationalen Interessenpolitik und ergingen seine Entscheidungen mit wechselnden Mehrheiten[22].

Die Schwäche des Direktoriums vergrößerte den politischen Spielraum der Generäle. Insofern sind auch die Pläne für die Gründung einer cisrhenanischen Republik im Jahre 1797 weniger von der Haltung des Direktoriums abhängig gewesen als von der Position des sie unterstützenden Generals Hoche. Zwar suchte sich Hoche mit einer Anfrage an das Direktorium vom 6. April 1797 abzusichern, aber er war es, der die Richtung vorgab: «*je me suis proposé [...] de rapprocher le plus possible les habitants du pays conquis des idées de la liberté et des principes de la Révolution française*» und der dabei seine Präferenz für die Gründung einer Tochterrepublik vor einer Angliederung an Frankreich deutlich zu erkennen gab. Das Direktorium antwortete postwendend am 13. April 1797 mit einer Entscheidung, die quer durch die Parteiungen ging, indem nur Carnot, La Révellière und Barras unterschrieben, und die viele Deutungsmöglichkeiten offen ließ. Das Direktorium ging dabei auf die von Hoche favorisierte Lösung einer «*République indépendante*» ein, aber doch nur, um lediglich die Bildung einer «*République séparée*» zuzubilligen und die Bildung eines «*État indépendant*» ebenso ausdrücklich auszuschließen wie die sofortige Reunion. Zugebilligt war nur ein Institutionstransfer durch Hoche selbst («*nous vous autorisons à l'*[le régime intérieur de la République] *y introduire sous le titre de règlement, qui doit émaner de vous seul*»). Doch auch wenn dies bis zur Übertragung der französischen Verfassung gehen konnte, wollte das Direktorium doch die volle Verfügungsgewalt über das Land aufgrund des Eroberungsrechtes erhalten sehen («*nous ne prétendons pas nous priver de nos droits de conquête*»)[23]. Eine Instruktion war dieses „zwar - aber" gewisslich nicht, wohl aber hätte es ein Freibrief für einen entschlossen handelnden General vor Ort werden können. So war es letztlich weniger der Staatsstreich vom 18. Fruktidor in Paris, der die Mehrheit der Expansionspartei im Direktorium für eine Reunion des Rheinlandes festigte, als der überraschende Tod von Hoche am 9. September 1797, der die cisrhenanische Republik zu einer abgebrochenen Episode machte.

---

[22] LEUWERS: Théorie et pratique des relations internationales, 1997, S. 953.
[23] HANSEN: Quellen, Bd. 3, 1935, S. 945-947. STEIN: Französische Quellen zur Geschichte des Rheinlandes, 2008, S. 245.

4. Friede von Campo-Formio, Staatsstreich vom 18. Fruktidor V und Annexion

Bei der politischen Schwäche des Direktoriums und bei dem sich im Sommer 1797 schnell verschlechternden Gesundheitszustand von Hoche wurde aber die Außenpolitik des Direktoriums letztlich weder in Paris noch bei den im Rheinland operierenden Armeen gemacht. Seit der Übernahme des Kommandos über die Italienarmee 1796 hatte sich Bonaparte durch seine militärischen Erfolge eine eigene Machtposition geschaffen und dabei auch zunehmend von den Direktiven des Direktoriums emanzipiert. Wo das Direktorium unter Reubell's Federführung einen großen Feldzug in Deutschland geplant hatte, verschob Bonaparte das Hauptgewicht der Operationen nach Italien und schuf in einem Jahr fast ununterbrochener Kriegszüge von April 1796 bis April 1797 vollendete Tatsachen. Zunächst eroberte er weite Teile von Norditalien und gründete die cisalpine Republik (Mailand), während die umliegenden Staaten, egal ob unter Respektierung ihrer alten Staatsform oder als neue Tochterrepubliken, unter Kontribution genommen wurden. Dann erreichte er die Übergabe der Schlüsselfestung Mantua (2. Februar 1797) und drang in einem schnellen Vorstoß bis weit in die österreichischen Erblande ein, so dass er Österreich zum Präliminarfrieden von Leoben (18. April 1797) zwingen und diesen dann durch in Konkurrenz zum Direktorium geführte Verhandlungen in den endgültigen Frieden vom Campo-Formio (17./18. Oktober 1797) umwandeln konnte. Mit einer Politik der Sicherung der natürlichen Grenzen hatte das zwar nichts mehr zu tun, es war eine rein imperiale Politik, bei der zudem Bonaparte seine persönliche Politik gegen die Instruktionen des Direktoriums durchgesetzt hatte. Aber die Nationalisierung der Revolution konnte auch das noch decken, indem genau in dieser Zeit zwischen Leoben und Campo-Formio die verbreitete Redewendung von Frankreich als « une grande nation » durch General Bonaparte zur imperialen « la grande nation » verabsolutiert und medial in Szene gesetzt wurde[24]. Der Friede war im Grunde nur ein Waffenstillstand, dem Österreich in einer Zwangssituation hatte zustimmen müssen. Aber auch auf französischer Seite waren im Grund nur Bonaparte's eigene Interessen gesichert worden, während die Zustimmung des Direktoriums schon bei den Präliminarien durch den Druck der französischen Öffentlichkeit, der schon allein durch das Wort Frieden ausgelöst worden war, erzwungen wurde. Bis zum Friedensvertrag war dann das Direktorium durch den Staatsstreich vom 18. Fruktidor auch politisch von Bonaparte abhängig geworden, so dass nun eine etwaige Desavouierung des eigenmächtigen Generals noch weniger in Frage kam.

---

[24] GUIOMAR: Histoire et signification de « la Grande Nation », 1999, S. 318-319.

Der Friede regelte zunächst die italienischen Verhältnisse. Österreich verzichtete auf seine Besitzungen in Italien und erhielt dafür das Gebiet der am Krieg gar nicht beteiligten Republik Venedig, die Bonaparte zwischen Präliminarien und Frieden noch rechtzeitig erobert hatte. Damit hatte Bonaparte seine persönlichen Interessen als Staatsgründer der cisalpinen Republik durchgesetzt, deren Existenz von Österreich völkerrechtlich anerkannt wurde und deren Gebiet sich jetzt noch erweiterte. Für Österreich war dies unter den gegebenen Umständen akzeptabel, da das Ersatzgebiet Venedig in einer direkten Verbindung mit dem eigenen Territorium stand und einen sicheren Adriazugang brachte. Der Friede beinhaltete auch den Verzicht Österreichs auf die österreichischen Niederlande und die Anerkennung der französischen Grenzen (« *limites de la France décrétées par les lois de la République française* »), womit die Reunion der belgischen Departements von 1795 anerkannt wurde. Nicht geregelt wurde dagegen die Frage der Rheingrenze, die das Direktorium zuletzt in seinen Instruktionen vor allem gefordert hatte. Der publizierte Teil des Friedens sagte gar nichts darüber aus. In den Geheimartikeln erklärte Österreich seine Bereitschaft, bei einem Frieden zwischen Frankreich und dem Reich einer Abtretung des linken Rheinufers zwischen der Schweizer Grenze und der Nette (südlich von Andernach) zuzustimmen. Schon jetzt aber verzichtete es auf seine eigenen Besitzungen auf dem linken Rheinufer (Grafschaft Falkenstein) und verpflichtete sich zur Übergabe von Mainz als dem letzten noch linksrheinisch gehaltenen Platz. Damit waren zusätzlich zu dem Baseler Frieden mit Preußen von 1795, dem dann noch ähnliche Verträge mit weiteren Reichsständen gefolgt waren, nun auch mit Österreich bindende Abmachungen getroffen. Die eigentliche Regelung war aber auf einen Friedenskongress mit dem Reich verschoben worden, der in Rastatt stattfinden sollte und wofür der Präliminarvertrag festgelegt hatte, dass dort die Verhandlungen auf der Basis der Reichsintegrität (« *sur la base de l'intégrité de l'Empire* ») stattfinden sollten. Bei diesem Friedenskongress musste es damit um zwei Dinge gehen. Einerseits war die Entschädigung der Reichsstände, die linksrheinische Verluste hinnehmen mussten, zu regeln, wofür als Entschädigungsmasse nur die Gebiete der geistlichen Reichsstände dienen konnten und wovon der Friede von Campo-Formio Österreich schon das Erzstift Salzburg zugesagt hatte. Andererseits aber musste es um die Rheingrenze gehen. Frankreich glaubte hier, aufgrund der vorausgegangenen Verträge und in vollem militärischen Besitz des Landes leicht die Abtretung des gesamten linken Rheinufers erlangen zu können. Aber Österreich hatte aus den nicht publizierten Bestimmungen des Vorfriedens nur das Kriterium der Reichsintegrität bekannt gemacht, so dass im Reich und insbesondere im Rheinland vielfach mit einer Restitution der alten Herrschaften gerechnet wurde. Trotz der starken französischen Position war die rechtliche Lage des Rheinlandes also keineswegs endgültig geregelt.

II. Französische Republik und Rheinland

So ist es zweifelhaft, ob der Friede von Campo-Formio als alleiniger Faktor zur sofortigen Annexion des Rheinlandes durch Frankreich geführt hätte. Hinzu kam aber der Staatsstreich vom 18. Fruktidor V[25], der sich zwischen den Präliminarien von Leoben und dem Frieden von Campo-Formio ereignete und an dem wiederum General Bonaparte entscheidend beteiligt war. Gegen die durch die Wahlen des Jahres 1797 entstandene konservativ-monarchistische Mehrheit der Kammern entschlossen sich die drei republikanischen Direktoren (Reubell, La Révellière, Barras) zum Staatsstreich, gestützt auf zwei der drei Chefgenerale (Bonaparte, Hoche), denen sich dann der dritte (Moreau) auch noch anschloss. Am 18. Fruktidor V (4. September 1797) wurden 42 Mitglieder des Rates der Fünfhundert, 11 des Rates der Alten und zwei Direktoren (Barthélemy, Carnot) zur Deportation verurteilt. Auch wenn die meisten davon fliehen konnten, waren sie nun politisch ebenso ausgeschaltet wie die ausgeschlossenen Girondisten in der Zeit des jakobinischen Konventes. Das war aber nur die Spitze einer tiefgreifenden Säuberung. Insgesamt wurden 177 Abgeordnete des Corps législatif suspendiert und die Wahlen in 49 Departements, also in mehr als der Hälfte von Innerfrankreich, kassiert, was Anlass zu umfangreichen Neubesetzungen im Sinne der gouvernementalen Mehrheit gab. Wichtig war vor allem die Neubesetzung des Direktoriums. Der bisherige Innenminister François de Neufchâteau und der bisherige Justizminister Merlin de Douai wurden ins Direktorium gewählt, das damit als sog. zweites Direktorium nun eine rein thermidorianische Zusammensetzung aufwies. Damit waren nun Parlamentsmehrheit und Direktorium wieder politisch handlungsfähig geworden, wenn auch um den Preis eines Verlustes an demokratischer Legitimierung und einer Abhängigkeit des Regimes von der Armee.

Schon im Vorfeld des Staatsstreichs hatte die Direktoriumsmehrheit wieder jakobinische Aktivitäten zugelassen, und die massive Beteiligung der Armee als des eigentlichen Traditionsträgers der revolutionären Republik hatte diese projakobinischen Tendenzen noch verstärkt. In diesem Zusammenhang einer neuen, wenn auch geliehenen Machtfülle und einer neojakobinischen Politik des neuen Direktoriums ist auch der Entschluss zur Annexion des Rheinlandes zu sehen. Natürlich beruhte er auf Vorstellungen, die Reubell am entschiedensten vertrat, aber jetzt konnte er sich im Direktorium auf eine breite Mehrheit stützen. Nicht weniger wichtig war auch die militärische Unterstützung, die das Direktorium nun glaubte in Anspruch nehmen zu können. Nur so konnte sich die Regierung über mögliche völkerrechtliche Bedenken hinwegsetzen und den Schritt zu einer republikanischen Expansionspolitik tun. Gleichwohl erfolgte er in politisch vorsichtiger Form. Es gibt keinen Annexionsbeschluss für das Rheinland, wie es ihn für die österreichischen Niederlande gegeben

---

[25] WORONOFF: La République bourgeoise, 1972, S. 65 ff; LEFEBVRE: La France sous le Directoire, 1977, S. 405 ff.

hatte. Formal nahm Frankreich vielmehr nur eine Neuordnung der Verwaltung der besetzten Gebiete auf dem linken Rheinufer vor, die nach dem Friedensschluss und dem damit verbundenen Truppenrückzug ohnehin nötig war. Dazu wurde mit Instruktion vom 4. November 1797 der bisherige Richter am Kassationshof in Paris Franz Joseph Rudler[26] mit kommissarischen Vollmachten ins Rheinland geschickt, « *pour y établir une organisation nouvelle* »[27]. Auch wenn diese Neuorganisation in der Einführung von Verwaltung und Recht in den Formen bestand, wie sie für die Französische Republik galten (« *d'après les mêmes principes, qu'ils sont établis dans le territoire de la République française* »), so war dies im Grunde nur die Anwendung von Kompetenzen zum Transfer von revolutionären Institutionen, wie sie die Französische Republik in den eroberten Gebieten seit dem Dekret vom 15. Dezember 1792 immer für sich beansprucht hatte und wie sie das Direktorium auch vor Fruktidor ausdrücklich Hoche zugebilligt hatte. Insofern handelte es sich um Maßnahmen, die vorläufig (« *provisoirement* ») ergingen und die bei aller einschneidenden Wirkung doch vor unwiderruflichen Eingriffen etwa in die Besitz- und Eigentumsrechte der Kirche Halt machten. Auch die Proklamation, mit der Rudler am 11. Dezember 1797 an die rheinische Öffentlichkeit trat[28], qualifizierte die Vielzahl der angekündigten Neuordnungen in Verwaltung und Recht lediglich als Mittel, die Situation der Bevölkerung zu erleichtern, und zog keinerlei völkerrechtliche Schlussfolgerungen. Wenn schließlich die Instruktionen für Rudler auch nicht die mit Österreich vereinbarte Demarkationslinie entlang der Nette respektierten, so war doch noch bei der Entsendung des Kommissars nicht ganz klar, ob die Neuordnung, wie dann faktisch doch geschehen, auch die preußischen Territorien einbeziehen sollte. Insofern war also die Situation offener, als es die Retrospektive von 20 Jahren französischer Herrschaft am Rhein vermittelt, und auch die Wende des 18. Fruktidor ist weniger einschneidend als es ohne Berücksichtigung der gesamten französischen Expansionspolitik erscheinen mag. So kann nur von einer de facto Annexion gesprochen werden, der erst nach einem neuen Krieg im Frieden von Lunéville (9. Februar 1801) die endgültige völkerrechtliche Vereinigung der Reichsterritorien auf dem linken Rheinufer mit Frankreich zum 23. September 1802 folgte.

Trotzdem ließ die juristisch vorsichtige Form, in der die Annexion erfolgte, von Anfang an keinen Zweifel an der Entschiedenheit der politischen Absicht zur Annexion. In diesem Sinne wies Rudler in seiner Proklamation an die

---

[26] Ernennung vom 14. Brumaire VI / 4. Nov. 1797 - HANSEN: Quellen, Bd. 4, 1938, S. 299.
[27] HANSEN: Quellen, Bd. 4, 1938, S. 299, ergänzt am 24 November 1797, ibid. S. 362 ff. Zur Mission von Rudler vgl. zuletzt SCHUBERT: Französisches Recht, 1977, S. 71 ff.; MOLITOR: Untertan, 1980, S. 57ff.; SMETS: Les pays rhénans, 1997, S. 204 ff.; GRILLI: Die französische Justizorganisation, 1999, S. 26 ff.
[28] HANSEN: Quellen, Bd. 4, 1938, S. 415 ff.

II. Französische Republik und Rheinland

Bevölkerung auf die Grenzen hin, die Frankreich von der Natur vorgezeichnet worden seien, wenn er auch den Rhein dabei nicht ausdrücklich erwähnte. Der Einschnitt war auch faktisch deutlich genug, als Österreich Mainz als die letzte noch linksrheinisch gehaltene Festung am 30. Dezember 1797 an Frankreich übergab und dann am 11. Januar 1798 Rudler dort eintraf und seinen Dienstsitz in dieser Stadt nahm. Damit befand sich das gesamte linke Rheinufer in französischer Hand, und der Rhein war bis zur niederländischen Grenze wirklich die Grenze Frankreichs geworden. Während die ehemaligen Beamten der alten Herrschaften noch aufgrund der im Vorfrieden von Leoben zugesagten Reichsintegrität den Abzug der Franzosen und die Restitution der Reichsterritorien erwarteten[29], verkündeten die Revolutionsanhänger mit der Übergabe von Mainz nicht nur den Übergang des linken Rheinufers an Frankreich, sondern antizipierten sogar schon das Ende des Alten Reiches. Görres provozierende Grabrede auf das Ende des Reiches wurde nach ihrer Veröffentlichung in seiner Koblenzer Zeitung (*Das rothe Blatt*) auch in Trier als Flugblatt nachgedruckt[30]. Auf diesem Hintergrund ergingen dann die grundlegenden Verordnungen von Rudler zur Neuordnung des eroberten Gebietes auf dem linken Rheinufer ab dem 23. Januar 1798[31].

Die Annexion bedeutete zunächst das Ende der bisherigen Militärverwaltungen, die seit der Eroberung des Rheinlandes im Revolutionskrieg ab 1794 den jeweiligen Generälen und den Volksrepräsentanten unterstanden hatten[32]. Allerdings waren schon diese Militärverwaltungen über die Grundsätze des Ancien Régime hinausgegangen. Bis zur Französischen Revolution galt allgemein, dass eine militärische Besatzung die vorgefundenen Territorialverwaltungen als legitime Vertretungen dieser Gebiete anerkannte und sich ihrer zur Erreichung des Verwaltungszweckes und insbesondere zur Erhebung von Kontributionen bediente[33]. Die französischen Besatzungstruppen im Rheinland nach 1794 dagegen hatten ihre eigene Unterverwaltung aufgebaut und insbesondere die Erhebung der Kontributionen durch eigene Einnehmer vorgenommen. Auch wenn diese Verwaltung vielfach eine deutschsprachige Verwaltung war und wenn hier viele ehemalige Beamte des Alten Reiches wieder einen Platz erhielten und einmal sogar die alten Verwaltungen insgesamt für eine kurze Zeit zurückberufen wurden, war dies etwas völlig anderes. Diese neuen Verwaltungen waren von der französischen Besatzung eingesetzte und legitimierte Institutionen, sie waren nicht mehr die von der Besatzung vorge-

---

[29] Trierer Ode auf den Präliminarfrieden von Leoben, vgl. Die Französische Revolution und die Saar, 1989, Nr. 215, S. 186-187.
[30] Die Französische Revolution und die Saar, 1989, Nr. 218, S. 187-188.
[31] Hansen: Quellen, Bd. 4, 1938, S. 519 ff.
[32] Stein: Akten der französischen Besatzungsverwaltungen, 2009, S. 1-50 mit weiterer Literatur.
[33] Carl: Französische Besatzungsherrschaft im Alten Reich, 1996, bes. S. 43.

fundenen Verwaltungen der alten Territorialfürsten. Hinzu kam, dass auch die lokalen Verwaltungen sich vielfach neu gebildet hatten und unter französischer Aufsicht eine Munizipalisierung der Gemeinden mit Wahlen stattgefunden hatte, wobei die neuen Repräsentanten der Gemeinden keineswegs mit den vorfranzösischen Lokalbeamten übereinstimmen mussten.

Die Annexion bestand weiter in einer territorialen Neugliederung. Die bisherigen eroberten Gebiete (*pays conquis*) wurden in vier Departements und diese weiter in Kantone eingeteilt. Dabei wurden ausgehend von der neuen Rheingrenze von Süden nach Norden die Departements Donnersberg (*Mont-Tonnerre*), Rhein-Mosel (*Rhin-et-Moselle*) und Rur (*Roer*) als geographisch relativ geschlossene Teilbereiche des linken Rheinufers gebildet und erhielten Flussläufe als Grenzen[34]. Für das linke Rheinufer wurde damit die innerfranzösische Departementsbildung übernommen. Unberührt von dieser Neugliederung waren allerdings die alte Reichsgrenze gegen Frankreich sowie die Grenzen gegenüber den österreichischen Niederlanden und den Generalstaaten erhalten geblieben. Zwar war insbesondere die Grenze mit Frankreich in der zweiten Hälfte des 18. Jahrhunderts schon durch eine Reihe von Grenzverträgen etwas vereinfacht worden[35], doch hatte die Grenze insgesamt noch immer einen sehr komplizierten Verlauf mit vielen Enklaven und Exklaven. So bewahrten die Südgrenze des Donnersbergdepartements zum Departement Bas-Rhin und die Westgrenze des Rurdepartements zu den Generalstaaten noch Überreste der komplexen Territorialverhältnisse des Alten Reiches. Am stärksten traf dies für das Saardepartement (*Sarre*) zu (vgl. Anhang 1: Territoriale Gliederung des Saardepartements), dessen gesamte Westgrenze noch dem Zug der alten Staatsgrenze zu Frankreich und den österreichischen Niederlanden folgte und wo sogar ein Teil der Grenzvereinfachungen der zweiten Hälfte des 18. Jahrhunderts durch die Reunionen zu Beginn der französischen Besetzung 1792/93 wieder rückgängig gemacht worden war. So kann man das Saardepartement geradezu als den Rest zwischen den neu geschaffenen Departements entlang des Rheins und der alten Reichsgrenze mit Frankreich bezeichnen. Diesem Departement mangelte so eine territoriale Geschlossenheit, wie sie die anderen rheinischen Departements durchaus besaßen. Es zerfiel in verschiedene Teile, die jeweils durch Landzungen der innerfranzösischen und belgischen Departements getrennt waren. Ein erster schmaler Landstreifen, der weit in das Saardepartement hineinreichte, wurde im Bereich des heutigen Saarlandes durch das nun zum Departement Moselle gehörende ehemalige lothringische Amt Schaumburg mit Tholey gebildet, das

---

[34] MOLITOR: Untertan, 1980, S. 55 ff.; GRAUMANN: Französische Verwaltung, 1990, S. 18 ff.; SMETS: Les pays rhénans, 1997, S. 203 ff.
[35] NOËL: Problèmes de frontières, 1966; HERRMANN: Das Königreich Frankreich, 1977, S. 464-467; JALAMBERT: Des confins aux limites, 2003; HORN: La monarchie française et l'espace frontalier sarro-lorrain, 2010.

noch 1787 aufgrund eines Gebietsaustausches an das Herzogtum Zweibrücken gekommen, dann aber 1793 wieder mit Frankreich reuniert worden war. Ein zweiter, weit verzweigter Landstreifen um Bitburg ragte nördlich von Trier in das Saardepartement hinein. Er hatte zu den österreichischen Niederlanden gehört und bildete nun einen Teil des belgischen Wälderdepartements (*Forêts*). Hinzu kamen noch verschiedene größere Exklaven von Lothringen und den österreichischen Niederlanden, die von den neuen französischen Departements übernommen worden waren und nun Enklaven im Saardepartement bildeten[36]. So zerfiel das Saardepartement in drei nur durch kleine Landbrücken miteinander verbundene Teile. Eine gewisse Größe und Geschlossenheit hatte allein der Kern des Departements entlang der Mosel von Trier bis Bernkastel mit dem hinteren Hunsrück von Saarburg bis Meisenheim. Die beiden anderen Teile, nämlich ein Teil des heutigen Saarlandes zwischen Saarbrücken, Lebach, St. Wendel und Blieskastel sowie ein Eifelgebiet zwischen Schönberg, Prüm, Daun, Blankenheim und Reifferscheid waren deutlich kleiner und zum Teil auch mit Enklaven durchsetzt.

Die Annexion bestand schließlich in einer Angleichung von Recht und Verwaltung[37]. Wie die innerfranzösischen Departements wurden nun auch die rheinischen Departements von Zentralverwaltungen und die Kantone von Kantonsmunizipalitäten verwaltet[38]. Ebenso wurden Justiz[39], Gendarmerie[40] und die verschiedenen Sonderverwaltungen in der Form, in der sie in Innerfrankreich existierten, in den rheinischen Departements eingeführt. Die neue Verwaltung war eine französische Verwaltung. Das bezog sich nicht nur auf die Sprache der Verwaltung, indem nun Französisch Verwaltungssprache war[41]. Es stellte vor allem einen umfangreichen Transfer von französischem Recht dar, und zwar in seiner revolutionären, von den späteren Veränderungen des Empire noch nicht berührten Fassung[42]. Damit wurden zunächst alle Privilegierungen des bisherigen Rechtes aufgehoben. So verschwanden die Rechte des Adels wie die wirtschaftlichen und politischen Rechte der Zünfte. Stattdessen galt zivilrechtlich wie staatsrechtlich das revolutionäre Gleichheitsprinzip mit für alle gleichen Rechten in wirtschaftlichen Betätigungen. Aufgehoben wurden auch die feudalen Rechte, womit eine neue bürgerliche Eigentumsstruktur entstand. Auch hier geschah die Aufhebung der feudalen

---

[36] Die Einzelheiten sind nachgewiesen bei: MÜLLER: Säkularisation und Grundbesitz, 1980, S. 31-38; SCHIEDER: Säkularisation und Mediatisierung, Bd. 1, 1991, S. 11-12: STEIN: Frontière et relations frontalières, 2011, S. 100-102.
[37] SCHUBERT: Französisches Recht, 1977, S. 71 ff.; GRAUMANN: Französische Verwaltung, 1990.
[38] Für das Saardepartement vgl. STEIN: Verwaltungspartizipation I-III, 2000-2002.
[39] GRILLI: Französische Justizorganisation, 1999.
[40] STEIN: Polizeiüberwachung, 2000.
[41] GRILLI: Sprache und Recht in den französischen Rheinlanden, 1993; STEIN: Sprachtransfer durch Verwaltungshandeln, 1997, S. 263 ff.
[42] SCHUBERT: Französisches Recht, 1977, S. 71 ff.

Abgaben in der scharfen Form der frühen Revolution ohne Entschädigung, wenn auch die damit verbundene Einführung des französischen Steuersystems insgesamt sogar eine deutlich stärkere Steuerbelastung der Bevölkerung mit sich brachte[43]. Ein wichtiger Transferfaktor der individuellen Freiheitsrechte war die Justiz, wo die Gleichheit der Bürger vor dem Recht und das individuelle Recht auf unmittelbares rechtliches Gehör in öffentlicher und mündlicher Verhandlung direkt erfahrbar wurden.

Allerdings waren die rheinischen Departements damit nicht voll Teil von Frankreich geworden, so dass die französische Verwaltung hier nur mit einigen Besonderheiten galt. Französisches Recht galt nicht automatisch in den neuen Departements, sondern nur insoweit, wie es ausdrücklich eingeführt und verkündet worden war[44]. Somit gab es eine ganze Reihe von französischen Gesetzen, die nicht oder nicht voll in den rheinischen Departements galten. Insbesondere ist die französische Verfassung in den rheinischen Departements nicht verkündet worden. Publiziert wurde nur am 11. Germinal VI / 31. März 1798 die der Verfassung vorausgehende Erklärung der Rechte und Pflichten des Menschen und Bürgers[45], die aber nur deklaratorischen Charakter hatte. Demzufolge hatten die Bewohner der rheinischen Departements kein Wahlrecht, wurden allerdings auch nicht zum Kriegsdienst herangezogen. Die Aussetzung der Konskription dürfte die Bevölkerung gerne angenommen haben, wenn man von den späteren Konskriptionsunruhen im Jahre 1809 im Saardepartement auf diese frühere Zeit zurückschließen darf. Dies war auch durchaus in

---

[43] Die Aufhebung der Feudalrechte bedürfte einer Klärung, da sie - ohne ausreichende Diskussion - in der Forschung kontrovers behandelt wird. GODECHOT betont in einem Diskussionsbeitrag zum Kolloquium Occupants - occupés, 1969, S. 155-156, dass die Aufhebung „plus profondément, beaucoup plus radicalement que dans tous les autres pays, y compris la France" gewesen sei. Dagegen vertritt DUFRAISSE genau das Gegenteil (La crise économique, 1978, S. 407) und CORVISIER verweist darauf, dass die Aufhebung der Feudalrechte auch nach 1798 noch nicht ausgeführt wurde, weil die Armee sie als Kontributionen noch beanspruchte (La place de l'armée dans la Révolution française, 1993, S. 17). Daran dürfte richtig sein, dass auch nach der formalrechtlichen Aufhebung der Feudalrechte viele Feudalabgaben faktisch bestehen blieben, vgl. SCHUBERT: Französisches Recht, 1997, S. 88, 370-372. ENGELS: Ablösung und Gemeinheitsteilungen, 1957, stellt nur die Gesetzesregelungen zusammen. Eine bisher unbearbeitete Leitquelle für die Problematik stellen die Akten über die Streitigkeiten bei der Verpachtung von Domänengütern dar, vgl. STEIN: Akten des Saardepartements, 1991, S. 282-283 sowie Quelleninterpretationen bei STEIN: Französisches Verwaltungsschriftgut, 1996, S. 121-126.

[44] Situation de l'administration civile dans les quatre nouveaux départements sur la rive gauche du Rhin à l'époque du premier brumaire an VIII (Schlussbericht von Shée, Druck) - AN Paris: F^{1e} 43.

[45] Recueil des règlements, Bd. 3, S. 168 ff. Gleichzeitig wurde auch der ganze Text der Verfassung als separater Druck verbreitet. Dies erfolgte zwar in amtlichem Auftrag durch Rudler, aber ohne Rechtswirksamkeit (HANSEN: Quellen, Bd. 4, 1938, S. 630-632). Es ist also nicht richtig, wenn GRILLI: Die französische Justizorganisation, S. 29, meint: „Auf diese Weise erhielt die Verfassung in den neuen linksrheinischen Departements volle Gültigkeit".

französischem Interesse, denn es minimierte die Gefahr von Aufständen, wie sie noch im Herbst des gleichen Jahres in den belgischen Departements ausbrechen sollten. Aber die Dispensierung vom Wahlrecht war problematisch, denn sie schloss die rheinische Bevölkerung von den Staatsbürgerrechten aus, wofür die Französische Republik doch eigentlich werben wollte. Trotz der Zugehörigkeit zum, wenn auch nicht mehr revolutionären, so doch republikanischen Frankreich haben im Rheinland nie allgemeine Wahlen stattgefunden. Die Einwohner der annektierten Departements waren nur Franzosen zweiter Klasse. Als aber die rheinischen Departements nach dem Frieden von Lunéville dann voll an Frankreich angeschlossen wurden und auch ausdrücklich durch Arrêté vom 30. Juni 1802 mit Wirkung vom 1. Vendémiaire IX / 23. September 1802 die französische Verfassung in den rheinischen Departements galt[46], war diese schon die Verfassung des Konsulats[47]. Das stellte eine folgenschwere Kompromittierung für jeden Versuch dar, republikanische Staatsgrundsätze in den rheinischen Departements zu propagieren.

Diese rechtliche Sonderstellung der rheinischen Departements hatte ihre institutionelle Parallele. Die Verwaltungen in den Kantonen und Departements wurden nicht gewählt, sondern ernannt. Die Departements waren nicht wie die innerfranzösischen Departements direkt der Regierung unterstellt, sondern zwischen der Regierung in Paris und den Zentralverwaltungen in den Departements wurde eine Zwischeninstanz in Gestalt eines Regierungskommissars (*commissaire du gouvernement dans les quatre départements nouvellement établis sur le Rhin*) geschaffen, der speziell den Aufbau der neuen Verwaltung und die Einführung des französischen Rechts leiten und überwachen sollte. Hinzu kam, dass auch dieser Regierungskommissar nicht der Regierung allgemein unterstand, sondern allein dem Justizminister zugeordnet war, der somit eine Art Regionalminister für die rheinischen Departements wurde. Nur über den Justizminister konnte der Regierungskommissar mit den anderen Ministerien korrespondieren und sich an das Direktorium wenden.

Dies war nicht nur eine besondere Verwaltungsanbindung, die sich aus der Rechts- und Verwaltungseinführung rechtfertigen konnte, sondern diese besondere Verwaltungsanbindung verschob auch die sonst für die Departements geltenden politischen Zuständigkeiten, so dass verschiedene Politiker des Direktoriums und seiner Regierung besonderen Einfluss auf die Verwaltung der neuen Departements erlangten[48]. Im Direktorium hatte Reubell die Annexion des linken Rheinufers am konsequentesten verfolgt. So war es jetzt auch er, der auf die personelle Besetzung der neuen Verwaltung entscheidenden Einfluss hatte, indem sein naher Verwandter Rudler zum Regierungs-

---

[46] Bormann / Daniels: Handbuch, Bd. 4, 1836, S. 402.

[47] Vgl. zum napoleonischen Wahlrecht: Stein: Regionale Partizipation im Bonapartismus, 2016.

kommissar ernannt wurde. Damit hatten zwei Elsässer den größten Einfluss auf die Einrichtung der neuen französischen Verwaltung in den rheinischen Departements. Eng mit dieser Konstellation verbunden ist noch eine andere Personalverbindung. Nach dem 18. Fruktidor war Merlin de Douai[49] neu in das Direktorium eingetreten. Er hatte die Reunion der belgischen Departements vorbereitet und war neben Reubell ein entschiedener Befürworter der Annexion des linken Rheinufers. Merlin war vorher Justizminister gewesen, und es darf unterstellt werden, dass die Bestellung seines Nachfolgers in der Person des aus den belgischen Departements stammenden Lambrechts[50] nicht ohne sein Zutun erfolgte. Als Justizminister war Lambrechts nun auch gleichzeitig Regionalminister für die rheinischen Departements, so dass für die rheinische Politik des Direktoriums zu der elsässischen Personalverbindung mit Reubell und Rudler noch eine nordfranzösisch-belgische mit Merlin de Douai und Lambrechts hinzukam. Allerdings überwiegen die Gemeinsamkeiten in dieser Personalkonstellation. Auch die Ablösung von Rudler im Amt des Regierungskommissars ab Februar 1799 durch Marquis[51] bedeutete keine politische Richtungsänderung in der französischen Rheinlandpolitik. Eine solche trat vielmehr erst als Folge der neuen jakobinischen Mehrheit in den Pariser Kammern ein, als im August 1799 Marquis durch den Altjakobiner Lakanal[52] abgelöst wurde. Allerdings blieb Lakanal nur etwa vier Monate im Amt, denn mit Bonaparte's Staatsstreich vom 18. Brumaire VIII / 9. November 1799 fand auch seine Tätigkeit ein Ende, und er wurde durch Shée ersetzt, der schon unmittelbar vor der Einführung der Departementsverwaltung durch Rudler die letzte Militärverwaltung im Rheinland geleitet hatte. Er sollte nun die Ablösung der direktorialen Verwaltung in den rheinischen Departements durch die neue Präfekturverwaltung vorbereiten.

Diese Patronage zeigte sich auch bei den Ämterbesetzungen im Saardepartement[53]. Die französischen Mitglieder der Zentralverwaltung waren entweder

---

[48] So wichtig die Position von Rudler als Integrationskommissar war, so wird sie aus rheinischer Perspektive doch oft überschätzt, weil die Integrationsmaßnahmen in den rheinischen Quellen immer als Entscheidungen Rudler's erscheinen. Die neue Erschließung der Gesetzgebungsakten des Direktoriums in Paris durch CHEYNET gibt jetzt die Möglichkeit, das Kräfteverhältnis zwischen Direktorium, Justizminister und Kommissar Rudler genauer zu analysieren, vgl. STEIN: Französische Quellen zur Geschichte des Rheinlandes, 2008, S. 247ff. In diesem Sinn schon grundsätzlich: MOLITOR: Untertan, 1980, S. 57.
[49] LEUWERS: Merlin de Douai, 1996.
[50] Justizminister 24. Sept. 1797 - 20. Juli 1799 - LELEUX: Un démocrate inconditionnel, Charles Lambrechts, 1989.
[51] Ernennung 11. März, Amtsantritt 25. März 1799 - HANSEN: Quellen, Bd. 4, 1938, S. 1015.
[52] Ernennung 3. Aug., Amtsantritt 19. Aug. 1799 - HANSEN: Quellen, Bd. 4, 1938, S. 1150; JULIA: Lakanal, 1989.
[53] STEIN: Verwaltungspartizipation I-III, 2000-2002.

II. Französische Republik und Rheinland

Elsässer oder Deutschlothringer wie Zegowitz[54] aus Straßburg als Generalsekretär und Lafontaine aus Thionville als Verwalter oder gehörten zur Klientel von Lambrechts wie Labourdinière[55] als Verwalter und späterer Präsident der Zentralverwaltung und Boucqueau[56] aus der Gegend von Brüssel als Kommissar. Dazu kamen dann noch drei deutsche Mitglieder der Zentralverwaltung. Es waren die beiden Mitglieder der cisrhenanischen Bewegung Gerhards[57] und Haan[58] sowie der Trierer Jurist Lintz[59], der der erste Präsident der Zentralverwaltung wurde. Bei den Kantonsverwaltungen dominierten bei den mit Franzosen besetzten Stellen Funktionäre aus Deutschlothringen. Die politischen Prozesse in Paris schlugen aber kaum auf die Kantonsebene durch, immerhin zeigte sich eine Tendenz zur Französisierung des Personals.

Departementalisierung, Verwaltungsneuordnung und Einführung des französischen Rechts stellen so einen Transfer der durch die Revolution in Frankreich geschaffenen republikanischen Institutionen in das Rheinland dar. Sie erfolgten aber nicht im Zuge einer Revolutionierung des Landes, sondern auf dem Verordnungswege durch die Einführung der entsprechenden französischen Gesetze und Institutionen. Insofern kann man, in Anlehnung an eine Formulierung von Henri Pirenne[60], von einer dekretierten Republik im französischen Rheinland sprechen. Allerdings ist dies im Kontext des französischen Staatsaufbaus zu sehen. Staatliche Integration war unter dem Ancien Régime immer additiv erfolgt: neue Gebiete wurden den alten Territorien unter Wahrung ihrer spezifischen Rechte hinzugefügt. Das galt selbst für die französische Monarchie, die keineswegs ein Zentralstaat war. Dagegen war die Neugründung des französischen Staates durch die Revolution von Anfang an zentralistisch. Auf dieser Basis konnte die Integration der neuen Departements nicht auf föderativer Basis erfolgen, sondern nur in einer Teilhabe an der Gesamtsouveränität bestehen. Die Departements waren der Legislative des Parlaments unterworfen, allerdings gegen die Gewährung des Wahlrechtes für die Einwohner. Auf der gleichen Basis sind auch alle reunierten Gebiete integriert worden, was die Stärke wie die Schwäche der französischen Staatsintegration ausmacht. Einerseits konnte der größte Teil der reunierten Gebiete erstaunlich schnell assimiliert werden, andererseits konnte Frankreich Gebieten mit Sonderstrukturen keine föderative Integration anbieten. Dieses Integrationsmuster

---

54 Kurzbiographie von Gabriele B. Clemens, in: Unter der Trikolore, 2004, S. 179-180.
55 Kurzbiographie von Gabriele B. Clemens, in: Unter der Trikolore, 2004, S. 147-148.
56 Kurzbiographie von Hans-Ulrich Seifert in: Trierer biographisches Lexikon, 2000, S. 45.
57 Kurzbiographie von Gabriele B. Clemens in: Unter der Trikolore, 2004, S. 130-131.
58 Kurzbiographien bei Kuhn: Linksrheinische deutsche Jakobiner, 1978, S. 315; Molitor, in: Biographisches Lexikon, 1992, S. 46.
59 Kurzbiographie von Gabriele B. Clemens in: Unter der Trikolore, 2004, S. 154-155.
60 „La Belgique eut sa nuit du Quatre Août par voie d'arrêté". Pirenne: Historie de Belgique, Bd. 6, 1926, S. 89 und allgemein sein Kommentar zur Integration von Belgien in Frankreich (S. 89-95).

gilt auch für das Rheinland, allerdings mit einer bedeutsamen Abweichung. Im Vorgriff auf die staatliche Integration wurden die cisrhenanischen Departements materiell dem französischen Recht in allen Sparten unterworfen, doch eben ohne dass sie mit dieser Annexion schon das Pendant des Wahlrechtes erhielten. Dies aber betraf nicht nur die Partizipation an der legislativen Gewalt der Nation als Souverän, sondern auch das davon abgeleitete Recht zur Wahl der Lokalbeamten. Die Wahl der lokalen Verwaltungen aber sicherte allein eine Verwaltung durch Funktionäre aus der eigenen Region. Die Verweigerung des Wahlrechtes bei voller Unterwerfung unter das Staatsrecht musste bei einer nicht-föderativen Staatsintegration, wie sie für Frankreich galt, deshalb um so größeres Gewicht erhalten.

5. Republik und Öffentlichkeit

Gleichwohl hatte die dekretierte Republik sofort weitgehende politische und soziale Folgen im französischen Rheinland. Das betraf insbesondere die Bildung einer politischen Öffentlichkeit. Dabei kann auf die Analyse von Habermas zur Struktur der (bürgerlichen) Öffentlichkeit[61] Bezug genommen werden. Allerdings soll dies hier eher im Anschluss an die französische[62] und anglo-amerikanische[63] Rezeption von Habermas geschehen, die den deutschen Begriff von Öffentlichkeit als einem kollektiven Handlungssubjekt durch eine Raumbezeichnung (*espace public*, *public sphere*) ersetzt und Öffentlichkeit so stärker empirischen Untersuchungen und Differenzierungen öffnet[64].

Freilich war dieser öffentliche Raum keine völlige Neubildung, denn auch im Saardepartement konnte die Bildung einer politischen Öffentlichkeit an Strukturen anschließen, die in den Universitäts- und Residenzstädten der Region ein aufgeklärtes Bürgertum hatten entstehen lassen. Das betraf zunächst die Lesegesellschaften[65], wie sie in Trier 1783 gegründet worden waren[66] und in Saar-

---

[61] HABERMAS: Die Struktur der Öffentlichkeit. Untersuchungen zu einer Kategorie der bürgerlichen Gesellschaft, 1962.
[62] Die Übersetzung erschien 1986 unter dem Titel: L'espace public. Archéologie de la publicité comme dimension constitutive de la société bourgeoise. Dazu der Sammelband: Pouvoir et légitimité. Figures de l'espace public, hg. v. Alain COTTEREAU und Paul LADRIÈRE, Paris 1992.
[63] Die Übersetzung erschien 1991 unter dem Titel: The Structural Transformation of the Public Sphere. An Inquiry into a Category of Bourgeois society. Dazu der Sammelband: Habermas and the Public Sphere, hg. v. Craig CALHOUN, Cambridge (Mass.), London 1992.
[64] MONNIER: L'espace public démocratique, 1994.
[65] Zu den rheinischen Lesegesellschaften vgl. die Zusammenfassung bei THEURINGER: Liberalismus im Rheinland, 1998, S. 135 ff.
[66] DRUT-HOURS: Contribution à l'histoire sociale de l'Aufklärung, 1999. TILGNER: Lesegesellschaften an Mosel und Mittelrhein im Zeitalter des Aufgeklärten Absolutismus, 2001.

II. Französische Republik und Rheinland

brücken schon in den 1770er Jahren bestanden[67]. Sie stellten im Rahmen der ständischen Gesellschaft einem Kreis von Adel und gebildetem Bürgertum einen Rahmen zu Information und Kommunikation zur Verfügung. Bei der besser bezeugten Trierer Lesegesellschaft tritt das Adelspatronat deutlich hervor. Unter den Mitgliedern dominierte das Bürgertum aus der höheren Verwaltung sowie aus Universität und Kirche, während Personen mit ausgesprochen aufklärerischem Profil als die eigentlich geistig dominierenden Persönlichkeiten den Ton der Diskussion angaben. In Saarbrücken war die Gesellschaft von dem Schulleiter Kiefer gegründet worden, in Trier wurde 1791 der aufgeklärte Pädagoge Wyttenbach zum Bibliothekar der Lesegesellschaft ernannt. Allerdings waren beide Gesellschaften weniger literarisch als vielmehr wissenschaftlich und historisch-politisch ausgerichtet, wie ihre Bücher- und Zeitschriftenbestände bezeugen. Doch sorgte die geschlossene Gesellschaft der Lesegesellschaften mit Mitgliedsbeitrag und einem förmlichen Aufnahmeverfahren für eine soziale Segregation, die das profanum vulgus fern hielt. Dagegen standen die kommerziell betriebenen Leihbibliotheken und Lesekabinette[68] allen Bürgern ohne Standesunterschiede offen, die hier Bücher und Zeitschriften ausleihen oder einsehen konnten. Ihre Einrichtung entsprach so einem Bedürfnis, das die Lesegesellschaften nicht decken konnten. In Trier war 1781 eine solche Leihbibliothek eingerichtet worden[69] und in Saarbrücken war schon 1773 der Wunsch nach einem Lesekabinett mit Zeitungsauslage laut geworden[70]. Dabei fällt auf, dass in Saarbrücken und Trier die demokratischeren Lesekabinette schon vor den elitäreren Lesegesellschaften gegründet oder projektiert worden waren. War die Teilnahme an der aufgeklärten Kommunikation auch auf die größeren Städte mit Residenzfunktion und Bildungseinrichtungen konzentriert, so zeigt sich doch, dass der Kreis des aufgeklärten Publikums nicht auf das gehobene Bürgertum, das in Verwaltungsfunktionen und in Bildungseinrichtungen im Kontakt mit dem Adel lebte, beschränkt war, sondern auch weitere bürgerliche Schichten umfasste, die vor allem an aktueller Information interessiert waren. Doch auch wenn diese Lesegesellschaften und Lesekabinette durchaus eine gewisse Distanz zur Herrschaft des Staates hielten, so waren sie doch nicht Stätten politischer Kritik oder gar Aktion. Zwar wurde die Trierische Lesegesellschaft 1793 aufgehoben, doch die dabei beschlagnahmte Bibliothek führte unter den aktuellen und politischen Werken nur Werke mit gegenrevolutionärer Tendenz auf.

Nach der französischen Besetzung gründete sich in Trier eine neue, nun französische *Société littéraire* zwar erst einen Tag nach dem Staatsstreich von

---

[67] JUNG: Saarbrücken und St. Johann während der Fürstenzeit, 1999, S. 442-443.
[68] Zu den rheinischen Lesekabinetten vgl. die Zusammenfassung bei THEURINGER: Liberalismus im Rheinland, 1998, S. 158 ff.
[69] GROSS: Leihbibliotheken, 1990.
[70] ECKER: Das Saargebiet und die französische Revolution, 1929, S. 17.

Bonaparte, nämlich am 20. Brumaire VIII / 11. November 1799, sie stellt aber durchaus einen Beleg für einen literarischen Republikanismus dar.[71] Dabei bestand nur eine schwache Kontinuität zur Lesegesellschaft der kurfürstlichen Zeit, vielmehr spiegelte die Mitgliederstruktur deutlich den neuen Aufbau der Trierer Gesellschaft. Während von der alten Adels- und Kirchenrepräsentanz fast nichts übrig geblieben war, bildeten nun vor allem Kaufleute und Ausübende freier Berufe sowie Beamte der französischen Verwaltung die Mitgliederschaft. Auch wenn bei den gegebenen Bevölkerungsverhältnissen der deutsche Anteil mit 70 % dominierte, konnte die Lesegesellschaft doch auch 49 Franzosen als Mitglieder gewinnen, die einen Anteil von 30 % an der Gesamtzahl der Mitglieder ausmachten. Sie waren fast alle Beamte der neuen Verwaltung. Darüber hinaus band die Gesellschaft über Gäste von auswärts auch Personen der Umgebung an sich.

Tabelle 1: Politische Zeitungen und Zeitschriften im Saar- und Rhein-Mosel-Departement, 1798/1799

Zeitung	Herausgeber	Drucker	Beginn	Ende	Dauer in Monaten
Journal für das Saardepartement	Haan	Leistenschneider, Schröll	1798 IV 22	1799 III	12
Patriotische Beiträge	Hetzrodt	Hetzrodt	1798 X	1799 IV	7
Der Beobachter an der Saar	Zeininger, Hetzrodt	Hetzrodt	1798 XII 21	1799 VI 17	6
Politische Zeitung im Saardepartement	Zeininger	Leistenschneider, Hetzrodt	1799 VI 22	1799 IX 15	3
Rothes Blatt	Görres		1798 II 19	1798 VIII	17
Rübezahl	Görres		1798 IX 28	1799 VII	

Bestand bei der Lesegesellschaft zumindest teilweise eine Kontinuität zur kurfürstlichen Zeit, so ist der Umbruch im Bereich der Presse sehr viel deutlicher. Mit der Einführung der Direktorialverwaltung im Saardepartement erschien erstmals eine politische Presse in Trier. Bis zum Ende des Ancien Régime gab es im Gebiet des späteren Saardepartements nur in Trier und Saarbrücken je eine Zeitung, und zwar reine Annoncenblätter, die aber immerhin fest genug etabliert war, um die Wirren des Revolutionskrieges einigermaßen zu überstehen. Dagegen gab es keine politische Zeitung in der Region. Erst mit der französischen Annexion gab es Versuche, eine Meinungspresse und eine politische Nachrichtenpresse zu schaffen. Diese Versuche sind allerdings auf Trier

---

[71] STEIN: Literarischer Republikanismus, 2007.

II. Französische Republik und Rheinland

beschränkt[72]. Interessanterweise begegnet man zuerst einer Meinungspresse und erst später einer Nachrichtenpresse. Dabei kann von einer Pressefreiheit nicht wirklich die Rede sein, denn die Meinungspresse war natürlich grundsätzlich profranzösisch oder prorepublikanisch ausgerichtet. Sie hatte ihren Platz in den vielfältigen Versuchen der französischen Verwaltung und der regionalen Revolutionsanhänger, die Grundsätze der französischen Verfassung und Verwaltung bei der Bevölkerung zu propagieren. Allerdings hatte diese Presse doch insofern eine gewisse Selbständigkeit, als sie von einheimischen deutschen Publizisten geleitet wurde und von der französischen Verwaltung nur in unterschiedlichem Grad toleriert oder sogar unterstützt wurde.

Die Initiative ging zunächst von dem Revolutionsanhänger Haan aus, der schon im März 1797 ein erstes Projekt einer *Zeitschrift für das eroberte Land* verfolgte, das allerdings - vielleicht auch wegen des wenig werbewirksamen Titels - nicht realisiert werden konnte. Nach dem Verwaltungsumbruch nahm er seinen Plan im März 1798 wieder auf und konnte im folgenden Monat tatsächlich eine Zeitung unter dem Titel *Journal für das Saardepartement* herausbringen und immerhin mehr als ein volles Jahr erscheinen lassen. Zwar war Haan mit der Einsetzung der Departementsverwaltung am 19. Februar 1798 Mitglied der Zentralverwaltung des Saardepartements geworden, aber die Zeitung war sein privates Unternehmen und nicht das offizielle Blatt der Zentralverwaltung, auch wenn hier zumindest am Anfang auch Gesetze und Verordnungen der französischen Verwaltung zum Abdruck kamen. Vor allem war das Blatt aber ein Meinungsblatt, das für die Ziele der Französischen Republik warb und die Vorteile der französischen Verfassung darstellte. So trat es für die Entfeudalisierung ein, pries die französische Bildungspolitik und bekämpfte die kirchliche Religion. Gerade aus diesem grundsätzlichen Eintreten für die Französische Republik konnte aber auch Kritik an den aktuellen Zuständen im Saardepartement entstehen, wo besonders in der Eintreibung von Requisitionen noch mancherlei Relikte der Militärverwaltung weiterbestanden und die Steuererhebung neue Belastungen brachte. Wichtige Mitarbeiter der Zeitung waren außer Haan selbst Boos[73] und Stammel[74], die auch überzeugte Revolutionsanhänger waren und als Kantonskommissare ebenfalls Funktionen in der französischen Verwaltung ausübten. Das war der

---

[72] ESTER: Pressverhältnisse in Trier und im Saardepartement, 1911. HANSEN: Quellen, Bd. 3, 1935, S. 25*f; Bd. 4, 1938, S. 34*-35*; ZENZ, Trierische Zeitungen, 1952, S. 19-26. SCHUMACHER: Idéologie et pratique de la Franc en Rhénanie, 1989, S. 126-134. 250 Jahre Trierer Zeitungen, 1995, S. 42-53. PÜSCHEL: Vom «*Trierischen Wochenblatt*» zum «*Journal du Département de la Sarre*», 2004.
[73] Kurzbiographie bei: STEIN: Verwaltungspartizipation III, 2002, S. 346.
[74] Kurzbiographien: Elisabeth WAGNER in: Biographisch-bibliographisches Kirchenlexikon, Bd. 10, 1995, Sp. 1142-1144; Guido GROSS in: Trierer Biographisches Lexikon, 2000, S. 445.

Kern einer Partei radikalerer Revolutionsanhänger, wozu aus dem Kreis der Redner bei den Nationalfesten, die ihre Reden bei Haan veröffentlichten, noch der spätere Professor an der Zentralschule Schönberger[75] kam. Diese Tendenz der Zeitung trat allerdings erst langsam hervor, denn in den Anfangsmonaten hatte die Zeitschrift eine gewisse Monopolstellung als einziges republikanisches Meinungsblatt, so dass in dieser Zeit auch Beiträge und Reden von französischen Mitgliedern der Verwaltung in der Zeitung erschienen, die später fehlten. So wurden die ersten Festreden des Kommissars bei der Zentralverwaltung Boucqueau und des Domänendirektors Lelièvre im Sommer 1798 im Journal für das Saardepartement veröffentlicht.

Nach einem Vierteljahr Vorlauf erhielt die Zeitung aber Konkurrenz in den *Patriotischen Beiträgen*, die von dem ehemaligen Syndikus der Landstände des kurtrierischen Oberstiftes Hetzrodt[76] herausgegeben wurden. Hetzrodt, der erst ab 1800 eine Anstellung in der französischen Verwaltung fand, und zwar zunächst als Professor an der neuen Zentralschule und dann in der Justiz, hatte in der Zeit der Direktorialverwaltung im Gegensatz zu Haan kein Amt und betrieb die Zeitung als Brotberuf. Die Publikation war ebenfalls prorepublikanisch, bemühte sich aber um ein anderes Profil als Haan's Zeitung. Es war eher eine Zeitschrift, die längere Reden und Abhandlungen brachte und eine gewisse Distanz zur Tagespolitik einhielt. So erschienen hier keine aktuellen Meldungen, keine Gesetzestexte, und ebenso wenig wurde Kritik an der französischen Verwaltung geübt. Von Anfang an war es auch ein anderer Personenkreis, der bei Hetzrodt publizierte. Nimmt man nur die hier veröffentlichten Reden bei den Nationalfesten, so findet man als Autoren die deutschen Mitglieder der Zentralverwaltung Lintz und Gerhards sowie den Pädagogen Wyttenbach[77] und die Brüder Willwersch, nämlich den Priester und Präsidenten der Kantonsverwaltung Pfalzel Johann Peter[78] und den Arzt und Armeelieferanten Joseph[79], die sicherlich auch alle für das französische Regime eintraten, aber doch eine andere Partei bildeten, die sich bald als politischer Gegner von Haan positionieren sollte. Lediglich Birck[80] als damaliges Mitglied der Stadtmunizipalität Trier und späterer Richter und Staatsanwalt, der bei Hetzrodt eine Dekadenrede publizierte, hat in diesen Kämpfen keine Position bezogen. Hinzu kam dann noch, dass französische Verwaltungsbeamte wie der Generalsekretär der Zentralverwaltung Zegowitz und der Kriegskommissar Latrobe nach dem Erscheinen der neuen Zeitschrift nun nicht in Haan's Zeitung publizierten. Bemerkenswert ist schließlich, dass um

---

[75] Kurzbiographie von Wolfgang Seibrich in: Trierer biographisches Lexikon, 2000, S. 416.
[76] Kurzbiographie von Gabriele B. Clemens, in: Unter der Trikolore, 2004, S. 142-143.
[77] Laufner: Wyttenbach, 1973; Klupsch: Wyttenbach, 2012.
[78] Kurzbiographie bei: Stein: Verwaltungspartizipation III, 2002, S. 390f.
[79] Kurzbiographie von Gabriele B. Clemens, in: Unter der Trikolore, 2004, S. 176-177.
[80] Kurzbiographie von Gabriele B. Clemens, in: Unter der Trikolore, 2004, S. 114-115.

II. Französische Republik und Rheinland

die Jahreswende 1798/99 auch Stammel, der zunächst ein Anhänger von Haan war und fast alle seine Liedtexte bis dahin in dessen Zeitschrift veröffentlicht hatte, nun seine Festhymnen in Hetzrodt's Patriotischen Beiträgen erscheinen ließ, während die Redetexte, die Haan in den letzten Nummern seiner Zeitung im Winter 1799 publizierte, nur noch anonym erschienen. Der dann wenig später scharf aufbrechende Konflikt zwischen Haan und den anderen deutschen Mitgliedern der Zentralverwaltung (Lintz, Gerhards) dürfte sich also schon längere Zeit vorbereitet haben.

Erst nach diesen Meinungsblättern startete der Übersetzer bei der Zentralverwaltung Zeininger[81] zusammen mit Hetzrodt ein politisches Nachrichtenblatt mit dem Titel *Der Beobachter an der Saar*. Die Zeitung brachte Auszüge aus den überregionalen Nachrichtenblättern, ohne eigene Kommentierung. Außerdem enthielt sie regionale Nachrichten und insbesondere Bekanntmachungen der französischen Verwaltung, so dass ihr ein offiziöser Charakter zukam. Die Zentralverwaltung tat deshalb alles, um das Blatt zu fördern, und versuchte die Kantone und Gemeinden zur Abonnierung zu veranlassen[82]. Trotzdem konnte sich das Blatt aber nicht behaupten und ging schon nach sechs Monaten ein. Doch erhielt es nun einen sogar offiziellen Nachfolger in der *Politischen Zeitung im Saardepartement*, die direkt von der Zentralverwaltung herausgegeben wurde, allerdings wieder von Zeininger redigiert und bei Hetzrodt und Leistenschneider gedruckt wurde. Sie hatte auch eine Beilage zur Veröffentlichung von Verordnungen (*Allgemeiner Anzeiger für das Saardepartement*). Obwohl hierbei die Zentralverwaltung noch stärker auf die Unterverwaltungen einwirken konnte, das Blatt zu halten, und auch allgemein anregte, die Dekadenfeiern mit Textlesungen aus der Zeitung zu füllen[83], konnte sich die Zeitung sogar nur drei Monate halten.

Als einzige Zeitungen schafften es die Anzeigenblätter, die Zeit zu überstehen und sich dauerhaft zu etablieren. Über das ab 1761 in Saarbrücken von der Familie Hofer herausgegebene *Saarbrücker Wochenblatt* kann über das Faktum des Erscheinens in der Direktorialzeit hinaus kaum etwas gesagt werden, da sich keine Ausgaben aus dieser Epoche erhalten haben[84]. Das schon 1757 in Trier von der Familie Eschermann gegründete *Trierische Wochenblatt* führte ab Dezember 1798 den Titel *Der Trierische Ankündiger für das Saardepartement* und hatte sein Erscheinen vom Wochen- auf den Halbdekadenrhythmus umgestellt. So republikanisiert, konnte es seine traditionellen Anzeigen von Kauf und Verkauf und Zivilstandsmeldungen vor allem um den

---

[81] STEIN: Literarischer Republikanismus, 2007, S. 389.
[82] StadtA Birkenfeld: Nr. 454.
[83] ESTER: Pressverhältnisse in Trier und im Saardepartement, 1911, S. 142. Nachweisbar ist die Verlesung der Zeitung beim Ackerbaufest 1799 in Kyllburg und Prüm, vgl. Kap. VI, 10.3.1.
[84] BRUCH: Weg und Schicksal einer deutschen Zeitung, 1961, S. 27.

lukrativen Druck von Verwaltungsverordnungen erweitern. Es brachte auch gelegentlich Nachrichten, besonders für den lokalen und regionalen Bereich. In Bezug auf die Nationalfeste finden sich zu Anfang häufiger Ankündigungen und Festprogramme. Dies endete aber mit dem Ackerbaufest vom 10. Messidor VII / 28. Juni 1799, bis auf einen Nachzügler für die Trauerfeier für Joubert als dem letzten Nationalfest des Direktoriums am 10. Frimaire VII / 1. Dezember 1799.

Insgesamt fällt auf, dass sowohl die Meinungsblätter wie die Nachrichtenblätter (mit alleiniger Ausnahme der Annoncenblätter) schon vor dem Ende des Direktoriums wieder eingegangen waren. Das Gleiche gilt vergleichsweise bei einer etwas größeren Stetigkeit auch für die Publikationen von Görres im Rhein-Mosel-Departement. Auch hier war die republikanische Publizistik am Ende, noch bevor mit Bonaparte's Staatsstreich sich neue Zensurmaßnahmen einstellten. Die Krise des Jahres 1799 mit einer zunehmenden politischen Nervosität der französischen Verwaltung und einer zurückgehenden Bereitschaft der Bevölkerung, sich für das französische Regime zu engagieren, ließ für eine republikanische Publizistik keinen Raum mehr. Haan's Journal für das Saardepartement hatte eine Auflagenstärke von 300 angestrebt und bei dem Erreichen von 600 Abonnenten eine zweisprachige Erscheinungsform angekündigt. Diese ist aber nie erschienen, so dass man auch bezweifeln darf, ob überhaupt die angestrebten 300 Abonnenten erreicht wurden. Immerhin konnte Haan in einem gewissen Umfang die Zeitung aus seinen Verwaltungsbezügen oder doch zumindest aus seiner Kreditwürdigkeit als Funktionär subventionieren. Hetzrodt dagegen versuchte in diesen Jahren von Zeitung und Druckerei zu leben. Das erklärt seine verschiedenen Zeitungsgründungen, die aber letztlich auch nie die Rentabilitätszone erreichten. Eine politische Öffentlichkeit im Saardepartement war also stärker ein Wunsch als eine Realität, auf jeden Fall konnte sich eine Publizistik kaum ohne Subvention tragen.

Eine ähnlich begrenzte Öffentlichkeit muss auch für die Flugschriften im Saardepartement unter der Direktorialverwaltung angenommen werden. Immerhin ist es bedeutsam, dass diese Publizistik überhaupt existierte. Da sie durch die Sammlung von Hermes gut überliefert ist, kann man aus ihr manches entnehmen, was in den Akten nie erscheint. Die Publizistik des Saardepartements gruppiert sich dabei vor allem in zwei Bereiche. Einmal besteht sie aus den Berichten, Reden und Liedtexten der Nationalfeste, denen sie über das Ereignis hinaus durch den Druck eine zweite Öffentlichkeit verleihen sollte[85]. Zum anderen waren alle Personalkontroversen im Bereich der Departementsverwaltung in Trier von Flugschriften begleitet[86]. Hier handelte es sich um eine ganz andere Publizistik, indem die Ereignisse und Maßnahmen kontro-

---

[85] Vgl. Verzeichnis 2: Publizistik der Nationalfeste im Anhang.
[86] STEIN: Verwaltungspartizipation I, 2000 mit Bibliographie S. 212-214.

II. Französische Republik und Rheinland 49

vers diskutiert wurden und zu ihnen zustimmend und ablehnend, verteidigend und denunziatorisch Stellung genommen wurde. Es wurden erbitterte Parteienstreitigkeiten innerhalb des republikanischen Lagers in aller Öffentlichkeit ausgetragen, und es entstand ein gewisser Druck, öffentlich Position zu beziehen und sich zu rechtfertigen. Zwischen beiden Bereichen gibt es sogar Überschneidungen, indem Hetzrodt und Labourdinière sich genötigt sahen, Reden, die sie bei den Nationalfesten gehalten hatten, zur Rechtfertigung gegen Angriffe und Verdächtigungen nachträglich noch im Druck herauszugeben[87].

Aus der umgekehrten Perspektive wird die politische Öffentlichkeit durch Petitionen beleuchtet, die von den Einwohnern an die Verwaltungen gerichtet wurden. Das Petitionsrecht war als Individualrecht in der Verfassung des Jahres III garantiert: « *Tous les citoyens sont libres d'adresser aux autorités publiques des pétitions, mais elles doivent être individuelles* » (Art. 364). Dabei umfasst der französische Petitionsbegriff jede Eingabe an eine Behörde und beschränkt sich nicht auf Parlamentseingaben. Das galt im besetzten Rheinland schon für die Zeit der Militärverwaltung vor 1798, aus der viele Petitionen vorliegen[88] und bei denen es die Bevölkerung schnell lernte, die Behörden mit ihrem eigenen republikanischen Formencode anzusprechen. Die gleiche Praxis galt um so mehr für die Departementszeit ab 1798 und sogar für die Zeit ab 1800, als das Verfahren durch die Einrichtung einer Verwaltungsgerichtsbarkeit in Form der Departementsräte (*Conseils de département*) noch formal ausgebaut wurde. Bei der Allergie der Französischen Republik gegen Gruppeninteressen, in denen immer eine Form der Privilegierung gesehen wurde, waren allerdings Petitionen von organisierten Gruppen nicht zugelassen. Sammelpetitionen von Einzelbürgern waren aber möglich, und dies war auch der Weg, auf dem politische, wirtschaftliche oder soziale Gruppierungen sich mit einer Stimme an die Verwaltungen wenden konnten[89].

Petitionen, die freilich nun nicht von den einzelnen Bürgern ausgingen, sondern von der Verwaltung organisiert wurden, waren die Reunionsadressen[90], die im Frühjahr und Frühsommer 1798 von den Verwaltungen veranlasst wurden und mit denen Frankreich auf dem Rastatter Kongress seine Forderung nach Abtretung des linken Rheinufers untermauern wollte. Sie waren kein voller Erfolg, denn die Rheinländer wollten in ihrer großen Mehrheit ganz offensichtlich nicht französisch werden. Aber die Aktion war auch nicht nur das Ergebnis der Bemühungen der jeweiligen Kommissare um eine Beitreibung

---

[87] Vgl. Verzeichnis 2: Publizistik der Nationalfeste und Kap. VI, 10.3.1.
[88] MOLITOR, Untertan, 1980, S. 168-171; ANDRAE: Rheinländer, 1994.
[89] Vgl. die Petitionen in der sog. Koblenzer Affäre 1798/99: STEIN: Rot und Schwarz in Koblenz., 2013.
[90] HANSEN: Quellen, Bd. 4, 1938, S. 659-820; MÜLLER: Volksbefragung, 1995; SMETS: Freiheit, 1995; SMETS: Les pays rhénans, 1997, S. 269-316.

der Unterschriften bis hin zur Verhängung von Zwangsmitteln. Vielmehr zeigt die insgesamt vom Norden zum Süden ansteigende Unterschriftsbereitschaft eine stärkere Republikanisierung in den grenznahen und früh revolutionierten Gebieten, die hier zunehmend stärkere republikanische Gruppierungen hatte entstehen lassen, die bereit waren, die Adressen zu unterzeichnen.

Lesegesellschaften, Zeitungen und Flugschriften sowie Petitionen und Reunionsadressen zeigen jeweils unterschiedliche Teilöffentlichkeiten mit jeweils eigener Verbreitung und eigenen Strukturen. Sie lassen unterschiedliche Meinungen und Akteure im öffentlichen Raum der rheinischen Departements erkennen, die diesen Raum nachhaltig politisierten, auch über den Tag hinaus. Natürlich hatte diese Öffentlichkeit auch ihre Begrenzung. Es bestand die Möglichkeit, Zeitschriften und Flugschriften zu publizieren, aber man konnte natürlich nicht alles schreiben. Das betraf nicht nur antifranzösische und antirepublikanische Meinungen, sondern auch prorevolutionäre Kritik an der realexistierenden französischen Verwaltung. Bestimmte Bereiche waren auch aus der Öffentlichkeit ausgeschlossen. Religion war aus der Öffentlichkeit verbannt worden, und die Pfarrer, die sich an den Festen beteiligten, hatten einen stillschweigenden Code zu beachten. Sicher, die Einwohner der rheinischen Departements hatten kein Wahlrecht, aber über die Petitionen bestand die Möglichkeit, Maßnahmen der Verwaltung einem kritischen Raisonnement zu unterwerfen, und die Reunionskampagne führte über Bürgerversammlungen mitunter sogar zu öffentlichen Diskussionen über die französische Außenpolitik.

In diesem öffentlichen Raum waren nun auch Dekadenfeiern und Nationalfeste angesiedelt, die nach der Einrichtung der rheinischen Departements hier eingeführt wurden. Sie geben - wie die Petitionen - der Bevölkerung die Möglichkeit zu einer unmittelbaren Reaktion, sind aber nicht auf individuelle Stellungnahmen beschränkt, sondern richten sich an die gesamte Öffentlichkeit. Sie haben auch - wie die Reunionsadressen - eine flächendeckende Verbreitung bis auf die Kantonsebene hinunter, zeigen aber nicht nur ein punktuelles Bemühen um eine Republikanisierung der Bevölkerung, sondern bilden ein in kleineren oder größeren Schritten sich wiederholendes Raster, das das Wechselspiel zwischen den Republikanisierungsversuchen der Verwaltung und den Reaktionen der Bevölkerung über die gesamte Zeit der Verwaltung der rheinischen Departements unter dem Direktorium aufzeigen kann. Dekadenfeiern und Nationalfeste bieten so über die bisher schon analysierten Quellen hinaus neue Qualitäten für die Analyse der öffentlichen Meinung (*esprit public*) in den rheinischen Departements.

III. Revolutionskalender und Dekadenfeiern[1]

In seiner *Kleinen Leichenrede* auf den zum 1. Januar 1806 wieder abgeschafften Revolutionskalender rühmte Georg Friedrich Rebmann den Kalender als Ausdruck des Mutes des französischen Volkes, die errungene Freiheit gegen die ganze Welt zu behaupten[2]. Dabei verschloss er sich nicht der Kritik am praktischen Wert des Kalenders, wohl aber sah er in dem Kalender eine der Institutionen der Französischen Revolution[3]. Gerade unter diesem Aspekt sind Revolutionskalender[4] und Dekadenfeiern[5] von der neueren Forschung als ein Element der Revolutionskultur wieder entdeckt worden. Der Revolutionskalender wurde als Mittel zur rationalen und natürlichen Strukturierung von Zeit und die Dekadenfeiern als Ritualisierung des soziopolitischen Wertesystems der Revolution verstanden, die die politische Philosophie der Französischen Revolution ideell reflektieren und zugleich konkret erfahrbar machen sollten. Allerdings kann hier leicht die Interpretation der Idee über die konkreten Realisierungen des Phänomens hinausgehen. Andererseits sind Kalender und Dekadenfeiern nicht selten als Gegenstand der Revolutionskritik benutzt worden, um umgekehrt von der gescheiterten Faktizität auf die illusionäre Idealität zu schließen. Aber auch hier kann sich die Kritik leicht zur Fiktionalität verflüchtigen, wie der vielfältig bemühte Topos von *Citoyen Décadi et Monsieur Dimanche* belegt[6]. Beide Interpretationen geben somit Raum zur Entmythologisierung, und zwar ganz einfach dadurch, dass genau zwischen den Ebenen von Ideen, Normen und Realisationen in ihrer zeitlichen und örtlichen Entwicklung unterschieden wird. Dies muss zumal für die annektierten rheinischen Departements gelten[7], wo die Entwicklung zudem noch im Wechselspiel von Normentransfer und Realisierungsrezeption steht.

---

[1] Die Erstfassung des Kapitels ist erschienen in: Francia 27/2, 2000, S. 139-175. Die Darstellung des Konfliktfalles Meisenheim (S. 164-174) ist hier nicht wiederholt.

[2] REBMANN: Der revolutionäre Kalender, 1805, zit. nach Rebmann: Werke, Bd. 2, 1990, S. 584-589, vgl. WIRTH: Rebmann, 1996, S. 122-124.

[3] Der Revolutionskalender stellt so durchaus einen *lieu de mémoire* dar, vgl. BACZKO: Le calendrier républicain, 1984.

[4] MEINZER: Der französische Revolutionskalender, 1992. BECK: Histoire du dimanche, 1997, S. 141-170. SHAW, Time and the French Revolution, 2011. SCHRÖER: Republik im Experiment, 2014, S. 315-334, 445-461.

[5] AULARD: Le culte de la raison et le culte de l'être suprême, 1892. MATHIEZ: La Théophilanthropie et le culte décadaire, 1903. Lokalstudien: DOMMANGET: La déchristianisation à Beauvais. Le culte décadaire et la Théophilanthropie, 1921. BOIS: Les fêtes révolutionnaires à Angers, 1929. Neuere Aufsätze: FORTUNET: Le temps à l'épreuve de la Révolution. Les avatars du décadi, 1985; ORY: Les débuts du culte révolutionnaire dans le département des Vosges, 1988.

[6] LYONS: France under the Directory, 1975, S. 102-113.

1. Revolutionskalender und Dekadenfeiern in Frankreich

Der Kalender war ein spätes Kind der Revolution. Erst im Oktober und November 1793 wurde er mit einer Reihe von Beschlüssen des Konvents eingeführt und rückwirkend ab dem 22. September 1792 in Kraft gesetzt[8]. Der Tag war von großer symbolischer Bedeutung für die revolutionäre Republik, fiel hier doch die Einführung der Republik mit dem Herbstanfang zusammen. Die Einführung der politischen Gleichheit im Sozialsystem verband sich mit der Tag-Nacht-Gleiche im kosmischen System. Diese Parallelität von Natur und Sozialwesen musste für das aufgeklärte Denken von einer großen Faszination sein[9]. Die Gesellschaftsordnung erfuhr eine kosmische Überhöhung, während umgekehrt die Ordnung der Natur in der politischen Ordnung des Staates ihre Konkretisierung fand. Der Kalender war aber nicht nur intellektueller Ausdruck der neuen Staatsform, er hatte auch höchst konkrete Auswirkungen auf die gesamte Gesellschaft. Der Jahresanfang am 22. September, die neue Jahreszählung ab 1792 als Jahr I der Republik, dazu noch die neuen Monate mit jeweils gleichmäßig 30 Tagen und dem Zusatz der Ausgleichstage am Ende des Jahres, alles dies hätte als eine intellektuelle Kodierung durchaus neben dem bisherigen Kalender bestehen können. Ein Konflikt ergab sich aber mit der Einführung der Dekade als neuer Woche von zehn Tagen gegenüber dem bisherigen siebentägigen Wochenrhythmus. Nun stimmte nicht nur der Ruhetag (Dekadi statt Sonntag) nicht mehr, sondern auch alle Markttage nach Wochentagen, alle Wirtschaftstermine nach Heiligenfesten usw. mussten neu bestimmt und periodisiert werden. Gleichzeitig lag aber gerade in diesem Konfliktpotential auch die Möglichkeit einer Einwirkung der Revolution auf das Alltagsleben.

Der Revolutionskalender war nicht nur eine Zeitordnung zur revolutionären Umstrukturierung der Gesellschaft, er sollte auch ein Festkalender für die neue Gesellschaft werden. Wie der gregorianische Kalender die christliche Heilsordnung im Jahresverlauf nachvollzog, so sollte der neue Kalender die politischen und sozialen Grundwerte der Revolution bewusst machen. Kernpunkt war dabei die Einführung einer Feier an jedem Dekadi. Im Verständnis der revolutionären Akteure war damit nicht nur ein neuer Kalender mit einer Festordnung der Revolution neben den bestehenden christlichen Kalender mit seiner Festordnung gestellt worden, sondern die neue Zeit- und Werteordnung sollte die alte ersetzen. Neben die Konflikte in der Organisierung des Alltags trat damit eine Konkurrenz in den Grundwerten zwischen revolutionärer Staats-

---

[7] BUCHHOLZ: Französischer Staatskult, 1997, S. 65-94, leistet dies nicht, weil er die Entwicklungen in Innerfrankreich, in den reunierten belgischen Departements und im annektierten Rheinland zusammenzieht und weder Transfer- noch Rezeptionsprozesse analysiert, was mitunter zu Schieflagen führt. So wurde im Rheinland entgegen Buchholz niemals der Gottesdienst in Kirchen verboten (S. 81) oder die Heirat auf den Dekadi beschränkt (S. 86).

[8] Vgl. auch MEINZER: Der französische Revolutionskalender und die „Neue Zeit", 1988.

[9] HARTEN / HARTEN: Die Versöhnung mit der Natur, 1989, S. 102 ff.

III. Revolutionskalender und Dekadenfeiern

philosophie und christlicher Religion. Insofern gehörten Kalender und Festkalender zu den Kernstücken der Dechristianisierung des Jahres II.

Der Konvent war sich der Brisanz der von ihm dekretierten Kalenderreform durchaus bewusst. Er beschränkte sich deshalb zunächst darauf, den neuen Kalender durch sein Dekret vom 14. Vendémiaire II / 5. Oktober 1793 für die Verwaltung (*usages civils*) in Kraft zu setzen und seine sonstige Verwendung offen zu lassen. Ebenso führten die Dekrete vom 14.-16. Frimaire II / 4.-6. Dezember 1793 und vom 18. Floréal II / 7. Mai 1794 zwar die Dekadenfeiern ein und bestimmten ihr Programm als Tugendkatalog bezüglich der Namensgebung für die Dekadi[10], schrieben aber noch keine bestimmte Form dafür vor[11]. Der ersten Anwendung des Revolutionskalenders und der ersten Ausgestaltung von Dekadenfeiern in der Zeit der Dechristianisierung folgte aber nach dem Sturz von Robespierre am 9. Thermidor II / 27. Juli 1794 eine schnelle Stagnation. Der Revolutionskalender wurde zwar nicht angetastet, blieb aber auf die Verwaltung beschränkt. Die Dekadenfeiern kamen zunehmend außer Gebrauch oder wurden allenfalls noch als reine Verwaltungssitzungen ohne Öffentlichkeitswirkung behandelt. Nachdem schließlich das neue Festgesetz vom 3. Brumaire IV / 25. Oktober 1795 die Dekadenfeiern gar nicht mehr erwähnte, wurden sie ganz eingestellt.

Eine Neubelebung der revolutionären Tradition erfolgte erst nach dem Staatsstreich vom 18. Fruktidor V / 4. September 1797 unter dem sog. zweiten Direktorium. Getragen von der neojakobinischen Bewegung wurden die Dekadenfeiern in vielen Departements sofort oder doch gleich zu Beginn des Jahres VI wieder aufgenommen[12]. Parallel dazu begann im Rat der 500 eine Diskussion über den Gebrauch des Revolutionskalenders und die Institutionalisierung der Dekadenfeiern[13]. Schließlich signalisierte auch ein Zirkular des Innenministers vom 19. Brumaire VI / 9. November 1797 die volle Rückendeckung der Regierung für diese Bewegung, wobei hier das neue Mitglied des Direktoriums Merlin de Douai die Initiative ergriffen hatte[14]. Gesetzliche Regelungen folgten dann im Laufe des Jahres VI. Zunächst rief ein Arrêté des Direktoriums vom 14. Germinal VI / 3. April 1798 zum erweiterten Gebrauch des Revolutionskalenders mit weiten Eingriffen in das Wirtschaftsleben und zur Erneuerung der Dekadenfeiern auf. Darauf wurden drei neue Kalendergesetze durch

---

[10] Die Stadtbibliothek Trier verwahrt aus der Sammlung Hermes unter der Signatur A 2855 den Manuel des autorités constituées de la République francaise, Paris V (1797), der eine Liste der Dekadenfeste enthält. In dem Buch ist jedes Dekadenfest mit einem Emblem illustriert.
[11] MATHIEZ: Théophilanthropie, 1903, S. 23; MEINZER: Revolutionskalender, 1992, S. 56.
[12] MATHIEZ: Théophilanthropie, 1903, S. 460 ff.
[13] MEINZER: Revolutionskalender, 1992, S. 64 ff.
[14] MATHIEZ: Théophilanthropie, 1903, S. 400 ff; LEUWERS: Un juriste en politique, Merlin de Douai, 1996, S. 192 ff.

die beiden Kammern verabschiedet: das Gesetz vom 17. Thermidor VI / 4. August 1798 führte den Dekadi erstmals allgemein als Ruhetag ein; das Gesetz vom 13. Fruktidor VI / 30. August 1798 machte Formvorschriften für die Dekadenfeiern und ordnete ihnen die zivile Eheschließung zu[15]; das Gesetz vom 23. Fruktidor VI / 9. September 1798 schließlich machte den Dekadi für alle Bereiche der Gesellschaft verbindlich. Das bedeutete für Innerfrankreich allerdings oft nur die rechtliche Fixierung von Entwicklungen, die sich in vielen Teilen des Landes nach dem 18. Fruktidor schon auf lokaler und departementaler Ebene vollzogen hatten und die nun aufgrund der neuen Gesetze allgemein verbindlich gemacht wurden. Gleichwohl war hiermit aber etwas Neues entstanden. Das jakobinische Festgesetz hatte Dekadenfeiern und Nationalfeste in einem gemeinsamen Kalender definiert. Nun traten die Dekadenfeiern als eine eigene Gruppe neben die Nationalfeste, was weniger Auswirkungen auf die Dekadenfeste als auf die Nationalfeste hatte und zu einer Überfrachtung des gesamten Festkalenders führte[16].

In der Verwaltung war der neue Kalender nie außer Gebrauch gekommen. Auch im Wirtschaftsleben scheint sich der Kalender durchgesetzt zu haben. Über die öffentlichen und geschäftlichen Termine drang der neue Kalender auch in das Privatleben ein. Problematisch blieb aber die Beteiligung an den Dekadenfeiern sowie die private Beachtung des Dekadi als Ruhetag. Wenn die Dekadenfeiern nun wieder regelmäßig abgehalten wurden und die Verbindung der Feiern mit den Hochzeitsterminen ihnen ein gewisses Publikum sicherte, so war die politische und soziale Bedeutung der Feiern doch von dem Engagement der jeweiligen Verwaltungen sowie der Volksgesellschaften abhängig. Im privaten Bereich schließlich konnte der Dekadi nie mit dem Sonntag konkurrieren. Allenfalls wurde der republikanische Sonntag als zusätzlicher Ruhetag von abhängig Beschäftigten reklamiert. Sonst aber wurde zwar den gesetzlichen Vorschriften, die Arbeiten in der Öffentlichkeit verboten, entsprochen, aber in den Städten wurde in den Werkstätten im Innern der Häuser meist normal gearbeitet, und auf dem Land stellten sich unaufschiebbare Feldarbeiten immer am Dekadi ein[17].

2. Rezeption im Rheinland

Auch für das seit Januar 1798 annektierte Rheinland musste sich die Frage einer Einführung dieser Gesetze stellen. Hier aber bestanden für eine Einführung von Kalender und Dekadenfeiern völlig andere Voraussetzungen. Auch wenn der Revolutionskalender in Deutschland durch verschiedene Drucke

---

[15] Schröer: Republik im Experiment, 2014, S. 451-456.
[16] Vgl. Kap. IV, 3.
[17] Mathiez: Théophilanthropie, 1903, S. 460 ff; Ozouf: La fête révolutionnaire, 1976, S. 267-279; Meinzer: Revolutionskalender, 1992, S. 85 ff, 196 (Statistik).

III. Revolutionskalender und Dekadenfeiern

und Kommentierungen in Zeitschriften bekannt geworden war[18], so betraf dies doch nur ein kleines Publikum mit einem besonderen intellektuellen oder beruflichen Interesse, und Druckorte und Verbreitungsgebiet der Publikationen deckten gerade nicht das linksseitige Rheinland ab. Für die rheinischen Departements stellte deshalb die wirkliche Einführung des Kalenders eine völlige Neuerung dar. Ebenso unbekannt waren die revolutionären Dekadenfeiern, deren Einführung sich hier in keiner Weise auf eine spontane Vorbereitung in der Gesellschaft stützen konnte. Die Einführung von Kalender und Dekadenfeiern in den rheinischen Departements und die Wiederbelebung der Dekadenfeiern in Innerfrankreich erfolgten so zwar fast gleichzeitig und aufgrund der gleichen gesetzlichen Regelungen, sie stellen aber durchaus ein weiteres Beispiel der Gleichzeitigkeit des Ungleichen dar.

Der Revolutionskalender war natürlich von der französischen Verwaltung im Rheinland seit dem Beginn der französischen Besetzung 1794 benutzt worden. Darüber hinaus wurde er aber erst ein halbes Jahr nach der Annexion im Rahmen einer umfassenden Verwaltungsverordnung durch Arrêté des Regierungskommissars vom 1. Thermidor VI / 19. Juli 1798 eingeführt[19], mit der Rudler auch den Arrêté des Direktoriums vom 14. Germinal VI / 3. April 1798, der die Anwendung des Revolutionskalenders in allen Bereichen der staatlichen Verwaltung sowie im Wirtschaftsleben verbindlich erklärt hatte, für die rheinischen Departements publizierte. Schließlich setzte Rudler noch am 10. Brumaire VII / 31. Oktober 1798 die neuen Gesetze über die Geltung des Dekadi als Ruhetag (loi du 17 thermidor VI / 5. August 1798) und über die Verbindlichkeit des Kalenders (loi du 23 fructidor VI / 9. September 1798) in Kraft. Der Revolutionskalender galt somit auch im Rheinland vor allem in der staatlichen Verwaltung. Darüber hinaus wurde er für weite Bereiche des Wirtschaftslebens bestimmend. Wochenmärkte und Messen richteten sich nun nach den neuen Dekaden- und Monatsrhythmen. Private Verträge konnten zwar nach dem alten Kalender datiert werden, aber schon beim Notar wurde der neue Kalender benutzt, und das Gleiche galt auch für jede Form der staatlichen Bestätigung von Privatverträgen. Außerdem wirkte der neue Kalender über den Zivilstand bis in das private Leben hinein. Weit über diesen Bereich des Kalenders hinaus erstreckte sich schließlich das Gebot der Arbeitsruhe am Dekadi, das für alle Betätigungen in der Öffentlichkeit galt und von der gesamten Bevölkerung einzuhalten war. Hier ergab sich ein Konfliktpotential, und zwar nicht nur wegen der Konkurrenzsituation mit dem christlichen Sonntag, sondern auch weil die Revolution nun eine Arbeitsruhe forderte, die in dieser Form vorher für den Sonntag gar nicht bestanden hatte[20].

---

[18] SEIFERT: Die Zeit schlägt ein neues Buch in der Geschichte auf, 1989, S. 25 ff.
[19] Nachgewiesen bei HANSEN: Quellen, Bd. 4, 1938, S. 921-922.
[20] BECK: Histoire du dimanche, 1997, S. 145.

Ein Unterschied blieb allerdings zwischen den Kalendergesetzen für Innerfrankreich und ihrer Einführung im Rheinland bestehen. Der Regierungskommissar Rudler hatte hier das Gesetz über die Verbindung der Ziviltrauung mit den Dekadenfeiern (loi du 13 fructidor VI / 30. August 1798) nicht publiziert, und er hatte überhaupt die Einführung der Dekadenfeiern den Departementsverwaltungen überlassen, die damit einen weiten eigenen Spielraum erhielten. Im Fall des Saardepartements hatte die Zentralverwaltung die Einführung von Dekadenfeiern sogar schon vor der Verabschiedung des einschlägigen Gesetzes vom 13. Fruktidor VI / 30. August 1798 angeordnet, und zwar durch Arrêté vom 24. Thermidor VI / 11. August 1798[21], der die Feiern für die Departementshauptstadt Trier, die Kantonshauptorte und sogar jede Einzelgemeinde regelte. Wie in Innerfrankreich sollte das Kernstück der Feiern aus der Verlesung von Gesetzen und Verordnungen bestehen. In den Einzelgemeinden wurden die Feiern auf diesen Punkt beschränkt. In den Kantonshauptorten und vor allem in der Departementshauptstadt sollten aber politische Reden (*discours patriotiques*) hinzukommen. Als drittes Element neben Verordnungen und Reden war Musik vorgesehen, wozu in der Departementshauptstadt ein Orchester bereitgestellt werden sollte, während man sich in den Kantonshauptorten mit dem Gesang der Versammelten begnügen musste. Schließlich wurde für die Departementshauptstadt Trier vorgesehen, die Feiern durch das Läuten der Domglocken öffentlich anzukündigen. Wie der Kalender waren auch die Dekadenfeiern zunächst reine Verwaltungsfeiern, zu denen alle Funktionäre zu erscheinen hatten. Allerdings betraf das nicht nur die Träger öffentlicher Ämter in Verwaltung und Justiz sowie das Militär, sondern auch alle Angestellten der öffentlichen Verwaltung bis hin zu den Lehrern der öffentlichen Schulen. Dazu dürften noch die Schüler gekommen sein, die leicht zu einem Beitrag zu den Feiern veranlasst werden konnten und deren Anwesenheit zumindest die Hoffnung ließ, auch die Eltern mitziehen zu können.

Der sensibelste Punkt dieser neuen Institution bestand in der Wahl des Ortes, an dem die Feiern stattfinden sollten. In der Regel waren dazu in Innerfrankreich die Kirchen benutzt worden, die dann als Dekadentempel (*temple décadaire*)[22] für die Dekadenfeiern dienten. Andererseits eigneten sich die

---

[21] LHA Koblenz: Best. 276 Nr. 1106 (Konzept vom 23. Thermidor), StadtA Trier: Fz 67 (Ausfertigung für Trier vom 24. Thermidor). Die Trierer Zentralverwaltung erhält dafür das Lob des besonderen Eifers von HANSEN (Quellen, Bd. 4, 1938, S. 923), aber die Zentralverwaltung des Departements Donnersberg hatte sogar schon im April 1798 eine Regelung für den Dekadi erlassen (HANSEN: Quellen, Bd. 4, 1938, S. 825).

[22] Die französische Sprache reserviert das Wort Kirche (*église*) allein für die katholischen Gotteshäuser. Alle anderen Gebäude, die der Abhaltung von Gottesdiensten dienen, werden Tempel (*temple*) genannt, was für alle nicht-katholischen Konfessionen ebenso gilt wie für alle anderen Religionen. Das ist natürlich ein Erbe der langen Dauer des Ranges der katholischen Kirche als Staatsreligion, ist aber so fest im französischen Sprachgebrauch verankert,

III. Revolutionskalender und Dekadenfeiern   57

Kirchen nicht unbedingt für solche Feiern[23]. Eine Kirche wird durch eine Prozessionsstraße gebildet und ist auf den Altar ausgerichtet. Für die republikanischen Feiern dagegen wurde ein Amphitheater, ein Zirkus - oder modern gesprochen - eine Arena gefordert, wo ein zentrales Geschehen um den Vaterlandsaltar von allen Seiten eingesehen werden kann[24]. So waren es auch bauliche Gründe, die die innerfranzösischen Verwaltungen mitunter dazu veranlassten, die Dekadenfeiern in Sälen von Verwaltungsgebäuden abzuhalten. Im Saardepartement kamen noch religiöse Rücksichtnahmen hinzu, da hier die Kirchen nicht enteignet bzw. nationalisiert worden waren und sich so in stärkerem Maße eine Konkurrenzsituation mit den Kirchengemeinden ergab, die ihre Gottesdienste im gleichen Gebäude weiterhin neben den Dekadenfeiern abhielten. Insofern sah sich die Zentralverwaltung des Saardepartements veranlasst, den Kantonsverwaltungen bei der Wahl des Ortes für die Dekadenfeiern einen weiten Spielraum einzuräumen, der ihnen ein Wahlrecht zwischen einer Kirche und einem sonstigen geeigneten Ort ließ (« *l'église ou local quelconque propre à la célébration de la fête* »)[25].

Genauer sind wir über den Dekadentempel in Trier unterrichtet. Wie alle offiziellen Feiern der französischen Verwaltung wurden hier auch die Dekadenfeiern zunächst im Promotionssaal der Universität abgehalten[26]. Nach dem Arrêté der Zentralverwaltung vom 11. August 1798 fand die erste Dekadenfeier am 17. August 1798 dort statt[27], und auch später noch wurde der Saal für offizielle Veranstaltungen der Verwaltung benutzt. Ab dem Fest des 18. Fruktidor VI / 4. September 1798 fanden die weiteren Dekadenfeiern dann immer in der Kirche des ehemaligen Priesterseminars (Jesuitenkirche) statt[28]. Als spätgotische Hallenkirche mit gleich hohen Haupt- und Seitenschiffen

---

dass diese Unterscheidung zumindest subjektiv nicht direkt mit einer Diskriminierung nichtkatholischer Denominationen verbunden ist.

[23] Ozouf: La fête révolutionnaire, 1976, S. 162.
[24] Harten: Transformation und Utopie des Raumes, 1994.
[25] Der parallele Arrêté der Zentralverwaltung des Rhein-Mosel-Departements vom 15. Februar 1799 (LHA Koblenz: Best. 241 Nr. 3096) kennt diese Wahlmöglichkeit nicht. Trotzdem sind auch im Rhein-Mosel-Departement die Dekadenfeiern sowohl in Dekadentempeln (Kirchen) wie in Dekadensälen durchgeführt worden.
[26] Schon das erste Nationalfest wurde am 20. März 1798 dort abgehalten.
[27] Parallel dazu fand die erste Dekadensitzung im benachbarten Wälderdepartement erst drei Wochen später am 28. September 1798 statt, obwohl hier die französischen Gesetze sogar unmittelbare Wirkung hatten. Vgl. Spang: Les fêtes décadaires à Luxembourg, 1963, S. 338. Auch in Innerfrankreich wurden die Dekadenfeiern erst aufgrund der neuen Gesetzgebung vom Sommer 1798 wieder eingeführt, so z.B. in Dijon erstmals am 1. Oktober 1798 (Brelot: La vie politique en Côte-d'Or, 1932, S. 149). Dagegen sind im Rhein-Mosel-Departement schon ab Juli 1798 Dekadenfeiern in den Kantonsorten abgehalten worden, so in Sobernheim, vgl. Tagebuch Regnier, S. 97 (Heimatwissenschaftliche Zentralbibliothek Bad Kreuznach).
[28] Marx: Denkwürdigkeiten der Dreifaltigkeits- und Jesuitenkirche, 1860, S. 48 ff.

hatte sie weitgehend einen Saalcharakter[29], so dass sie ohne großen Aufwand für die Erfordernisse der Dekadenfeiern einzurichten war. Indem man den neuen Altar vor den Chor unter die Vierung platzierte[30], ergab sich nämlich in den angrenzenden Seitenschiffen sowie in Chor und Hauptschiff Raum genug, um allen Teilnehmern einen direkten Blick auf den Vaterlandsaltar zu ermöglichen. Weniger Schwierigkeiten bereitete in den Kirchen die Benutzung der Kanzel als Rednertribüne, da sich hier der bisherige Gebrauch im Gottesdienst und der neue Gebrauch bei den Dekadenfeiern eng berührten. Dagegen war natürlich die gesamte christliche Ausstattung der Kirche zu ersetzen. Bei Simultanbenutzung mit den Kirchengemeinden musste die Ausstattung vor jedem Kult neu installiert und ebenso danach wieder abgebaut werden, um die Feiern der jeweils anderen Konfession zu ermöglichen. Auch im Trierer Dekadentempel sind in den ersten Wochen die republikanischen Dekorationen nach jeder Feier wieder abgebaut worden. Seit dem republikanischen Neujahrsfest vom 22. September 1798 wurde aber die Trierer Jesuitenkirche ausschließlich als Dekadentempel benutzt, so dass die republikanischen Dekorationen nun bleiben konnten. Zentrum dieser Installationen war der Altar, der im Promotionssaal als Freiheitsaltar (« *autel de la liberté* »)[31], in der Jesuitenkirche dann wie meist als Vaterlandsaltar (« *autel de la patrie* »)[32] bezeichnet wurde. Weniger gesichert sind die Nachrichten über die Ausstattung der Kulträume. Der Chronist Müller berichtet, dass in beiden Räumen eine Göttin der Vernunft (« *Femme de la Raison* »)[33] dargestellt gewesen sei, und zwar im Promotionssaal als Bild[34] und in der Jesuitenkirche als Statue[35]. Die Festberichte dagegen kennen einen solchen Figurenschmuck nicht. Eine so herausgehobene Darstellung der Göttin der Vernunft im zeitlichen und lokalen Kontext wäre auch wenig wahrscheinlich, und ein etwaiger Zusammenhang mit der Dechristianisierungswelle in Frankreich im Winter 1793/94 und dem

---

[29] BUNJES: Die kirchlichen Denkmäler der Stadt Trier, 1938, S. 48-65.

[30] Hier steht heute auch der postkonziliare Altar.

[31] Arrêté qui détermine le mode d'exécution de la fête décadaire dans la commune de Trèves, 24. Thermidor VI / 11. August 1798 - LHA Koblenz: Best. 276 Nr. 1106.

[32] Programm und Bericht für das Fest der Gründung der Republik, 1. Vendémiaire VII - LHA Koblenz: Best. 276 Nr. 1007.

[33] Der Ausdruck entspricht nicht dem zeitgenössischen französischen Sprachgebrauch, die Festberichte kennen ihn nicht. Eine Göttin der Vernunft kommt im Rheinland nur in Bonn beim Fest der Volkssouveränität am 30. Ventôse VII / 20. März 1799 vor (Hansen: Quellen, Bd. 4, 1938, S. 623), wo sie auf einer Eigeninszenierung des konstitutionellen Zirkels beruht. In Trier findet sich nur eine Statue der Vernunft als Wandschmuck beim Fest der Gründung der Republik am 1. Vendémiaire VII / 22. September 1798.

[34] Anlässlich der ersten Dekadenfeier am 17. August 1798, LHA Koblenz: Best. 700,62 Nr. 28, Heft G, fol. 33; LAGER, Chronik, 1915, S. 122.

[35] Anlässlich des Festes des 18. Fruktidor 1798, Chronik Müller, LHA Koblenz: Best. 700,62 Nr. 28, Heft G, fol. 35, vgl. HANSEN, Quellen, Bd. 4, 1935, S. 931, zusammenfassend referiert bei LAGER, Chronik, 1915, S. 122-123.

III. Revolutionskalender und Dekadenfeiern   59

Fest der Vernunft in Notre Dame in Paris am 10. November 1793 ist schlicht abwegig[36], außer vielleicht in der Imagination des Chronisten, der hier nur zu gerne antifranzösische Propaganda transportiert haben mag[37]. Gesichert ist dagegen, dass bei dem nächstfolgenden Fest der Gründung der Republik am 1. Vendémiaire VII / 22. September 1798 unter der Vierung ein Säulenaltar aufgebaut war, der eine Allegorie der Republik trug[38]. Da diese Darstellung schon für das Fest selbst auch einmal als Göttin der Freiheit angesprochen wird[39], ist es nicht verwunderlich, dass die Statue je nach Anlass auch für andere allegorische Darstellungen diente. Eine besondere Installation schmückte den Dekadentempel beim Jahrestag der Einsetzung der neuen Verwaltungen am 1. Ventôse VII / 19. Februar 1799[40]. Sie wurde aus einer Pyramide und einer darüber schwebenden Allegorie der Republik gebildet und sollte die Befreiung des Rheinlandes durch seine Integration in die Französische Republik darstellen. Die Pyramide war grundsätzlich ein Symbol der Gleichheit. Hier aber trugen ihre vier Seiten die Namen der rheinischen Departements und wiesen so auf deren Zugehörigkeit zu Frankreich hin. Das Thema wurde dann auf der darüber stehenden Ebene wiederholt, indem die Republik als Mutter erschien, die vier Kinder an der Hand führte, die jeweils eines der rheinischen Departements darstellten. Schließlich

---

[36] „Die Rheinländer erlebten die berühmte jakobinische *Fête de la Raison* sowie die *Fête de l'Être suprême* nur in Form von Presseberichten", ROWE: Die Sichtbarkeit der Macht, 2012, S. 363.

[37] Müllers Darstellung wird übernommen bei MARX: Denkwürdigkeiten, 1860, S. 49 und 51 sowie MARX: Erzstift Trier, Bd. 5, 1864, S. 361. Dort wird auch berichtet, dass französischerseits der Dekadentempel als „ein Tempel der Vernunft" bezeichnet worden sei, was in den Verwaltungsakten ebenfalls keine Bestätigung findet. Da HANSEN für Trier nur die Chronik von Müller ausschreibt, die Festberichte aber nicht kennt, ist die Müller'sche Version auch darüber hinaus rezipiert worden. Noch aktuell findet sich eine entsprechende Angabe im Wikipedia-Artikel über die Jesuitenkirche in Trier.
Auch an anderen Orten, wo aus Lokaltradition geschöpft wird, wird der Dekadentempel als Tempel der Vernunft bezeichnet und in einen Zusammenhang mit der Dechristianisierung gerückt, so etwa im Fall von Meisenheim (BAUMGART: Roemmich, 1999, S. 110).
Eine offizielle Benennung des Dekadentempels liegt aus Mainz vor (HANSEN: Quellen, Bd. 4, 1938, S. 85), dort heißt er aber *temple de la loi*, wohl weil hier die Gesetze verlesen wurden. In Wittlich war der Dekadentempel dem Höchsten Wesen geweiht (siehe unten), aber nicht einer Göttin der Vernunft.

[38] Chronik Müller, LHA Koblenz: Best. 700,62 Nr. 28, Heft G, fol. 35, vgl. HANSEN: Quellen, Bd. 4, 1938, S. 936. Festprogramm und Festbericht LHA Koblenz: Best. 276 Nr. 1007. Während Müller aber von einem Bild spricht, berichten Festprogramm und Festbericht sowie die Edition LAGER (Chronik, 1915, S. 122) von einer Statue, um die es sich auch gehandelt haben dürfte. MARX: Erzstift Trier, Bd. 5, 1864, S. 362 lässt bei dieser Gelegenheit neben der Republik auch noch als zweite Statue die Vernunft in den Dekadentempel einziehen, nachdem er das Zeugnis von Müller für das Fest des 18. Fruktidor bei dessen Schilderung nicht berücksichtigt hatte.

[39] Festbericht in der städtischen Überlieferung, StadtA Trier Fz 67.

[40] Festbericht.

verband die Installation damit das Motiv der Befreiung, indem zu Füßen der Republik Symbole der Feudalherrschaft und des Aberglaubens ausgebreitet waren[41].

In den Kantonen dürfte die Ausstattung der Dekadentempel dagegen sehr viel einfacher gewesen sein. Anlässlich des Festes der Volkssouveränität am 30. Ventôse VII / 20. März 1799 liegen für einige Kantone Nachrichten über die Ausschmückung der Dekadentempel vor[42]. Wie auch in Innerfrankreich üblich, handelte es sich dabei um Inschriften auf Papier, die Texte aus dem Menschenrechtskatalog der Verfassung brachten (« *les murs furent couverts des inscriptions tirées de la déclaration des droits de l'homme et analogues à la fête* »). Dazu kamen, soweit es die Mittel erlaubten, emblematische Darstellungen, meist auch als Gemälde oder Zeichnung und nur ausnahmsweise als Figur, während Büsten, die in Innerfrankreich gelegentlich aufgestellt wurden, sich im Saardepartement nicht nachweisen lassen. Der didaktische Zweck der Ausgestaltung des Raumes mit großflächigen Wandzeitungen dominierte also deutlich über die ästhetische Ausgestaltung durch Bildschmuck und konnte so gleich für die Volksbelehrung herangezogen werden:

« *Le commissaire prononça en suite un discours sur le but salutaire de l'institution des temples décadaires en expliquant aux assistants toutes les figures emblématiques y exposées et les rassurant du libre exercice de leur culte dans l'enceinte de leur édifice religieux* » (Konz).

Dabei weist der Nachsatz auf die Problematik der Dekadenfeiern in den Kirchen hin. Das in Trier schnell beseitigte Simultaneum in der Nutzung der Kirchengebäude als Dekadentempel und als Kirche bestand nämlich in den Kantonen während der gesamten Dauer der Dekadenfeiern weiter[43]. Auch dies beschränkte die Möglichkeiten eines besonderen Zeremoniells für die Deka-

---

[41] LAGER: Kirchen, 1820, S. 45 setzt diese Installation ohne Angabe einer Zeitstellung in den Dekadensaal. Außerdem kennt Lager noch zwei weitere Elemente der Ausstattung des Dekadensaals, nämlich ein Bild an der Rednertribüne, das einen republikanischen Funktionär zeigt, der das Volk über die republikanischen Institutionen unterrichtet, sowie die Statue einer Republik, die einem Priester die Zunge herausstreckt. Diese Anekdote wird dann übernommen bei MARX: Denkwürdigkeiten, 1860, S. 52 und KENTENICH: Geschichte der Stadt Trier, 1915, S. 641. Verwaltungsquellen dazu gibt es nicht.
Das erste Element findet bezüglich des Motivs eine Parallele in einer Installation im Dekadentempel beim Fest der Eheleute. Es zeigt einen Familienvater, der seiner Familie mit Frau und acht Kindern die Verfassung erklärt. Das zweite Element könnte allenfalls in Beziehung gesetzt werden zu der Installation beim Fest der Volkssouveränität am 30. Ventôse VII / 20. März 1799, bei der die Souveränität als stehende Figur und das Volk als sitzende Figur erschienen und über den Despotismus triumphierten, der als ein Monstrum dargestellt war, das angekettet am Boden lag, oder auch zu der oben beschriebenen Installation am Jahrestag der Einsetzung der neuen Verwaltungen am 1. Ventôse VII / 19. Februar 1799.

[42] Kantone Konz, Ottweiler, St. Wendel (LHA Koblenz: Best. 276 Nr. 1109).

III. Revolutionskalender und Dekadenfeiern

denfeiern. Wandzeitungen und Bilder mussten nach den Feiern wieder beseitigt werden und dürften sich so schnell abgenutzt haben, so dass man anscheinend schon bald wieder auf solche Schmuckelemente verzichtete. Jedenfalls ist außer für das Fest der Volkssouveränität des Jahres VII, wo der Schmuck einen gewissen Reiz des Neuen hatte, später nichts mehr über solche Text- und Bildausstattung der Dekadentempel im Saardepartement bekannt.

Die Regelmäßigkeit der Abhaltung der Dekadenfeiern und die Intensität des Besuches der Dekadenfeiern ist kaum feststellbar, da die Zentralverwaltung des Saardepartements zwar die Dekadenfeiern eingeführt, damit aber nicht die für Innerfrankreich geltende Berichtspflicht verbunden hatte. Es existieren so für das Saardepartement keine Protokolle über die Dekadenfeiern. Immerhin zeigt der Briefwechsel zwischen der Zentralverwaltung und der Munizipalität Trier, dass zumindest in Trier die Dekadenfeiern regelmäßig abgehalten wurden. Aber selbst hier gab es Klagen über mangelnden Besuch. Das betraf zunächst das Publikum (« *Tout le monde sait que le peuple de Trèves ne fréquente point le temple décadaire* »)[44], es galt aber auch zumindest gegen Ende der Direktorialepoche für die Funktionäre selbst (« *les citoyens ainsi que les magistrats qui depuis bien longtemps ne les* [i.e. *réunions décadaires*] *ont plus fréquentées* »)[45]. Unter diesen Umständen kann man in den Trierer Dekadenfeiern nur eine Art gesellschaftlicher Pflichtübung vor allem der höheren Funktionäre sehen, bei der die administrative Repräsentanz das republikanische Zeremoniell dominierte. Blieb dies auch deutlich hinter französischen Städten mit republikanischer oder jakobinischer Tradition zurück, so gilt die gouvernementale Abhängigkeit der Feiern aber auch für viele französische Departementshauptstädte[46].

Nach dem Staatsstreich vom 18. Brumaire VIII sah die Zentralverwaltung zwar durchaus Anlass, öffentlich darauf hinzuweisen, dass die republikanischen Institutionen wie die republikanischen Maße und Gewichte, der Kalender und eben auch die Dekadenfeiern und die Nationalfeste damit keineswegs abgeschafft wären[47], aber dann wurde der republikanische Festkalender

---

[43] In Innerfrankreich ist es darüber hinaus auch öfter zur regelrechten Aufteilung der Kirchen für die verschiedenen Kulte gekommen, vgl. GOUDEAU: Le Département de l'Eure sous le Directoire, 2012, S. 207. Dies scheint im Rheinland dadurch verhindert worden zu sein, dass die Eigentumsrechte an den Kirchen unverändert geblieben waren. So war den französischen Verwaltungen nur ein Nutzungsrecht an den Kirchen für die Dekadenfeiern eingeräumt worden.

[44] Zentralverwaltung an die Munizipalität Trier, 5. April 1799 - LHA Koblenz: Best. 276 Nr. 1712 (Konzept); StadtA Trier: Fz 67 (Ausfertigung). Zum Kontext vgl. Kap. V, 3.1.

[45] Zentralverwaltung an Munizipalität Trier, 22. April 1800 - LHA Koblenz: Best. 276 Nr. 1106.

[46] „Le culte décadaire eut tout juste la popularité du gouvernement", MATHIEZ: Théophilanthropie, 1903, S. 532.

[47] Der Trierische Ankündiger für das Saardepartement Nr. 15, 15. Frim. VIII / 6. Dez. 1799.

in Trier doch noch länger fortgeführt als in den meisten französischen Städten. Das mag zunächst dadurch bedingt gewesen sein, dass in den rheinischen Departements die direktorialen Verwaltungen noch länger im Amt blieben als in Innerfrankreich. Sie setzten zunächst das Dekadenzeremoniell einfach fort. Aber auch der neue Präfekt des Saardepartements, der am 7. August 1800 sein Amt antrat, ließ die Dekadenfeiern weiterführen und dürfte auch selbst an den Zeremonien teilgenommen haben, wenn auch eine persönliche Teilnahme nur für die letzten Nationalfeste bezeugt ist. Hinzu kommt, dass die Aufhebung der Verbindung von Eheschließung und Dekadenfeiern durch Arrêté der Konsuln vom 26. Juli 1800, die in Innerfrankreich vielfach das Ende der Dekadenfeiern bedeutete, für die rheinischen Departements kein Einschnitt war, da hier die Ziviltrauung nicht mit den Dekadenfeiern verbunden gewesen war. So wies der neue Präfekt des Saardepartements noch am 13. November 1800 die Munizipalität Trier klar zur Fortsetzung der Dekadenfeiern an[48]. Zunächst ging er auf den Arrêté der Konsuln vom 26. Juli 1800 ein, der die Arbeitsruhe am Dekadi auf die Staatsfunktionäre beschränkte und es allen anderen Bürgern freistellte, ihre Arbeit nach ihrem eigenen Belieben zu organisieren, und insofern das Ende des Dekadi als offiziellem Ruhetag bedeutete. Demgegenüber hielt der Präfekt aber an der moralischen Verpflichtung aller wahren Bürger (« *vrais citoyens* ») zur Respektierung des Dekadi fest. Ausdrücklich wies er die Munizipalität zur Fortführung der Dekadenfeiern in der gewohnten Weise an, nachdem diese augenscheinlich die Feiern wegen des Fehlens von Mitteln zur Bezahlung eines Orchesters hatte einschlafen lassen[49]. Es ist also anzunehmen, dass die Dekadenfeiern zunächst noch weiter durchgeführt wurden. Genaue Angaben liegen allerdings wiederum nur für die Nationalfeste vor. Als letztes Fest wurde das Fest der Gründung der Republik am 1. Vendémiaire IX / 23. September 1800 mit einer Feier im Dekadentempel begangen. Anfang November 1800 begannen dann die Verhandlungen über ein Konkordat. Sie führten zwar erst am 15. Juli 1801 zur Unterzeichnung, und das Konkordat trat auch erst noch ein Jahr später in Kraft, aber schon im Vorgriff auf die darin vereinbarte Rückgabe der Kirchengebäude fanden in dem bisherigen Dekadentempel nun keine republikanischen Feiern mehr statt. Die Dekadenfeiern dürften nun wieder im alten Dekadensaal stattgefunden haben, der unter diesem Namen (« *salle décadaire* ») als Ort der Feier des 14. Juli 1801 und der des 1. Vendémiare X / 23. September 1801 erscheint.

---

[48] StadtA Trier: Fz 67.
[49] « *Cependant je ne puis vous dissimuler que j'ai appris avec une surprise très pénible que vous aviez omis de faire annoncer le dernier jour décadaire avec la publicité accoutumé, peut-être vous y êtes-vous cru, en quelque sorte, fondés par le manque de musique que vous y faisiez appeler ordinairement. Je vous répondrais à cela que celle-ci pouvait contribuer à la solennité, mais n'y était pas essentielle et que conséquemment vous n'auriez pas dû suspendre une seule fois l'usage consensuel où vous étiez de faire annoncer le jour décadaire et l'heure de la réunion.* »

III. Revolutionskalender und Dekadenfeiern

Wenn dieser aber bis zur Feier am 1. Vendémiaire XII / 24. Sept. 1803 auch wieder seine traditionelle Bezeichnung als Promotionssaal («*salle de promotion*») zurückerhalten hatte[50], kann man das als Indiz dafür nehmen, dass auch hier nun keine republikanischen Feiern mehr stattgefunden haben.

Über die Abhaltung der Dekadenfeiern in den Kantonen ist weniger bekannt. Allerdings äußert sich der einzige Kantonsfunktionär des Saardepartements, der Memoiren hinterlassen hat, recht eindeutig über die Dekadenfeiern:

> «*Tous les décadis je fis un discours analogue à mon emploi. On fit assister les élèves de l'école primaire dont les écrits ont été examinés, et ceux qui s'y distinguaient reçurent des éloges. Cette assemblée commençait et finissait par des chants patriotiques accompagnés de la musique. Le soir il y avait bal.*»[51]

Da es sich hier um private Aufzeichnungen für die eigene Familie handelt, die in keinem Rechtfertigungszusammenhang gegenüber politischen oder administrativen Instanzen stehen, und da die Stelle auch ohne großen Nachdruck in einen Bericht über die alltäglichen Aufgaben eines Kantonskommissars eingeflochten ist, darf man dem Bericht von Baur über die Dekadenfeiern in Grumbach vom Januar 1799 vertrauen. Er wird durch einen zeitgenössischen Bericht von Baur aus anderer Perspektive bestätigt, wo die Mitarbeit des Grumbacher Elementarschullehrers Engel so umrissen wurde[52]:

> «*Chaque fête décadaire est embellie par des chants patriotiques qu'il* [Lehrer Engel] *apprend aux écoliers et qu'il accompagne avec son clavecin. Après la lecture des lois, il fait connaître à chaque décade aux autorités constituées et aux citoyens assistans à la fête les noms des enfans qui se sont distingués par leur assiduité et leur bonne conduite. Ensuite il fait réciter par ceux qui se sont distingués les actions héroïques de nos braves de l'armée républicaine ou il fait déclamer des pièces tirées des meilleurs auteurs qui ont écrit pour la liberté.*»

Die Verlesung der neuesten Gesetze und Verordnungen, eine Stegreifrede des Kommissars, dazu etwas Musik durch den Lehrer und seinen Schulchor sowie weitere Lesungen von Zeitungsberichten oder von Literaturstücken, das war der doch recht trockene Inhalt der Dekadenfeiern. Zwar könnte man so sicherlich auch einen christlichen Wortgottesdienst beschreiben, doch auch dafür gilt ja, dass man dafür schon vorher gewonnen sein muss. So waren auch die Dekadenfeiern sicher nur etwas für Eingeweihte oder für Berufsmäßige. Ob

---

[50] BERETHS: Musikchronik, 1978, S. 18.
[51] Baur: Tagebuch, S. 119 (Kommission für saarländische Landesgeschichte, Saarbrücken: Mikrofilm III/39). Zur Person vgl. VOLZ: Baur, 1993. STEIN: Verwaltungspartizipation III, 2002, S. 342. Kritisch zu Baur: LAUFER: [3.] Französischkenntnisse, 2008, S. 719f.
[52] Begleitschreiben von Baur zum Bericht über das Fest der Volkssouveränität am 10. Ventôse VII / 20. März 1799 (LHA Koblenz: Best. 276 Nr. 1109).

die wöchentliche Belobigung der Schüler für die Feiern noch weitere Teilnehmer gewinnen konnte, darf auch bezweifelt werden. Erfahrungsgemäß wechseln solche schulischen Ranglisten nicht sehr oft und machen die Zeremonie in so kurzen Abständen wie die von Dekaden schnell langweilig. Außerdem gilt bekanntlich „unius inclusio est alterius exclusio", so dass für die Eltern aller nicht genannten Kinder das Belobigungszeremoniell eher ein Grund gewesen sein dürfte, nicht zu den Feiern zu erscheinen.

Baur war freilich ein französischer Beamter, dem die Dekadenfeiern schon aus seiner Tätigkeit im innerfranzösischen Mosel-Departement bestens vertraut waren, so dass er sie sofort nach seiner offiziellen Einsetzung als Chefsekretär an seinem ersten Dienstort im Saardepartement in Blieskastel praktizierte[53]. Er ließ den Arrêté der Zentralverwaltung über die Dekadenfeiern nachdrucken und in allen Schulen und Kirchen anschlagen[54]. Außerdem besorgte er sich im benachbarten Saargemünd, seinem alten Arbeitsort, die Vorlagen der wichtigsten Revolutionslieder und ließ eine deutsche Übersetzung der Marseillaise drucken, wovon er 30 Exemplare an jede Gemeinde des Kantons verteilte[55]. Anderswo dagegen scheinen die Feiern nicht ganz so zügig eingeführt worden zu sein. Die Munizipalität von Meisenheim reagierte nicht auf den ersten Arrêté der Zentralverwaltung vom 11. August 1798, sondern erst auf seine Wiederholung unter dem 24. Dezember 1798, schlug dann aber der Zentralverwaltung einschneidende Maßnahmen vor[56], denn wie sie mit dezidiert antikirchlicher Ausrichtung feststellte: « *avant qu'il soit pris des mesures efficaces pour abolir les dimanches [...], il est impossible de parvenir à faire célébrer les décadis* ». Entsprechend wurde zur allgemeinen Durchsetzung des Dekadi ein Verbot des kirchlichen Glockenläutens am Sonntag und eine Verlegung der Gottesdienste auf den Dekadi verlangt. Beide Maßnahmen musste die Zentralverwaltung aber stoppen. Das in Innerfrankreich geltende Verbot des Glockenläutens war im Rheinland nicht verkündet worden. Eine Verlegung der Gottesdienste auf den Dekadi war zwar in Innerfrankreich vielfach durchgesetzt worden, aber auch dort war grundsätzlich der Gottesdienst durch die Religionsfreiheit geschützt, so dass eine legale Verlegung nur „freiwillig" erfolgen konnte. Der Meisenheimer Fall war

---

[53] Baur: Tagebuch, S. 115 (Kommission für saarländische Landesgeschichte, Saarbrücken: Mikrofilm III/39): « *On célébrait avec pompe les décadis, mais ce moyen usité en France et propre à obtenir des éloges des gouvernants, m'attira dans cette ville fanatique et attachée à leur comte des persécutions, [...]* ».
[54] Im Kanton Wittlich wurde der Arrêté unter dem 18. Fruktidor VI / 4. September 1798 an die Agenten und Adjunkten der Kantonsgemeinden weiter gegeben, vgl.: Petry: Beiträge zur Geschichte der Stadt Wittlich, Bd. 2, 2002, S. 287 (Facsimile).
[55] Begleitschreiben von Baur zum Verwaltungsbericht über das Fest des Alters vom 10. Fruktidor VI / 27. August 1798, LHA Koblenz: Best. 276 Nr. 1112, vgl. Kap. VI, 8.1.1.
[56] Munizipalität von Meisenheim an Zentralverwaltung, 8. Januar 1799 (LHA Koblenz: Best. 276 Nr. 1106).

III. Revolutionskalender und Dekadenfeiern   65

allerdings der einzige Konfliktfall dieser Art im Saardepartement. So darf man
annehmen, dass die Dekadenfeiern in den Kantonshauptorten auch wirklich
abgehalten wurden.

*Tabelle 2: Ersterwähnung von Dekadentempeln und Dekadensälen
im Saardepartement, 1798-1799*

Datum	Zahl	Orte
1798 August 17	1	Trier
1798 Sept. 22 / Neujahr	1	Saarbrücken
1799 Jan. 21 / Fest der gerechten Bestrafung des letzten Königs der Franzosen	15	Bernkastel, Blankenheim, Daun, Gerolstein, Hermeskeil, Herrstein, Kyllburg, Meisenheim, Merzig, Ottweiler, Reifferscheid, Rhaunen, Saarburg, St. Arnual, Wittlich
1799 Febr. 19 / Jahrestag der Einrichtung der Verwaltung	2	Birkenfeld, Manderscheid
1799 März 20 / Fest der Volkssouveränität	9	Baumholder, Blieskastel, Grumbach, Konz, Lebach, Prüm, St. Wendel, Schweich, Waldmohr
später	3	Büdlich, Schönberg, Wadern
zus.	31*	

* Kein Dekadentempel oder Dekadensaal wird erwähnt für Kusel, Lissendorf. Pfalzel

Das bestätigen auch indirekt die parallelen Berichte über die Nationalfeste.
Sieht man von Trier ab, so wurde in den Kantonen ein Dekadentempel erstmals am 22. September 1798 für Saarbrücken genannt, wo an diesem Tag
« le grand temple » (wohl die Ludwigskirche) feierlich als Dekadentempel mit
einem Vaterlandsaltar eingeweiht wurde. Sonst scheint - wie in Meisenheim -
die Abhaltung von Nationalfesten in als Dekadentempel eingerichteten Kirchen erst nach dem Arrêté der Zentralverwaltung vom 24. Dezember 1798 in
Gang gekommen zu sein[57]. Das erste Nationalfest, für das die Zentralverwaltung die Abhaltung der Feier im Dekadentempel vorschrieb, war jedenfalls
das Fest zum Gedächtnis an die Hinrichtung von Ludwig XVI. am 21. Januar
1799, bei dem in 15 weiteren Kantonshauptorten[58] erstmals ein Dekadensaal

---

[57] Auch in Innerfrankreich gab es Städte, in denen die Dekadenfeiern erst gegen Ende des Jahres 1798 wieder aufgenommen wurden, so in Toulouse erst ab dem 1. Oktober 1798.

[58] Auch in Birkenfeld, Lebach, Manderscheid (vgl. Kap. VI, 5.3.) und Pfalzel fanden die Feiern in der Kirche statt, doch ohne dass diese schon als Dekadentempel bezeichnet wurde. In Meisenheim fand die Feier nach dem Festbericht im *temple* statt, aus der gleichzeitigen Korrespondenz der Kantonsmunizipalität mit der Zentralverwaltung kann aber geschlossen werden, dass damit schon ein *temple décadaire* gemeint ist. In Prüm fand die Feier in einen « lieu destiné pour la célébration de la fête » statt, ohne dass

oder Dekadentempel genannt wurde. In Wittlich wies der Kantonspräsident in seiner Rede auch ausdrücklich auf diesen Umstand hin:

> « Zum ersten Male, meine lieben Mitbürger, versammeln wir uns heute in dem dem höchsten Wesen geweihten Tempel, bey Gelegenheit eines Republikanischen Festes. [...] Wo können wir dieses schicklicher und anständiger verrichten, wo können wir zur Tugend empfänglicher werden als in dem Tempel an dem Orte, wo man sich gewöhnlich versammelt um dem höchsten Wesen Bitten, Lob oder Dankgesänge darzubringen. »

Bei den folgenden Festen des Jahrestages der Einrichtung der Verwaltung in den rheinischen Departements sowie dem Fest der Volkssouveränität am 20. März 1799 kamen dann noch 10 weitere Kantone hinzu, für die erstmals ein Dekadentempel genannt wurde. Schließlich wurden bei den nachfolgenden Festen nochmals für drei weitere Kantone Dekadentempel erwähnt. Insgesamt sind die Dekadentempel also in fast allen Kantonen des Saardepartements ziemlich zusammenhängend zu Beginn der neuen Festsaison des Jahres VII bzw. zu Beginn des Jahres 1799 eingerichtet worden.

Schwieriger ist es, zu ermitteln, welche Kirchen in den jeweiligen Kantonsorten als Dekadentempel gedient hatten. Allerdings dürfte schon der offizielle Charakter der von Staats wegen organisierten Feiern dazu verpflichtet haben, die Hauptkirche am jeweiligen Ort dafür zu verwenden. In einigen Festberichten ist dies auch ausdrücklich erwähnt, wenn die Rede ist von « *l'église principale destinée à la célébration des fêtes décadaires* » (Wittlich), « *l'église la plus vaste de la commune* » (Manderscheid) oder auch nur « *l'église paroissiale* » (Hermeskeil). Nur für wenige Orte lässt sich allerdings aus den Festberichten oder anderen Quellen genau angeben, in welcher Kirche die Dekadenfeiern tatsächlich abgehalten wurden. In St. Wendel war es die Hauptkirche St. Wendelin, in Blieskastel wurde die sog. Schlosskirche (« *église des récollets* ») benutzt, und in Herrstein diente die lutherische Pfarrkirche als Dekadentempel. Dabei wurden sowohl katholische wie auch protestantische Kirchen für die Dekadenfeiern herangezogen, doch wurde überall nach wie vor auch der Gottesdienst der jeweiligen christlichen Konfession weiter abgehalten. Zu Konflikten scheint es dabei kaum gekommen zu sein, was etwas überrascht, nachdem bei den noch bestehenden älteren Simultaneen zwischen verschiedenen christlichen Konfessionen die neue Religionsfreiheit der Revolution zu Beginn der Direktorialverwaltung in den rheinischen Departements gerade zu neuen Konflikten geführt hatte[59].

Allerdings sind in einigen Kantonen auch Tendenzen erkennbar, solche möglichen Konflikte zu umgehen. In Trier selbst wurde in der ehem. Seminar-

---

erkennbar wäre, um welchen Ort es sich dabei handelt.
[59] Vgl. STEIN: Französisches Verwaltungsschriftgut in Deutschland, 1996, S. 141-144.

kirche ein besonderer Dekadentempel eingerichtet, der nicht mehr für Gottesdienste zur Verfügung stand. Besonders in den kleineren Kantonshauptorten war bei einer grundsätzlichen Respektierung der bestehenden christlichen Konfessionen die Suche nach Raumalternativen aber schwierig. Immerhin wurden die Dekadenfeiern in Bernkastel in der Kapelle des Heilig-Geist-Hospitals (« *ci-devant église du Saint-Esprit* ») und in Wadern im Refektorium des Kapuzinerklosters (« *grande salle du couvent des capucins* ») abgehalten. Das waren Lösungen, die die Vermeidung eines Konfliktes mit den christlichen Religionsgemeinden mit der Nutzung von Sälen, die sich räumlich als Dekadentempel sogar besser als Kirchen eigneten, verbanden. Wo solche Sakralsäle nicht zur Verfügung standen, ist man im Saardepartement nur in wenigen Fällen auf Kapellen außerhalb des Ortes ausgewichen (Manderscheid, Wadern), sondern hat eher profane Säle benutzt. So fanden in einigen Kantonen die Dekadenfeiern immer außerhalb der Kirche in einem Saal des Verwaltungsgebäudes statt. Für Ottweiler steht ausdrücklich fest, dass « *la salle de la maison commune destinée aux assemblées décadaires* » als Dekadentempel diente. Keinen Dekadentempel gab es auch in Kusel, wo die Stadtkirche nach dem Brand zu baufällig für eine Nutzung war. Hier wie in Lissendorf wurden die Dekadenfeiern also auch « *à défaut du temple décadaire* » im Sitzungssaal der jeweiligen Kantonsverwaltung abgehalten. Wahrscheinlich dürfte Ähnliches auch noch für eine Reihe von weiteren Kantonshauptorten gelten, wo ungenaue oder schwankende Angaben in den Quellen keine genaue Identifizierung des Kultortes erlauben. So wird in Reifferscheid der Dekadentempel immer nur als « *lieu destiné pour le temple décadaire* » umschrieben, so dass es nicht unwahrscheinlich ist, dass auch hier nicht eine Kirche, sondern der Sitzungssaal der Kantonsverwaltung oder ein anderer Saal im Ort als Dekadentempel diente. In einigen Fällen ist der Sprachgebrauch auch schwankend, so dass die Bezeichnungen für den Dekadentempel zwischen Dekadentempel, Dekadensaal und unbestimmten Umschreibungen (« *lieu des réunions décadaires* ») wechseln (Blankenheim, Gerolstein, Lebach, Schönberg). Hier sind also deutliche Reserven gegen die Umfunktionierung der Ortskirche erkennbar, wenn ihre Zahl im Vergleich zu anderen rheinischen Departements auch eher geringer zu sein scheint[60].

---

[60] Als Vergleichswert für das Rhein-Mosel-Departement stehen Berichte der Kantone von Mai/Juni 1799 zur Verfügung (LHA Koblenz: Best. 241 Nr. 2195). Dabei berichteten 22 der 30 Kantone des Departements. Kirchen-Tempel gab es aber nur in 5 Kantonen, wozu noch 2 Kantone kamen, die den Dekadentempel in Kapellen eingerichtet hatten, um die Problematik der Simultanbenutzung zu umgehen. Aber ebenfalls 5 Kantone hielten die Dekadenfeiern in den Sitzungssälen der Verwaltung ab und 7 hatten zu diesem Zeitpunkt noch gar keinen Dekadensaal eingerichtet. Schließlich lassen die Antworten in 3 Fällen nicht erkennen, in welchem Gebäude die Dekadenfeiern ausgerichtet wurden. Die gegenüber dem Saardepartement deutlich verzögerte Einrichtung der Tempel stimmt so mit einer geringeren Benutzung von Kirchen überein.

Unterschiedlich ist auch die Häufigkeit, mit der der Dekadentempel als Ort für die Nationalfeste benutzt wurde. Freilich ist die Statistik differenziert zu lesen, da die Festfrequenz in den einzelnen Kantonen unterschiedlich war und auch die Wahl eines anderen Festortes als des Dekadentempels verschiedene Motive haben konnte. Abgesehen von der Departementshauptstadt Trier, wo alle Feste und Dekadenfeiern durchgeführt wurden, ergibt sich für die übrigen Kantone so eine größere Gruppe von 8 Kantonen (24,2 %)[61] mit einer starken Benutzungsfrequenz zwischen 6 und 10 Mal, eine dominierende Gruppe von 19 Kantonen (57,6 %)[62] mit einer Benutzungsfrequenz zwischen 2 und 5 Mal und eine kleinere Gruppe von 6 Kantonen (18,2 %)[63] ohne oder fast ohne Benutzung eines Dekadentempels. Insgesamt ist davon auszugehen, dass die Dekadenfeiern im Saardepartement seit Anfang 1799 in den Kantonshauptorten mit einer gewissen Regelmäßigkeit abgehalten wurden und dass dazu auch in den meisten Fällen die lokalen Kirchen als Dekadentempel benutzt wurden.

Noch weniger ist in den Kantonen über die Fortdauer der Dekadenfeiern nach dem Staatsstreich von Bonaparte und dem Ende der Nationalfeste bekannt. Nun fehlen auch die Festberichte als Hilfsquelle. Eine sogleich nach dem Staatsstreich von der Munizipalität Hermeskeil erhobene Forderung auf Beendigung des Simultaneums von Gottesdienst und Dekadenfeiern konnte der dortige Kommissar mit Hilfe der Zentralregierung zunächst abwehren[64]. Aber Konflikte dieser Art scheinen allgemein verbreitet gewesen zu sein, so dass sich Polizeiminister Fouché am 28. Januar 1800 zu einem allgemeinen Zirkular über das Weiterbestehen der Simultaneen veranlasst sah, das die Zentralverwaltung des Saardepartements unter dem 8. Germinal VIII / 29. März 1800 mit einem eigenen Zirkular weitergab[65]. So könnten auch in den Kantonen die Dekadenfeiern theoretisch bis zum Ende des Konsulats weiterbestanden haben. Ein belegbarer Fall, wo nach dem 18. Brumaire außerhalb von Trier noch eine Dekadenfeier abgehalten oder wo noch ein Nationalfest im Dekadentempel gefeiert worden wäre, ist aber nicht bekannt.

Ob schließlich Dekadenfeiern auch noch in jeder einzelnen Gemeinde durchgeführt wurden, muss offen bleiben. Die formalen Anforderungen der Zentralverwaltung waren hier nicht sehr hoch, denn schon die einfache Verkündigung von Gesetzen und Verordnungen, die gerade von aktueller Bedeutung waren, sollte genügen. Verkündigungen neuer Verwaltungsvorschriften an die Mitbe-

---

[61] Birkenfeld, Hermeskeil, Herrstein, Kyllburg, Merzig, Rhaunen, St. Wendel, Schönberg.
[62] Bernkastel, Blankenheim, Blieskastel, Daun, Gerolstein, Konz, Grumbach, Lebach, Manderscheid, Meisenheim, Prüm, Reifferscheid, Saarbrücken, Saarburg, St. Arnual, Schweich, Wadern, Waldmohr, Wittlich.
[63] Baumholder, Büdlich, Kusel, Lissendorf, Ottweiler, Pfalzel.
[64] Kommissar von Hermeskeil an Zentralverwaltung, 1. Nivôse VIII / 22. Dezember 1799 mit Antwort vom 8. Nivôse VIII / 29. Dezember 1799 (LHA Koblenz: Best. 276 Nr. 1106).
[65] LHA Koblenz: Best. 276 Nr. 590.

III. Revolutionskalender und Dekadenfeiern

wohner mag es auch durchaus gegeben haben. Nur die Frage, ob diese Verkündigungen irgendetwas mit Dekadenfeiern zu tun hatten, ist nicht zu klären. Die Quellenüberlieferung, die uns für die Nationalfeste überaus reichhaltig zur Verfügung steht, fehlt hier ganz.

Allerdings haben die Dekadenfeiern eine gewisse Publizistik im Saardepartement hinterlassen, die durch die frühe bibliothekarische Sammeltätigkeit in Trier überliefert ist. Dabei ist rezeptionsgeschichtlich zwischen drei Gruppen zu unterscheiden. Zunächst gab es eine Reihe von französischen Publikationen zu den Dekadenfeiern[66]. Am verbreitetsten war das *Bulletin décadaire*, das Berichte über die Pariser Revolutionsfeiern mit politischen Nachrichten verband. Es wies auch auf Beispiele bürgerlicher Tugend hin und berührte sich eng mit einer zweiten, speziell diesem Zweck gewidmeten Publikation, dem *Recueil des belles actions*. Diese Beispielgeschichten sollten in den Dekadenfeiern im Anschluss an die Verlesung der Gesetze vorgetragen werden. Direkt für die Dekadenfeiern war eine Liedersammlung (*Recueil de chants civiques*) gedacht, während ein *Manuel républicain* zunächst den Verfassungstext zugänglich machen und dann in weiteren Folgen staatspolitische und volksaufklärerische Abhandlungen bringen sollte. Die meisten dieser Publikationen waren von Innenminister François de Neufchâteau angeregt worden und als Serienpublikationen in Heften oder Lieferungen gedacht, doch konnten sie bis zu seinem Sturz (Juni 1799) nur zu einem kleinen Teil realisiert werden. Eine größere Stetigkeit in der Publikation und damit einen größeren Einfluss auf die Durchführung der Dekadenfeiern hatte allein das *Bulletin décadaire*, das im Prinzip an alle Kantonsmunizipalitäten verteilt wurde[67] und auch zumindest in Trier vorhanden war[68]. Ob es als französischsprachige Publikation allerdings einen großen Einfluss auf die Durchführung der Dekadenfeiern im Saardepartement erlangt hat, darf bezweifelt werden, und ob Kommissar Baur in Grumbach die Beispiele für « *les actions héroïques de nos braves de l'armée républicaine* » hier fand, muss auch offen bleiben.

Eine zweite Gruppe stellen die Übersetzungen aus dem Französischen dar. Dabei handelt es sich einmal um eine in Trier selbst verlegte Übersetzung eines französischen Revolutionskatechismus[69]. Sie könnte die Dekadenfeiern

---

[66] MATHIEZ: Théophilanthropie, 1903, S. 446-451.
[67] Exemplare ließen sich im Bereich der Kantone des Saardepartements nicht nachweisen.
[68] Bulletin décadaire de la République Française, vgl. BUCHHOLZ: Französischer Staatskult, 1997, S. 92-93. Die Stadtbibliothek Trier besitzt die Lieferungen 1-16 und 18-30 des Jahres VII. Mit der 30. Dekade (9.-18. Juli 1799) bricht die Überlieferung ab. Die Zeitschrift erschien noch bis einschließlich der 5. Dekade des Jahres VIII (2.-11. Nov. 1799), überlebte also den Staatsstreich vom 18. Brumaire nicht.
[69] Republikanischer Katechismus oder Grundsätze der Philosophie, der Moral und der republikanischen Politik, für die Jugend aus dem französischen übersetzt, Trier o.J., vgl. BUCHHOLZ: Französischer Staatskult, 1997, S. 87, 90.

zumindest in Trier beeinflusst haben, obwohl es sich hierbei in erster Linie um ein Schulbuch handelt. Direkt für den Gebrauch bei den Dekadenfeiern war dagegen die Redesammlung des Volksrepräsentanten Poultier bestimmt, die von dem Mainzer Arzt und Mitglied des ehem. Mainzer Jakobinerklubs Georg Wedekind ins Deutsche übersetzt wurde. Das Werk selbst war eine unmittelbare Folge des Dekrets des Konventes vom 18. Floréal II / 7. Mai 1794, mit dem dieser zugleich den Kult des Höchsten Wesens (Être suprême) und den Gesamtplan der Dekadenfeiern eingeführt hatte. Es beginnt mit einer auf den 8. Juni 1794 datierten Dekadenrede auf das Fest des Höchsten Wesens und kündigt ein periodisches Erscheinen in 22 Lieferungen an, die jeweils zwei Dekadenreden enthalten sollten. Es war also ein Gesamtwerk geplant, das den gesamten Zyklus aller Dekadenfeiern eines Jahres abdecken sollte. Aber schon mit der zweiten Lieferung, die erst im Jahre III und somit schon nach dem 9. Thermidor erschien, geriet das Werk in Schwierigkeiten, da nun jede offizielle Unterstützung weggefallen war, so dass das Unternehmen nach dem Erscheinen einer dritten und letzten Lieferung eingestellt werden musste[70]. Dazu hatte dann Wedekind, der sich damals unter schwierigen wirtschaftlichen Bedingungen in Straßburg aufhielt, ab Oktober 1794 - und damit auch schon nach dem 9. Thermidor - eine deutsche Übersetzung herausgegeben, die es allerdings nur auf zwei Lieferungen brachte[71]. Auch wenn die Sammlung in Trier vorhanden war, dürften die drei übersetzten Stücke nur einen begrenzten Einfluss auf die Dekadenreden im Saardepartement gehabt haben[72].

Am wichtigsten sind schließlich regionale deutsche Publikationen zu den Dekadenfeiern im Saardepartement. In Trier wurden zwei Sammlungen republikanischer Lieder herausgegeben[73]. Außerdem ist für einige Nationalfeste die Verlesung von Auszügen aus der offiziösen Zeitung der Zentralverwaltung, der *Politische[n] Zeitung im Saardepartement*, bezeugt[74], wenn es auch fraglich bleibt, ob das französische *Bulletin décadaire* für die Dekadenfeiern im Saardepartement von Bedeutung war. Schließlich wurden auch einige Dekaden-

---

[70] François-Martin POULTIER D'ELMOTTE: Discours décadaires pour toutes les fêtes de l'année républicaine, Paris II-III. Das Exemplar der BNF hat nur die erste Lieferung (S. 1-32), das Exemplar der Bibliothèque historique de la Ville de Paris hat alle drei Lieferungen (S. 1-96). Der Druck enthält Reden für die ersten vier Dekadenfeste des Revolutionsjahres (être suprême, genre humain, peuple français, bienfaiteurs de l'humanité).
[71] Dekadenreden auf alle Feste des republikanischen Jahres vom Bürger Poultier, französischen Volks-Representanten, übersetzt von Bürger G. Wedekind, Straßburg Jahr III, 64 Seiten, vgl. WEBER: Georg Christian Gottlieb Wedekind, 1988, S. 431.
[72] BUCHHOLZ: Französischer Staatskult, 1997, S. 87 hat dieses Werk in der Stadtbibliothek Trier ermittelt. Wie er aber unterstellen kann, dass das Werk vollständig vorliege und sogar einen offiziösen Charakter habe, und wie er weiter daraus folgern kann, dass deshalb in allen Gemeinden die gleiche Ansprache aus diesen Werk vorgelesen wurde, ist nicht nachvollziehbar.
[73] Vgl. Verzeichnis 2: Publizistik der Nationalfeste, Nr. 2-3 ff, sowie Kap. VI, 8.
[74] Vgl. Kap. VI, 10.3.1.

III. Revolutionskalender und Dekadenfeiern

reden im Druck verbreitet. Sie stellen die einzigen Überreste der wirklich abgehaltenen Dekadenfeiern dar.[75]

3. Dekadenreden: intellektuelle Zueigenmachung der fremden Republik

« *Wenn ich heute in dieser feierlichen Versammlung öffentlich reden und nach der Reihe der festgesetzten republikanischen Feste die französische Republik selbst nach ihrem Inbegriff zum Gegenstand wählen soll [...]* »[76], so beginnt eine der ersten im Saardepartement gehaltenen Dekadenreden. Die kurze Einleitung macht die Situation deutlich. Die Institution der Dekadenfeiern ist vorgegeben, und auch das Thema ist im Gesamtplan der Dekadenfeiern vorherbestimmt, so dass das Thema der vorliegenden Feier die Institution der Französischen Republik selbst ist. Die Rede ist nicht eigener Entschluss oder gar spontane Eingebung. Die Rede ist auch nicht Zwang, denn dem hätte sich der Redner durchaus entziehen können. Vielmehr handelt es sich um einen Auftrag, und zwar um einen ehrenvollen Auftrag, den der Redner gern angenommen hat und dem er sich hier mit geziemender Bescheidenheit unterzieht, denn er spricht, als Mitbürger zu Mitbürgern. Er will nur eine naheliegende, kurze Stellungnahme abgeben und verweist für weitere Ausführungen auf einen « *geübteren künftig auftretenden Redner* », erhebt dafür aber für sich den Anspruch auf die Glaubwürdigkeit einer unmittelbaren Äußerung und auf die Allgemeinverbindlichkeit eines Redners, der sich in Übereinstimmung mit seinen Zuhörern weiß und im Namen aller sprechen kann. Innerhalb dieses Rahmens soll er nun die Französische Republik vorstellen. Das ist eine schwierige Aufgabe, die zugleich in einer « *feierlichen Versammlung* » durch eine « *öffentliche* » Rede erfolgen soll. Die Rede erhält so etwas Bekenntnishaftes, aber sie ist nicht privates oder geheimes, sondern öffentliches Wort, das seine Legitimation aus der Übereinstimmung mit allen bezieht. In diesem Sinn ist die Rede eminent republikanisch.

Die Person des zitierten Redners und der Ort der zitierten Rede sind unbekannt. Später wurden die Professoren der Zentralschule verpflichtet, die Reden bei den Dekadenfeiern in Trier zu halten[77]. In der Anfangszeit waren es aber

---

[75] Überliefert sind fünf Dekadenreden aus der Anfangszeit der Dekadenfeiern zwischen Okt. 1798 und Febr. 1799, vgl. Verzeichnis 2: Publizistik der Nationalfeste, Nr. 3 ff.
Hinzu kommt eine 6. Rede: Dekadenrede, gehalten zu Trier am 30. Pluviôse 7. Jahres [18. Febr. 1799] von Bürger Hetzrodt, Trier [VII]. Als Rede zum Vorabend des Jahrestages der Einsetzung der neuen Verwaltungen ist sie aber eher im Kontext dieses Festes zu sehen, siehe Kap. VI, 1.3.1. BUCHHOLZ: Französischer Staatskult, 1997, S. 86-87 kennt nur diese Dekadenrede.

[76] Dekadenrede zum Fest der Republik, [10. Frimaire VII / 30. Nov. 1798], in: Journal für das Saardepartement, Heft 7 (Pluviôse VII [Jan. / Febr. 1799]), S. 634.

[77] Zentralverwaltung an Munizipalität Trier, 22. April 1800 (LHA Koblenz: Best. 276 Nr. 1106).

vor allem die Verwaltungsfunktionäre, die als Redner auftraten. Dem Kommissar Baur in Grumbach oblag es ganz selbstverständlich, an jedem Dekadi eine Rede im Hauptort seines Kantons zu halten. Ähnliches dürfte auch für die Kommissare in den meisten anderen Kantonen anzunehmen sein, so dass zu vermuten ist, dass die beiden anonymen Dekadenreden, die Haan im *Journal für das Saardepartement* veröffentlichte, wohl auch von Kantonskommissaren stammen[78]. In der Departementshauptstadt Trier war das Personalangebot natürlich größer, so dass die Trierer Dekadenreden, die in den von Hetzrodt herausgegebenen *Patriotischen Beiträgen* veröffentlicht worden sind, von drei verschiedenen Rednern aus Trier stammen. Ein erster Redner ist der Munizipalrat und Notar Damian Ernst Birck[79] als Repräsentant der Verwaltungsfunktionäre. Die anderen Redner gehören dagegen zu den Intellektuellen des damaligen Trier. Johann Hugo Wyttenbach[80] war gerade dabei, sich als Pädagoge und Philosoph einen Namen zu machen. Schließlich war der Arzt Joseph Willwersch[81] zwar bis dahin vor allem als Heereslieferant in Erscheinung getreten, seine Dekadenrede war aber ein wichtiges Bindeglied zu seiner späteren Tätigkeit in der *Société des recherches utiles* des Saardepartements ab 1801.

In Innerfrankreich sollten die Reden bei den Dekadenfeiern die Staatsphilosophie und die Gesellschaftsmoral der Revolution in Einzelpunkten thematisieren, ähnlich wie dies die Predigten bei den christlichen Gottesdiensten für die Dogmatik dieser Religion taten. Die Einführung der Dekadenfeiern in den annektierten rheinischen Departements stellte die Redner deshalb vor die Aufgabe, die fremde Staatsform als die eigene anzunehmen und für die Annahme des Transfers ihrer Institutionen und Inhalte zu werben. Alle Redner sind Deutsche, die in unterschiedlicher Weise als Funktionäre, Finanziers und Publizisten mit der französischen Verwaltung in Beziehung getreten waren und deren Reden somit als Dokumente der politisch-philosophischen Aneignung und Positionsnahme gelesen werden können. Es geht vor allem um die Verbindung der Ideen der Französischen Revolution mit dem deutschen Staatsdenken der Aufklärung. Die publizistisch verbreiteten Reden beschäftigen sich alle mit diesem Thema.

Zunächst zeigt Wyttenbach in einer ersten Dekadenrede über die Wohltäter der Menschheit[82] das gemeinsame Erbe der antiken Kultur auf, das für die Fran-

---

[78] Vielleicht stammen sie von Franz Xaver Anselm Boos, der wiederholt seine Festreden in der Zeitschrift abdruckte und auch sonst einer der eifrigsten Mitarbeiter von Haan war.
[79] Kurzbiographie von Gabriele B. Clemens: Unter der Trikolore, 2004, S. 114-115.
[80] LAUFNER: Wyttenbach, 1973; KLUPSCH: Wyttenbach, 2012.
[81] Kurzbiographie von Gabriele B. Clemens: Unter der Trikolore, 2004, S. 176-177.
[82] Denkmal den Wohltätern des Menschengeschlechtes, eine Decadenrede von Bürger Wyttenbach, [10. Brumaire VII / 31. Okt. 1798], in: Patriotische Beiträge VII Brumaire [Okt./Nov. 1798], 1. Quartal, 2. Heft, S. 111-133, auch separat Trier 1799.

III. Revolutionskalender und Dekadenfeiern   73

zösische Revolution wie für die deutsche Aufklärung in gleicher Weise einen
Musterkatalog für Politik und Ethik darstellte. Er präsentiert dazu eine Liste
von Wohltätern der Menschlichkeit, die in Bezug auf die Grundprinzipien von
Sittlichkeit als sozialer und staatsbürgerlicher Moral, von Freiheit als staatlicher Unabhängigkeit und von Wahrheit als kultureller und intellektueller
Wahrhaftigkeit Bedeutendes geleistet haben. Dies ist ein Musterkatalog, von
dem unterstellt werden darf, dass er ebenso gut in Frankreich wie in Deutschland der intellektuellen Zustimmung sicher sein konnte[83]. Ohne es direkt anzusprechen, vergewissert sich Wyttenbach so einer Legitimationsgrundlage, die
für die Französische Revolution wie für die deutsche Aufklärung in gleicher
Weise gelten kann. Wichtig ist dann aber die aktuelle Schlussfolgerung, die
Wyttenbach aus diesem rhetorischen Durchgang durch die antike Geschichte
zieht. Dabei relativiert er in einem ersten Schritt die Einmaligkeit der Französischen Revolution, indem er sie durch einen Vergleich mit den Kämpfen der
Nordamerikaner und der Niederländer für ihre Unabhängigkeit sowie mit der
Gründung des Schweizer Bundes durch Wilhelm Tell historisiert, um ihr dann
in einem zweiten Schritt eine Deutsche Revolution an die Seite stellen zu
können. Hier erscheinen ihm nun Rousseau und Kant als die Stammväter von
« *zwei Revolutionen [, die] sich zu gleicher Zeit ereigneten* », wobei Rousseau
den Weg für die Französische Revolution vorbereitet, während Kant Sittlichkeit und Recht gerettet hätte. Es ist ein Gedanke, der unter den intellektuellen
Revolutionsanhängern in Deutschland weit verbreitet war und gleichsam den
Kern eines deutschen revolutionären Selbstbewusstseins ausmachte[84]. Er impliziert zunächst eine Gleichheit des Zieles, das auf verschiedenem Wege angestrebt wird: die gleichen Grundwerte sind in Frankreich durch die Revolution
und in Deutschland durch die Kant'sche Philosophie vermittelt worden[85].
Darüber hinaus kann dabei aber im inneren Diskurs auch schon die Implikation eines Vorranges des Moralischen vor dem Politischen enthalten sein[86].

---

[83] BOUINEAU: Le référent antique dans la Révolution française, 1986.
[84] Mehrfach begegnet dieser Gedanke bei dem Versuch des Kreises um Karl Friedrich Reinhard, Sieyès die Kant'sche Philosophie näher zu bringen, vgl. RUIZ: A l'aube du Kantisme en France, 1980-1981.
[85] So schreibt Reinhard, damals französischer Gesandter in Hamburg, an Sieyès am 18. März 1796: « *C'est sur cette voie qu'ils* [Kant und seine Schüler] *ont dirigé l'opinion vers la spéculation sur les mêmes idées que la Révolution a mises en pratique* » (RUIZ: A l'aube du Kantisme en France, 1980, S. 161). Noch deutlicher heißt es in der Einleitung zu einer von Ludwig Ferdinand Huber verfassten Ankündigung der damals neuen Schrift von Kant *Zum ewigen Frieden* in der Pariser Zeitschrift Moniteur vom 3. Januar 1796: « *L'homme qui a produit en Allemagne dans les esprits une révolution pareille à celle que les vices de l'Ancien Régime ont laissé arriver en France dans les choses* » (ibid. S. 165).
[86] Am 3. Dezember 1795 schrieb Sophie Reimarus in Hamburg an Reinhard über eine Übersetzung von Kant's *Zum Ewigen Frieden*: « *Ce serait bien apporté à une nation la première étincelle d'une lumière qu'elle ne connaissait pas encore et que, dans le premier jaillissement de sa clarté, soit donné ne serait-ce que simplement la ligne de*

Konnte sich Wyttenbach's Vortrag so auf eine gewisse allgemeine Akzeptanz stützen, so lassen sich seine Gedanken auch gut als Rahmen betrachten, der von den anderen Reden weiter ausgeführt wird.

Dabei geht es zunächst um eine nähere Begründung für die Zueigenmachung der fremden Revolution. Dazu greift einer der anonymen Redner[87] in einer zweiten Dekadenrede über Freiheit und Gleichheit auf die im Revolutionsdiskurs verbreitete Kategorie des Gesellschaftsvertrages zurück, um sie damit um so enger an das deutsche Aufklärungsdenken[88] anzuschließen. Die Lehre vom Gesellschaftsvertrag bietet bekanntlich zugleich eine systematische und eine historische Argumentation. Systematisch zielt sie darauf ab, dass der Mensch seine individuelle Freiheit, seine rechtliche Gleichheit und seine persönlichen Eigentumsrechte nur in einem verfassten Staat bewahren kann, und zwar aufgrund eines Gesellschaftsvertrags, bei dem die Freiheit des Einzelnen durch den Respekt vor der Freiheit des Anderen definiert und dies durch das Gesetz geschützt wird. Auf dieser Basis ist der natürlich gegebene Staat ein Staat der Freiheit und der Gleichheit. Damit verbindet sich dann die historische Argumentation, die den Verlust der natürlichen Freiheit durch die Geschichte der tyrannischen und monarchischen Staaten erklärt, dann aber die Französische Revolution als Wiedergewinnung der ursprünglichen Freiheit rechtfertigt. Bemerkenswert bei der Rede ist nun weniger das Aufgreifen dieser Denkfigur als die Art ihrer Rezeption. Die Rede beginnt mit einer Paraphrase des berühmten ersten Artikels der Erklärung der Menschenrechte von 1789: « *Menschen sind von Natur frei und gleich* »[89] und präsentiert dann den Grundsatz der goldenen Regel in Anlehnung an die Formulierungen der französischen Verfassungen, und zwar positiv: « *wenn jeder anderen das thäte, was er selber gerne hätte, [...]* », bzw. negativ gewendet: « *das dem andern [nicht] zu thun, was ich selber nicht haben will* »[90], sowie schließlich grundsätzlich: « *begränze deine Freiheit so, daß auch die Freiheit des andern dabei bestehen kann* »[91]. Der Redner bleibt aber bei diesen Verfassungsgrundsätzen

---

  conduite dont elle a besoin pour retrouver le chemin du devoir, de la loi et de l'ordre » (Ruiz: A l'aube du Kantisme en France, 1980, S. 161f).

[87] Decadenrede am 30. Nebelmonat 7. Jahres der Republik [20. Nov. 1798]. Freiheit, Gleichheit, in: Journal für das Saardepartement, Heft 7 (Pluviôse VII [Jan. / Febr. 1799]), S. 595-605.

[88] Klippel: Politische Freiheit und Freiheitsrechte, 1976, und nachfolgende Aufsätze.

[89] Déclaration des droits de l'homme vom 26. August 1789, Art. 1: « *Les hommes naissent et demeurent libres et égaux en droits* ». Die Einschränkung auf die rechtliche Gleichheit präzisiert der deutsche Redner im Laufe seiner Rede.

[90] Verfassung des Jahres III vom 22. August 1795, Déclaration des droits et des devoirs de l'homme et du citoyen, devoirs, Art. 2: « *Ne faites pas à autrui ce que vous ne voulez pas qu'on vous fît. Faites constamment aux autres le bien que vous voudriez en recevoir.* »

[91] Verfassung des Jahres III vom 22. August 1795, Déclaration des droits et des devoirs de l'homme et du citoyen, droits Art. 2: « *La liberté consiste à pouvoir faire ce qui ne nuit*

nicht stehen, sondern er paraphrasiert sie nur, um damit die Formel des Kant'schen kategorischen Imperativs zu verbinden: « *handle so, daß deine Maxime ein allgemeines Gesetz seyn kann* »[92]. Dass zwischen beiden Formulierungen ein Unterschied bestehen kann, indem die französischen Formeln die Verallgemeinerung von individuellen Normen einschließt, wenn sie nur von dem betreffenden Individuum auch für sich selbst akzeptiert werden, während die Kant'sche Formel einen objektiven Standard des Nutzens für alle fordert[93], wird dabei nicht thematisiert. Vielmehr kommt es dem Redner gerade darauf an, die Formeln gleichzusetzen und damit die Identität von französischem Verfassungsrecht und deutschem Aufklärungsdenken nachzuweisen.

Versucht diese erste, politische Argumentation also ausgehend von der Französischen Revolution diese als Verwirklichung der staatspolitischen Grundanschauungen der eigenen, deutschen Aufklärung zu begreifen, so geht eine zweite, philosophische Argumentation den umgekehrten Weg, indem sie, ausgehend vom Staatsdenken der deutschen Aufklärung, die Französische Republik als dessen direkte Folge begreift. In dieser Absicht entwickelt Munizipalrat Birck in einer dritten Dekadenrede über Unsterblichkeit[94] eingehend die Argumentation von Kant in seiner *Praktischen Vernunft* (1788), von der Beschränktheit der individuellen Selbsterfahrung bis zur Erkenntnis des denkenden Ichs, das in sich selbst das göttliche Sittengesetz des kategorischen Imperativs auffindet. Daran schließt Birck dann die Utopie des ewigen Friedens nach dem gerade 1795 erschienenen Kant'schen Traktat an, indem dieser ewige Friede sich gleichsam als Lohn des sittlichen Handelns darstellt, nämlich als « *Hoffnung an ein kommendes allgemeines Reich Gottes auf dieser Welt* ». Auch hier ist wieder die bewusste Übergehung des Unterschieds zwischen dem französischen Staatsdiskurs und dem deutschen Aufklärungsdenken auffällig. Angesichts des vorgegebenen Themas der Unsterblichkeit hätten Gedanken im Sinne der Theophilanthropie nahegelegen, die die soziale Ethik mit einem moralischen Richtergott (*Dieu rémunérateur*) und mit der Unsterblichkeit der Seele (*l'immortalité de l'âme*) begründet. Birck greift dies aber gerade nicht auf. Er versagt sich diesen Weg selbst dort, wo dies grundsätzlich möglich gewesen wäre, wie bei der Zulassung eines Glaubens an einen göttlichen Gesetzgeber, den er im Durchgang durch die Kant'sche Ethik berührt. Nein, konsequent in der Kant'schen Logik bleibend, verneint Birck eine individuell belohnende Ethik, selbst wenn diese Belohnung im Jenseits

---

   pas aux droits d'autrui ».
[92] Kritik der praktischen Vernunft, 1788, § 7: « *Handle so, dass die Maxime deines Willens jederzeit zugleich als Prinzip einer allgemeinen Gesetzgebung gelten könne* ».
[93] BURG: Kant und die Französische Revolution, 1974, S. 73, 139.
[94] Ueber Unsterblichkeit, eine Decaden-Rede von B(ürge)r Birk, Munizipalverwalter zu Trier, [20. Pluviôse VII / 8. Febr. 1799], in: Patriotische Beiträge, VII Ventôse [Febr./März 1799], 2. Quartal, 3. Heft, S. 159-167.

oder in der Unsterblichkeit gedacht ist, und ersetzt sie durch eine Ethik der Pflicht, die nur die Utopie eines ewigen Friedens für alle Menschen als Ziel auf dieser Welt bereithält. Auch hier wird die Differenz nicht betont, ja kaum erwähnt, sondern es geht allein darum, die Republik der Französischen Revolution als den eigenen sozialethischen Prinzipien gemäß zu begreifen. In dem Glauben an eine «*allgemeine Weltrepublik unter dem Schutz des allein beseligenden Sittengesetzes*» ist die Integration in einen Staat, der als auf diesem Sittengesetz beruhende Republik schon eine Vorstufe davon ist, allemal gerechtfertigt.

Auf verschiedenen Wegen ist damit ein Ziel erreicht. Das Grundgesetz der Französischen Republik und das für sich selbst erkannte allgemeine ethische Grundgesetz, wie es im Anschluss an Kant formuliert wurde, sind als kompatibel, wenn nicht als identisch erkannt worden. Selbst wenn man in Rechnung stellen muss, dass es sich hier um politische Ideologie von Sonntagsreden im direkten Wortsinn handelt, ist doch der intellektuelle Aufwand der Argumentation bemerkenswert. Die Kant'sche Philosophie wie das Verfassungsrecht der Französischen Republik sind in Trier offensichtlich gut bekannt, so dass sie in ihren Grundzügen öffentlich dargestellt werden können. So wird man dem Versuch, die Republik des annektierenden Frankreichs nicht konkret als französischen Staat, sondern ideell als Form der natürlichen Republik und als Vorform einer allgemeinen Weltrepublik zu begreifen, nicht eine gewisse Ernsthaftigkeit absprechen wollen.

Diese innere Akzeptanz der Annexion als ein Anschluss an die allein legitime Staatsform, so bestechend sie als staatsphilosophischer Gedanke war, musste sich aber doch um so stärker an der Realität stoßen, als die faktische Annexion durchaus nicht aus philosophischen Intentionen, sondern aus politischem Interessenkalkül erfolgt war und auch als die Faktizität der Französischen Republik im annektierten Rheinland ihren eigenen Grundprinzipien nicht immer gerecht wurde. Aber auch einer weitergehenden Diskussion dieser sehr unbequemen Fragen entzogen sich die ersten Dekadenreden nicht, wie die beiden letzten im Saardepartement noch publizierten Dekadenreden zeigen.

Zur Diskussion stand zunächst die Frage nach *Vaterlandsliebe* und *Patrotis'm*, die der Arzt und Heereslieferant Joseph Willwersch in einer vierten Dekadenrede[95], die diesem Thema gewidmet war, bewusst in dieser sprachlichen Doppelform aufgriff. Zwar waren die beiden Termini im Deutschen schon seit längerem als Synonyme eingeführt[96], aber die Rückbeziehung auf

---

[95] Ueber Vaterlandsliebe, eine Decaden-Rede von B(ürger) Willversch, [30. Frimaire VII / 20. Dez. 1798], in: Patriotische Beiträge VII Nivôse [Dez. 1798 / Jan. 1799], 2. Quartal, 1. Heft, S. 1-10.

[96] VIERHAUS: Patriotismus, 1980; BUSCH / BIERSE: Patriotismus, 1989; FINK: Das Wechselspiel, 1996.

III. Revolutionskalender und Dekadenfeiern

den « *patriotisme* » der Französischen Republik, gibt dem Neologismus des deutschen « *Patriotis'm* » doch eine neue Bedeutung, indem er neben Vaterlandsliebe auch demokratisch-republikanische Gesinnung bedeuten kann und damit auch eine politisch definierte Vaterlandsliebe bezeichnet[97]. Genau dies ist das Ziel der Argumentation von Willwersch. Er geht aus von dem zwar nicht direkt ausgesprochenen, aber implizit vorausgesetzten Vorwurf des Vaterlandsverrates durch die Akzeptierung der Annexion[98]. Um ihn zu entkräften, greift er zunächst die Definition von Vaterlandsliebe / Patriotismus nicht einfach als Territorialbezug, sondern als soziale Territorialbindung auf. Die « *Neigung zu den Gesetzen, Gebräuchen, Sitten meines Vaterlandes* », das « *heißt im wahren Verstande sein Vaterland lieben* ». Diese sozialpolitische Implementierung des Territorialprinzips erlaubt dann aber in einem zweiten Schritt, die Gesetze, die Freiheit und überhaupt den « *Vertrag, den er* [der Bürger] *mit der Gesellschaft gemacht hat und der ihm seine Freiheit, die Sicherheit seiner Person und seines Eigenthums bürget* », zum eigentlichen Identifikationspunkt der Vaterlandsliebe zu machen: « *Dieser Vertrag, diese Gesetze, diese Freiheit, heißen heute mein Vaterland* ». Das eben noch auf ein Territorium radizierte Vaterland ist nun allein politisch definiert. Das ist deshalb möglich, weil als drittes eine rein territoriale Vaterlandsbindung für einen Nicht-Bürger bzw. einen Untertanen nicht anerkannt wird. Nicht der Untertan, nur der Fürst hat ein Vaterland. Für den Untertanen ist das Vaterland nicht Vorgabe, sondern Aufgabe; es ist nicht gegeben, es ist zu suchen. So tritt an die Stelle einer selbstverständlichen Vaterlandsliebe ein « *Streben nach Freiheit und Vaterland* », also ein « *Patriotis'm* », wie Willwersch ihn zu Anfang der Rede schon terminologisch fixiert hat. Ein solcher Patriotismus als ein Streben nach Freiheit *und* Vaterland kann nun in der Tat die Vereinigung mit der Franken-Republik rechtfertigen. Auch hier greift die Argumentation wieder auf verbreitete Denkfiguren zurück. Der Gedanke, dass ein Patriotismus nur in einem freien Staat bestehen kann, hat eine lange Tradition und ist besonders in der französischen und dann auch in der deutschen Aufklärung verbreitet gewesen. Seine eigentliche Begründung erhielt er aber durch die Menschenrechtsdiskussion der Französischen Revolution, so dass die Bindung des Patriotismus an die Freiheit zu einem Kerngedanken des deutschen Jakobinismus wurde, der überhaupt erst die Möglichkeit zu der Forderung nach einem Anschluss an die Französische Republik eröffnete[99]. Gleichwohl ist die Argumentation des Trierer Dekadenredners bemerkenswert, weil sie nicht einfach eine Freiheitsbindung an die Stelle einer Vaterlandsbindung setzt und so den Patriotismus im freiheitlichen Kosmopolitismus auflöst, sondern

---

[97] Voss: Zur Entwicklung der politisch-sozialen Sprache, 1997, S. 612-613.
[98] Explizit wird dieser Vorwurf gegen Revolutionsanhänger gleichzeitig in der Zeitschrift Eudämonia erhoben, vgl. Voss: Eudämonia, 1999, S. 294.
[99] Lomparski: „Patriotismus" und „Vaterland" im Mainzer Klubismus, 1974.

Freiheit mit Vaterland verbindet, und Freiheit, Rechtsstaatlichkeit und Staatsbürgerschaft als integrale Bestandteile des Patriotismus definiert. Auf dieser Grundlage ist dann auch lange nach dem Ende der kosmopolitischen Phase der Französischen Revolution noch eine Akzeptanz der Französischen Republik als eines freiheitlichen Rechtsstaates zu begründen.

Dieser Grundgedanke wird dann noch durch zwei andere Argumentationsketten unterstützt. Das ist einmal die Abgrenzung gegenüber dem Vorwurf, mit dieser Form des Patriotismus würde dem Grundsatz des „ubi bene, ibi patria" das Wort geredet. Demgegenüber reklamiert der Redner, dass es sich hier nicht um Opportunität oder um ein individuelles Streben nach Wohlergehen handele, sondern um eine strenge Pflichterfüllung bis hin zur Aufopferung gegenüber dem einmal als richtig und verbindlich anerkannten Vaterland. Dabei kann Willwersch über die Forderung nach der Tugend des echten Patrioten Anschluss an die patriotischen Beispiele der jüngsten französischen Revolutionsgeschichte finden, und er kann ebenso den Opportunismus von Scheinpatrioten im Rheinland selbst brandmarken. Zum andern aber reklamiert er auch eine historische Rechtfertigung seines Patriotismus, indem er sich über die jetzige politische Lage, die ja für den Untertanen und Nicht-Bürger kein Vaterland zulässt, auf die freien Vorväter beruft. Hierbei wird auf die seit der Mitte des 18. Jahrhunderts in der Literatur präsente Figur von Hermann, der hier noch nicht der Cherusker genannt wird, zurückgegriffen[100]. Aber die Handlungsmaxime, die dieser Hermann vorträgt und für die er die Zustimmung der um ihn versammelten « *Vorsteher der Deutschen* » erhält, ist nicht - wie früher und dann wiederum später - der Kampf gegen die Römer als Fremdlinge, sondern der Kampf gegen sie als Unterdrücker der Freiheit. So gelingt es Willwersch ohne Mühe, die jakobinische Losung « *liberté ou la mort* » dieser Versammlung als « *Freiheit oder Tod* » in den Mund zu legen. Er gewinnt damit eine eigene nationale Legitimität im Anschluss an die Französische Republik. Das ist ein nicht unkomplizierter Gedanke, denn Willwersch begründet so einen Patriotismus für die Französische Republik, der zwar alle Verpflichtungen gegenüber dem neuen Vaterland bis hin zur Selbstaufopferung anerkennt, der aber doch seine nationale Identität als Deutscher dabei keineswegs aufgibt.

Es ist klar, dass diese Position nicht nur den Vorwurf der politischen Opportunität im Sinne des „ubi bene, ibi patria" von Seiten des übrigen Deutschlands hervorruft, sondern dass dies auch ein nicht unproblematisches Verhältnis zu dem neuen Vaterland Frankreich impliziert. Willwersch nimmt auch dazu Stellung. Ein Vaterland, das aufgrund seiner Freiheit und seiner Rechtsstaatlichkeit gewählt wird, steht damit auch umgekehrt gegenüber dem

---

[100] WIEDEMANN: Zwischen Nationalgeist und Kosmopolitismus, 1989, S. 91-94.

III. Revolutionskalender und Dekadenfeiern

Neubürger in der Pflicht, diese Freiheit und Rechtsstaatlichkeit zu garantieren. Willwersch beeilt sich deshalb in seiner Rede zu versichern, dass die Französische Republik auch alle diese Grundsätze hält. Aber eine Diskrepanz zwischen Anspruch und Realität ist nicht immer zu übersehen, und dies vor allem dann nicht, wenn der Anspruch sehr idealistisch, nämlich staatsphilosophisch formuliert worden ist und er mit der Realität zuerst einer militärischen Besetzung und nun einer Annexionsverwaltung konfrontiert wird.

Natürlich sind einer kritischen Auseinandersetzung mit der Besatzungsmacht unter deren Augen Grenzen gesetzt, wie die rheinische Publizistik der Zeit wiederholt erfahren musste. Trotzdem wird auch dieses Thema aufgegriffen, und zwar in einer fünften Dekadenrede von einem nun wieder anonymen Redner über das Thema der Republik[101]. Dabei werden der noch andauernde Krieg und das Fehlen einer völligen Vereinigung der rheinischen Departements mit Frankreich, was den Rheinländern eine politische Vertretung vorenthält, als Gründe für die Missstände genannt und die Mitbürger auf «*kommende, ruhigere Zeiten der Republik*» vertröstet. Gleichwohl liegt in dieser Erklärung auch eine Forderung, nämlich die nach politischer Gleichberechtigung und Mitbestimmung. Darüber hinaus ist in der Gesamtargumentation sogar ein Vorbehalt impliziert, denn wenn die staatsbürgerlichen Rechte mit politischer Vertretung und Wahlrecht, mit Rechtsstaatlichkeit und steuerlicher Gleichstellung etc., nicht gewährt und verwirklicht werden, dann wird auch die Begründung für einen deutschen Patriotismus innerhalb der Französischen Republik hinfällig, dann kann sich die Annexion nur noch auf militärische Eroberung und Besatzung stützen.

Es handelte sich hier nur um wenige Dekadenreden, die zudem noch in zwei Zeitschriften erschienen und somit zwei Parteiungen der republikanischen Kreise des Saardepartements (Haan, Hetzrodt) zuzuordnen sind, die sich gegenseitig erbittert bekämpften. Um so überraschender ist es, dass die Reden, im Zusammenhang gelesen, eine gemeinsame Grundposition erkennen lassen. Obwohl die Annexion des linken Rheinlandes an Frankreich bekanntlich ohne die rheinischen Jakobiner zustande gekommen war und noch zuletzt lediglich auf der Verbindung des Staatsstreiches des 18. Fruktidor im Innern mit dem militärischen und diplomatischen Durchsetzungsvermögen von Bonaparte nach außen beruhte, waren augenscheinlich die republikanischen Kreise unterschiedlichster Tendenz doch insgesamt bereit, die französische Annexion als ihrem eigenen politischen Willen entsprechend anzunehmen. Freilich wird der Anschluss an die «*Franken-Republik*» nicht vollzogen, weil es eine Reunion an Frankreich wäre, sondern weil dieses Frankreich eine rechtsstaatliche Republik ist und sogar weil diese Frankenrepublik als Vorstufe einer allge-

---

[101] Dekadenrede zum Fest der Republik, [10. Frimaire VII / 30. Nov. 1798], in: Journal für das Saardepartement, Heft 7 (Pluviôse VII [Jan. / Febr. 1799]), S. 634-646.

meinen Weltrepublik begriffen werden kann. Dabei reklamieren diese deutschen Revolutionsfreunde die volle politische Gleichberechtigung mit den französischen Staatsbürgern, und dies nicht aufgrund der Annexion, sondern in Anerkennung ihrer eigenen revolutionären Tradition. Auch wenn diese nicht in einer politischen Revolution, sondern in der aufklärerischen Philosophie besteht und auch wenn sie nicht auf Rousseau, sondern auf Kant zurückgeht, erheben sie dafür doch die volle Gleichrangigkeit mit der Französischen Revolution im Sinne einer Doppelrevolution, wie sie Wyttenbach formulierte. Innerhalb dieser Gesamtposition lassen sich dann aber doch Differenzierungen erkennen. So gehen die in den *Patriotischen Beiträgen* veröffentlichten Reden (Birck, Willwersch) immer von den Positionen der deutschen Aufklärung aus und begründen von hier aus ihr Bekenntnis zum französischen Staat (Utopie des ewigen Friedens; Patriotismus). Dagegen gehen die anonymen Beiträge im *Journal für das Saardepartement* umgekehrt von den französischen Institutionen (Freiheit und Gleichheit; Republik) aus und bemühen nur zu deren Verständnis gelegentlich die Kategorien der deutschen Aufklärung. Auch wenn sich die Positionen also ergänzen, so sind die Argumente doch unterschiedlich gewichtet. Die Bereitschaft, sich auf die französischen Institutionen wirklich einzulassen und ihren Transfer ins Rheinland zu begründen, ist in der Gruppe um Haan's Journal für das Saardepartement stärker. Dagegen ist das Beharren auf der Eigenständigkeit des eigenen Aufklärungsdenkens bei der Gruppe um Hetzrodt's Patriotische Beiträge ausgeprägter. Andererseits ist gerade die profranzösischer erscheinende Gruppe um das Journal für das Saardepartement ungeduldiger in ihrer Kritik an dem aktuellen Zustand der französischen Verwaltung und drängender in der Forderung nach Eintritt in die vollen Bürgerrechte, während die stärker ihre Eigenständigkeit betonende Gruppe um die Patriotischen Beiträge ihre Reserven zurückhaltender formuliert und damit im Faktischen oft eine elastischere Anpassung an die konkrete französische Verwaltungspolitik verbindet.

Damit zeigen die Dekadenreden einen deutschen Diskurs, der nicht nur aus der Perspektive der rheinischen Bevölkerung dieser die Annexion akzeptabel erscheinen lassen will, sondern der dies auch in einer Form tut, die völlig dem eigenen Aufklärungsdenken entnommen ist[102]. Auch wenn die Reden natürlich einen politischen Diskurs führen und nicht philosophische Abhandlungen darstellen, gründet das Verständnis der Französischen Republik doch ganz auf Kant's ethischen und staatsrechtlichen Positionen. So ist es nicht verwunderlich, dass Kant's damals letzte Schrift (*Zum ewigen Frieden*, 1795) sofort

---

[102] Die letzte der von Poultier publizierten Dekadenreden (« *aux bienfaiteurs de l'humanité* ») ist dem gleichen Thema gewidmet wie die Rede von Wyttenbach (« *Denkmal den Wohltätern des Menschengeschlechtes* »). Es besteht keinerlei inhaltlicher Zusammenhang.

III. Revolutionskalender und Dekadenfeiern   81

rezipiert wurde. Aber auch wenn die Trierer Intellektuellen vielleicht besonders eifrige Anhänger der Kant'schen Philosophie waren[103], so ist die Kant'sche Philosophie doch für das deutsche Revolutionsverständnis insgesamt kennzeichnend[104]. Dagegen ist die Rezeption der Kant'schen Philosophie in Frankreich erst eine Sache der 1830er Jahre, und die wenigen schon damals in französischer Übersetzung vorliegenden Kleinschriften konnten in Frankreich selbst bei Spezialisten keine vertiefte Kenntnis des Staatsdenkens von Kant bewirkt haben. Vollends den Funktionären der französischen Verwaltung in den annektierten Departements dürfte nichts ferner gelegen haben als die Argumentation der deutschen Revolutionsfreunde. Der Anschluss an die Französische Republik, wie er sich in den Dekadenreden darstellt, beruht so auf einem Missverständnis, das größer kaum sein konnte. Die Aneignung von Revolution und Republik ist so gleichzeitig auch eine Verfremdung. Das kann gerade der respektive Theoriebezug der Revolution in Deutschland und Frankreich unterstreichen. Sicher hat Rousseau, woran Wyttenbach erinnert, mit am Beginn einer Entwicklung gestanden, die dann zur Revolution führte, aber alle Versuche müssen scheitern, mit Rousseau die Französische Revolution erklären zu wollen, während es eher so ist, dass erst der Verlauf der Revolution den Franzosen die Dimensionen der politischen Philosophie von Rousseau eröffnet hat. « *C'est en quelque sorte la Révolution qui nous a expliqué le Contrat social* », sagte der spätere Regierungskommissar im Rheinland Lakanal bei der Pantheonisierung von Rousseau am 11. Oktober 1794[105]. Das ist genau das Gegenteil des Versuches der Trierer Intellektuellen, mit Kant die Französische Revolution und die Französische Republik begreifen zu wollen.

4. Dekadi und Sonntag

Die Dekadenfeiern der Französischen Republik stehen in Frankreich wie in Deutschland unter dem oft bemühten Topos des Gesprächs des jungen Bürgers Dekadi mit dem alten Herrn Sonntag[106]. Eine solche Konkurrenzsituation, geprägt einerseits von Dechristianisierung und andererseits von kirchlicher Gegenrevolution, hat es im annektierten Rheinland allerdings nicht gegeben. Wenn hier die Republik auch die Kirche entmachtete und einige Priester verfolgte, so respektierte sie doch die Religion und tolerierte das religiöse Brauchtum zumindest innerhalb der Kirchenräume. Die Gottesdienste aller Konfessionen bestanden mit insgesamt nur geringen Beeinträchtigungen

---
[103] In Goethe's Portrait von Wyttenbach (Campagne in Frankreich, 25. Oktober 1792) ist durchaus eine leicht mokante Kritik an dem Kantianismus dieses « *jungen Schullehrers* » zu erkennen. Vgl. dazu allgemein ORTH: Wyttenbach, 1980.
[104] GARBER: Geschichtsphilosophie und Revolution, 1983.
[105] MANIN: Rousseau, 1988, S. 885.
[106] Stadtkölnischer Kurier, 11. Juni 1795 (BUCHHOLZ: Staatskult, 1997, S. 80); Revolutionsalmanach 1796 (SEIFERT: Die Zeit, 1989, S. 40).

weiter, und Konflikte waren selten[107]. Daneben bestanden die republikanischen Dekadenfeiern im Rheinland in der Zeit von 1798 bis 1800 und darüber hinaus, und sie waren eine feste Institution nicht nur in den Departementshauptstädten wie Trier, sondern auch in den Kantonen. Eine spontane Unterstützung aus der Bevölkerung und eine dechristianisierende Missionierung, wie sie für die jakobinisch-republikanischen Departements in Innerfrankreich galt, fehlten im Rheinland. Vielmehr beschränkte sich die Teilnahme an den Dekadenfeiern auf die Verwaltung (le dimanche des fonctionnaires), wie dies freilich auch in den gemäßigten innerfranzösischen Departements der Fall war. Nicht Konkurrenz, sondern beziehungsloses Nebeneinander war die normale Situation. Auf dieser Basis arrangierten sich Gottesdienste und Dekadenfeiern wie bei den althergebrachten Simultaneen, und die französische Verwaltung konnte sogar so weit gehen, in Fortführung von Traditionen des Ancien Régime weiterhin die neuen Gesetze und Verordnungen in den Gottesdiensten verlesen zu lassen, weil sie mit den dafür eigentlich vorgesehen Dekadenfeiern das Publikum nicht erreichte.

Auf dieser Basis zeigt die Rezeptionsgeschichte des Dekadi in den rheinischen Departements ein weites Spektrum. Von den politischen Intellektuellen wurden die Dekadenfeiern bewusst genutzt, um sich die Französische Republik auf der ihnen gemäßen Basis der aufgeklärten Staatsphilosophie im Anschluss an Kant anzueignen und öffentlich dafür zu werben. Dabei wurde nicht einfach die französische Reunion nachvollzogen, sondern vielmehr ein eigenes republikanisches Profil entwickelt, das letztlich sogar implizit ermöglichte, die Zustimmung zur Annexion an die Einhaltung der republikanischen Verfassungsrechte zu binden. Auch wenn dieser intellektuelle Diskurs nur ein beschränktes Publikum gehabt hat, so stellt seine politische Philosophie doch ein bemerkenswertes Zeugnis eines rheinischen Republikanismus dar.

Insgesamt haben die Dekadenfeiern weder ein politisches Ritual mit breiter Öffentlichkeitswirksamkeit im Rheinland implantieren können, noch haben sie nennenswerten politischen oder religiösen Widerstand hervorgerufen. Vielmehr sind sie nüchterner als eine Verwaltungsveranstaltung in den Grenzen der Wirksamkeit des damaligen Verwaltungshandelns zu verstehen. Auf dieser Basis sind sowohl die Beschränkung ihrer zeitgenössischen Öffentlichkeitswirksamkeit wie auch ihre Integration in die Diskussion um die republikanischen Institutionen im Rheinland zu betonen.

---

[107] STEIN: La République directoriale et la Rhénanie annexée, 2000.

IV. Einführung der Nationalfeste

Die Revolutionsfeste sind älter als der Revolutionskalender und die Dekadenfeiern. Die Revolution fand von Anfang an Anlass zu Festen und bildete mit der Zeit eine eigene Festtradition aus, noch ehe Kalender und Dekadenfeiern dies in einen festen Kanon brachten. Revolutionsfeste und Dekadenfeiern unterscheiden sich so in Bezug auf ihre Periodizität und ihren Charakter. Die Dekadenfeiern wirkten mit ihrem Wochenrhythmus in das alltägliche Leben hinein und suchten es neu zu strukturieren. Das Revolutionsfest dagegen war gerade aus dem Kontinuum der im Dekadenrhythmus laufenden Zeit herausgehoben, und seine Periodizität im Jahresabstand stellte einen abstrakteren Bezug zur Zeit dar. Es war weniger zeitbezogen als vielmehr ereignisbezogen und sollte das erinnerte Ereignis in ein aktuelles Erlebnis transformieren. Kalender und Dekadenrhythmus waren verordnet und wirkten polarisierend: man konnte sich mit ihnen als Konkretisierung der Revolution identifizieren, man hat sie aber auch als willkürlichen Bruch aller Tradition zurückgewiesen. Das Fest dagegen war zu Beginn der Revolution vielfach spontan entstanden und war noch in seinen späteren organisierten Formen oft von einem großen Enthusiasmus getragen. Insofern stellen die Revolutionsfeste neben Kalender und Dekadenfeiern durchaus einen eigenständigen Faktor der Revolutionskultur dar. Trotzdem gab es einen engen Bezug zwischen Revolutionsfesten und Dekadenfeiern. Schon ein erstes Festprogramm, das von dem Arzt und Philosophen Cabanis Ende 1790 / Anfang 1791 für Mirabeau entworfen worden war und das nach Mirabeau's Tod (2. April 1791) von Cabanis veröffentlicht wurde[1], verband lange vor der Einführung des Revolutionskalenders Zeitfeste (Äquinoxen, Sonnenwenden) mit Anlassfesten (14. Juli / Fédération).

1. Revolutions- und Nationalfeste in Frankreich

Das Kompositum Revolutionsfest hat zunächst nur einen zeitlichen und örtlichen Bezug und bezeichnet die in der Zeit der Französischen Revolution in Frankreich gefeierten Feste. Es hat aber auch einen inhaltlichen Bezug, der den Begriff auf die Feste konzentriert, die die Ereignisse und Prinzipien der Revolution feiern und eine Identifikation mit ihnen herstellen sollen. Man hat schließlich versucht, den Begriff auch formal zu fassen und in den Revolutionsfesten eine eigene Art von Festen zu sehen. Das Revolutionsfest[2] hat so einen eigenen Anspruch, den man in einer dreifachen Utopie fassen kann.

---
[1] GAULMIER: Cabanis et son discours sur les fêtes nationales, 1977; LAIDIÉ: Fêtes et manifestations publiques en Côte-d'Or, 2005, S. 169-172.

Es war einmal die Utopie der Gemeinsamkeit der Menschen bei der Feier. Das Fest schloss Geschlechter und Altersklassen zusammen, es vereinigte Berufssparten und Träger unterschiedlicher Verwaltungsfunktionen, indem es die getrennt aufmarschierenden Gruppen in einem Fest zusammenführte. Es überbrückte materielle Unterschiede, indem es alle Teilnehmer in eine ununterschiedene Teilnehmerschaft integrierte. Es überwand geographische Trennungen, indem es das gleiche Festzeremoniell zur gleichen Zeit an verschiedenen Orten feiern ließ und die Einzelfeste durch Delegationen miteinander in Beziehung setzte. Es führte politisch konkurrierende Strömungen zusammen, indem es als Fest über den Parteien eine Identifikation mit den Grundwerten der Revolution intendierte, allerdings auch als Parteifest die Allgemeingültigkeit bestimmter Traditionen durchzusetzen versuchte. Es war somit Ausdruck der utopischen Vereinigung des ganzen Volkes.

Es war zum andern die Utopie eines gemeinsamen Willens. Das Fest wiederholte die gemeinsam erfahrene Geschichte der Revolution, es vermittelte sie als Gegenstand von Identifikation oder als Objekt von Gegnerschaft, und es mobilisierte sie als Entwurf für künftiges Handeln. Das Fest predigte aber nicht nur die politischen Ziele der Revolution, sondern propagierte auch die sozialen und moralischen Grundwerte der neuen Gesellschaft. So findet sich hier eine ähnliche Parallelität und wechselseitige Legitimierung wieder wie die zwischen Gesellschaftsmoral und Naturordnung, wie sie für den Revolutionskalender gilt. Das Fest bildete so die Utopie der Revolution als Ausdruck des gemeinsamen Willens des Volkes, eben der *volonté générale*.

Es war zum dritten die Utopie des Festes selbst. Das Fest schuf sich seine eigenen Formen. Dabei geht es nicht um den Eklektizismus der Elemente, sondern um den Kanon der Form[3]. Es kreierte seine Symbole (Kokarde 1789, Freiheitsmütze und Freiheitsbaum 1790/92, etc.). Es bildete sein Zeremoniell mit Festzug und Feier sowie Gesang und Reden und feierte die Revolution in szenischen Spielen und allegorischen Darstellungen. Es suchte seinen Festort, zuerst unter dem Freiheitsbaum und später im Dekadentempel. Es erhob seine

---

[2] Die grundlegenden Studien von AULARD (Le Culte de la Raison et le culte de l'Être suprême 1793-1794, 1892) und Mathiez (Les origines des cultes révolutionnaires 1789-1792, 1904) betreffen zwar zeitlich noch nicht direkt unser Thema, sind aber methodisch von Bedeutung, vgl. Ozouf: Religion révolutionnaire, 1988 / Revolutionäre Religion, 1996. An neueren Studien sind vor allem zu nennen: Ozouf: La fête révolutionnaire, 1976; Vovelle: Les métamorphoses de la fête en Provence de 1750 à 1820, 1976; Les Fêtes de la Révolution, Colloque de Clermont-Ferrand, 1977; Laidié: Fêtes et manifestations publiques en Côte-d'Or, 2005; Schröer: Republik im Experiment, 2014. Diese Forschungsergebnisse sind in Deutschland verschiedentlich reflektiert worden: Maier: Über revolutionäre Feste und Zeitrechnung, 1988; Ziebura: Frankreich 1790 und 1794. Das Fest als revolutionärer Akt, 1988.

[3] Liris: Symbolisme révolutionnaire, 1989.

IV. Einführung der Nationalfeste

Heiligen und verbrannte die Symbole seiner Gegner. Es schuf seine Gesänge und feilte an seiner Rhetorik. Schließlich kulminierte das ganze Festgeschehen in der Eidesleistung auf die Verfassung am Altar des Vaterlandes.

Verstanden als gemeinsamer Wille des gesamten Volkes zur Annahme und Durchsetzung der Ziele des Revolutionsprozesses waren die Revolutionsfeste (*fêtes révolutionnaires*) auch Nationalfeste (*fêtes nationales*), so dass die beiden Termini schon früh synonym zu verstehen sind. Darüber hinaus nahmen die Feste zumindest zeitweilig religiöse Formen auf und wurden zur Gesellschaftsreligion der Revolution[4], die ihre eigentliche Legitimation aus dem Logos der Natur gewann[5].

Das ist die Utopie des Festes. Aber haben die Feste diese Utopie auch realisiert? Wie sollten sie! Doch es geht hier nicht einfach um den Widerspruch, dass die Realisation nie das Ideal erreichen kann und die Fiktionalität des Festes wieder der Wirklichkeit weichen muss[6]. Auch in der Alterung und der Banalisierung von Festen kann noch Utopie transparent werden, und auch das Dorffest kann originelle Rezeption beweisen. Es geht um eine Komplementarität von utopischem Anspruch und konkreter Realisierung. Diese darf nicht nur für das revolutionäre Fest als Utopie gelten, indem sie ihre Realisierung verlangt; sie muss auch in den einzelnen Festen wiedergefunden werden können, indem die wirklichen Feste etwas von der Utopie vermitteln. Insofern ist die Frage zulässig, inwieweit dies bei den Revolutionsfesten der Fall ist. Die Frage ist für die ersten Revolutionsfeste sicherlich zu bejahen, weil die Volksbewegung des Föderationsfestes 1790 und seiner Wiederholungen[7] sowie die Freiheitsbaumfeste mit ihrem graduellen Übergang von der Folklore des Maibaums 1790 zum landesweiten Siegeszug des revolutionären Aktes der Baumsetzung 1792[8] in dem Sinn revolutionär waren, dass sie auf der jeweiligen Ebene der Gemeinde oder der Nation die Gemeinsamkeit durch die gemeinsame Baumsetzung, die reale Gruppenvereinigung oder den verbindenden Eid zum Erlebnis machten, und dieses Erlebnis von einer großen Teilnehmerschaft

---

[4] Die Diskussion der These von Ozouf über einen „transfert de sacralité" (La Fête révolutionnaire, 1976, S. 317 ff) bei den Revolutionsfesten hat das Phänomen grundsätzlich bestätigt, aber versucht den religionsgeschichtlichen Aspekt der Revolution auch auf andere Phänomene zu erweitern, vgl. Claude Langlois in: Pratique religieuse dans l'Europe révolutionnaire, Colloque de Chantilly, 1988, S. 367 ff.

[5] Baxmann: Die Feste der Französischen Revolution, 1989; Harten: Die Versöhnung mit der Natur, 1989.

[6] Ziebura: Frankreich 1790 und 1794. Das Fest als revolutionärer Akt, 1988, S. 260, 264 (im Anschluss an Taine).

[7] Ozouf: La fête révolutionnaire, 1976, S. 44 ff; Vovelle: Les métamorphoses de la fête en Provence, 1976, S. 107 ff.

[8] Ozouf: La fête révolutionnaire, 1976, S. 260 ff; Vovelle: Les métamorphoses de la fête en Provence, 1976, S. 114 ff; Corvol: Les arbres de liberté, 1989; Harden: Liberty caps and liberty trees, 1995.

getragen wurde. Es dürfte auch noch für die antagonistischen Feste in der politischen Auseinandersetzung der Jahre 1792/93 und die Feste des Kultes der Vernunft und des Höchsten Wesens 1793/94 gelten[9]. Zwar waren sie alles andere als der Ausdruck eines einheitlichen Willens, aber sie waren eingebunden in den Revolutionsprozess, fanden im Zeremoniell des Umzugs und in der Einführung der Revolutionssymbolik neue Festformen, waren vielfach von großem Enthusiasmus und noch mehr von politischem Willen getragen und konnten insofern Ausdruck der Revolutionsutopie werden[10].

Die Frage stellt sich in neuer Form für die postthermidorianischen und direktorialen Feste[11]. Sie waren weder spontaner Ausdruck des Volkswillens noch Ausfluss des Revolutionsprozesses[12]. Vielmehr waren sie das Ergebnis einer bewussten Symbolpolitik, mit der pädagogisch auf die Bürger eingewirkt werden sollte. Es ging also nicht mehr um Revolutionsfeste im Sinne der Festtradition der Anfangsphase der Revolution (1789-1794), sondern um die Festtradition der direktorialen Republik (1795-1799), deren Realisationen hier im Anschluss an die zeitgenössische Terminologie als Nationalfeste bezeichnet werden sollen. Dabei sind die Übergänge durchaus fließend, und die späteren Nationalfeste haben sich direkt aus den früheren Revolutionsfesten entwickelt. Das Bindeglied ist das noch kurz vor dem Sturz von Robespierre ergangene Konventsdekret vom 18. Floréal II (7. Mai 1794)[13]. Es stellt zugleich das Ergebnis der jahrelangen parlamentarischen Debatten um die Revolutionsfeste und den Ausgangspunkt für die Nationalfeste des Direktoriums dar. Es übernimmt den Katalog der Dekadenfeiern und legt damit die Gegenstände für die einzelnen Feste fest, allerdings ohne dabei schon Bestimmungen für die Form dieser Feiern zu treffen. Dazu werden dann vier politische Ereignisfeste der Revolution mit festen Daten gefügt, nämlich die Feste des 14. Juli 1789, des 10. August 1792, des 21. Januar 1793 sowie des 31. Mai 1793 (Aufstand der Pariser Sektionen). Schließlich wird der gesamte politisch-moralische Festzyklus mit dem Kult eines höchsten Wesens (*Être suprême*) verbunden.

---

[9] Ozouf: La fête révolutionnaire, 1976, S. 75 ff; Vovelle: Les métamorphoses de la fête en Provence, 1976, S. 116 ff.

[10] Mazauric: La fête révolutionnaire, 1977; Bernet: Portée et limites du culte de l'Être suprême, 1988.

[11] Mathiez: La Théophilanthropie et le culte décadaire, 1903, S. 28 ff; Vovelle: Les métamorphoses de la fête en Provence, 1976, S. 134 ff; Ozouf: La fête révolutionnaire, 1976, S. 125-148; Laidié: Fêtes et manifestations publiques en Côte-d'Or, 2005, S. 191-192; Schröer: Republik im Experiment, S. 217 ff, 394 ff.

[12] Dies führte in der Forschung vielfach zu einer Abwertung der postthermidorianischen Feste, die auch noch in neueren Beiträgen nachwirkt, vgl. Lamotte: Les fêtes révolutionnaires [dans le département de la Manche], 1990; Cart: Les fêtes révolutionnaires dans les campagnes ardennaises, 1992.

[13] Ozouf: Fête révolutionnaire, 1976, S. 129-130; Laidié: Fêtes et manifestations publiques en Côte-d'Or, 2005, S. 80-83, 189f.; Schröer: Republik im Experiment, 2014, S.295-296.

IV. Einführung der Nationalfeste

Thermidor beendete zunächst den weiteren Ausbau der republikanischen Festgesetzgebung, verhinderte aber nicht die Fortsetzung der Feste der Revolution. Dabei spiegeln die postthermidorianischen Feste[14] die Unsicherheit des Konvents und seine tastenden Versuche einer Konsolidierung. Das Ergebnis ist die neue Verfassung des Jahres III, die am 22. August 1795 vom Konvent beschlossen und nach der erfolgreichen Volksabstimmung am 23. September 1795 rechtsverbindlich verkündigt wurde[15]. Ihr folgte am 31. Oktober 1795 die Wahl des Direktoriums als der neuen kollektiven Staatsspitze. Nur sechs Tage zuvor, nämlich am 3. Brumaire IV / 25. Oktober 1795 hatte der Konvent auch sein neues Festgesetz (loi Daunou) verabschiedet[16], womit er in Kontinuität zur Verfassung von 1791[17] die Vorgaben der Verfassung des Jahres III umsetzte[18]. Hatte das Konventsdekret vom 18. Floréal II die republikanische Festtradition vor allem auf den Dekadenfeiern begründet, so wurden diese im thermidorianischen Festgesetz völlig übergangen und überhaupt nicht mehr erwähnt. Allerdings feierten gleichzeitig fünf Dekadenfeiern als nunmehrige Nationalfeste eine Auferstehung, indem das Gesetz aus der Vielzahl der Feste der Lebensalter (*enfance, jeunesse, âge viril, vieillesse*) und der Sozialbindungen (*amitié, amour, foi conjugale, amour paternel, tendresse maternelle, piété filiale*) drei Feste der Übergangsriten (Jugend, Ehe, Alter) bildete und das Fest des Ackerbaus aus den Dekadenfeiern direkt übernahm. Außerdem wurden die staatsbürgerlichen Feste (*martyrs de la liberté, amour de la patrie, héroïsme*) zu einem neuen Fest der Dankbarkeit und der Siege zusammengefasst. Alle diese Feste erhielten zwar neue Daten, blieben aber feststehende Feste, die jeweils am ersten Dekadi der Frühlings- und Sommermonate von Floréal bis Fruktidor gefeiert werden sollten. Es handelte sich also um eine Konzentration (von 36 auf 5 Feste), was die Bedeutung der einzelnen Feste eher stärkte. Eine ähnliche Konzentration erfolgte auch bei den politischen Ereignisfesten, indem die Traditionsfeste des 14. Juli 1789, des 10. August 1792 und des 21. Januar 1793 mit dem neuen Regimefest des 9. Thermidor II zum Doppelfest des 9./10. Thermidor zusammengelegt wurden, während das Regimefest der Jakobinerherrschaft (31. Mai 1793) wegfiel.

---

[14] Ozouf: De thermidor à brumaire, 1970, S. 31-47; Ozouf: La fête révolutionnaire, 1976, S. 188 ff; Schröer: Republik im Experiment, 2014, S. 129-140, 211-217, 386-392, 408-416, 535-543, 550-553, jeweils für unterschiedliche Einzelaspekte.

[15] La Constitution de l'an III, 1998.

[16] Ozouf: La fête révolutionnaire, 1976, S. 140; Schröer: Republik im Experiment, 2014, S. 221, 395ff.

[17] « *Il sera établi des fêtes nationales pour conserver le souvenir de la Révolution française, conserver la fraternité entre les citoyens, les attacher à la Constitution, à la Patrie et aux lois* », Godechot: Les Constitutions de la France, 1979, S. 37 (titre premier).

[18] « *Il sera établi des fêtes nationales pour entretenir la fraternité entre les citoyens et les attacher à la Constitution, à la patrie et aux lois* », Godechot: Les Constitutions de la France, 1979, S. 134 (Art. 301).

Dazu kam dann noch ein neues Kalenderfest als Fest der Gründung der Republik am Neujahrstag (1. Vendémiaire) nach dem Revolutionskalender. Diese Konzentration bedeutete aber auch eine Entpolitisierung. Die Revolutionstradition war nur noch als Erinnerung zugelassen und sollte gleichzeitig für das neue Regime dienstbar gemacht werden. Schließlich wurde auf das Fest des höchsten Wesens ganz verzichtet, wodurch die Festkultur laikaler wurde. So ergab sich bei aller Kontinuität sowohl in den Zielen einer Revolutionspädagogik wie in der Pflege der Revolutionstradition doch eine neue Ausrichtung des Festzyklus, nämlich die Idee eines durch Feste strukturierten Zeitstrahls, der sich von einem Punkt Null (9./10. Thermidor) in zyklischen Jahreskreisen (1. Vendémiaire) ausbreitete, sonst aber nur die Wiederkehr des Gleichen (moralische Feste) kannte.

Die Zeitlosigkeit dieses zyklischen Festsystems wurde aber schon bald aufgebrochen. Einerseits ließ sich die revolutionsgeschichtliche Neutralität nicht halten, und man musste die Tradition der Revolution mit genau den Festen, die man ausgeschlossen hatte, doch wieder zulassen. So wurden durch Gesetz vom 10. Thermidor IV / 28. Juli 1796 die Feste des 14. Juli (1789) und des 10. August (1792) wieder als selbständige Feste eingeführt sowie durch Gesetze vom 23. Nivôse IV / 13. Januar 1796 und 18. Nivôse V / 7. Januar 1797 auch das Fest des 21. Januars (1793) wieder zugelassen, wenn auch unter dem euphemistischen Namen eines Festes der gerechten Bestrafung des letzten Königs der Franzosen (« *fête de la juste punition du dernier roi des Français* ») und mit einer neuen Sinngebung der Eidesleistung durch alle Funktionäre. Damit waren nun, knapp 15 Monate nach der Verabschiedung des neuen Festgesetzes, alle traditionellen Erinnerungsfeste der Revolution, mit der alleinigen Ausnahme des Regimefestes der Terreur (31. Mai 1793), das sozusagen durch das neue Regimefest des Direktoriums (9./10. Thermidor II) ersetzt worden war, wieder kanonisiert.

Hinzu kam andererseits, dass man den Festzyklus auch auf die aktuelle Geschichte hin öffnen musste. Das betraf zunächst die Weiterentwicklung des eigenen Regimes. Die politisch schwierigen, aber eben verfassungsmäßig zugestandenen Wahlen wurden durch das Gesetz vom 13. Pluviôse VI / 1. Februar 1798 mit dem Fest der Volkssouveränität berücksichtigt, das künftig jeweils am Vorabend des Beginns der Wahlen (30. Ventôse) begangen werden sollte. Außerdem forderte der Staatsstreich vom 18. Fruktidor V / 4. Sept. 1797 zu seinem ersten Jahrestag auch seine Kanonisierung als neues Fest, was durch das Gesetz vom 2. Fruktidor VI / 19. August 1798 vollzogen wurde. Hinzu kamen dann noch besondere Ereignisse wie der Tod von General Hoche (Fest: 10. Vendémiaire VI / 1. Oktober 1797) sowie später die Ermordung der Rastatter Gesandten (Fest: 20. Prairial VII / 8. Juni 1799) und der Tod von General Joubert (Fest: 10. Vendémiaire VIII / 2. Oktober 1799), die alle

IV. Einführung der Nationalfeste

entsprechende Festveranstaltungen erforderten. Der Festzyklus hatte damit wieder Anschluss an die Revolutionsgeschichte gefunden, und er hatte sich den aktuellen politischen Veränderungen geöffnet.

Damit war der ursprünglich durch das Festgesetz vom 3. Brumaire IV auf sieben Feste beschränkte Kanon der Nationalfeste nun auf 12 Feste angewachsen und noch durch verschiedene einmalige Feste erweitert worden. Hinzu kam, dass nach dem Staatsstreich vom 18. Fruktidor V die Dekadenfeiern neu belebt wurden. Während aber das Festgesetz vom 3. Brumaire IV die Dekadenfeiern durch die neuen Nationalfeste hatte ersetzen wollen, bildeten sie nun eine eigene Festtradition, die selbstständig neben die Nationalfeste trat. Daraus ergab sich insgesamt ein hoch komplexer Festkalender, der erhebliche organisatorische Anforderungen an Verwaltung und Publikum stellte.

In dieser Form sollten die Feste zur republikanischen Erziehung[19] dienen, wie dies La Révellière-Lépeaux als einer der Direktoren mit höchster Öffentlichkeitswirksamkeit in zwei im Institut vorgetragenen Grundsatzreden verkündete[20] und wie es dann die Innenminister Letourneux und François de Neufchâteau durch eine intensive Erlasstätigkeit ausführten[21]. Die Feste waren Mittel um das Volk für die Republik wieder würdig und reif zu machen. Es ging darum, die bürgerliche Republik des Direktoriums zu verteidigen. Das konnte einmal geschehen durch repressive Maßnahmen, wie sie beim Staatsstreich des 18. Fruktidor V gerade gegen die Royalisten durchgeführt worden waren und wie sie sich schon bald auch wieder gegen die Jakobiner richteten. Dies sollte auch geschehen durch die neue Politikpropaganda.

Nach dem Staatsstreich vom 18. Fruktidor V konnten die Nationalfeste zunächst von der gemeinsamen Festpolitik des neuen, zweiten Direktoriums und der neojakobinischen Bewegung[22] profitieren, die ihnen überhaupt erst wieder neues Leben gab. Die Feste der Revolutionserinnerung waren in den Departements nach Thermidor zwar nicht völlig verschwunden, sie waren aber nur noch sporadisch als ein noch nicht ganz verklungener Nachhall einer einst-

---

[19] Überblicke über die pädagogische Diskussion der Revolution geben Laidié: Fêtes et manifestations publiques en Côte-d'Or, 2005, S. 138 ff; Schröer: Republik im Experiment, 2014, S. 287-315.
[20] La Révellière-Lépeaux: Réflexions sur le culte, sur les cérémonies civils et sur les fêtes nationales, V; Essai sur les moyens de faire participer l'universalité des spectateurs à tout ce qui se pratique dans les fêtes nationales, VI. Die erste Rede erschien auch in einer deutschen Übersetzung in Hamburg. Vgl. Mathiez: La Théophilanthropie et le culte décadaire, 1903, S. 144 ff, 193 ff; Grange: La Révellière-Lépeaux, 1977.
[21] François de Neufchâteau: Recueil des lettres circulaires, VI-VIII. Vgl. Mathiez: La Théophilanthropie et le culte décadaire, 1903, S. 428 ff; Ozouf: La fête révolutionnaire, 1976, S. 143. Empfängerüberlieferung im Rheinland, LHA Koblenz: Best. 241 Nr. 2191 sowie bei den Akten zu den einzelnen Festen.
[22] Woloch: Jacobine Legacy, 1970; Gainot: Un nouveau Jacobinisme, 2001.

mals großen Tradition gefeiert worden. Erst mit dem Staatsstreich des 18. Fruktidor wurden sie in Verbindung mit der neuen Dekadenkultur und getragen von den allenthalben neu entstandenen neojakobinischen Volksgesellschaften wieder zu öffentlichen Ereignissen[23]. Neben anderen Formen der politischen Willensbildung griff die neojakobinische Bewegung auch die Festkultur als politisches Instrument auf und machte sich die damit verbundenen Möglichkeiten der öffentlichen Demonstration und der Besetzung von Politikfeldern zu Eigen. Gerade deshalb währte der jakobinische Winter (1797/98) allerdings auch nicht lange, denn das Direktorium unterdrückte die neue Klubbewegung, als es hierin eine Gefahr für die nächsten Wahlen zu erkennen meinte.

Die Nationalfeste selbst wurden allerdings nicht verboten und entwickelten sogar eine eigenständige Dynamik als Feste der Republik des Direktoriums, die zumindest so lange anhielt, wie das Direktorium außenpolitischen Erfolg hatte. Das Jahr VI (1797/98) erlebte eine regelrechte Festwelle, und die Bewegung hielt bis in den Winter 1798 und den Frühling 1799 hinein an. Aber freilich musste die Erwartung trügen, durch die Festpädagogik das Volk zu solchen Republikanern erziehen zu können, wie das Direktorium sie gerne gehabt hätte: weder Royalisten noch Jakobiner, dafür aber brave Anhänger der weisen Regierung des Direktoriums. Mit den außenpolitischen Schwierigkeiten des Frühjahrs und Sommers 1799 zeigten sich dann deutliche Probleme, indem die Festfrequenz zurückging und der Festbesuch nachließ. Weniger einschneidend war dagegen die Regierungsumbildung vom 30. Prairial VII / 18. Juni 1799, denn was durch die Neubesetzung des Direktoriums und der Ministerien an gouvernementaler Unterstützung verloren ging, das wurde durch den erneut gewachsenen Bewegungsspielraum der neojakobinischen Volksgesellschaften oft wieder ausgeglichen. Trotzdem hat dies das Ende nur noch hinausgezögert. Nach dem Staatsstreich vom 18. Brumaire VIII wurde der republikanische Festzyklus durch das Gesetz vom 3. Nivôse VIII / 24. Dezember 1799 radikal auf zwei Feste zurückgeschnitten. Die Feste der Revolutionstradition wurden auf das alleinige Fest des 14. Juli beschränkt, das zu einem Staatsgründungsfest entpolitisiert wurde. Dazu kam nur noch das republikanische Neujahrsfest des 1. Vendémiaire als zyklische Öffnung in die Zukunft. Die Staatspädagogik der moralischen Feste wurden ganz eingestellt. Auf dieser Basis sind die Feste dann noch bis zum Ende des Konsulats gefeiert worden[24].

---

[23] MATHIEZ: La Théophilanthropie et le culte décadaire, 1903, S. 460-461; VOVELLE: Les métamorphoses de la fête en Provence, 1976, S. 136-137 (Statistik); DENIS: Les fêtes révolutionnaires dans le département du Maine-et-Loire, 1988, S. 397, 403; ARZALIER: Des villages dans l'histoire, 1996, S. 200 (Statistik).

[24] MEINZER: Revolutionskalender, 1992, S. 196 (Statistik). Für Marseille liegt hier der interessante Fall vor, dass über den 24. Dezember 1799 hinaus im Jahre 1800 noch die Feste des 21. Januar (Königsmord), 21. März (Volkssouveränität) und sogar noch 5. September (18. Fruktidor) gefeiert wurden.

IV. Einführung der Nationalfeste 91

Man wird die postthermidorianischen Nationalfeste also nicht einfach als einen Fehlschlag bezeichnen können[25]. Man kann aber auch nicht übersehen, dass ihre Realisierung ständig in Abhängigkeit von der Innen- und Außenpolitik stand. In dem Maße, in dem jakobinische Parteiungen Bewegungsfreiheit hatten und Verwaltungsfunktionen in den Departements besetzten, waren ausreichende Strukturen zur Organisation der Feste vorhanden. In dem Maße, in dem die Erfolge der französischen Armeen für außenpolitische Stabilität sorgten, war auch ein Publikum für diese Feste zu mobilisieren. Insofern gelang es dem Direktorium gerade im Jahr VI, eine breite Festbewegung zu initiieren[26]. Gerade dies war die Zeit, in der die Nationalfeste in den rheinischen Departements eingeführt wurden.

2. Rezeption der Nationalfeste im Rheinland

Ganz ähnlich wie die Rezeption von Revolutionskalender und Dekadenfeiern ist auch die Rezeption der Nationalfeste unter einem doppelten Aspekt zu sehen. Die Einführung in den rheinischen Departements erfolgte nur kurz nach dem Staatsstreich vom 18. Fruktidor V und somit fast gleichzeitig mit der neuen Festbewegung in Innerfrankreich. Es sind also die gleichen politischen Zusammenhänge, die die neue Festbewegung in Innerfrankreich auslösten und die für die Einführung der Nationalfeste in den rheinischen Departements verantwortlich waren. Aber auch hier waren die Voraussetzungen für die Einführung der Nationalfeste in Innerfrankreich und im Rheinland völlig verschieden. Das Rheinland hatte nicht zu Frankreich gehört und hatte an dem französischen Revolutionsprozess nicht teilgehabt. Es ist somit eine fremde Nationalgeschichte, die den Bewohnern der rheinischen Departements nun in der Form der Nationalfeste präsentiert wurde. So findet sich die Gleichzeitigkeit des Ungleichen wieder, die auch die Einführung der Dekadenfeiern im Rheinland kennzeichnet.

---

[25] Dem Versuch von BYRNES (Celebration of the Revolutionary Festivals under the Directory. A Failure of Sacrality, 1994), die postthermidorianischen Feste gegen die frühen Revolutionsfeste auch festtheoretisch abzugrenzen, soll deshalb nur zum Teil gefolgt werden. Die Kritik an den Festen ist zu berücksichtigen, ist aber auch von OZOUF nicht geleugnet worden („La festomanie révolutionnaire est l'histoire d'une immense déception", OZOUF: La fête révolutionnaire, 1976, S. 19). Dagegen ist aber auch der Revolutionsbezug selbst bei einem Scheitern zu sehen, was das Revolutionsfest mit der Revolution insgesamt teilt. „L'échec religieux de la Révolution ne peut enlever à la Révolution le caractère religieux" (MATHIEZ: Les origines des cultes révolutionnaires, 1904, S. 14).

[26] Vgl. die These von VOVELLE auf den Kolloquium: Pratiques religieuses dans l'Europe révolutionnaire, 1988, S. 427: „Il faut réviser la présentation stéréotypée de la désertion des fêtes directoriales et de leur caractère académique. En Provence entre l'an VI et l'an VII, on assiste à une sorte d'apprivoisement aux sociétés villageoises qui atteste d'une diffusion de la fête directoriale." Dem in Bezug auf die rheinischen Departements nachzugehen, ist auch das Ziel der vorliegenden Arbeit.

Allerdings waren die Revolutionsfeste der rheinischen Bevölkerung doch seit der französischen Besetzung im Revolutionskrieg in einem gewissen Maße bekannt geworden[27]. Bereits 1792 hatten die Freiheitsbäume die Grenze zwischen Frankreich und dem Reich erreicht[28], so dass Goethe sie zu Beginn der Campagne in Frankreich zeichnen konnte[29]. Noch im Spätjahr 1792 und wieder ab 1794 war dann der Vormarsch der französischen Truppen und die Besetzung des Rheinlandes von der Pflanzung von Freiheitsbäumen begleitet gewesen. Dabei hatten auch umgekehrt deutsche Revolutionsanhänger immer wieder mitgewirkt. Noch 1797 hatte die cisrhenanische Bewegung ihre Initiative zur Gründung einer französischen Tochterrepublik am Rhein mit einer Welle von Baumpflanzungen verbunden, und noch unmittelbar nach der Annexion kam es 1798 zu spontanen Baumpflanzungen durch Patrioten. Daneben waren auch Revolutionsfeste schon gelegentlich am Rhein gefeiert worden, allerdings meist in Form von Militärfesten der französischen Garnisonen und fast ohne Beziehung zur Bevölkerung[30].

Trotzdem war es weniger diese Vorgeschichte als der politische Wille der französischen Administration, der zu einer schnelleren Einführung der Nationalfeste in den rheinischen Departements führte, als dies bei der Einführung der Dekadenfeiern der Fall war. Schon am 14. Januar 1798 wies Justizminister Lambrechts den neuen Regierungskommissar Rudler an, das bereits erwähnte Gesetz vom 3. Brumaire IV in den rheinischen Departements umzusetzen (« *suivre autant qu'il sera possible les bases de la loi du 3 brumaire IV* »)[31], und unterstrich dabei besonders die Bedeutung von Maßnahmen für die politische Erziehung (*esprit public*) der Bevölkerung, nämlich neben der Förderung des Französischunterrichts in den Schulen und dem Einsatz und der Kontrolle von Zeitungen insbesondere die Einführung der Nationalfeste (*fêtes patriotiques*). Rudler nahm das sofort auf, indem er bereits die Einsetzung der Zentralverwaltungen der Departements am 19. Februar 1798 und dann die der Munizipalitäten in den Kantonen und größeren Städten Ende März / Anfang April 1798 mit Feiern und Baumpflanzungen vornehmen ließ. Und kaum dass diese Verwaltungen wirklich eingesetzt worden waren, erging

---

[27] Kuhn: « *Und ewig soll am Rhein die Freiheits-Eiche blühn!* », 1981; Raab: Baum der Freiheit, 1987, der freilich die hier behandelte Zeit völlig übergeht; Dotzenrod: Republikanische Feste im Rheinland, 1988; Stein: Die Ikonographie der rheinischen Revolutionsfeste, 1989.
[28] Heckmann: Weihrauch für Freiheit und Vernunft, 1991, S. 297-302.
[29] Franz / Muller: Goethes erste Begegnung mit der Französischen Revolution, der Freiheitsbaum bei Sierck, 1992; Goethe in Trier und Luxemburg. 200 Jahre Campagne in Frankreich 1792. Ausstellungskatalog, 1992, S. 56-59.
[30] So z.B. am 21. Januar 1796 anlässlich des Jahrestages der Hinrichtung von Ludwig XVI. in Aachen, vgl. Hansen: Quellen, Bd. 3, 1935, S. 732; Godechot, Commissaires, 1941, S. 103, 147-148, 151.
[31] Hansen: Quellen, Bd. 4, 1935, S. 503-505.

IV. Einführung der Nationalfeste   93

sein Arrêté vom 7. Floréal VI / 26. April 1798[32], durch den die sieben durch
das Gesetz vom 3. Brumaire IV / 25. Oktober 1795 festgesetzten Nationalfeste in den rheinischen Departements eingeführt wurden. Erst drei Monate
später folgte im Rahmen einer umfangreichen Verwaltungsverordnung vom 1.
Thermidor VI / 19. Juli 1798 noch die ergänzende Einführung der politischen
Nationalfeste[33], die danach wieder zugelassen worden waren. Schließlich wurden die verschiedenen noch aktuell neu hinzukommenden Feste unmittelbar
für die rheinischen Departements übernommen[34]. Rudler hatte sich also die
Genese des Festzyklus zu Nutze gemacht, um zuerst die moralischen und erst
danach auch die politischen Feste in den rheinischen Departements einzu-
führen[35]. So ergibt sich für das Saardepartement eine Festreihe mit einer zunehmend sich verdichtenden Folge von insgesamt 24 Nationalfesten, die von
Anfang des Jahres 1798 bis Ende des Jahres 1799 reicht, ehe sie nach dem
Staatsstreich von Bonaparte mit dem Gesetz vom 3. Nivôse VIII / 24.
Dezember 1799 ebenso schnell abbricht wie in Innerfrankreich.

Bei dieser Einführung der Nationalfeste in den rheinischen Departements
handelt es sich um einen Transfervorgang im Bereich der politischen Kultur,
bei dem eine fremde Institution von einer fremden Macht in ein anderes Land
eingeführt wird. Der Gegenstand des Transfers ist durch die Institution der
französischen Nationalfeste bestimmt, und auch der Kontext im Rahmen der
Annexion des Rheinlandes ist vorgegeben. Die Einführung der Feste geschieht
im Zusammenhang mit der Einführung weiterer französischer Institutionen im
Rahmen der Übertragung des französischen Rechts- und Verwaltungssystems.
Die Durchführung der Feste kann sich dabei auf französisches Verwaltungs-
personal stützen und wird durch die Präsenz von französischem Militär und
französischer Gendarmerie abgesichert. Mitbeteiligt an dem Transfervorgang
sind auch einheimische Funktionäre der französischen Verwaltung, denen die

---

[32] Nachgewiesen bei HANSEN: Quellen, Bd. 4, 1938, S. 642. Daraufhin erfolgte im Saardepartement ein Zirkular der Zentralverwaltung vom 29. Floréal VI / 18. Mai 1798, das
diese Bestimmungen an die Kantonsverwaltungen weitergab (LHA Koblenz: Best. 276
Nr. 1106, Konzept; LA Speyer: Best. G 9 Nr. 7, Empfängerregistrierung bei der Kantonsmunizipalität Blieskastel).

[33] BORMANN / DANIELS: Handbuch, Bd. 6, 1841, S. 697 ff. Es handelt sich um die Gesetze
vom 10. Thermidor IV (14. Juli, 10. August), 18. Nivôse V (21. Januar) und 13.
Pluviôse VI (Volkssouveränität), s.o.
Dazu publizierte Haan in Heft 5 seiner Zeitschrift Journal für das Saardepartement vom
Fruktidor VI (August/September 1798) eine kurze Einführung in die politischen National-
feste unter dem Titel « *Nationalfeste der Franken nebst einer kurzen Geschichte der
Veranlassung derselben* », S. 448-453. Dabei fügte er zu den Anlässen der kanonisierten
Feste auch die Abwehr des royalistischen Aufstandes vom 13. Vendémiaire IV / 5.
Oktober 1795 hinzu, was nie Gegenstand eines Nationalfestes war.

[34] Fest des 18. Fruktidor V, Totenfeiern für die Gesandten beim Rastatter Kongress und für
General Joubert s.o.

[35] Die Darstellung bei BUCHHOLZ: Französischer Staatskult, 1997, S. 77 ist unzureichend.

Einführung der französischen Nationalfeste von Amts wegen aufgetragen ist, sowie einheimische Revolutionsanhänger (Patrioten / Jakobiner), die sich aktiv an dieser Übernahme beteiligen und dies zum Teil auch schon seit Beginn der französischen Besetzung getan haben. Beide Gruppen überschneiden sich, sind aber nicht deckungsgleich. Schließlich soll mit diesen Festen die Bevölkerung erreicht werden, die zur Teilnahme eingeladen ist, um hier die Utopien der Französischen Republik kennen zu lernen. Bei diesem Transfer werden Grenzen der Sprache und Kultur, Grenzen der politischen Tradition und Grenzen der sozialen Strukturen überschritten. Es stellt sich deshalb die Frage, inwieweit sich damit Form und Inhalt der Feste verändern, was überhaupt bei den Empfängern ankommt, und weiter. ob die Feste hier aufgenommen und integriert werden oder nur eine kurzfristige Übung von Elementen einer fremden politischen Kultur sind?

Die Geschichte der französischen Nationalfeste in den rheinischen Departements ist somit die Geschichte einer kulturellen und politischen Rezeption oder deren Verweigerung[36]. Dabei ist es nützlich, den Blick auf verwandte Rezeptionsvorgänge zu richten. Eine Rezeption der Nationalfeste gibt es schon in Frankreich selbst. Die Revolution ist zunächst ein Stadtpariser Vorgang. Dieser steht aber in einem komplexen Wechselverhältnis zu den Ereignissen in den Departements. Speziell in der Zeit des Direktoriums und für die Organisation der politischen Feste gehen die politischen und rechtlichen Vorgaben von der Pariser Zentrale aus. Aber es gibt eine Rezeption in den Departements. Schon auf der Ebene der Departementshauptstädte weist sie große Differenzierungen in Bezug auf die Intensität von Aufnahme und Umsetzung auf. Auch auf der Ebene der Kantonsmunizipalitäten oder gar der Einzelgemeinden hält sie nicht selten Überraschungen an spontanen Sonder- oder Gegenentwicklungen bereit, wenn man sie denn quellenmäßig greifen kann[37].

Andererseits hat es eine Rezeption der französischen Revolutionsfeste auch im nicht besetzten, rechtsrheinischen Deutschland gegeben. Es ist notwendigerweise eine literarische Rezeption[38], und sie ist auch dann noch fiktional, wenn wirkliche Feste gefeiert wurden. Ob parallel zu dem französischen Föderationsfest am 14. Juli 1790 eine private Gesellschaft im Landhaus des Hamburger Kaufmanns Sieveking zu einer Feier zusammenkam und er hier seinen Gästen ein *Bundeslied* vortrug, was alsbald in ganz Deutschland bekannt war[39], ob

---

[36] Dieser Aspekt ist bisher kaum behandelt worden. DOTZENROD: Republikanische Feste, 1988, S. 64 erwähnt nur am Schluss, dass es Parallelen in Frankreich gegeben hätte.
[37] Einführung in eine solche Rezeptionsgeschichte der Nationalfeste in den französischen Departements bei OZOUF in: Les fêtes de la Révolution, 1976, S. 318-322.
[38] PETER: Die Revolution als Fest - das Fest als Revolution, 1990, S. 112 ff.
[39] GRAB: Demokratische Strömungen in Hamburg, 1966, S. 29; ENGELS: Gedichte und Lieder deutscher Jakobiner, 1971, S. 9-10 (Text); LÜSEBRINK / REICHARDT: Bastille, 1990, S. 216.

IV. Einführung der Nationalfeste

einige revolutionsbegeisterte Studenten der Karlsschule in Stuttgart[40] (am gleichen 14. Juli 1790) oder des Stiftes in Tübingen[41] (noch am 14. Juli 1793) des Bastillesturms so heimlich gedachten, dass sich heute kaum mehr Spuren davon finden lassen, und der Göttinger Freimaurer und Dichter Gottfried August Bürger unter dem Schutz des Logengeheimnisses aus dem gleichen Anlass (14. Juli 1790) eine *Rede zur Ermunterung der Freiheit* hielt[42], oder ob schließlich sogar wirklich im September 1792 in Paderborn[43] und am 7. Oktober 1792 im Mannheim[44] ein Freiheitsbaum errichtet wurde, immer handelt es sich um Huldigungen an die Ereignisse in Frankreich, und immer hat die Handlung einen literarisch-symbolischen Gestus. Wichtig ist aber die hier geleistete Rezeption. Sie ist natürlich selektiv, indem nur die wichtigsten Ereignisse (Bastillesturm, Föderationsfest) aufgenommen werden. Diese werden dann aber sehr intensiv rezipiert und in das eigene, aufklärerische Denken integriert. Beides, Selektion und Integration, sind aber auch als literarische Vorgänge keineswegs folgenlos. Natürlich lässt sich das Ergebnis nicht in politischen Veränderungen messen, wohl aber in bewusstseinsmäßigen und sprachlichen Erweiterungen[45], die es ermöglichen, sich die fremden politischen Erfahrungen anzueignen.

Die rheinischen Departements liegen als Rezeptionsraum genau zwischen Frankreich und dem rechtsrheinischen Deutschland. Als neu annektierte französische Departements teilen sie einerseits mit den innerfranzösischen Departements den institutionellen Transferzusammenhang und auch den Transfergegenstand. Von einer Selektion der Rezeption kann dabei nicht gesprochen werden, denn die Institutionen werden im Prinzip vollständig übernommen. Wohl aber kann eine differenzierte Rezeption erfolgen in der Weise, dass bestimmte Teile stärker oder schwächer als andere rezipiert werden. Als deutsche Departements teilen sie dagegen andererseits mit dem rechtsrheinischen Deutschland den Rezeptionszusammenhang in Sprache und politischer Kultur. Aber auch hier gibt es Besonderheiten. In den rheinischen Departements ist die sprachliche Transferdifferenz nicht wie im rechtsrheinischen Deutschland in einen doppelten Prozess von Übersetzung und begrifflicher Rezeption differenziert, sondern die Rezeption des französischsprachigen Originals und die Integration in die deutsche Sprache durchdringen sich wechselseitig[46].

---

[40] NEUGEBAUER-WÖLK: Revolution und Constitution. Die Gebrüder Cotta, 1989, S. 94.
[41] WANDEL: Verdacht von Democratismus, 1981, S. 61.
[42] BÜRGER: Werke und Briefe, 1958, S. 615-621.
[43] VALJAVEC: Entstehung der politischen Strömungen, 1978, S. 201.
[44] VOSS: Mannheim, 1992, S. 55.
[45] REICHARDT: Die Revolution. „ein magischer Spiegel", 1997; VOSS: Zur Entwicklung der politisch-sozialen Sprache, 1997.
[46] STEIN: Sprachtransfer durch Verwaltungshandeln, 1997.

Primär soll hier dieser Gesamtzusammenhang von Transfer und Rezeption als ein Indikator der Partizipation der Bevölkerung genutzt werden. Dabei erlaubt die periodische Wiederholung der Feste eine Beobachtungsfrequenz von Schritten im Abstand von einem Monat oder sogar nur vierzehn Tagen, wobei allein der festarme Herbst ausgespart bleibt. Feste eines ähnlichen Typs, die in festen Abständen aufeinander folgen, können Auskunft versprechen über die Entwicklung der Rezeption der Nationalfeste und über die Akzeptanz der Revolutionsideologie in Verwaltung und Bevölkerung. Eine Differenzierung ist dabei sowohl nach der Zeitstellung und ihren jeweiligen Umständen wie nach dem Gegenstand der Feste zu erwarten.

3. Periodizität, Frequenz und Verbreitung der Nationalfeste im Saardepartement

Die Zeit der Nationalfeste im Rheinland war kurz und betrug eigentlich noch nicht einmal zwei Jahre. Es war eine Episode, die vor allem vor dem Hintergrund der französischen Tradition der Revolutionsfeste und ihrer Fortsetzung im Nationalfeiertag der Französischen Republik ab 1880 ein größeres Gewicht erhält. Auch die rheinischen Nationalfeste können so beanspruchen, ein Beitrag zur Rezeption der Französischen Revolution in Deutschland zu sein.

Als die Feste ab April 1798 im Saardepartement eingeführt wurden, war der Festzyklus des Direktoriums schon fertig ausgebildet und sollte später nur noch durch zwei einmalige Feste aus aktuellem Anlass erweitert werden. Dieser Festzyklus umfasste zwei Arten von Festen: politische Erinnerungsfeste, die datumsgebunden waren, und moralische und allgemeinpolitische Feste, für deren zeitliche Verteilung im Jahresdurchgang keine terminlichen Vorgaben existierten. Aus beiden Elementen einen das ganze Jahr strukturierenden Zyklus zu bilden, war besonders in Hinblick auf die Integrierung der datumsgebundenen Feste nicht ganz einfach. Allerdings war es gerade nicht so, dass man von den politischen Festen, deren Daten feststanden, ausgegangen wäre und ihnen dann die moralischen Feste so zugeordnet hätte, dass eine strukturierte Festreihe hätte entstehen können, denn in dem ersten Festgesetz vom 3. Brumaire IV / 25. Oktober 1795 waren die politischen Feste mit Ausnahme des Staatsgründungsfestes des Direktoriums (9./10. Thermidor) und des Neujahrsfestes nach dem Revolutionskalender (1. Vendémiaire) ja gerade nicht berücksichtigt worden. Vielmehr hatte dieses Gesetz unter Integration des Staatsgründungs- und Kalenderfestes nur verschiedene allgemeinpolitische oder moralische Feste (Jugend, Ehe, Alter, Dankbarkeit, Ackerbau) eingeführt, die an kein bestimmtes Datum gebunden waren. So erfolgte die Zuordnung der Feste relativ schematisch. Ausgehend von den feststehenden Festen des 9./10. Thermidor (28./29. Juli) und des 1. Vendémiaire (22. September)

IV. Einführung der Nationalfeste

wurden die frei beweglichen Feste alle auf den ersten Dekadi der Monate Germinal bis Fruktidor gelegt, so dass sich vom Frühjahr bis zum Spätsommer ein sechsmonatiger Festzyklus bildete, bei dem es vom 10. Germinal (30. März) bis zum 10. Fruktidor (27. August) jeweils am ersten Dekadi eines jeden Monats nach dem Revolutionskalender ein Nationalfest gab und der dann - mit nur einer kleinen wochenmäßigen Verschiebung - mit dem Neujahrsfest am 1. Vendémiaire (22. September) endete.

Erst nachdem diese Terminfestlegung schon erfolgt war, wurden dann in Frankreich noch die politischen Erinnerungsfeste der Revolution in verschiedenen Etappen dem Festzyklus (wieder) hinzugefügt. Es waren der 21. Januar (Hinrichtung Ludwigs XVI.), der 14. Juli (Bastillesturm), der 10. August (Gefangennahme des Königs). Außerdem waren im Jahre 1798 noch zwei Feste der aktuellen Republik neu eingeführt worden, nämlich das Fest der Volkssouveränität, das den verfassungsmäßigen Wahlen mehr Gewicht geben sollte und dessen Datum somit auf den Vorabend des Wahltermins (30. Ventôse) gelegt wurde, der in den Jahren 1798 und 1799 auf den 20. März fiel, sowie das Fest des 18. Fruktidor als das Regimefest des aktuellen Direktoriums, das 1798 und 1799 auf den 4. September fiel. Durch die Integration dieser datumsgebundenen Feste wurde der Festzyklus allerdings weniger verändert als vielmehr in seiner bestehenden Struktur noch gefestigt. Die Festkonzentration auf Frühjahr und Sommer wurde durch drei weitere Feste (14. Juli, 10. August, 4. September) in der Weise verstärkt, dass nun für die Monate Juli bis September noch jeweils ein zweiter Festtag pro Monat hinzukam. Dagegen boten die beiden Wintertermine (21. Januar und 20. März) kaum ein Gegengewicht, zumal der letzte Termin schon nahe an das erste Nationalfest des Frühjahrs (10. Germinal / 30. März: Fest der Jugend) heranrückte..

Während der Durchführung der Feste in den rheinischen Departements in den Jahren 1798 und 1799 wurde der Festzyklus dann noch um zwei einmalige Feste ergänzt. Es waren zwei Totengedächtnisse, nämlich die Trauerfeier für die französischen Gesandten beim Rastatter Kongress, die am 20. Prairial VII / 8. Juni 1799 abgehalten wurde und somit für dieses Jahr den Block der politischen Feste in den Sommermonaten nochmals verstärkte, sowie die Trauerfeier für General Joubert, die allgemein am 2. Oktober, im Saardepartement allerdings erst am 10. Frimaire VIII / 1. Dezember 1799 stattfand und somit für 1799 einen Herbst- bzw. Spätherbsttermin ergab. Schließlich ist noch ein Fest zu berücksichtigen, das nur im Saardepartement gefeiert wurde, nämlich der Jahrestag der Einrichtung der neuen Verwaltungen im Rheinland. Schon die Einrichtung der Zentralverwaltung in Trier am 1. Ventôse VI /19. Februar 1798 und der Kantonsverwaltungen in März und April 1798 war hier mit Festakten verbunden worden. Im folgenden Jahr VII wurde dann der Jahrestag der Einführung der neuen Verwaltungen als Fest begangen, das für die

Departementshauptstadt und die Kantone einheitlich auf den 19. Februar 1799 festgesetzt wurde. So war im Saardepartement noch ein Winterfest dem Festzyklus hinzugefügt worden. Das alles waren aber nur noch Ergänzungen, die keine Veränderungen der Struktur des Festzyklus mehr zur Folge hatten.

Insgesamt ergibt sich somit für die rheinischen Departements ein Festzyklus, der sich nur wenig von dem für Innerfrankreich geltenden Kanon unterscheidet. Er sieht einen dreigeteilten Festrhythmus vor. Geht man von dem Jahresverlauf nach dem Revolutionskalender vor, so folgte auf einen festlosen Herbst von drei Monaten (Oktober bis Dezember) in Winter und Frühjahr eine fünfmonatige Festzeit mit meist einem Fest pro Monat (Januar bis Mai), die dann ab Juni in die eigentliche Festsaison des Sommers von vier Monaten (Juni bis September) mit jeweils zwei Festen pro Monat überging. Die Nationalfeste unter dem Direktorium waren so primär Sommerfeste, fanden in Winter und Frühjahr nur aus speziellem Anlass statt und hatten im Herbst eine festlose Zeit. Als Sommerfeste waren sie primär auf Feiern unter freiem Himmel ausgerichtet, konnten alternativ aber auch in Innenräumen stattfinden.

Bei der Einführung dieses Festzyklus in den rheinischen Departements ergab sich dann allerdings insofern doch eine Verschiebung, als die Feste von Rudler nur schrittweise eingeführt wurden. Einerseits wurde im ersten Festjahr wegen der erst im Laufe des Jahres nach und nach erfolgten Einführung noch nicht der vollständige Zyklus realisiert, andererseits waren auch schon vorher einzelne Feste aus besonderem Anlass gefeiert worden. Das gab der Festfolge in den rheinischen Departements einen eigenen Akzent. Im Saardepartement war es schon im Zusammenhang mit der Annexion in einzelnen Orten zur Errichtung von Freiheitsbäumen gekommen. Es folgten dann die feierliche Einsetzung der Zentralverwaltung in Trier am 1. Ventôse VI / 19. Februar 1798 und danach im März und April 1798 ganz ähnliche Feiern aus Anlass der Einrichtung der Kantonsmunizipalitäten in den Kantonshauptorten, die jeweils mit Baumsetzungen verbunden waren. Darüber hinaus wurde auch in jedem Ort des Departements ein Freiheitsbaum errichtet. Dies waren Besonderheiten, die sich aus der Annexion und der Einführung der französischen Zivilverwaltung ergaben. Das erste Fest des Festzyklus, so wie er für Innerfrankreich galt, das im Saardepartement gefeiert wurde, war dann das neu eingeführte Fest der Volkssouveränität am 30. Ventôse VI / 20. März 1798. Dieses Fest fiel aber noch vor die allgemeine Einführung des Festzyklus durch den Regierungskommissar, und seine Durchführung wurde von Rudler besonders angeordnet[47], nachdem die allgemeine Anweisung der Pariser Regierung an alle Departements zur Durchführung des neuen Festes schon vorher auch an die rheinischen Zentralverwaltungen gelangt war[48]. Es wurde im Saardepartement aber nur in der Departementshauptstadt Trier gefeiert. Erst mit

---

[47] HANSEN: Quellen, Bd. 4, 1938, S. 619.

IV. Einführung der Nationalfeste

dem Arrêté von Rudler vom 7. Floréal VI / 26. April 1798 wurde dann allgemein die Abhaltung der Nationalfeste in den rheinischen Departements angeordnet. Aber auch dies bedeutete nur eine beschränkte Einführung des Festzyklus, denn der Arrêté betraf ja nur die moralischen und allgemeinpolitischen Feste aus dem Gesetz vom 3. Brumaire IV, und auch von diesen konnten zwei im laufenden Jahr im Saardepartement nicht mehr gefeiert werden, weil entweder der Festtermin schon verstrichen (Jugend, 10. Germinal / 30. März) oder die Zeit für die Vorbereitung zu kurz war (Ehe, 10. Floréal / 29. April). So begann der eigentliche Festzyklus im Sommer 1798 erst mit den weiteren moralischen und allgemeinpolitischen Festen (Dankbarkeit, 10. Prairial / 29. Mai; Ackerbau, 10. Messidor / 28. Juni; Alter 10. Fruktidor / 27. August) sowie mit dem Regimefest des 9./10. Thermidor / 27./28. Juli, während es für die Abhaltung der Feste des eigentlichen Revolutionsgedächtnisses noch keine Rechtsgrundlage gab. Im Saardepartement ist im Jahre 1798 das Fest des 14. Juli lediglich in Trier begangen worden, und zwar auf Veranlassung des Stadtkommandanten mit einer Militärparade[49]. Erst mit dem Arrêté von Rudler vom 1. Thermidor VI / 19. Juli 1798 wurden für die rheinischen Departements auch die zusätzlich zu dem Kanon des Gesetzes vom 3. Brumaire IV inzwischen in Innerfrankreich wieder eingeführten politischen Feste verbindlich gemacht. Doch auch dieser Arrêté ist im Jahr 1798 im Saardepartement für das Fest des 10. August nicht mehr wirksam geworden[50].

Dabei lässt diese schrittweise Einführung der Nationalfeste in den rheinischen Departements eine politische Intention erkennen. Sie nimmt zunächst Rücksicht auf die Integration der neuen Departements, so dass die Festfolge mit Festen beginnen konnte, die sich speziell auf die Situation dieser Departements bezogen (Setzung von Freiheitsbäumen, Verwaltungseinführung). Damit wurde gleichsam versucht, die Nationalfeste in den rheinischen Departements auf eine eigene Grundlage zu stellen. Es folgten dann Feste, die allgemeine politische und moralische Werte vermitteln sollten und so wenig politische Angriffsfläche boten. Schließlich begann die Reihe der eigentlich politischen Feste mit dem Regimefest des Direktoriums (9./10. Thermidor), dem dann noch das des neuen, zweiten Direktoriums (18. Fruktidor) aufgrund direkter Anordnungen aus Paris folgte, während die älteren Traditionsfeste der Revolution (14. Juli,

---

[48] Zirkular von Innenminister Letourneux vom 3. Ventôse VI / 21. Februar 1798 - LHA Koblenz: Best. 276 Nr. 1109.
[49] LHA Koblenz: Best. 276 Nr. 1111; StadtA Trier: Fz 67.
[50] Theoretisch hätte die Frist zwischen der Publikation des Arrêté am 19. Juli und der Feier des Festes am 10. August ausreichen müssen, aber es erfolgte im Saardepartement keine Aufforderung zur Durchführung des Festes durch die Zentralverwaltung, und so blieb der Arrêté unausgeführt. Sonst fand das Fest nur in einigen größeren Städten statt, vgl. HANSEN: Quellen, Bd. 4, 1938, S. 906. Departementsweit ist es nur im Rhein-Mosel-Departement in knapp der Hälfte der Kantone gefeiert worden (vgl. Graphik 4).

10. August) in dieser Anfangsphase noch weitgehend ausgespart waren. Regierungskommissar Rudler präsentierte die Französische Republik somit in ihrer aktuellen Form, so wie sie auf der Grundlage der Ereignisse des 9./10. Thermidor durch den Staatsstreich vom 18. Fruktidor geschaffen worden war. Er stellte die Republik auch als ein Korpus von allgemeinen sozialen und politischen Grundwerten dar. Genau in diesem Sinne wollte er die Angliederung der rheinischen Departements an die Französische Republik verstanden wissen. Dagegen war die Einführung der Feste der eigentlichen Revolutionsereignisse erst ein zweiter Schritt. Sie wurden allgemein erst im zweiten Jahr als eine politische Tradition präsentiert, die schon eine gewisse Vertrautheit mit der Geschichte der Französischen Revolution voraussetzte. Die Einführung der französischen Nationalfeste spiegelt somit sehr genau das Maß an 'political correctness', das für die Revolutionsakzeptanz in den rheinischen Departements zu gelten hatte. Durch diese stufenweise Einführung der Feste erhielt der Festablauf aber eine neue Struktur. Die Feste zeigen nun weniger die für Innerfrankreich geltende zyklische Form eines sich jahrweise wiederholenden Erinnerungskanons als vielmehr eine Festfolge mit einer zunehmenden Zahl von Festen und einer politischen Entwicklung der Festinhalte (Anhang 2: Kalender der Nationalfeste im Saardepartement).

In dieser Form sind die Nationalfeste im Saardepartement dann bis zum Ende des Direktoriums gefeiert worden. Mit dem Gesetz vom 3. Nivôse VIII / 24. Dezember 1799 endete dann aber auch hier diese Periode. Zwar wurden das Fest des 14. Juli noch bis 1803 gefeiert und das Neujahrsfest noch zum 1. Vendémiaire XII / 24. September 1803 begangen, aber es handelte sich dabei um Feste, die in ihrem Festprogramm schon ganz auf die neue, napoleonische Festkultur umgestellt waren[51].

Die Gesetzgebung der Republik und deren Einführung durch den Regierungskommissar hatten den gesetzlichen Rahmen für die Einführung der Nationalfeste in den rheinischen Departements gesetzt. Die Ausführung war Sache der Zentralverwaltungen der einzelnen Departements sowie der ihnen nachgeordneten Kantonsmunizipalitäten. Das gilt auch für das Saardepartement. Für jedes bevorstehende Fest erhielt die Zentralverwaltung in Trier die Zirkulare des Innenministeriums in Paris über den Regierungskommissar in Mainz und verfasste auf dieser Grundlage eigene Zirkularanweisungen an die Kantone. Dabei hatte die Zentralverwaltung durchaus einen Handlungsspielraum, die nationalen Anweisungen zu modifizieren, denn die Durchführung der Feste in den gerade annektierten Departements traf auf besondere Voraussetzungen, die mit denen in Innerfrankreich nicht immer übereinstimmten. Für die Kantone waren dann nur die Anweisungen der Zentralverwaltung des Departements direkt bindend. Eine besondere Situation bestand noch für die Departe-

---

[51] STEIN: Napoleonfeste im Saardepartement, 2012.

IV. Einführung der Nationalfeste

mentshauptstadt Trier, wo die Zentralverwaltung die Feste selbst organisierte. Sie erließ deshalb spezielle Festprogramme, die die Munizipalität der Stadt auszuführen hatte. Dies galt jedenfalls bis zu dem Fest der Jugend am 10. Germinal VII / 30. März 1799, als es zu einem Konflikt zwischen Zentralverwaltung und Munizipalität kam[52], in dessen Folge die Zentralverwaltung die weitere Durchführung der Nationalfeste in der Stadt Trier der Munizipalität übertrug. Doch auch nach dieser Neuregelung war die Munizipalität der Stadt Trier nicht voll mit den anderen Kantonen gleichgestellt, denn sie war immer verpflichtet, ihre Festprogramme vor der Durchführung der Feste von der Zentralverwaltung genehmigen zu lassen. Nach der rechtlichen Einführung der Nationalfeste durch den Regierungskommissar für die vier rheinischen Departements waren es also die Zentralverwaltungen der einzelnen Departements, die die weitere Rezeption der Feste in ihren jeweiligen Departements lenkten. Sie sind also die wichtigste Transferinstanz.

Schließlich erfolgte die Durchführung der Nationalfeste durch die Kantonsmunizipalitäten, und hier kam es nochmals zu vielfachen Brechungen des Transfers. Die Feste wurden nicht überall durchgeführt, und die Vorgaben der Zentralverwaltung wurden nicht überall in der gleichen Weise ausgeführt. Es ergibt sich so eine nicht geringe Differenzierung in der Realisierung der Feste in den einzelnen Festorten. Grundsätzlich sollten die Feste in allen Kantonshauptorten gefeiert werden, aber tatsächlich ist die Festreihe nur in Trier vollständig durchgeführt worden. Hier waren die Verwaltungskonzentration und die Militärpräsenz stark genug, um die Munizipalität zur Durchführung aller Feste zu veranlassen, und hier war auch die gouvernementale Kolonie aus Beamten, Militärs und zugezogenen Franzosen groß genug, um schon für sich allein ein Publikum für die Feste bilden zu können. Anders sah es dagegen in den Kantonshauptorten aus[53]. Hier machten die französischen Beamten nur einen kleinen Teil der örtlichen Verwaltung aus. Zwar hatten die französischen

---

[52] Vgl. Kap. V, 3.1.
[53] Die bisherige Behandlung des Themas hat meist nur die Departementshauptstädte und einige ausgewählte Städte berücksichtigt, da über die dortigen Feste bei HANSEN: Quellen, Bd. 4, 1938, berichtet wird. Für einen Überblicksaufsatz wie DOTZENROD: Republikanische Feste, 1988, mag dies angemessen sein. Aber auch die Dissertation von BUCHHOLZ: Französischer Staatskult, 1997, zieht über HANSEN hinaus nur stichprobenartig einige städtische Akten (Köln, Trier) heran, während die geschlossene Aktenüberlieferung über die Nationalfeste in den rheinischen Departements nicht berücksichtigt worden ist. Nicht zur Kenntnis genommen wurden auch verschiedene Spezialstudien (HECKMANN: Weihrauch für Freiheit und Vernunft, 1991 und derselbe im Ausstellungskatalog: Die Grafen von der Leyen, 1991, S. 211-217) sowie unsere methodischen Vorstudien (STEIN: Jakobinerklub und Freiheitsfeste, 1989; STEIN: Nationalfeste und Revolutionsakzeptanz, 1990; sowie im Ausstellungskatalog: Die Französische Revolution und die Saar, 1989, Nr. 270-280 S. 218-229). Inzwischen sind die Trierer Nationalfeste eingehender untersucht worden, vgl. DELAPORTE: La fête du 1er ventôse an VI à Trèves, 1994; GERTEIS: Republikanische Feste, 2004, sowie GROSS: Napoleonkult, 2004. Zu Blieskastel jetzt auch: LEGUM: Kretz, 2012.

Kommissare und Chefsekretäre durchaus Mittel, widerstrebende Kantone zur Durchführung der Feste zu bewegen, aber insgesamt war es doch nötig, eine Kooperation zu erreichen. Wenn Feste in den Kantonen allein auf die Mitwirkung der wenigen Franzosen angewiesen waren, konnte das nur eine peinliche Isolierung der französischen Verwaltung im Rheinland zeigen. Es kam also ganz entscheidend darauf an, zumindest auch die deutschen Funktionäre und darüber hinaus auch möglichst einen Teil der Bevölkerung für eine Teilnahme zu gewinnen. Dies hat aber nicht immer und überall erreicht werden können. Betrachten wir die Festfrequenz zunächst in der zeitlichen Festfolge.

Tabelle 3: Realisierungsquote der Nationalfeste im Saardepartement nach den Festberichten, 1798-1799

Datum, neu / Datum, alt	Fest	Zahl der Feste in den Kantonen				
		Festberichte		Ausführungsbeschlüsse	zus	Quote
		Zentralverwaltung	Andere			
VI ventôse 1 / 1798 Febr. 19 und später	Einsetzung der Verwaltungen	22	5		27	79,4 %
VI ventôse 30 / 1798 März 20	Volkssouveränität	1			1	2,9 %
VI prairial 10 / 1798 Mai 29	Dankbarkeit	19			19	55,9 %
VI messidor 10 / 1798 Juni 28	Ackerbau	24			24	70,6 %
VI messidor 26 / 1798 Juli 14	14. Juli	1			1	2,9 %
VI thermidor 9/10 / 1798 Juli 27/28	Freiheit	29			29	85,3 %
VI fructidor 10 / 1798 Aug. 27	Alter	26		1	27	79,4 %
VI fructidor 18 / 1798 Sept. 4	(18. Fruktidor)	13			13	38,2 %
VII vendémiaire 1 / 1798 Sept. 22	Gründung der Republik	33			33	97,1 %
VII pluviôse 2 / 1799 Jan. 21	Eidesleistung	30			30	88,2 %
VII ventôse 1 / 1799 Febr. 19	Einsetzung der Verwaltung	12			12	35,3 %

Datum	Fest					
VII ventôse 30 / 1799 März 20	Volkssouveränität	26		1	27	79,4 %
VII germinal 10 / 1799 März 30	Jugend	20		1	21	61,8 %
VII floréal 10 / 1799 April 29	Eheleute	18	1		19	55,9 %
VII prairial 10 / 1799 Mai 29	Dankbarkeit	13		1	14	41,2 %
VII prairial 20 / 1799 Juni 8	Rastatt	25	1	2	28	82,3 %
VII messidor 10 / 1799 Juni 28	Ackerbau	17	1	1	19	55,9 %
VII messidor 26 / 1799 Juli 14	14. Juli	6		1	7	20,6 %
VII thermidor 9/10 / 1799 Juli 27/28	Freiheit	12	2	1	15	44,1 %
VII thermidor 22 / 1799 Aug. 10	10. August	7		1	8	23,5 %
VII fructidor 10 / 1799 Aug. 27	Alter	6			6	17,6 %
VII fructidor 18 / 1799 Sept. 4	(18. Fruktidor)	1			1	2,9 %
VIII vendémiaire 1 / 1799 Sept. 23	Gründung der Republik	15	1		16	47,1 %
VIII frimaire 10 / 1799 Dez. 1	Joubert	11		1	12	35,3 %

Auch wenn man von den drei Festen absieht, die in den Jahren 1798/1799 nur in Trier gefeiert wurden (1798: Volkssouveränität, 14. Juli; 1799: 18. Fruktidor), ist die Schwankungsbreite bei der Zahl der im Saardepartement gefeierten Feste erheblich. Unter strukturellem Aspekt zeigt sich dabei eine deutliche Zweiteilung der Frequenzreihe. Es gibt eine erste Reihe von Festen mit einer größeren Beteiligung der Kantone, und es gibt eine zweite Reihe von Festen, bei der die Beteiligung der Kantone nur etwa die Hälfte der Beteiligung bei der ersten Reihe erreicht. Das wird in der folgenden graphischen Darstellung (Graphik 1) noch deutlicher, für die allerdings die Zahl allein der Überlieferung der Zentralverwaltung zugrunde gelegt wird, um eine Vergleichbarkeit mit anderen Departements zu ermöglichen.

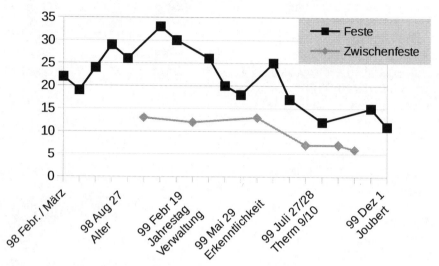

Graphik 1: Realisierungen der Nationalfeste im Saardepartement, 1798-1799*

* Ohne die nur in Trier gefeierten Feste

Schon die Aufgabe, in fast jedem Monat ein Nationalfest zu feiern, dürfte nicht geringe Anforderungen an die Verwaltungen und deren verfügbare Mittel gestellt haben. Um so mehr musste es zu Problemen führen, wenn die Feste sogar alle 14 Tage oder in noch kürzeren Abständen aufeinander folgten. Dies war 1798 zwar nur einmal im September der Fall, hielt im Jahre 1799 aber über volle fünf Monate (März, Juni-September) an. In beiden Epochen ist die Spaltung in zwei Frequenzreihen deutlich. Sie zeigt, dass etwa die Hälfte aller Kantone in dieser Zeit nur noch jedes zweite Fest ausrichtete. Die Anforderungen, die die Realisierung des Festzyklus stellte, scheinen also schon im September 1798 die Leistungsfähigkeit vieler Kantone überstiegen zu haben. Auch nach der Herbstpause setzte sich diese Tendenz im Winter fort und nahm im Sommer 1799 weiter zu. Dieses Phänomen einer saisonalen Festabstinenz zeigt sich um so deutlicher, wenn man berücksichtigt, dass die meisten dieser Feste ja noch zusätzlich zu den ohnehin an jedem Dekadi abzuhaltenden Dekadenfeiern hinzukamen. Ursprünglich waren die Nationalfeste zwar eigentlich nur als besondere Dekadenfeiern konzipiert worden, aber die Aufnahme einer großen Zahl datumsgebundener Feste hatte schnell dazu geführt, dass sich der Bezug zwischen den Dekadenfeiern und dem Festzyklus lockerte und nun Nationalfeste und Dekadenfeste zwei unabhängig von einander stehende Festreihen bildeten. Im Saardepartement standen so 10 Feste, die auf einen Dekadi fielen, 14 besonderen Terminfesten gegenüber. Insofern

IV. Einführung der Nationalfeste

überrascht es nicht, wenn eine Tendenz erkennbar ist, bei Festhäufungen, eher die Feste auszulassen, die nicht auf einen Dekadi fielen (18. Fruktidor, Jahrestag der Einsetzung der Verwaltung, 14. Juli, 10. August etc.) als die Feste, die auf einen Dekadi fielen (Dankbarkeit, Jugend, Ehe, Alter etc.). Hier konnte durch die Nichtbeachtung wirklich ein Fest eingespart werden.

Diese strukturelle Schwäche des Festzyklus durch eine Überfrachtung kann aber die dramatische Abnahme der Zahl der wirklich abgehaltenen Feste in der Festsaison des Sommers 1799 nicht allein erklären, selbst wenn man einen Kumulationseffekt durch die zunehmende Dauer der hohen Festsaison mit einer 14tägigen Festfolge berücksichtigt. Vielmehr sind auch die externen Umstände der Feste und insbesondere die allgemeinen politischen Verhältnisse zu berücksichtigen, unter denen sich die Durchführung der Nationalfeste im Saardepartement in den Jahren 1798 und 1799 abspielte. Über die Struktur der Festfrequenz hinaus ist so auch die Konjunktur der zeitlichen Abfolge der Festfrequenz zu betrachten, die eine signifikante Kurve zeigt.

Die Festfolge beginnt mit den Festen aus Anlass der Einführung der neuen Verwaltung, die fast überall gefeiert wurden und so eine hohe Realisierungsquote haben. Dies liegt allerdings noch vor der Einführung der Nationalfeste in den rheinischen Departements und kann deshalb nicht direkt als Ausgangspunkt genommen werden. Das erste Fest des eigentlichen Festzyklus war dann das Fest der Dankbarkeit am 10. Prairial VI / 29. Mai 1798, das in 55,9 % der Kantone (19 von 34) gefeiert wurde. Die Realisierungsquote liegt damit zwar unter der der Feste zur Einführung der neuen Verwaltung, sie stieg dann aber schnell an, um ihren Höhepunkt am Neujahrsfest des 1. Vendémiaire VII / 22. September 1798 mit der stolzen Realisierungsquote von 97,1 % (33 aus 34) zu erreichen. Danach trat die Pause der festlosen Zeit ein. Im Januar 1799 liegen die Festrealisierungen dann zunächst wieder auf dem Niveau vor dem Neujahrsfest. Mit dem Fest der Jugend am 10. Germinal VII / 30. März 1799 tritt dann aber eine Wende ein. Die Realisierungsquoten gehen schnell zurück und zeigen nun wieder die charakteristische Kurvenspaltung. Eine Ausnahme macht dabei nur die Trauerfeier für die Gesandten beim Rastatter Kongress. Es liegt auf der Hand, hier eine unmittelbare Reaktion auf den Wiederausbruch des Krieges und die französischen Niederlagen zu sehen. Bekanntlich hatte Frankreich nach dem Scheitern des Rastatter Kongresses Österreich am 12. März 1799 den Krieg erklärt. Aber der französische Vormarsch am Oberrhein wurde schon am 21./25. März gestoppt, als Jourdan bei Stockach geschlagen wurde. Doch das war nur der Auftakt zu einer ganzen Reihe von weiteren französischen Niederlagen. Am 29. April fiel Mailand und am 22. Mai Turin, womit die oberitalienischen Tochterrepubliken zusammenbrachen. Am 3./4. Juni wurde die französische Armee in der ersten Schlacht bei Zürich geschlagen, so dass sich auch die Helvetische Republik auflöste. Und weiter gingen die französischen Niederlagen in Italien: am 19. Juni verloren die Franzosen die Schlacht an der Trebbia und am 15. August die Schlacht bei Novi, bei der Joubert fiel. Dies alles hatte unmittelbare Auswirkungen auf die politische Lage in den rheinischen Departements. Der Friede von Campo-Formio von 1797 war nur eine vorläufige Regelung gewesen, die noch einer Bestätigung durch das Reich bedurfte. Außerdem waren die Geheimartikel, in denen Österreich einer Abtretung des linken Rheinufers vorab zugestimmt hatte, nicht veröffentlicht worden. Insofern musste die gerade erst zu Beginn des Jahres 1798 vollzogene faktische Annexion des Rheinlandes durch den Wiederausbruch des Krieges nach dem Scheitern des Rastatter Kongresses und die militärischen Niederlagen der Französischen Republik sofort wieder in Frage gestellt werden. Für viele auch unter den deutschen Funktionären in der französischen Verwaltung war es offensichtlich schnell inopportun, sich durch eine Beteiligung an den Nationalfesten öffentlich zu exponieren. Der Fall der Kurve der Festfrequenz im Saardepartement seit Ende März 1799 macht dies nur zu augenfällig.

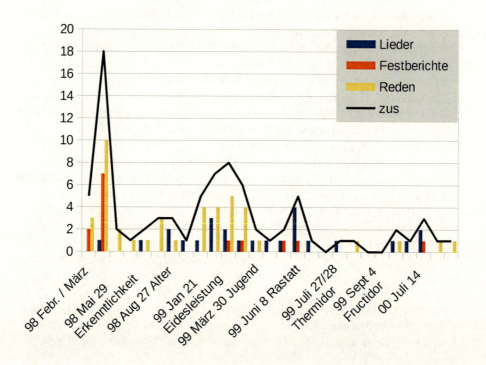

Graphik 2: Frequenz der Publizistik der Nationalfeste im Saardepartement, 1798-1800

IV. Einführung der Nationalfeste 107

Die Statistik der Festfrequenz wird ergänzt durch die Statistik der gedruckten Festpublizistik[54], die für das Saardepartement besonders umfangreich ist, weil sie von der Zentralverwaltung direkt veranlasst bzw. gefördert wurde[55]. Von vielen Festen im Saardepartement sind Festberichte, Festreden und Festlieder im Druck erschienen, meist in Form von selbständigen Drucken, manchmal auch als Beiträge zu den verschiedenen republikanischen Zeitschriften. Dabei dominieren die Reden mit 42 Drucken gegenüber den Liedern mit 25 und den Festberichten mit 15 Drucken. Unterschiedlich waren auch die Adressaten dieser Publizistik. Die Liedblätter sollten für die Feiern selbst zur Verfügung stehen und wurden deshalb in einer Auflage von 400 bis 500 Exemplaren gedruckt, um an die Kantone verteilt zu werden. Die Reden, deren unmittelbare Wirkung bei den Festen schon allein aus akustischen Gründen beschränkt war, sollten durch den Druck über den Tag hinaus weiter gelesen werden können. Bei der Rede des Präsidenten der Zentralverwaltung Lintz beim Fest des 2. Pluviôse VII / 21. Januar 1799 erklärte die Zentralverwaltung ausdrücklich, dass die Drucke der Rede an alle Gemeinden verteilt werden sollten, um den *esprit public* zu heben, was eine Auflage von über 1000 erforderte[56]. Schließlich sollten die Festberichte insgesamt für eine öffentliche Resonanz der Feiern sorgen. Die höchste Zahl von Drucken wird mit Festberichten sowie Lied- und Redetexten gleich zu Beginn bei den feierlichen Einsetzungen der neuen Verwaltungen erreicht (18), die mit großem Aufwand inszeniert wurden. Dieses Niveau ließ sich natürlich bei der dichten Festfolge nicht bei allen weiteren Festen halten, aber es folgte doch eine ziemlich kontinuierliche Fortsetzung der Festpublizistik. Deutlich zeigt sich eine zweite Häufung von Publikationen um die Jahreswende 1798/1799 mit dem Fest der Gründung der Republik am 22. September 1798 (5), den Eidesleistungen am 21. Januar 1799 (7), dem Jahrestag der Einsetzung der neuen Verwaltungen am 19. Februar 1799 (8) sowie dem Fest der Volkssouveränität am 20. März 1799 (6). Dazu kommen noch kleinere Publikationsschwerpunkte beim Fest des 9./10. Thermidor 1798 (3) und dem folgenden Fest des Alters am 27. August 1798 (3) sowie im Folgejahr bei der Trauerfeier für die Gesandten beim Rastatter

---

54 Vgl. Verzeichnis 2: Publizistik der Nationalfeste. Nicht berücksichtigt für die Graphik wurden die Liederbücher, die Dekadenreden sowie die späteren Privatdrucke der Festreden von Lintz und Labourdinière.

55 Im Rhein-Mosel-Departement stellte der Kanton Trarbach in einem Schreiben an die Zentralverwaltung vom 18. Pluviôse VII / 6. Februar 1799 diese Medienpolitik des Saardepartements als Vorbild dar: « *Le département de la Sarre fait toujours imprimer des odes, des hymnes, des discours, qui sont composés à ces occasions par des gens de l'art, et les communique aux administrations* » (LHA Koblenz: Best. 241 Nr. 3092).

56 « *L'administration centrale, considérant que ce discours contient des principes dont la publicité contribuera à former l'esprit public et à faire aimer le nouveau ordre des choses dans ce département, arrête qu'il sera imprimé en nombre d'exemplaires suffisant pour être envoié [sic] dans toutes les communes du département* » (LHA Koblenz: Best. 276 Nr. 2170).

Kongress am 8. Juni 1799 (5). Damit wird der Rhythmus der Festfrequenz in den Drucken weitgehend nachvollzogen. Allerdings betreffen die Drucke besonders die allgemeinpolitischen Feste, während die Feste der Revolutionsgeschichte und die moralischen Feste deutlich weniger vertreten sind. Weniger als bei der Statistik der allgemeinen Festfrequenz kann hier auch von einem Auslaufen der Feste gesprochen werden, wenn sogar nach dem Staatsstreich vom 18. Brumaire bei den weiteren Festen in den Jahren 1800 und 1801 noch ein Festbericht, zwei Rede und zwei Lieder im Druck erschienen.

Adressat der Festpublizistik war in erster Linie das einheimische Publikum. Das gilt selbstredend für die Publikationen in Zeitschriften, die sich ja durch den Verkauf finanzieren sollten. Aber auch die offiziellen Verwaltungsdrucke waren für diesen Leserkreis gedacht und sind deshalb in aller Regel in deutsch erfolgt. Französische Publikationen gab es nur bei besonderen politischen Anlässen. Die Festberichte (mit Reden) der Einsetzung der Zentralverwaltung in Trier und der Trierer Feier zum Jahrestag dieses Ereignisses erschienen jeweils separat in deutscher und französischer Sprache. Sonst ist nur noch der Trierer Festbericht über die Trauerfeier für die Gesandten beim Rastatter Kongress in Französisch erschienen, und hier sogar allein in Französisch. Darüber hinaus liegen nur noch in vier Fällen Drucke französischer Reden vor[57], wozu nur einmal eine offizielle deutsche Ausgabe[58] sowie einmal auch eine deutsche Übersetzung in Haan's Zeitschrift[59] erschienen und außerdem eine französische Rede nur auf Deutsch veröffentlicht wurde[60]. Das zeugt von keiner großen französischsprachigen Medienpräsenz. Soweit die Publikationen in dieser Sprache erschienen, waren sie für die französische politische Öffentlichkeit bestimmt (Rastatt) oder mit Statuswahrung verbunden (Einrichtung der Zentralverwaltung sowie der Jahrestag dieses Ereignisses).

Außer der Fest- und Druckfrequenz gibt es noch einen weiteren Parameter für die Reaktion der Bevölkerung der rheinischen Departements auf die neue politische Situation, nämlich die Kriminalität und insbesondere die politische Kriminalität im Saardepartement zur gleichen Zeit[61]. Dabei ergibt sich für die Verhaftungstätigkeit der Gendarmerie eine signifikant gegenläufige Entwicklung. Die Frequenz von Verhaftungsfällen wegen politischer Delikte betrug bei der Gründung des Departements 1798 ca. 25 Verhaftungen pro Monat und

---

[57] Fest des 9./10. Thermidor VI / 27./28. Juli 1798 (Lelièvre), Fest der Gründung der Republik am 1. Vendémiaire VII / 22. September 1798 (Labourdinière), Fest der Volkssouveränität am 30. Ventôse VII / 20. März 1799 (Zegowitz), Fest der Gründung der Republik am 1. Vendémiaire VIII / 23. September 1799 (Goisset), sowie nach dem 18. Brumaire noch Wyttenbach am 14. Juli 1801.
[58] Zegowitz beim Fest der Volkssouveränität VII, sowie nach dem 18. Brumaire Wyttenbach.
[59] Lelièvre beim Fest des 9./10. Thermidor VI, wobei wahrscheinlich die Redaktion der Zeitschrift die Übersetzung besorgte.
[60] Latrobe beim Fest des 2. Pluviôse VII.

IV. Einführung der Nationalfeste

hielt sich ziemlich konstant auf diesem Niveau, was als Zeichen einer politischen Stabilität gewertet werden kann. Mit der Verschlechterung der außenpolitischen Lage des Direktoriums seit dem Frühjahr 1799 stiegen die Verhaftungen aber progredient in zwei Sprüngen im Prairial VII / Mai/Juni 1799 und dann nochmals im Fruktidor VII / August/September 1799 stark an. Nach der Stabilisierung der militärischen und politischen Lage beruhigte sich die Situation aber bis zum Frühjahr 1800 wieder überraschend schnell, und die Verhaftungszahlen sanken auf das Ausgangsniveau zurück.

Graphik 3: Frequenz der Nationalfeste und der politischen Kriminalität im Saardepartement, 1798-1800*

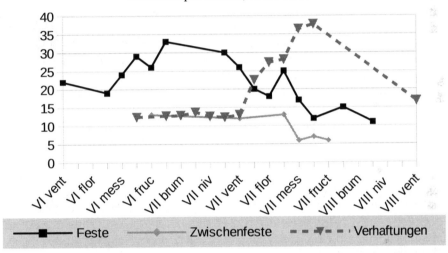

* Die Graphik wiederholt die Festfrequenz nach der Tabelle 3 und der Graphik 1. Die politische Kriminalität ist nach den Festnahmen durch die Gendarmerie aufgrund ihrer periodischen Berichte zusammengestellt, vgl. STEIN: Polizeiüberwachung, 2000. Dabei sind die absoluten Zahlen der Festnahmen für die Überblicksgraphik nach einem mobilen Median von fünf Monaten berechnet worden und erscheinen in der Graphik mit der Hälfte der absoluten Werte. Der Festfrequenz von 10 entspricht also eine Verhaftungsfrequenz von 20 etc. Durch diese statistische Berechnung zeigen sich die Entwicklungstendenzen bei den Festnahmen deutlicher als in den absoluten Zahlen. Allerdings deuten sich größere Abweichungen nach oben oder nach unten immer schon zwei Monate früher an, als sie faktisch eingetreten sind. Insofern liegen die Take-offs für den Anstieg der Verhaftungen durch die Gendarmerie im Krisenjahr 1799 erst im Prairial (Mai/Juni) und erneut im Fruktidor (August/September), während die Kurve in der Graphik jeweils schon zwei Monate früher anzusteigen beginnt.

---

61 STEIN: Polizeiüberwachung und politische Opposition im Saardepartement, 2000. Dabei bleiben nur Verhaftungen wegen Vergehen gegen Personen und Sachen sowie Vergehen innerhalb der Verwaltung außer Betracht. Zu den Verhaftungen wegen politischer Delikte wurden auch Festnahmen gerechnet, die sich aus der Überwachung von sozialen Randgruppen, der Kirche und von Deserteuren ergaben.

Die Kurve der Verhaftungsfrequenz der Gendarmerie und die der Frequenz der Nationalfeste und ihrer Publizistik sind also deutlich komplementär. Sie zeigen parallele Reaktionen der Bevölkerung und der Verwaltung auf die gleichen politischen Prozesse. Schon bald nach Einführung der neuen Verwaltung wurden die Nationalfeste in einer großen und wachsenden Zahl von Kantonen durchgeführt, während die politische Kriminalität stabil blieb. Das neue Regime schien Tritt gefasst zu haben. Dann aber führten der Wiederausbruch des Revolutionskrieges und die französischen Niederlagen zu ganz parallelen dramatischen Veränderungen. Die Realisierungsquote der Nationalfeste ging zurück und die Verhaftungszahlen schnellten in die Höhe.

Dabei ist die Indikatorfunktion der Kurven fein genug, um auch Unterschiede zwischen den beiden Kurven anzuzeigen. Das betrifft vor allem die Krisenphase im Jahre 1799. Weniger von Bedeutung ist dabei, dass die Abnahme der Festrealisierungen schon mit dem Jahrestag der Einsetzung der Verwaltung am 1. Vendémiaire VII / 19. Februar 1799 und damit schon vor dem offiziellen Ausbruch des Krieges (12. März 1799) und der ersten militärischen Niederlage (25. März 1799) einsetzte. Wenn die Feste des Winters 1799 die außerordentlich hohe Beteiligung am Neujahrsfest (22. Sept. 1798), das als Fest der Gründung der Republik einen besonderen politischen Stellenwert hatte, auch nicht mehr ganz erreichten, so hielten sie doch zunächst das Niveau vom Herbst 1798 recht sicher. Darüber hinaus ist die geringere Realisierungsquote beim Jahrestag der Einrichtung der neuen Verwaltungen am 19. Februar 1799 auch durch die Zentralverwaltung selbst verursacht worden, die es den Kantonen freigestellt hatte, entweder das Fest durch ein eigenes lokales Fest zu feiern oder sich mit einer Delegation am zentralen Fest in Trier zu beteiligen. Die Betonung des Festes in der Departementshauptstadt musste die Kantonsfeste im Departement schwächen. So kann der eigentliche Rückgang der Festrealisierungen erst ab den Festen der Volkssouveränität (20. März 1799), der Jugend (30. März 1799) und besonders der Eheleute (29. April 1799) datiert werden und stellt damit eine direkte Reaktion auf den Wiederausbruch des Krieges und die ersten französischen Niederlagen dar. Insofern besteht kein Unterschied der Kurven der Festrealisierungen und der Verhaftungen in ihrer Abhängigkeit von der politischen Lage.

Bedeutsamer ist, dass die weitere Entwicklung der Festfrequenz dann nicht wie bei der Verhaftungskurve in Sprüngen erfolgt, sondern einen ziemlich konstant degressiven Verlauf nimmt. Die beiden Kurven zeigen hier also in der Reaktion auf die Krise keine reine Gegenläufigkeit. Die Gendarmeriekurve bezieht sich auf die politisch-polizeiliche Überwachung und den Repressionsdruck der Verwaltung und zeigt so eine gewisse Verzögerung auf die politisch-militärischen Ereignisse. Nicht schon bei dem Wiederausbruch des Krieges und der ersten Niederlage am Oberrhein im März, sondern erst nach den

IV. Einführung der Nationalfeste

weiteren schweren Niederlagen in Italien und in der Schweiz im Mai/Juni kam es zu dem starken Anstieg der Verhaftungen. Die Festkurve dagegen zeigt die Reaktion der Kantonsverwaltungen und ihre in der Krise schnell abnehmende Bereitschaft zu einer öffentlichen Unterstützung des französischen Annexionsregimes. Zwar fehlen hier gouvernementale Initiativen nicht ganz, so dass die mit besonderem Aufwand vorbereitete Trauerfeier für die Gesandten beim Rastatter Kongress im Juni 1799 nochmals eine respektable Realisierung von 82,3 % der Kantone (28 aus 34) erreichte, aber danach sank die Realisierungsquote schnell ab. Allerdings ist die Kurvenspaltung zu beachten. Wirklich dramatisch verläuft nur die Zweitkurve der Zwischenfeste, die fast gegen null tendiert. Die politischen Erinnerungsfeste des 14. Juli und des 10. August werden nur noch in 7 bzw. 8 Kantonen ausgerichtet, und Feiern des auf einen Dekadi fallenden Festes des Alters am 27. August sind nur aus 6 Kantonen bekannt. Schließlich scheint das Regimefest des 18. Fruktidor am 4. September sogar nur noch allein in Trier organisiert worden zu sein. Dagegen hält sich aber die Realisierungsquote der anderen Feste auf einem höheren Niveau, das sich auf einer Beteiligung der Kantone zwischen 60 % und 40 % bewegt. Das entspricht einer Verminderung der Festrealisierung in den Kantonen um etwa die Hälfte und in Einzelfällen sogar um fast zwei Drittel. Damit aber liegt der Rückgang der Feiern der Nationalfeste etwa auf dem gleichen Niveau wie die Zunahme der Verhaftungen durch die Gendarmerie. Bei dem unterschiedlichen Kurvenverlauf handelt es sich also um Varianten des gleichen Reaktionsschemas.

Ein wirklicher Unterschied zwischen dem Verlauf der Festkurve und dem der Verhaftungskurve ergibt sich nur für die Reaktionen auf die Stabilisierung der französischen Position im Herbst 1799 durch den französischen Sieg über das englisch-russische Expeditionskorps in Holland am 19. September, die zweite Schlacht bei Zürich am 25. September, die Landung von Bonaparte bei Fréjus am 9. Oktober bei seiner Rückkehr aus Ägypten sowie schlussendlich durch seinen Staatsstreich am 18. Brumaire / 9. November. Die Abwendung einer alliierten Invasion in Holland, die Wiedergewinnung der militärischen Initiative nach dem Ausscheiden von Russland aus der Koalition gegen Frankreich, die Wiedereroberung der Schweiz und schließlich die innenpolitische Stabilisierung durch die Einrichtung einer Militärdiktatur wirkten sich unmittelbar auf eine Verminderung des Repressionsdruckes der Gendarmerie aus, was sich gerade bei den politischen und kirchenpolitischen Delikten deutlich ablesen lässt. Eine ähnliche Reaktion scheint auch bei den Nationalfesten vorzuliegen, wo die Realisierungsquote beim Neujahrsfest nach dem republikanischen Kalender am 23. September 1799 wieder anstieg. Bei der längeren Vorbereitungsphase, die solche Feste erfordern, dürfte die höhere Festrealisierung allerdings wohl weniger eine Folge des nur wenige Tage zuvor erfochtenen Sieges in Holland sein, sondern vielmehr auf verwaltungsmäßigen Gründen der Bedeutung des Festes als Jahrestag der Gründung der Republik beruhen, die einige Kantone zu besonderen Anstrengungen veranlasst hatten. Bis zu der Trauerfeier für den schon im August bei Novi gefallenen General Joubert am 1. Dezember 1799 war dann aber die Beteiligung trotz einer sich zusehends stabilisierenden politischen Lage wieder zurückgegangen. Mit einer Realisierung in 35,3 % der Kantone bildete die Quote das Schlusslicht der ersten Realisierungskurve. Die Tendenz des Sommers 1799 mit dem stetigen Rückgang der Beteiligung der Kantone an den Nationalfesten hatte sich so nach den Ereignissen von Oktober/November 1799 verlangsamt, aber doch keineswegs umgekehrt, wie dies bei der Gendarmeriestatistik durchaus der Fall war. Es liegt nahe, zur Erklärung dieses Phänomens schon die neue Festpolitik der Militärregierung Bonaparte's heranzuziehen, die dann in der Tat nur gut drei Wochen nach der Trauerfeier für Joubert im Saardepartement die Nationalfeste durch das Gesetz vom 3. Nivôse VIII / 24. Dezember 1799 praktisch liquidierte. Allerdings waren die politischen Signale des neuen Regimes gerade in den ersten Wochen widersprüchlich, und weit verbreitet war zunächst die Einschätzung in Frankreich, dass der Staatsstreich die Republik gerade gestärkt hätte. Auch waren keinerlei Anordnungen ergangen, dass etwa die Dekadenfeiern eingeschränkt werden sollten. Ich möchte deshalb annehmen, dass es für die Verwaltungsbehörden des Saardepartements bei der Trauerfeier für Joubert noch nicht absehbar war, dass dies das letzte Nationalfest des Direktoriumszyklus sein würde. Die unverändert geringe Realisierung des Festes in den Kantonen muss so als ein Zeichen dafür gewertet werden, dass man vorsichtig die weitere Entwicklung abwartete, ohne schon auf die neue Situation zu reagieren.

Für diese grundlegende Struktur der Abfolge der Nationalfeste im Saardepartement lohnt es sich, einen vergleichenden Blick auf die benachbarten rheinischen Departements zu werfen, wobei nach der Quellenlage allein das Rhein-Mosel-Departement berücksichtigt werden kann[62]. Die Nationalfeste sind dort aufgrund der gleichen Gesetzgebung des Regierungskommissars eingeführt worden. Trotzdem gibt es Unterschiede. Im Gegensatz zum Saardepartement beginnt im Rhein-Mosel-Departement der Festzyklus nicht erst mit dem Fest der Dankbarkeit, sondern schon mit dem Fest der Eheleute. Während in beiden Departements im Jahre 1798 auch das Fest des 14. Juli nur in der jeweiligen Departementshauptstadt gefeiert wurde (und deshalb in der Statistik nicht erscheint), wurde im Rhein-Mosel-Departement aber mit dem Fest des 10. August schon im ersten Festjahr ein politisches Fest begangen, wenn auch mit einer nur mäßigen Realisierungsquote, so dass es als erstes Zwischenfest klassifiziert wurde. Umgekehrt wurde im Rhein-Mosel-Departement der Jahrestag der Einsetzung der neuen Verwaltungen nicht begangen, wie auch schon

---

[62] LHA Koblenz: Best. 241 Nr. 2137, 2182-2188, 2193-2194, 3091-3093.

IV. Einführung der Nationalfeste 113

die Einsetzung dieser Verwaltungen mit einem nur geringen Aufwand vollzogen worden war, so dass nur zwei Festberichte vorliegen.

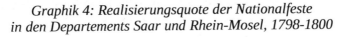

*Graphik 4: Realisierungsquote der Nationalfeste
in den Departements Saar und Rhein-Mosel, 1798-1800*

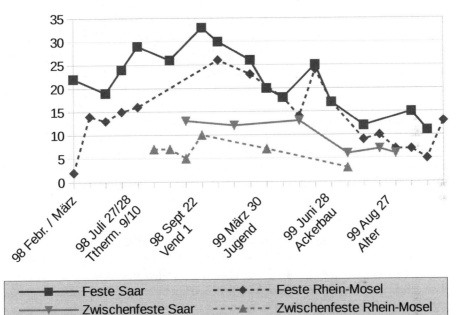

Sonst aber zeigt sich strukturell eine große Übereinstimmung. Wenn die absoluten Zahlen dabei für das Rhein-Mosel-Departement etwas niedriger sind, so liegt das schon daran, dass die Nationalfeste im Saardepartement in 34 Kantonen, im Rhein-Mosel-Departement aber nur in 30 Kantonen gefeiert wurden[63]. Der Einstieg in die Festfolge ist im Rhein-Mosel-Departement etwas verhaltener. Die Festrealisierung erreicht aber auch hier ihren Höhepunkt zu Beginn des Jahres VII, wenn auch nicht mit dem Fest der Gründung der Republik am Neujahrstag des 1. Vendémiaire, sondern dem der Eidesleistung der Funktionäre am 2. Pluviôse. Auch hier findet sich die Kurvenspaltung in Vollfeste und Zwischenfeste, wenn auch mit einer etwas anderen Verteilung. Schließlich ist der Rückgang der Realisierungsfrequenz im Rhein-Mosel-Departement zwar etwas verzögert, dann aber noch deutlicher als im Saardepartement. Eine Kurvenspaltung ist hier zwar nicht mehr zu erkennen, aber die Realisierungszahlen aller Feste im Rhein-Mosel-Departement liegen nun nur noch im Bereich der für die Zwischenfeste des Saardepartements. Überraschend ist

---

[63] Die Zahl der Kantone betrug eigentlich 31, die Kantone Bonn-Stadt und Bonn-Land feierten die Nationalfeste aber immer zusammen in Bonn.

aber, dass noch jenseits des Staatsstreichs vom 18. Brumaire und des neuen Festgesetzes vom 3. Nivôse VIII das Fest des 14. Juli 1800 im Rhein-Mosel-Departement in 13 Kantonen gefeiert wurde, während im Saardepartement für dieses Fest keine Festberichte aus den Kantonen mehr vorliegen.

Die Durchführung der Nationalfeste im Saardepartement erweist sich so als eine hochpolitisierte Manifestation, die die politische Stimmung im Departement deutlich indiziert. Allerdings ist diese Entwicklung der Umsetzung der Feste in der Fläche keineswegs allein eine Besonderheit der rheinischen Reaktion auf die französische Annexion. Eine ähnliche Verminderung der Feste in Abhängigkeit von der politisch-militärischen Lage findet sich ebenso in Innerfrankreich, und zwar in gleicher Weise in den Departements wie in Paris[64]. Zwar wurden in den Departementshauptstädten[65] und in den größeren Städten[66] die Feste vielfach noch im Jahre VII relativ regelmäßig gefeiert, um so deutlicher ist aber der Rückgang in den ländlichen Kantonshauptorten[67]. Departements, in denen die Feste im Jahre VII noch allgemein gefeiert wurden[68], scheinen jedenfalls eher die Ausnahme gewesen zu sein. Besonders zuverlässige Zahlen liegen für das Departement Côte-d'Or (Dijon) vor[69], so dass ein Vergleich versucht werden kann.

Das Departement Côte-d'Or hat bei einer etwas größeren Fläche nur 762 Gemeinden (statt 1144 im Saardepartement), dagegen aber 86 Kantone (statt 34 im Saardepartement). Dieser Strukturunterschied gilt allgemein zwischen dem Rheinland und Innerfrankreich, denn bei der Einrichtung der neuen Verwaltung im Rheinland hatte man französischerseits die Schwierigkeit vorausgesehen, auf der Kantonsebene, die die eigentliche Schnittstelle zwischen französischer Verwaltung und deutscher Bevölkerung war, genügend Personen zu finden, die die Verwaltung zweisprachig sowie mit Fachkompetenz und politischer Korrektheit führen könnten. Die Kantone im Rheinland sind deshalb deutlich kleiner an Zahl, aber größer an Fläche und damit auch leistungs-

---

[64] MATHIEZ: La Théophilanthropie et le culte décadaire, 1903, S.476 (Paris), S. 482 (Departements), S. 502 (Aube), S. 513 (Cher), S. 515 (Vienne); VOVELLE: Les métamorphoses de la fête en Provence, 1976, S. 136f. (Statistik).

[65] Angers (BOIS: Fêtes révolutionnaires, 1929); Limoges (FRAY-FOURNIER: Fêtes nationales, 1902); Marseille (MEINZER: Revolutionskalender, 1992, S. 196); Rouen (CHARDON: Dix ans de fêtes nationales, 1911); Toulouse (BARRE: Fêtes révolutionnaires, 1976).

[66] LEGRAND: Fêtes civiques à Abbeville, 1978.

[67] BECQUART: Fêtes nationales à Mareuil, 1972; LAROCHE DE ROUSSANE: Fêtes civiques à Sainte-Foy la Grande, 1989; LATOUR: Fêtes révolutionnaires à Villefranche, 1989-90; ARZALIER: Des villages dans l'histoire, Vallée de Montmorency, 1996, S. 200 (Statistik).

[68] MATHIEZ: La Théophilanthropie et le culte décadaire, 1903, S.494 (Vosges); D'HOLLANDER / PAGEOT: La Révolution française dans le Limousin et la Marche, 1989, S. 206.

[69] Die Daten beruhen auf dem Festkatalog bei LAIDIÉ: Fêtes et manifestations publiques en Côte-d'Or, 2005, S. 105-109. Zur Interpretation siehe auch: BRELOT: La vie politique en Côte-d'Or sous le Directoire, 1932, S. 99 ff.

IV. Einführung der Nationalfeste   115

fähiger als die in Innerfrankreich, so dass die Zahlen für die Festrealisierungen in den Landkantonen nur schwer zu vergleichen sind. Für die Graphik sind deshalb die unbearbeiteten Rohdaten der Festfrequenz in den beiden Departements dargestellt worden.

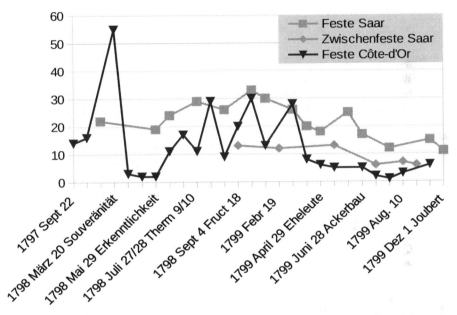

Graphik 5: Postthermidorianische Nationalfeste in den Departements Saar und Côte-d'Or, 1797-1799*

* Im Jahre 1799 wurde im Departement Côte-d'Or das Fest des Alters nicht gefeiert. Die Trauerfeier für die Gesandten beim Rastatter Kongress und das Fest des 18. Fruktidor erscheinen nicht in der Statistik.
Nicht berücksichtigt wurden die im Departement Côte-d'Or häufigen Feste in kantonsangehörigen Gemeinden, die im Saardepartement keine Entsprechung haben.

Die Graphik beginnt mit den ersten Nationalfesten im Departement Côte-d'Or nach dem Staatsstreich vom 18. Fruktidor V, also noch vor der Einrichtung der neuen Verwaltungen in den rheinischen Departements. Die Zahl der Kantone, die sich an den Festen beteiligten, ist mit 14 bis 16 aus 86 nicht sehr groß und zeigt noch ein weitgehend von proroyalistischen Funktionären geprägtes Departement, das nach dem Staatsstreich auch intensiv „fruktidorisiert" wurde. Doch bis zu den Wahlen Ende März 1798 hatten Republikaner und Jakobiner ihre Strukturen wieder aufgebaut, so dass beim Fest der Volkssouveränität am 30. Ventôse VI / 20. März 1798 die Festfrequenz in den Kantonen sprunghaft in die Höhe schnellte. Nun liegen aus 55 der 86 Kantone Festberichte vor, und über die Kantonshauptorte hinaus ist das Fest auch in fast allen Gemeinden der jeweiligen Kantone gefeiert worden. Das zeigt eine eindrucksvolle Politisierung. Gerade deswegen waren die Wahlen dann tumultuös wie immer, aber die Kontrollmechanismen griffen, so dass das Ergebnis sehr gouvernemental war. Danach aber sinkt die Festfrequenz erstaunlich schnell ab und gewinnt nur noch bei den größeren Nationalfesten eine gewisse Resonanz. Nur die Feste des 10. August 1798 (29), das Neujahresfest am 1. Vendémiaire VII / 22. September 1798 (30) und wiederum das Fest der Volkssouveränität am 30. Ventôse VII / 20. März 1799 (28) wurden noch in ca. 30 Kantonen gefeiert, was aber auch nur einer Realisierung der Feste in einem Drittel der Kantone des Departements entspricht. Die Feste des 14. Juli 1798 (17) und des 18. Fruktidor VII / 4. September 1798 (20) wurden dann noch in etwa 20 Kantonen durchgeführt, während die anderen Feste nur noch in etwa 10 Kantonen begangen wurden. Das erinnert an die Kurvenspaltung in den rheinischen Departements, die hier sogar eine Dreiteilung ist. Dabei sind die Feste der Revolutionstradition noch am weitesten verbreitet, während die moralischen Feste (Jugend, Ehe, Alter, Ackerbau) fast ganz verschwinden, was genau das Gegenteil der für das Saardepartement geltenden Festrezeption darstellt. All das gilt aber nur für die Zeit bis einschließlich des Festes der Volkssouveränität am 30. Ventôse VII / 20. März 1799. Danach sinken alle Feste, die noch durchgeführt werden, auf eine Realisierungsquote von weniger als 10. Anscheinend hatte die Krise des Direktoriums sogar früher auf die innerfranzösischen Departements durchgeschlagen als auf die rheinischen Departements. Zumindest legen dies die Zahlen für Departements wie Côte-d'Or oder auch Maine-et-Loire[70] nahe. Die Kriegsvorbereitungen wurden schon im Sommer 1798 mit ungeliebten Truppenaushebungen offenkundig, was eine allgemeine Verweigerung der Bevölkerung zur Folge hatte, die sich auch in der Durchführung der Feste zeigte. Zwar blieb die Sicherheitslage ruhig und die Wahlen im Frühjahr VII waren noch gouvernementaler als im Vorjahr, allerdings bei deutlich reduzierter Wahlbeteiligung. Der Regierungswechsel vom 30. Prairial VII / 18. Juni 1799 destabilisierte dann aber auch noch die Verwaltungen, so dass sich hier ähnliche Auflösungstendenzen zeigten wie in den rheinischen Departements, wenn auch aus etwas anderen Gründen. Noch deutlicher als für die rheinischen Departements kann man aber für ein Departement wie die Côte-d'Or feststellen, dass die republikanische Festkultur hier zu einem Ende gekommen war.

Auch wenn der Vergleich sich auf nur zwei Departements beschränkt, können unter Verweis auf die sonstige Literaturlage doch zwei Schlussfolgerungen gezogen werden. Einmal zeigt die Realisierungsquote der Nationalfeste im Saardepartement eine weitgehende Integration nicht nur in die für alle rheinischen Departements geltende Entwicklung, sondern auch in das allgemein für

---

[70] DENIS: Les fêtes révolutionnaires dans le département du Maine-et-Loire, 1988, S. 402.

IV. Einführung der Nationalfeste

das Frankreich des späten Direktoriums geltende politische Reaktionsschema. Zum anderen darf die im Saardepartement erreichte Festfrequenz eher als gut eingeschätzt werden. Auf jeden Fall ist es aber unzulässig, die nachlassende Beteiligung der Kantone an den Nationalfesten im Saardepartement allein als eine regionale Reaktion der annektierten Departements zu begreifen.

Die Abnahme der Festtätigkeit in den Kantonen lässt weiter danach fragen, ob dies ein allgemeines Phänomen in allen Kantonen war oder ob diese Entwicklung in den einzelnen Kantonen unterschiedlich verlaufen ist? Die Festfrequenz ist also nicht nur bezüglich der zeitlichen Festfolge, sondern auch in ihrer geographischen Verteilung zu betrachten.

Tabelle 4: Realisierung der Nationalfeste in den einzelnen Kantonen des Saardepartements, 1798 - 1799*

Kantone: Zahl	Kantone: Namen	Feste: Zahl	Kantone: Realisierungsquote*	Kantone: Zahl
1	Trier	21	100 %	1
1	St. Arnual	18	81 % - 90 %	2
1	Manderscheid	17		
3	Kyllburg, Schönberg, Wadern	16	61 % - 80 %	15
1	St. Wendel	15		
7	Birkenfeld, Lebach, Merzig, Ottweiler, Rhaunen, Waldmohr, Wittlich	14		
4	Grumbach, Hermeskeil, Herrstein, Prüm	13		
4	Blankenheim, Konz, Lissendorf, Reifferscheid	12	41 % - 60 %	7
3	Baumholder, Büdlich, Daun	9		
4	Bernkastel, Blieskastel, Saarbrücken, Schweich	8	21 % - 40 %	8
2	Meisenheim, Pfalzel	7		
2	Gerolstein, Saarburg	6		
1	Kusel	3	1 % - 20 %	1

* Bezogen auf die in den Kantonen abgehaltenen 21 Feste, ohne die drei allein in Trier durchgeführten Feste und die Baumsetzungen vor Einführung der Kantonsmunizipalitäten.

Wie eine statistische Auszählung zeigt, sind die Unterschiede zwischen den Kantonen beachtlich[71]. Wenig kann es überraschen, dass der Kanton Kusel

---
[71] Vgl. auch die detailliertere Übersicht im Anhang 3: Revolutionsfeste in den einzelnen Kantonen des Saardepartements 1798-1799.

hierbei an unterster Stelle rangiert. Bekanntlich war die Stadt Kusel am 27. Juli 1794 von französischem Militär völlig niedergebrannt worden. Es war eine willkürliche Strafaktion, angeblich weil gefälschte Assignaten in der Stadt hergestellt worden wären[72]. Ob dieser Vorwurf, selbst wenn er berechtigt gewesen wäre, eine solche Strafaktion kriegsrechtlich gerechtfertigt hätte, mag dahingestellt sein. Immerhin hielt man die Sache auch französischerseits nicht für unbedenklich, so dass der französische Staat später verschiedentlich Unterstützungen gewährte. Auf jeden Fall aber dürfte sich die Begeisterung der Einwohner der erst langsam im Wiederaufbau begriffenen Stadt, zwischen ihren Ruinen auch noch Feste für die Französische Republik zu feiern, in Grenzen gehalten haben. Tatsächlich sind in Kusel so nur drei Feste durchgeführt worden: das Fest des Ackerbaus am 28. Juni und das Kalenderfest vom 22. September 1798, die traditionell mit Umzügen zum Freiheitsbaum begangen wurden, sowie das Fest des 21. Januars 1799, das sich auf die vorgeschriebene Eidesleistung der Beamten beschränkte. Als in der Stadt aber am 27./28. Juli 1798, also genau zum vierten Jahrestag der Niederbrennung, das Fest des 9./10. Thermidor gefeiert werden sollte, verweigerte die Kantonsverwaltung ganz formell die Abhaltung des Festes, indem sie zur Begründung ausdrücklich auf die Ereignisse von 1794 hinwies:

> « *Considérant que ce sont justement les jours malheureux où la ville de Cousel a été brûlée et ruinée de la manière la plus cruelle et barbare [...], considérant que par conséquent ces jours sont et resteront pour longtemps des jours de deuil et de tristesse pour les habitants du canton en général, et que malgré la bonne volonté de l'administration municipale il serait impossible d'inspirer la joie et la satisfaction aux habitants et que cependant il n'y a point de fête si le cœur n'en est pas [...].* »

Aber auch bei den anderen Kantonen ist der Unterschied zwischen sechs Festen in Gerolstein oder Saarburg und siebzehn Festen in Manderscheid oder achtzehn Festen in St. Arnual groß. Der Unterschied ergibt sich vor allem dadurch, ab welchem Termin im Sommer 1799 die Kantonsverwaltungen ihre Teilnahme an dem Festzyklus einstellten[73]. Dies beginnt schon sehr früh. Kusel hat am 21. Januar 1799 das letzte Nationalfest gefeiert, und auch Pfalzel, Gerolstein und Saarburg richteten danach nur noch je ein Fest aus. Die eigentliche Serie beginnt dann mit den ersten Niederlagen der französischen Armeen. Nach dem 20. März (Volkssouveränität) richten die Kantons-

---

[72] Das war zwar sicherlich nicht der Fall, aber immerhin hatten die noch amtierenden landesherrlichen Beamten einen schwunghaften Getreidehandel mit dem preußischen Militär betrieben. Inwieweit nun wiederum dies den französischen Militärs bekannt war und etwa die Entscheidung zur Niederbrennung der Stadt beeinflusst haben konnte, ist nicht geklärt. Eine umsichtige Diskussion gibt Schworm: Kusel, 1987, S. 295-334.
[73] Vgl. die Gesamtübersicht (Anhang 3) bzw. für eine Teilauswertung Stein: Revolutionsfeste und Revolutionsakzeptanz, 1990, S. 88.

IV. Einführung der Nationalfeste

verwaltungen Blieskastel und Saarbrücken nur noch ein weiteres Fest aus, während es für Baumholder und Daun gerade noch zwei sind. Nach dem 30. März (Jugend) wird in Meisenheim und Schweich auch nur noch ein Fest begangen. Nach dem 29. Mai (Dankbarkeit) ist ebenfalls nur noch ein weiteres Fest bekannt für Konz und Reifferscheid. Die Trauerfeier für die französischen Gesandten beim Rastatter Kongress am 8. Juni, für die die Zentralverwaltung nochmals eine große Teilnahme mobilisieren konnte, war dann das endgültig letzte Fest für Blieskastel, Gerolstein, Saarbrücken, Saarburg und Schweich. Schließlich feierten Birkenfeld, Hermeskeil, Merzig, Prüm und Wittlich ihr letztes Nationalfest am 27./28. Juli 1799, während es für Lebach und selbst für das festfreudige St. Wendel das vorletzte war. Damit bleiben aber außer der Departementshauptstadt Trier, wo alle Feste gefeiert wurden, immerhin noch 10 Kantonsverwaltungen übrig, bei denen die Lücken ungleichmäßiger waren und/oder die von den letzten fünf Festen doch zumindest noch zwei begangen haben[74]. Man wird diese Aufschlüsselung nicht überbewerten dürfen, denn sie beruht auf einer rein quantitativen Auszählung der Festberichte. Insofern wäre die Position einzelner Kantonsverwaltungen sicherlich noch zu präzisieren. Aber strukturell kann die Übersicht gut belegen, wie sich die abnehmende Zahl der ab dem Frühjahr 1799 noch im Saardepartement auf der Ebene der einzelnen Kantone gefeierten Feste dadurch erklärt, dass eine Verwaltung nach der anderen ihre Mitwirkung einstellte.

Umgekehrt ergibt sich aus der Übersicht auch eine Liste der Kantonsverwaltungen, die den Festverordnungen am stärksten nachgekommen sind. Dabei darf auch hier von einer großen Zahl von eingesandten Festberichten nicht ohne weiteres auf ein starkes republikanisches oder profranzösisches Engagement geschlossen werden. Das betrifft gerade die Kantonsmunizipalitäten, die die meisten Festberichte an die Zentralverwaltung geschickt hatten: St. Arnual und Manderscheid. Für Manderscheid ist aus verschiedenen Vorfällen, auf die zurückzukommen ist, bekannt, dass es nicht zu den republikanischsten Verwaltungen des Saardepartements gezählt werden kann, sondern nur der Berichtspflicht regelmäßig nachgekommen ist. Auch die große Zahl der Festberichte von St. Arnual ist zu differenzieren, wie gleich noch dargelegt werden wird. Auffällig ist auch, dass keine durchgehende geographische Schwerpunktbildung zu erkennen ist. Nachbarkantone können sehr unterschiedlich in der Abhaltung der Feste sein, und selbst innerhalb eines Kantons kann sich die Situation nach Umbesetzungen in der Verwaltung schnell ändern. Um wirklich Engagement bzw. Widerstand der Kantonsverwaltungen im Einzelfall erkennen zu können, muss man deshalb auch inhaltlich untersuchen, wie die Feste in den einzelnen Kantonen wirklich organisiert worden sind.

---

[74] Büdlich, Grumbach, Herrstein, Kyllburg, Lebach, Manderscheid, Rhaunen (Morbach), Schönberg, St. Arnual, Wadern, Waldmohr.

4. Quellenkritik der Festberichte

Die hier vertretene These von der politischen Indikatorfunktion der Nationalfeste für die Rezeption der Revolutionsutopie und für die Partizipation von Verwaltung und Bevölkerung im Saardepartement ist allerdings nur so viel wert, wie sie auch quellenmäßig belegbar ist. Sie basiert im wesentlichen auf der Auswertung der Festberichte, die von den Kantonsmunizipalitäten an die Zentralverwaltung geschickt worden sind. Insofern stellen sich zwei quellenkritische Fragen. (1.) Sind diese Festberichte überhaupt zuverlässig[75], so dass sie als Beleg für wirkliche Vorgänge anzusehen sind, oder haben sie allenfalls eine literarische Funktion als fiktionale politische Bekenntnisse. (2.) Sind die Festberichte in einer so großen Vollständigkeit erhalten, dass sie statistisch ausgewertet werden können.

Beginnen wir mit der ersten Frage. Die verschiedenen französischen Festgesetze hatten die Verwaltungen verpflichtet, über die Durchführung der Feste zu berichten. Auf dieser Grundlage entstanden die Festberichte (*procès-verbaux*), die sich auf allen Ebenen der Verwaltung finden und die die Hauptquelle für die Geschichte der Nationalfeste bilden. Es handelt sich also nicht um persönliche Erlebnisberichte, Zeitungsreportagen, literarische Darstellungen oder Ähnliches. Es handelt sich um Verwaltungsberichte, durch die die Berichtenden den Vollzug der entsprechenden Gesetze und Anordnungen nachweisen mussten. Das impliziert eine juristisch normierte Sprache, die die Formulierungen der verwaltungsrechtlichen Vorgaben bewusst aufgreift. Schon unmittelbar nach dem Festgesetz vom 3. Brumaire IV hatte das Direktorium bis ins Detail gehende Zeremonialanweisungen für die Feste erlassen, und nach dem 18. Fruktidor V hatten die Innenminister Letourneux und François de Neufchâteau dieses System der zentralen Reglementierung noch perfektioniert. Die Feste waren also stark uniformiert. Schließlich ist noch die kulturelle Konditionierung durch den Verlauf der Revolution zu beachten. Hierdurch waren Erfahrungsschemata und Sprachklischees geschaffen worden, die sich in den Festberichten wiederfinden. Es handelt sich also um stark normierte und mitunter direkt zum Klischee werdende Berichte, die oft nur in einer unendlichen Wiederholung des Gleichen zu bestehen scheinen.

Andererseits liegt gerade in dem verwaltungsjuristischen Charakter dieser Berichte ihr Quellenwert. Das betrifft zunächst die faktische Zuverlässigkeit des Berichtsinhalts. Ein Einwand gegen den Quellenwert der Berichte hat allerdings Gewicht, wenn die Verwaltungen selbst andere Verwaltungen wegen der Abfassung von Phantasieberichten denunzierten. So erklärte die Kantonsmunizipalität Schönberg im Sommer 1798: « *à St. Vith* [Wälderdepartement] *on*

---

[75] Ansätze zu einer Quellenkritik bei Ozouf: La fête révolutionnaire, 1976, S. 144; Ozouf, in: Les fêtes de la Révolution, 1977, S. 317-318.

IV. Einführung der Nationalfeste 121

dresse de beaux procès-verbaux sans faire rien »[76]. Allerdings steht im konkreten Fall vor allem die Funktionalisierung dieser Aussage im Vordergrund. Die Denunziation sollte der möglichen Kritik der Zentralverwaltung an einer problematischen Maßnahme der Kantonsverwaltung (Verlegung eines Festes vom Dekadi auf den Sonntag) die Spitze nehmen und die Faktentreue der eigenen Berichte betonen. Statt die Kantonsverwaltung wegen ihrer Eigenmächtigkeit zu tadeln, sollte die Zentralverwaltung also anerkennen, dass man ihr auch Problematisches nicht vorenthielt. In der Tat unterlagen die Berichte einer Verwaltungskontrolle. Es wurde überwacht, ob alle berichtspflichtigen Verwaltungen geantwortet hatten, und es konnten im Zweifelsfall die Richtigkeit der Berichte nachgeprüft und im Verdachtsfall noch weitere Ermittlungen angestellt werden. Die Doppelzügigkeit der Direktorialverwaltung erlaubte es leicht, zu dem Bericht der Verwaltung auf der Ebene des Departements oder des Kantons auch den Bericht des jeweiligen Kommissars anzufordern oder umgekehrt. Mitunter berichteten die Kantonsverwaltungen deshalb schon zweigleisig nach Trier, indem sie zu dem offiziellen Festbericht noch ein Begleitschreiben hinzufügten, das auch die Schwierigkeiten und Schwachstellen der Feiern offenlegte[77]. Außerdem gab es auf der Kantonsebene noch eine dritte und von der Munizipalität wie von dem Kommissar unabhängige Institution, die für weitere Nachforschungen in Anspruch genommen werden konnte, nämlich die Gendarmerie. Oft war es die Gendarmerie, die sich mit Denunziationen an den Kommissar bei der Zentralverwaltung wandte, der dann weitere Untersuchungen veranlasste[78]. Aus diesen Gründen darf der Verwaltungscharakter der Berichte gerade als Beweis für ihre Exaktheit gewertet werden.

Darüber hinaus bietet dieser administrative Charakter der Festberichte auch die Möglichkeit zu einem Vergleich. Die Berichte weisen zwar vielfach die

---

[76] Bericht der Kantonsmunizipalität Schönberg zum Fest des Alters am 10. Fruktidor VI / 27. August 1798 (LHA Koblenz: Best. 276 Nr. 1112). Ähnliche Vorwürfe finden sich auch in anderen Departements, vgl. LAMADON: Les fêtes civiques dans le département du Puy-de-Dôme, 1972, S. 309 und BOURDIN: Le Puy-de-Dôme sous le Directoire, 1990, S. 136, LEGRAND: Les fêtes civiques à Abbeville, 1978, S. 419. Einen nachgewiesenen Fall eines fiktiven Festberichtes habe ich in der Literatur aber nicht gefunden. Für die rheinischen Departements möchte ich die Möglichkeit eines solchen Falles ausschließen.

[77] So benennt der Bericht des Kantons Hermeskeil über das Fest der Eheleute am 10. Floréal VII / 29. April 1799 nur die Opposition von Nichtfunktionären (« *individus payés sans doute par le gouvernement autrichien* »), während die Opposition der Funktionäre nur im Begleitschreiben des Kommissars angesprochen wird und dann Wilhelm Heusner als Notar und ehemaliger Amtmann von Dhronecken, der im ersten Bericht noch als Festredner erscheint, als Führer der Opposition denunziert werden (LHA Koblenz: Best. 276 Nr. 1713).

[78] Vgl. die Klage der Gendarmerie von Hermeskeil über die nachlässige Haltung der Funktionäre bei verschiedenen Nationalfesten, die vom Kommissar mit seinem Antrag an die Zentralverwaltung vom 28. Germinal VII / 17. April 1799 aufgegriffen wurde (LHA Koblenz: Best. 276 Nr. 1095). Wegen Vernichtung der Geschäftsregister ist das Ergebnis der Untersuchungen aber nicht mehr ermittelbar.

gleichen Elemente auf, aber die Berichte sind natürlich nicht identisch. Mehr oder weniger großes Engagement in der Ausführung der Festanweisungen und mehr oder weniger große Varianz in der Durchführung lassen sich also gerade aufgrund der starken Konditionierung der Berichte gut erkennen. Das gilt zunächst für die Durchführungsdifferenzierung in den rheinischen Departements selbst. Aber diese Quellen sind aufgrund der gleichen Gesetze und innerhalb des gleichen Verwaltungssystems natürlich sowohl für die innerfranzösischen wie für die annektierten Departements in gleicher Weise entstanden. So ist auch ein Vergleich mit der Situation in Frankreich gut möglich. Das ist beachtenswert, denn der Vergleich der rheinischen Rezeption mit dem französischen Vorbild geschieht in der Forschung vielfach allein durch einen Rückbezug auf die französischen Gesetze und Zirkulare. Das aber ist eine nicht unproblematische Vergleichsbasis, denn es werden Norm und Faktizität konfrontiert. Die Quellengruppe der Festberichte dagegen ermöglicht einen direkten Vergleich mit der konkreten Situation in anderen Departements.

Sind die Berichte der Festprotokolle also grundsätzlich als verlässlich einzuschätzen und sind sie auch, wie oben dargelegt, für das hier untersuchte Saardepartement gut überliefert, so bleibt noch zu fragen, ob diese Überlieferung vollständig genug ist, um statistische Auswertungen zuzulassen. Das wäre freilich nur zu beweisen, wenn die Geschäftsjournale der Verwaltung des Saardepartements noch zur Verfügung stünden. Aus dem Abgleich der überlieferten Akten mit den Einträgen in den Geschäftsjournalen hätte der Grad der Vollständigkeit der Aktenüberlieferung ermittelt werden können[79]. Die Register sind aber im Zweiten Weltkrieg bis auf geringe Reste vernichtet worden. So bleiben nur weniger deutliche Indizien. Die Akten wurden in einer - soweit ersichtlich - ungestörten Registraturüberlieferung vorgefunden, bei der für jedes Fest das Schriftgut zu einem besonderen Dossier formiert worden war, was ein erstes Indiz für eine gewisse Vollständigkeit ist. Diese Akten enthalten auch Fehlmeldungen bzw. Entschuldigungen, wenn Feste nicht durchgeführt werden konnten. Der häufigste Grund war, dass die Anweisungen zur Durchführung der Feste (Zirkulare) nicht rechtzeitig eingetroffen waren (14 Fälle)[80], eine nicht unplausible Begründung bei den oft schwierigen Verkehrsverbindungen zwischen der Departementshauptstadt Trier und den Kantonen, wenngleich eine Häufung am Anfang und am Ende der Direktorialperiode auffällig ist. In einigen anderen Fällen entschuldigten sich die Kantone mit dringenden

---

[79] Auf die Bedeutung der Registerüberlieferung für die Aktenstrukturen der französischen Verwaltung ist hingewiesen bei STEIN: Französisches Verwaltungsschriftgut in Deutschland, S. 38 ff und S. 90 ff (Beispiel aus den Akten des Rurdepartements).

[80] VI prairial 10 (Dankbarkeit): Blieskastel, Herrstein, Kusel; VI messidor 10 (Ackerbau): Lissendorf; VI fructidor 18: Blieskastel, Daun, Konz, Kusel, Meisenheim; VII messidor 10 (Ackerbau): Wittlich; VII thermidor 23 (10. August): Reiffersched, St. Wendel, Wittlich; VII fructidor 10 (Alter): Wittlich.

IV. Einführung der Nationalfeste   123

Geschäften und insbesondere mit der Inanspruchnahme durch Truppendurchzüge und Lieferungen für die Armee (3 Fälle)[81], wobei sogar einmal eine Kantonsverwaltung ihrem sehr summarischen Festbericht gleich die Rechnung für die Einquartierung hinzufügte[82]. Schließlich mussten besonders gegen Ende der Direktorialperiode unter den schwierigen Umständen des Jahres 1799 die Kantonsverwaltungen wiederholt darauf verweisen, dass die Agenten oder auch die Redner erkrankt oder auch einfach nicht erschienen wären (5 Fälle)[83]. Hierher gehört auch die Mitteilung des Kommissars bei der Kantonsmunizipalität Hermeskeil über die auf einen Sonntag fallende Feier des 14. Juli 1799, zu der niemand erschienen sei, weil Einwohner und Funktionäre alle in der Kirche waren. All dies lässt auf eine gewisse Überwachung der Eingänge der Festberichte schließen, die die Kantonsverwaltungen dazu veranlasste, sich gleich von sich aus für die Nichtvorlage eines Festberichtes zu entschuldigen.

Noch aufschlussreicher als Indiz für eine gewisse Vollständigkeit der Überlieferung sind einige weitere Fälle, bei denen sich umgekehrt Kantonsverwaltungen gegen den Vorwurf der Zentralverwaltung rechtfertigen mussten, keine Festberichte übersandt zu haben. Hier hatte die Zentralverwaltung also die Vollständigkeit der Berichte nachgeprüft und gegebenenfalls fehlende Berichte angemahnt. In sechs Fällen protestierten nun aber die Kantonsverwaltungen, dass sie nicht nur die Feste gesetzeskonform durchgeführt, sondern auch die Berichte rechtzeitig überschickt hätten[84]. Das dürfte nicht immer eine reine Ausrede gewesen sein, denn zumindest in einem Fall (Pfalzel) fand sich der gesuchte Bericht tatsächlich noch in den Akten der Zentralverwaltung[85]. Allerdings beziehen sich alle diese Fälle auf das Fest des 9./10. Thermidor VI / 27./28. Juli 1798, das als erstes im Saardepartement gefeiertes eigentlich

---

[81] VI fructidor 10 (Alter): Kusel, Meisenheim; VII fructidor 10 (Alter): Lissendorf.
[82] Bericht von Schweich anlässlich des Festes des Alters 10. Fruktidor VI / 27. August 1798 (LHA Koblenz: Best. 276 Nr. 1112). Gleichzeitig entschuldigten sich noch Kusel und Meisenheim, das Fest nicht durchgeführt zu haben.
[83] VII floréal 10 (Eheleute): Ottweiler; VII messidor 26 (14. Juli): Hermeskeil; VII prairial 10 (Dankbarkeit): Bernkastel (Protokolle der Kantonsmunizipalität); VII fructidor 10 (Alter): Ottweiler, Schönberg.
[84] VI thermidor 9/10: Blankenheim, Meisenheim, Merzig, Pfalzel, Rhaunen, Schweich.
[85] Der Aktenband LHA Koblenz: Best. 276 Nr. 1682 enthält außer der mit dem Protestbrief vom 7. Fruktidor VI eingesandten Zweitausfertigung des Festberichtes auch die Erstausfertigung, die aber erst nachträglich registriert wurde. Das Versehen war also bei der Zentralverwaltung unterlaufen. Selbstbewusst hatte dazu die Kantonsmunizipalität Pfalzel in dem Protestschreiben ausgeführt: «*Nous vous en avons transmis le procès-verbal sur le champ. Mais il avait sans doute le même sort que bien d'autres pièces qui se sont égarées ou dans les bureaux ou retenues de malice par quelqu'un*». Eine ähnlich auftrumpfende Sprache führte in seinem Protestschreiben auch der Kanton Merzig, dessen Präsident seinen Festbericht zusammen mit dem deutschen und französischen Text der Festrede persönlich dem Mitglied der Zentralverwaltung Haan übergeben hatte, «*pour les insérer dans le journal du département*».

politisches Fest eine herausgehobene Bedeutung hatte. Schon in dem Zirkular mit den Anweisungen für das Fest hatte die Zentralverwaltung über mangelnden Eifer bei der Durchführung der Feste geklagt und die Vorlage der Festberichte unter Strafandrohung angemahnt (« *peu d'entre vous nous en ont adressé les procès-verbaux* »). Nach dem Fest des 9./10. Thermidor wurden dann die Kantone, von denen keine Festberichte vorlagen, besonders vermahnt. Diese aber konnten sich durchweg überzeugend und nicht ohne Selbstbewusstsein rechtfertigen, so dass die Aktion eher den Nachweis für eine nachlässige Arbeitsweise der Zentralverwaltung als für einen mangelnden Eifer der Kantone in der Durchführung der Feste erbrachte. Nach dieser Überreaktion scheint die Zentralverwaltung dann allerdings lässiger bei der Kontrolle der Festberichte geworden zu sein. Fehlende Berichte wurden nun nicht mehr angemahnt, und selbst auf provozierende Entschuldigungen der Kantone erfolgte keine Reaktion mehr. Trotz eines zumindest anfänglichen Bemühens war die administrative Kontrolle über die Vollständigkeit der Überlieferung also nur begrenzt.

Insofern haben sich auch durchaus Fälle ergeben, bei denen Informationen über abgehaltene Nationalfeste im Saardepartement außerhalb der Akten der Zentralverwaltung gefunden werden konnten. Das betraf zunächst die Einsetzung der Kantonsmunizipalitäten zu Beginn des Jahres 1798, die in vier Fällen nur durch gedruckte Einsetzungsberichte dokumentiert (Birkenfeld, Konz, Pfalzel, Schönberg) und in vier weiteren Fälle nur durch kantonale Aktenüberlieferung bekannt ist (Blieskastel, Saarbrücken, St. Arnual, Waldmohr). In einem letzten Fall gibt es schließlich nur einen lokalen chronikalischen Bericht über das Ereignis (Meisenheim). Allerdings ist unsicher, ob dabei in allen Fällen überhaupt Durchführungsberichte an die Zentralverwaltung erstattet wurden, was zumindest in den Fällen nicht unwahrscheinlich ist, in denen die Einsetzung durch den örtlichen Kommissar und nicht durch fremde, für das Ereignis speziell entsandte Kommissare erfolgte. Insofern kann das Ergebnis nicht unbedingt verallgemeinert werden.

Bei den späteren Fällen handelt es sich dann durchgehend um Ergänzungen aufgrund der Registerüberlieferung der Kantonsverwaltungen (Beschlussprotokolle und Korrespondenzregister). Die Ausstellerüberlieferung der Register der Kantonsmunizipalitäten bietet so die gesuchte Kontrollmöglichkeit, die für die Empfängerüberlieferung der Zentralverwaltung durch die Vernichtung ihrer Korrespondenzregister nicht mehr möglich ist. Allerdings liegen die Register der Kantonsmunizipalitäten nur für wenige Kantone vor und sind auch hier oft nicht durchgehend überliefert. Eine vollständige Kontrolle und gegebenenfalls Ergänzung ist also auch auf dieser Basis für das Saardepartement nicht möglich. Immerhin kann der Vergleich mit der erhaltenen Registerüberlieferung einiger Kantone methodische Aufschlüsse über den Grad der Vollständigkeit der Aktenüberlieferung der Zentralverwaltung geben.

IV. Einführung der Nationalfeste 125

Tabelle 5: Überlieferung der Nationalfeste der Kantonsmunizipalität Bernkastel, 1798-1799

Datum	Fest	Überlieferung der Zentralverwaltung	Überlieferung der Kantonsverwaltung Bernkastel
VI germinal 15	Einsetzung der Verwaltung	*	*
VI prairial 10	Dankbarkeit		
VI messidor 10	Ackerbau		
VI thermidor 9/10	Freiheit	*	
VI fructidor 10	Alter		
VI fructidor 18	Staatsstreich		
VII vendémiaire 1	Gründung der Republik / Neujahr	*	
VII pluviôse 2	Eidesleistung	*	
VII ventôse 1	Einsetzung der Verwaltung		
VII ventôse 30	Volkssouveränität	*	
VII germinal 10	Jugend		
VII floréal 10	Eheleute	*	* Einsetzung des neuen Präsidenten
VII prairial 10	Dankbarkeit		* Begründung, warum Fest nicht gefeiert
VII prairial 20	Rastatt	*	
VII messidor 10	Ackerbau		
VII messidor 26	14. Juli		
VII thermidor 9/10	Freiheit		* Rede des Präsidenten, dann Arbeitssitzung
VII thermidor 22	10. August		
VII fructidor 10	Alter		
VIII vendémiaire 1	Gründung der Republik / Neujahr		
VIII frimaire 10	Joubert		

Für Bernkastel sind die Festberichte für sieben Nationalfeste in der Aktenüberlieferung der Zentralverwaltung erhalten. Was kann nun die Registerüberlieferung der Kantonsmunizipalität[86] darüber hinaus noch nachweisen? Sie enthält zunächst die Festprotokolle der für die Organisation der Munizipalität

---

[86] LHA Koblenz: Best. 615 Nr. 306 und 326.

relevanten Feste, nämlich die für die Einsetzung der Munizipalität und für die Einführung des neuen Präsidenten Ellinckhuysen. Darüber hinaus enthalten die Protokolle aber keine weiteren Festberichte. Auch die an die Zentralverwaltung eingesandten Festberichte erscheinen hier nicht. Lediglich für das Fest der Dankbarkeit am 10. Prairial VII findet sich bestätigt, dass es nicht stattfand, und für das Fest des 9./10. Thermidor VII ist eine kurze Rede des Präsidenten über den Festgegenstand im Rahmen einer sonst normalen Arbeitssitzung der Verwaltung protokolliert, worüber wohl nicht noch ein besonderer Festbericht verfasst worden sein dürfte. So ist der Informationswert der Bernkasteler Protokolle für die Durchführung der Nationalfeste begrenzt, und es ergibt sich keine wirklich Lücke in der Überlieferung der Zentralverwaltung.

Aufschlussreicher ist die Protokollüberlieferung der Kantone St. Arnual[87] und Wittlich[88]. Das Beschlussregister von St. Arnual liegt zwar nur für die Zeit ab Mitte Oktober 1798 vor, umfasst aber doch mehr als ein Jahr. Es weist für diese Zeit nun neun Feste nach, für die in der Überlieferung der Zentralverwaltung keine Belege existieren. Vollständig ist die kantonale Protokollüberlieferung gleichwohl nicht, denn ausgerechnet für eines der wenigen Feste in St. Arnual, für das ein Festbericht bei der Zentralverwaltung erhalten ist, bietet das Protokoll des Kantons keine Gegenüberlieferung. Trotzdem lässt der Vergleich aber Zweifel an der Vollständigkeit der Aktenüberlieferung der Zentralverwaltung aufkommen. Allerdings ist in den Protokollen des Kantons zwischen Beschlusseinträgen, die feststellen, dass ein bevorstehendes Fest gefeiert werden soll, und Festberichten für durchgeführte Feste zu unterscheiden. Nun sind für den gesamten Zeitraum, für den eine Protokollüberlieferung in St. Arnual vorliegt, 13 Feiern von Nationalfesten bezeugt. Aber nur in 6 Fällen ist dazu auch ein Festbericht überliefert, sei es allein beim Kanton (2), allein bei der Zentralverwaltung (3) oder auch sowohl bei der Kantons- wie bei der Zentralverwaltung (1). In 7 Fällen dagegen bietet die Kantonsüberlieferung lediglich einen Beschlusseintrag für die Durchführung des Festes, doch ohne dass dazu auch ein entsprechender Festbericht vorliegt. Nun soll nicht in Zweifel gezogen werden, dass diese Beschlüsse auch ausgeführt worden sind, wohl aber ist es denkbar, dass die Feste, über die kein Festbericht vorliegt, in weniger aufwendiger Form durchgeführt wurden und darüber auch kein Festbericht verfasst wurde, wofür ja auch schon in Bernkastel ein Beispiel gefunden wurde.

Ähnliches kann auch für Wittlich festgestellt werden. Hier umfasst die Berichtszeit der Kantonsprotokolle von April 1798 bis zum September 1799 fast anderthalb Jahre, in denen die Durchführung von 14 Festen bezeugt ist. Dafür liegen 10 Festberichte vor, und zwar in vier Fällen allein bei der Zentralverwaltung, in zwei Fällen allein beim Kanton sowie wiederum in vier Fällen sowohl bei

---
[87] StadtA Saarbrücken: Mairie Nr. 732, 749.
[88] LHA Koblenz: Best. 276 Nr. 3182.

IV. Einführung der Nationalfeste

der Zentralverwaltung wie beim Kanton. Zusätzlich gibt es noch vier Beschlüsse des Kantons für die Durchführung von Festen, ohne dass dazu ein Festbericht vorliegt, sowie noch drei Beschlüsse, dass ein Fest nicht durchgeführt werden könne. Auch hier ist wieder anzunehmen, dass die Feste, für die nur die Durchführungsbeschlüsse vorliegen, weniger aufwendig gefeiert wurden.

Tabelle 6: Überlieferung der Nationalfeste der Kantonsmunizipalitäten St. Arnual und Wittlich, 1798-1799

Datum	Fest	Überlieferung der Zentralverwaltung		Protokolle der Kantonsverwaltung St. Arnual / Wittlich			
		Festbericht		Beschluss		Festbericht	
		St. Arn.	Wittlich	St. Arn.	Wittlich	St. Arn.	Wittlich
VI germ. 15	Einsetzung der Verwaltungen		*				*
VI prair. 10	Dankbarkeit		*	*			
VI mess. 10	Ackerbau		*	*			
VI therm. 9/10	Freiheit		*	*			
VI fruct. 10	Alter			*			
VI fruct. 18	Staatsstreich						
VII vend. 1	Gründung der Republik / Neujahr		*	*			
VII pluv. 2	Eidesleistung	*	*	*	*		*
VII vent. 1	Einsetzung der Verwaltungen						
VII vent. 30	Volkssouveränität		*	*	*		*
VII germ. 10	Jugend		*	*	*		*
VII floréal 10	Eheleute	*		*	*	*	
VII prair. 10	Dankbarkeit	*		*			
VII prair. 20	Rastatt			*			*
VII mess. 10	Ackerbau					*	
VII mess. 26	14. Juli			*			
VII therm. 9/10	Freiheit			*			*
VII therm. 22	10. August			*			
VII fruct. 10	Alter	*		*			
VIII vend. 1	Gründung der Republik / Neujahr					*	
VIII frim. 10	Joubert			*			

Insgesamt wurden im Saardepartement in der Zeit des Direktoriums somit 24 Nationalfeste gefeiert, davon drei allerdings allein in Trier. Bei 34 Kantonen ergibt dies eine Zahl von 717 möglichen Feiern, wobei für 409 Feiern (57 %) Festberichte oder sonstige Quellen vorliegen[89], die deren Realisierung bezeugen. Das ist eine hinreichend große Zahl für eine systematische Analyse. Die Untersuchung der Überlieferung hat allerdings gezeigt, dass die Festberichte der Zentralverwaltung nicht ganz vollständig sind, so dass die Schlussfolgerung von der Nichtüberlieferung von Festberichten auf die Nichtdurchführung der Feste nicht immer eindeutig ist. Es sind Feste in den Kantonen durchgeführt worden, für die sich in der Überlieferung der Zentralverwaltung kein Beleg findet, und dies wahrscheinlich in nicht ganz unerheblichem Maße. Umgekehrt fehlen aber auch in einigen Fällen Belege in der Überlieferung der Kantone für Feste, über die die Zentralverwaltung Festberichte erhielt. Man muss also annehmen, dass die Feste in den Kantonen durchaus etwas regelmäßiger gefeiert worden sind, als sich dies in den Akten der Zentralverwaltung niederschlägt. Gleichwohl verlieren damit deren Akten nicht ihren Aussagewert. Einerseits ist klar, dass die Zentralverwaltung im Krisenjahr 1799 die Vollständigkeit der eingehenden Festberichte nicht mehr so regelmäßig kontrollierte, wie sie dies zu Beginn ihrer Tätigkeit im Jahre 1798 getan hatte. Andererseits aber darf man auch annehmen, dass die Feste, über die keine Festberichte der Kantone vorliegen, dort auch gar nicht oder nur mit einem deutlich reduzierten Aufwand bis hin zur Reduktion auf eine dürre Erwähnung in einer ohnehin anstehenden Arbeitssitzung vollzogen worden sind. Das bedeutet für die Kurve der Festrealisierungen im Saardepartement, dass sie nicht einfach die Zahl der ausgeführten Feste zeigt, wie zunächst angenommen wurde. Vielmehr zeigt sie einen komplexeren Zusammenhang der Festrealisierung. Er ist einerseits von einer zuerst intensiveren und dann nachlassenden Aufmerksamkeit der Zentralverwaltung gekennzeichnet. Er zeigt aber auch andererseits, dass, wenn die Festgesetze in den Kantonen während der gesamten Existenz dieser Verwaltungen unter dem Direktorium formal weitgehend beachtet worden sind, die Intensität der Festrealisierung im Krisenjahr 1799 in den Kantonen doch stark abgenommen hat. Beide Aspekte haben zusammengewirkt und sich womöglich auch gegenseitig verstärkt. Damit bestätigt die Kurve insgesamt die Veränderungen in der öffentlichen Aufmerksamkeit für die Nationalfeste, auch wenn die Verantwortung dafür zwischen Zentralverwaltung und Kantonen zu teilen ist.

---

[89] Das ist eine sehr gute Überlieferungslage. GOUDEAU hat für das Departement Eure weniger als 200 Festberichte gefunden, und das für die volle Zeit des Direktoriums von 1795 bis 1799 (Le Département de l'Eure sous le Directoire, 2012, S. 223), er konnte sich allerdings nur auf die Zentralüberlieferung in Paris stützen.

V. Inhalt der Nationalfeste

Die Genese des Kanons der Nationalfeste unter dem Direktorium hat gezeigt, dass es sich hier um ein heterogenes Korpus handelt, das Momente aus verschiedenen Epochen der Revolution tradiert und unterschiedliche Werte zusammenführt. Die Feste sollten im Sinne einer politischen Erziehung der Staatsbürger das Revolutionsgedächtnis wach halten. Die Feste gedachten deshalb der Epochenereignisse der Revolution (Sturm auf die Bastille am 14. Juli 1789, Sturm auf die Tuilerien am 10. August 1792, Hinrichtung des Königs am 21. Januar 1793, Sturz von Robespierre am 9. Thermidor II) und verbanden diese historische Reihe mit den Ereignissen der aktuellen politischen Entwicklung (Staatsstreich des 18. Fruktidor V, Ermordung der Gesandten beim Rastatter Kongress, Tod von General Joubert). Dazu kamen noch allgemeinere politische Feste, die die Grundwerte der aktuellen Staatsform vermitteln sollten. Sie waren der Republik (Gründung der Republik), den Wahlen (Volkssouveränität) und überhaupt den Grundwerten der Gesellschaft (Dankbarkeit) gewidmet. Schließlich griff das pädagogische Programm der Nationalfeste über den politischen Bereich hinaus, indem es eine moralische Erziehung der Bürger anstrebte. Die Feste machten die Verlaufsformen des Lebens (Jugend, Ehe, Alter) zum Gegenstand der Feiern und würdigten mit dem Fest des Ackerbaus die Grundlage der materiellen Existenz der Gesellschaft.

Diese Einteilung der Feste ist schon zeitgenössisch bei der Einführung der Feste vorgenommen worden. So konnte François de Neufchâteau in einem seiner Zirkulare über die Durchführung die Nationalfeste nach dem 18. Fruktidor V mit Blick auf den gesamten Kanon der Feste ausführen[1]:

> « Une pensée philosophique a présidé à l'ordonnance du système des festes. Elles sont politiques ou morales. Les premières ont pour but de rappeler à l'universalité des citoyens, par des images imposantes, le sentiment de leur dignité, de leurs droits et de leurs devoirs; ou de solenniser les époques mémorables et les grands souvenirs des triomphes de la République. Les autres présentent des tableaux moins vastes, mais gracieux, mais revêtus de l'intérêt le plus touchant: elles retracent les vertus des différens âges, des professions diverses; elles répandent et appropriant l'instruction à toutes les époques, à toutes les circonstances les plus marquantes de la vie: et c'est ainsi que l'instruction des festes contribue à former à-la-fois l'homme et le citoyen. [...] L'amour de la Patrie et de la Constitution, le sentiment de la fraternité, doivent animer les festes politiques; ces sentimens se retrouvent dans les festes morales, mêlés à des leçons. »

---

[1] Zirkular vom 17. Ventôse VII / 7. Februar 1799, FRANÇOIS DE NEUFCHÂTEAU: Recueil, Bd. 2, S. 106-111.

Der Minister unterscheidet generell zwischen politischen Festen, die den Staatsbürger bilden sollen, und moralischen Festen, die den Menschen unabhängig von der politischen Verfasstheit des Staates in seiner Altersklasse, seinem Beruf und überhaupt in seinem Menschsein fördern sollen. Bei den politischen Festen unterscheidet er dann weiter zwischen den allgemeinpolitischen Festen, die die Grundwerte des Staates vermitteln sollen, und den Festen des eigentlichen Revolutionsgedächtnisses. Hier kann man in der Differenzierung noch einen Schritt weiter gehen und bei den eigentlich politischen Festen zwischen der Rezeption des Revolutionsgedächtnisses und der Kanonisierung der aktuellen Politik unterscheiden.

Historisch waren die Feste des Revolutionsgedächtnisses zuerst entstanden, aber nach Thermidor waren die moralischen Feste betont worden. Dies hatte zwar nicht durchgehalten werden können, und Fruktidor hatte eine allgemeine Neubelebung der politischen Feste gebracht. Aber gerade in den neuen rheinischen Departements hatte die französische Verwaltung den Festzyklus in einer Stufenfolge eingeführt. Bewusst stellte sie dabei die Feste in einer neuen Konfiguration vor und trug dabei auch der besonderen Rezeptionslage bei der deutschen Bevölkerung Rechnung. Insofern unterscheidet sich die von einer neojakobinischen Bewegung getragene Wiederbelebung der Revolutionsfeste in Frankreich von der gouvernementalen Einführung einer republikanischen Festfolge in den annektierten Departements. Das ist schon im Ansatz ein eigener Akzent, der durch die Einführung besonderer Feste noch betont wurde. Die neuen Verwaltungen waren in allen rheinischen Departements nämlich mit Festen im Stil der Nationalfeste eingesetzt worden, und speziell im Saardepartement wurde darüber hinaus noch der Jahrestag dieser Einsetzung als Jahresfest des faktischen Anschlusses an Frankreich kanonisiert. Damit entstand eine rheinische Variante der französischen revolutionären Festkultur, was bei der Analyse der Einzelfeste noch deutlicher werden wird.

1. Baum der Freiheit und der Verbrüderung.
Die Feste zur Einführung der neuen Verwaltung

Noch bevor Regierungskommissar Rudler mit seinen Arrêtés vom 7. Floréal VI / 26. April 1798 und 1. Thermidor VI / 19. Juli 1798 die Nationalfeste in den rheinischen Departements eingeführt hatte, wurden am 1. Ventôse VI / 19. Februar 1798 die Einrichtung der Departementsverwaltungen und der Obergerichte in den vier Departementshauptstädten sowie von Mitte März bis Mitte April 1798 die Einführung der Kantonsverwaltungen in den jeweiligen Kantonshauptorten mit Einsetzungsfeiern vorgenommen. Dies war die administrative Umsetzung der von Rudler am 23. Januar 1798 vollzogenen Annexion des Rheinlandes in Form der Einrichtung der vier neuen rheinischen

V. Inhalt der Nationalfeste

Departements. Insofern handelte es sich primär um einmalige Ereignisfeste im Sinne eines formalen Rechtsaktes der Verwaltungseinsetzung. Aber damit verband sich ein zweites Element. Gefeiert wurde nicht die territoriale Annexion oder der institutionelle Umbruch, sondern die Einsetzung einer Zivilverwaltung nach innerfranzösischem Vorbild im Sinne einer Aufnahme der Bevölkerung in die Französische Republik. Auch wenn dies noch eine Art Staatsbürgerschaft zweiter Klasse ohne Wahlrecht und freilich auch ohne Verpflichtung zum Kriegsdienst war, so stellte dies gleichwohl einen Rechtstransfer dar. Es beendete die Zeit einer militärischen Verwaltung des Landes als erobertes Land (*pays conquis*) und unterstellte das Land einer geordneten und an das Recht gebundenen Verwaltung. Vor allem aber gab es schon jetzt dem Bürger verbriefte Rechte gegenüber dem Staat, nämlich den Schutz seiner Rechte durch die Justiz, den Anspruch auf eine gleiche und transparente Besteuerung sowie das Anrecht auf eine rechtsförmliche Verwaltung, gegenüber der notfalls auch der legale Weg der Petition und der Klage offenstand. Außerdem erfolgte parallel zu der Neuordnung der Verwaltung die Einführung des französischen Revolutionsrechtes im Strafrecht und insbesondere im Zivilrecht, wodurch die neuen staatsbürgerlichen Rechte der Gleichheit vor dem Gesetz, des Rechtes auf rechtliches Gehör, des öffentlichen und mündlichen Gerichtsverfahrens, der Freiheit der Person und der Sicherheit des Eigentums gesellschaftliche Gültigkeit erhielten. Man soll die Einführung dieser verwaltungsmäßigen, verfahrensrechtlichen und formalrechtlichen Prinzipien nicht gering achten, auch wenn sie unterhalb einer vollen verfassungsmäßigen Zulassung der Rheinländer zur Staatsbürgerschaft verblieben, denn auf dieser Basis entwickelte später der rheinische Liberalismus seine Doktrin der rheinischen Institutionen. Insofern war die Verwaltungseinsetzung auch im französischen Verständnis gleichzeitig eine Einsetzung des Volkes in staatsbürgerliche Rechte und somit im revolutionären Sprachgebrauch ein Akt der Befreiung (« *Le peuple français vous donne aujourd'hui votre liberté* »[2]). Hinzu kam aber noch ein Drittes. Die Annexion stand auch in Verbindung mit einheimischen politischen Bewegungen für die Vereinigung mit Frankreich. Im nördlichen Rheinland hatten republikanische Klubs zunächst im Sommer und Herbst 1797 die Gründung einer eigenen cisrhenanischen Republik angestrebt, unterstützten nun aber gleichfalls den Anschluss an Frankreich. Im südlichen Rheinland, wo sich schon 1792 eine von der Mainzer Republik propagierte Reunionsbewegung gebildet hatte, kam es zu Beginn des Jahres 1798 an vielen Orten zur Pflanzung von Freiheitsbäumen[3]. Die Annexionsfeiern konnten sich also auf einen Kreis von Sympathisanten stützen. Dieser war zwar zahlenmäßig klein, trat aber gerade bei der Organisation der Einsetzungsfeste öffentlich hervor.

---

[2] Proklamation der Zentralverwaltung des Saardepartements vom 9. Ventôse VI / 27. Februar 1798, DELAPORTE: La fête du 1er ventôse, 1994, S. 152.
[3] HANSEN: Quellen, Bd. 4, 1938, S. 492f.

Auch im Saardepartement zeigen die Einsetzungsfeiern eine Verbindung aller drei Elemente. Sie sind formaler Rechtsakt der Einsetzung der neuen Verwaltungen, sie wollen aber auch den Rechtstransfer für jeden Staatsbürger verdeutlichen, und sie suchen dazu die Mitwirkung der Bevölkerung. Alle diese Feste lagen zeitlich noch vor der Einführung der Nationalfeste in den rheinischen Departements. Aber sie feierten das Ereignis der Annexion und des Rechtstransfers als einen Umbruch. In dieser Weise konnten die Einsetzungsfeiern als Ereignisfeste sich auf die Tradition der französischen Revolutionsfeste beziehen. Bereits mit diesen ersten Festen wurde deshalb im Saardepartement das ganze Szenario der Nationalfeste eingeführt. Sie begannen am Vorabend und am Morgen des Festtages mit Böllerschießen und Glockenläuten und setzten sich am Festtag mit einem großen Umzug zum Festort fort, wo die eigentlichen Feiern mit Reden, Musik und Liedern in einem republikanischen Zeremoniell bestanden, ehe sie nach der Rückkehr des Zuges zum Ausgangspunkt in geselligen Nachfeiern ihren Ausklang fanden. Die Feiern übernahmen von den französischen Nationalfesten auch die Symbolik der Revolution, die im Rheinland durch die französische Armee und die französische Militärverwaltung seit dem Beginn des Revolutionskrieges eingeführt und von den einheimischen Revolutionsanhängern auch aktiv aufgenommen worden war. Die Einsetzungsfeiern hatten so ihren Kern vor allem in der Errichtung von Freiheitsbäumen.

1.1. Einsetzung der Verwaltungen in Trier

Am aufwendigsten wurden die Einsetzungsfeste in der Departementshauptstadt Trier gefeiert, wo am 19. Februar die Zentralverwaltung und die Obergerichte des Saardepartements und am 14. März 1798 die Stadtmunizipalität Trier eingesetzt wurden[4]. Es waren jeweils Doppelfeste, die an zwei Arten von

---

[4] Als Quellen stehen zur Verfügung: die publizierten Festberichte (vgl. Verzeichnis 2: Publizistik der Nationalfeste), die in Auszügen auch bei HANSEN: Quellen, Bd. 4, 1938, S. 571, 595 abgedruckt sind, sowie eine kommentierte Aktenpublikation (DELAPORTE: La fête, 1994) und die zeitgenössische Chronik von Müller, die jeweils den öffentlichen Teil der Feiern beschreibt, (LHA Koblenz: Best. 700,62 Nr. 28, Heft G für 1798 fol. 30; vgl. LAGER, Chronik, 11, 1915, S. 117-119).
BUCHHOLZ: Französischer Staatskult, S. 47-64, hat die Feste exemplarisch untersucht und versucht, Unterschiede zwischen der Einsetzung der Zentralverwaltung und der Einsetzung der Munizipalität im Sinne einer politischen Interpretation in der Tradition von AULARD aufzuzeigen. Wo aber Aulard sich auf die politischen Texte der Protokolle der Pariser Entscheidungsgremien stützen konnte, kann Buchholz nur spekulieren. Die Interpretation geht aber fehl, weil Buchholz den administrativen Zusammenhang seiner Quellen nicht ausreichend berücksichtigt und insbesondere nicht zu wissen scheint, dass es bis zum Fest der Jugend 1799 die Zentralverwaltung selbst war, die für die Stadt Trier die Festprogramme vorgab, und dass danach die Stadtmunizipalität zwar die Feste organisierte, aber die Festprogramme noch immer der Genehmigung durch die Zentralverwaltung unterlagen. Trotzdem konnte es natürlich zu Auseinandersetzungen zwischen

V. Inhalt der Nationalfeste

Festorten stattfanden. Einmal fanden sie auf den Plätzen als Befreiungsfeste mit der Pflanzung von Freiheitsbäumen statt, die mit dem entsprechenden Zeremoniell vollzogen wurden. Der Baum wurde geschmückt und dann gemeinsam durch Vertreter des Volkes (« *die Hand des Volkes* ») und die neuen Funktionäre aufgerichtet, wozu jeweils patriotische Lieder gesungen und verschiedene Reden gehalten wurden[5]. Zum anderen vollzogen sie in den Verwaltungsgebäuden die Einsetzung der neuen Funktionäre in ihre Ämter mit der Ableistung ihres Amtseides und dem Austausch des Bruderkusses mit dem Einsetzungskommissar. Außen und innen bezeichnen hier zwei Arten von Öffentlichkeit. In der Öffentlichkeit der Plätze wurden die Freiheitsbäume in Gegenwart einer großen Volksmenge aufgestellt, so dass die Feier den Charakter eines Volksfests annehmen konnte. Die Öffentlichkeit der Verwaltungsgebäude dagegen war durch ihre hoheitliche Funktion gegeben, aber auch bei der Leistung der Amtseide war eine öffentliche Zeugenschaft durch Zuschauer zugelassen. Außen und innen sind hier deshalb nicht als Gegensätze zu sehen, sondern die beiden Formen der Öffentlichkeit sollten sich im gemeinsamen Bezug auf die Verfassung ergänzen, die die Rechte der Bürger wie die Aufgaben der Verwaltung definierte.

Verbunden waren die Feststationen der Baumsetzungen und der Amtseinführungen durch den Festzug. Er führte in Trier nicht, wie es sonst oft geschah, die Freiheitsbäume mit sich, konnte aber deshalb um so deutlicher das zentrale Zeremoniell herausstellen, das das Thema von Befreiung und Einsetzung der Verwaltung näher interpretieren sollte. Jede der beiden Einsetzungsfeiern war um ein zentrales Zeremoniell organisiert worden. Die Feierlichkeiten bei der Einsetzung der Zentralverwaltung fanden mit einer großen Militärpräsenz statt. Soldaten zu Pferd und zu Fuß eröffneten und beschlossen den Zug. Bei der Errichtung des ersten Freiheitsbaumes auf dem Domfreihof vor dem Sitz der Zentralverwaltung bildete das Militär ein großes Karree, in dem sich das Zeremoniell der Baumsetzung abspielte. Außerdem wurden bei der Pflanzung des zweiten Baumes auf dem Hauptmarkt (« *Paradeplatz* ») zwei verwundete Soldaten von zwei jungen Frauen mit Lorbeerkränzen gekrönt. Bei der Pflanzung eines dritten Freiheitsbaumes vor dem Sitz des Tribunals des Departements spielte das Militär dann zwar keine besondere Rolle, aber auch so kam die Referenz an das Militär, dessen Eroberungen die Annexion des Landes erst ermöglicht hatten, deutlich zum Ausdruck. Freiheit ist hier Vereinigung mit der Französischen Republik durch militärische Eroberung. Dagegen erscheint der Festzug bei der Einsetzung der Munizipalität in einem anderen Licht. Zwar

---

Zentralverwaltung und Stadt kommen, die Grundlage einer solchen Interpretation hätten sein können. Bei den Einsetzungsfesten ist davon aber nichts erkennbar.

[5] Ausführliche Darstellungen der Baumsetzungen geben KUHN: « *Und ewig soll am Rhein die Freiheits-Eiche blühn!* »; 1981; STEIN: Die Ikonographie der rheinischen Revolutionsfeste, 1989.

bildeten Garnison und Gendarmerie auch hier Anfang und Ende des Zuges, aber sonst trat das Militär nicht besonders in Erscheinung. Das zentrale Zeremoniell der Feier auf dem Kornmarkt vor dem Rathaus bestand vielmehr darin, dass ein Adelswappen, das als Symbol der Feudalherrschaft am Freiheitsbaum aufgehängt worden war, vom Präsidenten der Munizipalität mit einem Kolben in den französischen Nationalfarben zerschlagen und dann die Bruchstücke in der Grube für den Freiheitsbaum begraben wurden. Freiheit sollte hier als Befreiung von der Feudalherrschaft dargestellt werden.

Allerdings genügte der Zentralverwaltung dieser symbolische Akt noch nicht, denn nur drei Tage später verfügte sie die wirkliche Zerstörung aller Adelswappen an den Häusern sowie aller sonstigen öffentlichen Zeichen der alten Adelsherrschaft[6]. Da aber Kunstwerke ausgenommen waren und die Ausführung den Hauseigentümern selbst überlassen blieb, ist es dann doch zu keinem Bilder- bzw. Wappensturm gekommen, und vielfach wurden die inkriminierten Wappen einfach hinter Stuck oder Putz versteckt.

Beide Themen, Freiheit durch Eroberung und Freiheit als Befreiung von der Feudalherrschaft, wurden dann in der Komposition der Festzüge weiter ausgestaltet. Bei beiden Festen bildeten die Personen und Requisiten, die für das zentrale Zeremoniell gebraucht wurden, die Mitte des Zuges und konnten dadurch zu anderen thematischen Gruppen in Beziehung gesetzt werden. Bei der Einsetzung der Zentralverwaltung trennten die beiden Wagen mit den verwundeten Soldaten und den jungen Bürgerinnen die Repräsentanten der alten Feudalherrschaft von den neu einzusetzenden Funktionären der Republik. Dabei gingen der alte Magistrat, die Vertreter der Zünfte, die Amtsverwalter sowie Abordnungen der umliegenden Gemeinden vor den Wagen, während ihnen die gesamte neue französische Verwaltung, angefangen von den Richtern über die Offiziere und die Spezialverwaltung bis hin zur Zentralverwaltung mit ihrem Kommissar folgte. Hier wurde also die Ablösung des Alten durch das Neue demonstriert, und die Idee der Freiheit durch Eroberung erhielt in der Demonstration der Integration in den republikanisch verfassten Staat eine Ergänzung. Ganz ähnlich wurde bei der Einsetzung der Stadtmunizipalität das Zentrum des Zuges von einem Stadtdiener gebildet, der ein zur Zertrümmerung bestimmtes Adelswappen sowie einen Kolben in den französischen Nationalfarben als Zertrümmerungsinstrument mit sich trug. Wieder folgten

---

[6] Arrêté vom 27. Ventôse VI / 17. März 1798 - LICHTER: Wappen zu Trier, 1991, Abb., nicht überliefert in LHA Koblenz: Best. 276. Bemerkenswerterweise erfolgte die Maßnahme der Zentralverwaltung zwei Monate vor dem entsprechenden Arrêté von Rudler, vgl. MOLITOR: Vom Untertan zum Administré, 1980, S. 186.
Nicht richtig ist allerdings, wenn Lichter (S. 12) berichtet, dass bei der Wiedererrichtung des zerstörten Freiheitsbaumes auf dem Domfreihof vor der Zentralverwaltung am 24. März 1798 (Verzeichnis 2: Publizistik der Nationalfeste, Nr. 13) ebenfalls Wappen zerstört wurden.

dieser Zentralgruppe die neuen Verwaltungen, wenn auch jetzt die neu einzusetzende Munizipalität besonders herausgestellt und von den Vertretern der anderen Verwaltungen nur begleitet wurde. Vor der Zentralgruppe aber sollten jetzt « *Bürger in großer Anzahl* » gehen. Auch wenn es faktisch so war, dass natürlich nicht die gesamte Bürgerschaft, sondern doch nur wiederum die Vorsteher der Zünfte als ihre Repräsentanten im Zug erschienen[7], ist die Grundidee deutlich. Die Stadtmunizipalität sollte als Verwaltung der gesamten Bürgerschaft präsentiert werden. Freiheit war also als das Recht auf eine demokratisch legitimierte Verwaltung zu verstehen.

So zeigten die Anordnung der Festzüge sowie die damit verbundenen Zeremonien eine komplexe Inszenierung des Themas Befreiung, bei der verschiedene Aspekte thematisiert wurden: die militärische Eroberung, die Abschaffung der feudalen Strukturen in Staat und Gesellschaft und schließlich die Integration in die Französische Republik mit der Einrichtung einer neuen Verwaltung, die eine demokratische Legitimation beansprucht. Relativ neutral in diesem Zeremoniell blieb dabei nur die Mitwirkung einer letzten Gruppe, die die beiden Züge eröffnete. Sie wurde von den Professoren und Studenten der Universität[8], den Stadtpfarrern[9] sowie noch zusätzlich bei der Einsetzung der Munizipalität von den Schullehrern mit ihren Schülern und den Waisenkindern gebildet. Gruppen dieser Art, die durch die Darstellung von Jugend und Intellektualität die Weitergabe der Erinnerung thematisieren sollten, finden sich vielfach im Zeremoniell der Nationalfeste.

Die Inszenierung von Zug, Baumsetzungen, Ehrung des Militärs und Zerschlagung von Feudalsymbolen stellt eine erste Ebene da, auf der die Trierer Einsetzungsfeiern rezipiert werden können. Es ist die Ebene des öffentlichen Szenarios, und für die meisten zeitgenössischen Zuschauer war es sicherlich die einzige Perspektive, aus der sie die Feste verfolgen konnten[10]. Dazu trat aber als zweite Ebene die des Wortes in Lied und Rede, die an das Szenario

---

[7] Wie der Chronist Müller anmerkt, LHA Koblenz: Best. 700,62 Nr. 28, Heft G für 1798 fol. 30v, vgl. LAGER: Chronik, 1915, S. 119.

[8] Bei der Einführung der Zentralverwaltung in Trier führte der Bürger Clemens als Fahnenträger den Zug der Studenten an. Er erscheint auch bei der Verwaltungseinführung in Wittlich als Sänger patriotischer Lieder und wird hier beschrieben als « *der bekannte Patriot und Bürgerfreund, welcher das Fest mit seiner Gegenwart beehrte* ».

[9] Die Anwesenheit der Pfarrer ist bemerkenswert, aber nicht ohne Parallele bei den Nationalfesten des Saardepartements. Darauf ist zurückzukommen. Nicht nachvollziehbar sind aber die Schlussfolgerungen, die BUCHHOLZ: Französischer Staatskult, 1997, S. 50, aus einer angeblichen Abwesenheit der Pfarrer bei der Einsetzung der Zentralverwaltung zieht. Zwar werden sie nicht im Festbericht gesondert aufgeführt, aber sie waren eingeladen worden (DELAPORTE: La fête du 1er ventôse, 1994, S. 149) und sie wurden auch im Zug gesehen (Chronik Müller: LHA Koblenz: Best. 700,62 Nr. 28, Heft G für 1798 fol. 30, vgl. LAGER: Chronik, 1915, S. 117).

anknüpfte und ihm eine genauere Interpretation geben konnte. Es ist das gleiche Thema von Freiheit als Eroberung und Freiheit als Befreiung, das hier behandelt wurde, nur verlangte es nun über die Signalwirkung der Revolutionssymbole hinaus eine argumentative Darlegung.

Dabei knüpften die Reden und Lieder, die bei den Baumsetzungen gehalten bzw. gesungen wurden, direkt an dem Motiv des Baumes als einem der Leitsymbole der Revolution an. Der dabei als provisorischer Kommissar der Munizipalität Trier wirkende Johann Jakob Stammel hatte eigens für die Feier einen Hymnus gedichtet, der den Baum als Symbol der Befreiung der Menschheit preist und die kosmopolitische Aussage der Strophen mit dem lokalen Bezug auf den gerade gesetzten Freiheitsbaum im Refrain verbindet[11]:

> « *Feiernd umwindet*
> *Trierer das Freiheitsmahl,*
> *Freude verkündet*
> *Donnernd das Thal.* »

Stammel hielt auch eine der Reden, in der er im Auftrag der Munizipalität von Trier den Freiheitsbaum feierte als « *Baum der Eintracht und allgemeinen Verbrüderung, unter welchem die Fesseln der Knechtschaft zerbrochen liegen und die Menschheit sich in dem vollen Gefühl ihrer Würde wieder hebt* »[12]. In ähnlicher Weise begrüßte Lintz als Präsident der neuen Zentralverwaltung den Baum als « *Baum der Freiheit* » und als « *Wiedergeburt der nur zu lange verkannten Menschenrechte* »[13]. Damit ist die Problematik von Eroberung und Befreiung aufgenommen, aber ganz im Sinne eines Menschenrechtes auf Freiheit beantwortet. Das gelingt durch eine doppelte Argumentation. Einmal wird der neu errichtete Freiheitsbaum von dem Baum abgesetzt, der 1795 bei der Einführung der Bezirksregierung Trier als einer zwar von Deutschen gebildeten Verwaltung, die aber Teil der französischen Militäradministration im Rheinland war, errichtet worden war[14]. Jener war ein « *Baum unserer Besiegung* »[15], weil mit seiner Errichtung das Land weiterhin nach Kriegsrecht als erobertes Land behandelt wurde. Demgegenüber wird der neue

---

[10] Es ist die Perspektive des Chronisten Müller (LHA Koblenz: Best. 700,62 Nr. 28, Heft G für 1798, vgl. LAGER: Chronik, 1915).

[11] Die Hymne war wohl für eine größere Verbreitung bestimmt, worauf die gelegentliche Bezeichnung in den Texten als « *Tréviroise* » deutet, die den Anspruch einer Parallele zur « Marseillaise » erkennen lässt. Tatsächlich ist sie bei den weiteren Einsetzungsfeiern aber, soweit ersichtlich, nur noch in Merzig sowie in Birkenfeld (s. u.) gesungen worden.

[12] STAMMEL: Rede bei der Einsetzung der Munizipalität, S. 4.

[13] LINTZ, in: Festbericht zur Einsetzung der Zentralverwaltung, S. 17.

[14] Festbericht vgl. Verzeichnis 2: Publizistik der Nationalfeste, Nr. 9. Auszug bei HANSEN: Quellen, Bd. 3, 1935, S. 484-490.

Baum als ein Zeichen der Gewährung von staatsbürgerlichen Freiheitsrechten und der Aufnahme in die Französische Republik gefeiert. Damit können nun zum zweiten auch Schlüsselbegriffe des französischen Revolutionsdiskurses rezipiert werden. Das ist zunächst der Begriff der «*Verbrüderung*»[16], der den staatsrechtlichen Anschluss an Frankreich in die französische Tradition der staatsbürgerlichen Gleichheit («*fraternité*») und der politischen Verbindung («*fédération*») einfügt. Verbrüderung ist Aufnahme in die Gemeinschaft der freien und rechtlich gleichen Bürger, so wie die Verbrüderung durch die Revolution unter den Franzosen selbst vollzogen wurde. Das ist zum anderen der Begriff der «*Wiedergeburt*» / «*régénération*», der einen revolutionären Legitimationsbegriff für die eigenen Forderungen nutzbar macht. Regeneration wurde in Frankreich[17] auf vieles angewendet, auf die Staatsform, auf besondere Freiheitsrechte, sogar auf die Religion. Immer aber diente er zur Legitimation von Forderungen, die als Wiederherstellung ursprünglicher Zustände gerechtfertigt waren. Andererseits denunzierte der Begriff die Gegner, gegen die die Wiedergeburt durchgesetzt werden musste, als Usurpatoren. Immer auch beschränkte sich der Begriff Wiedergeburt nicht auf eine nur restaurative Wiederherstellung, sondern reklamierte das dynamische Element einer neuen und weiteren Entwicklung für sich. Bei den Trierer Einsetzungsfesten war es naheliegend, den Gedanken der Wiedergeburt in Bezug auf die Freiheit der alten Treverer anzuwenden und so die eigene Freiheit zu begründen. Verbrüderung mit der Französischen Republik und Wiedergeburt der Freiheitsrechte wurden hier also in einer sehr grundsätzlichen, auf Freiheits- und Menschenrechte ausgerichteten Weise implementiert. Insofern findet sich hier die Denkweise der Dekadenreden schon vorgezeichnet. Im Gegensatz zu der dortigen Kant'schen Argumentation benutzen die Einsetzungsreden mit den Begriffen der «*Verbrüderung*» und der «*Wiedergeburt*» aber eine stärker am französischen Diskurs ausgerichtete Begrifflichkeit. Es ist der Anfang eines spezifisch linksrheinischen republikanischen Diskurses[18].

---

[15] LINTZ, in: Festbericht zur Einsetzung der Zentralverwaltung, S. 17; STAMMEL, in: Festbericht zur Wiederherstellung des Freiheitsbaumes, S. 7-8.

[16] Der Begriff stellt keine Besonderheit des Redners dar. Vielmehr gehörte er zur normalen Verdeutlichung der revolutionären Trias von «liberté, égalité, fraternité» als «Freiheit, Gleichheit, *Verbrüderung*», wie sie in dem vielfach deutschsprachigen Schrifttum der französischen Militärverwaltung vor 1798 gebraucht wurde (Beispiel in: LHA Koblenz: Best. 276 Nr. 282). SCHIEDER: Brüderlichkeit, 1972, rezipiert richtig die «fraternité» gegen spätere Romantisierungen als jakobinischen Kampfbegriff zur Durchsetzung von «liberté» und «égalité» (S. 565), kennt aber „Verbrüderung" nur im Gebrauch des 18. Jahrhunderts als ideelle Bruderschaft (S. 569f.), während ihm der hier zitierte linksrheinische Gebrauch unbekannt ist.

[17] OZOUF: Régénération, 1988. / Erneuerung, 1996.

[18] Bezeichnenderweise kennt ABDELFETTAH: Rezeption der Französischen Revolution, 1989, der vor allem rechtsrheinische Zeitschriften untersucht, die Begriffe „Verbrüderung" und „Regeneration" nicht.

In einem war nämlich der Französische Revolutionsdiskurs den deutschen Dekadenreden sehr ähnlich. Wie diese war er sehr grundsätzlich und theoretisch ausgerichtet, und die Anknüpfung an zentralen Revolutionssymbolen erleichterte dieses Denken. Allerdings war die Realität damit nur teilweise in Übereinstimmung zu bringen. Zwar bedeutete die Annexion ein Ende der bisherigen Militärherrschaft, zwar brachte sie auch einen völligen institutionellen Umbruch, der wichtige Verfassungsrechte einführte und für die Entwicklung des Landes gute Aussichten zu versprechen schien, aber die Annexion schloss gerade das wichtigste Bürgerrecht aus, nämlich das Wahlrecht. Das führte zu schiefen Formulierungen, so bei der Vorstellung der Verwaltungsgremien[19], die ja gerade nicht gewählt, sondern ernannt waren, oder auch bei der Erörterung der demokratischen Kontrolle der Verwaltung[20], die ja im Rheinland gerade nicht wieder abgewählt werden konnte. Da mochte das Wort « *eines von euch zur Freiheit eroberten Volkes* »[21], das bei dem Fest an die anwesenden französischen Soldaten gerichtet war, noch so geschickt gewählt sein, es musste aber doch nur um so deutlicher das ungelöste Problem von Eroberung und Befreiung wieder neu stellen. Über den akademischen Diskurs der Dekadenfeiern hinaus war hier eine politische Antwort gefragt. Sie wurde auch gegeben mit dem Hinweis auf die Leiden des Landes im Revolutionskrieg, für die es eine Entschädigung verdient hätte[22], und mit dem Hinweis auf die Anstrengungen des Volks für die Freiheit, wofür ihm eine Belohnung von der Vorsehung vorbehalten wäre[23]. Das werden die Zuhörer gerne gehört haben. Aber eine Instanz, vor der solche Ansprüche einforderbar gewesen wären, war die Vorsehung nun gewisslich nicht. Vor diesem Hintergrund mussten die Vergleiche der Zustände im Alten Reich mit der jetzigen Lage unter der französischen Verwaltung, die die Reden der deutschen Funktionäre beherrschten, etwas Hypothetisches und Utopisches annehmen. Es waren Hoffnungen auf eine Zukunft, wenn, ja wenn einmal Frieden sein würde und wenn dem Rheinland die vollen Verfassungsrechte gewährt sein würden.

---

[19] Blaumeiser spricht davon, dass die Verwalter und Richter « *größtentheils aus unsrer Mitte gewählt* » seien, aber eben durch die französische Verwaltung, vgl. Festbericht über die Einsetzung der Zentralverwaltung, S. 28-29.

[20] Gerhards spricht davon, dass jeder Bürger seine Verwaltungen, « *wenn sie es nicht gut mit den Bürgern meinen, bei der nächsten Wahl übergehen* » könne, vgl. Festbericht über die Einsetzung der Munizipalität, S. 12.

[21] Lintz, in: Festbericht über die Einsetzung der Zentralverwaltung, S. 16. DELAPORTE: Fête du 1ᵉʳ ventôse, 1994, S. 155, hat schon auf den Satz hingewiesen, legt ihn aber irrtümlich Boucqueau bei.

[22] Dupré, in: Festbericht über die Einsetzung der Munizipalverwaltung, S 7.

[23] Lintz, in: Festbericht über die Einsetzung der Zentralverwaltung, S. 17: « *Dieser Baum ist das Anzeichen der uns und allen an dem linken Rheinufer wohnenden Völkern wegen unserer für die Sache der Freiheit gemachten außerordentlichen Anstrengungen und Aufopferungen von der Vorsehung vorbehaltenen Belohnung* ».

Blieben so schon die Reden der deutschen Funktionäre manche Antwort schuldig, so kam hinzu, dass diese nur einen Teil der Debatte darstellten. Daneben hielten auch die französischen Beamten der neuen Verwaltungen verschiedene Reden. Welche Stellung nahmen sie zu diesen Fragen ein? Der die Einsetzungen vornehmende Kommissar Boucqueau äußerte sich dazu in aller Klarheit: « *Ihr gehört Frankreich durch das Recht der Eroberung zu, ihr werdet Franzosen werden durch das Recht der Aufnahme* »[24]. Hier war also das krude Faktum der Eroberung klar benannt. Alle Freiheitsbäume, alle Befreiungssymbolik, alles Reden von Verbrüderung und alle moralischen Ansprüche auf eine vollständige Integration verblassten davor. Wiedergeburt und Verbrüderung waren nicht Gegenstand der aktuellen Feiern, sie waren erst zukünftige Ziele, deren Verwirklichung an klare Bedingungen geknüpft war, nämlich die Beachtung der französischen Gesetze (« *Unterwürfigkeit unter das Gesetz* »), eine vertrauensvolle Respektierung der eingesetzten Verwaltungen (« *Zutrauen, welches ihr gegen eure neuen Obrigkeiten bezeuget* ») sowie die Bewahrung von Ruhe und Ordnung (« *die Ordnung und Friedlichkeit, welche in eueren Städten und Dörfern herrschen werden* »). Freiheit als Bürgerrecht in der Französischen Republik ist hier also kein Menschenrecht, auf das ein Anspruch besteht, sondern ein Recht, das verliehen werden kann, wenn es durch Wohlverhalten verdient worden ist. Boucqueau spricht deshalb nicht von Verbrüderung, er stellt eine Aufnahme in den Staatsverband nur in Aussicht. Einen ähnlichen Ton schlägt auch ein zweiter französischer Redner, das Mitglied der Zentralverwaltung Labourdinière, an. Zwar greift er auch den Begriff der Wiedergeburt auf, aber er benutzt ihn gerade nicht im Sinne einer Wiedergeburt der Freiheitsrechte der Rheinländer, sondern vielmehr im Sinne einer staatlichen Wiedergeburt Frankreichs. Wiedergeboren werde « *das erste Vaterland der Franzosen* », zu dem das Rheinland schon in fränkischer Zeit gehört hätte, und wiedergeboren würden die « *von Natur gezeichneten Grenzen* » Frankreichs, also die Rheingrenze. Die gleiche Revolutionssprache hat hier also eine deutlich etatistischere Färbung. Die Leiden der Bevölkerung im Revolutionskrieg werden dabei zwar bedauert, es wird aus ihnen aber kein Anrecht auf Aufnahme hergeleitet, denn sie müssen sich gegen die Leiden des französischen Volkes im Revolutionsprozess und im Revolutionskrieg aufrechnen lassen. Das aktuelle Fest der Einsetzung der neuen Verwaltungen wird so vor allem pragmatisch gesehen und mit dem bewusst unbestimmten Ausdruck der « *neuen Ordnung der Dinge* » / « *nouvel ordre des choses* » bezeichnet, aber eben nicht schon als revolutionärer Umbruch gefeiert. Als zentrale Denkfigur erscheint deshalb bei Boucqueau nicht der die deutschen Reden beherrschende dichotomische Vergleich von Alt und Neu, sondern ein Dreischritt von « *alte[r] Regierung* », « *neue[r] Ordnung*

---

[24] Boucqueau, in: Festbericht über die Einrichtung der Zentralverwaltung, S. 10.

der Dinge » und « *glänzendste[r] Zukunft* ». Diese Trias des französischen Diskurses ist zwar ebenso offen für die Zukunft wie die schon real geglaubte Wiedergeburt in den deutschen Reden, sie weist aber deutlich auf die Bedingungen hin, die für eine solche Entwicklung gefordert werden, nämlich ein politisches Wohlverhalten der Bevölkerung.

Bei den Feiern zur Einsetzung der neuen Verwaltungen in Trier sind insgesamt neun Reden gehalten worden, vier bei dem formellen Einsetzungszeremoniell in den Behörden und fünf bei den Baumsetzungen auf den Plätzen, vier von Franzosen und fünf von Deutschen. Zwischen den öffentlichen Reden auf den Plätzen und den offiziellen Reden in den Behördensälen findet sich natürlich eine thematische Varianz, indem die bei der Einsetzung der neuen Funktionäre gehaltenen Reden deren künftige Betätigungsfelder als Verwalter oder Richter besonders zur Sprache brachten, während die öffentlichen Reden an dem Festsymbol des Freiheitsbaumes anknüpften. Eine grundsätzliche Diskursdifferenz wird dagegen nicht deutlich. Stärker ist dagegen die Differenz zwischen den deutschen und den französischen Reden zu erkennen. Die neue republikanische Verwaltung wird von den Franzosen, die sie importieren, und den Deutschen, die sie rezipieren, unterschiedlich akzentuiert. Was von den deutschen Rednern als Gewinn von Freiheitsrechten gesehen wird, ist für die Franzosen eine Staatserweiterung und eine Gewährung von Staatsbürgerrechten. Die deutschen Redner versuchen, dem Volk die revolutionären Staatsinstitutionen zu vermitteln und ihre positiven Folgen für die Gesellschaft nachzuweisen. Sie kommen dabei aber leicht in die Gefahr, mehr anzupreisen, als tatsächlich schon eingeführt ist, und mehr zu versprechen, als gehalten werden kann. Dagegen können sich die französischen Redner bitten lassen und auf die Bedingungen eines weiteren Rechtstransfers verweisen, wobei ihnen indirekt gerade die Argumentation der deutschen Redner hilft, die den Wert der in Aussicht gestellten Institutionen glaubhaft nachweist. Man könnte deshalb fast an eine Rollenverteilung im Diskurs mit der Bevölkerung denken, aber der Unterschied zwischen dem deutschen und dem französischen Diskurs ist eher als ein Reflex der den jeweiligen Gruppen zugewiesenen Funktion als Repräsentanten der französischen Regierung oder als Vertreter der einheimischen Bevölkerung zu verstehen. Allerdings dürfte das, was heute als inhaltliche Differenz in den Reden analytisch ermittelt werden kann, damals für das Fest selbst und seine unmittelbare Sozialwirkung eher sekundär gewesen sein. Von der zeitgenössischen Chronistik werden die Reden nur als Faktum erwähnt, nicht aber in ihrem Inhalt referiert. Für die Bevölkerung dürfte die aktuelle Wirkung des Festes vor allem in dem öffentlichen Zeremoniell bestanden haben. Hier war demonstriert worden, dass die Vereidigung der neuen Verwaltungen mit der Errichtung von Freiheitsbäumen verbunden war, dass die Armee ihre Präsenz gezeigt hatte, dass aber auch das Feudalregime symbolisch zerschlagen worden war und dass die neue Verwaltung als Repräsentanz der Bürger verstanden werden wollte. Eine Inszenierung, die dies alles zeigen konnte, war freilich aufwendig. Sie konnte im Rahmen eines einmaligen Doppelfestes in der Departementshauptstadt realisiert werden. In den Kantonshauptorten dagegen mussten die entsprechenden öffentlichen Inszenierungen mit bedeutend geringeren Mitteln auskommen, standen allerdings auch unter einer weniger intensiven Überwachung durch die französische Verwaltungspräsenz.

1.2. Einsetzung der Verwaltungen in den Kantonen

Auf die Trierer Einsetzung der Zentralverwaltung am 19. Februar und der Munizipalität am 14. März folgte die Einsetzung der Munizipalitäten in den einzelnen Kantonen in der Zeit vom 28. März bis zum 17. April 1798[25]. Es waren bescheidenere Feiern, bei denen zugleich die französische Präsenz zurücktrat. Die Leitung lag in den Händen von Einsetzungskommissaren, die von der Zentralverwaltung bevollmächtigt waren[26]. Die Zentralverwaltung hatte dazu ihre deutschen Mitglieder[27] sowie die deutschen Präsidenten und Kommissare bei den Obergerichten[28] zu Kommissaren abgestellt. Obwohl die Einführung der neuen Verwaltungen zeitlich versetzt vor sich ging, reichte das dafür verfügbare Personal aber nicht für alle Kantone aus, und so musste in nicht wenigen Fällen die Einsetzung durch die dortigen Kantonskommissare oder durch Kommissare der benachbarten Kantone vorgenommen werden[29]. Dabei sind nur drei Fälle bekannt, bei denen die Einsetzung durch französische Kommissare vorgenommen wurde[30]; aber auch von diesen konnten zwei ihre Rede in deutscher Sprache halten. In den Kantonen hatten also die Feste zur Einsetzung der neuen Verwaltungen in Personalbesetzung und Sprache weitgehend einen deutschen Charakter.

---

[25] Für die gedruckten Festberichte siehe Verzeichnis 2: Publizistik der Nationalfeste. Die aktenmäßigen Festberichte finden sich in: LHA Koblenz: Best. 276 Nr. 137. HANSEN: Quellen, Bd. 4, 1938, S. 600 berichtet nur über die Verwaltungseinsetzung in Saarbrücken nach der zeitgenössischen Chronistik. Ergänzende Quellen beziehen sich auf die Einsetzungsfeste in Blieskastel (LA Speyer: G 9 Nr. 7, 8), Meisenheim (BAUMGART: Roemmich, 1999, S. 108-109 nach Chronistik), Saarbrücken (LA Saarbrücken: ArchSlg.HV, Nr. 239), St. Arnual (StadtA Saarbrücken: Mairie Nr. 12, 733), Waldmohr (LA Speyer: G 9 Nr. 37/1). Vgl. auch: Die Französische Revolution und die Saar, 1989, Nr. 248-256, S. 210-213.

[26] Instruktion vom 10. Germinal VI / 30. März 1798 - LHA Koblenz: Best. 276 Nr. 137.

[27] Präsident Lintz in Konz, Verwalter Gerhards in Pfalzel, Verwalter Haan in Bernkastel, Wittlich und Schweich.

[28] Gattermann, Präsident des Polizeigerichts in Trier, für Schweich; Weitert, Präsident des Kriminalgerichts des Saardepartements, für Merzig; Kindts, Kommissar beim Polizeigericht in Trier, für Gerolstein, Kyllburg, Manderscheid.

[29] Kantone Birkenfeld, Büdlich, Daun, Hermeskeil, Lebach, Lissendorf, Meisenheim, Ottweiler, Prüm, Rhaunen, Saarbrücken, Schönberg, St. Arnual, Waldmohr.

[30] Humbert als Kantonskommissar in Daun, Briffault als Chefsekretär in Prüm, Bernard als Kommissar in Saarbrücken.

1.2.1. Spontane Baumsetzungen

Umso mehr konnten sie als die Fortsetzung der Baumsetzungen erscheinen, die schon vor der Einsetzung der neuen Verwaltung in verschiedenen Orten des Departements vorgenommen worden waren. Auch wenn die Schwerpunkte der cisrhenanischen Bewegung im nördlichen Rheinland im Herbst 1797 sowie dann der Reunionsbewegung der Volksgesellschaften am Mittelrhein zu Anfang des Jahres 1798 außerhalb des Saardepartements lagen, reichten beide Bewegungen doch noch in das Gebiet des Departements hinein. So wurde am 19. November 1797 in Wittlich ein cisrhenanischer Freiheitsbaum gepflanzt[31], wobei die treibende Kraft der ortsansässige Cisrhenane Keucker[32] war, der hier eine kleine Organisation hatte aufbauen können, die über ein Netz von Ortszellen verfügte[33], und deren Organisationsgrad noch in der Durchführung der Feiern zur Einsetzung der Kantonsmunizipalität in Bernkastel und Wittlich erkennbar ist. Zu den Cisrhenanen zählte auch der Kirner Apotheker Oellig[34], der nach der Annexion zunächst am 6. Januar 1798 in Merxheim (Kanton Meisenheim)[35], wo er Agent war, einen Freiheitsbaum errichtete und sich dann im ganzen Gebiet zwischen Hunsrück und Glan um die Errichtung

---

[31] HANSEN, Quellen, Bd. 4, 1938, S. 354, 486. Die Urheberschaft von Keucker wird im Festbericht für die Einsetzung der Kantonsmunizipalität von Wittlich genannt.

[32] Johann Baptist Keucker wurde 1768 in Wittlich geboren. Nach Studium in Luxemburg und Trier und einem Frankreichaufenthalt ließ er sich zunächst als Kaufmann in Wittlich nieder. Schon 1794 ist er Mitglied des Stadtrates von Wittlich und attackiert die etablierten Repräsentanten (SCHAAF: Landkreis Bernkastel-Wittlich, 1991, S. 204). Er schloss sich der cisrhenanischen Bewegung an und hielt sich in diesem Zusammenhang im Oktober 1797 in Paris auf, wie es aus den Protokollen der Koblenzer Cisrhenanen hervorgeht (KUHN: Linksrheinische Jakobiner, 1978, S. 144). Nach der Annexion war Keucker dann zunächst « commissaire près le tribunal de police correctionnelle » in Prüm, wo er bei der Krise des Klöppelkrieges mutig auf seinem Posten aushielt, und später in Birkenfeld. Dort wurde er dann zunächst als Unruhestifter entlassen (Beobachter an der Saar, Nr. 12, 23. Nivôse VII / 12. Januar 1799). Nachdem man sich aber auch in Paris für ihn verwendet hatte (AN: F^7 7520(34)), wurde er wieder eingestellt, und zwar zunächst als Hypothekenbewahrer in Birkenfeld (Haan: Rechtfertigung, S. 16f.) und dann ab dem 17. Brumaire VIII / 8. Nov. 1799 als Greffier beim Tribunal correctionnel in Birkenfeld (StadtA Mainz: Etat des services, Sarre: 288), wo er noch im Jahre IX wirkte.

[33] Zeugnisse über eine « Club » genannte Zelle in Lieser, die in Verbindung mit Keucker stand, sind nachgewiesen bei SEIBRICH: Pfarrerwahlen, 1991, S. 223.

[34] Karl Oellig war Apotheker in Kirn, schloss sich der cisrhenanischen Bewegung an und gehörte zur Delegation, die im Oktober 1797 zu General Augereau geschickt wurde. Seit Anfang 1798 suchte er eine Reunionsbewegung im Gebiet zwischen Nahe und Glan zu organisieren und war dann Forstinspektor in Becherbach (HANSEN: Quellen, Bd. 4, 1938, S. 714, 752-753.). Später trat er einmal in Meisenheim als Dekadenredner auf (ADAMS: Meisenheim, S. 289). Ab 1807 findet man ihn wieder als Apotheker in Rhaunen (SEIBRICH: Rhaunen, 1994, S. 32, 82, 142, 148).

[35] HANSEN: Quellen, Bd. 4, 1938, S. 752f.; LHA Koblenz: Best. 642 Nr. 180 mit Unterschriftenlisten der Anhänger und der Gegner der Baumsetzung in Merxheim. FRANKE: Schinderhannes, 1993, S. 109-116.

V. Inhalt der Nationalfeste

von Freiheitsbäumen bemühte. Im März konnte er außer in der Stadt Kirn (Rhein-Mosel-Departement)[36] insbesondere in den altherrschaftlichen Ämtern Kyllburg[37] und Veldenz[38] fast in jeder Gemeinde eine Baumsetzung veranlassen und in der unsicheren Situation vor der endgültigen Organisation der französischen Verwaltung dazu auch die noch amtierenden Amtmänner zur Zusammenarbeit gewinnen. Schließlich wurde am 11. Februar 1798 ein Freiheitsbaum in Blieskastel[39] errichtet. Hier wurde die Rede von dem Sohn des Amtmannes Schmeltzer[40] gehalten, der schon verschiedene Funktionen in der französischen Militärverwaltung des Rheinlandes ausgeübt hatte und nun den Anschluss der alten Führungseliten an das neue Regime signalisierte. Auch wenn diese ersten Baumsetzungen im Saardepartement im Zusammenhang mit der Annexion noch um den einen oder anderen Fall vermehrt werden könnten[41], kann ihre begrenzte Zahl kaum als ein Zeichen für eine allgemeine Akzeptanz der Annexion gewertet werden. Deutlich zeigen sich aber die beiden politischen Gruppen der Patrioten und der alten Verwaltungselite, die zur Zusammenarbeit mit den Franzosen bereit waren und dabei auch durch öffentliche Aktionen wie die Baumsetzungen ihre Berücksichtigung bei der Neuorganisation der Verwaltung reklamierten.

Über diese ersten Baumsetzungen hinaus sind aber auch weitere Gruppen mit Aktionen an die Öffentlichkeit getreten. Wenn schon am 31. Dezember 1797 und erneut am 25. März 1798 in Meisenheim[42] sowie dann am 19. März in St. Wendel[43], am 20. März in Birkenfeld[44] und noch am 2. April in Saarburg[45] Freiheitsbäume errichtet wurden, bevor dort die entsprechenden Kantonsver-

---

[36] HANSEN: Quellen, Bd. 4, 1938, S. 714 (14. März 1798).
[37] LHA Koblenz: Best. 276 Nr. 1094 (8.-10. März 1798, Protokoll für Odenbach).
[38] LHA Koblenz: Best. 276 Nr. 1094 (24.-25. März 1798, Protokoll für Veldenz).
[39] ULBRICH: Blieskastel, 1988, S. 85; LAUFER: Verwaltung, 2010, S. 219.
[40] Johann Christian Schmeltzer, entstammte einer Beamtenfamilie aus Blieskastel in der Grafschaft von der Leyen und war selbst noch kurz vor der Eroberung durch die französischen Armeen in die dortige Verwaltung eingetreten, bekleidete aber auch in der französischen Militärverwaltung Funktionen. Bei der Bildung der Zentralverwaltung wirkte er zunächst als provisorischer Generalsekretär sowie als Sektionschef für Domänen und Forsten und war dann bis zum Ende der französischen Herrschaft als Domäneneinnehmer in Trier tätig. Unter der preußischen Herrschaft war er zunächst provisorischer Landrat in Saarlouis und dann bis 1841 der einzige ehem. französische Beamte in der Regierung Trier, vgl.: ROMEYK: Verwaltungsbeamte, 1994, S. 724; LAUFER: [2] Verwaltung, 2010, S. 216; LAUFER: [3] Französischkenntnisse, 2008, S. 714f.
[41] Zu den nur chronikalisch bezeugten Baumsetzungen « auf allen Dörfern » um Trier vgl. HANSEN: Quellen, Bd. 4, 1938, S. 486 nach Chronik Müller.
[42] BAUMGART: Roemmich, 1999, S. 107-108; SALOMON: Meisenheim, 2015, S. 212-214.
[43] STEIN: Jakobinerklub, 1989; STEIN: Die konstitutionellen Zirkel, 1993.
[44] GÖHL: Revolutionsakzeptanz, 1995, S. 54-55.
[45] Erwähnt im Bericht über die Einsetzung der Kantonsmunizipalität (LHA Koblenz: Best. 276 Nr. 137): Baumsetzung « à la satisfaction des bons patriotes du canton, qui ne laisseront de mériter la bienveillance du gouvernement français ».

waltungen eingesetzt wurden, so waren es jeweils bisher nicht hervorgetretene lokale Akteure, die nun durch die Baumsetzungen wiederum sowohl eine Akzeptanz der Annexion wie auch zugleich ihre Bereitschaft zur Teilnahme an der neuen Verwaltung signalisierten. So findet sich auch hier die etwas seltsame Allianz von Revolutionsanhängern und altständischen Beamten wieder, die vor allem auf der Unübersichtlichkeit der Situation basierte.

Am deutlichsten waren die Vorgänge in St. Wendel, wo sich eine Gruppe jüngerer Männer, die an der Schwelle zum Eintritt in das öffentliche Leben der Stadt stand, zusammenfand, um einen konstitutionellen Zirkel zu bilden. Diese Form der Volksgesellschaft war durch die französische Verwaltung vorgegeben, die zur Bildung solcher Vereinigungen aufgerufen hatte. Die innere Ausgestaltung dieser Organisationsform war aber - zumindest in St. Wendel - wenig von französischen Vorbildern beeinflusst und zeigte vielmehr eine deutliche Beziehung zu deutschen Aufklärungsgesellschaften, wie dies bei einer lokalen Gruppenbildung auch kaum anders zu erwarten war. Ziel des Zusammenschlusses war es, die Zustimmung zur Aufnahme in den französischen Staat zu bekunden, und deshalb organisierte der Zirkel als erste öffentliche Aktion eine Baumsetzung. Damit verband sich der Wunsch, in dem nun neu zu organisierenden Gemeinwesen an seinem Ort mitzuwirken, so dass sofort begonnen wurde, zu den anstehenden politischen Fragen Stellung zu beziehen. Die noch vor der Einrichtung der Kantonsverwaltungen im Saardepartement ausgeführte Baumsetzung in St. Wendel hat so einen durchaus eigenen Charakter. Selbstverständlich fehlten die bei der Einsetzung der neuen Verwaltungen in Trier und dann auch in den Kantonshauptorten in den Festzügen dominierenden neuen Beamten. Stattdessen standen die Patrioten des konstitutionellen Zirkels im Mittelpunkt. Es war die Volksgesellschaft, die den Baum herbeiführte und aufrichtete. Kinder umgaben sie, um das Gedächtnis davon weit in die Zukunft zu tragen. Dazu stimmt die Festrede, wo der ortsansässige Kaufmann Karl Cetto die früheren Baumsetzungen von 1792 und 1795, die durch das französische Militär vorgenommen worden waren, mit dem neuen Fest kontrastierte, das von der Bürgerschaft selbst getragen wurde (« *Aber heute erneuern wir das Fest mit unbezweifelter Sicherheit.* »). Weiterhin erlaubte der lokale Ursprung des Festes es ihm, die Rechtfertigung der Annexion mit sehr konkreten Argumenten aus der jüngsten Vergangenheit der Stadt zu belegen. Deutlich wurden die Klagen der Stadt über die absolutistische Herrschaft des alten Amtmanns und über seine Eingriffe in hergebrachtes Recht und Eigentum der Stadt sowie über die willkürliche Rechtsprechung vorgetragen. Darüber hinaus wurde die noch ausstehende Rechnungslegung des Amtmannes für die letzten 20 Jahre seiner Verwaltung angemahnt und überhaupt die entlegene Situation der Stadt in dem Gewirr der linksrheinischen Kleinterritorien (« *Winkel der Vergessenheit* ») beklagt.

V. Inhalt der Nationalfeste

Diese Argumente, von Cetto als Sprecher einer Gruppe von jüngeren Mitgliedern der führenden Schöffenfamilien der Stadt vorgetragen, mussten politisches und soziales Gewicht haben, auch wenn dabei Spannungen zu dem noch amtierenden Stadtmagistrat aufgebrochen waren. Man darf so annehmen, dass das Fest in ähnlicher Weise gefeiert worden ist, wie die fast zeitgleiche Baumsetzung in Speyer durch den dortigen konstitutionellen Zirkel, für die die Zeichnung von Johannes Ruland vorliegt[46]. In beiden Fällen sollte es ein Volksfest sein, und so kann der Titel der Speyerer Zeichnung, « *Triumph der Freiheit* », vielleicht auch für St. Wendel gelten.

Insgesamt zeigt die Errichtung der verschiedenen Freiheitsbäume über die jeweiligen gruppenpolitischen und lokalen Umstände hinaus für das Saardepartement ein lockeres Netz von nicht direkt von der französischen Verwaltung veranlassten Baumsetzungen. Die begrenzte Zahl der Fälle soll dabei die überlokale Ausstrahlung der einzelnen Baumsetzungen nicht unterschätzen lassen. Die Reden und Festberichte der Baumsetzungen in Blieskastel und St. Wendel waren sofort durch den Druck verbreitet worden. Noch mehr dürfte die Fama ihre Rolle gespielt haben, denn schon die St. Wendeler Volksgesellschaft sah sich bei der Vorbereitung der Baumsetzung unter einem ausgesprochenen Zugzwang, « *daß auch dahier, wie bereits in den meisten zwischen Rhein und Maas gelegenen Gemeinden, ein Freiheitsbaum gesetzt werde* »[47]. Entsprechend lassen sich bei der Baumsetzung auch Beziehungen bis zu den Koblenzer, Kölner und Speyerer konstitutionellen Zirkeln erkennen[48]. Es herrschte also eine allgemeine Vorstellung von vielen Freiheitsbäumen, die allenthalben im Zusammenhang mit der Annexion des Rheinlandes errichtet worden waren. Dabei sind freilich die gesamten Baumsetzungen in den rheinischen Departements von den cisrhenanischen Freiheitsbäumen im Herbst 1797 bis zur Reunionsbewegung im Winter und Frühjahr 1798 zu berücksichtigen, von denen die erwähnten Freiheitsbäume im Saardepartement nur einen kleinen Teil bildeten. Dies schuf ein Klima der Politisierung, das sich auch auf die nachfolgenden Feiern zur Einsetzung der neuen Verwaltungen in den einzelnen Kantonen auswirkte.

1.2.2. Baumsetzungen bei der Einsetzung der Kantonsmunizipalitäten

Wie die Trierer Feste bestanden die Feiern zur Einsetzung der neuen Verwaltungen in den Kantonen aus zwei Teilen: dem Rechtsakt der Einführung der Funktionäre in ihre Ämter, der durchweg im Sitzungssaal der neuen Kantonsmunizipalitäten stattfand, und der Errichtung der Freiheitsbäume, die unter freiem Himmel auf dem Marktplatz oder vor dem Verwaltungssitz erfolgte.

---

[46] STEIN: Ikonographie, 1989, S. 211-212.
[47] Sitzungsprotokoll vom 15. März 1798, STEIN: Die konstitutionellen Zirkel, S. 143.
[48] Vgl. zum Liedgut der Feier in Kap. VI, 8.

Die Amtseinführung hatte ihren konstituierenden Akt in der Vereidigung der neuen Funktionäre, wobei diese einen Treueid auf die Republik in die Hand des Einsetzungskommissars schworen. Im Gegenzug erhielt der Präsident als Repräsentant der Kantonsverwaltung die dreifarbige Schärpe als Ausweis seiner Amtsgewalt und tauschte den Bruderkuss (*accolade fraternelle*) mit dem Einsetzungskommissar. Diese Zeremonie war in Konz noch dadurch unterstrichen worden, dass die Schärpe von einem Mädchen schon im Zug direkt hinter dem Freiheitsbaum mitgeführt wurde.

Zu dieser Kernzeremonie konnten dann noch weitere Handlungen treten, die in den einzelnen Kantonshauptorten unterschiedlich ausgestaltet wurden. In Trier war bei der Einsetzung der Departementsverwaltung der alte Magistrat noch mit im Zug erschienen, und der Kommissar bei der Zentralverwaltung hatte ihm bei der Einsetzung der neuen Munizipalität ausdrücklich seinen Dank für die geleistete Arbeit ausgesprochen[49]. Auch in Bernkastel und in Wittlich erschienen die alten Magistrate bei der Einsetzung der neuen Kantonsmunizipalitäten im Zug. In Rhaunen wirkte der letzte Amtmann an der Organisation der Einsetzungsfeier mit, und in St. Wendel stellte bei der spontanen Baumsetzung der amtierende Altbürgermeister den Führer der Patrioten als Redner vor. Besonders in Bernkastel gelang es dabei anscheinend, die Spannung zwischen der Verabschiedung der alten Verwaltung und der Einsetzung der neuen Munizipalität zu überbrücken. Die Feier begann zunächst im Ratssaal, wo der alte Magistrat seine Ämter niederlegte und der Einsetzungskommissar ihm für seine Arbeit dankte, und wurde dann unter Ortswechsel im großen Saal der Kellerei fortgesetzt, wo die Einsetzung der neuen Munizipalität stattfand. Eine Amtsübergabe in so harmonischer Weise oder vielleicht auch nur unter Wahrung der Contenance scheint in den meisten anderen Kantonsorten allerdings nicht gelungen zu sein. Jedenfalls schweigen die anderen Festberichte über diesen Punkt. Einmal kam es sogar zu einem Eklat. In Merzig musste nicht nur die Einwohnerschaft unter Androhung von militärischer Einquartierung zur Teilnahme gezwungen[50], sondern auch der bisherige Ortsvorsteher Peter Anton Gusenberger förmlich abgesetzt werden, weil er sich weigerte, die Autorität der neuen Munizipalität anzuerkennen[51]. Pikant ist nun, dass es sich bei Gusenberger keineswegs um einen alten Feudalbeamten handelte, sondern um den « *bisherigen Bürgervorstand* », der sich auf eine Wahl durch die Gemeinde berufen konnte und der schon im September 1792 vom da-

---

[49] Boucqueau an Magistrat von Trier (« *magistrat de Trèves* »), 23. Ventôse VI / 13. März 1798 - StadtA Trier: Fz 10.
[50] LHA Koblenz: Best. 276 Nr. 137, erwähnt auch bei ECKER: Das Saargebiet und die französische Revolution, 1929, S. 99.
[51] Es gab also nicht nur die Flucht aus den Ämtern (BLANNING: French Revolution in Germany, 1982, S. 178 ff), sondern auch das Gegenteil.

V. Inhalt der Nationalfeste

maligen Amtmann als Revolutionsanhänger denunziert worden war[52]. Gegen die von den Franzosen eingesetzte Munizipalität standen so nicht nur die alten feudalen Verwaltungen, sondern auch Formen einer Lokalrepräsentation[53], die sich mit französischer Billigung in den Kriegsjahren entwickelt hatten.

Probleme bei der Einsetzung der neuen Munizipalitäten zeigten sich auch in anderer Weise. War es schon in Innerfrankreich schwierig, geeignete Kandidaten für die unbezahlten Ämter der Agenten und Adjunkten der Gemeinden zu gewinnen[54], so musste dies noch mehr in den rheinischen Departements der Fall sein. Zahlreich sind deshalb die Fälle, in denen die ernannten Funktionäre das ihnen angetragene Amt ablehnten und gar nicht erst zur Einsetzung erschienen[55]. Hier mussten adhoc Neuernennungen vorgenommen werden, wobei sich die Kommissare auf Kooptationen durch die Kantonsmunizipalitäten stützten. Somit war hier durch die Hintertür ein Wahlrecht innerhalb der Munizipalitäten eingeführt worden[56], wie auch die Zentralverwaltung für die weiteren Ernennungen und Nachbesetzungen vielfach den Vorschlägen der Munizipalitäten folgte, die durch interne Wahlen zustande gekommen waren. Bei der Einsetzung der Munizipalität in Trier wurde die Wahl des Präsidenten durch die Mitglieder der Munizipalität sogar als öffentlicher Akt vollzogen, auf den dann die Einsetzung durch den Kommissar folgte.

Bei den meisten Amtseinsetzungen wurde zwischen dem Fest der Einsetzung und der danach aufgenommenen Verwaltungstätigkeit unterschieden. Originell ist das Vorgehen bei der Amtseinführung in Merzig, wo sich die Kantonsmunizipalität nach der Ernennung sofort zu einer ersten Sitzung konstituierte und dabei verschiedene symbolische Beschlüsse fasste. Erstens wurden alle neu entstandenen Missbräuche abgeschafft, und zweitens wurde das Feudalsystem aufgehoben, womit also die neue Verwaltung sich nicht nur gegen das Ancien Régime, sondern vor allem auch gegen die französische Militärherrschaft während der Kriegsjahre abgesetzt sehen wollte. Der dritte Beschluss galt dann dem Verhältnis innerhalb der Munizipalität, indem man sich gegen-

---

[52] Die Französische Revolution und die Saar, 1989, Nr. 114, S. 110; Nr. 249, S. 210. Schmitt: Eroberung oder Befreiung, 1993, S. 47f.
[53] Zur Munizipalisierung der Gemeinden durch die Militärverwaltung vor 1798 vgl. Andrae: Rheinländer, 1994, S. 88-91. Das heißt allerdings nicht, dass die Bevölkerung selbständig Wahlen vornehmen konnte. Wo dies geschah wie bei der selbständigen Wahl einer neuen Munizipalität in Zell an der Mosel im August 1796 (StadtA Trier: Ta 55/16 Nr. 36, vgl. Stein: Die französischen Bestände des Stadtarchivs Trier, S. 242) oder eines neuen Friedensrichters in Pirmasens im Februar 1797 (StadtA Trier Ta 55/12 Nr. 12; vgl. Stein, ibid. S. 256) wurden diese sofort kassiert, die erste sogar durch Arrêté des Direktoriums.
[54] Jessenne: Pouvoir au village et Révolution, 1987, S. 109 ff; Wolikow: Les municipalités de canton, 1998, S. 238f.
[55] Kantone Gerolstein (besonders zahlreich), Kyllburg, Lebach, Manderscheid, Rhaunen.
[56] Stein: Partizipation II, 2001, S. 113 ff.

seitiger Eintracht und Bruderliebe versicherte. Dass man als viertes dann, wie schon erwähnt, den widerspenstigen bisherigen Bürgervorstand in seine Grenzen weisen musste, störte zwar etwas das Bild, hatte den revolutionären Gestus der ersten Beschlüsse aber nicht gemindert.

In der Tat sollte die Einsetzung der neuen Verwaltungen als revolutionärer Akt verstanden werden. Bruch mit Verwaltung und Rechtssystem der bisherigen Territorien als Teil des deutschen Ancien Régime, Annexion an Frankreich und Einführung der französischen Revolutionsgesetzgebung sollten als ein Akt der Befreiung erscheinen. Die Verwaltungseinsetzung war so überall mit der Errichtung eines Freiheitsbaumes verbunden. Das Symbol bedurfte keiner Einführung mehr, denn es hatte den Vormarsch der französischen Truppen schon 1792 und 1794/95 begleitet. Eher musste mit dem Doppelsinn gerechnet werden, dass der Baum sowohl als Zeichen der Eroberung wie als Symbol der Befreiung begriffen werden konnte, wie die Reden in Trier oder in St. Wendel schon angezeigt haben. Zeremoniell und Kommentierung durch Reden und Lieder mussten deshalb den Weg zum richtigen Verständnis weisen.

Die Unterscheidung betraf schon den Baum selbst. Wenn man bei den Baumsetzungen der Mainzer Republik 1792 und auch bei den Baumsetzungen des französischen Militärs bei seinem Vormarsch ab 1794 vielfach abgeästete Bäume ohne Wurzeln genommen und dazu leichte Bäume bevorzugt hatte[57], so war es jetzt anders. Soweit erkennbar, wurden in den Kantonshauptorten fast immer Bäume mit Wurzeln gepflanzt, und häufig wurde dabei der Wunsch ausgesprochen, dass der Baum wachsen, grünen und Früchte tragen möge, damit einst im Schatten seiner mächtigen Krone die späteren Nachkommen des jetzigen Gründungstages gedenken könnten[58]. Es ging also vor allem darum, der neuen Freiheit Dauer zu verleihen. Ein Baum, der einen solchen Symbolwert vermitteln konnte, war nur die Eiche, und soweit die Festberichte die Baumart angeben, sind auch fast überall Eichen gepflanzt worden. Daneben spielt nur noch - in Aufnahme französischer Traditionen - die Pappel eine Rolle. Die Pappel war in Frankreich als Freiheitsbaum vor allem wegen des volksethymologischen Zusammenhanges im Französischen von Pappel (*peuplier*) und Volk (*peuple*) prädestiniert. Eine Rezeption der Pappel als Freiheitsbaum erfolgte deshalb außer einmal in Prüm nur in Grenznähe und ist hier ein Hinweis auf Beziehungen nach Innerfrankreich. In Saarbrücken kündigte man an, « *es werden zwey Eichen oder Pappelbäume bereit seyen"*. In St. Wendel wurde eine Pappel zusammen mit zwei kleinen Eichen gepflanzt, womit ein Doppelbezug hergestellt war, der sich dort auch in der konsequenten Zweisprachigkeit der Schilder mit den Leitbegriffen der Revolution

---

[57] DOTZENROD: Republikanische Feste, 1988, S. 48; RAAB: Baum der Freiheit, 1987, S. 94-95.
[58] Festberichte und Reden in Bernkastel (Cetto), Konz (Lintz), Pfalzel (Willwersch), Schönberg (Boos), Trier (Blaumeiser, Lintz).

zeigte, die im Zug mitgeführt wurden. So ist die Pappel überall ein zusätzlicher Bezug, der aber nur neben der Eiche als dem eigentlichen deutschen Freiheitsbaum berücksichtigt wird[59].

Die Interpretation des Freiheitsbaumes wurde dann durch den Zug und das Errichtungszeremoniell weiter präzisiert. Klarer als bei den etwas überfrachteten Umzügen in Trier dominierte in den Kantonshauptorten der Freiheitsbaum das Zeremoniell. Immer ist er der Mittelpunkt des Zuges, wird hier auf Wagen gefahren oder von Förstern, der Jugend oder sogar den Funktionären selbst getragen. Er dominiert auch den Weg des Zuges, indem er in feierlicher Prozession an den Stadttoren abgeholt und in die Stadt geleitet wird und indem der Zug immer auf dem Marktplatz oder einem sonstigen Platz endet, wo der Baum errichtet werden soll. Überall wird er von der Bürgerschaft und den Funktionären der neuen Verwaltung begleitet, wobei nur die Gruppenbildung wechselt. Dabei ist nicht nur eine Trennung von Volk und Funktionären häufig, sondern manchmal bilden auch die führenden Funktionäre (Kommissar, Präsident, Agent des Hauptortes, Chefsekretär) eine von den sonstigen Agenten unterschiedene Gruppe. Als besondere Gruppe erscheinen manchmal auch Delegationen von benachbarten Kantonsverwaltungen. Das soll nicht überbewertet werden, denn schon die Notwendigkeit zur Strukturierung des Zuges legte solche Einteilungen nahe. Schließlich treten auch die neuen Funktionäre bei den Baumsetzungen besonders in Erscheinung, indem sie bei der Aufrichtung des Baumes und bei der Auffüllung der Grube mit Hand anlegen[60]. So wird deutlich, dass - wie auch schon im Zug bei der Einsetzung der Munizipalität in Trier - hier Freiheit als das Recht auf eine demokratisch legitimierte Verwaltung erscheinen soll.

Dazu treten dann andere Symbole und Zeremonien, die die Baumsetzung in weitere Bedeutungszusammenhänge stellen. Außer wo die Baumsetzung innerhalb eines Militärkarrees stattfand, führte schon die Szenerie auf einem Platz dazu, dass die Teilnehmer und Zuschauer ganz natürlich einen Halbkreis oder Kreis um den Baum bildeten. Obwohl an allen Feiern gerade anwesendes Militär oder zumindest die am Ort stationierte Gendarmerie gerne beteiligt wurden, konnte aber eine Baumsetzung im Militärkarree schon wegen der dafür nötigen Truppenkonzentration nur in Trier stattfinden. In den ländlichen Kantonen ist vielmehr grundsätzlich von einem Zeremoniell auszugehen, das ein Volksfest, wie es der Stich von Ruland für Speyer zeigt, zumindest ermöglichte. Trotzdem ist von einem Tanz unter dem Freiheitsbaum, wie er für Innerfrankreich zum kanonischen Bestand der Baumsetzungen gehörte, nur in drei Fällen ausdrücklich die Rede (Konz, Merzig, Pfalzel).

---

[59] Damit dominieren hier also genau diese Bäume, von denen RAAB (Baum der Freiheit, 1987, S. 95) meinte, dass sie am wenigsten als Freiheitsbäume in Frage kämen.
[60] Vgl. die Festberichte von Kyllburg, Pfalzel, Schweich.

Dabei ist für Merzig bezeugt, dass auch die ortsansässigen Juden sich mit an dem Tanz beteiligten. Schon bei der Einführung der Zentralverwaltung in Trier waren die Juden als eine der alten Korporationen der Stadt mit zum Festzug eingeladen worden[61], obwohl sie im Festbericht nicht ausdrücklich erwähnt werden. In Ottweiler trug der jüdische Schulmeister Calmann Seligmann eine Hymne auf den Freiheitsbaum vor, und in Wittlich tauschte Keucker nach seiner Festrede den Bruderkuss mit einem Juden. Angesichts des wegen der schlechten wirtschaftlichen Lage sich damals zunehmend verstärkenden sozialen Antisemitismus[62] ist dies keine selbstverständliche Geste. Sie ist auch weniger als Befreiung, sondern als Verbrüderung zu verstehen, wie es Stammel in seiner Rede als Einsetzungskommissar in Konz ausdrückte: «*Alle, auch der Jude, der Türk und der Heide sind unsere Brüder, wir dienen alle einem Gott*»[63]. In ähnlicher Weise ist es auch zu verstehen, wenn bei der Einsetzung der Kantonsmunizipalität in Rhaunen der katholische und der lutherische Pfarrer des Ortes mit parallelen Reden an dem Fest teilnahmen, wenn in Meisenheim der reformierte und der lutherische Pfarrer Versöhnungsreden hielten oder wenn in Bernkastel in der Festrede unter dem Freiheitsbaum zur Überwindung der innerstädtischen Konflikte aufgerufen wurde, die Anhänger und Gegner der Revolution trennten.

Weniger auffällig war die Mitführung von Fahnen bei einigen Umzügen[64], da die Trikolore auch sonst als Schmuck häufig verwendet wurde. Nur zweimal erscheint auch ein an sich nahe liegender Bezug auf die Verfassung, indem bei den Zügen in Bernkastel und in Wittlich, zwischen denen organisatorische Zusammenhänge bestanden, jeweils ein Buch als Verfassung des Jahres III mitgeführt wurde. Aber die Verwaltungseinsetzung bedeutete ja gerade noch nicht die volle Einführung der Verfassung, so dass dieses Zeremoniell nicht ohne Doppeldeutigkeit bleiben konnte. Bei den Trierer Festzügen war vielleicht deshalb ein Hinweis auf die Verfassung unterblieben. Schließlich wurden die in Trier dominierenden Hauptzeremonien in den Kantonen kaum aufgenommen. Das Befreiungssymbol der Zerschlagung von feudalen Wappen wurde nirgends wiederholt. Der Dank an die französische Armee durch die Krönung von verwundeten Soldaten mit Lorbeerkränzen hatte nur in Wittlich sowie später bei der Baumsetzung in Neumagen / Dhron (s.u.) eine Parallele.

---

[61] DELAPORTE: La fête du 1er ventôse, 1994, S. 147, 149.
[62] ULBRICH: Shulamit und Margarete, 1999, bes. S. 283, 294. Zum sozialen und wirtschaftlichen Widerstand der Landbevölkerung gegen die Judenbefreiung vgl. KASPER-HOLTKOTTE: Juden im Aufbruch, 1996, sowie dies.: Die Banditengruppe des Schinderhannes und die Juden, 1993.
[63] Ähnliche Gesten finden sich in Frankreich besonders zu Beginn der Revolution im Rahmen der Föderationsfeste des Jahres 1790, vgl. für Metz (DELALEUX: Fêtes de la Révolution à Metz, 1989, S. 350).
[64] Festberichte von Bernkastel, Birkenfeld, Konz, Pfalzel, Wittlich sowie von St. Wendel.

V. Inhalt der Nationalfeste

In Wittlich war die Zeremonie aber mit einer anderen verbunden, indem dem Zug eine Bürgerin mit einer weißen Taube folgte, die sie dann im Zusammenhang mit der Baumsetzung frei ließ. Die Referenz an die siegreiche französische Armee verband sich hier also mit dem Wunsch nach Frieden, was nicht ohne eine zustimmende Reaktion bei den Zuschauern blieb. So trat die Baumsetzung in Beziehung zu weiteren Symbolen von Freiheit, Verbrüderung und Frieden.

Insgesamt war der Aufwand bei den Baumsetzungen in den Kantonshauptorten natürlich bescheidener als in Trier. Nur in Wittlich versuchte man anscheinend mit den Feiern in Trier zu rivalisieren. Auch hier sind wie in Trier mehrere Freiheitsbäume gepflanzt worden, und zwar einer auf dem Marktplatz sowie einer vor dem Sitz des Friedensgerichtes. Durch besondere Originalität zeichnete sich hier auch die Komposition des Festzuges durch die Mitführung der Verfassung und die Verbindung der Krönung der Soldaten mit der Freilassung einer Friedenstaube aus. Zusätzlich wurde das Zeremoniell der Baumsetzung noch dadurch erweitert, dass zuvor der schon im November 1797 gesetzte, cisrhenanische Freiheitsbaum auf dem Marktplatz verbrannt und seine Asche dann in die Grube des neuen, französischen Freiheitsbaumes eingebracht wurde. Damit wird die Kernzeremonie der Einsetzung der Munizipalität in Trier aufgenommen, aber mit einer neuen Sinngebung verbunden. Wurde dort auf die Zerstörung des Feudalsystems verwiesen, so wird hier die Bedeutung demonstriert, die die Anhänger der Cisrhenanenbewegung noch über das Ende ihrer Organisation hinaus für das Gelingen der Einführung der Institutionen der Französischen Republik im Rheinland für sich reklamieren. Hinzu kommt die besondere Aufmerksamkeit, die man dem Einsetzungskommissar zuteil werden ließ. Einsetzungskommissar war in Wittlich wie in Bernkastel das als radikaler Republikaner bekannte Mitglied der Zentralverwaltung Haan. Er wurde nicht nur bei seiner Ankunft in Wittlich durch eine Ehrengarde eingeholt, wozu es im ganzen Bereich des Saardepartements sonst keine Parallele gibt, sondern die gedruckten Festberichte von Bernkastel und Wittlich rühmen ihn auch in geradezu hymnischem Ton als den deutschen Revolutionsanhänger par excellence[65]. Nach all dem müssen die Feste der Verwaltungseinsetzungen in Bernkastel und Wittlich als cisrhenanische Gegenfeste[66] zu den offiziellen

---

[65] In Bernkastel rühmt ihn der Festredner Cetto als den «*wegen seinem alles aufopfernden und rastlosen Biedersinne so allgemein beliebte[n] und durch seine blos zum Glück der Menschheit immer gerichtet edele Denkart und unerschütterlichen Freyheitssinn so verehrungswürdige[n] Bürger Haan*». In Wittlich nennt ihn der Festbericht; «*der biedere Bürgerfreund, der Vertheidiger von Freyheit und Rechte der Menschheit, der sonst verfolgte und unterdrückte, und nun so beliebte Bürger Haan, welcher seit dem Einzug der Franken als Apostel der Rheingrenze stets mit Überzeugung und Gewißheit die neu geschehene[n] Dinge vorhersagte, dessen Lieblingsstudium die Konstitution vom 3. Jahre der Republik war*».

[66] Allein hier wird der Ruf «*Es lebe die fränkische Republik*» mit einem Hoch auf die Cisrhenanen verbunden («*Es leben alle biederen Cisrhenaner*»).

Feiern in Trier verstanden werden, die zumal mit einem solchen Personenkult um den Kommissar Haan schon hier den Argwohn seiner Kollegen in der Zentralverwaltung erregt haben dürften[67].

Die Feste endeten mit einem allgemeinen festlichen Ausklang, wobei wieder die Rivalität zwischen Trier und Wittlich erkennbar wird, indem außer in Saarbrücken nur hier eine aufwendige Illumination der öffentlichen Gebäude stattfand. Fast zum normalen Szenario des Festes gehörten aber auch sonst ein Festmahl, das die neuen Funktionäre und Ehrengäste vereinigte, sowie ein Ball für die allgemeine Öffentlichkeit. In einigen Orten fand sich aber auch die Bürgerschaft auf den Straßen zu einem Glas Moselwein zusammen, wie wiederum in Bernkastel und Wittlich, oder es wurde, wie in Daun, Bier und Branntwein für die Teilnehmer ausgeschenkt. In Bernkastel wurden sogar die Kinder nicht vergessen, für die man Weißbrot bereithielt. Aber auch wo keine besonderen Vorbereitungen getroffen worden waren, konnte das Fest allein als Baumsetzung den Charakter eines Volksfestes annehmen[68].

Auch in den Kantonshauptorten nehmen die Festreden, wie schon bei den Feiern in Trier, das Symbol der Baumsetzung auf und erklären es im Rahmen der auch sonst benutzten Deutungsmuster. Der Baum wird als Baum der Freiheit[69], der Verbrüderung[70] und der Wiedergeburt[71] gefeiert. Am deutlichsten ist die Freiheit definiert, die hier wiederum als eine Verbindung von verschiedenen staatsbürgerlichen Einzelrechten erscheint. Freiheit ist vor allem Befreiung von dem alten Feudalsystem mit seinen vielfältigen teils willkürlichen, teils kleinlichen oder demütigenden Steuern und mit seinen festen Standesunterschieden[72]. Das wird teils abstrakt, teils auch klischeehaft[73] vorgetragen. Am besten gelingt es Kommissar Boos in Schönberg, der dazu das Bild des von Klerus und Adel bedrückten Bauern bemüht. Dabei greift er zurück auf den Topos des gebückten Bauern, der Adel und Klerus auf seinem Rücken tragen muss, wie er in der revolutionären französischen Druckgraphik verbreitet war[74], rezipiert ihn aber nicht direkt, sondern über die Vermittlung

---

[67] Zu dem weiteren Konflikt um Haan, vgl. STEIN: Verwaltungspartizipation I, 2000, S. 186-198.
[68] «*Auf diese [...] Weise bemühete sich und suchte die Munizipalität zu Hermeskeil die Feyer dieses frohen Tags ihren Mitbürgern angenehm zu machen und solche zu verherrlichen, in so viel man nämlich eine solche Feyerlichkeit unter meistens rohen Landleuten verherrlichen und einem ländlichen Feste Zierde geben kann*», Festbericht Hermeskeil.
[69] Sekretär Cetto in Bernkastel.
[70] Sekretär Cetto in Bernkastel, Präsident Lintz in Konz.
[71] Kommissar Stammel in Konz.
[72] Sekretär Cetto in Bernkastel, Präsident Willwersch in Pfalzel.
[73] Verwalter Haan in Bernkastel in besonders penetranter Weise.
[74] HERDING / REICHARDT: Bildpublizistik, 1989, S. 8-9; REICHARDT: Das Blut der Freiheit, 1999, S. 203-206.

V. Inhalt der Nationalfeste

durch eine volkstümliche Erzählung von Pfeffel[75]. Allerdings wird das Urbild dabei gerade um seinen eigentlich revolutionären Impetus verkürzt. In Frankreich und auch bei Pfeffel ist das Bild des unter der Last der privilegierten Stände gebeugten Bauern nur die Folie für die revolutionäre Einsicht, dass der Bauer, befreit von dieser Last, sich aufrichten kann und dann viel größer ist als seine Bedrücker. Boos aber benutzt das Bild in anderer Weise. Auch hier bildet der unter der Last der privilegierten Stände gebückte Bauer nur die Folie für eine aktuelle Einsicht. Aber diese besteht nun in der Rechtfertigung der durch die Annexion neu geschaffenen sozialen und rechtlichen Ordnung[76]. Die Freiheit soll als eine durch die französische Annexion erworbene begriffen werden, und so kann Boos auch seine Rede nahtlos in die Aufzählung der Errungenschaften der neuen Ordnung überleiten. Hingewiesen wird auf eine allgemeine und proportionale Besteuerung, auf die Sicherheit des Eigentums und auf die freie Besetzung von Repräsentanzfunktionen. Das ist immerhin ein Anfang, auch wenn paradoxerweise das Wahlrecht einstweilen nur mit dem Beispiel der Pfarrerwahl belegt werden kann[77]. Freiheit bezeichnet auch einen allgemeinen Handlungsraum mit der Freiheit zu reden und zu handeln, solange es einem anderen nicht schadet, wobei auch hier die goldene Regel aus der Verfassung als Leitmaxime bemüht wird[78]. Schließlich kann der Freiheitsbegriff als Befreiung von Bevormundung und Aberglauben sogar mit aufklärerischer Intention auf die Religion angewendet werden und hilft hier, die «*reine Jesuslehre*» als von Gott gewollte Gleichheit und Brüderlichkeit nicht nur unter den Christen, sondern unter allen Menschen zu erkennen[79]. Diese Freiheit ist darüber hinaus auch Verbrüderung, insofern sie durch Aufnahme in die französische Nation gewährt wird. Dabei ist aber kaum die Spannung zu umgehen, dass ein allen Menschen zustehendes Naturrecht nach der Eroberung nun besonders verliehen werden soll[80], wobei sogar der Lapsus unterläuft, dass die geheime Zustimmung des Kaisers zur Abtretung des linken Rheinufers schon als öffentlich bestätigtes Faktum verkündet wird[81]. Ebenso ambivalent ist die Evokation der Freiheit als Wiedergeburt, wenn einerseits stolz auf die Freiheit der alten Treverer verwiesen wird[82], dies andererseits

---

[75] Gottlieb Konrad PFEFFEL: Die drei Stände, in: Poetische Versuche (1790), vgl. FINK: Französische Revolution, 1989, S. 80.

[76] Nähe und Ferne zur Französischen Revolution zeigen sich in dieser Motivrezeption sehr deutlich. Bekanntlich hatte die Erklärung der Rechte und Pflichten des Menschen und Bürgers der Verfassung des Jahres III das Widerstandsrecht der Erklärung der Menschenrechte von 1789 gestrichen.

[77] Verwalter Haan und Sekretär Cetto in Bernkastel, Kommissar Horn in Pfalzel.

[78] Kommissar Simonis in Blieskastel und Präsident Willwersch in Pfalzel.

[79] Kommissar Stammel in Konz.

[80] Präsident Lintz in Konz: «*Die großmüthige Frankennation [...] beschloß [...], Euch aller der Rechte mit theilhaftig zu machen, die die Natur allen Menschen bestimmet*».

[81] Verwalter Gerhards in Pfalzel.

[82] Kommissar Boos in Schönberg.

aber doch nichts anderes bedeuten soll als die Wiederherstellung der ehemaligen fränkischen Rheingrenze[83].

So läuft der Redediskurs auch hier wieder auf die alte Frage von Eroberung oder Befreiung hinaus. Baumsetzung, Freiheitsideologie und Verwaltungseinführung bestehen konkret nur aus dem Übergang vom eroberten Land zum Departement[84], der als wichtigste Änderungen für den Landmann immerhin das Ende der Kriegsrequisitionen[85] und die Einführung einer ordentlichen Zivilverwaltung, gegen die ein verfassungsmäßiges Recht auf Akteneinsicht, Petition und Klag besteht[86], gebracht hat. Die politische Freiheit aber entschwindet gerade in dem Augenblick, wo sie herbeigeholt werden soll (« *Ihr seyd schon zur Freiheit bestimmt* ».[87]). Die Spannung zwischen dem « *schon* » des Heute und dem in irgendwelcher Zukunft realisierbaren « *bestimmt* » ist nicht aufzulösen. So können die deutschen Redner in den Kantonshauptorten nur die Vorgaben der französischen Redner der Trierer Feste nun selbst wiederholen. Das Volk muss Beweise geben, um sich der Freiheit würdig zu erweisen. Es muss sich die Freiheit mit Gehorsam gegenüber den französischen Gesetzen und mit Anhänglichkeit an die (noch gar nicht formell eingeführte) Verfassung verdienen[88]. Als Rettung aus dieser argumentativen Bedrängnis bleibt nur der Aufruf zu einer Reunionspetition von Seiten der neuen Funktionäre oder noch besser durch die ganze unter dem Freiheitsbaum versammelte Gemeinde[89].

Die Feiern in den Kantonen schließen sich so eng an das Trierer Modell an. Das gilt besonders für die Diktion der Festreden, die ja sogar zum Teil von den gleichen Personen gehalten wurden. Eigene Akzente werden dagegen im Zeremoniell der Feste gesetzt. Es erscheinen Symbole, die in Trier nicht verwendet wurden (Verfassung, Schärpe, Friedenstaube), und es werden besondere Handlungen vorgenommen (Verbrennung des alten Freiheitsbaumes, symbolische Beschlüsse). Am stärksten ist diese Originalität in Wittlich und Bernkastel ausgeprägt, fehlt aber auch in den anderen Kantonshauptorten nicht. Auch politisch sind die Kantone so nicht nur Hinterland der Departementshauptstadt. So dominiert über diese Differenzierungen hinaus vor allem das

---

[83] Kommissar Stammel in Konz.
[84] Sekretär Cetto in Bernkastel, Verwalter Gerhards in Pfalzel.
[85] Präsident Lintz in Konz, Verwalter Gerhards in Pfalzel.
[86] Verwalter Gerhards und Kommissar Horn in Pfalzel.
[87] Verwalter Gerhards in Pfalzel.
[88] Sekretär Cetto in Bernkastel, Präsident Lintz in Konz, Kommissar Horn in Pfalzel.
[89] In Bernkastel trug nur der Chefsekretär Cetto in seiner Rede einen Reunionswunsch vor. Adressen der Funktionäre wurden verfasst in Konz und Pfalzel und als Anhang zu den Festberichten publiziert. In Saarburg wurde ein Register für die Reunionwünsche aufgelegt (« *à cet effet sur le champ une quantité de signataires se sont présentés* »). In Birkenfeld wurde eine Woche nach der Einsetzung der Verwaltung eine Adresse an das Direktorium eingesandt (HANSEN: Quellen, Bd. 4, 1938, S. 740 Anm. 1).

V. Inhalt der Nationalfeste

Phänomen der Ausbreitung in die Fläche. Die französische Verwaltung ist nicht nur eine regionale Oberverwaltung in der Departementshauptstadt, sondern sie ist ebenso auf dem Land in den Kantonen präsent. Entsprechend stehen die Freiheitsbäume nicht nur in Trier, sondern auch in allen Kantonshauptorten. Die Feiern zur Verwaltungseinsetzung wollen Zeugnis geben von einer breiten Politisierung im Departement, natürlich verstanden im Sinne der französischen Direktorialverwaltung. Das wird auch durch die große Publizistik unterstrichen, die die Kantone von diesen Ereignissen veranlasst haben. Abgesehen von der Publizistik im Zusammenhang mit den Trierer Einsetzungsfesten sind Festberichte und Reden von den Feiern in sieben Kantonen[90] im Druck verbreitet worden. Es ist die umfangreichste Publizistik aller im Saardepartement gefeierten Nationalfeste.

1.2.3. Baumsetzungen in den Gemeinden

Die Demonstration der Ausbreitung der französischen Verwaltung in die Fläche ging aber noch weiter. Der Arrêté der Zentralverwaltung[91] über die Einsetzung der Kantonsmunizipalitäten hatte nämlich nicht nur die feierliche Baumsetzung vor den Sitzen der neuen Kantonsverwaltungen vorgesehen, sondern er hatte auch bestimmt, dass an dem auf die Verwaltungseinsetzung in den jeweiligen Kantonen folgenden Dekadi eine solche Baumsetzung auch in jeder einzelnen Gemeinde des Kantons vorgenommen werden sollte[92].

Dies ist offensichtlich auch so durchgeführt worden, wie einige Vollzugsmeldungen von Kommissaren bei den Kantonsmunizipalitäten bezeugen[93]. In einzelnen Fällen schickten auch Einzelgemeinden Festberichte an die Zentralverwaltung[94]. Das betrifft vor allem Fälle, in denen besondere Umstände vorlagen. In Prüm kam es zu einer zweiten Baumsetzung auf dem Marktplatz, nachdem bei der Einsetzung der Verwaltung ein Freiheitsbaum nur im Hof des als Verwaltungssitz dienenden Abteigebäudes gepflanzt

---

[90] Kantone Bernkastel, Birkenfeld, Blieskastel, Konz, Pfalzel, Schönberg, Wittlich, vgl. Verzeichnis 2: Publizistik der Nationalfeste und Graphik 2: Frequenz der Publizistik der Nationalfeste, vgl. Kap. IV, 3.

[91] Instruktion vom 10. Germinal VI / 30. März 1798 - LHA Koblenz: Best. 276 Nr. 137, vgl. die Erwähnung bei Köllner: Geschichte, 1861, S. 487.

[92] Ähnliches gilt zumindest auch für das Departement Donnersberg, vgl. BAUMGARTEN: Roemmich, 1999, S. 120-122; MAHLERWEIN: Die Herren im Dorf, 2001, S. 379.

[93] Kommissar Weyrich in Waldmohr an die Zentralverwaltung, 12. Floréal VI / 1. Mai 1798 - LA Speyer: Best. G 9, Nr. 37/1 (Korrespondenzregister des Kommissars): «*je vous certifie que dans toutes les communes de mon ressort, dont après l'arrêté du 9 [sic] germinal les agens et adjoints sont nommés, le signe de la régénération politique, l'arbre de la liberté, est planté.*»

[94] Hinzert mit Bericht vom 30. Germinal VI / 19. April 1798 - LHA Koblenz: Best. 276 Nr. 1094.

worden war[95]. Im Kanton Büdlich, der ein Gebiet südlich der Mittelmosel bis zum Hunsrückkamm umfasste, war der kleine Ort dieses Namens zum Verwaltungssitz bestimmt worden. Der Ort lag zwar geographisch einigermaßen zentral, war aber verkehrstechnisch sehr entlegen und auch von seiner Größe her nicht in der Lage, die Funktion eines Verwaltungssitzes auszufüllen. Schon die Einsetzung der Kantonsverwaltung musste deshalb in der Kirche des Ortes stattfinden, weil es sonst dort schlicht keinen anderen Raum gab, in dem eine solche Veranstaltung hätte stattfinden können. Die Wahl von Kantonshauptorten war natürlich häufig umstritten und Anlass zu lokalen Rivalitäten, hier aber klagte die Kantonsverwaltung schon im Festbericht über die Einsetzung einstimmig über diesen Sachverhalt. Das waren die Gründe, warum am folgenden Dekadi in dem Ort, der die Funktion des Kantonshauptortes beanspruchte, nämlich in dem Moselort Neumagen mit seinem Nachbarort Dhron, eine weitere Baumsetzung erfolgte, die sich als die eigentliche Feier des Kantons verstand und an der außer den lokalen Agenten und Adjunkten auch die gesamte Kantonsverwaltung mit Kommissar, Chefsekretär und Friedensrichter teilnahm[96]. Das Zeremoniell demonstrierte eine weite Integration mit «*patriotischer Fröhlichkeit*», indem einerseits ein sich im Ort aufhaltender französischer Offizier mit Frau sowie der katholische Ortspfarrer Schreiber am Festzug teilnahmen und andererseits Frauen die Schmückung des Freiheitsbaumes besorgten und den Offizier mit einem Lorbeerzweig ehrten. Tatsächlich hat die Kantonsverwaltung dann auch in Neumagen ihren Sitz genommen[97].

Ist in der bisherigen Forschung schon die Breitenwirkung der rheinischen Nationalfeste bis in die Kantonshauptorte kaum realisiert worden[98], so war die Durchführung der Baumsetzungen in den einzelnen Gemeinden vollends unbekannt. Erst aufgrund eines glücklichen Quellenfundes im Archiv einer Kantonsverwaltung konnte über diese weitere Ebene der Baumsetzungen für die einzelnen Gemeinden der Kantone nun Genaueres ermittelt werden[99]. Die Arrêtés der Zentralverwaltung wurden auf Kantonsebene durch die Munizipalitäten unter der Kontrolle durch die Kommissare umgesetzt. Für die

---

[95] Festbericht in LHA Koblenz: Best. 276 Nr. 1094. Die Hintergründe dieser doppelten Baumsetzung konnten nicht geklärt werden.
[96] Festbericht in LHA Koblenz: Best. 276 Nr. 1094.
[97] Später ist dann der Verwaltungssitz allerdings Detzem (Bericht über das Fest des 9./10. Thermidor VII / 27./28. Juli 1799).
[98] HANSEN: Quellen, Bd. 4, 1938, S. 594 ff merkt zwar in einer Anmerkung an, dass in allen Kantonen die Verwaltungen eingerichtet wurden, meint aber dann nur: „vielfach wurde bei diesem Anlass ein Freiheitsbaum errichtet und eine Feier damit verbunden", und berichtet dann nur noch über die größeren Städte. Wie oft in der Forschung zu den rheinischen Departements begnügte sich auch hier die Historiographie mit dem Faktenbestand, den Hansen ermittelt hatte. So kann eine gute Quellenedition auch Forschung beschränken.
[99] GÖHL: Revolutionsakzeptanz, 1995, bes. S. 56-64.

V. Inhalt der Nationalfeste

Gemeinden bestand Berichtspflicht gegenüber der Kantonsmunizipalität, und die Durchführung der Baumsetzungen wurde überwacht. Für den Kanton Birkenfeld liegen so von fast allen kantonsangehörigen Gemeinden Vollzugsmeldungen vor. Diese Berichte sind natürlich meist recht kurz, und dies nicht nur weil die Feiern auf örtlicher Ebene noch weniger aufwendig gestaltet waren, als dies schon bei den Kantonshauptorten der Fall war, sondern vor allem weil die Abfassung solcher Berichte sich schon an der Grenze der sprachlichen Ausdrucksfähigkeit der Gemeindefunktionäre bewegte. Trotzdem wird erkennbar, dass auch hier weitgehend Bäume nicht gesetzt, sondern mit Wurzeln gepflanzt wurden, um ein dauerhaftes Zeichen zu setzen und Wiederholungsfeiern zu ermöglichen. Einmal wird auch als Baumart die Eiche genannt, die ja schon bei den anderen Baumsetzungen dominierte. Das Fest wurde bei versammelter Gemeinde gefeiert, und wiederholt erschienen auch die örtlichen Pfarrer dabei, z.T. quasi versteckt unter der Bezeichnung von «*Volkslehrern*» und ohne dass ihr geistlicher Status ausdrücklich erwähnt würde. Vielfach wird so die Tendenz deutlich, die Baumsetzung zu einem wirklichen Fest zu machen, wie es in einem Bericht mit großer Einfachheit ausgedrückt ist: «*Es wurden alle Bürger eingeladen zu der Pflanzung und wir haben uns Freude damit gemacht*»[100].

Dort standen die Bäume auch noch im Folgejahr. Für den Tag der Eidesleistung der Funktionäre am Jahrestag der Hinrichtung Ludwigs XVI., dem 21. Januar 1799, hatte die Zentralverwaltung die Neupflanzung von abgestorbenen oder zerstörten Freiheitsbäumen angeordnet, ohne speziell auf die Gemeindeebene einzugehen. Für einige Kantonsverwaltungen ist nachweisbar, dass sie das fraglos auf alle Gemeinden des Kantons bezogen, wenn sie vorschlugen, die Neupflanzung in die wärmere Jahreszeit zu verschieben (Gerolstein[101]) oder eine entsprechende Anweisung erst beim Fest der Volkssouveränität am 20. März gaben (Wittlich[102]).

Bei allem guten Willen, der offensichtlich für die Baumsetzungen mobilisiert werden konnte, zeigen sich auch Grenzen einer Akzeptanz der Revolutionskultur auf dem Dorfe. Was ein Freiheitsbaum war, brauchte den Landbewohnern nach ihrer eigenen Maitradition wie auch nach dem Anschauungsunterricht in Sachen republikanische Erziehung, den die leidvollen Kriegsjahre mit sich gebracht hatten, nicht mehr erklärt zu werden. Der Befehl zur Errichtung von Freiheitsbäumen war aber mit der Anweisung zum Tragen der dreifarbigen Nationalkokarden durch Männer und Frauen verbunden worden. Von einigen Gemeinden wird darüber durchaus korrekt berichtet, so dass man hier augenscheinlich eine Vorstellung davon hatte, worum es sich dabei

---

[100] Göhl: Revolutionsakzeptanz, 1995, S. 58, 66.
[101] LHA Koblenz: Best. 276 Nr. 2170.
[102] LHA Koblenz: Best. 276 Nr. 3182, fol. 116.

handelte. Aber in den meisten Berichten zeigt sich allgemeine Verständnislosigkeit gegenüber dieser Anordnung schon sprachlich, wenn die Rede von « *Cacernacken* », « *Cucarten* », « *Gäukarten* », « *Kuckgarten* », « *Kugonaten* » oder auch « *Tuckarten* » ist. Aber noch hier zeugt es von der Korrektheit der Berichte, dass zwar pflichtbewusst angegeben wird, dass man den Befehl zum Tragen dieser Ungeheuer sowohl Männern wie Frauen bekanntgegeben habe, aber durchaus nicht überall behauptet wird, dass sie auch wirklich getragen worden wären und schon gar nicht mitgeteilt wird, wie diese Kokarden nun ausgesehen hätten. Hier stieß der Revolutionsexport offensichtlich sprachlich wie auch im Bezug auf die politische Kultur an eine Grenze.

Vergleicht man das Unverständnis der Bevölkerung gegenüber den Kokarden mit den Baumpflanzungen, so fällt die Einfachheit der Berichte auf[103]. Insofern stellt es schon eine Basismobilisierung dar, wenn in allen Gemeinden des Departements Freiheitsbäume gepflanzt und als solche verstanden wurden. Insgesamt ist im Saardepartement mit über 1000 Freiheitsbäumen zu rechnen[104]. Die Revolutionssymbolik ist nicht nur eine Funktion der Herrschaftsausübung. Freiheitsbäume finden sich nicht nur wie heutige Staatswappen vor Verwaltungsgebäuden, um ihre hoheitliche Funktion anzuzeigen, sie finden sich ebenso auf Plätzen und Märkten, und dies bis in die einzelnen Gemeinden hinein. Ob sich auf dieser Basis eine Bereitschaft zur Anerkennung der republikanischen Verwaltung und insofern auch eine Revolutionsakzeptanz hätte stabilisieren können, muss freilich offen bleiben. Die weitere Entwicklung der Verwaltung und nicht zuletzt der Steuererhebung sowie auch die allgemeine politische Lage, die die Annexion bald wieder zur Disposition zu stellen schien, waren nicht günstig für ein Wachsen, Blühen und Gedeihen der Freiheitsbäume.

1.3. Jahrestag der Einsetzung der Verwaltungen

Aber zunächst standen die Freiheitsbäume, waren angewachsen oder gegebenenfalls durch neue Bäume ersetzt worden und konnten so als Kulisse der Feiern zum ersten Jahrestag der Baumsetzung als Jahrestag der Einrichtung der neuen Verwaltung dienen. Ein Jahresfest fand auch statt, wobei der Tag der Einsetzung der Zentralverwaltung in Trier nun allgemein als Festtermin (1. Ventôse VII / 19. Februar 1799) bestimmt wurde[105]. Aber hatte sich das erste Fest in Wellen von Trier aus über die Kantonshauptorte bis in die einzelnen Gemeinden verbreitet und so das ganze Departement mit Freiheitsbäumen über-

---

[103] GÖHL: Revolutionsakzeptanz, 1995, S. 65.
[104] Exakt hatte das Departement 1144 Gemeinden (HANSEN: Quellen, Bd. 4, 1938, S. 815). Insofern ist auch meine frühere Angabe (STEIN: Ikonographie, 1989, S. 193) zu korrigieren.
[105] Für die gedruckten Festberichte siehe Verzeichnis 2: Publizistik der Nationalfeste. Die aktenmäßigen Festberichte finden sich in: LHA Koblenz: Best. 276 Nr. 1108 und StadtA Trier: Fz 67. Die Quellen für Trier sind auszugsweise wiederholt bei HANSEN: Quellen, Bd. 4, 1938, S. 999-1002 und DELAPORTE: La fête du 1er ventôse, S. 157-161.

deckt, so war es nun gerade umgekehrt, indem jetzt die Kantonsverwaltungen aufgerufen wurden, Delegationen nach Trier zu schicken, um an einer zentralen Feier für das gesamte Departement teilzunehmen, während die Ebene der Gemeinde außer Betracht blieb. Es wurde auch in Trier kein Platzfest um den Freiheitsbaum, sondern ein Saalfest.

1.3.1. Zentralfest in Trier

Als einziges der rheinischen Nationalfeste wurde das Fest zur Erinnerung an die Einrichtung der neuen Verwaltungen im Saardepartement am ersten Tag eines neuen Monats gefeiert, so dass ihm unmittelbar ein Dekadi vorausging[106]. Das wurde in Trier zum Anlass genommen, um den Dekadi schon in die Feiern mit einzubeziehen. Man konnte so von der Dekadenrede, die von Hetzrodt gehalten wurde[107], erwarten, dass sie die Entwicklung seit dem Tage, an dem das französische Volk den Rheinländern die Freiheit gegeben hatte (« *Le peuple français vous donne aujourd'hui votre liberté* »[108]), bilanzierte. Das geschah konkret jedoch erst bei dem eigentlichen Fest am folgenden Tag.

1.3.1.1. Eine Reunionsbegründung am Vorabend

Dagegen behandelte Hetzrodt das Thema auf einer höheren Abstraktionsebene. Ohne direkte Bindung an den Kontext des Festes ist seine Rede eine Auseinandersetzung mit den « *Deutschen Brüder[n] jenseits des Rheins* », denen gegenüber sich nicht die Frage stellte, ob und gegebenenfalls inwieweit die Bevölkerung das neue Regime als Befreiung akzeptieren könne, sondern wie die öffentliche Akklamationen der Annexion angesichts der Situation des gesamten Reiches zu rechtfertigen sei.

Die Rede wurde in den letzten Wochen des Rastatter Kongresses gehalten, d.h. zu einem Zeitpunkt, als die Neuordnung des Reiches in eine Sackgasse geraten war und der Ausbruch eines neuen Revolutionskrieges unmittelbar bevorzustehen schien[109]. Es war die Situation, wo die schon greifbare Gefährdung der Reichsverfassung eine letzte Blüte des Reichspatriotismus bei allen er-

---

[106] Zwar wurde auch der Jahresanfang natürlich am 1. Vendémiaire gefeiert, aber ihm ging durch die zwischengeschalteten jours complémentaires kein Dekadi voraus.

[107] Dekadenrede, gehalten zu Trier am 30. Pluviôse 7. Jahres [18. Febr. 1799] von Bürger Hetzrodt. Trier [VII]. Auszug bei HANSEN: Quellen, Bd. 4, 1938, S. 999-1001. Die Rede nimmt nicht das Thema des Dekadi auf (Amitié) und gibt kein Thema im Titel an, bezieht sich vielmehr inhaltlich auf den Jahrestag der Einsetzung der neuen Verwaltung.

[108] Proklamation der Zentralverwaltung des Saardepartements 9. Ventôse VI / 27. Februar 1798, DELAPORTE: La fête du 1er ventôse, 1994, S. 152.

[109] Für den Kontext der damaligen Publizistik sei verwiesen auf die zeitgenössische Kupferstichbeilage zu den Neuwieder / Frankfurter *Politischen Gesprächen der Todten* vom Januar 1799, die die Rettung der Reichsverfassung vor der drohenden Säkularisation durch den Kriegseintritt der Großmächte (Russland, England und sogar Türkei) thematisiert, vgl. STEIN: Zeitung als neues bildpublizistisches Medium, 1992, S. 146.

zeugte, die durch das Ende des Reiches nur verlieren konnten: angefangen bei den kleineren und mittleren Reichsständen über die Privilegierten der ständischen Gesellschaft in den Reichsterritorien bis hin zu den Reichsjuristen[110]. Es war auch die Situation, bei der der absehbare und natürlich als siegreich vorausgesetzte Krieg die gerade vollzogene Annexion des linken Rheinufers durch Frankreich wieder in Frage stellte[111]. In dieser Situation ein Jahresfest der Annexion zu feiern, musste sich in der Tat dem doppelten Vorwurf aussetzen, sowohl freiwillig auf das hohe Gut der Reichsverfassung zu verzichten als auch Verrat an der deutschen Nation zu begehen. Man muss Hetzrodt zugute halten, dass er sich den Argumenten in ihrer ganzen Schärfe stellte: er zitierte unverstellt das Argument des Nationalismus (« *auf den Nahmen eines Deutschen Verzicht zu thun* ») und das des Reichspatriotismus (« *von einer Nation zu scheiden, welche eine verfassungsmäßige Freiheit genießt* »).

Dagegen argumentierte Hetzrodt nun nicht moralisch, sondern politisch und sogar reichspolitisch. Mit dem Nationalismus hatte er es leicht, denn hatten die Reichsfürsten nicht selbst die Nation verraten, indem sie die Nation getrennt und aufgespalten hatten wie durch die religionspolitischen Klauseln des Westfälischen Friedens und indem sie sich der Nation entfremdet hatten und Könige von auswärtigen Staaten geworden waren. Aber auch mit dem Reichspatriotismus wurde der Redner fertig, indem er die Freiheit nicht auf der Ebene der Fürsten und Stände, sondern auf der des Volks diskutierte. Hier aber fand er keine Rechtssicherheit, denn es gab nur ein Reichsgericht, das nicht entscheiden konnte und das, selbst wenn einmal Entscheidungen ergangen waren, diese nicht gegen die Fürsten durchsetzen konnte. Und er fand Untertanen, die als Soldaten verkauft und für die Verschwendungssucht der Höfe und die Kriege der Herren ausgebeutet wurden. Recht und Freiheit des Reiches waren also Privilegien der Fürsten, nicht Rechte des Volkes. Die Reichsverfassung aber war nur noch ein « *seltsames gothisches Gebäude* », das längst unbewohnbar geworden war und das der nächste Windstoß umwerfen würde. So bot sich die Annexion als Rettung vor dem sicheren Untergang geradezu an: « *Glücklich wir, denen es gegönnt ist, diese Wohnung zu verlassen, ehe wir unter ihren Trümmern verschüttet werden* ».

Gleichwohl war die Flucht aus dem zusammenstürzenden Reich aber nicht bedingungslos und der Eintritt in den französischen Staat nicht ohne Selbst-

---

[110] ARETIN: Reichspatriotismus, 1993, S. 31-33; FINK: Französische Revolution, 1989, S. 97-99.
[111] Vgl. dazu die folgende Kupferstichbeilage zu den *Politischen Gesprächen der Todten* vom Juli 1799, auf der ein französischer Soldat sich vergeblich müht, der als Frau dargestellten Europa den italienischen Stiefel auszuziehen, während im Hintergrund die Spoliation der Reichsverfassung durch die drohende Säkularisation wieder rückgängig gemacht wird, vgl. STEIN: Zeitung als neues bildpublizistisches Medium, 1992, S. 146-147. Dabei wird eine ältere Vorlage benutzt, die explizit den Reichsadler als Urheber ausweist, vgl. DANELZIK-BRÜGGEMANN: Bildpublizistik, 1995, S. 176.

achtung, denn: « *das ursprüngliche Erbtheil unserer Ahnen, deutsche Beharrlichkeit und Muth, deutsche Unbestechlichkeit, Treue und Biedersinn bringen wir in unser neues Vaterland mit, als eine der großen Nation würdige Ausstattung, mit welcher wir in ewige Verbindung zu treten bestimmt sind* ». Hier wird also gerade in der Lösung vom Reich und im Eintritt in die französische Nation ein neuer Nationalbegriff gefunden. Er ist nicht staatlich definiert, denn Nation und Vaterland sind nun in Bezug auf die Französische Republik bestimmt. Er kann nur aus einer außerstaatlichen historischen Kontinuität schöpfen, die hier - noch ohne den Begriff zu nennen - im Volkscharakter gefunden wird. Aber auch so kann damit eine Einladung an die « *Deutschen Brüder jenseits des Rheins* » ergehen. Doch nicht zum Eintritt in den französischen Staat werden sie aufgerufen, wozu auch ein deutscher Redner ohne politisches Amt kaum legitimiert gewesen wäre, sondern zum Eintritt in eine « *allgemeine Weltrepublik des ewigen Friedens* »[112]. Ein Anschluss an Frankreich wird so zwar als die bessere Lösung gegenüber einem Verharren in dem zusammenstürzenden Alten Reich gepriesen, aber der Anschluss an Frankreich wird letztlich als Anschluss an eine künftige Weltrepublik gerechtfertigt, wozu die Integration in den französischen Staat nur eine Vorstufe darstellt. Das impliziert hier erneut eine Differenzierungsmöglichkeit zwischen einer Republik als dem eigentlichen Ziel und Frankreich als dem Weg dorthin. Mit einer etwas anderen Argumentation vertritt Hetzrodt hier also die gleiche Selbstidentifikation, die sich auch schon bei den vorangehenden Dekadenreden gezeigt hatte[113]. Die Argumentation begründet gegenüber den links- wie den rechtsrheinischen Deutschen eine Identifizierung mit der Annexion, erlaubt aber auch eine eigene Identitätsfindung.

1.3.1.2. Der Reunionswunsch der Verwaltungen

Die eigentliche Feier am folgenden Tag spielte sich dagegen auf einer anderen Ebene ab. Wie schon im Vorjahr war sie wieder zweigeteilt in eine Baumfeier auf den Plätzen und eine Saalfeier, die jetzt im Dekadentempel stattfand[114]. Aber die Gewichte hatten sich deutlich verschoben. Da die alten Freiheitsbäume auf dem Markt und vor dem Gericht abgestorben waren und die grund-

---

[112] Ein direkter Bezug auf Kant erfolgte hier zwar nicht, aber im Kontext der Trierer Dekadenreden und bei der Bekanntheit von Kant's Schrift *Zum ewigen Frieden* (1795) war dies in einer Rede auch kaum erforderlich.

[113] Vgl. Kap. III, 3: Dekadenrede von Birck über Unsterblichkeit.

[114] Der gedruckte Festbericht spricht vom « *Dekadensaal* », das dem Fest vorangehende Zirkular der Zentralverwaltung vom « *temple décadaire* », und so wird es auch im Trierischen Ankündiger für das Saardepartement Nr. 10 vom 25. Pluviôse VII / 13. Februar 1799 abgedruckt. Diese Ortsangabe wird von dem Chronisten Müller bestätigt, der den « *Dekadentempel* » als Festort nennt. LAGER bringt den Bericht nicht in seiner referierenden Edition; HANSEN: Quellen, Bd. 4, 1938, S. 999 druckt die Passage nach der Originalquelle LHA Koblenz: Best. 700,62 Nr. 28 Heft H für 1799 fol. 19.

sätzlich für den 21. Januar 1799 (Fest der Hinrichtung von Ludwig XVI.) vorgesehenen Neupflanzungen wegen der Witterung nicht hatten stattfinden können, bot sich für die Neupflanzungen der Jahrestag der Erstpflanzung an. Aber es wurde in Trier nur eine Art Pflichtübung, terminlich auf den Nachmittag verschoben und von Reden des Chefsekretärs der Munizipalität Dupré (Markt) und des Präsidenten des Straftribunals Büchel (Gerichtshof) begleitet, die kaum mehr als eine Reproduktion der Baummetaphorik boten. Erst der Abend brachte mit einem städtischen Programm von Illumination, Konzert, Ball und Bankett etwas Glanz. So sollte die politisch am Nachmittag verpasste Gelegenheit zur Verbrüderung « *aller Bewohner, sowohl Franken als Eingeborenen* » / « *de tous les habitants tant français qu'indigènes* » wenigstens sozial nachgeholt werden.

Die Hauptfeier aber am Morgen war weniger eine Veranstaltung für das Volk als eine an die Regierung in Paris gerichtete Demonstration für eine schnelle Reunion der rheinischen Departements. In der Tradition der Einsetzungsfeste des Vorjahres waren Zug und Feier wieder um ein Zentralzeremoniell gruppiert. Der Zug war traditionell aufgebaut und wurde, eingerahmt durch die obligate Militärpräsenz am Anfang und am Ende, nur von der langen Reihe der französischen Funktionäre nach der aufsteigenden Hierarchie ihrer Verwaltungen gebildet, an die sich dann noch die Bewohner von Trier anschließen konnten. Aber unter die letzten Gruppen der Funktionäre, nämlich zwischen den vorausgehenden Richtern und der nachfolgenden Zentralverwaltung, waren die Delegationen eingefügt, die die Kantonsmunizipalitäten nach Trier entsandt hatten, und diese waren damit geehrt worden, das Buch der Verfassung des Jahres III im Zuge mitzuführen. Es waren also nicht nur die Trierer Zentralverwaltung, sondern die Repräsentanten des gesamten Departements, die die Verfassung zum Dekadentempel trugen, wo sie in eine neue Installation eingefügt werden sollte. In der Mitte des Raumes war unter einer Allegorie der Republik eine Pyramide aufgestellt worden, die hier nicht die Gleichheit, sondern die vier rheinischen Departements symbolisierte, während davor ein noch leeres Pult in Form einer Halbsäule stand. Hier setzte sich dann das Zeremoniell um die Konstitution fort:

> « *Der Marseiller* [Marsch] *wurde angestimmt, während welchem der President der Central-Verwaltung* [Lintz], *begleitet von den Presidenten der übrigen bestellten Gewalten*[115] *von der Erhöhung, auf der diese Gewalten ihren Platz hatten, herabstieg, und das Constitutions-Buch auf die Halb-Säule legte, um den Wunsch der vier neuen Departemente, mit der Republik vereinigt zu seyn, und zu dem Genusse der dort aufgestellten Rechte zu gelangen, auszudrücken.* »

---

[115] Präsident der Munizipalverwaltung von Trier Leistenschneider, Präsident der ersten Sektion des Ziviltribunals Rosbach und wahrscheinlich Präsident des peinlichen Tribunals Büchel.

V. Inhalt der Nationalfeste

Zug und Saalzeremoniell waren also eine Huldigung an die geltende Verfassung, um deren gnädige Verleihung für die rheinischen Departements gebeten wurde, während die gesamte Versammlung dazu die Marseillaise anstimmte. Dazu hatten schon vorher die an der Zeremonie beteiligten Präsidenten die Intention der Feier in ihren Reden explizit dargelegt. Lintz pries als Präsident der Zentralverwaltung nach der häufig benutzten Dichotomie von altem und neuem Regime die Vorzüge der Verfassung[116], Rosbach schilderte für die richterliche Gewalt die inzwischen verwirklichten Wohltaten für die Bevölkerung[117], und Leistenschneider verteidigte als Präsident der Munizipalität Trier die neue Verwaltungsordnung gegen Einwände[118]. Mit verteilten Rollen kamen die Redner so zu eng zusammenhängenden Schlussfolgerungen: der Bitte um die völlige Vereinigung mit Frankreich, der Dankbarkeit der Bevölkerung und der Hoffnung auf einen baldigen Frieden. Der gleiche Gedanke durchzog auch die zu diesem Fest eigens verfassten Lieder, die die Feier begleiteten. Ein von einem anonymen Angestellten der Zentralverwaltung konzipierter Gesang in französischer Sprache thematisierte die Bitte um Reunion in Wechselgesängen. Dabei trat insbesondere ein Sänger, der die Rolle eines französischen Verwaltungsbeamten einnahm, mit der Forderung an die Einheimischen auf, durch ihr Verhalten sich der Aufnahme als französische Staatsbürger würdig zu erweisen (« *méritez le nom de Français* »), worauf dann der Chor im Namen der Einheimischen die Forderung textgleich als Aufforderung zu einem Versprechen wiederholte (« *méritons le nom de Français* »). Der von Stammel für das Fest verfasste Hymnus konnte dann Frankreich (« *das große Franken-Volk* ») als mütterliche Republik preisen, die die Rheinländer wie ihre eigenen Kinder bald in den Volksverband (« *Bund der großen Franken* », « *Volks-Verein* ») aufnehmen werde.

Die sakrale Inszenierung von Zug, Reden und Liedern sowie dem abschließenden Zeremoniell der Niederlegung der Verfassung war aber nur die Einleitung zu der formalen Bitte der Verwaltungen des Saardepartements an das Direktorium um eine vollständige Vereinigung mit Frankreich, die dann dem gedruckten Festbericht beigefügt wurde. Dabei wurden die bei der Feier der Ein-

---

[116] Nicht Herrschaft eines Priester, sondern Herrschaft des Gesetzes; nicht Untertanen, sondern Mitbürger; nicht Willkür, sondern Verfassung; nicht Privilegierung der Verwaltung, sondern Gleichheit von Verwaltern und Verwalteten; nicht Kabinettsjustiz, sondern unabhängige Justiz.

[117] Minderung der Kontributionen, Säuberung der Verwaltung, Kasernierung des Militärs in Trier sowie vor allem im Bereich der Justiz Vermittlung von gütlichen Einigungen, notfalls aber auch unentgeltliche und schnelle Entscheidungen. Vgl. Grilli: Die französische Justizorganisation, 1999, S. 48-49.

[118] Gegen das monarchische Recht verwies er auf die natürliche Freiheit der Menschen. Außerdem sah er sich dazu veranlasst, die Sittlichkeit der Franzosen aus ihrer Verfassung zu beweisen und den Schutz der Religion unter der französischen Herrschaft zu betonen, wobei er auch zweimal auf die goldene Regel rekurrierte.

setzung der neuen Verwaltung vor einem Jahr von den französischen Rednern gestellten Bedingungen, die bei der jetzigen Jahresfeier das französische Lied eines anonymen Angestellten der Zentralverwaltung hatte wieder anklingen lassen, nun explizit aufgenommen. Waren damals « *Unterwürfigkeit unter das Gesetz* » und « *Zutrauen, welches ihr gegen eure neuen Obrigkeiten bezeuget* » als Bedingung für eine völlige Integration des Rheinlandes in die Französische Republik gefordert worden, so wurde nun auf die Beweise verwiesen, die die Bewohner des Departements für ihre Unterwürfigkeit unter die Gesetze und ihre Anhänglichkeit an « *unser neues Vaterland* » geliefert hätten, wobei insbesondere die feste Haltung des Departements gegenüber den Konskriptionsunruhen im benachbarten Wälderdepartement im Herbst 1798 angeführt wurde, wo der sog. Klöppelkrieg nicht auf das Saardepartement übergegriffen hatte[119].

Der Unterschied zwischen dem Einsetzungsfest vor einem Jahr und dem jetzigen Jahresfest ist deutlich. Das damalige Fest, das sich unter großem Zulauf der Bevölkerung zu einem Großteil auf den Plätzen abgespielt und insoweit Volksfestcharakter gehabt hatte, wurde von einer Saalveranstaltung der Verwaltungen gefolgt, die vor allem eine Demonstration gegenüber dem Direktorium und seiner Regierung sein sollte, während die Beteiligung der Bevölkerung keine besondere Rolle spielte. Augenscheinlich hatten die Verwaltungen Mühe, dem Erwartungsdruck nach einer wirklich neuen Ordnung der Dinge, an dessen Erzeugung sie sich auch selbst kräftig beteiligt hatten, nun gerecht zu werden. Auch ein Jahr nach der Einführung der neuen Verwaltung konnten sie bestenfalls die auch schon vor einem Jahr verkündeten Aussichten auf eine glücklichere Zukunft in Frieden und Wohlstand wiederholen. Aber die wichtigsten Ankündigungen waren nicht eingelöst worden. Es gab keine vollen politischen Rechte und keine Wahlen, der Steuerdruck hatte sich nicht vermindert, und die Aussicht auf einen Frieden, mit dem sich alles zum Besseren wenden sollte, war sogar in eine noch weitere Ferne als zuvor gerückt. Das musste besonders in einem Moment beunruhigend wirken, in dem die außenpolitische Situation die Frustration gefährlich verstärken konnte. Die territoriale Annexion war nicht zur völligen Reunion erweitert worden, während das absehbare Ende des Rastatter Kongresses und der damit bevorstehende Wiederausbruch des Revolutionskriegs den Status der rheinischen Departements erneut zur Disposition stellen mussten. So versuchte die Verwaltung das Jahresfest zum Forum für eine Reunionsforderung an Direktorium und Regierung in Paris zu machen, was bei aller Perfektion der Zelebration doch die Hilflosigkeit kolonialdepartementaler Appelle zeigt[120], denn einen politischen Druck konnten jederzeit absetzbare Funktionäre kaum ausüben, und der Appell hat ja auch keinerlei Folgen gehabt.

---

[119] STEIN: La République Directoriale et la Rhénanie annexée, 2000, S. 180-181.

V. Inhalt der Nationalfeste

1.3.2. Feiern in den Kantonen

Die Kantone waren von der Zentralverwaltung aufgefordert worden, Abordnungen zur zentralen Feier nach Trier zu schicken[121]. Allerdings benannten nur vier Kantone (Blieskastel, Ottweiler, St. Arnual, Waldmohr)[122] ihren Kommissar, ihren Chefsekretär oder den Agenten des Hauptortes als Abgesandte, von denen dann auch noch zwei wegen Unpassierbarkeit der Straßenverbindungen von der Reise Abstand nehmen mussten (Blieskastel, Waldmohr). Selbst wenn man annehmen kann, dass die nahe bei Trier gelegenen Kantone noch Abgesandte geschickt haben mögen, ohne dass dies in ihren Festberichten ausdrücklich erwähnt worden ist[123], so dürfte die Gruppe der Delegationen der Kantone im Trierer Festzug auf jeden Fall überschaubar gewesen sein.

Die Zentralverwaltung hatte es den Kantonen allerdings freigestellt, zum Jahrestag der Einsetzung der neuen Verwaltungen auch eigene Feiern durchzuführen. Doch von dieser Möglichkeit machten nur 11 Kantone Gebrauch, und nur bei 6 von ihnen kann überhaupt von einer wirklichen Feier gesprochen werden (Birkenfeld, Hermeskeil, Konz, Manderscheid, Merzig, St. Wendel), die über eine bloße Erwähnung des Jahrestages in einer Sitzung der Munizipalität hinausgegangen wäre[124]. Gegenüber den Nationalfesten, die gesetzlich vorgeschrieben waren, wurde der Jahrestag der Einsetzung der neuen Verwaltungen offenbar als eine Feier minderen Ranges angesehen. Selbst in den Kantonen, wo man eine besondere Feier veranstaltete, wurde das Fest deshalb nur mit einem einfachen Zug zum Dekadentempel oder sogar ohne Zug im Sitzungssaal begangen, wo man mit einigen Reden des Anlasses des Festes gedachte. Ein Freiheitsbaum wurde nur einmal neu gesetzt (Hermeskeil). Sonst aber spielte der Freiheitsbaum kaum eine Rolle, indem nur einmal noch der Zug auf seinem Weg am Freiheitsbaum Station machte (Merzig). Ebenso überrascht es, dass nirgends ein Bezug auf die Verfassung erfolgte, auf die doch gleichzeitig in Trier in so demonstrativer Weise hingewiesen wurde. Von einem Bewusstsein, dass mit der Einrichtung der neuen Kantonsverwaltungen im

---

[120] Der für die rheinischen Departements zuständige Justizminister Lambrechts bestätigte gegenüber Kommissar Boucqueau lediglich den Erhalt des Festberichtes unter Hinzufügung des zu nichts verpflichtenden Lobes, so weiterzumachen, ohne sich auf irgendeine Diskussion in der Sache selbst einzulassen: «*cette fête est devenue pour moi une nouvelle preuve que l'administration de celui [i.e. le département] de la Sarre saisit toutes les occasions de propager l'esprit public parmi ses concitoyens et de les rendre de plus en plus digne d'une réunion dont elle leur apprendra à apprécier les avantages*», Mitteilung von Boucqueau an Zentralverwaltung vom 24. Ventôse VII / 14. März 1799, LHA Koblenz: Best. 276 Nr. 1108.

[121] Zirkular vom 15. Pluviôse VII / 3. Febr. 1799, LHA Koblenz: Best. 276 Nr. 1108.

[122] Auffälligerweise handelt es sich in allen Fällen um Kantone des südlichen Saardepartements in Nähe zur Grenze nach Lothringen.

[123] Bezeugt für Wittlich im Protokollbuch des Kantons (LHA Koblenz: Best. 276 Nr. 3182).

[124] LHA Koblenz: Best. 276 Nr. 1108.

Jahre zuvor hier etwas Neues im Sinne des Aufbaues einer republikanischen Verwaltung vollzogen worden wäre, kann also in den Kantonen kaum die Rede sein. Allenfalls ist davon ein kleiner Reflex in St. Wendel zu erkennen, wo die Feier Anlass war, die Schuljugend über die Menschenrechte zu befragen, und wo dies sogar mit einem sehr erfreulichen Ergebnis geschehen sein soll. Hier scheint immerhin ein Bewusstsein dafür vorhanden gewesen zu sein, dass das Fest etwas mit der Einführung staatsbürgerlicher Rechte zu tun hatte, wie der Festbericht auch ausdrücklich ein « *sentiment de civisme* » bezeugt. Sonst aber herrschte ein oft sogar recht kruder Verwaltungsabsolutismus. Nicht von staatsbürgerlichen Rechten war die Rede, sondern von der braven Beachtung der Gesetze der Regierung, denn darin bestehe « *la seule religion des peuples civilisés* » (Hermeskeil). Ja, man ermahnte die Einwohner sogar mit dem Unterton einer deutlichen Missbilligung « *à se montrer plus dignes et plus reconnaissans de ce bienfait qu'ils n'avaient fait jusqu'à présent* » (Merzig). Von Wahlrechten und anderen Rechten der Bürger z.B. zur Kontrolle der Verwaltung, die doch noch im Jahre zuvor in den Kantonen mehrfach angesprochen worden waren, war nun nichts mehr zu hören. Stattdessen rief man in Hermeskeil die Bewohner zum freilich noch freiwilligen Eintritt in die französische Armee auf und lobte einen jungen Mann, der diesen Schritt bereits getan hatte. Die Leistung von Kriegsdienst und der fraglose Gehorsam gegenüber den Gesetzen, waren das nicht die Attribute des Absolutismus, die man im Vorjahr noch scharf der mit der Annexion eingeführten neuen Ordnung entgegengestellt hatte? Man darf so wohl mit einigem Recht nach dem Selbstverständnis der lokalen Verwaltungen fragen. Offenbar sahen sie sich einfach als Verwaltungen wie ihre Vorgänger auch, ohne sich um das eigentlich mit der Revolution eingeführte neue Verhältnis zwischen Verwaltung und Staatsbürgern zu kümmern. Aber sicherlich ist auch die politische Situation zu berücksichtigen. Wenn sie in Trier zu einer Flucht nach vorne und zu einer Demonstration gegenüber dem Direktorium führte, so führte sie in den Kantonen augenscheinlich zu einer gewissen Zurückhaltung. Während jedenfalls im Vorjahr noch verschiedene Reunionsadressen aus den Kantonen gekommen waren, so war dies bei der Jahresfeier im Folgejahr nicht mehr der Fall.

Allerdings wäre es auch denkbar gewesen, die Einrichtung der Kantonsverwaltungen im Jahre zuvor als den Beginn einer lokalen Verwaltungstradition aufzufassen. Doch solche Tendenzen waren von der Zentralverwaltung von vornherein abgeblockt worden, indem sie das Fest in der Departementshauptstadt zentralisiert und die Vielfalt der ursprünglichen Einsetzungstermine auf den Termin der Einrichtung der Zentralverwaltung in Trier vereinheitlicht hatte. Trotzdem hatten die einzigen wirklichen Feiern in den Kantonen gerade diese von der Zentralverwaltung nicht gewollte Tendenz. In Hermeskeil verlegte man das Fest auf den Jahrestag der Einsetzung der eigenen Kantonsverwaltung am 16. April 1799, was immerhin eine Verlegung um fast zwei Monate bedeutete. Hier hatte man schon 1798 die Einrichtung der Kantonsverwaltung mit einem Volksfest gefeiert. Daran knüpfte man jetzt an. Man veranstaltete nicht nur einen Zug zum Dekadentempel und gedachte dort mit mehreren Reden, und darunter auch einer französischen, des Anlasses des Festes, man setzte auch einen neuen Freiheitsbaum vor dem Sitz der Kantonsverwaltung, wozu noch weitere Reden gehalten wurden, und man schloss das Fest schließlich am Nachmittag mit der Veranstaltung von Wettläufen zu Fuß und zu Pferd, die eine große Zuschauermenge herbeilockten. So hatte das Fest wiederum zumindest als lokales Volksfest Erfolg. Denn selbst bei allem guten Willen hatte man offensichtlich Schwierigkeiten, ein passendes Zeremoniell zu finden und begnügte sich damit, das Zeremoniell des letzten, noch nicht einmal zwei Dekaden zurückliegenden Festes der Jugend zu wiederholen und die damals als beste Schüler ausgezeichneten Jugendlichen nochmals zu ehren[125]. Eine ähnliche Idee hatte man auch in Konz und vielleicht in Meisenheim. In Konz war die Einsetzung der Kantonsmunizipalität am 31. März 1798 Anlass, die Feier des Jahrestags mit dem Fest der Jugend am 10. Germinal VII / 30. März 1799 zu verbinden, indem man an dieses Fest noch ein paar Reden auf den Jahrestag der Einrichtung der Kantonsverwaltung anfügte. In Meisenheim verschob man das Fest der Jugend um eine Dekade auf den 20. Germinal VII / 9. April 1799. Ein Grund wird nicht genannt, aber man kann vermuten, dass die Verschiebung erfolgte, um die Neupflanzung des Freiheitsbaumes in Verbindung mit dem Jahrestag der Einrichtung der Kantonsverwaltung (10. April 1799) vornehmen zu können und sie somit als Erneuerung der damaligen Baumsetzung erscheinen zu lassen. Allerdings können auch diese Feiern nur als ein schwaches Zeichen für ein kantonales Verwaltungsbewusstsein gewertet werden, zumal eine weitere Basisbeteiligung wie im Vorjahr mit den Baumsetzungen in jeder Gemeinde nun keine Parallele mehr hatte.

2. Allgemeinpolitische Feste

Die Feste zur Einsetzung der Verwaltung waren in den rheinischen Departements noch vor der Einführung der Nationalfeste gefeiert worden. Diese war von Rudler dann gestaffelt vorgenommen worden, so dass zunächst vor allem die allgemeinpolitischen und die moralischen Feste gefeiert wurden und die Feste der Revolutionsgeschichte sowie die der aktuellen Republik erst später hinzukamen. Offensichtlich sollten zuerst die neuen politischen und sozialen Grundwerte vermittelt werden, ehe man daran ging, die Tradition der Französischen Revolution in den rheinischen Departements zu implantieren.

---

[125] Die Liste der ausgezeichneten Schüler differiert kaum gegenüber der des Festes der Jugend, nur die Zahl wurde etwas reduziert, indem man in der Regel nur zwei anstatt drei Schüler pro Gemeinde auszeichnete.

2.1. Fest der Gründung der Republik

Das Fest der Gründung der Republik[126] ist, wie im Zusammenhang mit dem Revolutionskalender schon erwähnt, ein Doppelfest. Es ist das Kalenderfest des Beginns des neuen Jahres, und es ist zugleich auch das Erinnerungsfest an die Einführung der Republik am 21. September 1792. In beiden Funktionen hatte es wie sonst nur die frühen Föderationsfeste in Innerfrankreich eine stark integrierende Funktion[127]. Mit der republikanischen Staatsform und mit dem Kalender, der den Lebensrhythmus der Gesellschaft republikanisch gestalten sollte, konnten sich alle Revolutionsanhänger identifizieren, während die Erinnerungsfeste der Revolutionstradition immer in der Gefahr standen, zu Parteifesten zu werden. Insofern galt es als das größte Fest der Republik.

Das trifft auch auf das Saardepartement zu, wo das Fest zweimal gefeiert wurde[128]. Insbesondere das erste Fest am 22. September 1798 war das Fest mit der höchsten Realisierungsquote im Departement. Festberichte liegen aus allen Kantonen außer Rhaunen vor und berichten oft von einer sehr hohen Beteiligung. Sicherlich profitierte das Fest davon, dass es zu einem Zeitpunkt gefeiert wurde, an dem die Annexion konsolidiert erschien und die Erschütterungen zuerst durch die Konskriptionsunruhen in den belgischen Departements und dann durch den Wiederausbruch des Krieges noch nicht eingetreten waren. Aber das Fest musste für Verwaltung und Bevölkerung auch einen Identifikationspunkt dazu anbieten. Bei der Wiederholung des Festes am 23. September 1799 war dann die Situation weniger günstig. Gleichwohl ist das Fest auch da noch in einer größeren Zahl von Kantonen begangen worden, und in nicht wenigen Kantonen ist dieses Fest unter den letzten Nationalfesten das einzige, das überhaupt noch gefeiert worden ist.

---

[126] Eingeführt mit dem Gesetz vom 3. Brumaire IV.
[127] Mit Gesetz vom 29. Thermidor IV / 16. Aug. 1796 (Bulletin des lois 67, n° 617) wurde das Fest auf Feiern « *dans toutes les communes* » ausgedehnt; mit Arrêté des Direktoriums vom 13. Fruktidor IV / 30. Aug. 1796 (Bulletin des lois 72, n° 667) wurde der Integrationscharakter des Festes betont (« *tous devaient oublier leurs ressentiments, leurs haines, et se réunir enfin pour soutenir cette République* ») und das Zeremoniell festgelegt; mit Gesetz vom 27. Thermidor VI / 14. Aug. 1798 (Bulletin 217, n° 1951) wurde die Feier erneut bis in die Gemeinden vorgeschrieben; mit Zirkular des Innenministers vom 10. Fruktidor VI / 27. Aug. 1798 (François de Neufchâteau: Recueil, Bd. 1, S. 115-128) wurde das Fest als höchstes Fest (« *le jour le plus auguste que la main de la liberté ait gravé dans les fastes de la Révolution* ») und als Fest der Einheit des Volks nach dem Ende der Revolution begründet; mit dem Gesetz vom 24. Fruktidor VII / 10. Sept. 1799 (Bulletin 305, n° 3243) wurde der Kriegssituation Rechnung getragen.
[128] Festberichte in LHA Koblenz: Best. 276 Nr. 1107. Zur Publizistik vgl. Verzeichnis 2: Publizistik der Nationalfeste. Die Rede von Cetto in St. Wendel ist erhalten in LA Saarbrücken: ArchSlg.HV, L II Nr. 174. Zu Trier vgl. auch StadtA Trier: Fz 67; AN Paris: F⁷ 7687(90); Hansen: Quellen, Bd. 4, 1938, S. 936, 1185 nach der Chronik von Müller, LHA Koblenz: Best. 700,62 Nr. 28, Heft G für 1798 fol. 19, Heft H für 1799 fol. 21; zu Saarbrücken vgl. Firmond'sche Chronik, S. 112.

V. Inhalt der Nationalfeste

Die Verwaltung tat auch alles, um das Fest zu einem großen Fest zu machen. Die Zentralverwaltung hatte ausführliche Zirkulare für die Durchführung der Feste erlassen, die für beide Jahre das gleiche Zeremoniell vorschrieben[129] und das Fest weniger als Kalenderfest denn als Fest der Gründung der Republik erscheinen lassen sollten. Im Gegensatz zu Innerfrankreich, wo das Fest oft mit einem Zeremoniell gefeiert wurde, das die Sonne und alle Gestirne des Himmels präsentierte[130], war im Saardepartement kein besonderes Zeremoniell vorgeschrieben worden, so dass sich das Fest auf die traditionellen Formen des Nationalfestes beschränkte. Doch gerade dadurch konnte es um so mehr als das Nationalfest schlechthin erscheinen. Das Fest war als Volksfest konzipiert, das in ähnlich einfacher und einprägsamer Weise wie die Baumsetzungen unmittelbar nach der Annexion gefeiert werden sollte. War damals der Freiheitsbaum meist in Gestalt einer Eiche auf den Plätzen der Städte errichtet worden, so sollten nun die öffentlichen Gebäude sowie die Häuser der Funktionäre mit Girlanden aus frischem Eichenlaub und mit Fahnen in den französischen Nationalfarben geschmückt werden.

Generell begannen die Nationalfeste mit einem Ankündigungszeremoniell am Vorabend und am Morgen des Festes durch Böllerschießen und Glockenläuten. Außerdem schrieb das Zirkular vor, dass am Morgen des Festes Musikgruppen auf den Plätzen aufspielen sollten, was in Trier zwar bei fast allen Festen Brauch war, für die Kantone aber doch einen nicht unerheblichen Aufwand bedeutete. So ist es schon bemerkenswert, wenn dies im ersten Jahr fast überall ausgeführt und auch im zweiten Jahr zumindest noch einmal (Daun) ausdrücklich erwähnt wurde. In zwei Fällen aber wurde im ersten Jahre noch über diese Vorgaben hinausgegangen. In St. Wendel ließ man beim ersten Fest den Musikzug schon am Vorabend durch die Straßen des Städtchens ziehen und gab dann bei Kerzenschein eine Serenade unter dem Freiheitsbaum (« *sérénade à l'honneur de la liberté* »)[131]. Ähnlich ließ man in St.

---

[129] Zirkulare der Zentralverwaltung vom 22. Fruktidor VI / 8. Sept. 1798 und 24. Fruktidor VII / 10. Sept. 1799 - LHA Koblenz: Best. 276 Nr. 1107. Die Zirkulare übernehmen das innerfranzösische Zeremoniell als allgemeines Nationalfest. Im ersten Jahr wurde allerdings die in Innerfrankreich häufige Verbindung des Festes mit der Verteilung von Auszeichnungen für die besten Schüler der Zentralschulen nicht übernommen, da es ja noch keine Zentralschule im Departement gab. Im zweiten Jahr blieb das gesamte spezielle Festzeremoniell mit der Umwidmung des Vaterlandsaltars zu einem « *autel à la concorde* », der Ehrung der Armee und einer allgemeinen Eidesleistung (« *serment civique* ») durch Beamte, Armee und Volk unbeachtet (Gesetz vom 19 Fruktidor VII / 5. Sept. 1799).

[130] Ozouf: De thermidor à brumaire, 1975, S. 53: „L'emblématique du 1er vendémiaire est toujours 'céleste'"; Ozouf: Fête révolutionnaire, 1976, 191f.

[131] « *Après avoir ainsi donné des sérénades dans tous les quartiers on se rendit sur la place du peuple au devant de l'arbre de la liberté où le citoyen président avait fait préparer une table et des lumières. La sérénade à l'honneur de la liberté fut ouverte par plusieurs chants pathétiques et martiaux, exécutés par des amateurs et accompagnés à mi-jeu par l'orchestre. Puis on exécuta des chœurs, des marches, des chasses, des allemandes etc.* » (Festbericht).

Arnual im zweiten Jahr das Fest am Vorabend durch eine Musik unter dem Freiheitsbaum (« *groupe de musiciens au pied de l'arbre de la liberté* ») ankündigen[132]. Dieses Ankündigungszeremoniell war auch der Punkt des Festes, wo sich leicht ein Anknüpfungspunkt zum Brauchtum des alten Neujahrstages herstellen ließ. Das zeigen verschiedene spontane Gesten im ersten Jahr, die sich allerdings im zweiten Jahr dann nicht mehr wiederholt zu haben scheinen. In Birkenfeld und Blankenheim wurde das neue Jahr nach dem Revolutionskalender mit mitternächtlichem Böllerschießen begrüßt. In Wadern brachte gleichzeitig die Jungmannschaft, die sich zu einer Kompanie « *volontaires* » mit eigenen Offizieren formiert hatte, den Funktionären mit Gewehrschüssen und Hochrufen auf die Republik ein mitternächtliches Ständchen, und in St. Wendel wurden die Funktionäre am nächsten Morgen mit « *aubades à l'honneur de la nouvelle année* » begrüßt. In Birkenfeld entbot ein alter Bürger den einzelnen Funktionären sowie auch anderen Mitbürgern die traditionellen Glückwünsche nun zum neuen, republikanischen Neujahrstag (« *des félicitations gothiques pour le nouvel an* »). Schließlich war es in Merzig die Munizipalverwaltung selbst, die im Anschluss an die morgendliche Feier im Sitzungssaal untereinander und mit den sonst anwesenden Bürgern Glückwünsche austauschte. Das stellt eine Übertragung von altem Brauchtum auf das neue Kalenderfest dar. Es ist eigentlich ein ambivalentes Phänomen, bei dem die Verwaltung aber weniger die Fortsetzung des alten Brauchtums[133] als die Akzeptanz des neuen Kalenderfestes sah. In Birkenfeld hatte man das traditionelle Treiben toleriert, « *afin de mieux gagner, lors de sa première célébration, à la fête du renouvellement de l'anniversaire de la République les transports de joye [sic] autrefois consacrés au nouvel an de l'ancien ère* ». Die Hoffnung war nicht ganz unbegründet, denn in Wadern begrüßte, wie schon erwähnt, die zu einer paramilitärischen lokalen Nationalgarde formierte Jugend um die Mitternacht zum 1. Vendémiaire das neue Jahr unter den Fenstern aller Funktionäre mit dem politisch korrekten Ruf « *Vive la République* », so dass die Kantonsverwaltung mit einigem Recht darin den « *patriotisme d'une jeunesse naissante, qui avoit l'air d'offrir des deffenses [sic] à la patrie* » sehen konnte.

Dieses Eröffnungszeremoniell betraf die Orte, in denen die Feste stattfanden, nämlich die Departementshauptstadt und die Kantonshauptorte. Dagegen erstreckten sich die Nationalfeste in der Regel nicht auf die einzelnen Gemeinden.

---

[132] Die Begründung für diesen Programmpunkt war freilich etwas ernüchternd, denn die Form der Ankündigung wurde gewählt aus Mangel an Glocken oder Böllern. Immerhin, eine ansprechende Form der Ankündigung des Festes sollte doch erfolgen.

[133] Umgekehrt ist das Brauchtum des alten Neujahrtages am 1. Januar wohl nicht nur in Bernkastel fortgesetzt worden, wo der Kommissar bei der Munizipalität sich bei der Sitzung am 11. Nivôse VII / 1. Januar 1799 veranlasst sah, darauf hinzuweisen, « *qu'il falloit cesser en ce jour comme ci-devant à faire aucun bruit avec des armes à feu, ni aucune ostentation en public* » (LHA Koblenz: Best. 615 Nr. 326 S. 15).

Anders war es freilich schon bei der Einführung der Verwaltung mit den Baumsetzungen in jedem Ort gewesen, und anders war es auch hier beim Fest der Gründung der Republik. In Innerfrankreich sollte das Fest in jeder Gemeinde gefeiert werden. Die Zentralverwaltung des Saardepartements hatte dies zwar nicht direkt übernommen, aber doch vorgeschrieben, dass das Ankündigungszeremoniell am Vorabend und am Morgen des Festtages nicht nur in den Kantonshauptorten, sondern auch in allen Gemeinden der Kantone stattfinden sollte. Dies scheint sogar in beiden Jahren weitgehend umgesetzt worden zu sein und ist in vielen Festberichten ausdrücklich bezeugt[134]. Gelegentlich wurde daraus sogar ein kleines Dorffest, wie im ersten Jahr in Dollendorf (Kanton Blankenheim). Hier rief der Agent die Gemeinde am Vorabend mit dem Glockenschlag zusammen, um sie durch eine Rede über das Ende der Kriegsleiden und die Aussicht auf den bevorstehenden Frieden auf das Fest einzustimmen. Am eigentlichen Festtag wurde dann ein Dorffest mit einem Zug unter Musikbegleitung durch den Ort veranstaltet, der vor dem Haus des Agenten mit Lustbarkeiten endete[135]. Im Kanton Schweich scheint das Fest sogar überhaupt allein in den Gemeinden gefeiert worden zu sein[136], wenn ein Festbericht auch nur für Klüsserath vorliegt, wo das Fest mit einer Versammlung am Freiheitsbaum, Verlesung der Rechte und Pflichten des Menschen und Bürgers aus der Verfassung sowie mit Gesängen gefeiert wurde. Außerdem wurde im ersten Jahr in einigen Kantonen die Verbindung der Gemeinden mit dem Kantonshauptort noch dadurch betont, dass die Gemeinden nicht nur durch ihre jeweiligen Agenten als Teil der Munizipalverwaltung, sondern auch durch Delegationen der Bürger im Umzug bei den Festen in den Kantonshauptorten vertreten waren (Kusel, Kyllburg), wobei auch zweimal Delegationen der Pfarrer der Kantonsgemeinden erschienen (Kyllburg, Wadern).

Tabelle 7: Soziabilitätsfeiern beim Fest der Gründung der Republik im Saardepartement in den Jahren VII / 1798 und VIII / 1799

Jahr	Konzert	Spiel	Ball	Bankett	Gaben für die Jugend	Illumination	Zahl der Feste
VII	2 (6,1 %)	12 (36,4 %)	24 (72,7 %)	8 (24,2 %)	2 (6 %)	17 (51,5 %)	33
VIII	2 (12,5 %)	2 (12,5)	8 (50 %)	2 (12,5 %)		6 (37,5 %)	16

---

[134] 1798 14 Kantone von 33; 1799 5 Kantone von 16.
[135] Auffälligerweise erwähnt der Festbericht dabei keinen Freiheitsbaum.
[136] « *La fête de la fondation de la République a été célébrée dans toutes les communes de notre canton de quoi les Agents Municipaux dressèrent procès-verbal.* »

Die allgemeine Bedeutung des Festes wurde auch durch die Festsoziabilität im Anschluss an das Zeremoniell unterstrichen, indem den Vorgaben der Zentralverwaltung hier in einem hohen Maße nachgekommen wurde. Das trifft besonders für das erste Jahr zu. Bälle und Tanzveranstaltungen, die häufig den Abschluss von Nationalfesten bildeten, sind hier für fast alle Orte belegt, für die ausführlichere Festberichte vorliegen. Ausgelassenheit konnte sich dabei leicht einstellen, so dass in Trier sogar die Sperrstunde verlängert wurde[137]. Bemerkenswert erscheint es auch, wenn in diesem Zusammenhang zweimal von nächtlichen Tänzen um den Freiheitsbaum berichtet wird (Kyllburg, Wittlich). Es ist ein nicht sehr häufiges Zeichen, dass die Festveranstaltung angenommen worden war. Weniger häufig als bei manchen anderen Festen werden gemeinsame Essen der Beamten, die die Pause zwischen dem offiziellen Zeremoniell am Vormittag und dem Volksfest am Nachmittag überbrücken sollten, erwähnt. Hervorzuheben ist aber, dass solche Nachmittagsfeste mit Spielen und Wettläufen in recht großer Zahl stattfanden, wozu sich dann wohl nicht nur in Meisenheim « une foule immense » einstellte, von der die Festberichte für das Morgenzeremoniell noch nicht zu berichten wussten. Darüber hinaus bemühte man sich in einigen Orten besonders um die Jugend, die an dem Fest teilnahm. In Bernkastel wurde auch der Jugend Brot und Wein gereicht, und in Hermeskeil erhielten die Kinder, die schon am Morgenzeremoniell teilgenommen hatten, sogar jeweils zwei Kreuzer. Am deutlichsten markiert den Stellenwert des Festes aber, dass in 17 Kantonshauptorten eine Illumination der wichtigsten Gebäude durchgeführt wurde, was nicht nur längere Vorbereitungen erforderte, sondern auch mit Kosten verbunden war, die die Kantone nicht häufig aufbringen konnten. Im zweiten Jahr ist dann der allgemeinen Entwicklung folgend nicht nur die Gesamtzahl der Feste um den Faktor zwei zurückgegangen, sondern es hat sich auch die Zahl der Geselligkeitsveranstaltungen fast um den Faktor drei vermindert. Trotzdem wurden aber weiterhin relativ viele Illuminationen veranstaltet und sogar die gleiche Zahl von Konzerten wie im Vorjahr durchgeführt, was den Rang des Festes nochmals unterstreicht.

Das Fest selbst wurde vor allem als öffentliches Fest mit einem Umzug durch die Straßen gefeiert. Es war das normale Defilee der Verwaltungsfunktionäre sowie der Schuljugend, manchmal ergänzt durch die Jungmannschaft. Dazu kamen Musikgruppen sowie meist Gendarmerie oder Militär. Öfters, wenn auch nicht immer, erschien auch die Bürgerschaft als eigene Gruppe und konnte so eine Brücke zu den Zuschauern bilden. Das Besondere des Zuges bestand aber darin, dass alle Teilnehmer frische Eichenzweige in den Händen hielten, so dass die Menschen, wie schon die ganze Stadt, nun mit dem Zeichen der Freiheit geschmückt waren. Vor diesem Hintergrund schien die

---

[137] Haan: Rechtfertigung, 1799, S. 13-14.

V. Inhalt der Nationalfeste

Mitführung von besonderen Revolutionssymbolen neben Fahnen oder Faszes entbehrlich. Jedenfalls waren im ersten Jahr keine besonderen Symbole vorgeschrieben. Nur in St. Wendel wurde aus eigener Initiative ein «*trophée républicain*»[138] sowie zwei große dreieckige Transparente mit den Aufschriften «*Freiheit*» und «*Gleichheit*» und jeweils dem Zusatz «*An VIIe républicain*» im Zug mitgeführt. Im zweiten Jahr hatte die Zentralverwaltung dann eine Integration von Motiven der Revolutionsgeschichte in den Festzug vorgesehen. Aufgegriffen wurde dies aber nur in Daun und Trier sowie wiederum in St. Wendel. Für St. Wendel liegen dazu Illustrationen des auch als Zeichner ausgebildeten Chefsekretärs der Kantonsmunizipalität Manouisse vor, die eine anschauliche Vorstellung solcher Festzugsdekoration geben können (Abb. 2-4). Zunächst finden wir im Zug die auch schon im ersten Jahr mitgeführten Requisiten wieder, nämlich zwei Fahnen mit der Aufschrift «*Liberté*» und «*Egalité*» (Abb. 3) sowie zwei Faszes als Symbol der staatlichen Hoheitsgewalt und als Zeichen der Einheit der Departements, die mit Eichenlaub geschmückt waren (Abb. 2). Die Faszes waren auch jeweils mit einem kleinen Dreieck mit dreifarbigem Rand geschmückt, wobei die Dreiecke als Inschrift «*Freiheit*» und «*Gleich[h]eit*» und dazu jeweils «*Ja[h]r VIII*» trugen. Ähnlich wie diese kleinen Dreiecke wird man sich auch die im Vorjahr mitgeführten großen dreieckigen Transparente vorstellen dürfen. Dazu kamen nun, im zweiten Jahr, noch vier Schrifttafeln, wie sie das Zirkular der Zentralverwaltung vorsah. Nachdem inzwischen der gesamte Zyklus der Nationalfeste in den rheinischen Departements eingeführt worden war und so eine gewisse Vertrautheit mit den Hauptdaten der französischen Revolutionstradition vorausgesetzt werden konnte, wollte die Zentralverwaltung des Saardepartements offenbar die Erinnerung an die Ereignisse, die zur Gründung der Republik im Herbst 1792 geführt hatten, im Festzug evoziert sehen und hatte deshalb für den Festzug die Mitführung von Emblemen vorgeschrieben, die an den 14. Juli 1789 und den 10. August 1792 erinnern sollten. Im St. Wendeler Zug erschien dann auch eine Tafel mit der Darstellung der Bastille und der Inschrift «*Der 14te Juli. Ewiger Ruhm den Zerstöhrern der Bastille*» und eine weitere Tafel mit der Darstellung von Zepter und Krone, die zerschlagen am Boden lagen, sowie der Inschrift «*Der 10te August. Zerbrochen sind die Fesseln, frey die Franken*» (Abb. 2). Hier waren die Vorgaben genau umgesetzt worden. Zu einem bezeichnenden Missverständnis führte aber die zweite Inschriftenserie. Das Zirkular der Zentralverwaltung hatte die Mitführung von Inschriften vorgeschrieben «*en mémoire tant des héros morts à ces deux grandes époques que des illustres fondateurs du gouvernement républicain*», und im Begleitschreiben zum Zirkular des Vorjahres war zu lesen, dass dabei

---

[138] Das Objekt wird im Festbericht nicht beschrieben, es könnte sich wie im Folgejahr (s.u.) um eine Art tragbaren Freiheitsbaum mit einer Schrifttafel mit dem Thema des Festes gehandelt haben.

gedacht war an « *ces courageux fondateurs de la République, qui* [...] *osèrent dans le Sénat français, proclamer la République et ordonner la juste punition du roi parjure, des Brissot, Condorcet, Guadet[139], Vergniaud etc.* ». Die Namen aber, die auf den St. Wendeler Schildern erscheinen, sind keineswegs die der alten girondistischen Helden, sondern die der Kriegshelden des Direktoriums. Erinnert wurde an den einstigen Protektor der cisrhenanischen Republik Hoche (« *Dem Schatten des Hoche. Zu früh starb er fürs Vaterland, sein Ruhm aber überlebte ihn.* ») und an den kürzlich gefallenen General Joubert (« *Der Asche des Joubert. Er starb für Freiheit und Recht.* ») (Abb. 3), dem wenig später noch das letzte unter dem Direktorium veranlasste Nationalfest gewidmet wurde. Dies waren also die Personen, die man sich im Rheinland unter den Gründern der Republik vorstellte. Die Republik, deren Gründung hier gefeiert wurde, war auch in der Tat nicht die girondistische Republik des Jahres 1792, sondern die erobernde Republik der Jahre 1794/97. Die Schilder wurden auf großen Stangen geführt, die mit Eichenlaub reich geschmückt waren. Alle diese Requisitengruppen von Faszes, Schildern des 14. Juli und des 10. August, Fahnen und schließlich den Schildern der Gründer der Republik waren in der Abfolge des Zugprogramms jedoch nur die vorbereitende Hinführung zu dem Hauptsymbol, das die Reihe wieder in das Thema des Festes einband. Es war eine einfache Tafel mit der Aufschrift des Festtitels (« *Anniversaire de la Fondation de la République française* »), aber hier war der Schmuck mit Eichenlaub so üppig, dass das Objekt die Form eines veritablen Freiheitsbaumes annahm, der hier nun im Zentrum des Zuges durch die Straßen getragen wurde (Abb. 4).

Einen besonderen Akzent setzte der Zug in der Departementshauptstadt Trier. In der Tradition der Umzüge bei der Einsetzung der Zentralverwaltung und der Munizipalität zeigten die Züge bei den Festen der Gründung der Republik in Trier wieder ein Hauptzeremoniell. Es bestand in beiden Jahren darin, dass die Verfassung, von vier Männern getragen, im Zug mitgeführt wurde. Die Träger waren dabei die Präsidenten der Zentralverwaltung, der Munizipalität und eines der Obergerichte sowie der Militärkommandant der Stadt, womit eine besondere Legitimation von Verwaltung, Justiz und Militär ausgedrückt wurde. Dazu kamen in beiden Jahren Reverenzen an das Militär[140]. Im ersten Jahr erschienen wie schon bei der Einsetzung der Zentralverwaltung eine Gruppe von Soldaten (« *défenseurs de la patrie* ») sowie die dazugehörige Gruppe von jungen Frauen (« *jeunes citoyennes* ») mit Eichenkronen. Im

---

[139] Der Druck des Zirkulars hat « Gaudet », vielleicht war auch andernorts die Kenntnis der girondistischen Helden nicht mehr ganz so sicher.

[140] Trier ist der einzige Ort im Saardepartement, wo die für Frankreich allgemein geltende Beteiligung des Militärs an der Feier aufgegriffen wurde. Das war nur in der Garnisonsstadt Trier möglich, da eine Nationalgarde im Departement noch nicht gebildet worden war.

zweiten Jahr gab es sogar zwei solcher Gruppen, wobei die Soldaten der einen Gruppe ein Modell der Bastille und die der anderen Gruppe eine Urne trugen. Im Zusammenhang mit dem Verfassungssymbol erschien die Armee hier also eher als Verteidiger der Republik. Trotzdem war aber auch das Thema von Eroberung und Befreiung mit präsent, indem eine mitgeführte Inschrift an die Eroberung von Trier 1794 durch die französische Armee erinnerte.

Tabelle 8: Festorte der Feier des Festes der Gründung der Republik im Saardepartement in den Jahren VII / 1798 und VIII / 1799*

Jahr	Zug	Feiern im Freien				Feiern im Saal			
		Baum	Altar	Platz	zus.	Kirche	Tempel	Saal	zus.
VII	30	17	9	3	29	7	2	1	10
VIII	13	4	1	1	6	8		2	10

* Mehrfache Festorte pro Feier berücksichtigt

Der Umzug endete in einem Festzeremoniell. Das Zirkular der Zentralverwaltung hatte es freigestellt, diese Feier am Vaterlandsaltar oder bei schlechtem Wetter auch in einem geschlossenen Raum abzuhalten. Im ersten Jahr fanden die meisten Feiern unter freiem Himmel statt. In St. Wendel wurde der Vaterlandsaltar, der hier allerdings meist als ein « *autel de la liberté* » erscheint, schon im Zug mitgeführt und dann neben dem Freiheitsbaum aufgestellt. Auch in anderen Kantonshauptorten, in denen das Festzeremoniell am Vaterlandsaltar abgehalten wurde, stand der Altar neben dem Freiheitsbaum, doch war er in einigen Orten auch auf einem anderen Platz des Ortes oder sogar außerhalb des Ortes auf freiem Feld aufgebaut worden. Häufiger als der Bezug zum Vaterlandsaltar war aber der Bezug zum Freiheitsbaum, denn die meisten Feiern fanden unter dem Freiheitsbaum statt. Schließlich wurden auch noch einige Feiern ohne Bezug zu Vaterlandsaltar oder Freiheitsbaum einfach auf einem größeren Platz abgehalten, wobei man in Wittlich für die dabei aufgeschlagenen Tribünen nach französischem Vorbild den stolzen Begriff des Amphitheaters benutzte.

Wo, wie wiederum in St. Wendel, das Fest wie ein großes Schauspiel aufgezogen wurde, hatte es schon am Morgen viele Einwohner aus den umliegenden Gemeinden des Kantons angezogen. Sie konnten zunächst in der Stadt die über Nacht angebrachte Dekoration der Amtsgebäude und der Wohnungen der Funktionäre bewundern und bildeten dann das Spalier für den festlichen Umzug, ehe sie dann zum Schlusszeremoniell vollends den Marktplatz in ein offenes Theater verwandelten. Republikanische Lieder wurden von einem Chor und einem Orchester vorgetragen. Die Verlesung der Rechte und Pflichten des Menschen und Bürgers aus der Verfassung durch den Präsidenten wurde ruhig angehört. Den Höhepunkt des Zeremoniells bildete aber wie immer die Festrede zum Tage, die von einer Person des öffentlichen Lebens gehalten wurde, hier dem Bruder des Präsidenten Karl Cetto, der schon als Präsident des Konstitutionellen Zirkels bei der Baumpflanzung in St. Wendel begegnet ist und der bis in die Zeit des Vormärz die dominierende politische Persönlichkeit der Stadt war[141]. Die Feier hatte offensichtlich Zuspruch und auch Anklang gefunden. Sie war keine Parteifeier wie oft in Frankreich, aber sie hatte wohl auch kaum wirkliche staatsbürgerliche Erziehung leisten können, wie es die französischen Politiker immer wieder von solchen Feiern erwarteten. Aber man darf wohl dem Festbericht glauben, wenn er das Fest stolz als eine gelungene Werbeveranstaltung für die französische Republik wertete (« *cette belle journée a gagné plus d'un cœur à la République* »).

Eine solche Breitenwirkung war mit einer Feier in einem geschlossenen Raum natürlich schwieriger zu erzielen. Deshalb waren auch die Saalfeiern fast immer mit einem großen Umzug verbunden, der zudem noch in einigen Fällen auch den Freiheitsbaum auf seinem Zug berücksichtigte. Im ersten Jahr fanden die Saalfeiern noch fast alle in Kirchen statt, weil nur in Trier schon ein Dekadentempel eingerichtet worden war, bzw. in Saarbrücken gerade mit diesem Fest eingeweiht wurde. Im zweiten Jahr war dann fast überall ein Dekadentempel vorhanden. Der Dekadentempel konnte als Festraum speziell für die Feier hergerichtet werden. Das traf besonders für Trier zu, wo die ehem. Jesuitenkirche nun ausschließlich als Dekadentempel diente. So stand im ersten Jahr eine große Statue der Republik auf dem Altar, während im zweiten vor dem Vaterlandsaltar ein zweiter Altar der Eintracht mit besonderen Inschriften aufgerichtet worden war, womit man sich hier direkt an die innerfranzösischen Festanweisungen anschloss[142]. In den Kantonen waren wegen der grundsätzlichen Simultanbenutzung mit den Religionsgemeinschaften die Möglichkeiten für solche Installationen geringer. Trotzdem hatte sich im zweiten Jahr das Verhältnis zwischen Feiern im Freien und Saalfeiern umgekehrt. Das Zeremoniell war bei den Saalfeiern ganz ähnlich wie bei den Feiern unter freiem Himmel. Instrumental- und Vokalmusik wechselten sich mit Lesungen und Reden ab. Gegenüber der größeren Öffentlichkeitswirksamkeit der Baumfeiern konnte aber bei den Saalfeiern das Zeremoniell eine gewisse Sakralität vermitteln, zumal wenn die Feiern durch einen reichlichen Gebrauch von Weihrauch in eine gewisse Nähe zur Messe rückten.

---

[141] Über Karl Cetto vgl. STEIN: Die konstitutionellen Zirkel, 1993, S. 133 mit Nachweisen.
[142] Nur in Trier wurden die innerfranzösischen Zeremonialvorschriften mit den Inschriften: « *Paix à l'homme juste et au fidèle observateur des lois* » - « *Le peuple français armé contre ses ennemis extérieurs et intérieurs pour l'intégrité de son territoire et le maintient de la constitution de l'an III* », rezipiert. Das Zirkular der Zentralverwaltung hatte sie für das Departement nicht vorgeschrieben. Aber auch in Trier wurde die in Innerfrankreich geforderte erneute Eidesleistung der Beamten nicht vorgenommen.

Gegenüber dem Zeremoniell traten die Reden bei diesem Fest zurück, spiegelten aber gleichwohl den Doppelcharakter des Festes als Kalenderfest und Fest der Republik. Eine eigentlich zu erwartende Darlegung des Revolutionskalenders erfolgte nur zweimal. In St. Wendel verteidigte Cetto den neuen Jahresanfang durch Vergleiche mit antiken Kalendern, und in Schönberg versuchte Kommissar Boos in ähnlicher Weise durch Vergleiche mit den verschiedenen christlichen Kalendern die Akzeptanz des Revolutionskalenders zu erhöhen. Dagegen befassten sich die meisten Reden mit der staatspolitischen Bedeutung des Festes. Die wenigen Reden von französischen Funktionären verwiesen dabei einfach auf die französische Geschichte (Trier 1798) oder rühmten die Armee als Verteidiger der Republik (Trier 1799), während die Reden der deutschen Funktionäre die Verfassung in den Vordergrund rückten. Allerdings wurde dabei die Verfassung selten in ihren Prinzipien analysiert (nur St. Wendel), und nie wurde das konkrete Verfassungsrecht dargelegt. Stattdessen dominierte die Darlegung der Morallehre des guten Republikaners, die letztlich auf die Forderung nach Gehorsam gegenüber den Gesetzen hinauslief, was einer langen Tradition französischer Revolutionspädagogik entsprach[143]. Hinzu kam aber im Saardepartement die Verteidigung der Verfassungswirklichkeit in den annektierten Gebieten gegenüber möglichen Einwänden von « Mißvergnügten ». Der Tenor der Reden war so stark apologetisch.

Wenn das Fest der Gründung der Republik trotzdem eine gewisse Resonanz in der Bevölkerung erreicht haben kann, so wohl nicht wegen der Festreden, sondern wegen der umfassenden Festinszenierungen. Die Allgemeinheit des Festgegenstandes, die für eine Reflexion über das Fest in den Reden eher ein Nachteil war, war für das Festzeremoniell ein Vorteil. Die Symbolik der französischen Revolutionsgeschichte, die in den annektierten Departements leicht auf Unverständnis treffen konnte, trat dabei zurück gegenüber dem allgemeinen und bekannten Festzeremoniell, nämlich dem Zug durch die Straßen der Orte zu Freiheitsbaum, Vaterlandsaltar oder Dekadentempel. Das Nationalfest konnte hier gerade mit seinem Zeremoniell als Volksfest rezipiert werden. Hinzu kam ein Transfer nun nicht von Sakralität, aber von Brauchtum und Affektivität. Einerseits wurde mit nächtlichem Böllerschießen, « *félicitations gothiques* » etc. traditionelles Neujahrsbrauchtum auf das republikanische Neujahrsfest übertragen. Andererseits zeigen mitternächtliche Tänze unter dem Freiheitsbaum, « *sérénade à l'honneur de la liberté* » etc.

---

[143] HEUVEL: Freiheitsbegriff, 1988, S. 125 ff, betont auch für Innerfrankreich den „moralischen Diskurs über die Freiheit" speziell in seiner sozialdisziplinierenden Funktion (S. 154 ff), wenn er dies auch konkret nur für die erste Phase der Revolution bis 1794 analysiert. Eine genauere Untersuchung zumal der Reden bei den Nationalfesten ab 1794 und besonders ab 1797 dürfte diese Tendenzen auch für die spätere Zeit bestätigen. Die größere Bedeutung der individuellen Freiheitsrechte nach 1794 muss dem nicht entgegenstehen, wie dies auch für die rheinischen Departements gilt.

an, dass auch republikanisches Brauchtum in die lokale Soziabilität übernommen wurde. In diesem Sinn hatte vielleicht nicht nur die Kantonsmunizipalität von St. Wendel das Fest erlebt als « *cette belle journée* [qui] *a gagné plus d'un cœur à la République* ».

2.2. Fest der Volkssouveränität

Als ein allgemeinpolitisches Nationalfest jenseits der Auseinandersetzung zwischen den Parteien war auch das Fest der Volkssouveränität gedacht. Die Volkssouveränität als das Prinzip, dass alle Gewalt im Staate vom Volke ausgeht, ist die eigentliche Errungenschaft der Französischen Revolution, auf deren Grundlage sich erst die anderen revolutionären Rechte und Institutionen bilden konnten. Sie entstand, als die Generalstände mit ihrer Deklaration vom 17. Juni 1789 den Anspruch erhoben, für die Nation zu sprechen und ihre Legitimation durch Wahl und nicht mehr durch Berufung durch den König erhalten zu haben[144], und als sie dies am 20. Juni mit dem Eid bekräftigten, nicht auseinander zu gehen, bis sie eine Verfassung verabschiedet hätten[145]. Folglich stützten sich auch alle Verfassungen der Französischen Revolution auf das Prinzip der Volkssouveränität[146]. Allerdings hätte der Inhalt des Festes eigentlich schon im Fest der Gründung der Republik mit berücksichtigt sein müssen. Dass es trotzdem ein besonderes Fest der Volkssouveränität gab, geht auf die politische Lage in Frankreich nach dem Staatsstreich vom 18. Fruktidor V zurück. Nachdem die proroyalistischen Wahlen des Jahres V (1797) fast das Ende der Republik gebracht hatten, wollte das neue Direktorium nach dem 18. Fruktidor die jährlich stattfindenden Wahlen aufwerten und gleichzeitig den Boden für eine gouvernementsgenehme Ausübung des Wahlrechtes bereiten. Deshalb führte es mit dem Gesetz vom 13. Pluviôse VI / 1. Februar 1798 das Fest der Volkssouveränität ein, das erstmals am 30. Ventôse VI / 20. März 1798, dem Vorabend der am 1. Germinal VI / 21. März 1798 beginnenden Wahlen, gefeiert wurde[147]. Als eine wahre « *fête du peuple* » sollte es nicht nur, wie für die Nationalfeste üblich, in den Kantonshauptorten, sondern in jeder Gemeinde abgehalten werden, also überall da, wo auch tatsächlich gewählt wurde. Dazu kam ein Zeremoniell, das die politische Rolle des Volkes im ständigen Wechselspiel von Jugend und Alten herausstellte. Greise und Jugend trugen bei Hinzug zum und Rückzug vom Festort jeweils abwechselnd das Buch der Verfassung bzw. Faszes aus Broten (*baguettes*), und das eigentliche Festzeremoniell bestand in der Bündelung der Baguettes

---

[144] Fehrenbach: Nation, 1986, S. 94. Baker: Souveraineté, 1988. / Souveränität, 1996. Welker: Volkssouveränität, 1998, Sp. 1009.

[145] Bianchi: Serments, 1989.

[146] Déclaration des droits de l'homme et du citoyen vom 26 August 1789, Art. 3; Verfassung von 1793 Art. 7; Verfassung des Jahres III, Déclaration des droits et des devoirs de l'homme et du citoyen, Droits Art. 17.

[147] Das Gesetz wurde zweimal publiziert: Bulletin des lois 181 und 182, n° 1705, 1718.

V. Inhalt der Nationalfeste

zu einem von einem Band in den Nationalfarben zusammengehaltenen Bündel, das Stärke durch Einheit symbolisieren sollte[148]. Das Fest hat dann auch in Innerfrankreich schnell seinen Platz im Festzyklus gefunden und wurde insbesondere in vielen Gemeinden mit neuer Spontaneität gefeiert[149]. Allerdings reichte es auch dort nicht aus, die Wahlen so zu lenken, wie das Direktorium es sich gewünscht hatte. Die Praxis der Kassation von Wahlen und der interessierten Entscheidungen bei zwiespältigen Wahlen bestand jedenfalls unabhängig von dem Fest weiter.

Etwas anderes war die Einführung des neuen Festes in den annektierten Departements. Die enge Verbindung des Festes mit dem Wahltermin, die die Bedeutung des Festes in Innerfrankreich ausmachte, musste das Fest in den annektierten Departements problematisch erscheinen lassen. Hier sollte mit der Wahl als Funktion der Volkssouveränität etwas gefeiert werden, was in den neuen Departements noch gar nicht eingeführt worden war und was es hier somit gar nicht gab. So konnte das Fest nur den Abstand zwischen Innerfrankreich und den annektierten Departements betonen und die Problematik von Eroberung und Befreiung neu aufbrechen lassen. Die Festredner hatten also keine leichte Aufgabe, der Bevölkerung das Fest nahezubringen. Das zeigte sich auch im Saardepartement. Nur zweimal gingen Redner konkret auf das Wahlsystem und das Wahlgeschehen in Frankreich ein. In Blieskastel versuchte es Friedensrichter Derkum mit einer formalen Darstellung des komplizierten zweistufigen Wahlaufbaus. Er erklärte, wie zunächst in Primärversammlungen auf Kantonsebene die Funktionäre für die Verwaltungs- und Richterämter der Kantone sowie die Wähler (« *electeurs* ») für die Wahlversammlungen zweiter Stufe gewählt wurden und wie dann bei diesen Wahlversammlungen auf Departementsebene die Funktionäre für die Verwaltungs- und Richterämter der Departements sowie die Abgeordneten für den gesetzgebenden Körper gewählt wurden, während außerdem noch in den einzelnen Gemeinden die Wahl der Agenten und Adjunkten auf Gemeindeversammlungen stattfand. Aber das blieb alles ein fernes Verfassungsschema, genauso steril wie die auch bemühten Modellbeispiele der Griechen und Römer. In

---

[148] Arrêté du Directoire exécutif relatif à la célébration de la fête de la souveraineté du peuple, 28. Pluviôse VI / 16. Februar 1798 (Bulletin des lois 182, n° 1719), mit den Zeremoniellvorschriften; Zirkular von Innenminister Letourneux vom 3. Ventôse VI / 21. Februar 1798 (LHA Koblenz: Best. 241 Nr. 633 und 2191; Best. 276 Nr. 1109).

[149] Vovelle: Les métamorphoses de la fête en Provence, 1976, S. 136, 161; Ozouf: La fête révolutionnaire, 1976, S. 231. Einzelbeispiele: Bois: Fêtes révolutionnaires à Angers, 1929, S. 163-168; Legrand: Fêtes civiques à Abbeville, 1976, S. 398; Denis: Les fêtes révolutionnaires dans le département du Maine-et-Loire, 1988, S. 197; Schröer: Republik im Experiment, 2014, S. 248-251 für Paris. Das Fest wurde auch gerade in kleinen Kantonsorten gefeiert: Pioger: Fêtes révolutionnaires à Parigné-les-Mans, 1959-60, S. 218; Becquart: Fêtes nationales célébrés à Mareuil, 1972, S. 283; Laroche de Roussane: Fêtes civiques à Sainte-Foy La Grande, 1989, S. 115-116; Arzalier: Des villages, 1996, S. 202.

Waldmohr konzentrierte sich Chefsekretär Dominique deshalb auf den Ausgang der französischen Wahlen, um seinen Zuhörern darzustellen, dass nur «*rechtschaffene, aufgeklärte und ächt republikanisch gesinnte Männer*» auch ihnen Sicherheit für Frieden und Wohlergehen geben würden. Doch gerade damit musste er die Abhängigkeit der rheinischen Departements als Untertanenländer von den politischen Entscheidungen in Innerfrankreich betonen.

Die meisten anderen Redner vermieden es deshalb, sich auf die unbefriedigende Gegenwart einzulassen und bewegten sich stattdessen im hehren Himmel der staatsphilosophischen Prinzipien, um die Legitimation einer repräsentativen Demokratie nachzuweisen[150]. Die Reden waren nicht ohne intellektuellen Glanz, wenn das Mitglied der Zentralverwaltung Gerhards in Trier sich mit der These von Rousseau auseinandersetzte, der auch für größere Staaten eine direkte Demokratie gefordert hatte, wenn der Generalsekretär der Departementsverwaltung Zegowitz ebenfalls in Trier die Verfassungsdiskussion im Konvent als die Bemühung referierte, sowohl eine anarchistische direkte Demokratie als auch eine Monarchie zu verhindern, oder wenn Boos als Kommissar bei der Kantonsmunizipalität Schönberg die Unverlierbarkeit der Volkssouveränität gegenüber royalistischen Einwendungen begründete. Aber auch dies blieben abstrakte Sandkastenspiele, bei denen der revolutionsgeschichtliche Hintergrund den Zuhörern kaum zu vermitteln war. Am geschicktesten war noch Gerhards, der in Trier mit der Betonung der individualrechtlichen Komponenten der Verfassung, nämlich der Sicherheit der Person, der Garantie des Eigentums und der Wohlfahrt des Bürgers, Sachverhalte herausstellte, die in den rheinischen Departements schon allein aufgrund der Rechtsangleichung an Innerfrankreich galten. Doch konnte er gerade damit keinen Bezug zu den Wahlen herstellen. In allen Fällen tat sich somit ein Hiat zwischen dem Festgegenstand und der politischen Wirklichkeit in den annektierten Departements auf, für dessen Schließung nur immer wieder auf den Wunsch nach Reunion verwiesen werden konnte, denn nur eine künftige Reunion allein konnte sowohl konkret den Zugang zu den Wahlen wie abstrakt die Teilhabe an der Volkssouveränität geben. So war es nur eine Frage des Stils, ob dabei in der Tradition der deutschen Redner bei der Einrichtung der neuen Verwaltungen dem Volk durch Anerkennung seiner Kriegsleiden geschmeichelt wurde[151] oder ob im Anschluss an den französischen Standpunkt von ihm allein «*Anhänglichkeit an die Republik*» und «*Befolgung ihrer weisen Gesetze und Beschlüsse*» eingefordert wurden[152]. Wenn das Fest also eine Wirkung gehabt

---

[150] Auf die Diskussion um eine repräsentative Demokratie in der Französischen Republik braucht hier nicht weiter eingegangen zu werden, da sie für die Rezeption in den rheinischen Departements nur sehr indirekt von Bedeutung ist; vgl. Dippel: Démocratie, Démocrates, 1986, S. 71-82.
[151] Verwalter Haan in Trier, Chefsekretär Denis in Hermeskeil.
[152] Chefsekretär Dominique in Waldmohr.

V. Inhalt der Nationalfeste   181

haben soll, dann wohl weniger durch die dabei gehaltenen Reden als durch das Festzeremoniell.

Deshalb war in Grumbach die Interpretation des Festes insgesamt auf die Ebene der Fiktionalität gehoben worden, indem anlässlich des Festes ein kleines Theaterstück (*Der freundschaftliche Besuch*) präsentiert wurde, das der dortige Lehrer Peter Engel verfasst hatte und mit seinen Schülern zur Aufführung brachte[153]. Es schildert nun aber keineswegs eine französische Wahlversammlung, sondern vielmehr eine private Gesellschaft von deutschen Patrioten anlässlich des Festes der Volkssouveränität, bei der als Hauptstück einer der Teilnehmer einen Bericht über die Wahlen in Frankreich gibt. Doch auch da wurden nur Allgemeinheiten aus der Revolutionsgeschichte und aus der politischen Theorie zum Besten gegeben, ehe dann alles von militärischen Siegesmeldungen zugedeckt wurde, die in der militärischen Wirklichkeit am Tag der Aufführung schon wieder überholt waren. Die Realität des französischen Wahlsystems blieb außen vor.

Das Fest wurde im Saardepartement zweimal gefeiert, was in diesem Fall sogar mit der Festfrequenz in Innerfrankreich übereinstimmt, wo das Fest nach seiner Einführung im Jahre 1798 auch nur noch einmal im Folgejahr wiederholt werden konnte. Allerdings wurde es im Saardepartement im ersten Jahr am 20. März 1798 nur in Trier durchgeführt[154], weil Rudler noch vor der allgemeinen Einführung der Nationalfeste in den rheinischen Departements zunächst gezögert hatte, das Festgesetz sofort zu publizieren, und dann nach seinem Arrêté vom 24. Ventôse VI / 14. März 1798 an die Kommissare bei den Zentralverwaltungen[155] die Zeit zu einer breiteren Organisation des Festes fehlte. So ist dieses allererste allgemeine Nationalfest im Saardepartement allein in Trier durchgeführt worden. Aber auch in Trier fehlte die Zeit, um die zeremoniellen Anweisungen umzusetzen, so dass hier der seltene Fall einer eigenen Festkreation der Zentralverwaltung vorliegt. Natürlich griff man in Ermangelung genauer Anweisungen auf die traditionellen Elemente der Nationalfeste zurück. Aber in einem Punkt war das Festzeremoniell originell, indem nämlich auf Veranlassung des Zentralkommissars ein Eid von allen Funktionären zu leisten war. Dabei forderte

---

[153] *Der freundschaftliche Besuch. Ein patriotisches Lustspiel mit Gesang in drey Aufzügen, aufgeführt von einer Gesellschaft Kinder zu Grumbach am 30ten Ventôse 7ten Jahr[s] der französischen Republik*, LHA Koblenz: Best. 276 Nr. 1109.
[154] HANSEN: Quellen, Bd. 4, 1938, S. 619; LHA Koblenz: Best. 241 Nr. 633; Best. 276 Nr. 1109; StadtA Trier: Fz 67.
[155] Zirkular von Rudler in: LHA Koblenz: Best. 241 Nr. 2191; Festprogramm in: StadtA Trier: Fz 67; Festbericht von Boucqueau, in: LHA Koblenz: Best. 276 Nr. 1109 (Konzept); Best. 241 Nr. 633 (Ausfertigung). Das Gesetz über die Einführung des Festes wurde dann erst in Rudler's Sammelerlass vom 1. Thermidor VI / 18. August 1798 publiziert.

Boucqueau sogar den scharfen Eid des Hasses auf das Königtum und die Anarchie, was ein Novum war, denn bei der Einsetzung der Departementsverwaltung, die damals gerade erst einen Monat zurücklag, war nur ein allgemeiner Treueid geleistet worden, und ebenso wurde es bei den Einsetzungen der Kantonsverwaltungen gehandhabt, die erst eine Dekade nach dem Fest der Volkssouveränität mit der Einsetzung der Trierer Munizipalität beginnen sollten. Diese Eidesleistung ist natürlich auf dem Hintergrund des Schwurs der Generalstände und der diesen Schwur fortsetzenden revolutionären Tradition der Eidesleistungen zu sehen, die die französische Nation ganz wesentlich auf dem Bürgereid basieren ließ[156]. Trotzdem ist aber die Ambivalenz der Aktion nicht zu übersehen, wenn hier der verschärfte Eid allein von den Funktionären geschworen wurde und das an dem Fest teilnehmende Volk eben gerade keinen Anteil an der Volkssouveränität hatte. Der Bürgereid konnte so zu einer Demonstration des Gehorsams von Staatsfunktionären degenerieren.

Sehr im Kontrast dazu stand dann die Rede des Mitglieds der Zentralverwaltung Haan bei dieser ersten Durchführung des Festes in Trier im Jahre 1798, die im Stil einer Volksrede gehalten war. Haan ging von dem damals häufig bemühten Vergleich der alten Feudalverfassung mit der neuen Ordnung aus und berief sich dabei nicht ungeschickt auf die gerade abgeschafften bzw. neu eingeführten Institutionen wie die Aufhebung feudaler Waldnutzungsrechte, die Aufhebung der Zünfte und anderer Privilegierungen und die Einführung des neuen Justizsystems. Dies war dann Anlass, um seine Zuhörer direkt anzusprechen: «*ihr habt euch frei, ihr habt euch souverain erklärt*» und um, sich selbst mit einschließend, zu erklären «*wir sind ein freies, souveraines Volk*», worauf die Rede dann auch wieder mit der Aufforderung zu einer Reunionspetition schloss.

Unverbunden nebeneinander stehen hier somit die beiden Tendenzen des französischen Freiheitsbegriffs[157]. Einmal ist Freiheit eine gesamtgesellschaftliche Institution, deren Herstellung und Garantierung Aufgabe der Regierung ist und die deshalb unbedingten Gehorsam gegenüber den Gesetzen von den Bürgern wie von den Funktionären fordern kann, und insofern konnte sich die Volkssouveränität im Eid zeigen. Zum andern aber besteht die Freiheit in individuellen Freiheitsrechten, wie sie sich in Frankreich seit den cahiers de doléances ausgebildet hatten und wie sie Haan in Bezug auf die rheinischen

---

[156] Insofern konnte im vorliegenden Fall der Festbericht feststellen: «*Le commissaire du Directoire exécutif annonce que l'on ne peut mieux célébrer la fête auguste de la souveraineté du peuple qu'en manifestant par un acte authentique sa haine pour tout despotisme et son attachement au gouvernement français.*»

[157] HEUVEL: Freiheitsbegriff, 1988, unterscheidet normative Freiheit (S. 104ff, Begriff S. 148) und individuelle Freiheit (S. 109 ff). KLIPPEL: Freiheit, 1975, unterscheidet bürgerliche Freiheit (S. 475) und individuelle Freiheit (S. 477).

V. Inhalt der Nationalfeste

Verhältnisse aktualisiert hatte. Dies ergibt eine deutliche Spannung zwischen der Freiheitsrede von Haan und der Eidesforderung von Boucqueau, wobei es sich um eine personelle Polarisierung handelt und nicht um eine auch denkbare räumliche Trennung zwischen einem populären Fest auf den Plätzen um den Freiheitsbaum und der Geschlossenheit des Dekadensaals. Zwar war bei der Durchführung des Festes in Trier das ja noch neue Zeremoniell des Zuges zum Freiheitsbaum wieder ein Ereignis, das viele Zuschauer anzog[158], aber die zunächst bei der Station am Freiheitsbaum vorgesehene Eidesleistung wurde dann doch in den Promotionssaal verlegt, während unter dem Freiheitsbaum nur Musik erklang und eine Rede hier nicht mehr vorgesehen war. In Trier entpolitisiert sich so das Platzzeremoniell schon fast von Anfang an zugunsten der größeren Sakralität der Feier im Dekadensaal bzw. Dekadentempel.

Bis zur Wiederholung des Festes am 20. März 1799[159] hatte die Zentralverwaltung dann durch ein neues Zirkular die Übernahme von Elementen des im Vorjahr kreierten innerfranzösischen Festzeremoniells veranlasst. Allerdings bestand die Ambivalenz fort, dass hier etwas gefeiert werden sollte, was es in den rheinischen Departements noch gar nicht gab[160], und das Fest wurde im Gegensatz zu Innerfrankreich auch nicht bis in die Gemeinden, sondern nur in den Kantonshauptorten gefeiert[161]. Im Mittelpunkt des Zuges und des Festaktes stand hier nun wie in Innerfrankreich ein Zeremoniell, das das Thema der Volkssouveränität dadurch augenfällig machen sollte, dass die Verfassung von Repräsentanten des Volkes im Zug getragen wurde. Wie in Innerfrankreich zeigten die einzelnen Kantone aber durchaus eine gewisse Freiheit in der Umsetzung des vorgeschriebenen Zeremoniells. Nirgends ist im Saardepartement der innerfranzösische Wechsel zwischen den Gruppen der Jugend und der Alten beim Tragen von Verfassung und Faszes praktiziert worden. Nur in zwei Kantonen wurden überhaupt Faszes im Zug mitgeführt (Daun, St. Wendel). Nur in drei Kantonen waren im Zug auch parallele Gruppen von Jugend und Alten vertreten (Grumbach, Konz, Rhaunen). Aber das Zirkular der Zentralverwaltung hatte auch nur verlangt, dass eine Gruppe von « *vieillards pris parmi tous les états et représentant le peuple* » im Zug mitmarschierte. Dies dürfte dann auch allgemein ausgeführt worden sein, wie

---

[158] « *Le peuple se presse en foule sur le passage et témoigne d'une manière non équivoque le plaisir qu'il prend à la célébration de cette fête* » (Festbericht Trier).

[159] LHA Koblenz: Best. 276 Nr. 1109; für die Publizistik vgl. Verzeichnis 2: Publizistik der Nationalfeste; für Trier vgl. auch HANSEN: Quellen, Bd. 4, 1938, S. 1031 und StadtA Trier: Fz 67; für St. Arnual siehe StadtA Saarbrücken: Mairie Nr. 732 § 368.

[160] Zirkular der Zentralverwaltung vom 12. Ventôse VII / 2. März 1799: « *considérant que quoique le but politique de cette fête, qui est de préparer* [gestrichen und geändert in] *pénétrer le peuple de l'importance des choix à faire dans les élections de germinal, ne concerne point les quatre départements cis-rhénans, ...* ».

[161] Nur für Daun und Hermeskeil wird die Beteiligung von Einwohnern bzw. Delegationen von Ortsgemeinden im Zug erwähnt.

es in den Festberichten von 13 Kantonen fast wörtlich wiederholt wird. Anders hatte nur Trier die Darstellung des Volkes organisiert, indem es die Altersklassen durch Berufsgruppen ersetzte (« *cultivateurs, ouvriers, négociants, artistes, hommes de lettres* »). Auch die weitere Vorgabe der Zentralverwaltung zur Mitführung der Verfassung im Zug dürfte allgemein befolgt worden sein, wie es alle Festberichte, die detaillierter auf die Zusammensetzung des Zuges eingehen, auch ausdrücklich anmerken. Unterschiede ergeben sich nur in Bezug darauf, wer die Verfassung im Zuge trug.

Tabelle 9: Mitführung der Verfassung im Zug beim Fest der Volkssouveränität im Saardepartement im Jahre 1799

Mitführung der Verfassung		Kantone
durch das **Volk**, repräsentiert durch:	7	
- Gruppe von Greisen	4	Kyllburg, Prüm, Reifferscheid, Rhaunen
- vier Jungen	1	Herrstein
- Gruppen von Berufsständen	1	Trier
- Bürgerinnen, umgeben von Greisen	1	Grumbach
durch **Funktionäre**, und zwar:	8	
- Präsident, Kommissar. Agenten	3	Daun, Konz, St. Wendel
- Agenten allein	3	Birkenfeld, Schweich, Schönberg
- Justiz	2	Bernkastel, Wittlich
durch **Greise und Agenten**	2	Lebach, Ottweiler

Dabei lassen sich zwei Typen bei der Durchführung erkennen. In einer Hälfte der Fälle wurde das Buch von Gruppen, die das Volk darstellen sollten, getragen. Dabei dominierte in vier Kantonen in Übereinstimmung mit den Vorgaben der Zentralverwaltung die Darstellung des Volkes durch eine Gruppe von Greisen, während es nur je einmal eine Gruppe von Jugendlichen bzw. in Trier die Gruppen der Berufsstände waren, die die Verfassung trugen. Außerdem wurde ebenfalls einmal die Verfassung vier Bürgerinnen anvertraut, doch waren sie von Greisen umgeben, so dass sie nur als deren Helferinnen anzusprechen sein dürften. Dagegen waren es in der anderen Hälfte der Fälle die Funktionäre, die die Verfassung im Zug mitführten, und zwar entweder Präsident und Kommissar mit z.T. weiteren Mitgliedern der Kantonsmunizipalität, ein oder mehrere Agenten oder auch Vertreter der lokalen Justiz. Schließlich gab es noch einen dritten Typ, der beide Szenarien verband, indem jeweils ein oder mehrere Agenten, umgeben von einer Gruppe von Greisen, die Verfassung trugen. Dabei fällt das starke Hervortreten der Verwaltung auf, die sich entgegen den Vorgaben der Zentralverwaltung hier als der eigentliche

Repräsentant des Volks darstellte. Es liegt nahe, hierin eine rheinische Besonderheit zu sehen, die sich aus der Situation des annektierten Landes ohne Wahlen ergab, wie ja auch schon bei der Trierer Feier im Vorjahr das eigenständige Zeremoniell in dem Widerspruch gipfelte, dass die Souveränität des Volks durch einen Eid der Funktionäre dargestellt wurde. Aber das Fest verstärkte in seiner rheinischen Ausführung nur Züge, die auch für Frankreich insgesamt galten. Die gouvernementale Ausrichtung des ganzen Festes zur Vorbereitung der Wahlen ist oben schon erwähnt worden. Aber überhaupt galt für das Direktorium die Grundeinstellung, dass die Regierung die politische Willensbildung erst zu organisieren hätte. Insofern betrachteten sich die Funktionäre ganz selbstverständlich als Garanten der Verfassung und beanspruchten deshalb auch bei innerfranzösischen Festen das Recht für sich, dies in der Öffentlichkeit zu zeigen, indem sie selbst im Zug die Verfassung trugen[162].

Als Festort hatte die Zentralverwaltung den Dekadentempel vorgesehen, wo dann auch fast immer die eigentliche Feier stattfand. Dazu hatte das innerfranzösische Zirkular für 1799 eine aufwendige Festdekoration angeregt, bei der die Souveränität als stehende Figur und das Volk als sitzende Figur erschienen und über den Despotismus triumphierten, der als ein Monstrum dargestellt war, das angekettet am Boden lag[163]. Dabei hatte die Zentralverwaltung dieses Schema schon in vereinfachter Form weitergegeben und dabei neben der Reduzierung des Schmuckes vor allem die Darstellung als lebendes Bild durch Personen durch eine Darstellung durch Statuen ersetzt. Trotzdem konnte eine solche Installation außer in Trier nur noch in drei Kantonen (Daun, Grumbach, Lebach) realisiert werden, weil sonst überall die entsprechenden Ressourcen fehlten. Der Freiheitsbaum kam auch in einigen Fällen als Festort zu Ehren, aber vor allem deshalb, weil mit dem nahenden Frühling nun einige anstehende Neupflanzungen vorgenommen werden konnten[164]. Reine Baumfeiern waren dagegen selten. In Trier und in Wadern wurde die Feier der Volkssouveränität mit Verbrennungszeremonien verbunden. In Trier verbrannte der Präsident der Zentralverwaltung Gesetzestexte der alten Regierung, die als Symbole des besiegten Despotismus Teil der Installation gewesen waren. In Wadern ließ der Kommissar vor der Baumsetzung Fahnen der alten Herrschaft verbrennen, hatte dazu aber erst den Widerstand einiger Einwohner und sogar des Präsidenten der Munizipalität überwinden müssen. Im Gegensatz zu Innerfrankreich, wo diese Insignienverbrennungen allgemein vorgeschrieben waren, standen diese Befreiungsbezüge im Saardepartement aber eher am Rande, da die Zentralverwaltung sie

---

[162] Denis: Les fêtes révolutionnaires dans le département du Maine-et-Loire, 1988, S. 197.
[163] Arrêté des Direktoriums vom 23. Pluviôse VII / 11. Februar 1799 (Bulletin des lois 258, n° 2453); Zirkular von Innenminister François de Neufchâteau vom 30. Pluviôse VII / 18. Februar 1799 (François de Neufchâteau: Recueil, Bd. 2, S. 55-62).
[164] Bernkastel, Blieskastel, Rhaunen (Morbach), Saarbrücken, Wadern und Wittlich.

nicht in ihr eigenes Zirkular übernommen hatte. Den Kern des Zeremoniells bildete vielmehr die Verfassung, was als eine Konzentrierung und Vereinfachung der benutzten Symbolik verstanden werden kann. Das Buch der Verfassung wurde feierlich auf dem Altar oder einer davor aufgestellten Halbsäule niedergelegt. Daran schloss sich dann die Verlesung der Grundrechte an. Dabei wurde eine szenische Darbietung des Textes gewählt, die von der Neufassung der Grundrechte in der Verfassung des Jahres III ausging. Im Gegensatz zu den früheren Verfassungen handelte es sich hier nicht mehr um einen naturrechtlich fundierten Menschenrechtskatalog, sondern um verfassungsmäßig zugesprochene Rechte in der Gesellschaft (« *en société* »), die auf einem Wechselverhältnis von Rechten und Pflichten beruhten[165]. Dies wurde nun durch eine Verlesung mit verteilten Rollen zur Darstellung gebracht. Der Präsident der Kontonsmunizipalität verlas die Rechte, wozu auch ausdrücklich die Souveränität des gesamten Volkes (Droits, Art. 17) gehörte. Komplementär dazu verlas der Kommissar die Pflichten, worunter auch insbesondere die Pflicht zum Gehorsam gegenüber den Gesetzen und die Pflicht zur Verteidigung des Vaterlandes niedergelegt waren (Devoirs, Art. 3 und 9). Die beiden Tendenzen des revolutionären Freiheitsbegriffes als institutioneller Auftrag und individuelles Recht konnten hier somit zusammengeführt werden. Daran schlossen sich dann die Reden an, die, wie im Fall von Kommissar Boos in Schönberg, z.T. direkt auf die verlesenen Artikel Bezug nahmen. Diese Textbezogenheit des Zeremoniells war für das Fest der Volkssouveränität sicherlich angemessen. Allerdings fand ein ähnliches Lesungsszenario auch bei anderen Festen und insbesondere bei den Dekadenfeiern statt, so dass die Lesungen Gefahr liefen, rituell zu werden.

Die Rezeption des Festes der Volkssouveränität in den rheinischen Departements musste problematisch bleiben, so lange hier keine Wahlen stattfanden, zu denen es in Bezug gesetzt werden konnte. Der Gedanke der Volkssouveränität musste sich so zwangsläufig verengen. Ins Zentrum der Reden rückten so einerseits die in den rheinischen Departements auch schon zivilrechtlich eingeführten Grundrechte sowie andererseits die Forderung nach Gehorsam gegenüber den Gesetzen und die Aufforderung zur Bitte um Reunion. Zwar konnte dies in der szenischen Verlesung der Erklärung der Rechte und Pflichten des Menschen und Bürgers sogar eine verfassungsmäßige Stütze finden, aber der fehlende Bezug des Festes zu den Wahlen musste gerade bei der sonstigen Angleichung an das innerfranzösische Zeremoniell des Festes die Amputation des Festes um seine eigentliche politische und staatsbürgerliche Dimension um so deutlicher hervortreten lassen. Der Versuch, das Recht

---

[165] Zur Neufassung der Menschenrechte als « *Déclaration des droits et des devoirs de l'homme et et du citoyen* » vgl. GODECHOT: Les Constitutions de la France, 1995, S. 95; FORTUNET: Des droits et des devoirs, 1999; ZUBER: Le culte des droits de l'homme, 2014.

der Volkssouveränität einer Bevölkerung nahezubringen, die es in wichtigen Teilen noch gar nicht besaß, konnte so letztlich nicht gelingen. Trotzdem wurde dies mit dem Hinweis auf eine baldige Reunion und mit der Erinnerung an die schon vorgenommenen institutionellen Reformen versucht und fand einen sinnfälligen Ausdruck mit einer bewusst im Imperativ formulierten Devise bei der abendlichen Illumination in Ottweiler: «*Peuple souverain, commence à connaître tes droits!*». Auch blieb die Aufmerksamkeit der Einwohner für das Fest nicht hinter der bei anderen Nationalfesten zurück. Das trifft natürlich besonders für die Orte zu, wo sich das Fest mit einer neuen Baumsetzung verband (Bernkastel, Wittlich), aber auch in Konz, wo generell eine aktivere Festpolitik betrieben wurde, konnte der Festbericht von einer zahlreichen Volksmenge berichten, die den Zug begleitete[166].

2.3. Fest der Dankbarkeit

Nach der Einführung der Nationalfeste in den rheinischen Departements durch Regierungskommissar Rudler mit Arrêté vom 7. Floréal VI / 26. April 1798 war das erstmals am 10. Prairial VI / 29. Mai 1798 gefeierte Fest der Dankbarkeit oder der Erkenntlichkeit das erste reguläre Nationalfest, das im ganzen Saardepartement gefeiert wurde[167]. Man darf annehmen, dass diese Zeitplanung bewusst gewählt wurde, um die Reihe der Nationalfeste mit diesem Fest beginnen zu lassen. In der Tat war es von allen Nationalfesten sicherlich das politisch bravste, das am wenigsten Irritation erregen konnte[168]. Es versteht sich als politisches Fest nur in dem ganz allgemeinen staatsbürgerlichen Sinn, dass allein in einer Demokratie es einen wirklichen Patriotismus geben könne. Nur hier steht nach revolutionärer Auffassung der Staatsbürger in einem persönlich engagierten Verhältnis zum Staat, so dass er auch seine Dankbarkeit (*reconnaissance*) bezeugen kann, während er unter einer despotischen Regierung bloßes Objekt der Regierung ist. Dankbarkeit wird so gefordert für die (aufgeklärten) Philosophen alter und neuer Zeit sowie für die politischen Gründungsväter der Republik, sodann für Verwaltung und Armee der aktuellen Republik und schließlich auch für den einfachen Bürger, wenn er

---

[166] «*Une foule de citoyens du chef-lieu et des environs qui se pressoient sur le passage et les avenus du temple.*»

[167] Der Abstand von mehr als einem Monat zwischen Verkündigung des Arrêté und dem Festtermin reichte aber trotzdem nicht aus, um die Anweisung überall bekannt zu machen, so dass das Fest in drei Kantonshauptorten an einem späteren Termin nachgefeiert werden musste (Merzig 15. Prairial, Prüm 20. Prairial, Schönberg 29 Prairial.) und in zwei Kantonen (Herrstein, Kusel) wegen zu später Benachrichtigung gar nicht gefeiert wurde.

[168] Zirkular von Innenminister Letourneux vom 28. Floréal VI / 17. Mai 1798 (LHA Koblenz: Best. 276 Nr. 1714); Zirkular der Zentralverwaltung vom 29. Floréal VI / 18. Mai 1798 (LHA Koblenz: Best. 276 Nr. 1106); Zirkular von Innenminister François de Neufchâteau vom 21. Floréal VII / 10. Mai 1799 (François de Neufchâteau: Recueil, Bd. 2, S. 211-126); Zirkular der Zentralverwaltung vom 28. Floréal VII / 17. Mai 1799 (LHA Koblenz: Best. 700,152 Nr. 56 (Stück 14b).

sich durch eine besondere, aufopfernde Tat oder ein tugendhaftes Leben als nützlicher Staatsbürger gezeigt hatte.

Dieser mit der Einführung des Festes durch das Gesetz vom 3. Brumaire IV gegebene Bedeutungskomplex war allerdings in Frankreich früh durch den eines militärischen Siegesfestes speziell für die Italienarmee überdeckt worden, indem das ältere Siegesfest auf den Tag des Festes der Dankbarkeit gelegt und mit diesem Fest vereinigt wurde[169]. So wurde das Fest nun in den innerfranzösischen Departements vor allem als Siegesfest der Armee (« *fête des victoires* ») gefeiert, bei dem man die Namen der unter den Waffen stehenden Bürgern aus der jeweiligen Stadt nannte sowie die Verwundeten ehrte und der Gefallenen gedachte[170].

Im Saardepartement wurde das Fest zweimal gefeiert[171]. Wegen der Allgemeinheit des Festinhaltes gab es kein besonderes Zeremoniell. Das bedeutete besonders im ersten Jahr, dass es als allgemeines Baumfest gefeiert wurde und eine zahlreiche Zuschauermenge anziehen konnte[172]. Das galt auch für Trier, da bei diesem ersten Fest noch kein Dekadensaal bzw. Dekadentempel zur Verfügung stand. Wieder bewegten sich die Festzüge durch die Straßen zum Freiheitsbaum auf dem Markt oder um den Freiheitsbaum herum zu einem anderen Platz, wo ein Vaterlandsaltar aufgeschlagen war. Dort bildete sich dann der normale Kreis, bei dem die Teilnehmer aller Alters- und Berufsklassen bunt gemischt waren und auch Kinder als « *l'espérance de la patrie* » (St. Arnual und öfter) bei der eigentlichen Feier mit Liedern und Reden nicht störten. Mitunter konnte es geschehen, dass daran anschließend die Jugend um den Baum tanzte (St. Arnual) oder sogar die Funktionäre ein paar Schritte taten (Merzig), während einmal sogar die Jugend unter dem Freiheitsbaum tafelte

---

[169] Gesetz vom 18. Floréal IV / 7. Mai 1796 (Bulletin des lois 45, n° 386) mit dem Arrêté des Direktoriums über das Zeremoniell vom 20. Floréal IV / 9. Mai 1796 (Bulletin des lois 45, n° 387).

[170] CHARDON: Dis ans de fêtes nationales et cérémonies publiques à Rouen, 1911, S. 201, 239, 269 etc.; BOIS: Fêtes révolutionnaires à Angers, 1929, S. 172; BARRE: Fêtes révolutionnaires à Toulouse, 1976, S. 126; DENIS: Les fêtes révolutionnaires dans le département du Maine-et-Loire, 1988, S. 400. Als Militärfest bedurfte das Fest allerdings der Präsenz der Armee. So war es vor allem ein Fest der großen Städte mit Stadtgarnison. In den Kantonen war seine Bedeutung geringer: LEGRAND: Fêtes civiques à Abbeville, 1976, S. 390, 396, 398, 405; LAROCHE DE ROUSSANE: Fêtes civiques à Sainte-Foy La Grande, 1989, S. 119.

[171] Festberichte LHA Koblenz: Best. 276 Nr. 1714; für die Publizistik siehe Verzeichnis 2: Publizistik der Nationalfeste; für Trier vgl. HANSEN: Quellen, Bd. 4, 1938, S. 853 (nach Chronik, LHA Koblenz: Best. 700,62 Nr. 28, Heft G für 1798 fol. 31; LAGER: Chronik, 1915, S. 119) und S. 1111 (nach Chronik Müller, LHA Koblenz: Best. 700,62 Nr. 28, Heft H für 1799 fol. 19-20; z.T. bei LAGER: Chronik, 1915, S. 129) sowie StadtA Trier: Fz 67; für Bernkastel LHA Koblenz Best. 615 Nr. 306.

[172] Eine zahlreiche Beteiligung ist bezeugt für Reifferscheid (1. und 2. Jahr) und für St. Wendel (2. Jahr).

V. Inhalt der Nationalfeste

(Hermeskeil). Die Reden variierten das Lob auf die Besatzung, wobei neben dem Dank für die Befreiung auch zweimal sogar ein Dank für die Eroberung zum Ausdruck kam (Manderscheid, St. Wendel). Der Inhalt war aber allemal allgemein und unpolitisch genug, so dass das Fest auch zweimal mit regelrechten Kirchenfesten verbunden werden konnte[173]. In Hermeskeil und in Kyllburg fanden die Feiern in den Kirchen mit einer Rede (« *sermon* ») des jeweiligen katholischen Ortspfarrers statt, und in Kyllburg wurde sogar das lokale Patronatsfest kurzerhand mit dem Nationalfest verbunden.

Im Folgejahr wurde das Fest meist in den Dekadentempeln durchgeführt, zumal es kurz nach der Ermordung der französischen Gesandten beim Rastatter Kongress am 28. April 1799 stattfand und so bei den Feiern vielfach mit einem Totengedächtnis auf dieses Ereignis Bezug genommen wurde. Trotzdem zeigten sich dabei aber einige Varianten des Zeremoniells. In Trier, wo immer eine französische Garnison lag und sich ein großes Militärhospital (St. Maximin) befand, war natürlich die Armee das bevorzugte Objekt der öffentlichen Dankesbezeugung. Hier wurde deshalb in beiden Jahren das für die Durchführung des Festes in Innerfrankreich typische Zeremoniell rezipiert, bei dem verwundete Soldaten und weiß gekleidete Mädchen am Zug teilnahmen und dann die Soldaten unter dem Freiheitsbaum bzw. im Dekadentempel eine Krone aus Eichenlaub aus der Hand der Mädchen erhielten, ehe schließlich der ganze Zug den Soldaten das Geleit zu ihrer Unterkunft im Militärhospital gab. Dem stand im zweiten Jahr in einigen Kantonen eine ausgesprochen zivile Ausgestaltung des Festthemas gegenüber. In St. Arnual und in Konz wurde versucht, über den vorgegebenen Ehrenkanon für die Soldaten hinaus auch die normalen Bürger in die Feier einzubeziehen. In St. Arnual würdigte man die Bürger, die « *tant par leurs travaux champêtres, leur industrie, leurs études à découvrir des moyens de bonheur* » zum Wohle des Vaterlandes beigetragen hätten. In Konz gedachte man der Familienväter und der stillen Wohltäter im Lande und widmete das ganze Fest der Wohltätigkeit. Die Rede wurde vom Präsidenten des Wohltätigkeitsbüros gehalten, und bei der Feier wurde um eine Kollekte für die Armen gebeten. Parallel zur Heimgeleitung der verwundeten Soldaten ins Militärhospital im benachbarten Trier begab sich in Konz der Zug im Anschluss an die Feier zur Abtei St. Matthias am Ort, nun aber um in deren Hof einer öffentlichen Sitzung des Wohltätigkeitsbüros beizuwohnen, bei der die Waisenkinder geehrt und Brot unter die Armen verteilt wurden. Zwischen der nationalen Referenz an die Armee und dem sozialen Eintreten für die Armen bewegte sich das Spektrum der Festes der Dankbarkeit.

---

[173] In Kyllburg erhielt Pfarrer Bechmann, « *curé des religieux de St. Thomas* », sogar ein offizielles Dankschreiben der Zentralverwaltung für seine Rede, bei der er für die Religionspolitik der französischen Verwaltung eingetreten war, vgl. Kap. VI, 5.1.

Sieht man von den Garnisonsstädten im Rheinland ab, wo eine militärische Ausrichtung des Festes unvermeidlich war, so spielte das Militär hier eine durchaus geringere Rolle als in Innerfrankreich, da die Kriegsdienstpflicht in den rheinischen Departements ja noch nicht galt. Dagegen zeigte sich im Rheinland eine deutliche Öffnung des Festes für ein sozialpolitisches Engagement, was auch allgemein den Sinn dieses Festes gut getroffen haben dürfte, gehörte es doch in der Komposition des republikanischen Festkalenders zu einer Gruppe von Sommerfesten, die zum größten Teil den Zyklus der moralischen Nationalfeste ausmachte. In diesem Sinn hatten die französischen Innenminister das Fest in den Jahren VI und VII auch für ganz Frankreich auszurichten versucht. Dies war bei der Einführung des Festes in den rheinischen Departements auch aufgenommen und in den Reden reflektiert worden. Am deutlichsten wurde es von Kommissar Boos in Schönberg bei seiner Rede zum dortigen Fest der Dankbarkeit im Jahre VI ausgeführt. Boos nutzte die Gelegenheit der Feier des ersten Nationalfestes in seinem Kanton, um nicht nur das gerade anstehende Fest zu präsentieren, sondern um zugleich auch eine allgemeine Einführung in die Feste « *der Nation* » überhaupt zu geben (« *Hier versammeln wir uns heut das erstemal zu einem Fest der Nation, liebe Mitbürger* »). Dabei hielt er sich strikt an die gültigen gesetzlichen Vorgaben und erwähnte deshalb mit keinem Wort die Revolution und ihre Erinnerungsfeste, sondern sprach allein von den Festen des Lebenszyklus (Jugend, Ehe, Alter) sowie des Ackerbaus, die er als « *Volksfeste* » präsentierte, weil sie Gegenstände berührten, die der ganzen Nation und überhaupt der Menschheit nützlich seien. Im Gegensatz zu den religiösen Festen, deren Gegenstände sich in die Transzendenz und die Unvergleichlichkeit verflüchtigten, so führte er aus, würden diese Nationalfeste den Menschen selbst in seiner Lebenswelt betreffen. Im Gegensatz auch zu den höfischen Festen, die die Zuschauer von der höfischen Gesellschaft ausschlössen und dazu tendierten, sie durch die Demonstration des Abstandes zur höfischen Sphäre in ihrer Persönlichkeit zu verkleinern, spiegelten die Nationalfeste den Teilnehmern ihre eigene Tugend. Ohne das alles auf den Begriff zu bringen, vermittelte Boos seinen Zuhörern anschaulich, dass die Nationalfeste etwas ganz Neues waren, das sie selbst betraf und ihre alltägliche Welt als Teil der Humanität heiligte, indem sie eine innerweltliche Moral vermittelten, und er stellte dies auch konkret für das gerade gefeierte Fest der Dankbarkeit dar:

> « *Denn welche Tugend muß wohl mehr in der Gesellschaft ausgeübt werden, als eben diese? Welche knüpft das Band in der Gesellschaft enger als sie? Ohne sie würde der Sohn seinen alten Erzeuger erdrosseln, der Gerettete seinen Retter tödten; die Bürger würden aufhören, edle, grosse, dem Staat auf Jahrhunderte nutzende Thaten zu verrichten; das Vaterland wird aufhören, den grossen Männern Monumente zu errichten - Monumente, welche ein fortwährendes stilles Fest der Erkenntlichkeit sind. Ohne Erkenntlichkeit*

sinken die Edlen und Weisen, sinken die Väter und Lehrer der Nation dahin, damit der Zeiten Eigensinn ihr prangend Bild verlösche. Ihr Glanz wird eine Handvoll Asch[e], weg ist ihr Kranz von der Erkenntlichkeit für die Unsterblichkeit geflochten: und - fast möcht' ich sagen, eitel seye dann die Hoffnung auf eine Ewigkeit, welche als vergeltende Erkenntlichkeit der ächten Tugend bestimmt ist. »

Aber nicht um Morallehre ging es, sondern um Feste, wo diese Werte zum Erlebnis werden sollten, das die Herzen gewinnt und zum Handeln inspiriert:

« *Da [...] wo die Erkenntlichkeit selbst mit einem Feste beehrt wird, rufet uns eine Stimme immer zu: seyd stolz, ihr Bürger! und handelt! seyd stolz, dass noch von euch ein Theil zur Dauer überbleibet; seyd aber groß an Handlungen zugleich, die die Erkenntlichkeit auf Tafeln schreibet, so keine Zeit verzehrt.* »

« *Verzeiht mir, Mitbürger! wenn ich mich nicht weiter über den Gegenstand des heutigen Tages erkläre. Ich führte es euch zum Beweis an, damit Achtung und Hochschätzung für unsere Nationalfeste in euere[n] Busen entglühe. Von allen Gegenständen dieser Feste muß Rührung in euere Gemüther dringen: das vorgestellte Festliche werde allezeit für euer Herz Gefühl und guter Bürger Ziel.* »

2.4. Akzeptanz der allgemeinpolitischen Feste

Nach der festlichen Einsetzung der neuen Verwaltungen haben die allgemeinpolitischen Feste vor allem die Form des Nationalfestes im Saardepartement geprägt. Der Zug von Verwaltungsfunktionären und Bürgern in gegliederten Gruppen durch die Straßen der geschmückten Städte war ein Ereignis, das nicht selten von einer großen Zuschauermenge bestaunt wurde. Bei den Feiern um Freiheitsbaum und/oder Vaterlandsaltar wandelten sich die Plätze mitunter zu einem Theater unter freiem Himmel. In den Kantonshauptorten war die Distanz zum Fest kleiner, so dass es zu spontaner Akzeptanz von Elementen der revolutionären Festtradition oder zur Übertragung von eigenem Festbrauchtum auf die Nationalfeste kommen konnte. Gerade die Allgemeinheit der Festinhalte, mit denen kein spezielles Zeremoniell verbunden war, erlaubte eine rasche Einführung und Bekanntmachung des Typs des Nationalfestes. Schwieriger ist die Wirkung der Lieder und Reden abzuschätzen. Immerhin bemühten sich die Akteure um eine publikumsorientierte Vermittlung der Inhalte der Feste. Die Redner versuchten die Bedeutung der Republik und der Volkssouveränität in der konkreten Erfahrungswelt der Zuhörer aufzuzeigen und betonten die individuellen Freiheitsrechte der Verfassung in Verwaltung und Justiz, während die Gesellschaftsmoral auch als Heiligung der Alltagswelt der Zuhörer erscheinen sollte. Noch schwerer zu beurteilen ist, inwieweit die Festpädagogik, deren Wirkung auch in Innerfrankreich beschränkt war, Erfolg gehabt hatte, zumal im Rheinland die verfassungsrechtlichen Voraussetzungen für eine staatsbürgerliche Rezeption der Festinhalte noch nicht gegeben waren. Feste, bei denen sich das Volk selbst als Träger der Souveränität feiern oder bei denen es seine Dankbarkeit gegenüber der Armee bekunden sollte, waren in den rheinischen Departements so nicht nachvollziehbar. Vielmehr konnten die staatsbürgerlichen Inhalte der Feste nur grundsätzlich oder moralisch dargestellt werden. Die allgemeinpolitischen Nationalfeste wurden als allgemeine Revolutionsfeste rezipiert. Immerhin gab es Anlass zu Stolz, wenn bei einem Fest festgestellt werden konnte « *que cette belle journée a gagné plus d'un cœur à la République* » (St. Wendel).

3. Moralische Feste

Als Kommissar Boos in Schönberg anlässlich des ersten offiziellen Nationalfestes in seinem Kanton seinen Zuhörern die Nationalfeste darstellte, hatte er die Feste der Revolutionstradition mit keinem Wort erwähnt, sondern allein von den Festen gesprochen, die man als moralische Feste bezeichnen kann, nämlich den Festen des Lebenszyklus (Jugend, Ehe, Alter) sowie dem Fest des Ackerbaus. Das ist eine überraschende Akzentsetzung, wenn man die Feste aus der französischen und speziell der Pariser Perspektive sieht[174]. Das Nationalfest ist politisch, es dient der Erinnerung an die Revolutionstradition und will sie für die aktuelle politische Bewusstseinsbildung der Bürger nutzbar machen. Natürlich war dieses Absehen von den politischen Festen durch die aktuelle rechtliche Situation in den rheinischen Departements bestimmt, wo Regierungskommissar Rudler zum damaligen Zeitpunkt nur die in dem Festgesetz vom 3. Brumaire IV genannten Feste eingeführt hatte. Aber andererseits war ein solches Aussparen der politischen Feste auch nur möglich, weil in den gesellschaftsbezogenen Festen ein ausgesprochener Schwerpunkt der revolutionären Festtradition lag. Schon die Verfassung von 1791 hatte die Beurkundung von Geburt, Eheschließung und Tod nach dem Prinzip der Gleichheit (« *pour tous les habitants sans distinction* ») versprochen (Tit. II, Art. 7). Die Legislative hatte dies dann auch eingelöst, indem sie auf ihrer letzten Sitzung am 20. September 1792 (und unmittelbar vor der Einführung der Republik durch den Konvent auf dessen erster Sitzung am 21. September 1792) die Zivilstandsgesetzgebung verabschiedete[175]. Die Verlaufsformen des Lebens mit Geburt, Eheschließung und Tod waren damit säkularisiert. Die Revolution verstand dies aber nicht als eine einfache staatliche Beurkundung, zu der die Zivilstandsgesetzgebung seit Napoleon dann geworden ist, sondern als Grundlage für eine das ganze Leben des einzelnen Bürgers begleitende revolutionäre Kultur, die eine laikale Ethik vermitteln sollte. Schon bei den

---

[174] Ozouf: Fête révolutionnaire, 1976; Fêtes et Révolution, 1989.
[175] Noirel: L'identification des citoyens, 1993.

Föderationsfesten hatten Taufen stattgefunden. Später verband das Direktorium die Eheschließungen in Innerfrankreich mit den Dekadenfeiern. Dadurch dass schließlich das Gesetz über die «*police extérieure des cultes*» vom 7. Vendémiaire IV / 29. September 1795 die Ausübung von religiösen Kulthandlungen in der Öffentlichkeit generell verbot, durften Beisetzungen nicht unter Begleitung durch Priester im Ornat stattfinden und auch weder mit Gebeten noch mit Kreuzzeichen verbunden sein. Alle Begräbnisse unter dem Direktorium waren somit laikal. So bedeutete die Einsetzung besonderer Feste für diese Epochen des persönlichen Lebenszyklus nur einen letzten, abschließenden Schritt. Schon das Dekret vom 18. Floréal II / 17. Mai 1794 hatte im Rahmen der Dekadenfeiern auch Feiern für Geburt, Jugend, Alter sowie für den Ackerbau vorgesehen. Das Festgesetz vom 3. Brumaire IV / 25. Oktober 1795 erhob sie dann zu Nationalfesten[176], und nach dem Staatsstreich des 18. Fruktidor V / 4. September 1797 bemühten sich die Innenminister des neuen Direktoriums Letourneux und François de Neufchâteau besonders um die Ausgestaltung dieser moralischen Feste[177].

In den rheinischen Departements ist der Zusammenhang noch deutlicher. Nur wenige Tage nachdem Rudler durch seinen Arrêté vom 7. Floréal VI / 26. April 1798 das Festgesetz vom 3. Brumaire IV verkündet hatte, führte er am 1. Mai 1798 auch die Zivilstandsgesetzgebung ein[178]. Boos hatte also den Zusammenhang gut erkannt, dass eine Akzeptanz für die revolutionäre Festkultur zuerst im gesellschaftlichen Bereich und erst später in der politischen Traditionsübernahme gesucht werden sollte. Die Feste sollten eine laikale Ethik der Verlaufsformen des Lebens vermitteln und dabei zugleich die nun staatliche Form der Beurkundung des Zivilstandes durchzusetzen helfen. Die Feste sollten auch die Arbeit heiligen, und zwar in der Form des Ackerbaus als der Lebensgrundlage des größten Teiles der Bevölkerung. Immer aber ging es bei den Feiern der Jugend, der Ehe und des Alters sowie bei der Ehrung des Landmannes nicht um individuelles persönliches Glück, sondern um Eigenschaften des Staatsbürgers, die als Forderungen aufgrund einer staatsbürgerlichen Ethik formuliert wurden[179]: «*nul n'est bon citoyen, s'il n'est bon fils, bon père, bon frère, bon ami, bon époux, - bref, qu'il n'y a point de vrai patriotisme sans vertu!*».

---

[176] BAXMANN: Feste der Französischen Revolution, 1989, S. 149-152; vgl. auch Kap. IV, 1.
[177] François de Neufchâteau hat vor allem zu den moralischen Festen ausführliche Zirkulare erlassen. Soweit er sich auch um die allgemeinpolitischen und die eigentlich politischen Feste kümmerte, war er auch hier bemüht, die allgemeine moralische Bedeutung der Feste zu betonen. Dagegen spielte das Revolutionsgedächtnis bei ihm kaum eine Rolle.
[178] SCHUBERT: Französisches Recht in Deutschland, 1977, S. 89; STEIN: Sprachtransfer durch Verwaltungshandeln, 1997, S. 282-285; STEIN: Französisches Scheidungsrecht, 1994.
[179] Rede des Chefsekretärs der Munizipalverwaltung Birkenfeld Lichtenberger beim Fest des 9./10. Thermidor am 27./28. Juli 1798 in Birkenfeld, LHA Koblenz: Best. 276 Nr. 1682.

3.1. Fest der Jugend

Das Fest der Jugend war im Rheinland vor allem ein Fest der Schuljugend und der neuen französischen Primärschule, die grundsätzlich eine laikale Schule ohne kirchliche Aufsicht und ohne Religionsunterricht sein sollte, auch wenn sich die konkreten Strukturen noch kaum geändert hatten[180]. Die Zentralverwaltung hatte deshalb als Hauptzeremoniell für das Fest die Auszeichnung aller Schüler vorgegeben, « *qui, pendant le cours de l'année, ont donné le plus de preuves d'assiduité au travail, de talens, de moralité et de vertus* »[181]. Das Fest sollte als Saalfest im Dekadentempel gefeiert werden, wo die Namen der auszuzeichnenden Schüler öffentlich verkündet und ihnen Ehrenplätze neben der Munizipalverwaltung angewiesen werden sollten.

Das Fest, das am 10. Germinal / 30. März gefeiert wurde und im Saardepartement nur einmal im Jahr VII / 1799 stattfand[182], ist dann auch als lokales Schulfest unter maßgeblicher Beteiligung der örtlichen Primärschullehrer/innen (*instituteurs / institutrices*) gefeiert worden und konnte in verschiedenen Orten eine größere Zahl von Teilnehmern mobilisieren[183]. Allerdings waren sowohl die Dekadenfeiern wie die Nationalfeste eigentlich Schulfeste, indem neben den Funktionären die Lehrer mit ihren Schülern die eigentliche Teilnehmerschaft bildeten. Dieser Zusammenhang scheint aber eher stimulierend auf das Fest der Jugend gewirkt zu haben, denn das vorgegebene Szenario wurde durchweg mit viel Engagement umgesetzt. Besonders aufwendig wurde das Fest in Konz gefeiert, wo man den angesehenen Pädagogen Wyttenbach aus Trier, der seit Ende 1798 Mitglied der Unterrichtsjury des Departements geworden war, zum Festredner gewonnen hatte[184]. Aber auch sonst zeugt die Ausgestaltung des Festes vielfach von lokaler Spontaneität. In Grumbach wurde ein öffentliches Examen der Schuljugend über alle Bereiche des Schulstoffes abgehalten, das gut vorbereitet war und so zur allgemeinen Zufriedenheit aus-

---

[180] HANSEN: Quellen, Bd. 4, 1938, S. 820; SCHAAF: Niedere Schule, 1966; STEIN: Revolutionäre Schulpolitik, 1978/79, S. 174.

[181] Zirkular der Zentralverwaltung vom 2. Germinal VII / 22. März 1799, LHA Koblenz: Best. 700,152 Nr. 56 (Stück 20).

[182] Festberichte LHA Koblenz: Best. 276 Nr. 1712, für die Publizistik siehe Verzeichnis 2: Publizistik der Nationalfeste; für Trier vgl. HANSEN: Quellen, Bd. 4, 1938, S. 1047 nach Chronik Müller, LHA Koblenz: Best. 700,62 Nr. 28, Heft H für 1799 fol. 20; LAGER: Chronik, 1915, S. 130, sowie StadtA Trier: Fz 67; für St. Arnual siehe StadtA Saarbrücken: Mairie Nr. 749 § 392.

[183] So in Konz, Meisenheim und Reifferscheid. Dagegen boykottierten die Lehrer in Blankenheim das Fest, so dass nur wenige Bürger an der Veranstaltung teilnahmen.

[184] Die Rede ist auch später noch von Wyttenbach als gültig anerkannt worden, indem er sie in seine Sammlung „Schulreden vom Jahre 1799 bis 1846", Trier 1847, S. 11-16, aufgenommen hat.

fiel. In Konz hatte man Beispiele von Schülerarbeiten ausgestellt und sich dabei nicht auf schriftliche Übungsarbeiten (« *écritures* ») beschränkt, sondern auch handwerkliche Arbeiten (« *ouvrages manuels* ») präsentiert. In Konz, Wittlich sowie in Hermeskeil[185] wurden die auszuzeichnenden Schüler nicht nur genannt, sondern sie erhielten auch Kronen aus Eichenlaub und Blumen und wurden damit genau in der Weise geehrt, in der dies sonst bei der Ehrung der Soldaten der Armee geschah. Interessant ist die große Differenzierung bei der Auswahl der auszuzeichnenden Schüler.

Unterschiedlich war zunächst der Kreis der Schüler gezogen worden. In der Hälfte der Kantone wurden nur einige wenige Schüler besonders herausgestellt. Aber auch wo zwanzig Schüler und mehr ausgezeichnet wurden, waren das noch immer nur wenige Schüler, wenn sich diese Zahl nicht nur auf die Schule des Kantonshauptortes, sondern auf alle Schulorte des Kantons bezog. Allein in Konz und vielleicht in St. Wendel wurde mit der Berücksichtigung einer möglichst großen Zahl von Schülern ein anderes pädagogisches Konzept praktiziert. Gerade in Konz, wo das ganze Fest darauf ausgerichtet war, « *le cœur de notre jeunesse et de ses amis* » zu erreichen, kann der Festbericht dann auch von Rührung unter den ihre Kinder begleitenden Eltern berichten:

> « *Nous avons vu des pères verser des larmes de joie sur ce doux et imposant spectacle, des vieillards transportés de joie embrasser leurs descendants. Nous avons vu des mères serrer les chers gages de l'amour le plus pur entre leurs bras, des enfants se presser autour de nous, pour obtenir leur couronne de dignité - et des autres plongés dans la douleur la plus amère pour ne pas avoir mérité l'applaudissement rendu aux autres.* »[186]

Allerdings musste gerade die große Zahl der Auszuzeichnenden in Konz die Enttäuschung der anderen, die keine Auszeichnung erhielten, um so größer machen. Das scheint man dort auch erkannt zu haben, so dass einen Monat später beim folgenden Fest der Eheleute eine Reihe von Schülern noch nachträglich ihre Krone erhielt, weil man sie angeblich vergessen hatte. Aber auch mit dieser Retusche galt allgemein eine Bestrafungspädagogik, die die Auszeichnungen vor allem als Ansporn für die Ausgeschlossenen begriff[187]. Das konnte so weit gehen, dass man einem Teil der Auszuzeichnenden die Freude nahm, indem man ihre Ehrung nur als eine eigentlich unverdiente Nachsicht

---

[185] Die Krönung der Schüler erfolgte in Hermeskeil allerdings erst bei der Feier des Jahrestages der Einsetzung der Kantonsmunizipalität am 27. Germinal VII / 16. April 1799, als das Zeremoniell wiederholt wurde.

[186] Dies bestätigt auch ein nicht offizieller Festbericht in *Der Trierische Ankündiger für das Saardepartement* Nr. 20 vom 15. Germinal VII / 4. April 1799, der ausführlich die Stimmung der Veranstaltung schildert und das Auftreten von Wyttenbach als Umsetzung des Bibelzitates « *Lasset die Kleinen zu mir kommen* » begreift.

der Lehrer hinstellte[188]. Dazu stimmt auch die pädagogische Grundauffassung, die sich in Manderscheid in den im Festzug mitgeführten Inschriften zeigte:

« *Jugend, lerne deine Pflichten früh erkennen.* »
« *Vaterlandsliebe - Arbeitsliebe.* »
« *Tugend - Einfachheit der Sitten.* »

Die modere pädagogische Möglichkeit, mit der Auszeichnung eine positive Verstärkung für eine möglichst große Zahl der Schüler zu verbinden, scheint dagegen allein in Konz gesehen worden zu sein. Die Munizipalität Konz hat deshalb entgegen der Anweisung im Zirkular der Zentralverwaltung die auszuzeichnenden Schüler auch nicht namentlich im Festbericht genannt. Dies könnte auf den Einfluss von Wyttenbach zurückzuführen sein, der hier die Festrede hielt. Dabei wandte er sich an die Lehrer, die Eltern und die Kinder selbst. Die Kinder forderte er nur auf, brav, gut und fleißig zu sein, im übrigen aber das Fest einfach zu genießen (« *Eure Freude störe nichts.* »), obwohl damit auch er eine Aufforderung an die Ausgeschlossenen verband, sich künftig zu bessern[189]. Vor allem aber wandte er sich an die Eltern, deren Verantwortung als Vorbilder der Jugend er betonte (« *Alles, was ihr wünscht, dass eure Kinder werden sollen, das müßt ihr selbst zuerst seyn.* »), und an die Lehrer, deren Bedeutung er mit einem nun alles andere als orthodoxen Vergleich unterstrich (« *Ich sehe euch an der Stelle Gottes, denn ihr seyd mit der Bildung eines Menschen beschäftigt.* »). Auch hier also folgte Wyttenbach dem Konzept, mit einem positiven Lob als Ansporn, die Verantwortung bei Eltern und Lehrern zu wecken und zu stärken.

---

[187] Wittlich: « *... pour inspirer en même tems aux autres jeunes gens l'amour du travail et l'assiduité à leurs devoirs afin de se rendre dignes d'être eux-mêmes une autre fois couronnés* ». St. Wendel: « *En général le corps municipal peut assurer l'administration centrale que cette cérémonie a produit l'effet que le législateur a prévu en l'instituant, c'est que tel élève qui jusqu'à présent avait été insensible, soit aux remontrances douces et sages, soit aux corrections de son instituteur, n'a pu, en ce jour solemnel [sic], cacher l'excès de sa douleur et de sa honte, qu'il a manifesté par des pleurs dans le secret.* »

[188] St. Wendel: « *L'instituteur de cette commune a saisi cet instant avec beaucoup de sagacité pour rappeler tous ses élèves à l'amour du travail, de l'étude, du recueillement et de la moralité. Il a aussi rappelé à ceux mêmes dont les noms ont été proclamés qu'il avait usé d'indulgence à leur égard de plusieurs d'entre eux, mais qu'il espérait que le succès et la reconnaissance seraient le prix de sa condescendance qui n'avait eu pour but que de stimuler l'émulation; qu'enfin il était content d'eux tous à certains degrés et qu'il n'avait cru devoir refuser son estime qu'à ceux dont les cœur trop endurcis ne laissait aucun espoir d'amendement.* »

[189] Konz : « *Nur die von euch werden sich nicht von Herzen freuen können, die durch ihr bisheriges übles Betragen der Freude sich unwürdig gemacht haben. Diese treffe der Schmerz, nicht Theil an diesem schönen Fest nehmen zu dürfen, und erwecke in ihnen den Vorsatz, in Zukunft den Guten nachzuahmen, um, wie diese, durch Tugend und Fleiß einen Ehrenkranz am Feste der Jugend zu verdienen* ».

Tabelle 10: Auszuzeichnende Schüler beim Fest der Jugend im Saardepartement im Jahre 1799*

	Kinder insgesamt	Davon: Ausgezeichnet	Davon: Jungen	Davon: Mädchen	Verhältnis Jungen / Mädchen	Schulen in Hauptort / u. Kanton
Birkenfeld	90	36	19	17	Parität	*
Herrstein		35	19	16		*
Reifferscheid		6	3	3		*
Rhaunen		4	2	2		*
Grumbach		2	1	1		*
Hermeskeil	fast 200	37	35	2 (5,7 %)	Anteil Mädchen	*
Schönberg		20	16	4 (25 %)		*
Kyllburg		8	6	2 (33 %)		
Wittlich		5	4	1 (20 %)		
Schweich		4	3	1 (25 %)		*
St. Wendel		42	42		nur Jungen	*
Trier		39	39			*
Ottweiler		11	11			
Prüm		6	6			*
Blankenheim		5	5			*
Konz		mehr als 100			unbekannt	*
zus.		mehr als 360	211	49 (23,2 %)	Anteil Mädchen	

* Keine Einzelangaben: Merzig, St. Arnual;
Keine Auszeichnungen: Manderscheid, Meisenheim, Wadern.

Unterschiede zwischen den Kantonen gab es auch bezüglich der Zusammensetzung nach Geschlecht bei den auszuzeichnenden Schülern. In einem Drittel der Fälle wurden nur Jungen ausgezeichnet. In einem weiteren Drittel der Fälle wurde immerhin ein gewisser Anteil von Mädchen mit berücksichtigt, der sich meist zwischen 20 % und 33 % bewegte. Schließlich wurde aber auch in einem Drittel der Fälle bei der Auszeichnung eine Parität zwischen Jungen und Mädchen beachtet. Außerdem ist auch für Konz eine Parität anzunehmen. Zwar hatte der Kanton bewusst keine Namensliste gegeben, da aber bei der Auswahl der Kinder, die das Buch der Verfassung im Zug trugen, so verfahren wurde, dass dazu jeweils zwei Mädchen und zwei Jungen bestimmt worden waren, dürfte auch hier der Gedanke der Parität nicht fern gelegen haben. Überblickt man allerdings die Feiern in allen Kantonen, so wurden doch nur 49 Mädchen gegenüber 211 Jungen ausgezeichnet, was einem Anteil der Mädchen von nur 23,2 % entspricht. Trotzdem ist gerade bei der im Departement noch vorherrschenden Sanktionierungspädagogik von Verbot, Verwarnung und negativer Affirmation doch eher zu betonen, dass immerhin in zwei Drittel der Fälle die Mädchen überhaupt berücksichtigt wurden und dass man in einem Drittel der Kantone die Mädchen grundsätzlich nicht für weniger fleißig, talentiert und charakterstark hielt als die Jungen und bei der Auszeichnung deshalb eine Parität zwischen den Geschlechtern beachtete.

Neben der Gender-Parität war aber auch noch eine weitere Parität zu beachten, nämlich die der lokalen Verteilung und insbesondere des Verhältnisses zwischen Kantonshauptort und Kantonsgemeinden. Da die Feiern immer am Kantonshauptort stattfanden, kann füglich unterstellt werden, dass in der Regel zunächst die Schüler am Ort selbst berücksichtigt wurden, wie es z.B. sicher in St. Wendel der Fall war. Inwieweit auch Schüler der kantonsangehörigen Gemeinden Berücksichtigung fanden, ist dagegen nur schwer zu ermitteln, da das Thema in den Festberichten nirgends direkt angesprochen wurde. Allerdings waren die Schulen der kantonsangehörigen Orte mitunter auch nur schwer zur Teilnahme zu bewegen. In Blankenheim erschien jedenfalls von den eingeladenen Lehrern dieser Orte niemand, so dass aus diesem Grund nur Schüler des Kantonshauptortes berücksichtigt werden konnten. Um so bemerkenswerter ist der Festbericht des Kantons Hermeskeil, der eine Aufstellung der auszuzeichnenden Schüler nach deren Wohngemeinden enthält und dabei immerhin 13 von insgesamt 44 Gemeinden aufführt.

Trotz dieser pädagogischen Ausrichtung des Festes als Schulfest blieb die Rolle der Lehrer diskret. Nur in fünf Kantonen (Grumbach, Herrstein, Prüm, St. Wendel, Schönberg) hielten Lehrer eine Festrede, außerdem verlas noch in Konz ein Lehrer die Präambel der Verfassung mit den Rechten und Pflichten des Menschen und Bürgers. Auch wenn sonst unter den Rednern außer dem Pädagogen Wyttenbach in Konz noch zweimal ein Pfarrer (Birkenfeld, Rhaunen) sowie einmal ein nicht weiter bezeichneter Bürger (Wittlich) erschienen, bleibt die Dominanz der Verwaltung mit 15 Rednern aus ihrem Bereich deutlich, da die Reden der Lehrer, Bürger und Pfarrer in fast allen Fällen mit der Rede eines Funktionärs verbunden waren. Überall waren es zudem die Präsidenten der Kantonsverwaltung, die die Ehrung der auszuzeichnenden Schüler vornahmen und ihnen kleine Geschenke überreichten. Auch als Schulfest hatte das Fest der Jugend also durchaus einen staatlichen Charakter. Das wurde in einigen Kantonen noch dadurch betont, dass die Verfassung als Buch im Zug mitgeführt wurde, Baumsetzungen mit dem Fest verbunden waren oder auch sonst durch die Mitführung von Revolutionsrequisiten oder durch Stationen am Freiheitsbaum das normale Zeremoniell der Nationalfeste für die Feiern galt. Aber auch hier setzte lokale Spontaneität Akzente. In Konz begann der Festzug nicht wie sonst am Verwaltungssitz der Munizipalität, sondern am Schulhaus, und am Abend war es bei diesem Fest dann auch wiederum das Schulhaus und nicht die sonstigen öffentlichen Gebäude, das illuminiert war. Eine ähnliche Intention der Ausrichtung des Festzeremoniells auf den Festgegenstand zeigte sich auch in anderen Kantonen (Meisenheim, Ottweiler, Wittlich), wo die üblichen Spiele am Nachmittag zeremoniell in das Fest eingebunden wurden, indem sich die Festgesellschaft in formellem Zug zu dem Ort begab, wo die Spiele stattfinden sollten. In Wittlich wurde der Rückzug für die Sieger dann noch in besonderer Weise ausgestaltet, indem man sie auf einem Triumphwagen (« *char de triomphe* ») in den Ort zurückgeleitete.

Das Fest war ein Fest der Landkantone. Der Primärschullehrer (« *instituteur* ») begann in den Kantonen eine gewisse Bedeutung als Intellektueller im Dorf zu gewinnen, die durch die neue Trennung der Schule von der Kirche und ihre Verbindung mit dem Staat noch gestärkt wurde. Dagegen blieb das Fest in der Departementshauptstadt Trier blass. Die schulische Situation in Trier war zwar kaum von der in den Kantonen unterschieden, indem einerseits die alte Universität nicht mehr bestand und andererseits die neue Zentralschule noch in Gründung begriffen war, aber der Stellenwert des Festes wurde in Trier deutlich niedriger eingestuft als in den Kantonen. Während sonst nämlich in Trier die maßgeblichen Funktionäre selbst die Reden hielten und später die Professoren der Zentralschule regelmäßig als Redner verpflichtet wurden, war diesmal nur ein nachgeordneter Sekretär der Munizipalität als Redner vorgesehen worden. Das ist um so auffälliger, als - wie wir gesehen haben - Wyttenbach als der maßgebliche Pädagoge des Departements nicht in Trier, sondern in Konz sprach. Darüber hinaus scheint die Zentralverwaltung auch noch Bedenken gehabt zu haben, ob es mit ihrer Würde vereinbar wäre, an dieser Art Kinderfest als Corps teilzunehmen. Jedenfalls scheint nur so ihre Anordnung erklärlich, die allein für die städtischen Verwaltungen einen Zug mit Lehrern und Schülern zum Dekadentempel vorsah[190], während die Verwaltungen auf Departementsebene separat und nicht in einem formellen Zug, sondern nur als Einzelpersonen zum Dekadentempel gehen sollten. Dadurch kam es dann noch zu der Peinlichkeit, dass die Unterverwaltungen fast eine Stunde auf die

---

[190] Der Trierer Chronist Müller spricht ausdrücklich von einem « *kleinen Zug* ».

Ankunft der Oberverwaltungen warten mussten und deshalb schließlich schon einstweilen allein mit der Feier begonnen hatten. Das führte dann zu einem scharfen Schriftwechsel zwischen Zentralverwaltung und Munizipalität, bei dem die Munizipalität die Präeminenz des anwesenden Volkes anführte, das ein Recht auf den Beginn der Feier gehabt hätte, während die Zentralverwaltung auf dem Vorrang der vorgesetzten Verwaltung bestand und insbesondere dagegen protestierte, dass die Munizipalität es gewagt hätte, sich gegen die Verwaltungshierarchie auf eine Legitimation durch das Volk zu berufen. Dies ist der Zusammenhang, in dem die markanten Worte geschrieben wurden:

« C'est encore à tort que vous vous servez des mots du peuple, car tout le monde sait que le peuple de Trèves ne fréquente point le temple décadaire ».

Allerdings zog die Zentralverwaltung dann trotzdem Konsequenzen aus der Panne und delegierte schon für das nächstfolgende Fest die Leitung des Festes auf die Trierer Munizipalität, die dann ihrerseits eine Festkommission für die Vorbereitung der Nationalfeste einrichtete, in die sie den Pädagogen Wyttenbach, den Juristen Hetzrodt, den Arzt und Ökonomen Josef Willwersch sowie den französischen Kriegskommissar Latrobe berief[191].

Außer in Trier ist das Fest der Jugend im Saardepartement also unter einem ausgesprochen pädagogischen Aspekt als Fest der Schuljugend gefeiert worden. So sehr die Revolution aber auch pädagogische Fragen diskutierte und so sehr die Nationalfeste auch immer unter pädagogischen Aspekten betrachtet wurden, so war dies doch zumindest teilweise ein Missverständnis. In Innerfrankreich hatte das Fest nämlich auch einen deutlich staatsbürgerlichen Aspekt[192]. Die Auszeichnung der besten Schüler war hier nur der Teil des Festes, der die Schuljugend als die Jüngeren betraf. Der Hauptteil des Festes betraf vielmehr die ältere Jugend und bestand in der stufenweisen Verleihung der Waffenfähigkeit und des Wahlrechtes. Die 16jährigen Jungen wurden an diesem Tag in die Register der Nationalgarde eingetragen und erhielten die ersten Waffen aus der Hand des Präsidenten, wobei dies allerdings oft nur symbolisch durch die Verleihung eines Eichenzweiges geschah. Die 21jährigen Jungmänner aber wurden in die Bürgerregister eingeschrieben und erhielten

---

[191] Arrêté der Munizipalität Trier vom 19. Floréal VII / 8. Mai 1799 für Wyttenbach, Hetzrodt und Willwersch; Schreiben der Zentralverwaltung vom 7. Prairial VII / 26. Mai 1799 für Latrobe (LHA Koblenz: Best. 276 Nr. 1106). Später wird der Präsident der Munizipalität Leistenschneider als Mitglied anstelle von Willwersch genannt (Arrêté der Zentralverwaltung für das Fest des 14. Juli 1800, LHA Koblenz: Best. 276 Nr. 1111).

[192] Eingeführt wurde das Fest mit dem Gesetz vom 3. Brumaire IV. Grundlegend für das Zeremoniell war der Arrêté des Direktoriums vom 19. Ventôse IV / 9. März 1796 (Bulletin des lois 32, n° 231), erweitert durch das Zirkular von Innenminister François de Neufchâteau vom 17. Ventôse VII / 7. Februar 1799 (FRANÇOIS DE NEUFCHÂTEAU: Recueil, Bd. 2, S. 106-111).

damit das Wahlrecht.[193]. Dies war bei dem staatsrechtlichen Status des Rheinlandes im Saardepartement natürlich nicht möglich. Wenn aber bei diesem Fest in Rhaunen « *des jeunes gens en armes* » und in Wittlich « *la cavalerie formée par les jeunes citoyens* » den Zug einrahmten und wenn schließlich in Meisenheim die Spiele am Nachmittag des Festtages auch aus « *des évolutions militaires de la jeunesse et plusieurs décharges de mousqueterie* » bestanden, so scheint dies doch zumindest als ein Reflex dieses weiteren Horizontes des Festes der Jugend verstanden werden zu können. Gleichzeitig gab dieser staatsbürgerlich-militärische Charakter des Festes in Frankreich dem Fest auch eine männliche Note, so dass vor diesem Hintergrund der zumindest teilweisen Berücksichtigung auch der weiblichen Jugend im Saardepartement eine gewisse Originalität zukommt[194].

3.2. Fest der Eheleute

Staatspolitische Überlegungen waren auch bei dem folgenden moralischen Fest der Eheleute, das am 10. Floréal / 29. April gefeiert wurde[195] und im Saardepartement ebenfalls nur einmal im Jahre VII / 1799 stattfand, nicht abwesend. Lapidar stellte dazu François de Neuchâteau in seinem Zirkular an alle Zentralverwaltungen fest: « *Le mariage a trois objets: le bonheur des époux, l'éducation des enfants, la conservation de la société* ». Es war also sehr wohl aus gesellschaftspolitischer Perspektive, dass sich der Staat um das Wohl seiner Bürger kümmerte und die Institution der Ehe mit dem Fest heiligen wollte. Das wurde auch in dem zentralen Zeremoniell des Festes deutlich, wo - nach den Kindern - nun verdiente Ehegatten öffentlich genannt und ebenfalls durch den Empfang der Bürgerkrone geehrt werden sollten. Dazu hatte die Zentralverwaltung des Saardepartements ihrerseits in ihrem Zirkular klare Vorgaben gemacht[196], die eine dreifache Stufung für die Auswahl der Auszuzeichnenden umfasste. Nur die erste Kategorie betraf die Eheleute selbst,

---

[193] Bois: Fêtes révolutionnaires à Angers, 1929, S. 81-88; Legrand: Fêtes civiques à Abbeville, 1976, S. 391; Denis: Les fêtes révolutionnaires dans le département du Maine-et-Loire, 1988, S. 398f.

[194] Die Erwähnung der Mädchen bei dem Fest der Jugend scheint in Frankreich selten gewesen zu sein. In Toulouse ist dies im Jahre IV zwar der Fall, aber es handelt sich nicht darum, sie bei der Auszeichnung der Schüler zu beteiligen. Vielmehr geht es allein darum, sie zur Keuschheit aufzurufen, vgl. Barre: Les fêtes révolutionnaires à Toulouse, 1975, S. 121 ff.

[195] Eingeführt wurde das Fest mit dem Gesetz vom 3. Brumaire IV. Grundlegend für das Zeremoniell war der Arrêté des Direktoriums vom 27. Germinal IV / 16. April 1796 (Bulletin des lois 40, n° 326), dann erweitert durch die Zirkulare der Innenminister Letourneux vom 20. Germinal VI / 9. April 1798 (LHA Koblenz: Best. 241 Nr. 2191) und François de Neufchâteau vom 21. Germinal VII / 10. April 1799 (François de Neufchâteau: Recueil, Bd. 2, S. 144-162).

[196] Zirkular der Zentralverwaltung des Saardepartements vom 22. Germinal VII / 11. April 1799, LHA Koblenz: Best. 700,152 Nr. 56 (Stück 21).

wobei allgemein verheiratete Personen, die durch beispielhafte Handlungen zum Wohle der Gemeinschaft hervorgetreten waren, ausgezeichnet werden sollten (« *personnes mariées qui, par quelque action louable, ont mérité de servir d'exemple à leurs concitoyens* »). Alle anderen Punkte betrafen dann mehr die Kinder der Eheleute. Ausgezeichnet werden sollten nämlich die Eltern, die besonders schwere Erziehungslasten trugen, entweder indem sie zusätzlich zu ihren eigenen Kindern noch Waisenkinder aufgenommen hatten (« *personnes mariées qui, déjà chargées de famille, ont adopté un ou plusieurs orphelins* ») oder indem sie besonders viele Kinder aufzogen (« *celles qui ont procréé le plus grand nombre d'enfans* »). Schließlich ging es nur noch um die Kinder, indem die Eheleute berücksichtigt werden sollten, deren Söhne sich in der französischen Armee oder auch durch Leistungen in Bildung und Handwerkskunst ausgezeichnet hatten (« *parens dont les fils se distinguent dans les armées républicaines* », « *ceux dont les fils ont montré des talens dans les lettres ou les arts* »)[197].

Die Ehe wurde also prinzipiell als gesellschaftsfördernd angesehen, weil sie allein die Kontinuität der Gesellschaft durch die Hervorbringung des nötigen Nachwuchses sicherte sowie eine angemessene Erziehung gewährleistete (« *La nature fait les hommes; mais l'éducation fait seule des citoyens* »[198]). Das erklärt die große Betonung des Familienvaters in der damaligen Gesellschaft. Auch wenn der Staat zumal unter dem liberalen Direktorium natürlich kaum bereit und wohl auch nicht in der Lage war, solche Gesellschaftsleistungen der Familie finanziell zu unterstützen, so tat er doch alles, um das moralische Vorbild des Familienvaters sozial zu etablieren. Im Gegenzug wurde individuelles Glücksstreben als Egoismus im Sinne von Sozialschmarotzertum gebrandmarkt, was um so leichter möglich war, als sich als Beispiele solcher Lebensführung die ohnehin als Feinde der Republik erkannten katholischen Priester und Mönche besonders anboten. Die Anerkennung der gesellschaftlichen Bedeutung der Familie hatte andererseits das revolutionäre Scheidungsrecht erst ermöglicht, denn es ging der Revolution nicht zuletzt darum, die Wiederverheiratung von Geschiedenen zu ermöglichen und damit die Voraussetzungen für die Geburt weiterer Kinder zu schaffen.

Die Feiern im Saardepartement folgten genau diesem allgemeinen Schema[199]. In Trier wurde im Dekadentempel eine Installation gezeigt, die das Familien-

---

[197] Der Katalog ist dabei gegenüber den innerfranzösischen Vorgaben, die nur auf besondere Leistungen (« *action louable* ») und Erziehung von Waisenkindern abzielten, erweitert, aber in der Intention nicht verändert worden. Dagegen hat die Zentralverwaltung des Saardepartements eine Berücksichtigung der Mädchen, die François de Neufchâteau noch für fähig gehalten hatte, ihre Tugend (« *vertu* ») zu zeigen, nicht mehr in ihr Zirkular übernommen.
[198] Zirkular von Innenminister Letourneux, 20. Germinal VI (s.o.).
[199] Festberichte LHA Koblenz: Best. 276 Nr. 1713.

V. Inhalt der Nationalfeste   203

ideal des Direktoriums anschaulich machen sollte. Sie zeigte einen patriarchalischen Familienvater, der seiner Frau und seinen acht [!] Kindern die Verfassung erklärte, und - in Anlehnung an die Verfassung (Pflichten des Menschen und Bürgers, Art. 4) - die Unterschrift trug: « *Nul ne peut être bon citoyen sans être bon époux* ». War eine solche Ausgestaltung des Dekadentempels auch nur in der Departementshauptstadt möglich, so variierten doch die Reden in den Kantonshauptorten zuverlässig das vorgegebene Thema. Nicht ohne die als nötig erachtete Deutlichkeit wurde auf die ehelichen Pflichten hingewiesen (« *quels étoient leurs devoirs naturels dans l'état de société* ») und die eheliche Fruchtbarkeit gepriesen (« *Le président de l'administration municipale a félicité [...] les mères de famille de leur fécondité et a engagé les jeunes époux à les imiter en procréant comme elles plusieurs descendants* »), bzw. im Gegenzug dazu der Egoismus der zölibatären Lebensweise verdammt (« *une vive sortie contre les célibataires égoïstes qui n'ont pas d'autre patrie que leur existence propre* »). Wenn dabei wie in Kyllburg die Kanoniker des örtlichen Stiftes an der Feier teilnahmen, war das nur ein Grund mehr, um auch explizit Ross und Reiter zu nennen, so wie andernorts (Konz) die Junggesellen - wenn auch « *par un discours tout à fait gentil* » - direkt zur Heirat aufgefordert wurden. Schließlich folgte im Saardepartement auch das Zeremoniell des Festes eng dem innerfranzösischen Vorbild, indem auch hier verdiente Ehepaare durch öffentliche Nennung und durch die Verleihung der Bürgerkrone geehrt werden sollten. Dazu sollten die Paare, die gerade geheiratet hatten, im Zug mitgehen, womit nun noch eine zusätzliche Kategorie für die Auszeichnung hinzukam. Allerdings erlauben die meist recht summarischen Angaben der Festberichte über die auszuzeichnenden Eheleute nicht, eine ähnlich differenzierte Aufschlüsselung der Auswahlkriterien vorzunehmen, wie dies für die Schüler beim Fest der Jugend möglich war. Immerhin legt die Kommentierung in den Festberichten nahe, dass für die Krönung vor allem die Ehepaare mit den meisten Kindern und für die Begleitung vor allem die Eheleute, die gerade geheiratet hatten, berücksichtigt wurden, während die anderen Kategorien, die das Zirkular der Zentralverwaltung für die Auswahl der zu ehrenden Ehepaare festgelegt hatte, nur gelegentlich als verbale Versatzstücke in den Berichten erscheinen, ohne dass dem eine wirkliche Berücksichtigung entsprochen zu haben scheint[200].

Das alles betraf die Theorie des Festes und die Planung seiner Durchführung. Die eigentliche Realisierung aber stand im Saardepartement unter dem massiven Einfluss der politischen Lage, wo die Niederlagen der französischen Armeen seit dem Wiederausbruch des Revolutionskrieges die Bereitschaft von Bevölkerung und Verwaltung zur Teilnahme an den Nationalfesten stark ver-

---

[200] Insofern geht die Auszeichnungskasuistik im Saardepartement doch nicht über den innerfranzösischen Standard hinaus.

mindert hatten. Dabei kaschiert der statistische Befund der Realisierungsquote noch das wahre Ausmaß der Krise. Wenn man von dem Ausnahmefest der Gründung der Republik mit einer fast vollständigen Realisierung im Saardepartement absieht, so hielten sich die ersten Feste des Jahres VII doch noch weitgehend auf dem Niveau der meisten Feste des Vorjahres. Auch wenn sich die Realisierungskurve schon deutlich der Marke von 50 % näherte, kann also rein statistisch noch nicht von einem massiven Einbruch gesprochen werden. Aber schauen wir uns die 18 bei der Zentralverwaltung eingegangenen Festberichte einmal genauer an. Eine volle Erfüllung des vorgegebenen Festschemas war lediglich in sechs Kantonen gelungen (Herrstein, Konz, Lebach, Manderscheid, Merzig, Reifferscheid). In vier Kantonen dagegen (Bernkastel, Hermeskeil, Kyllburg, Prüm) nahmen zwar Paare am Zug teil, aber es erfolgte keine Öffentlichmachung durch die Nennung der Namen und keine Ehrung durch die Krönung, sondern es wurde nur eine Rede zum Thema des Festes gehalten. In vier weiteren Kantonen (Grumbach, Rhaunen, St. Arnual, St. Wendel) war es sogar nicht einmal mehr möglich gewesen, irgendein Paar zur Teilnahme am Zug zu bewegen, so dass auf das eigentliche Festzeremoniell verzichtet werden musste und lediglich versucht werden konnte, durch Festreden dem Gegenstand des Festes noch halbwegs gerecht zu werden. Das gilt zumindest teilweise auch für die Departementshauptstadt Trier selbst, wo bei diesem Fest die Munizipalität erstmals eigenständig Regie führte. Zwar war eine große Feier vorbereitet und die teilnehmenden Paare auch namentlich im (internen) Festprogramm benannt worden, aber dann erschienen (nach dem Zeugnis des Chronisten Müller) die eingeladenen Eheleute nicht zum Zug und die Feier wurde nur mit deutlich reduziertem Zeremoniell durchgeführt, indem der Weg des Festzuges abgekürzt und zwei vorbereitete Reden nicht mehr gehalten wurden. Allerdings konnte nach dem Festbericht der Munizipalität aber doch eine Krönung der eingeladenen Ehepaare durchgeführt werden[201]. Schließlich wurde in Wadern, wo man zumindest vier junge Paare für eine Teilnahme am Zug hatte gewinnen können, überhaupt das gesamte Festzeremoniell aufgegeben, indem sich an den Zug unmittelbar die Nachfeier mit Spielen, Wettläufen und Wettschießen anschloss. In einem weiteren Kanton (Ottweiler), wo das Fest wie üblich schon am Vorabend und am Morgen durch Glockengeläut angekündigt worden war, musste es ganz abgesagt werden, nachdem von den Agenten praktisch niemand erschienen war. Außerdem hatten noch zwei Kantone (Birkenfeld, Lissendorf) nur Vollzugsmeldungen geschickt, die keine Rückschlüsse auf die Art der Durchführung erlauben. Insge-

---

[201] Vgl. Chronik von Müller, HANSEN: Quellen, Bd. 4, 1938, S. 1084 nach LHA Koblenz: Best. 700,62 Nr. 28, Heft H für 1799 fol. 20, vgl. Lager, Chronik 19145, S. 130 sowie Programm und Festbericht in LHA Koblenz: Best. 276 Nr. 1713 und StadtA Trier: Fz 67. Die Zentralverwaltung bezeugte dann der Munizipalität ausdrücklich « *notre satisfaction de la manière dont vous avez ordonnencé la célébration de la fête des époux* ».

samt hatte so das Fest nur in 6 Kantonen wirklich nach dem vorgegebenen Zeremoniell durchgeführt werden können, während man sich in den übrigen 12 Kantonen mit unterschiedlichem Erfolg bemühte, wenigstens den Anschein eines Festes zu wahren. An Initiativen von Seiten der Verwaltungen hatte es dabei nicht gefehlt, und gelegentlich waren sie sogar erfolgreich. So brachten die Funktionäre in Konz ihre Ehefrauen mit zur Feier, was einerseits dem Gegenstand des Festes angemessen war und auch die Funktionäre als « *bons époux* » auswies, andererseits aber auch geschickt die schütter werdenden Reihen der Teilnehmer auffüllte und darüber hinaus zu erkennen gab, dass im Normalfall die Ehefrauen der Funktionäre augenscheinlich nicht an den Feiern teilgenommen hatten. Listenreich hatte man auch den Kreis der zur Teilnahme am Zug einzuladenden Paare schon von vornherein erweitert. Während nämlich in Innerfrankreich die Einladung nur an die Paare erging, die im letzten Monat geheiratet hatten[202], hatte bereits die Zentralverwaltung in ihrem Zirkular diesen Zeitraum auf das gesamte letzte Jahr ausgedehnt[203]. In Reifferscheid konnte dann die Kantonsverwaltung auch von der Teilnahme einer « *foule de mariés de ce canton* » berichten, während in Manderscheid zumindest « *un nombre considérable d'habitans* » dem Zug folgte. Andererseits hatte man in Grumbach völlig auf einen Zug verzichtet, weil man Störungen und Übergriffe befürchtete, und in Hermeskeil wurde tatsächlich zwar nicht der Zug, aber doch der abendliche Ball gesprengt, so dass sich plötzlich der Präsident allein mit dem Orchester befand. Auch die Teilnahme der Funktionäre ließ mancherorts zu wünschen übrig. In Hermeskeil waren nur wenige Agenten zur Feier erschienen, und diese hatten sich auch noch geweigert, ihre Amtsschärpe anzulegen, während in Ottweiler die Agenten zum größten Teil überhaupt nicht erschienen waren.

Die Krise des Festes war nicht mehr zu übersehen. Das ist um so bemerkenswerter, als der Festinhalt selbst kaum politisch war und so nicht direkt zu Kontroversen Anlass gab. Die Krise des Festes war so allgemeiner und grundsätzlicher und traf das Fest als französische Institution. In dem Maße, in dem der Krieg die Annexion wieder in Zweifel zog, musste die Partizipation der

---

[202] Die Bestimmung lag seit dem grundlegenden *Arrêté du Directoire exécutif qui détermine la manière dont sera célébrée la fête des époux*, 27. Germinal IV / 16. April 1796 (Bulletin des lois 40, n° 326) fest. Um so bemerkenswerter war die Abweichung der Zentralverwaltung des Saardepartements.

[203] Allerdings war auch in Frankreich das Zeremoniell mitunter problematisch. So wagte bei dem ersten Fest der Eheleute in Angers niemand eine Krone anzunehmen, da die soziale Stellung von kinderreichen Familien dies noch nicht erlaubte (Bois: Fêtes révolutionnaires à Angers, 1929, S. 90), was auch einen Kommentar zum offiziell propagierten Familienideal darstellt (s.o.). Bei anderen Feiern fehlten auch in Innerfrankreich Eheleute mitunter ganz (Fray-Fournier: Fêtes nationales et cérémonies civique dans la Haute-Vienne, 1902, S. 130; Chardon: Dix ans de fêtes nationales et de cérémonies publiques à Rouen, 1911, S. 197).

einheimischen Bevölkerung wie der lokalen Funktionsträger problematisch werden. An der Basis kündigten die Agenten ihre Mitarbeit auf, und ebenso war auch die allgemeine Bevölkerung nun kaum noch zur Teilnahme an den Festen zu bewegen.

3.3. Fest des Alters

Nach dem Fest der Jugend (März) und dem Fest der Eheleute (April) folgt im Durchgang durch die Verlaufsformen des Lebens das Fest des Alters als ihr Abschluss, das nach einer viermonatigen Pause am 10. Fruktidor / 27. August gefeiert wurde. Dabei ist es wiederum der gesellschaftspolitische Aspekt der Lebensleistung als Bürger in der und für die Gesellschaft, dem die gesellschaftliche Anerkennung gezollt werden soll: « *Être bon fils, bon époux, bon père, bon citoyen enfin, puisque ce mot renferme toutes les qualités qui font l'honnête homme* »[204]. Insofern konnte das Zentralzeremoniell der Krönung mit der Bürgerkrone hier nun voll rezipiert werden. Diese Krönung war zunächst als patriotischer Dank für die Soldaten als Verteidiger des Vaterlandes gedacht und gehört in dieser Form zu den ältesten Zeremonien der Revolutionsfeste. Sie wurde dann auf die moralischen Feste übertragen, indem hiermit neben der militärischen Verteidigung der Revolution in gleicher Weise auch die gesellschaftliche Tätigkeit der zivilen Bürger geheiligt wurde. War die Anwendung des Krönungszeremoniells für die Schuljugend noch zaghaft und sporadisch, so wurden die Eheleute schon durchgehend mit der Bürgerkrone bedacht, ehe das Zeremoniell dann bei dem Fest des Alters voll ausgestaltet war. Zur Krönung kam hier noch die prozessionsmäßige Abholung, indem zunächst die Häuser der ausgewählten Alten bzw. die Häuser, die für ihre Abholung bestimmt worden waren, geschmückt wurden und sich dann der Festzug von seinem Ausgangspunkt am Verwaltungssitz zu den einzelnen Häusern bewegte, um dort die ausgewählten Personen abzuholen und zum Ort der eigentlichen Feier zu geleiten, wo sie im Rahmen des normalen Festzeremoniells mit der Bürgerkrone gekrönt wurden.

Dieses in Frankreich sehr feste Zeremoniell[205] wurde auch im Rheinland rezipiert, wo das Fest im Jahr VI / 1798 und im Jahr VII / 1799 gefeiert wurde[206]. Besonders im ersten Jahr, als das Fest noch in die Anfangsphase der rheinischen Nationalfeste fiel, wurde es in einigen Orten aufwendig und nicht ohne Resonanz gefeiert. In Blieskastel hatte man eine mit sechs

---

[204] Rede des Kommissars Boistel in Büdlich beim Fest am 10. Fruktidor VII.
[205] Eingeführt wurde das Fest mit dem Gesetz vom 3. Brumaire IV. Grundlegend für das Zeremoniell war der Arrêté des Direktoriums vom 27. Thermidor IV / 14. August 1796 (Bulletin des lois 67, n° 611). - Vgl. für die Durchführung CHARDON: Dix ans de fêtes nationales et de cérémonies publiques à Rouen, 1911, S. 227, 243; 279, 316; BARRE: Fêtes révolutionnaires à Toulouse, 1976, S. 139; DENIS: Les fêtes révolutionnaires dans le département du Maine-et-Loire, 1988, S.401.

Pferden bespannte Kutsche aufgeboten, um die Alten abzuholen; in Rhaunen wurde der Zug von der Jungmannschaft hoch zu Ross in einer Stärke von je 40 Reitern am Anfang und am Ende eingerahmt. Überall bewegten sich die Festzüge auf langen Wegen zu den verschiedenen Häusern, um dort die ausgewählten Alten abzuholen und zur eigentlichen Feier zu geleiten, die vielfach unter freiem Himmel auf einem Platz, am Vaterlandsaltar oder unter dem Freiheitsbaum stattfand, ehe der Festtag dann mit den üblichen Geselligkeiten ausklang. Dazu hatte die Zentralverwaltung nur vorgeschrieben, dass die Schulkinder die Alten abholen und junge Frauen (« *jeunes épouses* ») Körbe mit Früchten tragen sollten, die ebenfalls für die Alten bestimmt waren. Vielfach hatten die Kantone aber neue Gruppen unter Einschluss insbesondere der Jugend, die die Schule schon verlassen hatte, gebildet, so dass sich eine variantenreiche Zusammenstellung der Festzüge ergab. Dazu kamen die Reden, die natürlich viel Panegyrik boten, aber relativ frei von republikanischer Ideologie waren und das Lob der Alten durch den Staat weitgehend auf den Hinweis beschränkten, dass eine der gesetzgebenden Versammlungen der Republik den Namen *Rat der Alten* erhalten hätte. So wurden die Lebensstufen in zeitgemäßer Ausformung präsentiert, so dass auch der pädagogische Zeigefinger sich nicht aufdrängte. Hervorzuheben ist die Rede von Professor Staadt[207] in Trier, der auch Nebentöne brachte wie die mitunter harte Behandlung der Alten in der bäuerlichen Gesellschaft oder die Rolle der Frau und vor allem beim Lob des Alters nicht den Tod aussparte.

Für die Ehrung der Alten hatte die Zentralverwaltung zwei Altersklassen unterschieden, wie es ähnlich auch beim Fest der Ehepaare der Fall war. Dort hatte die Ehrung der ausgewählten, meist älteren Ehepaare mit Kindern in Anwesenheit einer großen Zahl von jungen Ehepaaren, die gerade geheiratet hatten, erfolgen sollen. Hier nun sollten alle, die 60 Jahre und älter waren, besonders zur Feier eingeladen werden, wo Ehrenplätze für sie reserviert waren. Sie sollten das Forum bilden, vor dem dann je zwei der ältesten Familienväter (« *pères de famille* ») und Mütter (« *mères de famille* ») durch die Krönung besonders ausgezeichnet werden sollten. Erwünscht waren auch gute Gesundheit (« *non infirmes* ») und hohes Ansehen (« *de la meilleure réputation, de probité, de patriotisme et de*

---

[206] Zirkulare der Zentralverwaltung des Saardepartements vom 14. Thermidor VI / 1. August 1798 – LHA Koblenz: Best. 276 Nr. 1112, (Konzept), Best. 276 Nr. 3783 (Ausfertigung für Hermeskeil) und 1. Fruktidor VII / 18. August 1799 – ibid. Best. 276 Nr. 1112. – Festberichte in LHA Koblenz: Best. 276 Nr. 1112 und ergänzend LHA Koblenz: Best. 700,152 Nr. 59 (Stück 4): Festrede des Präsidenten in Baumholder, konzipiert von dem Chefsekretär Goerlitz; zur Publizistik vgl. Verzeichnis 2: Publizistik der Nationalfeste; für Trier vgl. HANSEN: Quellen, Bd. 4, 1938, S. 925, 1178 sowie StadtA Trier: Fz 67.

[207] Kurzbiographie von Gabriele B. CLEMENS, in: Unter der Trikolore, 2004, S. 173-174.

vertu »). Die Auswahl sollte von der Kantonsmunizipalität durch Wahl (« *au scrutin* ») erfolgen. Soweit erkennbar, gelang es auch Personen zu präsentieren, deren Alter um 80 Jahre lag. Nur einmal waren es zwei Ehepaare, dreimal konnte man ein Ehepaar sowie je eine Witwe und einen Witwer präsentieren, während ebenfalls in drei Fällen jeweils vier Einzelpersonen ausgewählt wurden. Da das Fest in zeitlicher Nähe zum Fest des Ackerbaus stattfand, kann es nicht verwundern, wenn anscheinend kein Bauer ausgewählt wurde. Soweit die Festberichte Berufsangaben enthalten, wurden Handwerker (« *tisserand* » (2), « *arquebusier* », « *boulanger* », « *tanneur* », « *teinturier* ») bzw. deren Ehefrauen benannt, während nur einmal ein Kaufmann (« *marchand de cuir* ») erscheint. In einigen Fällen scheinen auch Honoratioren berücksichtigt worden zu sein. Bei der mit 62 Jahren für diese Gruppe recht jungen « *mère Saal* » in Blieskastel könnte es sich um die Mutter der Funktionäre gleichen Namens handeln, die aus Blieskastel stammten. Außerdem wurde in Trier der ehemalige Amtmann von Schweich Engel (« *ci-devant prévôt* ») ausgezeichnet. Allerdings war die Auswahl der Personen nicht ganz einfach. Während man in Pfalzel die Zahl der Ausgewählten auf sechs erhöhte, konnte man in Kyllburg und Schweich nur zwei Männer und in St. Wendel nur drei Männer präsentieren. Dazu wird im Fall von St. Wendel ausdrücklich angemerkt, dass es nicht möglich gewesen wäre, eine Frau für die Teilnahme an einer solchen, in der Öffentlichkeit stattfindenden Zeremonie zu gewinnen (« *les femmes de ces lieux étant encore trop honteuses pour consentir à figurer en public* »)[208]. In Trier scheinen überdies Mitglieder der besseren Gesellschaft eine Beteiligung an dem Fest verweigert zu haben. Jedenfalls meldet der Chronist Müller, dass man für das Fest « *einen neuen und einen alten Bürger* » eingeladen hätte. Diese hätten aber abgesagt, so dass man auf den Hausmeister der Munizipalität und einen anderen Verlegenheitskandidaten hätte zurückgreifen müssen[209]. Noch größer waren die Probleme, eine genügende Zahl von Personen über 60 Jahren zur Teilnahme als Publikum bei der Feier zu gewinnen. Zwar melden die Festberichte verschiedentlich, dass die Einladungen wie vorgeschrieben ergangen wären, aber nur in zwei Fällen wird wirklich die Teilnahme von wenigstens mehreren (« *plusieurs* ») Alten über 60 Jahren notiert (Birkenfeld, Reifferscheid), und in zwei weiteren Fällen wird noch eine Anwesenheit ohne Zahlenangabe vermerkt (Konz, Lebach). Das lässt nicht auf eine große Festbegeisterung bei der Zielgruppe des Festes schließen.

---

[208] Das stimmt damit zusammen, dass in St. Wendel bei dem Fest der Jugend trotz einer recht hohen Zahl von auszuzeichnenden Schülern nur Jungen ausgewählt worden waren.
[209] Chronik Müller, LHA Koblenz: Best. 700,62 Nr. 28, Heft G für 1798 fol. 3v, vgl. LAGER: Chronik, 1915, S. 122.

Zeigten sich bei dem Fest im ersten Jahr also auch unverkennbare Akzeptanzprobleme, so kann die Durchführung der Feste selbst doch als eine erfolgreiche Demonstration gewertet werden. Ganz anders war es aber im zweiten Jahr, als das Fest mit dem Höhepunkt der Krise der Französischen Republik zusammenfiel. Nun konnte nur noch in drei Kantonen das normale Festzeremoniell durchgeführt werden (Büdlich, Rhaunen, Trier), während in einem vierten wenigstens ein Zug zum Dekadentempel unternommen wurde, wenn auch ohne Mitwirkung von alten Bürgern, die bereit gewesen wären, sich durch eine Bürgerkrone ehren zu lassen (Kyllburg). Wenn schließlich in zwei weiteren Fällen nur eine Arbeitssitzung der Kantonsmunizipalität stattfand, bei der des Festes gedacht wurde (Lissendorf, St. Arnual), ist es fraglich, ob hier eigentlich noch von einem Fest gesprochen werden kann. Immerhin hat man hier aber noch den Versuch gemacht, die Form zu wahren, während sonst das Fest gänzlich übergangen wurde und nur noch in einem Fall wenigstens die dürre Meldung vorliegt, dass man das Fest auf das nächsten Jahr habe verschieben müssen, weil niemand von den Eingeladen erschienen wäre (Ottweiler). Nun, ein nächstes Jahr gab es dann nicht mehr.

Bemerkenswert ist eine strikt staatliche Perspektive, aus der bei dem Fest die Ehrung der Alten als alte Bürger erfolgte. Es geht nicht um die humane Achtung vor dem Alter, es geht auch nicht um einen allgemeinen gesellschaftlichen Respekt vor dem Alter. Vielmehr gilt die Anerkennung der Lebensleistung der Menschen als Staatsbürgern in der und für die Gesellschaft. Diese kann in vielfältiger beruflicher Tätigkeit erbracht worden sein oder auch einfach in dem familiären Beitrag zur gesellschaftlichen Reproduktion bestehen, immer aber muss sie Vorbild sein können, um anerkannt und geehrt zu werden. Insofern sind in der Tat die Schuljugend und die jungen Frauen die eigentliche Zielgruppe des Festes, weil man sie nämlich auf die geehrten Männer und Frauen als Vorbilder hinweisen will. Daneben steht eine zweite Vorstellung des Alters als Instanz moralischer und gesellschaftlicher Unabhängigkeit und Mäßigung. Auf dieser Basis kann auch der Hinweis auf die Gerontokratie im eigenen Staat der Französischen Republik (*Conseil des Anciens*) nicht fehlen. Wichtiger ist aber die lokale Vergegenwärtigung im Topos der Fröhlichkeit des Alters, die sich in einem Fall sogar im Tanz der Alten um den Freiheitsbaum (Kyllburg) konkretisierte. Schließlich stellt sich hier auch die Frage nach dem Tod, und zumindest der ehem. Professor an der Universität und künftige Lehrer an der Zentralschule Johann Georg Staadt, der im Trierer Dekadentempel die Festrede hielt, war souverän genug, ihr nicht auszuweichen. Dabei griff er die Punkte des Rückblicks auf die Lebensleistung und der Lösung vom Leben erneut auf, um sie mit der Hoffnung auf Unsterblichkeit im Rahmen einer philosophischen Religion zu verbinden.

Das Nationalfest im Saardepartement ist hier bemerkenswert offen zu religiösen Formen. Das zeigt sich in verschiedener Weise zumindest bei der Feier des Festes im ersten Jahre 1798. Eine der auch sprachlich gelungeneren Dichtungen von Stammel ist ein Lied, das er für das erste Fest im August 1798 gedichtet hat und das die Gedanken von Vollendung, Serenität und Vorbildfunktion des Alters behandelt, aber auch den Vater- und Richtergott erwähnt (*Selig, wer am Ziele steht*). Es ist nicht nur als offizielles Liedblatt für das Fest von der Zentralverwaltung in einer Auflage von 400 Stück im Druck verbreitet worden, sondern auch von Görres in seiner Zeitschrift nachgedruckt worden. Gleichzeitig wird bei der Feier in Birkenfeld ein lutherisches Kirchenlied gesungen, das die Menschen auffordert, dem Pfad der Tugend zu folgen, damit sie eines Tages zur Glückseligkeit gelangen können, mit Ehre weiße Haare zu tragen[210], während im benachbarten Rhaunen der katholische Priester des Ortes, Monsieur, als Chefsekretär der Kantonsverwaltung die Feier in seiner « *auf das herrlichste ausgezierten Kirche* » in der Weise veranstaltete, dass zunächst ein auch ausdrücklich im Festbericht als solcher bezeichneter « *Gottesdienst* » mit Tedeum und einer Rede eines benachbarten Pfarrers[211] stattfand und dann « *nach geendigtem Kirchendienst und Rede* » die Krönung der Alten durch den Präsidenten der Kantonsmunizipalität erfolgte. In Konz fand die Krönung der Alten im Hof der Abtei St. Matthias statt, wo ein Vaterlandsaltar errichtet worden war. Die « *citoyens membres de l'abbaye de Matthias* » hatten schon am Zug teilgenommen und dabei sogar als Chor für patriotische Lieder fungiert. Hier zeigt sich erneut zumindest eine Berührung von Nationalfest und Religion, die gerade bei diesem Festgegenstand besonders gut möglich erschien.

3.4. Fest des Ackerbaus

Das Fest des Ackerbaus steht in einem doppelten Bezug. Einmal ist es in die Folge der Ehrungen der Lebensalter eingereiht, und zwar nach dem Fest der Jugend und dem Fest der Eheleute, aber vor dem Fest des Alters. Es nimmt so die Funktion des Festes des aktiven Mannesalters ein. Zum andern folgt das Fest des Ackerbaus auch dem Fest der Dankbarkeit und kann so als ziviles Pendant zum Fest der Dankbarkeit in seiner militärischen Ausrichtung als Fest der Siege verstanden werden. So wie dort dem Soldaten als dem Verteidiger des Vaterlandes Respekt und Anerkennung gezollt wurde, so soll hier der Landmann, der ja zumal in der damaligen traditionalen Gesellschaft durch seine Arbeit erst die Grundlage für Staat und Armee schaffte, geehrt werden. Diesen Gedanken stellte die Zentralverwaltung des Saardepartements deshalb

---

[210] « *Chant de l'église luthérienne qui exhorte les hommes à suivre le sentier de la vertu afin de parvenir à la félicité de porter un jour avec honneur de cheveux blancs* ».

[211] Es handelt sich um Johannes Varain, kath. Pfarrer in Haag (heute T.v. Hunolstein).

V. Inhalt der Nationalfeste 211

auch ihrem Zirkular für die Durchführung des Festes im Jahre VII voran[212], womit aber nur wörtlich das Zirkular des französischen Innenministers vom Vorjahr übernommen wurde[213].

Dieser doppelte Bezug des Festes spiegelt sich auch im französischen Zeremoniell des Festes. Einmal reiht sich das Fest in die Reihe der Krönungsfeste ein, wo in der Reihe der Altersklassen von Jugend, Eheleuten und Alten nun auch der Landmann in seiner beruflichen Tätigkeit mit der Bürgerkrone geehrt wird. Andererseits setzt das Krönungszeremoniell den Landmann auch in eine Beziehung zum Soldaten, indem die Krönung sich auch auf das in Frankreich bei vielen Festen praktizierte Zeremoniell der Krönung verwundeter Soldaten bezieht. Neben dem Krönungszeremoniell spielt auch das Wechselzeremoniell eine große Rolle, das ebenfalls erlaubt, die Beziehungen des Landmanns zum Staat und zur Armee zu unterstreichen. Das Fest des Ackerbaus ist ein Sommerfest, das sich unter freiem Himmel abspielt. Im Festzug wird schweres landwirtschaftliches Gerät wie Pflug und Egge mitgeführt, und auch jeder Bauer trägt landwirtschaftliches Kleingerät als Zeichen seiner Profession. Sobald der Zug aber am Festort angekommen ist, wechselt die Zuordnung. Nun sind es die jeweiligen Verwaltungsspitzen oder andere Honoratioren, die mit dem Pflug eine symbolische Furche um den Vaterlandsaltar ziehen. Dabei findet gleichzeitig ein Attributwechsel zwischen den Bauern und den den Zug begleitenden Soldaten statt, so dass die Bauern nun Gewehre statt ihrer Agrargeräte und die Soldaten Ackergerät statt ihrer Gewehre tragen, ehe für den Rückzug die alte Ordnung dann wiederhergestellt wird. Das Motiv begegnet in Frankreich in ganz ähnlicher Form eines Attributwechsels zwischen Alten und Soldaten auch beim Fest der Dankbarkeit, so dass sich das Zeremoniell der Ehrung der Lebensstufen und das der Ehrung der Armee verbinden. Dieses Zeremoniell ist früh kanonisiert[214].

---

[212] Zirkular der Zentralverwaltung des Saardepartements vom 29. Prairial VII / 17. Juni 1799 - LHA Koblenz: Best. 700,152 Nr. 56 (Stück 14a); Best. 712 Nr. 2258: « Das Fest des Ackerbaus nahet heran [...] Ein zweites Fest der Dankbarkeit. Nach dem Krieger, der unsere Erndte mit seinem Leben vertheidigt, ist keiner um das Vaterland verdienter als der, der dieselbe bestellt ».

[213] Zirkular von Letourneux vom 25. Prairial VI / 13. Juni 1798 - LHA Koblenz: Best. 241 Nr. 633: « La fête de l'Agriculture approche [...] C'est encore une fête de la reconnaissance, après le guerrier qui expose sa vie pour défendre nos moissons, nul ne doit mériter mieux de la patrie que celui qui les fait naître. »

[214] Eingeführt wurde das Fest mit dem Gesetz vom 3. Brumaire IV. Grundlegend für das Zeremoniell war der Arrêté des Direktoriums vom 20. Prairial IV / 8. Juni 1796 (Bulletin des lois 52, n° 454), erweitert durch Zirkulare von Innenminister François de Neufchâteau vom 26. Thermidor V / 12. September 1797 (FRANÇOIS DE NEUFCHÂTEAU: Recueil, Bd. 1, S. XI-XII), von Innenminister Letourneux vom 25. Prairial VI / 13. Juni 1798 (s.o.) sowie wiederum von Innenminister François de Neufchâteau vom 21. Ventôse VII / 11. März 1799 (FRANÇOIS DE NEUFCHÂTEAU: Recueil, Bd. 2, S. 121-127) und 25. Prairial VII / 13. Juni 1799 (FRANÇOIS DE NEUFCHÂTEAU: Recueil, Bd. 2, S. 276-277).

Bei der Rezeption des Festes im Rheinland wurden diese staatspolitischen Komponenten des Festes allerdings reduziert. Die Ausrichtung des Festes auf eine Parallelität zwischen Landmann und Soldat musste hier deplatziert wirken[215]. Einerseits war nämlich die Kriegsdienstpflicht noch nicht eingeführt, so dass die Parallelität zwischen Landmann und Soldat keine Basis hatte. Andererseits war darauf Rücksicht zu nehmen, dass sich der Landmann nach den langen Kriegsjahren, in denen das Rheinland Kriegsschauplatz gewesen war, eher als Opfer denn als Ernährer der französischen Armee fühlte. Die Rezeption des Festes in den rheinischen Departements konnte somit kaum auf der Basis eines militärischen Patriotismus erfolgen. So stand im Rheinland zwangsläufig die Verbindung des Festes mit den Festen der Lebensstufen im Vordergrund, und das Fest hatte die Tendenz, zu einem reinen Agrarfest entpolitisiert zu werden. Dazu gehört auch eine Abschwächung des Bezuges zur Revolution. Während in Innerfrankreich die Mitführung einer Freiheitsgöttin mit Symbolen des Überflusses im Zug vorgeschrieben war, wurde auch dieses Szenario nicht für das Saardepartement übernommen.

Das Fest des Ackerbaus fiel auf den 10. Messidor (28. Juni) und konnte so in der Zeit des Direktoriums im Saardepartement zweimal gefeiert werden[216]. Im Jahr 1798 war es nach dem Fest der Dankbarkeit das zweite eigentliche Nationalfest und erreichte eine Realisierungsquote von 24 Kantonen. Im folgenden Jahr 1799 stand die Feier dann zwar schon unter dem Eindruck der ersten französischen Niederlagen im Koalitionskrieg, aber es gehörte nun zu den noch häufiger ausgerichteten Festen und erreichte eine Realisierungsquote von 19 Kantonen. Insgesamt zählt das Fest des Ackerbaus mit 43 Realisierungen zu den am häufigsten durchgeführten Festen im Saardepartement. Dem entsprach auch die außerordentlich große Beteiligung der Bevölkerung. Wie bei kaum einem anderen Fest häufen sich hier in den Festberichten die Hinweise auf große Zuschauerzahlen. Im ersten Jahr finden sich solche Angaben in 10 der 24 Festberichte (40,5 %) und im zweiten Jahr noch immer in

---

[215] Zu den Realisierungen: Ozouf: La fête révolutionnaire, 1976, S. 146, 171. Fray-Fournier: Les fêtes nationales et les cérémonies civiques dans la Haute-Vienne, 1902, S. 140; Chardon: Dix ans de fêtes nationales et de cérémonies publiques à Rouen, 1911, S. 209 ; Legrand: Fêtes civiques à Abbeville, 1976, S.400; Denis: Les fêtes révolutionnaires dans le département du Maine-et-Loire, 1988, S. 400 (Ackerfurche für das Jahr IV). Delaleux: Fêtes de la Révolution à Metz, 1989, S. 364 (Symbolwechsel); Pizelle: Les fêtes révolutionnaires à Langres, 2003, S. 156.

[215] Trotzdem findet sich das Zeremoniell gelegentlich im Rheinland wie z.B. in Köln (Buchholz: Französischer Staatskult, 1997, S. 109), wenn auch nicht im Saardepartement.

[216] Zirkulare der Zentralverwaltung des Saardepartements vom 29. Pairial VI / 17. Juni 1798 (LHA Koblenz: Best. 276 Nr. 1110) und vom 29. Prairial VII / 17. Juni 1799 (s.o.). Festberichte in LHA Koblenz: Best. 276 Nr. 1110; zur Publizistik vgl. Verzeichnis 2: Publizistik der Nationalfeste; für Trier vgl. Hansen: Quellen, Bd. 4, 1938, S. 878, 1120 sowie StadtA Trier: Fz 67.

4 der 18 Festberichte (22,2 %). So kamen zu dem Fest nicht nur die politisch zuverlässigen Bürger (« *un nombre assez considérable de bons citoyens* ») und auch nicht nur die Einwohner der Kantonshauptorte (« *un nombre considérable d'habitants* »), sondern es hatten sich auch viele Bauern aus den Kantonsorten eingefunden (« *des cultivateurs venus de leur propre mouvement des villages* », « *une foule des agricoles* »). Selbst von Orten, wo die Beteiligung an den Festen vielfach problematisch war oder wo das Fest in Konkurrenz zu anderen Veranstaltungen stand, konnte ein großer Zulauf gemeldet werden (« *quoique le même jour plusieurs communes venoient à célébrer selon l'ancien usage quelques dédicaces, il y avoit beaucoup de monde qui rendoit à Schönberg la solennité assez pompeuse* »). So konnte mancherorts der Anschein entstehen, dass sich wirklich das Volk versammelt hätte (« *une confluence considérable du peuple* », « *la masse s'était assemblée* »). Der Gegenstand des Festes und das Zeremoniell der Durchführung konnten auch die sonst ausgeprägte Trennung von Darstellern und Zuschauern vermindern, so dass es zwar nicht zu einer Vermischung von Darstellern und Zuschauern kam, wie es bei den ersten Baumsetzungen manchmal der Fall war, aber doch die Zuschauer als Teil des Festzuges erschienen: « *la marche était précédée, escortée et fermée par la masse du peuple, elle était immense* » (St. Wendel 1798 und 1799). Das Fest war also ein Erfolg, doch wodurch wurde er ermöglicht?

Analysiert man die Festberichte, so findet man an der Basis, wie zu erwarten und völlig unspektakulär, die Grundstruktur der normalen Nationalfeste, nämlich den Zug zu Altar und/oder Freiheitsbaum mit dem personellen Grundbestand von Schulkindern und Funktionären, der bei guter Vorbereitung und ausreichender Akzeptanz, wie im vorliegenden Fall, durch Jugend und Erwachsene noch vermehrt wurde. Ein Unterschied zu anderen Feiern ergibt sich so nur aus dem Hinzutreten von Elementen der Umsetzung des Festthemas. Die Zentralverwaltung hatte dazu nur geringe Vorgaben gemacht, die der lokalen Umsetzung Spielraum ließen. Im Jahr VI (1798) hatte sie das Fest als ein Fest zur Auszeichnung verdienter Landwirte in der Reihe der Krönungsfeste eingeführt. Erst im folgenden Jahr 1799 wurde das Kernzeremoniell der Feier rezipiert, indem die Aufforderung erging, dass « *der Magistrat in Gegenwart des Volkes die Hand an den Pflug legen und im Feld ackern* » sollte. Entsprechend gab es verschiedene Ansätze zur Ausgestaltung des Festes. Einmal konnte man den Landwirt als Person ehren. In einigen Kantonen geschah das einfach in der Form, dass die für die Ehrung ausgewählten Landwirte als besondere Gruppe in den Zug eingegliedert wurden (Kusel 1798). Die Präsentierung der Landwirte konnte aber auch in aufwendigerer Form erfolgen, so dass große Gruppen von Landwirten oder gar Abordnungen aller Dörfer des Kantons das Zentrum des Zuges bildeten und von der Bürgerschaft ein

Ehrenspalier erhielten (Herrstein 1798, Hermeskeil 1799). Zum andern konnte im Zug das Thema des Festes dargestellt werden. Vielfach wurde deshalb geschmücktes Agrargerät im Zug mitgeführt. Kleingeräte wurden getragen, aber auch Fuhrwerke mit Pflug, Egge und Walze erschienen im Zug, und schließlich konnten sogar Fuhrwerke, beladen mit weiterem Agrargerät, als Festwagen dienen. Einmal ging die Referenz so weit, dass statt der Nationalfahne, die normalerweise den Zug eröffnete, nun eine Sense dem Zug vorangetragen wurde (Konz 1798). Dazu kamen als drittes Element noch der Festparcours und das Zeremoniell des Pflügens hinzu. Gerade das zeremonielle Umpflügen des Vaterlandsaltars, das in Innerfrankreich das dominierende Hauptereignis des Festes war, ist im Saardepartement aber eher von nachgeordneter Bedeutung. Im Jahre 1798 wurde es nur in drei grenznahen Kantonen (Saarbrücken, St. Wendel, Wadern) aufgenommen und dürfte so auf lokalen Kontakten zum benachbarten innerfranzösischen Departement Moselle beruht haben. Im folgenden Jahr wurde es dann zwar allgemein von der Zentralverwaltung vorgeschrieben und auch in fast der Hälfte der Festberichte (8 von 18) erwähnt, aber da war diese Übernahme des Pflugzeremoniells schon ein Zeichen einer formalen Vereinheitlichung des Festes. Bedeutsamer scheint dagegen der eigentlich mit dem Pflugzeremoniell verbundene Zug aus dem Ort hinaus auf das freie Feld. Im Saardepartement ist diese « *promenade champêtre* » nämlich ein eigenständiges Festelement, das auch ohne Verbindung mit dem Pflugzeremoniell vorkommt. Im Jahre 1798 finden sich sieben « *promenades champêtres* », aber nur drei Furchenzüge; und wenn das Verhältnis im Folgejahr mit neun gegen acht nun fast ausgeglichen ist, so zeigt sich auch hier eine stärkere Schematisierung des Festes. Natürlich konnten alle Gestaltungsfaktoren auch miteinander kombiniert werden. So ergab sich ein sehr variantenreiches Zugszenario, das sich durchaus von der sich sonst häufig einstellenden Einförmigkeit abhob. Insofern können hier auch einmal einzelne Festzüge besonders vorgestellt werden.

In Pfalzel fiel der Zug im Jahre 1798 schon allein durch ein geschicktes Arrangement auf. Zunächst wurden Anfang und Ende des Zuges nicht wie sonst häufig von Gendarmerie oder Militär gebildet, sondern der Zug wurde von vier Waldschützen (« *gardes forestiers* ») eröffnet und von ebenfalls vier Feldschützen (« *gardes champêtres* ») beschlossen. Die Symmetrie wurde dann dadurch weitergeführt, dass nach den Waldschützen am Anfang und vor den Feldschützen am Ende jeweils 12 junge Männer (« *Junggesellen* ») und 12 junge Frauen (« *Mädchen* ») mit entsprechendem Ackergerät (Sensen und Heugabeln bzw. Sicheln und Rechen) eingereiht waren. Zwischen diesen beiden Gruppenkomplexen marschierte dann im Zentrum des Zuges die Bürgerschaft ohne weitere Gliederung, wobei der Gegensatz zwischen der symmetrischen Ordnung der Eingangs- und Schlussgruppen und dem ungegliederten

V. Inhalt der Nationalfeste 215

Block der Bürgerschaft gewollt war. Bei einem ähnlichen Zugszenario in Blankenheim interpretierte der Festbericht deshalb auch ausdrücklich diese Ordnung des Zuges im Sinne der republikanischen Gleichheit (« *l'oubli total de l'ancienne différence des rangs* »), wobei allerdings, um den Republikanismus nun auch wieder nicht zu weit zu treiben, in beiden Fällen die Funktionäre doch als eine besondere Gruppe von dem Volk unterschieden blieben.

In Rhaunen konnte gleichzeitig mit ähnlichen Mitteln ein ganz anderes Konzept gestaltet werden. Wie häufig in diesem Kanton wurde der Zug eröffnet und beendet von einem stattlichen Kontingent von Reiterei, das von der örtlichen Jungmannschaft gestellt wurde. Dem schlossen sich dann nicht weniger als 26 Gruppen an. Es sind kleinere Gruppen von Männern und jungen Frauen, die jeweils verschiedene Arten von Ackergerät mit sich führten. Dabei folgte die Anordnung der Gruppen dem landwirtschaftlichen Jahresverlauf von Aussaat und Feldbestellung bis zur Ernte und der erneuten Aussaat. Der Zug ist also eine Darstellung des Naturkreislaufes des Landwirtschaftsjahres. Nur am Ende des Zuges waren dann noch Gruppen mit den für die Ehrung bestimmten Personen sowie den Funktionären und den übrigen « *Bürgern und Ackersleuten* » angeschlossen.

Die Wahl des Festortes war bei diesem Fest nicht leicht. Die Möglichkeit, die sich in Trier und in Saarbrücken bot, das Fest stadtnah in der Natur stattfinden zu lassen, nämlich in den Gärten der alten fürstlichen Residenzen, wurde nur einmal, nämlich beim ersten Fest 1798 in Saarbrücken aufgegriffen, wobei der Vaterlandsaltar aber noch eine zusätzliche Waldkulisse von 12 Bäumen erhielt[217]. Auch in St. Arnual, wo das Fest am Vaterlandsaltar unter dem Freiheitsbaum stattfand, hatte man den Festort in beiden Jahren mit zusätzlichen Bäumen geschmückt « *pour lui donner l'air plus champêtre* ». In Pfalzel sowie in Rhaunen fand zwar auch jeweils eine « *promenade champêtre* » um den Ort herum oder in die Gemarkung statt, die eigentliche Feier erfolgte aber erst nach der Rückkehr des Zuges im Ort selbst, wo sie entweder vor der Munizipalität (Pfalzel) oder an einem vor dem Freiheitsbaum aufgestellten Altar (Rhaunen) stattfand. In St. Wendel aber wurde der Zug selbst zur Feier.

Als Festort war ein Vaterlandsaltar, bzw. hier ein « *autel de la liberté* », auf freiem Feld in der Gemarkung bestimmt worden. Aber dort war nur das Terrain vorbereitet worden, während alle Elemente der vorgesehenen Installation im Zug mitgeführt wurden. Der Zug war so gewissermaßen ein wandelnder Altar. Da es sich bei den mitgeführten Gegenständen, abgesehen von dem

---

[217] « *Douze jeunes arbres avec leurs rameaux ombrageoient l'autel* ». Beim Fest der Gründung der Republik am 1. Vendémiaire VII / 21. September 1798 wurden in Saarbrücken sogar eine Kulisse von 80 Bäumen auf dem Schlossplatz errichtet: « *80 arbres out été plantés cimétrialement* [sic] *formant le fer à cheval partant des cotés de l'autel* ».

Altarblock selbst, aber um Requisiten handelte, die auch sonst in St. Wendel bei den Nationalfesten im Zug mitgeführt wurden, gilt auch die Umkehrung, dass der Vaterlandsaltar die Ruheform des Zuges war. Im Falle von St. Wendel liegt nun neben dem normalen Festbericht in Textform auch noch eine Federzeichnung des Altars vor, die von dem Sekretär und späteren Chefsekretär Manouisse stammt (Abb. 5) und eine Anschauung von den Installationen bei den ländlichen Nationalfesten im Saardepartement geben kann. Auf einer Lichtung in einem lockeren Waldgebiet war zwischen zwei Bäumen ein Podium aus Grasstufen aufgerichtet worden. Darauf wurde der Altarblock gesetzt, der im Zug von vier Adjunkten getragen worden war. Er zeigt auf der - auf der Zeichnung sichtbaren - Vorderseite die Initialen der Französischen Republik (« *R[épublique] F[rançaise]* »), überragt von einer Bürgerkrone und umgeben von je einem Eichen- und Lorbeerzweig. Auf der linken und rechten Seite des Altars, die in der Zeichnung nicht sichtbar sind, waren nicht näher beschriebene Embleme von Freiheit (Jakobinermütze ?) und Gleichheit (Dreieck, Senkblei ?) mit entsprechenden Inschriften angebracht, während die Rückseite von einer sich in den Schwanz beißenden Schlange als dem Symbol der Ewigen Dauer der Republik geschmückt war. Darüber befand sich dann ein Altaraufbau, der aus Requisiten gebildet war, die auch sonst bei den Nationalfesten in St. Wendel verwendet wurden und die deshalb auch zum Teil auf den aquarellierten Zeichnungen von Manouisse für das Fest der Gründung der Republik zu sehen sind. Auf dem Altar stand zunächst ein Gefäß (« *vase* »), in dem schon während des Zuges Duftstoffe (« *parfums* ») verbrannt worden waren. Darüber ragte ein Faszis (Rutenbündel) auf, das von einem mit Eichenlaub geschmückten Wagenrad und einer Freiheits- oder Jakobinermütze gekrönt sowie von zwei Fahnen mit der Aufschrift Freiheit (« *Liberté* ») bzw. Gleichheit (« *Egalité* ») flankiert war. Die Darstellung von Manouisse zeigt den Altar aus der Untersicht, so dass die Installation als stattliches Denkmal erscheint, das sogar die flankierenden Bäume überragt. Berücksichtigt man aber, dass der Altarblock sicherlich Tischhöhe hatte und dass es sich bei dem Faszis und den Fahnen um Requisiten handelte, die auch sonst bei den Nationalfesten verwendet und dabei von Festteilnehmern getragen wurden, so dürfte der Altar insgesamt die Größe eines Menschen kaum überragt haben.

Vor diesem Altar fand nun die eigentliche Feier statt. Begleitet von Gesang und Reden wurde das zentrale Ritual des Festes zelebriert, das in drei Handlungen bestand. Vor dem Altar waren verschiedene Agrargeräte und darunter auch ein Pflug aufgestellt worden. Mit ihm zogen nun der Präsident der Kantonsmunizipalität und nach ihm der für die Ehrung bestimmte Landmann jeweils eine kreisförmige Furche um den Altar. Danach krönte der Präsident diesen Landmann mit einer Bürgerkrone, die von sieben jungen

Frauen im Zug mitgeführt worden war. Schließlich wurde noch eine Opferhandlung (« *offrande à la nature* ») durchgeführt, indem auf dem Altar die ersten Früchte des Jahres rituell verbrannt wurden:

> « *Cette cérémonie a été terminée par l'offrande à la nature. Un bûcher avait été préparé à l'avance, il fut mis sur l'autel. Le président prit successivement dans les corbeilles des jeunes filles les prémices de cette heureuse année, présents ineffables de la mère nature commune et les jeta sur le foyer. Pendant la consommation de ce sacrifice il fut joué et chanté différents airs patriotiques auxquels succédèrent les danses simples des premiers âges. On entendit plusieurs fois retenir les cris de 'Vive la République'. Le cortège s'en retourna à l'administration dans le même ordre qu'on en était parti. L'autel et ses accessoires furent placés dans la salle des séances pour servir d'un monument éternel à cette solennité dictée par la philosophie.* »

Hier wurde also das Fest über die Ehrung des Bauern und seiner Tätigkeit hinaus zu einer Feier eines Naturkultes erweitert, der bewusst archaische Riten wie das Naturopfer und kindliche Tänze (« *les danses simples des premiers âges* ») als Elemente einer Naturverehrung (« *philosophie* ») einsetzte. Allerdings steht eine solche religiöse Ausweitung des Festes in St. Wendel im Saardepartement einzig dar und beruhte möglicherweise auf direkten Kontakten zum benachbarten Moseldepartement, wie sie für St. Wendel verschiedentlich zu beobachten sind.

In allen anderen Kantonen bestand dagegen der Höhepunkt des Festes allein in den Ritualen der professionellen und persönlichen Ehrung der Bauern. Ehrungen sind für gut die Hälfte aller Kantone, in denen das Fest gefeiert wurde, bezeugt. Dabei wurden in den meisten Kantonen der älteste oder einer der ältesten Bauern ausgewählt, wobei hier die traditionellen Wertvorstellungen der Gesellschaft von der Revolutionskultur ausdrücklich übernommen wurden. Besonders im ersten Jahr wurde aber in einer Reihe von Kantonen auch eine kleinere oder größere Gruppe von Bauern ausgewählt, um die Ehrungen lokal oder sozial etwas streuen zu können. Obwohl es sich bei den Kantonshauptorten insgesamt um Ackerbürgerstädte, wenn nicht gar um Dörfer handelte, deren Einwohner zumeist selbst Landwirte waren, wurden in den Kantonen bei Gruppenehrungen vielfach auch Bauern aus den Kantonsgemeinden mit berücksichtigt (1798 Herrstein, Kusel, Rhaunen, Waldmohr; 1799 Rhaunen in Morbach). Dagegen kam bei Einzelehrungen (soweit erkennbar) nur einmal der Geehrte nicht aus dem Kantonshauptort (1799 Waldmohr). Außerdem ermöglichten es die Gruppenehrungen, neben den Bauern auch Honoratioren auszuzeichnen. So befanden sich in Herrstein 1798 zwei Pfarrer aus dem Kanton und im gleichen Jahr in Pfalzel der Chefsekretär des Kantons und ein Agent unter den auszuzeichnenden Landwirten.

*Tabelle 11: Ehrung von Bauern beim Fest des Ackerbaus
im Saardepartement in den Jahren 1798 und 1799*

Jahr	Kantone mit:			Zahl der geehrten Personen (Zahl der Kantone pro Personengruppe)					Gesamtzahl der geehrten Personen
	Fest	Ehrung	Krone	1	2-4	5-8	>9	unbekannt	
1798	27	14	9	4	7	2	1		50
1799	17	8	3	4	2			3	>8

Allein steht aber der Fall von Rhaunen, wo im Jahre 1798 nicht nur mit 13 Personen die größte Zahl von Bauern geehrt wurde, sondern wo außerdem auch noch 6 Frauen als « *Gärtnerinnen* » mit in das Fest einbezogen wurden[218]. Dazu gab es keinerlei Anweisung durch die Zentralverwaltung, so dass die Initiative dazu nur von dem katholischen Pfarrer des Kantonshauptortes Monsieur ausgegangen sein kann, der damals in Rhaunen als secrétaire en chef amtierte und der auch den Festbericht geschrieben hat. Insofern erscheint es möglich, die Ehrung auf dem Hintergrund der sozialen Konflikte in dem Ort und der Position, die Monsieur dabei einnahm, zu interpretieren. Rhaunen war eine Gemeinde, die von einem tiefen Klassengegensatz zwischen einer Mehrheit von landbesitzenden Bauern und einer Minderheit von landlosen Beisassen geprägt war. Monsieur war seit seiner Ernennung zum Pfarrer in Rhaunen im Jahre 1792 mit diesen Problemen konfrontiert. Er war dabei nicht nur für eine Zulassung der Beisassen zur Nutzung des Gemeindelandes, wovon sie bis dahin ausgeschlossen waren, eingetreten, sondern er hatte sich dabei auch aufklärerischen und revolutionären Prinzipien genähert und versuchte gerade in der Zeit, als die ersten Nationalfeste in Rhaunen gefeiert wurden, von der französischen Verwaltung die Genehmigung zur Aufteilung des Gemeindelandes unter alle Einwohner (also einschließlich der Beisassen) zu erreichen. Insofern erscheint es möglich, in der Beteiligung von Gärtnerinnen an der Ehrung weniger einen emanzipatorischen Akzent avant la lettre zu sehen als vielmehr ein Mittel, über die Frauen die nichtbäuerliche und unterbäuerliche Schicht in das Fest mit einzubeziehen[219]. Auf jeden Fall wurden somit einerseits 13 Bauern aus dem ganzen Kanton ausgezeichnet, und darunter aus Rhaunen selbst Bauern mit größerem Besitz, die zu den ausdrücklichen Gegnern von Monsieur gehörten. Andererseits aber wurden als Gärtnerinnen nur Frauen aus Rhaunen ausgezeichnet, und zwar drei Frauen

---

[218] Zwar nicht Gärtnerinnen, aber doch Gärtner wurden wegen der lokalen Bedeutung des Gartenbaus auch in Angers geehrt (Bois: Fêtes révolutionnaires à Angers, 1929, S. 173).
[219] Die politische Zuordnung basiert auf der Mikrostudie von Seibrich: Rhaunen, 1994, S. 37, 53, 98, 121.

V. Inhalt der Nationalfeste

von Beisassen sowie die Frauen des Oberförsters, des protestantischen Pfarrers und des Chirurgen, wobei zumindest für zwei dieser Ortshonoratioren nachweisbar ist, dass sie zur Partei von Monsieur gehörten. Allerdings muss offen bleiben, wie diese gleichzeitige Ehrung beider Parteien am Fest des Ackerbaus von den Dorfbewohnern aufgenommen wurde, nachdem der Antrag von Monsieur zur Aufteilung des Gemeindelandes von Regierungskommissar Rudler abgelehnt worden war.

Die Berücksichtigung von Honoratioren, die ja nicht nur in Rhaunen, sondern auch in Herrstein und Pfalzel begegnet, steht auch im Zusammenhang mit agrarreformerischen Initiativen, zu deren Verbreitung die Regierung das Fest des Ackerbaus genutzt sehen wollte. Dazu konnte die Auszeichnung von Honoratioren, wie den genannten Pfarrern und Funktionären, die neue Agrartechniken selbst praktizierten, beitragen. Das war gerade deshalb wichtig, weil sonst natürlich das Alter der geehrten Landwirte es kaum ermöglichte, Innovationen durch die Ehrungen zu fördern[220]. Allerdings werden in den Reden, die die Ehrungen begleiteten, recht häufig agrartechnische Reformen erwähnt, so dass sich insgesamt ein respektabler Katalog von Neuerungsmaßnahmen ergibt[221]. Das betrifft zunächst die Vermehrung der Anbaufläche durch Trockenlegung von Sümpfen, Rodung von Hecken oder Urbarmachung von Ödland. Weiter werden Veränderungen der agrarischen Nutzfläche vorgeschlagen wie die Einzäunung der Felder, die Umgestaltung des Bodens oder der Bau von Wasserleitungen. Dazu soll die Auswahl neuer oder verbesserter Anbauprodukte kommen. So wird für den Wechsel des Samens und den Anbau neuer Pflanzen geworben und besonders der Obstbau und der Kleebau empfohlen. Weiter soll damit eine Verbesserung der Viehzucht verbunden werden, um die Düngung vermehren zu können. Schließlich wird noch einer Intensivierung der Waldwirtschaft das Wort geredet, indem man die Waldweide abschaffen will, die Neupflanzung verdorbener Waldungen anrät und besonders für die Anpflanzung der Pappel als schnellem Holzlieferanten auf Ödland wirbt. Es ist hier nicht zu diskutieren, inwieweit die vorgeschlagenen Maßnahmen wirklich einen Fortschritt für die Landwirtschaft des Departements bedeuteten, oder ob es sich nur um die Optimierung von Teilbereichen handelte, die auch ihre sozialen und wirtschaftlichen Kosten hatte. Dies hätte eine Agrar-

---

[220] Im Kanton Schönberg hatte es der das Fest organisierende Kommissar (Boos) deshalb ausdrücklich abgelehnt, eine individuelle Ehrung vorzunehmen: «*Il ne semblait manquer rien à la solennité si non des agricoles qui s'auroient été distingués dans la culture de leurs terres qu'ils eussent mérités l'honneur de la reconnaissance publique*». So ersetzte er die Ehrung durch Propaganda: «*c'est pourquoi le commissaire du Directoire exécutif a parlé hautement dans sa harangue contre le mépris de l'agriculture et contre les préjugés de nos cultivateurs pour les stimuler à aimer cet art*».

[221] Reden in Kyllburg, Pfalzel und Rhaunen 1798 sowie in Manderscheid und St. Wendel (Karl Cetto) 1799.

geschichte der Regionen des Departements im 19. Jahrhundert zu zeigen, wo dann die preußische Regierung etwa den gleichen Reformkatalog umzusetzen versuchte. Es genügt hier der Nachweis, dass das Fest des Ackerbaus in einer ganzen Reihe von Kantonen nicht einfach als eine Selbstdarstellung der Landwirtschaft verstanden, sondern zu einer Propagierung von agrarreformerischen Ideen benutzt wurde. Dies ist um so bemerkenswerter, als in Innerfrankreich eine Aufnahme agrarreformerischer Ansätze in das Fest des Ackerbaus meist gerade nicht gelang[222]. Auch hatte das Fest dort einen weit geringeren Stellenwert, was sich schon darin zeigt, dass dort die Beteiligung wegen anstehender Erntearbeiten oft nur sehr gering war[223].

Aufschlussreich sind die Feste in solchen Kantonen, wo nicht nur für ein hypothetisches Programm geworben wurde, sondern auch bereits konkrete Neuerungen vorgestellt werden konnten. In Pfalzel wurden 1798 vier Personen ausgezeichnet, die sich alle um die Verbesserung des Obstbaus im Moseltal Verdienste erworben hatten. Der Chefsekretär der Kantonsverwaltung Hugo Heimes wurde gelobt wegen seiner Bemühungen um die Veredelung und Beschneidung der Obstbäume und um den Kleeanbau sowie wegen seiner Initiative zur Bepflanzung der Landstraßen mit Obstbäumen[224]. Der Agent des Hauptortes des Kantons Lorenz Schröder wurde geehrt, weil er die von Heimes angeregten Maßnahmen auch wirklich ausgeführt hatte[225]. Zu diesen beiden Funktionären wurden dann noch zwei Landwirte ohne Verwaltungsfunktionen als Vorbilder ausgezeichnet. Christoph Kondel hatte Ödland urbar gemacht und in Obstkulturen verwandelt[226]; Peter Heinrich Igesell war ein geschickter

---

[222] LAIDIÉ: Fêtes et manifestations publiques en Côte-d'Or, 2005, S. 232-264.
[223] GOUDEAU: Le Département de l'Eure sous le Directoire, 2012, S.222.
[224] « *Wirklich seyen auch Bürger im Ort, die sich sehr darum verdient gemacht hätten, die offenbar den Dank der ganzen Bürgerschaft verdienten, und zwar habe man dem Bürger Hugo Heimes die nützliche Anordnung zu verdanken, dass mehrere hundert schöne Obstbäume an den Landwegen Alleen bildeten, welche der Gemeinde nun reichlichen Ertrag jährlich lieferten. Eben dieser Bürger Heimes seye es gewesen, dessen Vorgang man die Anlage der schönen Gärten binnen der Ringmauern zuschreiben müsse. Er seye es gewesen, der das Baumoculieren zuerst hier aufgebracht, den ersten Klee gesäet, mit der Sense zuerst die Feldfrüchte gemähet, den man noch mit der Säge in der Hand im Feld auch an fremden Bäumen unregelmäßige Äste ausschneiden gesehen, um dem Baum schönen Wuchs, den Früchten Sonne und Luft zu verschaffen und den Eigenthümern zu lehren, wie Bäume gehandhabt werden sollen.* »
[225] « *Lorenz Schröder seye der gelehrige Bürgermeister, der die besagten Alleen auf Anordnung des Bürger Heimes willig setzen ließ, der nicht wie es leider noch heißt: wir bleiben beim Alten, beim Alten stehen blieb, seine Gelehrigkeit bringe nun den schönsten Vortheil der Gemeinde.* »
[226] « *Bürger Christof Kondel könne nicht vergessen werden, er sey es, der öden sandigen Anhöhen Kronen von den besten Bäumen, wie da sind: Reneclaude, Mirabellen, Zwetschen etc. aufgesetzt, die zu tausenden prangen, die dem Landmann helle Beweise sind, das jede Erde dankbar seye, wenn nur die Hand des Landmanns ihre Schwäche zu stärken oder zu unterstützen sich die Mühe geben wolle.* »

V. Inhalt der Nationalfeste

Baumveredler[227]. Allerdings bricht die Reihe der Nationalfeste in Pfalzel schon früh ab, so dass das Fest des Ackerbaues im Folgejahr nicht mehr gefeiert wurde und somit die Reformbemühungen keine Fortsetzung fanden.

Nicht verschwiegen werden soll aber, womit die Obstzüchter in Pfalzel geehrt wurden. Allgemein war mit der Ehrung keine Belohnung verbunden, sondern die Auszeichnung bestand allein in der öffentlichen Nennung und der meist damit verbundenen Krönung mit einer Bürgerkrone aus Eichenlaub und Blumen. Allein in Pfalzel verband die Munizipalität mit der Ehrung eine Belohnung, indem den Auszuzeichnenden eine dreimonatige Befreiung von Einquartierung zugesagt wurde. Sieht man einmal davon ab, dass sich hier die Munizipalität sehr souverän zum Teil selbst segnete, denn immerhin waren zwei der vier Belohnten Mitglieder bzw. Angestellte der Kantonsverwaltung, so beleuchtet die Einquartierungsbefreiung scharf die Doppelbödigkeit des Festes, das in seinem Zeremoniell eben auf den Festtag beschränkt war und fast beziehungslos neben dem normalen Alltag stand. Für wirkliche Strukturmaßnahmen konnten die Verwaltungen keinen Ansporn geben, da sie dafür keine Mittel zur Verfügung hatten. Als Anreiz stand so nur eine Umverteilung der Lasten zur Disposition, die freilich eine Erleichterung der wenigen Geehrten nur auf Kosten einer größeren Belastung aller anderen gewähren konnte. Diese Lasten aber waren groß. Einerseits wirkte sich die Kriegssituation noch oder schon wieder aus, indem besonders die Kantone, die von großen Überlandstraßen durchquert wurden, mit häufiger Einquartierung von durchziehenden Truppen belastet waren. Andererseits führte die Einführung des französischen Steuersystems zu einer deutlichen Mehrbelastung der Bürger. Eine solche Situation musste gerade das Fest des Ackerbaus in eine Schieflage bringen. Hier wollte die Französische Republik doch zeigen, dass sie im Gegensatz zum Ancien Régime die Landwirtschaft ehren und zur Blüte bringen wollte. Fast alle Festreden variieren deshalb das Thema des Gegensatzes Alt / Neu in Bezug auf die Lage des Landmannes. Aber die Reden mussten schlicht zynisch wirken, wenn allen Teilnehmern aus eigener täglicher Erfahrung bewusst war, dass die Belastung des Landmannes insgesamt nicht geringer, sondern größer geworden war. Was hatte es also mit der vielbeschworenen Befreiung vom Feudaljoch auf sich? Gut, man konnte treffliche Beispiele wie die feudalen Jagdrechte aufführen, unter denen gerade die Waldgemeinden gelitten hatten. Aber der Grundwiderspruch blieb, und diesen Widerspruch konnten gerade die politisch engagierten Redner kaum übergehen, wenn sie glaubwürdig bleiben wollten. Haan, der als Mitglied der Zentralverwaltung die Festrede in Trier hielt, räumte den Sachverhalt deshalb ohne Einschränkung ein:

---

[227] « *Peter Heinrich Igesell verdiene Lob und Belohnung wegen seinem guten Geschick im Baumpfropfen; das fast immer Anschlagen der Ruhten seye Beweis seines Fleißes und seiner Kunst.* »

« Wir gestehen es, der Druck, die unvermeidliche Folge des Krieges, ist hart. Die Abgaben, die ihr zu tragen habt, sind stärker, wie sie unter euerem Fürsten waren. »[228]

Hinzu kam der Widerspruch, dass gerade die prorepublikanische Agitation den Konflikt noch verschärft hatte. Um die Bevölkerung für die Französische Republik zu gewinnen, hatten gerade die einheimischen Revolutionsanhänger die politischen und gesellschaftlichen Vorteile der Französischen Republik propagieren müssen und dabei insbesondere die Entfeudalisierung im Agrarbereich betont. Damit hatten sie aber einen Erwartungshorizont geschaffen, den die französische Verwaltung dann nicht einlöste. Enttäuschung war die Folge und führte zu Misstrauen und passivem Widerstand unter der Landbevölkerung. Dies betraf dann auch Dinge, die den Bürger eigentlich entlasten sollten, wie die in Arbeit befindliche Erstellung eines Grundsteuerkatasters, der eine gerechtere Verteilung der Steuern gerade auf dem Land bringen sollte. Die Arbeit wurde von der Bevölkerung aber mit der Verweigerung von Auskünften boykottiert und forderte dadurch wieder scharfe Gegenmaßnahmen der Verwaltung heraus.

So blieb kein Ausweg als die Flucht in die alten Utopien: die Warnung vor der Rache der alten Feudalherren bei einer eventuellen Restitution und die Hoffnung auf Besserung bei einer völligen Vereinigung mit Frankreich. Aber auf der Basis dieser durch ständige Wiederholung kaum überzeugender gewordenen Argumente entstand im Zusammenhang mit dem Fest des Ackerbaus eine neue Argumentation. Bei Haan nahm sie die Utopie einer freiwilligen Leistung der « *wohlhabenden Klasse* » an, bei seinem Parteigänger, dem Kantonspräsidenten Weiss in Wittlich[229], nahm sie sogar klassenkämpferische Formen an, indem Weiss fast unverblümt Neid und Hass gegen die Vertreter eben jener « *wohlhabenden Klasse* » predigte, von der Haan gleichzeitig in Trier sprach, nämlich gegen den « *Finsternis verbreitenden Priester* », den « *reichen Kapitalisten* », den « *schikanenvollen Advokaten* » und den « *beutelschneiderischen Richter* », die « *marktschreyerischen Ärzte* » sowie den « *betrügerischen Krämer und Handelsmann* ». Deshalb schon von Babouvismus im Rheinland zu sprechen, wäre vielleicht übertrieben, aber der Boden für eine Sozialagitation auf dem Hintergrund der Widersprüche der französischen Verwaltung scheint hier doch bereitet.

Trotz dieser andauernden sozialen und wirtschaftlichen Schwierigkeiten war aber das Fest des Ackerbaus wie etwa auch das Fest der Gründung der Republik ein Erfolg im Saardepartement, wenn auch, und nun im Unterschied

---

[228] Rede am Fest des Ackerbaues, gehalten von Bürger Haan, Verwalter des Saardepartements, vgl. Verzeichnis 2: Publizistik der Nationalfeste.

[229] Rede gehalten von Bürger Weiss am Fest des Ackerbaus am 10ten Messidor 6. Jahres, vgl. Verzeichnis 1: Handschriftlich überlieferte Reden.

zum Fest der Gründung der Republik, vor allem in den Landkantonen. Dies dürfte vor allem auf zwei Faktoren beruhen. Einmal handelte es sich wie beim Fest der Gründung der Republik wieder um ein Fest, das als großes Volksfest im Freien und mit einem traditionellen, aber vielfach mit besonderer Aufmerksamkeit vorbereiteten Festzug gefeiert wurde. Hinzu kam, dass der Festgegenstand von der Landbevölkerung akzeptiert wurde, die sich offenbar mit der Auszeichnung von alten und verdienten Landwirten wie mit der Ehrung des Berufsstandes insgesamt identifizieren konnte. Das Fest konnte so auf weite Strecken zu einem Volksfest werden, das die Landbevölkerung für sich selbst feierte und in dem sie sich selbst darstellen konnte. Dem entspricht, dass umgekehrt die Bevölkerung auch zu einem Transfer eigener Festlichkeit auf das Fest bereit war, indem hier nicht nur der Zulauf der Bürger als Zuschauer des Festes groß war, sondern besonders beim Zug aus den Orten hinaus in die Gemarkung der Festzug zum allgemeinen Zug wurde, in den sich auch die Zuschauer einreihten. Allerdings zeigt sich dabei auch, dass diese Akzeptanz des Festes des Ackerbaus als Volksfest der Landbevölkerung nicht zuletzt auch auf einer Distanz des Festes zur französischen Revolutionstradition und zur aktuellen französischen Politik beruhte.

3.5. Akzeptanz der moralischen Feste

Unter allen Nationalfesten konnte man bei den moralischen Festen am ehesten auf eine hohe Akzeptanz in den rheinischen Departements rechnen. Sie betrafen einen Gegenstand, der wenig politikgebunden war und so in gleicher Weise für die französische wie die rheinische Gesellschaft gelten konnte. Die republikanische Moral war hier so allgemein, dass sie auch ohne Bezug auf die Revolutionsgeschichte vermittelt werden konnte. Ähnliches gilt auch für die Festformen, wo man die Feste auch ohne die Übernahme des speziellen Diskurses der französischen Revolutionstradition rezipieren konnte. Man musste die Feste der Jugend, der Eheleute, des Alters und des Ackerbaus nicht notwendigerweise als Teil des laikalen Gesellschaftskultes verstehen, man konnte in ihnen auch einfach Feste zu Ehren der Jugend, der Eheleute, des Alters und des Landmanns sehen. Sicher, man konnte ..., aber es ging doch dabei eine wichtige Funktion dieser Feste verloren, nämlich ihre politische Komponente, ihre Beziehung zur staatsbürgerlichen Ethik. Insofern sind die moralischen Feste im Saardepartement mit erkennbaren Unterschieden zu dem für Innerfrankreich geltenden Zeremoniell gefeiert worden. Das betrifft vor allem den staatspolitischen Bezug der Feste auf die Armee als die Nation unter Waffen, was in den rheinischen Departements keine Basis haben konnte. Das Fest der Jugend wandelte sich so von einem Fest der Waffen- und der Politikfähigkeit der Jugend zu einem Fest der Schuljugend. Das Fest des Ackerbaus wandelte sich von einem Fest der gesellschaftlichen Stellung des Landwirtes zu einem Agrarfest.

Deshalb mag es zunächst überraschen, dass Akzeptanzprobleme, die sich vor allem beim Fest der Eheleute und dem Fest des Alters zeigten, durchaus in Innerfrankreich eine Parallele finden. Auch hier konnte es vorkommen, dass die zum Fest eingeladenen Eheleute und Alten einfach nicht erschienen[230], und dies in Städten mit einer durchaus kontinuierlichen Festkultur. Allerdings muss das gleiche Phänomen nicht auf den gleichen Motiven beruhen. Wenn etwa Vovelle für die Departements der Provence eine geringere Beteiligung der Bevölkerung an den moralischen Nationalfesten feststellt[231], so beruht dies auf einem Vergleich mit der Akzeptanz der Feste der Revolutionstradition. Im Vergleich zu dem Mobilisierungspotential, das die Feste der Erinnerung an die großen Tage der Revolution in der politischen Konjunktur nach dem 18. Fruktidor erneut entwickeln konnten, hatten besonders das Fest des Alters und das Fest der Dankbarkeit Probleme, ihre Wertsetzungen zu vermitteln. Demgegenüber waren die Akzeptanzprobleme im Saardepartement weniger struktureller sondern konjunktureller Art. Die Beteiligung der Bevölkerung hing vor allem vom Zeitpunkt der Feste und ihrem Bezug zu den aktuellen Kriegsereignissen des Krisenjahres 1799 ab. Das erklärt die mehr als deutlichen Reserven von Bevölkerung und lokalen Funktionären, sich im Sommer 1799 noch in Bezug auf welche französischen Institutionen auch immer, und seien es harmlose Feste des Familienstandes, zu engagieren. Versucht man aber einmal diesen Faktor zu isolieren, so ergeben sich wieder vergleichbare Feststrukturen. Auch wenn das Fest der Jugend und das Fest des Ackerbaus in Innerfrankreich ein militärisches Zeremoniell aufwiesen, so wurden sie auch dort vor allem als Feste des Volkes gefeiert, wo man sich beim Fest der Jugend mit Spiel und Tanz vergnügte, wo man Hochzeiten am Fest der Eheleute feierte und wo beim Fest des Ackerbaus Elemente der traditionellen ländlichen Festkultur wie die Reiterprozessionen wieder auftauchten. Die moralischen Feste waren im Rheinland wie in Innerfrankreich also vor allem Volksfeste[232].

Vor diesem Hintergrund muss dann auch die oben angesprochene Politikferne der moralischen Feste anders gewertet werden. Es erscheint zu kurz gegriffen, die Nationalfeste auf die Revolutionstradition zu beschränken, wo sie doch gerade allgemein gesellschaftspolitisch wirken wollten. Das Volksfest ist so durchaus Teil der Nationalfeste, und der doppelte Transfer, sowohl der von Elementen der Nationalfeste in das allgemeine Fest sowie der von Elementen

---

[230] « *Les jeunes mariés dans le délai prescrit et les vieillards ne se sont pas rendus à cette cérémonie quoiqu'invités par lettres* » (Festbericht von Abbeville 1798), LEGRAND: Les fêtes civique à Abbeville, 1978, S. 399. Ähnliches gilt auch schon 1796 für Lille (TRENARD: Lille en fête, 1987, S. 601) oder für Rouen (CHARDON: Dix ans de fêtes nationales et de cérémonies publiques à Rouen, 1911, S. 197, 238, 268, 305).

[231] VOVELLE: Les métamorphoses de la fête en Provence, 1976, S. 138. Ähnliches gilt auch für das Departement Côte-d'Or, vgl. Kap. IV, 3 mit Graphik 5.

[232] BECK: Histoire du dimanche, 1997, S. 147f.

der traditionellen Festkultur in das Nationalfest, ist als Zeichen einer breiten Akzeptanz zu werten. Darauf beruht ganz wesentlich die Akzeptanz der moralischen Nationalfeste, und zwar sowohl in Innerfrankreich wie in den rheinischen Departements.

4. Feste der Revolutionsgeschichte

Die Reihe der Erinnerungsfeste der Französischen Revolution konnte im Rheinland nicht an eine erlebte Geschichte der Revolution anknüpfen, die in Frankreich immer neu politisch strukturiert wurde, um für die aktuelle politische Diskussion nutzbar gemacht werden zu können. Insofern stellt sie im Rheinland gerade nicht wie in Innerfrankreich einen „*discours de la Révolution sur elle-même*" dar[233]. Die Revolution war hier ein fremdes Ereignis, das allenfalls in pädagogischer Absicht wie Schulwissen vermittelt werden konnte[234]. Rudler hatte dies sehr wohl berücksichtigt und deshalb alles getan, die rheinische Bevölkerung erst langsam an diese fremde Revolution heranzuführen. Die Nationalfeste hatten sich zunächst unter ihrem allgemeinpolitischen sowie ihrem gesellschaftspolitischen und moralischen Aspekt gezeigt. Aber letztlich waren der neue Kalender, die Staatsbürgerrechte und die Individualrechte sowie die Utopie einer neuen, auf diesen Prinzipien basierenden Gesellschaft doch alles Institutionen, die erst aufgrund der Revolutionsgeschichte entstanden waren. Wenn auch verzögert, so musste die Annexion schließlich auch die Einführung der Feste der Revolutionsgeschichte nach sich ziehen.

Bei der Analyse der Feste der Revolutionsgeschichte im Rheinland ist deshalb die Rezeptionsperspektive nicht außer Acht zu lassen. Einführungsmodus und Zeremoniell der Feste setzten Gewichtungen, die die Rezeption nachhaltig beeinflussten. Die Festserie bestand nicht einfach in einem Durchgang durch die Revolutionsgeschichte nach dem Jahreskalender, sondern der revolutionspolitische Festzyklus begann im Rheinland allgemein mit dem Fest des 9./10. Thermidor. Damit übernahm Rudler allerdings nur eine Tendenz, die der postthermidorianische Konvent auch in Innerfrankreich verfolgt hatte, indem er zunächst nur dieses Fest als einziges politisches Fest in den offiziellen Fest-

---

[233] Ozouf: De thermidor à brumaire, 1970.
[234] Der ungezeichnete Artikel: « *Nationalfeste der Franken nebst einer kurzen Geschichte der Verfassung derselben* », in: Journal für das Saardepartement Heft 5 (Fruktidor VI), S. 448-453, gibt eine politische Geschichte der Französischen Revolution an Hand der wichtigsten Ereignisfeste: 14 Juli 1789 (Sturm auf die Bastille), 10. August 1792 (Sturm auf die Tuilerien), 22. September 1792 / 1. vendémiaire I (Gründung der Republik), 21. Januar 1793 / 2. Pluviôse II (Sturz des Königtums), 9. Thermidor II (Sturz von Robespierre). Außerdem wird noch die Niederschlagung des royalistischen Aufstandes vom 13. Vendémiaire IV / 5. Oktober 1795 erwähnt, was nie Nationalfest geworden ist, obwohl die Neojakobiner dies gefordert hatten. Der Verfasser (möglicherweise Haan) schließt sich hier also neojakobinischen Ideen an.

zyklus aufgenommen, dafür aber diesem Feste wiederum als einzigem der Nationalfeste eine zweitägige Dauer gegeben hatte. In Innerfrankreich hatte die innenpolitische Entwicklung dann aber schnell zu einer Revision dieser Festpolitik geführt, so dass auch die ältere Revolutionsgeschichte mit eigenen Festen noch nachträglich wieder in den Festkanon aufgenommen wurde. Diese Regelung ist dann auch in den rheinischen Departements eingeführt wurden, doch hatte Rudler die Einführung der Feste so eingerichtet, dass allgemein im ersten Jahr nur das Fest des 9./10. Thermidor gefeiert wurde und die anderen politischen Nationalfeste erst im zweiten Jahr hinzukamen. Natürlich konnte Rudler dabei die außenpolitischen Umstände nicht voraussehen, unter denen die Feste im Jahre 1799 stehen würden, und er konnte auch nicht wissen, dass dies schon das letzte Jahr der direktorialen Nationalfeste werden sollte, aber das Ende des Direktoriums 1799 führte doch dazu, dass die Feste des 14. Juli 1789, des 10. August 1792 und des 21. Januar 1793 im Rheinland nur eine beschränkte Rolle spielen konnten.

4.1. Feste des 14. Juli 1789 und 10. August 1792: ein missglückter Transfer

Die Institution des französischen Nationalfestes am 14. Juli verdeckt mitunter die komplizierte Geschichte, die aus diesem ersten Revolutionsfest nach mancherlei Brüchen schließlich den heutigen Nationalfeiertag werden ließ. Ebenso wird aus der deutschen Rezeptionsperspektive des „Sie und nicht wir" leicht nicht genug berücksichtigt, dass die Revolution auch in Frankreich spätestens mit dem Übergang zum Empire 1799/1804 gescheitert war und im Grunde seit der Ächtung der Girondisten im Juni 1793 über keine legale Mehrheit mehr verfügt hatte. Die heutige republikanische Revolutionstradition in Frankreich ist so erst ein Erbe der Dritten Republik. Aber auch diese war erst durch eine militärische Niederlage erzwungen worden und musste in den ersten zehn Jahren ihres Bestehens mit einer antirepublikanischen Kammermehrheit auskommen, die nur wegen ihrer inneren Spaltungen keinen neuen Monarchen inthronisieren konnte. Erst 1880 war es möglich, das republikanische Traditionsfest des 14. Juli wieder zum Nationalfeiertag zu machen[235].

Aber auch die Frühgeschichte des Festes ist höchst wechselvoll. Das Fest gründet sich auf den Sturm auf die Bastille, der schnell die Funktion eines Gründungsmythos der Revolution erhielt[236]. Aber das Erinnerungsfest an den Sturm auf die Bastille von 1790 wurde als « *Fête de la Fédération* » selbst zum politischen Ereignis[237], so dass bei den weiteren Erinnerungsfeiern nie zu trennen war, inwieweit der Sturm auf die Bastille von 1789 und inwieweit die Fédération von 1790 gefeiert wurden. Aber beide Traditionen waren bald

---

[235] SANSON: Les 14 juillet, 1976, S. 39 ff; BOIS: Histoire des 14 Juillet, 1991, S. 147 ff; IHL: La fête républicaine, 1996, S. 19 ff; DALISSON: Célébrer la nation, 2009.
[236] SCHULZE: Der 14. Juli 1789, 1989. REICHARDT: Bastille, 1988.
[237] OZOUF: La fête révolutionnaire, 1976, S. 44 ff.

V. Inhalt der Nationalfeste

politisch umstritten. Das Ende der konstitutionellen Monarchie 1792 nahm dem Fest seine Sonderstellung als Gründungsfest der Revolution und inthronisierte das neue Gründungsfest des 10. August. Außerdem belastete die Auseinandersetzung um den Fédéralisme der Gironde seit 1793 das Fest des 14. Juli als Erinnerungsfest der Fédération von 1790. So wurde das Fest des Sturms auf die Bastille zwar auch unter dem Konvent weiter gefeiert, aber doch mit einer deutlich geringeren politischen Aufmerksamkeit begangen.

Der 10. August 1792 hatte die konstitutionelle Phase der Revolution beendet und mit der Gefangensetzung des Königs die republikanische Revolution eingeleitet. In den Folgejahren wurde der Jahrestag dieses Revolutionsereignisses überall als ein zweites und neues Gründungsfest der Revolution gefeiert, meist verbunden mit verschiedenen Befreiungszeremoniells wie der rituellen Verbrennung von feudalen Symbolen.

Aber die Revolution schritt unerbittlich weiter, und der 9. Thermidor II / 27. Juli 1794 setzte mit dem Sturz von Robespierre ein neues regimegründendes Revolutionsereignis, das eine eigene Festtradition initiierte. 14. Juli, 27. Juli (9. Thermidor) und 10. August stellten so nicht nur drei Feste innerhalb von noch nicht einmal einem Monat dar, diese Feste verlangten als Gründungsfeste von drei Revolutionsphasen auch nach einer Hierarchisierung. Insofern waren es nicht nur praktische Überlegungen zur Reduzierung der Festdichte, sondern auch politische Gründe, die den Konvent veranlassten, in seinem Gesetz vom 3. Brumaire IV die drei Feste unter dem Datum des 9./10. Thermidor als dem Gründungsfest des aktuellen Regimes des Direktoriums zusammenzufassen. Das Fest des 14. Juli ist dann auch 1795 in Frankreich in vielen Städten nicht gefeiert worden und verschwand 1796 fast gänzlich[238]. Aber noch bevor diese Substitution richtig gegriffen hatte, setzte das Direktorium die alten Traditionsfeste neben dem neuen Regimefest doch wieder ein[239]. Trotzdem blieben aber die Realisierungen unter der thermidorianischen Reaktion zunächst bescheiden und gewannen erst nach dem Staatsstreich vom 18. Fruktidor V wieder an Glanz. Erst mit der damit verbundenen neojakobinischen Renaissance gelangte auch das Symbol der Bastille in den Feiern wieder zu Ehren[240].

Als alte Revolutionsfeste mit einer eigenen Geschichte hatten die Feste des 14. Juli und des 10. August ihre eigene Festtradition und entzogen sich so in gewisser Weise einer zeremoniellen Prägung durch das Direktorium. Bei den Festen des 14. Juli spielte die Erinnerungskultur an den Sturm auf die Bastille eine große Rolle, so dass häufig in den Festzügen echte oder symbolische Steine der Bastille mitgeführt wurden. Für die Feste des 10. August hatte das

---

[238] VOVELLE, Métamorphoses de la fête en Provence, 1976, S. 136
[239] Gesetz vom 10. Thermidor IV / 28. Juli 1796 (Bulletin des lois 60, n° 566), vgl. Kap. IV, 1.
[240] BOIS: Histoire des 14 Juillet, 1991, S. 85.

Direktorium eine rituelle Formel geprägt (« *Au 10 août. Honneur aux braves qui renversèrent le trône! Les Français ne reconnaissent plus d'autres maîtres que les lois!* »), die zuerst die Freiheitsbäume und später die Vaterlandsaltäre der Dekadentempel schmücken sollte[241]. Daneben waren gelegentlich beide Feste mit szenischen Nachahmungen der ursprünglichen Ereignisse verbunden[242], während sie andernorts allein mit dem traditionellen Zeremoniell von Zug und Reden oder auch als reine Militärfeiern mit einer Parade der Linientruppen oder der Nationalgarde begangen wurden[243]. Gerade im Zuge der neuen Festpolitik des Direktoriums nach dem 18. Fruktidor haben die Innenminister deshalb - ganz im Gegensatz zu ihren Arrêtés über die Durchführung der moralischen Nationalfeste - für die Erinnerungsfeste der Revolution keine speziellen Zeremonialvorgaben gemacht[244].

Alle diese Festformen finden sich auch im Saardepartement bei der Rezeption der Erinnerung an die Ereignisse des Sturmes auf die Bastille und des Sturmes auf die Tuilerien wieder, allerdings nicht immer notwendigerweise auch im Rahmen der Feste des 14. Juli und des 10. August. Im Jahre 1798 wurde das Fest des 14. Juli allein in Trier gefeiert, und dies auch nur auf Veranlassung des dortigen Garnisonskommandanten mit einer Militärparade[245]. Allerdings wurden gleichzeitig in Mainz der 14. Juli und der 10. August mit militärischen Szenarios gefeiert, wobei die Peterskirche als Bastille[246] und noch plastischer das Kurfürstliche Schloss als Tuilerien[247] von der Garnison erstürmt wurden und wobei der Ablauf des 10. August sogar ziemlich originalgetreu nachgespielt wurde, weil der die Operation leitende General Châteauneuf-Randon selbst an der Erstürmung der Tuilerien teilgenommen hatte[248]. Trotzdem war auch dieses Szenario nur eine andere Art von Militärparade[249].

---

[241] Arrêté des Direktoriums vom 13. Thermidor IV / 31. Juli 1796 (Bulletin des lois 61, n° 570) über das Zeremoniell beim Fest des 10. August.

[242] Ozouf: Le simulacre, 1977, S. 340f.; Reichardt: Bastille, 1988, S. 50.

[243] Chardon: Dix ans de fêtes nationales et de cérémonies publiques à Rouen, 1911, S. 225, 241, 276, 313. Legrand: Fêtes civiques à Abbeville, 1978, S. 401

[244] Zirkular von Innenminister Letourneux vom 13. Messidor VI / 1. Juli 1798, LHA Koblenz: Best. 241 Nr. 2191. Buchholz: Französischer Staatskult, 1997, S. 111-113 bezieht es auf das Rheinland, wo das Fest in diesem Jahr aber kaum gefeiert wurde. Zirkular von Innenminister François de Neufchâteau vom 30. Prairial VII / 18. Juni 1799 (François de Neufchâteau: Recueil, Bd. 2, S. 96-100).

[245] LHA Koblenz: Best. 276 Nr. 1111.

[246] Lüsebrink / Reichardt: Bastille, 1990, S. 217-221; Lüsebrink: Der Transfer des 14. Juli 1789, 1990, S. 41-42. Reichardt: Französische Revolutionskultur in Mainz 1792-1801, 1993, S. 39-40. Ähnlich auch in Bonn, vgl. Hansen: Quellen, Bd. 4, 1938, S. 903, Anm. 2.

[247] Hansen: Quellen, Bd. 4, 1938, S. 905; Dotzenrodt: Republikanische Feste im Rheinland, 1988, S. 61. Reichardt: Französische Revolutionskultur in Mainz 1792-1801, 1993, S. 44-45.

[248] Augenzeugenbericht aus Mainz vom 10. August 1798, Schneider: « *Triumph* », 1989, S. 238.

V. Inhalt der Nationalfeste   229

Als dann aber im Folgejahr die Feste überall gefeiert werden sollten, fiel dies schon mit den schweren Niederlagen der französischen Armeen gegen die zweite Koalition in der Schweiz und in Italien zusammen. Unter diesen Umständen bestanden keine Voraussetzungen mehr für eine auch nur halbwegs geregelte Durchführung der Feste. Die Feste des 14. Juli, des 10. August wie auch das schon oben erwähnte Fest des Alters am 27. August sind deshalb die im Saardepartement am wenigsten gefeierten Feste des gesamten Zyklus.

Beim Fest des 14. Juli konnte selbst den minimalen Ansprüchen der Zentralverwaltung auf einen Zug zum Dekadentempel und eine anschließende Feier mit Festrede[250] außer in der Departementshauptstadt Trier nur im Kanton Rhaunen (Morbach) entsprochen werden, während in vier weiteren Kantonen die Kommissare mit einem verschwindenden Rest von noch mobilisierbaren Funktionären (« *le peu d'agents municipaux et autres citoyens* ») allein blieben (Büdlich, Manderscheid, Ottweiler, Schönberg). Selbst in Trier hatte die Militärparade, die die Zentralverwaltung eigentlich gewünscht hatte, wegen Nichtverfügbarkeit der Truppen ausfallen müssen.

Das gleiche Bild wiederholte sich dann beim Fest des 10. August[251]. Hier hatte die Zentralverwaltung für das Fest ein Zeremoniell als Freiheitsfeier und als Gedenkfeier für die Gefallenen des Tages vorgegeben, so wie es seit der Wiedereinführung des Festes durch das Direktorium Brauch war. Mit vollem Zeremoniell ist das Fest aber wiederum nur in Trier gefeiert worden, wo bei dem Fest wie im Vorjahr auch noch auf die Besetzung der Stadt durch französische Truppen am 9. August 1794 Bezug genommen wurde und das Fest insofern auch eine Funktion als Jahrestag der Besetzung hatte. Sonst aber sind nur noch in drei weiteren Kantonen wenigstens die vorgeschriebenen Gedenkformeln verlesen (Grumbach, Rhaunen, Schönberg) bzw. in einem Fall auch eine entsprechende Inschrift am Freiheitsbaum angebracht worden (Grumbach). Eine Freiheitsstatue, die Symbole der Feudalherrschaft zerbrach, wurde aber allein in Grumbach aufgestellt, obwohl dies das Zirkular der Zentralverwaltung allgemein vorgeschrieben hatte und damit einmal über den für

---

[249] Die Ersetzung des Volksfestes des 14. Juli durch eine Militärfeier findet sich auch vielfach in Innerfrankreich, vgl. CHARDON: Dix ans de fêtes nationales à Rouen, 1911, S. 313; BOURDIN: Le Puy-de-Dôme, 1990, S. 147.

[250] LHA Koblenz: Best. 276 Nr. 1111; Zirkular der Zentralverwaltung vom 16. Messidor VII / 4. August 1799 in LHA Koblenz: ibid (Konzept), Best. 700,152 Nr. 56 (Stück 17) (Druck). Für St. Arnual siehe StadtA Saarbrücken: Mairie Nr. 749 § 543, für Trier siehe HANSEN: Quellen, Bd. 4, 1938, S. 1149.

[251] LHA Koblenz: Best. 276 Nr. 1683, sowie Zirkular der Zentralverwaltung vom 17. Thermidor VII / 4. August 1799, LHA Koblenz: Best. 700,152 Nr. 56 (Stück 69a) (Druck). Für St. Arnual siehe StadtA Saarbrücken: Mairie Nr. 749 § 595, für die nicht vollzogene Feier in Manderscheid siehe den Bericht der Gendarmerie LHA Koblenz: Best. 276 Nr. 128 und AN Paris: F^7 7605 (36), vgl. auch Kap. VI, 5.3.

Innerfrankreich geltenden Standard hinaus gegangen war. Insgesamt kamen außer in Trier überhaupt nur in vier Kantonen regelrechte Feiern zustande (Grumbach, Ottweiler, Rhaunen, Schönberg), während in zwei weiteren Kantonen nur auf den geselligen Teil begrenzte Rumpffeiern möglich waren (Blankenheim, Wadern). Dabei sollen in Blankenheim sogar 100 Personen an dem Fest teilgenommen haben. Wenn aber der Festbericht dazu nur einen Ball und ein Bankett erwähnt, ohne auf das staatspolitische Zeremoniell auch nur mit einem Wort einzugehen, kann kaum noch von einem Nationalfest die Rede sein. Für Wadern wird dann auch offen angemerkt, dass kein Agent bei der Feier anwesend war. Die Schwierigkeit des Festes wurde allerdings noch dadurch vergrößert, dass die Zentralverwaltung erst sehr spät mit ihren Zirkularen auf das erstmals allgemein im Saardepartement zu begehende Fest hinwies, so dass selbst ein so festfreudiger Kanton wie St. Wendel demonstrativ die Feier verweigerte, da ihm das Zirkular erst am Vortage des Festes zugegangen war[252]. Insgesamt ist das Fest des 10. August aber doch deutlicher in Erscheinung getreten als das Fest des 14. Juli, indem insbesondere das Rahmenprogramm mit Banketten, Bällen und Spielen umgesetzt wurde und sogar drei Kantone aufwendige Illuminationen durchführten, wie sie von der Zentralverwaltung angeordnet worden waren.

Insofern soll die geringe Realisierungsquote der beiden Feste nicht überbewertet werden. Die sicherlich deutliche politische Passivität von Bevölkerung und Funktionären, sich unter den gegebenen außenpolitischen Umständen zu exponieren, fiel mit der zeitlichen Massierung von drei fast gleichartigen Festen in weniger als einem Monat zusammen, was auch unter günstigeren politischen Verhältnissen dem Organisationsvermögen der Kantone Grenzen gesetzt hätte. Insofern ist es aufschlussreich, wenn ein sonst bei den Nationalfesten so aktiver Kanton wie St. Wendel weder das Fest des 14. Juli noch das des 10. August ausführte, allerdings das Hauptfest des 9./10. Thermidor mit großem Aufwand beging. Eine politische Distanz zu den Ereignissen des Sturms auf die Bastille und des Sturms auf die Tuilerien kann daraus aber um so weniger abgelesen werden, als gerade in St. Wendel beim folgenden Fest der Gründung der Republik am 1. Vendémiaire VIII / 23. September 1799 ausdrücklich des 14. Juli und des 10. August durch im Zug mitgeführte Tafeln gedacht wurde (Abb. 2). Die Rezeption der Revolutionsereignisse des Sturms auf die Bastille und des Sturms auf die Tuilerien fand also im Saardepartement anderswo statt und ist nicht auf die missglückten Feste des 14. Juli und des 10. August beschränkt.

---

[252] Dabei hatte der Kanton St. Wendel die Stirn, das verspätete Eintreffen des Zirkular der Zentralverwaltung ganz offiziell zum Anlass für eine Aussetzung des Festes zu nehmen, was von der Kantonsmunizipalität « *à la pluralité des suffrages des membres présents* » entschieden wurde und von Präsident, Chefsekretär und Kommissar mitgetragen wurde.

4.2. Fest der Freiheit oder des 9./10. Thermidor II: Parallelgeschichte und Geschichtstransfer

Das Erinnerungsfest an den Sturz von Robespierre am 9. Thermidor und seine Hinrichtung am 10. Thermidor des Jahres II / 27./28. Juli 1794 war das Gründungsfest des Regimes des Direktoriums. Es wurde schon im Jahre III als Erinnerungsfest gefeiert, ehe es der Konvent durch das Gesetz vom 3. Brumaire IV / 25. Oktober 1795 in den Kanon der Nationalfeste aufnahm. Das Direktorium übernahm es als Regimefest und suchte es noch dadurch aufzuwerten, dass es dem Fest des 9./10. Thermidor (27./28. Juli) als einzigem Nationalfest eine zweitägige Dauer gab und es zunächst mit den revolutionären Traditionsfesten des 14. Juli und des 10. August verband[253]. Das Direktorium bejahte so seine Abhängigkeit vom 9. Thermidor II. Allerdings gab es auch keine wirkliche Alternative für das Regimefest des Direktoriums. Die Tradition der Erinnerungsfeste der Französischen Revolution bezog sich immer auf die großen politischen Umbrüche, während eine Festtradition, die sich etwa an den Verfassungen orientiert hätte, nur indirekt existierte.

Mit der Kanonisierung des Festes des 9./10. Thermidor wurde auch sein Zeremoniell festgelegt, das das Fest ganz im Sinne der Staatsideologie des Direktoriums mit einer Darstellung der doppelten Abgrenzung sowohl von dem Königtum wie von der Jakobinerherrschaft ausstattete. Ab dem Jahre IV wurde es als ein zweitägiges Fest gefeiert, das in einer zweifachen Reinigungszeremonie bestand[254]. Am ersten Tag war dabei auf dem Festplatz ein mit Insignien des Königtums bedeckter Thron aufgebaut, der die konstitutionelle Verfassung von 1791 darstellen sollte. Er wurde von Gruppen, die das Volk repräsentierten, zerschlagen, und zur größeren Legitimierung geschah dies mit Waffen, die vorher ihre Weihe am Altar des Vaterlands erhalten hatten. Am zweiten Tag waren diese Trümmer mit einer Nationalfahne oder einer überdimensionalen Jakobinermütze (« *bonnet rouge* ») bedeckt, wobei Masken, Augenbinden und Dolche den Gebrauch der Revolutionssymbole als eine verbrecherische Maskerade erkennen ließen. Diese Installation sollte die jakobinische Verfassung von 1793 darstellen. Nun war es allerdings nicht das Volk, sondern ein Funktionär, der zuerst den Mantel bzw. die Freiheitsmütze entfernte und durch das Sichtbarmachen der Reste der königlichen Attribute die wahre Natur des jakobinischen Regimes aufdeckte und der dann die gesamte Installation mit einer brennenden Fackel anzündete. Das Zeremoniell

---

[253] Arrêté du Directoire exécutif qui détermine la manière dont seront célébrées les fêtes de la liberté fixées aux 9 et 10 thermidor, 17 messidor IV / 5. Juli 1796, Bulletin des lois 56, n° 506.

[254] Ozouf: La fête révolutionnaire, 1976, S. 119, 146, 200. Beispiele für Abbeville (Legrand: Les fêtes civiques à Abbeville, 1978, S. 393), Angers (Bois: Les fêtes révolutionnaires à Angers, 1929, S. 101 ff), Rouen (Chardon: Dix ans de fêtes nationales à Rouen, 1911, S. 216 ff).

bezog sich also auf die Revolutionsereignisse des Sturms der Sektionen und Nationalgarden auf die Tuilerien am 10. August 1792 (1. Tag) sowie auf die Verhaftung von Robespierre im Konvent am 9. Thermidor und seine darauf folgende Hinrichtung am 10. Thermidor II (2. Tag). Allerdings geschah dies in der Regel in der allegorisierten Form einer doppelten Vernichtung durch Zerschlagung und Verbrennung von Symbolen, die das historische Geschehen völlig hinter der Darstellung des politischen Grundsatzprogramms zurücktreten ließ. Das Fest bezog sich so weniger auf die Revolutionsereignisse, sondern diente vielmehr der doppelten Abgrenzung des neuen Regimes von Königtum und Jakobinerherrschaft (Anarchie). In diesem Zusammenhang hatte auch die präzise Nennung der Verfassungen von 1791 und 1793 ihren Platz, indem die Ablehnung der Vorgängerverfassungen das Fest implizit zu einer Apotheose der neuen Verfassung des Jahres III machte[255].

Diese Allegorisierung des Festes musste in Innerfrankreich das Fest entpolitisieren[256]. Im annektierten Rheinland dagegen konnte gerade die Entpolitisierung des Festes die Rezeption als Darstellung der politischen Grundkategorien fördern. Die Zentralverwaltung des Saardepartements hat dann besonders im Jahr VI (1798) alles daran gesetzt, um eine weite Verbreitung des Festes zu erreichen[257]. Dabei hat sie in ihren Zirkularen keine Zeremonialvorschriften erlassen und auch selbst in Trier nur einmal im Jahr VI (1798) das Fest nach dem französischen Zeremoniell feiern lassen. Offenbar hatte die französische Verwaltung doch Bedenken, ob die hochstilisierten Allegorien spontan von der Bevölkerung des Departements aufgenommen würden[258]. So wurde das Fest im Saardepartement in der Regel als ein normales Nationalfest mit einem Umzug durch den jeweiligen Ort und einer anschließenden Feier mit Liedern

---

[255] Freilich konnte man die Historisierung der ersten und zweiten Verfassung der Französischen Revolution auch in dem Sinne deuten, dass damit auch die dritte Verfassung, nämlich die Verfassung des Jahres III, einmal fallen würde, was den Blick gegen den Willen des Direktoriums über ihr eigenes Regime hinaus lenken würde. In diesem Sinne ist eine Karikatur in der Neuwieder/Frankfurter Zeitung der *Politischen Gespräche der Todten* vom Juli 1797 zu verstehen, als die proroyalistischen Wahlen zu gegenrevolutionären Spekulationen Anlass gaben, vgl. STEIN: Die Zeitung als neues bildpublizistisches Medium, 1992, S. 146.

[256] OZOUF: De thermidor à brumaire, 1970, S. 44.

[257] LHA Koblenz: Best. 276 Nr. 1682 sowie die dazugehörige Publizistik, siehe Verzeichnis 2: Publizistik der Nationalfeste; für Baumholder siehe LHA Koblenz: Best. 700,152 Nr. 59 (Rede Euler); für Bernkastel siehe LHA Koblenz: Best. 615 Nr. 306; für Trier siehe StadtA Trier: Fz 67 sowie HANSEN: Quellen, Bd. 4, S. 905, nach Chronik Müller, LHA Koblenz: Best. 700,62 Nr. 28, Heft G für 1798 fol. 32, vgl. LAGER: Chronik, 1915, S. 120 sowie Heft H für 1799 fol. 20v; für Wittlich siehe LHA Koblenz: Best. 276 Nr. 3182.

[258] So hat auch ein Zuschauer wie der Chronist Müller in Trier keinen Unterschied zwischen den Kampfspielen und den Verbrennungsriten der beiden Festtage bemerkt. Am ersten Tag sieht er nur Soldaten und am zweiten Tag übergeht er die Verbrennung. Von dem Sinn des Festes hat Müller wohl nichts verstanden und wollte es vermutlich auch gar nicht.

und Reden gefeiert. Ein Unterschied zwischen den Festen in den beiden Jahren bestand nur darin, dass die Feiern im Jahre 1798 meist auf öffentlichen Plätzen unter dem Freiheitsbaum und/oder am Vaterlandsaltar, im Jahre 1799 aber vornehmlich im Dekadentempel stattfanden und dass die Zahl der Festrealisierungen im Jahre 1799 unter den allgemeinen politischen Rahmenbedingungen stark abnahm. In beiden Jahren stellten allerdings die zweitägige Festdauer und der Festinhalt besondere Anforderungen für die Realisierung des Festes, die von den einzelnen Kantonsmunizipalitäten in unterschiedlicher Weise berücksichtigt wurden.

Tabelle 12: Feiern des Festes der Freiheit am 9./10. Thermidor im Saardepartement in den Jahren VI / 1798 und VII / 1799

	Jahr VI	Jahr VII
Eintägige Feier	9 (31,0 %)	8 (53,3 %)
Zweitägige Feier	15 (51,7 %)	4 (26,6 %)
mit eigenem Programm	6 (20,7 %)	3 (20,0 %)
mit Wiederholung des Vortages	9 (31,0 %)	1 (6,6 %)
Zweitägige Feier mit vollem Programm	3 (10,3 %)*	2 (13,3 %)**
sonstiges	2	1
Gesamtzahl	29	15

* St. Wendel, Trier, Wadern; ** St. Wendel, Wadern

Eine große Zahl von Kantonen, die bei der Wiederholung des Festes im zweiten Jahr noch proportional anstieg, hat das Fest nur in der Form der sonstigen eintägigen Nationalfeste gefeiert[259]. Obwohl aber die Zentralverwaltung das französische Zeremoniell nicht vorgeschrieben hatte und es so unsicher ist, inwieweit dies in den ländlichen Kantonen überhaupt bekannt war, hat doch zumindest im ersten Jahr noch eine größere Zahl von Kantonen sich um eine zweitägige Feier bemüht. Dabei war es die einfachste Lösung, Zug und Feier am zweiten Tag einfach zu wiederholen. Aber in einer Reihe von Fällen ging man auch kreativ mit der Frage um. Man verwendete den ersten Tag lediglich zur Ankündigung des Festes (1798: Blieskastel, Kyllburg; 1799: Kyllburg) oder man begnügte sich an einem Tag mit einer einfacheren Feier, bei der nur einige Gesetzestexte verlesen wurden (1799: Rhaunen in Morbach). Man profitierte auch von der nun einmal vorgeschriebenen Doppelfeier, um das Fest in zwei verschiedenen Orten des Kantons abzuhalten (1798: Lissendorf, in Lissendorf und Stadtkyll) oder um das Hauptfest im Kantonshauptort an einem mit Veranstaltungen in den Kantonsorten am anderen Tag oder auch

---

[259] Eintägige Feiern kommen auch in Frankreich vor, besonders in kleineren Kantonsstädten, vgl. BECQUART: Fêtes nationales célébrées à Mareuil, 1972, S 278; LAROCHE DE ROUSSANE: Fêtes civiques à Sainte-Foy La Grande, 1989, S. 111.

parallel zu verbinden (1798: Bernkastel, Schweich; 1799: Meisenheim). Schließlich wurde auch zweimal das eigentliche Datumsfest an einem Tag mit einer Baumsetzung am anderen kombiniert (1798: Birkenfeld, Hermeskeil).

Dabei ist das Vorgehen im Kanton Birkenfeld bemerkenswert, weil hier eine lokale Rezeption des Festes zu erkennen ist. Der Kantonshauptort besaß schon zwei Freiheitsbäume. Der erste war im Zuge der spontanen Baumsetzungen im Frühjahr 1798 am 20. März 1798 vor der Kirche errichtet worden[260]. Der zweite war nur wenig später am 7. April 1798 bei der Einsetzung der Kantonsverwaltung vor dem Amtssitz der Munizipalität gepflanzt worden[261]. Beide Bäume standen gut im Laub und wurden bei den Festen des Sommers 1798 oft besucht und geehrt, so dass für einen dritten Freiheitsbaum eigentlich kein Bedarf bestand. Trotzdem nahm man beim Fest des 9./10. Thermidor im Jahre VI nun eine schon im Garten der Munizipalität stehende alte Birke, die ein Traditionsbaum des Ortes war (« *un fort vieux bouleau, jadis planté - à en croire la tradition - en mémoire du nom de la ville de Birkenfeld* »), um sie als dritten Freiheitsbaum der Republik durch die Schmückung mit den französischen Nationalfarben zu weihen. Dazu wurde eine subtile Symbolik zelebriert. Der Baum war über dem Gewölbe eines alten Eiskellers gewachsen, den man nun flugs zu den Überresten einer Bastille umdeutete, so dass der Baum als lokales Symbol der Freiheit Verwendung finden konnte:

> « *Les antiques restes d'une voûte ténébreuse, par lesquelles perça son tronc, paraissent faits pour figurer les ruines des cachots infernaux de la Bastille, sur lesquelles s'élève dans la capitale de la République le premier monument de la Liberté* ».

Das Aufgreifen des Bastille-Motivs ist bemerkenswerter als es auf den ersten Blick erscheinen mag, wenn man nämlich die gebrochene Tradition des Festes des 14. Juli berücksichtigt. Schon während der Jakobinerherrschaft und dann nach dem 9. Thermidor des Jahres II war es in den Hintergrund getreten. Zwar begann das Fest nach dem Staatsstreich vom 18. Fruktidor V wieder eine größere Rolle im französischen Festzeremoniell zu spielen, aber gerade die französische Verwaltung im Rheinland hatte es noch 1798 nicht propagiert. Erst nach der Regierungsumbildung vom 30. Prairial VII / 18. Juni 1799 erscheint dann das Bastillemotiv im Saardepartement in den Festzügen zum Fest des 1. Vendémiaire VIII / 23. Sept. 1799. In St. Wendel wird eine Tafel mit dem Bild der Bastille im Zug mitgeführt, und in Trier tragen verwundete Soldaten ein Modell der Bastille im Zug. Das Aufgreifen des Bastillemotivs beim Fest

---

[260] « *L'arbre sacré par la plantation spontanée duquel, antérieure à l'organisation de la municipalité, les habitants de Birkenfeld ont rendu les premiers hommages à la liberté* » (Festbericht), zur Datierung vgl. GÖHL: Revolutionsakzeptanz, 1995, S. 54f.

[261] « *Le chêne verdoyant planté en l'honneur de la liberté lors de l'installation de l'administration municipale* » (Festbericht).

V. Inhalt der Nationalfeste

des 9./10. Thermidor schon im Sommer 1798 in Birkenfeld zeugt so von Selbständigkeit. Dies wird auch dadurch bestätigt, dass im gesamten Rahmen der Feiern zum 9./10. Thermidor VI im Saardepartement ein Bastillezitat sonst nur noch einmal vorkommt, und zwar in der Rede des Chefsekretärs von Büdlich Blechmann, also einer Persönlichkeit, die für ihre radikalpatriotische Haltung in der Umgebung von Haan bekannt war. Insofern ist für Birkenfeld denkbar, dass das Aufgreifen des Bastillemotives weniger eine Übernahme von direkten französischen Vorbildern ist, als in Bezug zu der breiten Rezeption des Bastillesturmes in Deutschland steht. Das Bastillezitat stellt so einen Beleg für eine lokale Revolutionsrezeption dar[262]. Diese Anleihe bei der Revolutionssymbolik verband sich dabei noch mit einem lokalen Symboltransfer. Dazu griff man auf einen Liedtext zurück, den der Trierer Republikaner Stammel für das Fest der Einsetzung der Departementsverwaltung verfasst hatte[263] und der nun für den gegebenen Anlass umgedichtet wurde.

« Birkenfelds Birke
Dies alte Namens-Mahl
Sey dem Bezirke
Nun Freyheits-Mahl.

Wir weyhen es am frohen Tag,
Wo Frankreichs Wütherich erlag,
Wo Freyheit, die den Thron zerknickt,
Auch Anarchie erdrückt. »

Beide Revolutionszitate (Bastille und Freiheitsbaum) sind schließlich in einem weiteren Rahmen von Kenntnissen über die Französische Revolution und Frankreich zu sehen, die in Birkenfeld offenbar vorhanden waren und bei diesem Fest in Erscheinung traten. So behandelt Chefsekretär Lichtenberger in seiner Rede das Thema der doppelten Abgrenzung des Direktoriums von Monarchie und Anarchie in einer vielleicht eigenwilligen, aber aufschlussreichen Weise. Wenn er dabei von der Tyrannis des Königtums spricht, bezieht er sich nicht auf die Ereignisse des 10. August, sondern auf die Bartholomäus-

---

[262] Dabei erlaubt unsere departementale Mikrostudie die von LÜSEBRINK und REICHARDT in einem größeren Zusammenhang gewonnene These zu relativieren, dass das Bastillesymbol besonders in den Annexionsgebieten zur Legitimierung der Eroberungen eingesetzt worden sei (Bastille, 1990, S. 220). Dem von Seiten der Besatzungsarmee 1798 im Mainz dargestellten Bastilleszenario (s.o.) steht im Saardepartement ein exklusiver Gebrauch des Symbols in Birkenfeld bei den unter einheimischer Regie ablaufenden Nationalfesten gegenüber.

[263] Birkenfeld ist der einzige Kanton des Saardepartements, für den sich das Singen der Hymne nach den Einsetzungsfeiern, für die sie ursprünglich gedichtet worden war, belegen lässt. Hier wird sie auch noch bei den Festen des Alters (10. Fruktidor VI) und der Gründung der Republik (1. Vendémiaire VII) erwähnt, allerdings nun in der Urfassung, nicht in der Birkenfelder Lokalvariante.

nacht von 1572, und er tut dies mit einem Zitat aus der *Histoire de Louis le Grand,* die der spätere Erzbischof von Paris Hardouin Péréfix 1661 in seiner Funktion als Erzieher von Ludwig XIV. geschrieben hatte. Wenn er von der Tyrannis der Anarchie spricht, bezieht er sich auch nicht auf den 9. Thermidor II, sondern auf die Türkei, und dies mit einem Zitat aus den *Considérations sur la guerre des Turcs et des Russes* von 1788[264] aus der Feder von Christian François Volney, einem der frühen Philosophen der Französischen Revolution. Man staunt schon etwas über diese Literaturkenntnis.

Beachtenswert erscheint hier also der bewusste Versuch, die Französische Revolutionssymbolik in das lokale Milieu zu transferieren. Es geht der Kantonsverwaltung in Birkenfeld augenscheinlich nicht einfach darum, die fremden Nationalfeste möglichst aufwendig zu feiern, um sich gegenüber der Zentralverwaltung als linientreue Funktionäre auszuweisen, es geht vielmehr um den Versuch, die Revolutionskultur in lokalen Formen zu rezipieren. Dazu wird sich natürlich der deutschen Sprache bedient. Aber im Kontext dieses Festes erscheint auch die Formulierung von « *l'Allemagne notre patrie* », bzw., da die Formulierung aus der deutschsprachigen Rede von Lichtenberger stammt, in der Rückübersetzung aus dem französischsprachigen Festbericht als « *unser deutsches Vaterland* ». Die Worte stehen im Zusammenhang einer Überleitungspassage[265] und kennzeichnen so gerade nicht einen besonders zu betonenden Sachverhalt, sondern eine als allgemein vorauszusetzende Grundüberzeugung. Der lokale Birkenfelder Patriotismus reklamiert also ebenso selbstverständlich eine Zugehörigkeit zur deutschen Kulturnation wie er politische Symbole und Inhalte der Französischen Republik rezipiert[266].

Ähnliches kann auch für andere Kantone gelten, wo bei der Durchführung des Festes die normale Form des Nationalfestes mit einer besonderen Freiheitssymbolik verbunden wurde. In Saarbrücken war der Vaterlandsaltar mit einer Freiheitsgöttin geschmückt, und in St. Arnual erhielt er einen Obelisken mit der Aufschrift « *Liberté* ». In Daun wurde ein Königszepter rituell zerbrochen, und in Manderscheid war der Vaterlandsaltar unter Symbolen des Feudalismus und der Kirchenherrschaft verborgen, so dass bei der Zerschlagung dieser Symbole der Vaterlandsaltar als unversehrtes Symbol (« *génie de la liberté* ») wieder erschien. In Konz wurden Urkunden und Verordnungen der Feudalzeit verbrannt, und in Hermeskeil geschah

---

[264] Gemeint ist: Considérations sur la guerre actuelle des Turcs, London 1788.
[265] « *Puis il passa à l'Allemagne, notre patrie, pour observer combien cet empire avait hérité des monstruosités et des abus de l'ancienne Monarchie française et du système féodal* ».
[266] Die Birkenfelder Quellen erlauben es, den vielen Literaturstellen zu widersprechen, die allzu bereitwillig und meist ohne Quellengrundlage dem zeitgenössischen Patriotismus im Rheinland nur einen territorialen Rahmen zubilligen wollen. Stattdessen ist es hier gerade ein territorialer Patriotismus, der fehlt, während das Lokale direkt mit dem deutschen Vaterland und der Französischen Republik in Zusammenhang gesetzt wird.

das Gleiche mit Zeichen des Feudalismus, während in Ottweiler feudale Wappen zerstört wurden. Schließlich zeigte der Vaterlandsaltar in Reifferscheid die Darstellung einer Freiheitsgöttin, die die Ketten verschiedener Sklaven zerbrach. Auch für diese Ausgestaltungen des Festes hatte die Zentralverwaltung des Saardepartements keine Vorgaben gemacht, so dass die Varianz der Symbolik nicht nur den lokalen Spielraum, sondern auch die lokale Spontaneität zur Ausgestaltung des Festes anzeigt. Freilich betraf dies alles nur die Feste im Jahre 1798, während im Folgejahr bei gleicher Verordnungslage diese Spontaneität im Saardepartement deutlich reduziert war und allein in Grumbach der Vaterlandsaltar noch durch eine Freiheitsstatue und das Buch der Verfassung geziert war. Immerhin ergibt sich damit aber für den Beginn der französischen Verwaltung nach der Annexion eine gewisse Rezeptionsbereitschaft der Kantonsverwaltungen für die französische Festkultur.

Am weitesten ging die Freiheit in der Ausgestaltung des Festes bei szenischen Umsetzungen, wie sie 1798 in Daun und auch noch 1799 in Hermeskeil durchgeführt wurden. In Daun hatte sich ein Mann, augenscheinlich ein Räuber (« *un homme en masque [re]présentant Robespierre* »), in einem Haus versteckt und wurde von den Gendarmen verhaftet. Darauf folgte ein kurzer Prozess durch den Sekretär des Friedensrichters, ehe das Schauspiel mit der Exekution des Verbrechers durch eine Art Guillotine (« *échafaud* »), wobei auch Theaterblut floss, seinen Höhepunkt fand. In Hermeskeil war auf freiem Feld ein Blockhaus aufgestellt worden, das zwar das Rathaus von Paris darstellen sollte, wo sich aber auch wieder Räuber (« *des brigands sanguinaires qui lançaient de là dans toutes les parties de la France la terreur, le feu, le fer et la mort* ») aufhielten. Nach schweren Kämpfen wurde das Haus erobert, wobei sich die siegreiche Partei hier aber damit begnügte, die Trikolore an der Stelle der Fahne der Räuber aufzupflanzen. Formen von Räuber-und-Gendarm-Spielen und von dem großen Theater öffentlicher Hinrichtungen verbinden sich hier mit allegorischen Darstellungen der Pariser Ereignisse, wobei in Hermeskeil das Volk (« *le peuple entier* ») sogar einmal zum Akteur des Festes wurde und eine andere Art des Volksfestes entstand.

Diese spontane Ausgestaltung des Zeremoniells des Festes erreichte dann ihren Abschluss, wenn in Trier im Jahre 1798 eine perfekte Inszenierung des innerfranzösischen Zeremoniells aufgeführt wurde und unabhängig davon in St. Wendel und in Wadern sogar in beiden Jahren, 1798 und 1799, das gleiche innerfranzösische Modell des Festes offenbar aus der lothringischen Nachbarschaft rezipiert wurde. Ganz auszuschalten war das Räuber-und-Gendarm-Spiel auch hier nicht, denn nur beim ersten Fest in St. Wendel war man sich noch des Unterschieds des französischen Zeremoniells bewusst, dass am ersten Tag (wie am 10. August 1792) das Volk (« le *peuple entier* ») den Thron der Monarchie zerschlug, während es am zweiten Tag (wie am 9. Thermidor II) der Konvent war, der Robespierre entmachtete. Aber im zweiten Jahr war auch in St. Wendel der Volksaufstand vom 10. August schon zur Polizeiaktion geworden, während es in Wadern von Anfang an die Funktionäre mit dem Präsidenten der Kantonsmunizipalität und dem Kommissar an der Spitze waren, die allein diese wichtigen Handlungen vornehmen durften. Aber in beiden Fällen handelt es sich doch um wirkliche Übernahmen von Revolutionssymbolik, die insofern spontan waren, als sie nicht direkt von der Zentralverwaltung verlangt worden waren.

Für St. Wendel liegt dazu noch aus jedem Jahr eine Zeichnung des Sekretärs bzw. Chefsekretärs des Kantons Manouisse vor, die einen Eindruck von der Wirkung dieses Festzeremoniells vermitteln können. Beide Bilder beziehen sich auf den Höhepunkt des Festes mit der rituellen Verbrennungszeremonie. Dabei zeigt das Aquarell des späteren Festes von 1799 (Abb. 8) aus größerer Nähe die Verbrennung der königlichen Insignien mit dem königlichen Wappen und dazu weiteres Verbrennungsgut wie Gefängnisketten oder eine obligatorische lettre de cachet. Dagegen ist die Tuschzeichnung des früheren Festes von 1798 (Abb. 7) aus einer entfernteren Perspektive gesehen, so dass nur die größeren Requisiten wie insbesondere Teile des Throns, die Krone oder das Zepter erscheinen, während andererseits Teile einer Guillotine als Symbol der jakobinischen Schreckensherrschaft erkennbar sind. Darüber hinaus gibt die Tuschzeichnung nicht nur einen Gesamteindruck der Verbrennung, sondern weist auch auf die mit dem Verbrennungsritual beabsichtigte Reinigung hin, indem über den Flammen und dem Rauch in der Idealität einer Strahlengloriole die Symbole der Freiheit (Jakobinermütze) und der Gleichheit (Dreieck mit Senklot) auf die Grundprinzipien der Revolution verweisen[267].

Schließlich griff das Fest des 9./10. Thermidor als eines der wenigen Nationalfeste über die Grenzen der Departementshauptstadt und der Kantonshauptorte hinaus. Hierzu scheint es allerdings für 1798 eine Anregung der Zentralverwaltung gegeben zu haben[268], denn auffallend viele Kantone (6) weisen in ihren Festberichten ausdrücklich nach, dass sie durch besondere Zirkulare die Bewohner der Kantonsorte eigens zu dem Fest eingeladen hätten, und Blieskastel fügt sogar den Text seines Zirkulars in den Festbericht ein. Damit in Zusammenhang steht der Brauch, das Fest durch Glockengeläut in allen Gemeinden und nicht nur im Kantonshauptort anzuzeigen (7 Kantone). In

---

[267] STEIN: Ikonographie, 1989, S. 222; Die Französische Revolution und die Saar, 1989, Nr. 278, S. 226, 227. Die Ausstellung übernahm diese Darstellung auch in Plakat und Katalogcover.
[268] Nachweisbar ist das freilich nicht, das Zirkular der Zentralverwaltung vom 29. Messidor VI / 17. Juli 1798 (LHA Koblenz: Best. 276 Nr. 1682) enthält keinen Hinweis darauf.

Bernkastel und St. Wendel sollte dabei das Signal zum allgemeinen Geläut vom Kantonshauptort mit Glocken und Böllern gegeben werden, um dann « *de distance en distance* » (St. Wendel) durch den ganzen Kanton weitergegeben zu werden. Hält sich dies allerdings noch im Rahmen von Bräuchen, die auch sonst bei Nationalfesten im Saardepartement vorkommen und hier nur besonders sorgfältig protokolliert worden zu sein scheinen, so ist es doch außergewöhnlich, wenn 1798 im Kanton Schweich die Feiern gänzlich in die Gemeinden verlegt, im Kanton Bernkastel Parallelfeiern in allen Gemeinden angeordnet und noch 1799 im Kanton Meisenheim der erste Tag des Festes für Feiern in den Gemeinden verwendet werden sollten. Auf der Dorfebene konnten diese Feiern natürlich nur in Reden des Agenten vor der Gemeindeversammlung (« *devant la commune assemblée* ») sowie in der Verlesung von Gesetzestexten oder der Verfassung bestehen. Wollte man darüber hinausgehen, wie 1798 in Bernkastel, musste man anderswo Anleihen machen. Hier war nämlich auch auf Gemeindeebene das Fest als eine zweitägige Feier konzipiert worden, wobei der zweite Tag dem Agenten für die Verlesung von Gesetzestexten gehörte, am ersten Tag aber der jeweilige Gemeindepfarrer gebeten wurde, eine Messe zu lesen und dabei eine auf das Fest bezogene Rede zu halten[269]. Das war ein mutiger und vielleicht zu mutiger Versuch, denn er wurde sofort mit der Anweisung verbunden, dass die Pfarrer den Text ihrer Reden aufbewahren sollten, damit er ggf. von der Kantonsmunizipalität angefordert werden könnte. Wie begeistert die Pfarrer unter diesen Umständen an den Gemeindefesten mitgewirkt haben werden, lässt sich denken, Berichte sind aber nicht erhalten. Auch wenn so die Durchführung der Dorffeste im Dunkeln bleibt, zeugt aber doch auch schon der Versuch einer stärkeren Popularisierung des Festes von Engagement.

Über die auf wenige Kantone in Grenznähe und auf die Departementshauptstadt beschränkte Rezeption des vollen innerfranzösischen Zeremoniells des Festes hinaus zeigen so viele Kantone eine ausgeprägte Betonung der Freiheitssymbolik in der Ausgestaltung des Festes. Das Fest des 9./10. Thermidor wurde also nicht als revolutionäres Ereignisfest, sondern als allgemeines Freiheitsfest rezipiert, an das mitunter sogar ein lokales Zeremoniell anzuknüpfen versuchte und für das man sich um eine breite Akzeptanz bei der Bevölkerung bemühte. Gerade die Reduktion des Zeremoniells auf die eingeführten Formen der Nationalfeste dürfte dabei das Verständnis der Festsymbolik gefördert haben. Allerdings bedurfte die Festsymbolik des politischen Kommentars, sollte die Teilnahme am Räuber-und-Gendarm-Spiel wirklich zu einem politischen Verständnis der Festkultur führen.

---

[269] « *Enjoindre également à tous les curés, que le lendemain matin 9 thermidor ils ayent [sic] à célébrer, chacuns [sic] dans leurs communes respectives, une messe solemnelle [sic]* ». Ein Hinweis auf die protestantischen Gemeinden fehlt.

Der Kommentar erfolgte in den Festreden. Dabei waren freilich Darstellungen der Geschichte der großen Ereignisse der Revolution (1789, 1792, 1794) in ihrer revolutionären Ereignislogik selten[270]. Die Geschichte der Französischen Revolution war eine fremde Geschichte, die nur unter besonderem Aspekt den rheinischen Zuhörern zu vermitteln war. Nicht die Revolution hatte ja das Rheinland betroffen, sondern der Revolutionskrieg. Als Kriegsgeschichte ließ sich die Revolutionsgeschichte aber sogar in postthermidorianischer Perspektive darstellen[271]: die Kriegsschuld traf nun die Emigranten und die mit ihnen verbündeten Monarchien, und die Kriegslasten und insbesondere die Ausplünderungsaktionen des Winters 1794/95 wurden nun den Jakobinern angelastet, so dass das Direktorium nicht nur das Leiden der Bevölkerung zugeben, sondern mit der erfolgten Annexion auch Besserung in Aussicht stellen konnte (Die Regierung « *weiß, daß ihr gelitten habt, sie wird Euren Verlust zu ersetzen wissen* »). Die Revolutionsgeschichte selbst aber war nur als Parallelgeschichte oder Transfergeschichte in Beziehung zum Rheinland zu setzen. Als Parallelgeschichte konnte die Unterdrückung des Volkes durch den Adel und die Verkehrung von Religion im Sinne von ursprünglicher Nächstenliebe und Toleranz zu einem Herrschaftsinstrument, wie sie für Frankreich galten, in Beziehung gesetzt werden zu ganz ähnlichen Zuständen « *bey uns* »[272]. Als Transfergeschichte konnte die Reihe der großen revolutionären Ereignisse in Frankreich zeigen, dass auch « *für uns* » Freiheit möglich sei oder dass Frankreich die Freiheit auch « *für uns* » gebracht habe[273].

Immer aber mündete diese Funktionalisierung der Revolutionsgeschichte in die konkrete Frage nach der Freiheit hier im Saardepartement. Die Antwort erfolgte auf zweierlei Weise. Einmal konnte Freiheit allgemein und abstrakt definiert werden. Dazu wurde auf die Verfassung verwiesen, die gelegentlich auf den Freiheitsaltären lag (1798: Manderscheid, 1799: Grumbach) und die auch gerade volltextlich im Druck durch die Zentralverwaltung verteilt wurde (Birkenfeld 1798)[274]. Aus ihr wurde bei allen Nationalfesten gerne die Präambel über die Rechte und Pflichten des Menschen und Bürgers verlesen, wie es auch bei diesem Fest geschah (Manderscheid, Merzig, Prüm). Im Gegensatz zu den ersten Festen bei der Einsetzung der Verwaltungen standen hier aber nicht so sehr die individuellen Freiheitsrechte im Vordergrund, sondern der Kontext der Revolutionsfeiern trug zu einer Moralisierung des

---

[270] Am ehesten noch bei der Rede von Chefsekretär Blechmann in Büdlich, 1798.
[271] Chefsekretär Hommerich in Hermeskeil, Domänendirektor Lelièvre in Trier, 1798.
[272] Chefsekretär Hommerich in Hermeskeil., 1798
[273] Munizipalangestellter Euler in Baumholder, Chefsekretär Lichtenberger in Birkenfeld, Präsident Kretz in Blieskastel, Chefsekretär Blechmann in Büdlich, Chefsekretär Hommerich in Hermeskeil, 1798; Kommissar Baur in Grumbach 1799.
[274] Festbericht Birkenfeld: « *La première lecture solennelle [sic] de l'auguste code de la Constitution française qui vient de nous être adressé par l'autorité supérieure* ».

Freiheitsbegriffes bei. Gefordert wurden Unterordnung unter die Gesetze und soziale Tugend (Birkenfeld[275]). Immerhin wurden aber je einmal die Wahlrechtsbestimmungen für die Primärversammlungen in den Kantonen verlesen (St. Wendel) oder die Freiheitsrechte einzeln in einer Rede vorgestellt, nämlich Religionsfreiheit als Toleranz, Wahl von Gesetzgebern und Richtern, Handelsfreiheit und Befreiung von Feudalabgaben (Friedensrichter Lohr in Wittlich). Das waren Punkte, die teilweise nicht unproblematisch waren, und teilweise auch nur Wechsel auf die Zukunft darstellten. Am problematischsten war aber die Aufhebung der Feudallasten, die vielfach als eine zweite, konkrete Möglichkeit erschien, Freiheit in Bezug auf das Saardepartement zu definieren. Die Verbrennungs- und Zerstörungsriten des Festes hatten verschiedentlich darauf Bezug genommen, und einmal wurde sogar das Gesetz über die Aufhebung der Feudalrechte wie ein Verfassungstext rituell verlesen (Hermeskeil). Es war ein zentraler Punkt, weil hier die neue französische Verwaltung für jeden einzelnen spürbar werden konnte. Ja, die Feudalrechte waren aufgehoben! Aber wie sah die Wirklichkeit außerhalb des Festrituals aus? Hier waren die Feudalrechte nur durch neue Steuerforderungen ersetzt worden, die drückender waren als die vielgeschmähten feudalen Abgaben. Dieser Wechsel war so dominant, dass kein Redner den Steuerdruck einfach ignorieren konnte. Als Lösung ließ sich aber nur auf eine bessere Zukunft verweisen: auf das Ende des Krieges und auf die vollkommene Reunion. Die Republik lief so Gefahr, auf das Ghetto des Festes beschränkt zu bleiben.

4.3. Fest des 21. Januar 1793: Geschichte als Paradigma

Unter den politischen Nationalfesten nimmt das Fest der Erinnerung an die Hinrichtung von Ludwig XVI. am 21. Januar 1793 eine Sonderstellung ein. Natürlich war es ein Fest der Revolutionsgeschichte, das schon im Festdekret von Robespierre vom 18. Floréal II vorgesehen und dann vom thermidorianischen Konvent mit Dekret vom 21. Nivôse III / 10. Januar 1795 ausdrücklich bestätigt worden war. Aber es war nicht einfach ein Traditionsfest, sondern es bedeutete zugleich und vor allem eine jeweils aktuelle Erneuerung der Legitimierung des Königsmordes. Gerade weil die royalistische Propaganda immer wieder die Hinrichtung von Ludwig XVI. und seiner Familie in Szene setzte, nahm die republikanische Feier dieses Tages wie kaum ein anderes Nationalfest den Charakter einer politischen Demonstration an[276]. Das Fest legte Frankreich auf die Staatsform der Republik fest. Das erklärt den um Rechtfertigung

---

[275] Festbericht Birkenfeld: «*attachement à la République, soumission à la loi, subordination aux autorités constituées*». Festbericht Birkenfeld: «*nul n'est bon citoyen, s'il n'est pas bon fils, bon père, bon frère, bon ami, bon époux, bref qu'il n'y a point de vrai patriotisme sans vertu*», vgl. oben Kap III.

[276] „Celle-ci n'est pas, à proprement parler une fête, mais plutôt une manifestation", FRAY-FOURNIER: Les fêtes nationales dans la Haute-Vienne, 1902, S. 124.

und Unabänderlichkeit des Ereignisses bemühten Titel des Festes als « *Fest der gerechten* [!] *Bestrafung des letzten* [!] *Königs der Franzosen* [!] »[277]. Aber Erinnerungsfest wie politische Demonstration waren nur der freilich stets präsente Hintergrund, vor dem das Direktorium dann eine Transformation des Festes als Tag der jährlich zu erneuernden Eidesleistung durch alle Funktionäre der Republik versuchte[278] und dies nach dem 18. Fruktidor noch dadurch betonte, dass es dem Fest ein ausgesprochen religiöses Zeremoniell gab[279]. Hier ging die Enthistorisierung der revolutionären Ereignisfeste in Frankreich am weitesten, denn von der Hinrichtung des Königs blieb nur das Paradigma des Eidbruches als mahnende Drohung gegenüber allen Funktionären[280].

Im Rheinland wurde das Fest erst durch die Verwaltungsverordnung vom 1. Thermidor VI / 19. Juli 1798 im Zusammenhang mit der Erweiterung der Einführung der Nationalfeste auf alle unter dem Direktorium zu begehenden Feste eingeführt, so dass es hier erst im Januar 1799 gefeiert werden konnte und damit nur einmal vor dem Ende des Direktoriums stattfand[281]. Dabei wurde es nicht als Ereignisfest der Revolutionstradition rezipiert, sondern als Tag der Eidesleistung für die Funktionäre, wobei der neue innerfranzösische Ritus gleich zur Anwendung kam. Das Fest fiel zeitlich sehr günstig. Neun Monate nach der Einrichtung der Kantonsverwaltungen und zu einem Zeitpunkt großer politischer Stabilität des Regimes konnte die formelle Vereidigung der Funktionäre auf die Republik zu einer Demonstration der festen Etablierung der Französischen Republik im Rheinland werden.

Das Fest war ein Winterfest, das meist im Dekadentempel abgehalten wurde. Im Saardepartement war es das erste Nationalfest, für das die Zentralverwaltung den Dekadentempel als Festort vorschrieb. In den allermeisten

---

[277] Ozouf: La fête révolutionnaire, 1976, S. 209-213.
[278] Loi du 23 nivôse IV / 13. Januar 1796 (Bulletin des lois 18, n° 109), ergänzt durch Gesetz vom 28. Nivôse V / 7. Jan. 1797 (Bulletin des lois 99, n° 945), Gesetz vom 24. Nivôse V / 13. Jan. 1797 (Bulletin des lois 100, n° 949).
[279] Arrêté du Directoire exécutif sur la célébration de l'anniversaire de la juste punition du dernier roi des François, 3. Frimaire VII / 23. November 1798 (Bulletin des lois 242, n° 2194). Dazu Zirkular von Innenminister François de Neufchâteau vom 30. Frimaire VII / 20. Dez. 1798 (François de Neufchâteau: Recueil, Bd. 2, S. 356-360).
[280] Ozouf: La fête révolutionnaire, 1976, S. 212.
[281] LHA Koblenz: Best. 241 Nr. 633; Best. 276 Nr. 2170-2171, die hier fehlende Unterschriftenliste für Baumholder liegt im Familienarchiv des Kommissars LHA Koblenz: Best. 700,152 Nr. 59(7); Zirkular der Zentralverwaltung des Saardepartements vom 5. Nivôse VII / 25. Dez. 1798, LHA Koblenz: Best. 700,152 Nr. 56 (Stück 19); zur Festpublizistik siehe Verzeichnis 2: Publizistik der Nationalfeste; zu Trier vgl. Hansen: Quellen, Bd. 4, 1938, S. 1012; für St. Arnual siehe Köllner: Geschichte, 1861, S. 491, der sich hier offenbar auf das damals noch vorhandene Register des Kommissars stützten konnte.

Kantonen ist das Fest dann auch im Dekadentempel gefeiert worden, und vielfach sind die Dekadentempel im Saardepartement überhaupt erst mit diesem Fest in Gebrauch genommen worden[282]. Aber der 21. Januar 1799 war ein kalter Tag, so dass in Blieskastel der Zug wegen Glatteis nicht den Weg zur ehemaligen Schlosskirche auf dem Berg nehmen konnte und man in Grumbach sogar darauf verzichtete, die Feier in der nicht beheizbaren Kirche abzuhalten. Hier wie in einigen anderen Kantonen konnte die Feier deshalb nur im Sitzungssaal der Kantonsverwaltung stattfinden. Überall aber war es ein Saalfest, bei dem die normalen Festelemente von Musik und Reden durch das besondere, neue Ritual mit Anrufung des höchsten Wesens, Verwünschung von Eidbrechern und Royalisten und nicht zuletzt der öffentlichen Eidesleistung als dem eigentlichen Festgegenstand ergänzt wurde, wie es das Direktorium für Innerfrankreich vorgeschrieben und die Zentralverwaltung es für das Saardepartement übernommen hatte. Ebenso schrieb das Zirkular der Zentralverwaltung in Übereinstimmung mit dem Arrêté des Direktoriums vor, dass allein der Präsident die volle Eidesformel leisten sollte, während von den anderen Funktionären nur die zustimmende Formel « je le jure » / « ich schwöre » sowie die Unterschrift unter die Eidesformel gefordert wurden. Allerdings bestand die Zentralverwaltung für das Saardepartement auf einer individuellen Eidesleistung, während das Direktorium nur eine kumulative Eidesleistung (« *nous le jurons* ») vorgeschrieben hatte. In einigen Kantonen wie in Birkenfeld wurde der Eidesleistung eine sakrale Weihe gegeben, indem die Unterschriftsliste im Dekadentempel auf dem Vaterlandsaltar auslag und dann die Funktionäre einzeln an den Altar herantraten, um Schwur und Unterschrift zu leisten. In anderen Kantonen wie z.B. in Meisenheim oder Pfalzel wurden dagegen die Sakralfeier im Dekadentempel und die Eidesleistung im Sitzungsaal der Kantonsverwaltung getrennt, so dass die Eidesleistung eher den Charakter eines internen Verwaltungszeremoniells hatte.

Vereidigt wurden in den Kantonen der Kommissar, der Präsident der Kantonsmunizipalität sowie die Agenten und Adjunkten der einzelnen Gemeinden des jeweiligen Kantons, was schon alleine ein Personal von bis zu 60 oder 80 und mehr Personen umfassen konnte. Hinzu kamen dann noch der Sekretär und weitere Angestellte der Kantonsverwaltung sowie außerdem die Mitglieder der sonstigen Verwaltungen. Das betraf die Justiz mit dem Friedensrichter, seinen Assessoren und dem Notar sowie deren Hilfskräfte, die Steuer- und Domäneneinnehmer sowie die Gendarmerie und die Feld- und Waldschützen. In

---

[282] Man kann davon ausgehen, dass das Fest in 22 Kantonen im Dekadentempel bzw. in einem Kanton (Ottweiler) im Dekadensaal gefeiert wurde, wenn auch in einigen Fällen der Dekadentempel noch als « église » (Birkenfeld, Lebach, Pfalzel) oder als « *lieu destiné aux fêtes décadaires* » (Blankenheim, Gerolstein) oder gar auch nur als « *lieu destiné pour la célébration de la fête* » (Prüm) bezeichnet wurde. Vgl. Kap. III, 2.

Birkenfeld, Prüm und Saarbrücken kam dazu noch das Personal der dortigen Bezirksgerichte[283]. In Trier war die Zahl am größten, da hier alle Funktionäre und Angestellten der Departementsbehörden zur Eidesleistung aufgerufen waren, allerdings fehlten hier die Agenten und Adjunkten der vielen Kantonsgemeinden, und die Stadtmunizipalität bestand nur aus sieben Mitgliedern sowie dem Kommissar, dem Sekretär und den Angestellten. Die Zahl der Eidleistenden dürfte in Trier etwa 140 Personen umfasst haben[284]. Alle diese Personen hatten nun bei der Feier einzeln vorzutreten, um Eid und Unterschrift zu leisten.

Die Vereidigung der Funktionäre war völkerrechtlich nicht unbedenklich, da nach traditionellem Recht Besatzungstruppen zwar einen Treueid, aber keinen Untertaneneid fordern durften. Regierungskommissar Rudler hatte das Problem auch durchaus gesehen und deshalb erwogen, den Eid nur von den französischen Funktionären zu fordern, wofür er bei Justizminister Lambrechts auch Verständnis gefunden hatte[285]. Aber andererseits konnte man das Fest, nachdem es nun einmal in den rheinischen Departements eingeführt worden war, auch schlecht ohne Eidesleistung feiern. So verfiel man auf den Ausweg, nur einen einfachen Treueid zu fordern[286], d.h. ohne die Formel « haine à la Royauté et à l'anarchie ». Aber auch diese Unterscheidung wurde von der Dynamik des Festes überholt. Bei der Eidesleistung in Trier leistete zunächst Lintz als Präsident der Zentralverwaltung den Eid in der vorgeschriebenen Form als einfachen Treueid, dann aber wiederholte Boucqueau als Kommissar bei der Zentralverwaltung nicht nur diesen Eid als Beamteneid für die annektierten Departements, sondern fügte daran unter ausdrücklicher Berufung auf seine Funktion als französischer Beamter auch noch die volle Eidesformel an, worauf dann alle nach ihm noch aufgerufenen Funktionäre natürlich die gleiche, umfassendere Eidesformel benutzen bzw. bestätigen mussten. Aber auch sonst waren die Grenzen fließend, indem die erweiterte Eidesformel auch in Daun von dem (französischen) Kommissar Humbert und in Wittlich von dem (deutschen) Präsidenten Weiss verwendet wurde. Auch sonst gab es in verschiedenen Kantonen in den Reden mehr oder weniger deutliche An-

---

[283] Vgl. Anhang 4: Eidesleistung in einigen Kantonen des Saardepartements, 1799.

[284] Die erhaltene Liste umfasst 128 Namen - LHA Koblenz: Best. 276 Nr. 2170/2171. Trier wurde dabei mit sieben Verwaltern wie eine Stadt mit mehr als 10.000 Einwohnern behandelt. Erst Ende 1799 setzte die Zentralverwaltung die Bevölkerungszahl der Stadt auf 9.535 fest, womit sich die Zahl der Verwalter der Stadt auf 5 reduzierte, vgl. Der Trierische Anzeiger für das Saardepartement, Nr. 9, 15. Brumaire VIII / 6. November 1799. In der Liste fehlen die Mitglieder und Angestellten der Zentralverwaltung, für die es anscheinend eine separate Liste gegeben hat, die nicht gefunden wurde.

[285] HANSEN: Quellen, Bd. 4, 1938, S. 1008; AN Paris: F^{1e} 42.

[286] « Je jure attachement et fidélité à la République française et de remplir avec zèle les devoirs de la place qui m'est confiée ».

spielungen auf den Hass auf das Königtum und die Anarchie[287]. Damit wurde in den Eidesformeln teilweise nachvollzogen, was der Festrahmen, in dem die Vereidigung stattfand, ohnehin schon implizierte. Es handelte sich nicht um einen Treueid, mit dem etwa die Verwaltung eines besetzten Gebietes die zeitweilige Oberhoheit einer Besatzungsmacht anerkannte, sondern um den Beamteneid der Verwaltungen der Französischen Republik, woran nun hier im annektierten Gebiet auch einheimische (deutsche) Funktionäre beteiligt waren. In diesem Sinn war auch schon die erste Eidesleistung der Trierer Funktionäre am Fest der Volkssouveränität im März 1798 erfolgt.

Insofern sollte die rechtliche Bedeutung dieses Eides nicht unterschätzt werden. Mochten Eidesleistungen in Innerfrankreich bei den französischen Nationalfesten auch fast inflationäre Züge angenommen haben und zu einem einfachen Festritual banalisiert worden sein, so wurden doch in den annektierten Departements mit dieser Eidesleistung die Funktionäre der französischen Verwaltung nun auf die Französische Republik vereidigt. Das war ein Einschnitt, und gerade den ehemaligen Beamten aus der vorfranzösischen Zeit dürfte dies auch bewusst gewesen sein. Im Fall des Präsidenten der Zentralverwaltung Lintz ist dies auch direkt nachvollziehbar, indem er seine Festrede bei der Feier in Trier zu einer Absage an die ehemalige kurfürstliche Regierung benutzte und dabei in Parallelität zu der Redefigur von Ludwig XVI. als dem « *dernier roi des Français* » nun von dem Trierer Kurfürsten Clemens Wenzeslaus als « *unserm letzten Fürst[en]* » sprach. Auch inhaltlich konnte Lintz dabei wichtige Elemente der französischen Absolutismuskritik übernehmen, indem er auf die Vermehrung der Schuldenlast durch eine aufwendige Hofhaltung, auf die Lastenfreiheit des Adels und auf die Unterdrückung der Aufklärung hinwies. Den Endpunkt der Abrechnung mit dem Kurstaat bildete schließlich die Kritik am Kurfürsten selbst wegen der Aufnahme der französischen Emigranten und der Teilnahme am Krieg gegen Frankreich. Der Treueid gegenüber der Französischen Republik implizierte so (negativ) die Verurteilung des Ancien Régime auch im Rheinland. Lintz ging aber noch einen Schritt weiter und reklamierte auch (positiv) ein eigenes Revolutionsengagement für das Rheinland, indem er auf die Opposition der kurtrierischen Stände gegen die Emigrantenpolitik des Kurfürsten verwies. Wenn er dabei den Beschluss der Landstände erwähnte, sich direkt gegenüber der französischen Nationalversammlung von der Emigrantenpolitik des Kurfürsten zu distanzieren, und ausdrücklich auf die Mission des Syndikus der kurtrierischen Stände Lassaulx zu dem französischen General Custine in Mainz einging, bei der dieser nicht nur um Schonung für die kurtrierischen Lande gebeten, sondern auch die Übergabe von Koblenz angesprochen habe, so darf das in diesem Zusammenhang als ein Bekenntnis zur Französischen Revolution

---

[287] Kommissar Hilscher in Blankenheim, Präsident Junker in Grumbach.

gewertet werden[288]. Die Leistung des Beamteneides verband der Präsident der Zentralverwaltung des Saardepartements somit mit einem öffentlichen Bekenntnis zur Französischen Republik und reklamierte dies für die gesamte Bevölkerung. Auch wenn Lintz dabei die ständische Opposition in Kurtrier aus aktuellem Anlass im revolutionären Sinn stilisierte[289], zeigt sich bei ihm aber doch deutlich die Bedeutung, die er dem Eid beimaß. Hier war ein politischer Schritt des Anschlusses an die französische Verwaltung im Rheinland getan, der nicht einfach wieder zurückgenommen werden konnte.

Auch wenn man den gleichen Reflexionsstand, den der Präsident der Zentralverwaltung als ehemaliger kurtrierischer Beamter zeigte, nicht bei allen anderen Feiern in den Kantonen voraussetzten kann, so dürfte aber auch hier die Bedeutung der Vereidigung der Verwaltung auf die Republik ernst genommen worden sein. Dafür spricht schon eine relativ große Beteiligung der Bevölkerung an dem Fest, die für verschiedene Kantone bezeugt ist[290] und die in Hermeskeil sogar dazu führte, dass die Kirche als Dekadentempel kaum die Menge fassen konnte[291]. Die Vereidigung war also ein Ereignis. Dafür spricht weiter die Stilisierung des Festes als Freiheitsfest, bei dem weniger die Bestrafung eines Eidbruches betont wurde[292] als die Befreiung vom Königtum[293]. Weniger trug dazu allerdings das Festzeremoniell bei, auch wenn je einmal Symbole des Königtums verbrannt (Manderscheid) und die Verfassung auf dem Vaterlandsaltar ausgelegt wurden (Saarbrücken), denn die sonst in Innerfrankreich für dieses Fest vorgesehene Neupflanzung von Freiheitsbäumen[294] konnte im Rheinland witterungsbedingt kaum zur Wirkung gelangen, obwohl die Zentralverwaltung des Saardepartements die Bestimmung getreulich in ihr Zirkular übernommen hatte[295]. Vielmehr erfolgte die Interpretation des Festes als Befreiungsfest durch Gesang und Rede. Die Zentralverwaltung hatte eigens zur Abfassung von Liedern aus Anlass des Festes aufgerufen und dann

---

[288] Wieweit sich Lassaulx gegenüber Custine eingelassen hat, ist nicht genau zu klären, und auch Lintz als Zeitzeuge hält sich in seiner Formulierung bedeckt: « *Custine nahm Mainz ein, und Ehrenbreitstein war bereit, mit Koblenz in seine Hände zu fallen* ».

[289] Auch wenn die landständische Opposition noch keine revolutionären Forderungen vertrat, so hatte sie doch eine Gesamtrepräsentation für das ganze Land in Anspruch genommen. Das erklärt auch die harte Haltung der kurfürstlichen Regierung, die im Direktorium der Landstände insofern nicht ganz zu Unrecht eine « *oberstiftische Assemblée nationale* » sah, vgl. Ausstellungskatalog: Untertan, Citoyen, Staatsbürger, 1981, S. 55.

[290] Kusel (« *nombreux concours d'habitants* »); Kyllburg (« *quantité prodigieuse de citoyens et citoyennes* »); Prüm (« *un grand nombre de citoyens* »); Trier (« *peuple nombreux* »).

[291] « *Le temple étoit tellement rempli qu'à peine tous les citoyens y trouvèrent place* ».

[292] So allerdings die Reden des Kommissars Simonis und des Präsidenten Schilling in Blieskastel, vielleicht auch hier noch durch die Nähe zu Innerfrankreich vermittelt.

[293] Rede über die Hinrichtung des letzten Königs von Frankreich, ohne Angabe des Verfassers, in: Journal für das Saardepartement (vgl. Verzeichnis 2: Publizistik der Nationalfeste).

[294] Loi relative aux arbres de la liberté, 24. Nivôse VI / 13. Januar 1798 (Bulletin des lois 176, n° 1658).

auch die Texte des Kommissars bei der Kantonsmunizipalität Konz Stammel und des designierten Professors an der Zentralschule Wirz offiziell drucken lassen. Außerdem liegt noch ein weiterer gedruckter Liedtext des (deutschen) Richters Gand vor. Die Texte feiern das Fest in der Tradition der revolutionären Freiheitsfeste als übernationale Befreiung der ganzen Menschheit, die sich bei Stammel sogar ausdrücklich auch auf den (rechtsrheinischen) « *deutschen Mann* » bezieht. Ähnlich feiert ein ungedruckter Liedtext des Agenten der Gemeinde Rengen (Kanton Daun) Stoll das Fest als ein Befreiungsfest. Wenn er dabei für Freiheit und Menschenrechte streitet und die inzwischen etwas unzeitgemäß gewordene Devise « *Freiheit oder Todt* » rezipiert, dürfte man es hier mit einem lokalen Republikaner zu tun haben. Allerdings erlauben es seine nur sporadischen Ämter nicht, seine politische Biographie genauer zu verfolgen[296]. Zitieren wir den Anfang seiner langen Reimarbeit:

> « *Zerbrech das Joch, zerreiß die Ketten,*
> *zerreiß sie, Volk in Gelien* [i.e. Gallien].
> *Jetzt ist die Zeit, dich zu erretten*
> *und aus der Sklaverei zu gehn.*
> *Zur Freiheit hat uns Gott geschaffen,*
> *die sei auf ewig unser Glück.*
> *Allein, die Fürsten und die Pfaffen,*
> *erzogen uns am Sklavenstrick.* »

Die Interpretation des Festes als eines Befreiungsfestes (« *journée mémorable où la liberté a brillé dans toute sa gloire* »[297]) wurde aber nicht etwa in diesem Sinne zu einem Transfer benutzt, dass die Redner die Aufforderung an die rheinische Bevölkerung gerichtet hätten, sich nach dem französischen Vorbild nun auch selbst zu befreien. Bescheidener und politisch korrekter bezogen sie sich lediglich auf die schon erfolgte Befreiung durch die französische Eroberung, womit dann auch die Eidesleistung als Dankesbezeugung gerechtfertigt war[298]. Auch diese Rezeption des Festes in den Kantonen bedeutete so eine Positionsnahme, selbst wenn sie etwas nuancierter ausfiel als in Trier. Lintz hatte für die Trierer Zentralverwaltung die Eidesleistung wie ein französischer Funktionär vollzogen, indem er eine Parallelgeschichte zwischen Frankreich und dem Rheinland unterstellte. In den Kantonen dagegen war der Eid eine Anerkennung für gewährte Freiheiten, was auch eine Konditionierung

---

[295] Nur in Herrstein wurde ein neuer Freiheitsbaum gepflanzt, während sonst die anstehenden Neupflanzungen auf später verschoben und dann meist erst beim Fest der Volkssouveränität am 20. März ausgeführt wurden.
[296] Außer dem Amt als Agent seiner Gemeinde übernahm er zweimal vertretungsweise Funktionen im Kanton, und zwar zunächst als Chefsekretär und später als Präsident, vgl. STEIN: Verwaltungspartizipation III, 2002, S. 387.
[297] Rede von Präsident Weyrich in Rhaunen.
[298] Rede von von Präsident Weyrich in Rhaunen und von Präsident Weiss in Wittlich.

der Anerkennung beinhalten konnte. Die mit dem Eid verbundene Herrschaftsanerkennung wurde in den Kantonen damit deutlicher.

Eine so exponierte Positionsnahme konnte freilich auch Widerstand herausfordern. Die einfachste Form des Widerstandes war die Verweigerung. Ein Teil der Funktionäre erschien einfach nicht zur Eidesleistung. Die Eideslisten geben genaue Aufstellungen über die anwesenden und abwesenden Beamten, wobei in mehr als der Hälfte der Kantone die Funktionäre nicht vollständig zur Eidesleistung erschienen waren. In den meisten Fällen handelte es sich aber um Abwesenheit wegen Krankheit oder Dienstverpflichtungen, so dass nicht feststellbar ist, inwieweit hier tatsächlich eine Absicht vorlag, den Eid zumindest nicht öffentlich leisten zu müssen. Ein größeres Ausmaß erreichte dieser Absentismus aber nur in wenigen Kantonen. In Lebach fehlten 12 Adjunkte mit der Begründung, dass sie sich nicht selbst präsentieren müssten, wenn doch die Agenten der jeweiligen Orte anwesend wären. Hier wurde der Eid also als Gehorsamseid der Orte und nicht als persönlicher Eid der Funktionäre aufgefasst. In den meisten Kantonen wurde die Anwesenheit oder Nichtanwesenheit der Funktionäre nur bei den Mitgliedern der Kantonsverwaltung und den ihr direkt unterstellten Angestellten nachgeprüft. Selten war es dagegen, dass Kommissare die Gelegenheit zu einer persönlichen Überwachung von Funktionären und Bevölkerung benutzen wollten. Wenn Hilscher als Kommissar in Blankenheim versuchte, die Lehrer der nicht-staatlichen Sekundarschule, die alle Priester waren, und die ehemaligen Beamten der Verwaltung der Grafschaft Blankenheim wegen Eidverweigerung zu denunzieren, musste dies scheitern, da sie als Nicht-Funktionäre nicht zur Eidesleistung verpflichtet waren und noch nicht einmal zur Teilnahme an den Festen gezwungen werden konnten. Auch wenn Kommissar Humbert in Daun den Chefsekretär Voegele und seinen commis denunzierte, den Eid nur widerwillig geleistet zu haben, hatte dies keine Konsequenzen für die Betroffenen. Eine wirkliche Demonstration der Eidverweigerung gab es nur in Ottweiler, wo mehr als ein Drittel der Agenten (13 von 35) nicht zur Eidesleistung erschien und dies zum Teil auch ausdrücklich mit einen Gesuch um Ablösung verband. Die Unwilligkeit, das unbezahlte und undankbare Amt des Agenten oder Adjunkten zu übernehmen, ist bekannt, aber hier verband sie sich mit einer politischen Aktion, die vielleicht auch noch über die Festveranstaltung hinausging, denn bei dem Fest erfolgte auch noch eine Festnahme durch die Gendarmerie wegen eines Auflaufes[299]. Weiteres ist über diese Aktion nicht bekannt, aber gleichzeitig wurde auch bei dem Fest in Daun Sabotage verübt. Bei der Ankündigung des Festes am Vorabend ver-

---

[299] AN Paris: F⁷ 7470: Festnahme von « *André Féroux prévenu de complicité d'un rassemblement d'hommes à Ottweiler le 2 pluviôse* ». Der Festbericht erwähnt dieses Ereignis nicht.

stummten plötzlich die Glocken, weil alle Glockenseile gleichzeitig gerissen waren. Natürlich konnte der Zwischenfall schnell behoben werden, so dass das Ankündigungsgeläut nach kurzer Unterbrechung fortgesetzt wurde, aber die Provokation war geglückt. Die Feiern waren also sowohl in Ottweiler wie in Daun kaum beeinträchtigt worden, aber das Fest hatte doch eine ambivalente Wirkung. Während es einerseits wegen der Zeremonie der Eidesleistung und der Einweihung des Dekadentempels die Neugierigen anzog, war andererseits auch die Tendenz zu einer Reduzierung der Vereidigung auf einen internen Verwaltungsvorgang deutlich. Allerdings hatte das Fest auch hier seinen politischen Ort, und selbst in Innerfrankreich war das Fest kein Anlass zu einem politischen Bekenntnis über den Kreis der Funktionäre hinaus. Nur wo Militär an der Feier teilnahm, wurde es in die Eidesleistung mit einbezogen. So ist es gerade nicht ein Normalfall, wenn in Trier ein hier ansässig gewordener Franzose bei der Feier um seine Zulassung zur Eidesleistung bat, sondern charakterisiert eher den durch die koloniale Ghettosituation geprägten Sonderstatus der Franzosen im Rheinland. Bemerkenswerter ist dagegen, dass in Wadern die Eidesleistung der französischen Nationalgarde nachgeahmt wurde. Natürlich gab es in Wadern wie insgesamt im Rheinland keine Nationalgarde, die wie in Frankreich an dem Fest hätte teilnehmen können. Aber immerhin war hier aus der waffenfähigen Jungmannschaft eine Imitation der französischen Nationalgarde gebildet worden, die bei dem Fest paradierte und dann - genauso wie die richtige Nationalgarde in Innerfrankreich - den Eid auf die Republik leistete, wenn auch getrennt von der Eidesleistung der Funktionäre, nämlich bei der Vorführung ihrer militärischen Exerzierübungen[300]. Darüber hinaus gewann das Fest auch mit dem häufig durchgeführten Beiprogramm von Bällen und Banketten an Breitenwirkung.

4.4. Revolutionsgeschichte und annektiertes Rheinland

Die Feste des Sturms auf die Bastille (14. Juli 1789), des Sturms auf die Tuilerien (10. August 1792), der Hinrichtung Ludwigs XVI. (21. Januar 1793) und des Sturzes von Robespierre am 9. Thermidor II wurden im Rheinland nicht als Revolutionsgeschichte rezipiert. Die Revolution blieb ein fremdes Ereignis, und es bestand auch keine Notwendigkeit, die Revolutionsgeschichte an die jeweilige politische Aktualität durch immer neue Interpretationen anzupassen. Die Französische Republik war im Rheinland ja nicht das Ergebnis einer Revolution, sondern einer Eroberung. Insofern war es durchaus aufschlussreich, wenn beim Fest der Gründung der Republik als Gründer der Republik nicht - wie von der französischen Verwaltung vorgegeben - die

---

[300] « Un corps de jeunes gens de la commune de Wadern, armés et tous habillés en bleu, formant une garde nationale », « les jeunes gens ont faits des évolutions militaires et ont de leurs propre volonté prêté serment à l'exemple de leurs commandants de fidélité et d'attachement à la République française ».

girondistischen Helden erschienen, sondern - wie ausdrücklich in St. Wendel - die Generäle der französischen Armeen Hoche und Joubert. Die Französische Republik im Rheinland war eine dekretierte Republik im Doppelsinn von einseitiger Verkündigung und Einführung durch Rechtstransfer. So kann es nicht verwundern, dass auch die Feste der französischen Revolutionsgeschichte nur als Freiheitsfeste rezipiert werden konnten, nämlich als Feste der Befreiung und als Feste der Freiheitsrechte. Das wird besonders bei dem Fest des 9./10. Thermidor deutlich, das das am häufigsten im Saardepartement gefeierte Fest war und das durch die Nichtrezeption des innerfranzösischen Zeremoniells den Gestaltungsmöglichkeiten der Kantonsverwaltungen einen weiten Rahmen bot. Aber auch dieser Weg war nicht unproblematisch. Die Betonung der Freiheitsrechte machte das Revolutionsverständnis grundsätzlich, und die Festform der Rezeption führte zu einer Moralisierung des Freiheitsbegriffes. Beide Aspekte mussten sich aber an der Realität der französischen Annexionsverwaltung messen lassen, wo vor allem die fehlenden politischen Rechte und der Steuerdruck hohe Hindernisse für eine Akzeptanz der Republik durch die Bevölkerung bildeten. Eine Überwindung des Hiats zwischen Utopie und Realität konnte deshalb auch bei den Festen der französischen Revolutionsgeschichte nur in der Verbindung von Reunionserwartung und Verfassungsgehorsam angeboten werden.

5. Feste der aktuellen Republik

Die Feste der französischen Revolutionsgeschichte waren aus dem Revolutionsprozess hervorgegangen. Sie stellten die französische Regierung vor die Aufgabe, das Erbe der Revolutionsgeschichte als Voraussetzung des eigenen Regimes zu integrieren und damit ihre Administration zu legitimieren. Aber der politische Prozess schritt ständig weiter und führte zu immer neuen politischen und militärischen Ereignissen, deren Integration in den politischen Wertediskurs notwendig wurde. Es gab also neue politische Feste.

Noch stärker ist bezüglich der Rezeption der Nationalfeste im Rheinland zwischen den Festen der Revolutionsgeschichte und den Festen der aktuellen Republik zu unterscheiden. War die Französische Revolution eine fremde Geschichte, so hatten die großen Ereignisse der aktuellen Französischen Republik doch zumindest eine unmittelbare Auswirkung auf das Rheinland, selbst wenn die Rheinländer ohne volle staatsbürgerliche Rechte dabei in keiner Weise aktiv werden konnten. Nicht von ungefähr bezieht sich deshalb die klarste Aussage der Zentralverwaltung in Trier zu ihrer politischen Aufgabe, die wichtigsten Ereignisse der Französischen Revolution zu vermitteln und die Liebe zur Republik zu fördern, nicht auf ein Fest der Revolutionsgeschichte, sondern auf das erste Fest der aktuellen Republik, nämlich auf das

Fest des Jahrestages des Staatsstreichs vom 18. Fruktidor V: « *Songez que les fêtes républicaines sont instituées pour l'instruction du peuple, destinées à lui faire connaître les principaux événements de la Révolution française et à lui inspirer l'amour du gouvernement républicain* »[301].

5.1. Fest des 18. Fruktidor V: ein überflüssiges Fest

Der Staatsstreich vom 18. Fruktidor V / 4. September 1797 war in der Tat von großer Bedeutung für das Rheinland. Es war das sog. zweite, durch diesen Staatsstreich gebildete Direktorium, das die Annexion des Rheinlandes betrieb und hier die revolutionäre Gesetzgebung einführte. Es war auch dieses Direktorium, das in Innerfrankreich den jakobinischen Klubs eine kurzfristige Renaissance ermöglichte und in diesem Zusammenhang auch in den annektierten Departements die konstitutionellen Zirkel förderte. Es war schließlich dieses Direktorium, das Nationalfeste und Dekadenfeiern reaktivierte und damit in Innerfrankreich wie in den annektierten Departements eine republikanische Erziehung, wenn auch gouvernementaler Tendenz, institutionalisieren wollte. Wie sollte man es nicht mit einem neuen Nationalfest feiern? Aber die Einrichtung des neuen Festes erfolgte erst spät durch das Gesetz vom 2. Fruktidor VI / 19. August 1798[302] und somit erst zu einem Zeitpunkt, als die projakobinische Phase des zweiten Direktoriums schon wieder beendet war und die neojakobinischen Klubs zum allergrößten Teil nicht mehr bestanden. Das Freiheitszeremoniell des Festes war so nicht sehr ausgeprägt[303], eher war es ein angepasstes gouvernementales Fest, das in den Departements und in den Kantonen mit einer Feier im Dekadentempel oder mit Militärparaden begangen wurde[304]. Dagegen scheint es kaum die Gemeindeebene erreicht zu haben, wie es im Stiftungsgesetz des Festes eigentlich vorgesehen war.

Im Rheinland wurde das Fest aufgrund der Annexion gefeiert, konnte aber ohne eigentliche Gesetzesgrundlage nur kurzfristig improvisiert werden. Das Fest zählte nicht zu den von Rudler eingeführten Festen, da es zum Zeitpunkt

---

[301] Zentralverwaltung des Saardepartements an Kantonsmunizipalität von Daun, 26. Fruktidor VI / 12. Sept. 1799 - LHA Koblenz: Best. 276 Nr. 1113.

[302] Loi relative à la célébration de l'anniversaire du 18 fructidor, 2. Fruktidor VI / 19. Aug. 1798 (Bulletin des lois 218, n° 1957).

[303] Die von OZOUF: La fête révolutionnaire, 1976, S. 213ff, hervorgehobene Freiheitssymbolik bei der Feier in Paris darf nicht verallgemeinert werden.

[304] Der Arrêté du Directoire exécutif sur la célébration de l'anniversaire du 18 fructidor, 3. Fruktidor VI / 20. August 1798 (Bulletin des lois 218, n° 1958) hatte kein spezielles Zeremoniell vorgeschrieben und nur die Teilnahme des Militärs in den Garnisonsstädten angeordnet. So dominierten in den größeren Städten Militärfeste: CHARDON: Dix ans de fêtes nationales à Rouen, 1911, S. 282, 316; BOIS: Les fêtes révolutionnaires à Angers, 1929, S. 190, 221. In den Kantonshauptorten war es ein wenig auffälliges Fest mit Reden unter dem Freiheitsbaum oder im Dekadentempel: LEGRAND: Les fêtes civiques à Abbeville, 1978, S. 402, 408; BECQUART: Fêtes nationales à Mareuil, 1972, S. 283.

der Arrêtés des Regierungskommissars noch gar nicht bestanden hatte. Rudler hat aber auch das Stiftungsgesetz des Festes vom 2. Fruktidor VI nicht im Rheinland publiziert. Die einzelnen Zentralverwaltungen hatten so nur informatorisch Kenntnis von dem neuen Fest erhalten. Im Saardepartement veranlasste der Kommissar bei der Zentralverwaltung Boucqueau Ende August 1798, dass die Zentralverwaltung noch kurzfristig die Durchführung des Festes anordnete[305]. Das Zirkular der Zentralverwaltung sah wie in Frankreich selbst keine Zeremonialvorschriften vor, interpretierte das Fest aber als Befreiungsfest für die rheinischen Departements[306]. Nur eine Hymne von Stammel hatte man noch schnell als alleinige Anleitung drucken lassen können. Aber so kurzfristig angesetzt und zeitlich sehr ungünstig im Abstand von noch nicht einmal einer Dekade auf das Fest des Alters folgend, musste das Fest ein Misserfolg werden. Unter den Festen der Anfangsphase der französischen Annexionsverwaltung war es im Saardepartement mit Abstand das Fest mit der niedrigsten Durchführungsquote (13 Kantone) und fiel damit schon auf Werte, wie sie sonst erst in der Krise des Direktoriums zum Ende des Jahres 1799 erreicht wurden. Bei der Wiederholung des Festes in dieser Krisenzeit kam es dann noch schlimmer, denn 1799 scheint es allein in Trier abgehalten worden zu sein[307], obwohl sich das Zirkular an alle Kantone gerichtet hatte.

So weit war es allerdings bei der ersten Feier des Festes am 4. September 1798 noch nicht. Doch von den 34 Kantonen des Departements reagierten 16 überhaupt nicht, und fünf Kantone sandten nur Entschuldigungen ein, dass sie das Fest wegen zu später Benachrichtigung nicht hätten feiern können[308]. In sechs weiteren Kantonen wurde aus Anlass des Festes zwar eine Sitzung der Munizipalität abgehalten, bei der in einer Rede des Festes gedacht wurde[309], aber nur in zwei dieser Fälle lässt sich von einem Fest sprechen, weil es immerhin ein Beiprogramm mit Ball und Bankett gab[310]. Lediglich in sieben

---

[305] Réquisitoire von Kommissar Boucqueau vom 11. Fruktidor VI / 28. August 1798; Zirkular der Zentralverwaltung vom 13. Fruktidor VI / 30. August 1798 - LHA Koblenz: Best. 276 Nr. 1113, StadtA Trier Fz 67, hier auch Festberichte. Für Trier vgl. HANSEN: Quellen, Bd. 4, 1938, S. 931, 1184. Im Rhein-Mosel-Departement wurde das Fest in Koblenz und 4 weiteren Kantonen begangen.

[306] « C'est à cette journée mémorable [...] que les nouveaux départements de la rive gauche du Rhin doivent le maintient de leur indépendance qui leur avait été rendu par le courage des armées triomphantes de la grande nation ».

[307] Die Zentralverwaltung hatte am 9. Fruktidor VII nur ein halbherziges Wiederholungszirkular versandt. Es scheint in Wittlich nicht angekommen zu sein, wo am Festtag des 18. Fruktidor eine Arbeitssitzung der Munizipalität ohne Erwähnung des Festes stattfand (LHA Koblenz: Best. 276 Nr. 3182).

[308] Blieskastel, Daun, Konz, Kusel, Meisenheim. Gerolstein hatte die Benachrichtigung erst nach dem 23. Fruktidor erhalten und feierte das Fest deshalb erst eine Dekade später am 28. Fruktidor (s.u.). Das hätte man natürlich auch andernorts tun können.

[309] Lebach, Merzig, Ottweiler, Saarbrücken, Saarburg, Waldmohr.

[310] Saarbrücken, Saarburg.

Fällen wurde eine wirkliche Feier mit Zug durch die Stadt und einer Feier am Freiheitsbaum oder Vaterlandsaltar bzw. im Dekadentempel durchgeführt[311].

Grundsätzlich hätte die Zeremonialfreiheit des Festes durchaus Raum für kreative Spontaneität geben können. In Mainz wurde im Festzug eine riesige Glocke mitgeführt, die mit Symbolen des Königtums bedeckt war. Dazu waren Schrifttafeln angefügt, die die Glocke als Symbol der royalistischen Reaktion deuteten[312]. Das war zumindest originell, auch wenn der enigmatische Hintergrund des Symbols allenfalls französischen Zuschauern deutlich geworden sein dürfte. Im Saardepartement hatten immerhin zwei Kantone die verspätete Ansetzung des Festes ohne Zeremonialvorgabe zu einem spontanen Festszenario benutzt, indem man kurzerhand die Schuljugend zu einer anderen Form des Räuber-und-Gendarm-Spiels anheuerte. In St. Wendel machten sich so 25 Schüler, mit Nationalkokarden und Schwertern genugsam als Republikaner ausgewiesen, auf den Weg zu einem Vaterlandsaltar auf freiem Feld, wo für sie dann auch eine regelrechte Feier mit Rede durchgeführt wurde. Kurz vor Ende dieser Feier wurden sie aber von ebenfalls 25 Altersgenossen überfallen, die sich am Festort versteckt hatten und durch weiße Kokarden und Dolche als notorische Royalisten erkennbar waren. Natürlich besiegten die Republikaner mit dem Kampflied der Marseillaise auf den Lippen die Royalisten nur zu schnell, ehe der Zug zur allgemeinen Zufriedenheit wieder in die Stadt zurückkehren konnte. Ganz ähnlich wurde auch im benachbarten Kanton Wadern ein Kampfspiel mit einer kleineren Besetzung von jeweils 8 Schülern für jede Partei auf dem Marktplatz unter dem Freiheitsbaum durchgeführt. Das Fest war damit gerettet. Doch ob es auch viel zur politischen Bildung beigetragen haben kann, muss offen bleiben. Redetexte als Hilfe zur Interpretation sind nicht überliefert, und die martialischen Verse von Stammel werden wohl nur in Trier vorgetragen worden sein. Auch wiederholen sie im Grunde nur das Räuber-und-Gendarm-Spiel, wenn auch in poetischer Stilisierung.

Die geringe Resonanz des Festes des 18. Fruktidor im Saardepartement ist auffällig, kontrastiert sie doch deutlich mit der weiten Rezeption des Festes der Freiheit am 9./10. Thermidor, das in gleicher Weise ein Regimefest des Direktoriums war. Anders als bei der geringen Realisierung anderer politischer Feste wie der Feste des 14. Juli und des 10. August können für das Fest des 18. Fruktidor zumindest in 1798 aber keine politischen Umstände zur Erklärung bemüht werden. Vielmehr scheint das Fest im Rheinland insofern ein überzähliges Fest gewesen zu sein, als es terminlich schlecht eingepasst und politisch nicht vorbereitet war. Das Ergebnis war Indifferenz.

---

[311] Birkenfeld, Gerolstein, Manderscheid, Prüm, St. Wendel und Wadern mit Zug zu Freiheitsbaum oder Vaterlandsaltar; Trier mit Feier im Dekadentempel.
[312] REICHARDT: Französische Revolutionskultur in Mainz 1792-1801, 1993, S.40-41.

5.2. Trauerfeier für die Gesandten beim Rastatter Kongress: eine ambivalente Einstimmung in den nationalen Protest

War das Fest des 18. Fruktidor für die rheinischen Departements auch ein aktuelles Erinnerungsfest, so galt es doch einem Ereignis, das noch vor der Annexion der rheinischen Departements stattgefunden hatte und die rheinischen Departements nur indirekt betraf. Die Trauerfeier für die französischen Gesandten beim Rastatter Kongress war aber dann ein aktuelles Ereignis, das zudem auch direkt mit den rheinischen Departements verbunden war. Der Frieden von Campo-Formio hatte die Ratifizierung durch das Reich und die Regelung der territorialen Folgen für das Reich einem Kongress übertragen, der am 11. Juni 1798 in Rastatt eröffnet wurde. Er sollte die Abtretung des linken Rheinufers und damit die schon im Vorgriff auf diesen Kongress erfolgte Annexion durch Frankreich völkerrechtlich verbindlich machen. Der Kongress scheiterte aber und war schon lange vor seinem Ende wieder in einen offenen Krieg zwischen der neuen Koalition (Österreich, Russland, Großbritannien etc.) und Frankreich übergegangen. Obwohl Rastatt selbst im Kampfgebiet lag, hatte Frankreich seine Gesandten auf dem Kongress belassen, um seine Friedensbereitschaft zu zeigen. Als die französischen Gesandten dann aufgrund einer formellen Aufforderung von Österreich vom 28. April 1799 die Stadt verließen, wurden sie noch nahe bei der Stadt von ungarischen Husaren überfallen, wobei zwei der drei Gesandten ermordet wurden[313].

Gesandtenmord ist ein völkerrechtliches Verbrechen, das eines der ältesten Prinzipien des Gesandtenrechts verletzt, nämlich die Immunität. Dies hätte zu allen Zeiten einen heftigen Protest des betroffenen Staates hervorgerufen. Der Rastatter Gesandtenmord geschah überdies zum Zeitpunkt eines neu ausbrechenden Krieges, so dass es um so verständlicher ist, dass die französische Presse und insbesondere der offiziöse *Moniteur* dies zu einem Dauerthema der politischen Auseinandersetzung mit den Kriegsgegnern machte. Trotzdem liegt hier aber noch nicht der Kern der politischen Bedeutung des Ereignisses. Wenn der Rastatter Gesandtenmord zu einem Ereignis wurde, das eine breite Adressenbewegung von Verwaltungen, politischen Klubs und Privatleuten hervorrief[314], wie es sonst nur bei den großen Ereignissen der französischen Revolutionsgeschichte der Fall war, und wenn auf diese Petitionsbewegung antwortend und natürlich auch sie politisch benutzend das Direktorium dann landesweit und bis in die einzelne Gemeinde hinab nationale Trauerfeiern anordnete, so muss das Ereignis noch grundlegendere nationale Werte berührt haben. Massive Reaktionen wie nach dem Rastatter Gesandtenmord haben in der Revolution oft mit Legitimationskrisen zu tun. Die Revolution hatte nicht nur die Republik an die Stelle der Monarchie gesetzt und damit einen großen

---

[313] Neri: Frankreichs Rheinpolitik auf dem Rastatter Kongress, 1997, S. 153.
[314] Waquet: Géographie d'une indignation, 1981.

V. Inhalt der Nationalfeste

innenpolitischen Legitimitätsbedarf verursacht, sie führte als Republik auch permanent Kriege gegen die Monarchien und war so in ihrer staatlichen Legitimität auch außenpolitisch herausgefordert. Dabei hatte sie im Selbstbestimmungsrecht der Völker auch völkerrechtlich neues Recht gesetzt. Das hatte den rechtlichen Konflikt zweifellos verschärft. In dem Maße, in dem die Republik allerdings selbst ihre völkerrechtlichen Prinzipien nicht durchhalten konnte, musste ihre eigene Position dabei problematisch werden. In dieser Situation forderte der Gesandtenmord zu einer politischen Klärung der völkerrechtlichen Werteordnung heraus. Er setzte in einem unumstrittenen und unbestreitbaren Punkt den Gegner ins Unrecht und legitimierte damit die eigene Position. Indem dieser Gegner aber als Kaiser die Vormacht der Monarchien war, legitimierte der Mord auch die Revolution als Republik[315]. Nur dieser Zusammenhang kann letztlich die Intensität des französischen Protestes als Ausdruck einer tiefen politischen Selbstvergewisserung erklären.

Zunächst ergingen verschiedene offizielle Proklamationen des Direktoriums, des Justizministers und auch des Regierungskommissars Marquis in Mainz[316]. Dann wurde durch Gesetz vom 22. Floréal VII / 11. Mai 1799 eine allgemeine Trauerfeier auf den 20. Prairial VII / 8. Juni 1799 festgesetzt[317], was der Regierungskommissar Marquis in Mainz sofort am 28. Floréal VII / 17. Mai 1799 für die rheinischen Departements übernahm. Aber schon vorher hatte die Zentralverwaltung des Saardepartements am 25. Floréal VII / 14. Mai 1799 die Veröffentlichung der Proklamationen durch wiederholte Verlesungen in Gemeindeversammlungen und Gottesdiensten sowie durch Plakatierung angeordnet, wozu nach dem Arrêté von Marquis und in Aufnahme des Zirkulars des Innenministers vom 2. Prairial VII / 21. Mai 1799 noch am 9. Prairial VII / 28. Mai 1799 ein Zirkular zur Durchführung der Trauerfeier kam.

Die rheinischen Departements waren also voll in die französischen Demonstrationen integriert. Gleichzeitig waren sie nicht nur Objekt der Verhandlungen in Rastatt gewesen, sondern gerieten auch durch die Nationalisierung des Konfliktes in eine ambivalente Position als mit der Französischen Republik verbundene Deutsche. So hatte die ursprüngliche Fassung der Proklamation von Marquis eine Passage enthalten, die verhindern sollte, dass der Gesandtenmord womöglich den französischen Emigranten angelastet würde. Dabei hatte die Proklamation aber das nationalistische und letztlich rassistische Argument benutzt, dass selbst Emigranten bei allem, was sie sonst an

---

[315] WAQUET: Géographie d'une indignation, 1981, S. 504, zitiert aus den Debatten des Rates der 500: « *La République française fut surnommé par l'étranger la grande nation. Elle est plus, à présent: elle est, avec ses alliés, la seule nation* ».

[316] Text in LHA Koblenz: Best. 276 Nr. 1689; Auszug bei HANSEN: Quellen, Bd. 4, 1938, S. 1075f.

[317] Bulletin des lois 278, n° 2881. Ergänzt durch das Zirkular von Innenminister François de Neufchâteau vom 2. Prairial VII / 21. Mai 1799 (FRANÇOIS DE NEUFCHÂTEAU: Recueil, Bd. 2, S. 227-233).

Üblem getan haben mochten, als gebürtige Franzosen zu einer solchen Tat wie dem Mord an französischen Gesandten gar nicht fähig sein könnten, womit sich implizit eine Wertdifferenz zwischen Franzosen und Nichtfranzosen wie hier den Österreichern ergab und die Abstammungsnationalität eindeutig über die staatsbürgerliche Citoyennität dominierte.

Der Text hieß ursprünglich (später gestrichener Text eingeschlossen in *):

> « Pour se masquer aux yeux des hommes faciles et crédules, peut-être rejettera-t-on, *comme ont osé le faire de méprisables folliculaires stipendiés par l'Autriche, peut-être rejettera-t-on sur des émigrés travestis, ce crime autrichien. Mais, si dans leur ingratitude, si dans leur phrénésie [sic], ils en ont commis des milliers de crimes, faut-il leur en prêter un dont ils sont incapables? Jugez en par vous-mêmes, citoyens, vous ne faites qu'aspirer encore à l'adoption de la France, et ce crime vous a fait horreur! des hommes nés français pourraient-ils le commettre? Peut-être jettera-t-on* dans les fers, avec l'appareil de la justice, et punira-t-on du dernier supplice les passifs exécuteurs de la scène atroce de Rastatt. »

Hier war offensichtlich vom französischen Standpunkt aus argumentiert worden, ohne die Situation des Rheinlandes zu berücksichtigen. Die Mainzer Patrioten protestierten dann auch sofort gegen diesen Text, und Marquis ließ die Proklamation ohne die beanstandete Passage neu drucken, obwohl die Erstfassung schon fertig ausgedruckt vorgelegen hatte[318].

Umgekehrt führte dann bei der Trauerfeier in Trier eine Gruppe von Bürgern im Zug einen Text als Tafel mit, durch den sich die Einwohner als Deutsche von den für den Gesandtenmord verantwortlichen Österreichern distanzierten:

> « Dites à la France que ce ne sont pas des Allemands, que ce sont des Autrichiens qui ont trempé leurs mains dans votre sang. »

Hier wurden zwar nicht deutsche Citoyens beleidigt, wohl aber wurde aufgrund des gleichen Nationalismus vorausgesetzt, dass die Bewohner der rheinischen Departements sich als Deutsche von einer Komplizität mit den Österreichern zu distanzieren hätten. Freilich war der Text keine spontane Äußerung der Trierer, sondern Teil des offiziellen Zeremoniells, so dass er sich auch an anderen Orten findet[319].

---

[318] Marquis an Lambrechts, 30. Floréal VII / 19. Mai 1799, mit Anlage des (kassierten) Erstdrucks - AN Paris: F^{1e} 42.

[319] Er wurde von dem überlebenden Gesandten Debry bei seiner Rede vor dem Rat der 500 am 22. Mai 1799 als Mitteilung von deutschen Gesandten am Rastatter Kongress an ihn referiert und dann bei der offiziellen Trauerfeier auf dem Marsfeld in Paris am 8. Juni als Inschrift auf einer großen Pyramide gezeigt, vgl. CHAPPEY: L'assassinat de Rastadt, 2005, S. 88-89. Hier sah sie auch Ernst Moritz ARNDT, vgl. Pariser Sommer 1799, 1982, S. 78. Im Zirkular der Zentralverwaltung des Saardepartements steht er nicht, sondern nur im gedruckten Festbericht für Trier (Verzeichnis 2, Nr. 83), S. 4.

Deutlicher konnte der Unterschied zwischen „wir / nous" und „ihr / vous" kaum zum Ausdruck kommen. Die Nationalisierung der Revolution, wie sie sich in diesen Texten zeigt, musste aber auch über diese Texte hinaus das ganze Zeremoniell der Trauerfeiern in den rheinischen Departements ambivalent erscheinen lassen.

Die Feiern wurden in den annektierten Departements mit der gleichen Energie und Perfektion durchgeführt wie in Innerfrankreich, so dass das Fest unter den letzten Nationalfesten des Jahres 1799 das war, das in den mit Abstand meisten Kantonshauptorten stattfand. Trotz der politisch-militärischen Krise des Regimes erreichten dabei die Feiern im Saardepartement eine Realisierungsquote, wie sie sonst nur bei den Festen vor Ausbruch des neuen Krieges zu verzeichnen gewesen war[320]. Das stellt eine große Organisationsleistung dar, die natürlich im Rahmen der allgemeinen politischen Mobilisierung zu sehen ist. Die Absicht, mit diesem Fest eine nationale Geschlossenheit im Protest gegen Österreich zu demonstrieren, implizierte aber auch eine große Einförmigkeit des Festes. Das Zeremoniell war bis in die Einzelheiten vorgeschrieben worden und wurde von den einzelnen Kantonsverwaltungen auch in dieser Form durchgeführt. Durch die doppelte Rezeption des Gesetzes vom 22. Floréal VII im Saardepartement kam es hier allerdings zu zwei verschiedenen Arten von Feiern. Einmal hatte die Zentralverwaltung in unmittelbarer Reaktion auf das Gesetz schon am 25. Floréal VII / 14. Mai 1799 angeordnet, dass die offiziellen Proklamationen in allen Gemeinden jeweils dreimal in Gemeindeversammlungen und in den Gottesdiensten verlesen und daneben öffentlich plakatiert werden sollten[321]. Zum anderen aber erließ die Zentralverwaltung aufgrund der offiziellen Publikation des Gesetzes für die rheinischen Departements durch den Regierungskommissar noch einen eigenen Arrêté vom 9. Prairial VII / 28. Mai 1799, durch den sie die Abhaltung von Trauerfeiern in allen Kantonshauptorten unter Beiziehung von Delegationen aus den Einzelgemeinden anordnete und dabei auch das frühere Publikationsgebot für alle Gemeinden erneuerte.

Tatsächlich scheint die Verlesung und Publikation der Proklamationen auch in einem großen Teil der Gemeinden durchgeführt worden zu sein. Jedenfalls erwähnen die Festberichte in einer Reihe von Fällen die Anordnung oder auch die Durchführung dieser Maßnahme, und es liegen Separatberichte von einzelnen Gemeinden vor[322]. Darüber hinaus waren in den

---

[320] LHA Koblenz: Best. 276 Nr. 1689, für Trier vgl. HANSEN: Quellen, Bd. 4, 1938, S. 1083; für St. Arnual siehe StadtA Saarbrücken: Mairie Nr. 749 § 474; für Waldmohr siehe LA Speyer: Best. G 9 Nr. 37(4), für Wittlich siehe LHA Koblenz: Best 276 Nr. 3182, fol. 147v.
[321] Eine ähnliche Anordnung ist in den rheinischen Departements nur noch für das Rhein-Mosel-Departement belegt, vgl. HANSEN: Quellen, Bd. 4, 1938, S. 1079.
[322] Hoppstädten (Kanton Birkenfeld) - StadtA Birkenfeld: Nr. 470.

Kantonshauptorten auch die am Spätnachmittag stattfindenden Trauerfeiern mit der feierlichen Verlesung der Proklamation auf den Plätzen der Orte am Morgen verbunden. Zwar wird man nicht unbedingt behaupten können, dass die Proklamationen auf diese Weise wirklich in jeder einzelnen Gemeinde durchgeführt worden sind, aber eine breite Mobilisierung der Bevölkerung bis auf die Gemeindeebene wird doch deutlich.

Die eigentlichen Trauerfeiern waren allerdings auf die Kantonshauptorte beschränkt, wenn auch hier Wert darauf gelegt wurde, eine Repräsentativität für den gesamten Kanton zu demonstrieren, indem die einzelnen Gemeinden durch besondere Delegationen[323] oder auch nur als Gesamtgruppe von Einwohnern der Gemeinden[324] im Zug in Erscheinung traten. Die Feier selbst fand dann fast überall mit einem Zug zum Dekadentempel statt, bei dem die Attribute mitgeführt wurden, die dort dann zu einem Katafalk oder Kenotaph am Altarplatz formiert wurden.

Aus Sankt Wendel liegt dazu wiederum eine Zeichnung des dortigen Chefsekretärs Manouisse vor, die ein anschauliches Bild der Installationen bei den Feiern vermitteln kann (Abb. 9). Aus dem Kirchenschiff blickt man in den Chor, in dem sich das Kenotaph in Altarform in drei Stufen erhebt. Vor dem Altar sind auf einem mit schwarzem Krepp bedeckten Stuhl Uniformstücke und Waffen der ungarischen Husaren, die den Mord begangen hatten, ausgebreitet, wobei durch einen zerbrochenen Ölzweig (« *l'olivier de la paix brisé* ») und ein von einem Säbel durchbohrtes Buch des Völkerrechts (« *le droit des gens déchiré et transpercé de l'arme meurtrière* ») auf die Völkerrechtswidrigkeit des Anschlags hingewiesen wird. Die zweite Stufe wird durch ein großes Tafelbild gebildet, das den doppelköpfigen Reichsadler zeigt, der trotz seiner Bewaffnung mit einem Schwert von den Blitzen der Rache vernichtet wird (« *l'aigle impérial écrasé par la foudre de la vengeance* »). Dazu sind noch zwei Faszes mit der Aufschrift « *Liberté* » und « *Egalité* » gestellt. Die oberste Ebene wird dann abermals durch ein Rutenbündel mit der Jakobinermütze gebildet, wozu zweimal zwei Fahnen mit den Aufschriften « *Egalité* » und « *Liberté* » sowie « *République Française* » gestellt sind. Davor befinden sich eine Weihrauchschale und die Urnen für die beiden ermordeten Gesandten Roberjot und Bonnier. Schließlich sind im Chorraum, der allerdings gegenüber den gotischen Originalverhältnissen etwas klassizis-

---

[323] Büdlich: 5 Einwohner pro Gemeinde, die aber nicht erschienen; Gerolstein: 2 Einwohner pro Gemeinde; Grumbach: 2 Einwohner pro Gemeinde; Hermeskeil: sogar jeweils 12 Männer und 12 Frauen pro Gemeinde, die auch anscheinend weitgehend erschienen, wogegen hier aber die Einwohner des Hauptortes dem Zug fernblieben.

[324] Manderscheid (« *un nombre considérable des habitants des différentes communes* »), Merzig (« *quelques citoyens [...] de chaque commune* »), Rhaunen (« *des députés des communes* »), St. Wendel (« *les agents accompagnés d'une délégation de quelques citoyens* »), Schweich (« *des députés de toutes les communes* »).

tisch geschönt wiedergegeben ist, noch zwei Racheinschriften angebracht (« *vengeance, vengeance, mort à l'Autriche!* »). Wie schon bei der Darstellung des Vaterlandsaltars beim Fest des Ackerbaus ist auch hier wieder für die Darstellung die Untersicht eingenommen worden, wodurch die Installation als hohes, den gesamten Chorraum ausfüllendes Monument erscheint. Aber bei näherer Betrachtung ergibt sich, dass für das Kenotaph wieder die auch von den anderen Nationalfesten bekannten Requisiten (Faszes, Fahnen) benutzt wurden, die nur anders arrangiert und um einige zusätzliche Elemente (Uniformstücke, Tafelbild) ergänzt worden sind. Trotz des geschickten Arrangements handelt es sich also um einen einfachen Altaraufbau aus vorhandenen Elementen.

Die Feier selbst folgte dem normalen Zeremoniell mit Liedern und Reden. Zusätzlich dazu wurden nochmals die verschiedenen Proklamationen verlesen und die offizielle Verkündigungsformel ausgesprochen:

« *Le 9 floréal de l'an VII à 9 heures du soir le Gouvernement autrichien a fait assassiner par ses troupes les Ministres de la République française, Bonnier, Roberjot et Jean Debry[325], chargés par le Directoire exécutif de négocier la paix au congrès de Rastadt. Vengeance, vengeance!* ».

Das alles wurde in St. Wendel in gleicher Weise wie auch sonst in den rheinischen Departements sowie in Innerfrankreich mit Feierlichkeit in den verdunkelten Dekadentempeln zelebriert und dürfte seinen Eindruck auf die Teilnehmer nicht verfehlt haben. Die Gleichförmigkeit des Festverlaufs sollte die Einigkeit der Nation demonstrieren.

Tabelle 13: Trauerfeiern für die ermordeten Gesandten beim Rastatter Kongress am 20. Prairial VII / 8. Juni 1799 im Saardepartement

volle Feier	17		
im Dekadentempel		16	Birkenfeld, Blankenheim, Gerolstein, Grumbach, Hermeskeil, Herrstein, Manderscheid, Merzig, Rhaunen, Saarburg, St. Wendel, Schönberg, Schweich, Trier, Wadern, Wittlich
am Freiheitsbaum		1	Büdlich
sowie mit Lesung in den Gemeinden		3	Herrstein, Manderscheid, Rhaunen
nur Lesungen in den Gemeinden	8		Baumholder, Bernkastel, Blieskastel, Daun, Kyllburg, Ottweiler, Pfalzel, Reifferscheid
unbekannte Form der Feier	3		Saarbrücken, St. Arnual, Waldmohr

---

[325] Debry überlebte den Anschlag schwer verletzt.

Dieses Trauerzeremoniell fand immerhin in zwei Dritteln der Kantone statt, die das Fest im Saardepartement ausführten, wobei Sonderinszenierungen wie eine regelrechte standrechtliche Erschießung einer österreichischen Fahne im Anschluss an die Feier in Merzig, wie sehr sie auch löblichem Eifer entsprossen sein mögen, eher deplatziert waren. Dagegen beschränkte man sich in einem Drittel der Fälle auf die einfache Verlesung der Proklamationen im Kantonshauptort und den einzelnen Gemeinden. Die Demonstration der geschlossenen Bekundung von Trauer und Empörung hatte also offensichtlich im Saardepartement doch Lücken. Dazu kamen ausgesprochenere Formen der Verweigerung. In Bernkastel erschien die Mehrheit der Funktionäre nicht zur Feier, in Büdlich waren kaum Beamte und schon gar keine Bürger anwesend, in Manderscheid täuschte der Präsident der Kantonsverwaltung eine Reise vor, um nicht an der Feier teilnehmen zu müssen. Allein in Trier zeigten sich Formen von Widerstand. Schon unmittelbar nach Bekanntwerden des Gesandtenmordes wurde eine antifranzösische Wandzeitung an die Tür der Departementsverwaltung angeschlagen, und nach der Trauerfeier wurde nochmals ein antifranzösischer Wandanschlag entdeckt. Der spektakulärste Zwischenfall ereignete sich aber bei der Trauerfeier im Dekadentempel[326], als auf den zum Zeremoniell gehörenden Racheruf gegen Österreich Gegenrufe eines Trierer Bürgers aus der Teilnehmermenge erschollen. Der beginnende zweite Koalitionskrieg zeigte also Wirkung, stellte er doch gerade die Zugehörigkeit der rheinischen Departements zu Frankreich in Frage und zog damit auch die Solidarität im Fall des Rastatter Gesandtenmordes in Zweifel.

Gebremstes Engagement, Verweigerung und offener Widerstand bei den Trauerfeiern im Saardepartement scheinen zunächst in der politischen Lage der rheinischen Departements begründet. Aber die Vereinnahmung der nationalen Öffentlichkeit durch das Direktorium provozierte auch in Innerfrankreich Formen der Distanzierung von der gouvernementalen Einheitsdemonstration gegenüber dem Kriegsgegner. Mitnichten stimmten nämlich alle Petitionen an Direktorium und Parlament einfach in den Racheschrei gegen Österreich ein. Gerade Petitionen, die nicht von Verwaltungen stammten, ließen oft ein ganz anderes Rachegeschrei hören. Sie forderten Rache nicht nur für die beiden ermordeten Gesandten, sondern vor allem für die Tausende ermordeter französischer Republikaner, und sie wussten auch, wie man am besten Attentate wie in Rastatt verhindern könnte, nämlich dadurch, dass das Morden im Innern abgestellt würde und dadurch die Republikaner ohne Furcht für ihre Familien die Verteidigung des Vaterlandes übernehmen könnten. Die Schuld am Ge-

---

[326] Bericht des Richters Philippe aus Trier vom 13. Thermidor VII / 13. Juli 1799 als Reaktion auf den gedruckten Festbericht, der diesen Vorfall übergeht - AN Paris: F^7 7614(75). Philippe kritisiert vor allem, dass der Urheber der Zwischenrufe nur fünf Dekaden Gefängnis als Strafe erhalten habe. Sein Name ist nicht überliefert.

V. Inhalt der Nationalfeste 261

sandtenmord wurde hier also weniger bei dem fernen Österreich, sondern vor allem bei den Versäumnissen der eigenen Regierung gesehen[327]. Damit wurde die republikanische Opposition gegen das Direktorium zwar nicht zum Parteigänger der antifranzösischen Opposition in den rheinischen Departements, wohl aber provozierte in beiden Fällen die Monopolisierung der öffentlichen Meinung durch das Direktorium Gegenbewegungen, und ebenso ermöglichte der Propagandaaufwand der Trauerfeiern auch in beiden Fällen eine wirkungsvolle Demonstrationsmöglichkeit für opponierende Meinungsbekundungen.

5.3. Trauerfeier für Joubert: ein verspätetes Ende

Die Trauerfreier für die Rastatter Gesandten war das letzte Nationalfest, für das sich im Saardepartement nochmals eine breite Mitwirkung der Kantonsmunizipalitäten organisieren ließ. Die nachfolgenden Feste dagegen erreichten nur eine niedrige Realisierungsquote, und vor allem die politischen Feste unter ihnen sind die mit der geringsten Verbreitung in den Kantonen des Saardepartements. Den Schlusspunkt setzte dann die Trauerfeier für den am 14. August 1799 in der Schlacht von Novi in Italien gefallenen General Joubert. Merkwürdigerweise wurde das Fest im Saardepartement nicht wie in Innerfrankreich am 10. Vendémiaire VIII / 2. Oktober 1799 gefeiert[328], sondern erst zwei Monate später. Das Gesetz vom 10. Fruktidor VII / 27. August 1799, das dieses Fest vorschrieb[329], war nämlich bei der Zentralverwaltung erst am 25. Brumaire VIII / 16. Nov. 1799 angelangt, so dass diese das Fest erst für den 10. Frimaire VIII / 1. Dezember 1799 ansetzen konnte[330]. Im Saardepartement fand das Fest somit erst fast einen Monat nach dem Staatsstreich von Bonaparte vom 18. Brumaire VIII / 9. November 1799 statt, wenn auch noch bevor das neue Festgesetz die direktorialen Nationalfeste abschaffte.

Es war eine Trauerfeier wie die für die Rastatter Gesandten, und die Zentralverwaltung bezog sich für das Zeremoniell der Feier ausdrücklich auf dieses Ereignis, aber es war nur ein schwacher Abglanz der früheren Feier. Wieder bewegten sich die Züge unter Mitführung einer Urne und gelegentlich auch einiger militärischer Symbole zum Dekadentempel, wo sie auf einem Katafalk niedergelegt wurden. Wieder trugen die Zugteilnehmer als Zeichen der Trauer schwarze Kreppbänder am Arm, und wieder waren die Dekadentempel abgedunkelt. Schwerer tat man sich aber mit den Reden, denn die Karriere von

---

[327] WAQUET: Géographie d'une indignation, 1981, S. 507-510.
[328] Im Rhein-Mosel-Departement fand das Fest am 17. Vendémiaire VIII / 9. Oktober 1799 statt, LHA Koblenz: Best. 241 Nr. 2185. Hier war das Festgesetz also augenscheinlich auch verspätet eingegangen. HANSEN: Quellen, 1938, berichtet nicht über das Fest.
[329] Bulletin des lois 305, n° 3243.
[330] Zirkular der Zentralverwaltung vom 25. Brumaire VIII / 16. Nov. 1799, LHA Koblenz: Best. 276 Nr. 1690. Dort auch die Festberichte. Für St. Arnual siehe StadtA Saarbrücken: Mairie Nr. 749.§ 720.

Joubert war nur kurz gewesen. Zwar war sie auch mit dem Rheinland verbunden, indem Joubert 1798 Festungskommandant von Mainz gewesen war, aber das wurde zumindest in den Festberichten des Saardepartements nicht erwähnt. So rezipierte man in Manderscheid das von dem Mainzer Jakobiner Lehne für die Trauerfeier für die Rastatter Gesandten gedichtete Lied (*Germanien! so stolz auf deine Treue*)[331]. Dazu erscholl der Ruf « *Freiheit oder Tod* ». Ob man dies wirklich als spätes Zeichen eines rheinischen Jakobinismus werten soll, erscheint allerdings zweifelhaft. Die Rezeption des Mottos ist auch nur bedingt in Beziehung zu den jakobinischen Tendenzen von Joubert zu sehen, denn Joubert war auch ein Gefolgsmann von Bonaparte. Vielmehr dürfte der Gebrauch der Parole sogar noch nach dem 18. Brumaire eher als Aufnahme von Traditionsgut der Revolutionskultur zu verstehen sein.

Tabelle 14: Trauerfeiern für Joubert im Saardepartement am 10. Frimaire VIII / 1. Dez. 1799

Zug und Feier im Dekadentempel	6	Herrstein, Lebach, Manderscheid, Schönberg, Trier, Wadern
Feier im Sitzungssaal	4	Blankenheim, Konz, Kyllburg, St. Arnual
unbekannte Form der Feier	2	Ottweiler, Waldmohr

Allerdings hat diese Wiederholung des Zeremoniells nur in sechs Kantonen (einschließlich Trier) stattgefunden, während in vier weiteren Kantonen die Feiern nur im Sitzungssaal der Verwaltungen und ohne Zug durchgeführt wurden. Damit liegt die Realisierungsquote für die Trauerfeiern für Joubert zwar etwas höher als für die politischen Feste auf dem Höhepunkt der militärisch-politischen Krise des Direktoriums (14. Juli und 10. August 1799), aber sie bleibt doch weit von dem Niveau der Feste des Jahres 1798 entfernt. Die Stabilisierung der militärischen Situation durch die französischen Siege im September sowie die Stabilisierung der politischen Lage durch den Staatsstreich von Bonaparte am 9. November 1799 hatten so im Saardepartement keine Renaissance der republikanischen Festkultur gebracht.

5.4. Abwesenheit der aktuellen Republik

Die Feste der aktuellen Republik haben also nur eine geringe Resonanz im Saardepartement gehabt. Das Gründungsfest des zweiten Direktoriums am 18. Fruktidor wurde wegen seines ungünstigen Termins am Ende des festreichen Sommers nur wenig gefeiert, und die verspätete Trauerfeier für Joubert war ein schwacher Nachklang des republikanischen Festzyklus zu einem Zeitpunkt, als das Direktorium schon nicht mehr bestand. Lediglich die

---

[331] *V*gl. Kap. VI, 8.2.2 und Verzeichnis 2: Publizistik der Nationalfeste, Nr. 80.

Trauerfeier für die französischen Gesandten auf dem Rastatter Kongress wurde mit großem organisatorischen Aufwand in einer großen Zahl von Kantonen durchgesetzt. Es war aber nicht ein Fest der aktuellen Republik, sondern eine aktuelle politische Demonstration. Insofern dominierte dabei auch im Saardepartement der allgemeine französische Aspekt über den Rezeptionsaspekt. Wo aber dennoch die regionale Sonderrolle des annektierten Rheinlandes durchschien, zeigte sie Integrationsdefizite an. Der Krieg zwischen Frankreich und Österreich ließ die Trennung zwischen Franzosen und Deutschen in Bezug auf die annektierten rheinischen Departements deutlich werden, und die Monumentalität der Feiern provozierte einzelne Protestaktionen. Zeichen einer affirmativen Rezeption gab es dagegen nur, wo die aktuellen politischen Bezüge verlassen wurden und auch diese Feste als allgemeine Freiheitsfeste gefeiert wurden. Noch altjakobinische Parolen konnten unter diesem Aspekt ohne Beanstandung in den Feiern rezipiert werden.

6. Ende der republikanischen Feste

Mit dem Staatsstreich von Bonaparte endeten die republikanischen Nationalfeste, wenn auch nicht unmittelbar. Wie jedes neue Revolutionsregime änderte auch das Konsulat die revolutionäre Festkultur. Aber in diesem Fall war es eine radikale Kürzung, indem das Gesetz vom 3. Nivôse VIII / 24. Dezember 1799 nur noch zwei Feste bestehen ließ: das Fest der Gründung der Republik am Neujahrstag nach dem Revolutionskalender (1. Vendémiaire) und das Fest des Sturms auf die Bastille am 14. Juli. Ob damit eine gut etablierte revolutionäre Festkultur plötzlich abgewürgt wurde, wie das für einige größere Städte in Innerfrankreich mit jakobinischer Tradition gelten mag[332], oder ob hier vielmehr nur unter eine notgedrungen noch fortgeführte Tradition ein Schlussstrich gesetzt wurde, wofür es ebenfalls Beispiele gibt[333], oder ob schließlich das Ende der Feiern vor allem als Enthebung von lästigen und kostenträchtigen Pflichten verstanden wurde, wie es in den Landkantonen häufig der Fall gewesen zu sein scheint[334], müsste noch eine französische Festgeographie genauer zeigen. Für das Saardepartement jedenfalls kann man feststellen, dass die Verwaltungsinitiative zur Etablierung der französischen republikanischen Festkultur die Krise des Jahres 1799 kaum überlebte. Das wird am deutlichsten durch die Archivlage demonstriert, denn mit dem 18. Brumaire brechen die ziemlich vollständigen Serien der Festberichte des Saardepartements, auf die wir uns bisher stützen konnten, abrupt und vollständig ab. Was danach noch bleibt, ist höchstens noch die Geschichte einer Abwicklung.

---

[332] Bois: Les fêtes révolutionnaires à Angers, 1929; Barre: Les fêtes révolutionnaires à Toulouse, 1976.
[333] Dommanget: Déchristianisation à Beauvais, 1921.
[334] Guyot: Les fêtes nationales à Mirécourt, 1900, S. 30, 32.

Dabei kann eigentlich allein für die Departementshauptstadt Trier von einer Nachwirkung der Nationalfeste über den 18. Brumaire hinaus die Rede sein. Immerhin wurden hier die beiden verbleibenden Feste des 14. Juli[335] und des 1. Vendémiaire[336] noch regelmäßig über mehr als vier Jahre hinweg bis 1803/04 gefeiert. Die Nationalfeste haben also im Saardepartement in dieser postbrumairianischen Form sogar länger Bestand gehabt als in der Form der direktorialen Festkultur der Jahre 1798-1799! Aber wenn dabei auch die verbliebenen Feste noch vorläufig beibehalten wurden, so änderten sich doch die Festformen und vor allem die Festinhalte.

Dabei war anfänglich die formale Kontinuität zu den Nationalfesten des Direktoriums noch deutlich. Dadurch dass in den rheinischen Departements die Verwaltungsreform des Konsulats nicht schon - wie in Innerfrankreich - unmittelbar durch das Gesetz vom 28. Pluviôse VIII / 17. Februar 1800 eingeführt, sondern erst ab August 1800 vollzogen wurde, waren es noch Zentralverwaltung und Munizipalität, die das Fest des 14. Juli 1800 in Trier ausrichteten und dafür sogar auch nochmals einen Festbericht und zwei Liedblätter drucken ließen. Das Fest lief so mit Zug durch die Innenstadt und Feier im Dekadentempel sowie einem allgemeinen Volksfest am Abend in den traditionellen republikanischen Formen ab. Dabei war zumindest das Volksfest bei abendlicher Illumination so gut besucht wie in den besten Zeiten des Direktoriums, so dass der Chronist Müller berichtet: « *Der Freihof und der andere große Markt waren so voll Menschen, daß man ihnen über die Köpfe gehen konnte* » [337]. Insofern kann man in Bezug auf den Organisationsaufwand der Verwaltungen und die Stärke der Bürgerbeteiligung doch nicht direkt von einem einfachen Ende der republikanischen Festkultur in Trier sprechen.

Die weiteren Feste ab dem Jahre IX (1800/01) wurden dann entsprechend der neuen Verwaltungsgliederung von dem Präfekten organisiert, hielten sich aber zunächst auch noch weitgehend im Rahmen des alten Formenkanons. Beim Fest des 1. Vendémiaire IX / 23. Sept. 1800 in Trier[338] war es nun allerdings der Präfekt, der dem Fest präsidierte und der mit einer neuen Sitzordnung auf einem erhöhten Sessel unter der Vierung des Dekadentempels vor dem Vaterlandsaltar saß. Beim Fest des 14. Juli 1801[339] hielt er dann sogar selbst die französische Festrede ganz so, wie es auch die Mitglieder der alten Zentralverwaltung immer wieder getan hatten, während parallel dazu ebenfalls wie

---

[335] LHA Koblenz: Best. 276 Nr. 1111.
[336] LHA Koblenz: Best. 276 Nr. 1107.
[337] Bericht des Stadtchronisten Müller bei Hansen: Quellen, Bd. 4, 1938, S. 1289; LHA Koblenz Best. 700,62 Nr. 28, Heft I (1800), S. 15 v, vgl. Lager: Chronik, 1915, S. 136.
[338] Bericht des Stadtchronisten Müller bei Hansen: Quellen, Bd. 4, 1938, S. 1295; LHA Koblenz Best. 700,62 Nr. 28, Heft I (1800), S. 16, vgl. Lager: Chronik, 1915, S. 136.
[339] Festprogramm und Festbericht für Trier: LHA Koblenz Best. 276 Nr. 1111. Außerdem ist nur noch die Durchführung des Festes in Prüm belegt, ibid.

V. Inhalt der Nationalfeste

gewohnt auch eine deutsche Festrede gehalten wurde, und zwar durch Wyttenbach, die sogar in beiden Sprachen im Druck verbreitet wurde[340].

Allerdings versuchte das neue Regime sofort, den Festen einen anderen Inhalt zu geben. Nachdem in Innerfrankreich schon das Direktorium für das Fest der Gründung der Republik am 1. Vendémiaire VIII / 23. September 1799 die Errichtung eines « *autel à la concorde* » angeordnet hatte, was allerdings im Saardepartement nur in Trier übernommen worden war, wurde nach dem 18. Brumaire nun das ganze Fest des 14. Juli 1800 als Fest der Eintracht (*concorde*) gefeiert. Das sollte natürlich auch den Staatsstreich legitimieren. Eintracht war einer der Leitbegriffe des neuen Regimes, wie umgekehrt der Gegenbegriff des Streites der Parteien (*factions*) die verbreitetste Kritik am Regime des Direktoriums darstellte. Dazu verwandelte sich der gedruckte Festbericht in eine Ergebenheitsadresse an die neuen Machthaber, indem die hier in vollem Wortlaut aufgeführten Toasts einen regelrechten politischen Katechismus darstellten. Die Wünsche richteten sich auf die Eintracht der Regierung und gegen den Parteienstreit und auf einen ehrenhaften Frieden. Damit verbunden war der Dank an die Bastillekämpfer, noch mehr aber an die Soldaten der aktuellen Armee, wie mit dem Fest auch das Gedenken für den in der Schlacht von Marengo am 14. Juni 1800 gefallenen General Désaix verbunden war. Danach wurden dann noch der im Rheinland schon traditionelle Wunsch nach Reunion und dessen Rechtfertigung mit der Gesetzestreue der Bevölkerung angesprochen. Ein weiterer Leitbegriff des neuen Regimes war Frieden. Beim Fest des 1. Vendémiaire IX / 23. September 1800 griff in Saarbrücken der Gymnasiallehrer Kiefer das Thema in seiner Rede[341] auf und verband die schmerzliche Erinnerung an die Leiden von Krieg und Besatzung mit der Hoffnung auf Frieden und eine glückliche Zukunft. Die Rede hatte den gewünschten Ton getroffen und wurde deshalb auch im Druck verbreitet. Nachdem dann der Friede von Lunéville am 9. Februar 1801 unterzeichnet worden war, konnte bei dem nächsten Fest am 14. Juli 1801 der Friede nun wirklich in Trier gefeiert werden. Dazu erklang der von Friedrich Lehne schon 1797 auf den Frieden von Campo-Formio gedichtete Hymnus auf Bonaparte (*Friedegeber sey gepriesen*), und Wyttenbach hielt die Festrede, die - wie schon erwähnt - ebenfalls im Druck erschien[342]. Der Friede war auch schon am Dekadi des 20. Germinal IX / 10. April 1801 mit einer festlichen Verkündigung bekannt gemacht worden[343], bei der eine Feier im Dekadensaal abgehalten und eine Baumpflanzung auf dem Kornmarkt vorgenommen

---

[340] Die Rede ist nicht erwähnt bei KLUPSCH: Wyttenbach, 2012.
[341] Vgl. Verzeichnis 2: Publizistik der Nationalfeste, Nr. 94.
[342] Vgl. Verzeichnis 2: Publizistik der Nationalfeste, Nr. 99.
[343] Bericht des Stadtchronisten Müller bei HANSEN: Quellen, Bd. 4, 1938, S. 1300; LHA Koblenz Best. 700,62 Nr. 28, Heft I (1800), S. 14-18, vgl. LAGER: Chronik, 1915, S. 137. Zur Publizistik vgl. Verzeichnis 2: Publizistik der Nationalfeste, Nr. 95 ff.

wurde, wobei nun aber eine Linde als Friedensbaum gepflanzt wurde[344]. Schließlich folgte noch nach einem Schamabstand von zwei Tagen nun auch erstmals wieder ein Tedeum, und zwar in der Liebfrauenkirche, wenn auch noch nicht im Dom.

Gleichwohl versuchte man, die republikanischen Grundprinzipien mit den Leitbegriffen des neuen Regimes zu verbinden. Das schien zunächst auch nicht unmöglich, denn die Republik wurde von dem neuen Regime nie abgeschafft[345]. Am 14. Juli 1800 hatte der Vaterlandsaltar die politische Wandlung zum « *autel de la concorde* » vollzogen, aber darauf stand weiterhin eine Freiheitsstatue (« *statue de la liberté* »). Auch im Folgejahr übertrug Wyttenbach als Festredner am 14. Juli 1801 scheinbar ganz selbstverständlich die bisher mit der Freiheitssymbolik verbundene Baummetaphorik nun auf die neue Friedenssymbolik.

> « *Grüne Baum des Friedens, grüne immer mehr, dass unter deinem Schatten einst ein frohes Volk sich und seine Kinder zum Erinnerungsfest jenes Tages versammle, da das Edle aus seinem Kerker brach und die ermüdete Menschheit den schädlich unterdrückten Keim ihrer Würde rettete!* »

Auch wenn diese scheinbare Kontinuität keineswegs eine Besonderheit des Saardepartements war, sondern republikanische Symbolhandlungen wie insbesondere das Pflanzen von Freiheitsbäumen gerade zu Beginn des Konsulats in Innerfrankreich eine weite Verbreitung hatten[346], war es doch nur der Anfang eines Endes. In Trier war die Feier zum 1. Vendémiaire IX / 23. September 1800 das letzte Fest, das im Dekadentempel stattfand[347]. Schon das folgende Fest des 14. Juli 1801 fand im Dekadensaal statt, der hiermit nochmals kurzfristig mit der Installation der bürgerlichen Familie, bei der der Vater seiner Frau und seinen Kindern die Verfassung erklärt, zu Ehren kam. Die Feste des folgenden Jahres X (1801/02) fanden aber nur noch auf den Plätzen der Stadt statt und bestanden aus Militärparaden und Proklamationen, ehe sie wieder ein Jahr später im Jahre XI (1802/03) völlig zu Volksfesten (« *fête toute populaire* ») entpolitisiert wurden. Als letzter Rest einer einstmals republikanischen Festtradition wurde der Dekadensaal weiter genutzt, doch fanden hier nun keine Nationalfeste mehr statt, sondern das gesellschaftliche Rahmenprogramm mit

---

[344] Müller berichtet noch, dass gleichzeitig der Kornmarkt in Einigkeitsplatz und seine Verlängerung (Philippstraße) in Friedensstraße umbenannt wurden. Das scheint aber nur recht kurzfristig gegolten zu haben, denn der Kornmarkt erscheint weiterhin als Place de la Réunion, und auch die Bezeichnung Friedensstraße ließ sich nicht belegen.

[345] Noch das Kaisertum wurde 1804 für die Republik errichtet: « *Le gouvernement de la République est confié à un Empereur* » (Verfassung vom 18. Mai 1804, Art. 1).

[346] RICHARD: Les arbres de la liberté dans le département de l'Yonne, 2013, S. 161-164.

[347] Also nicht erst das folgende Fest des 14. Juli 1801, wie irrtümlich von mir in Francia, 27/2, 2000, S. 148 angegeben. Das Gleiche trifft auch für Angers zu, vgl. BOIS: Les fêtes révolutionnaires à Angers, 1929, S. 240

Konzert und Ball. Aber bis zur Neujahrsfeier am 1. Vendémiaire XII / 24. September 1803 hatte auch dieser Raum seine traditionelle Bezeichnung als Promotionssaal (« *salle de promotion* ») zurückerhalten[348]. Das war dann allerdings auch das allerletzte belegbare Nationalfest in Trier, wenn man es denn überhaupt noch so nennen will. Im Vorfeld der Kaiserkrönung von Napoleon war im Jahre 1804 dann endgültig kein Platz mehr für republikanische Festtraditionen, und kurz vor dem Neujahrstag des gleichwohl erst zum 1. Januar 1806 abgeschafften Revolutionskalenders wurden in der Nacht vom 17. auf den 18. September 1804 alle Freiheitsbäume in Trier entfernt[349]. So konnte der Trierer Chronist Michael Müller für das folgende Jahr feststellen: « *Die republikanischen Feste wurden in diesem Jahr nicht mehr gefeiert* »[350].

Insofern leitete die Liquidierung der republikanischen Festtradition direkt zur Etablierung einer konsularen und dann imperialen Festkultur über[351]. Aber im Gegensatz zur Festtradition der Revolution versuchte Bonaparte nicht, neue, republikanische bzw. konsulare Feste an die Stelle von alten, christlichen Festen zu setzen. Vielmehr suchte er umgekehrt alte, insbesondere christliche Feste mit einer neuen politischen Ideologie zu füllen, auf jeden Fall aber immer zuerst einen Tag mit einem Festinhalt zu verbinden, ehe dann das eigentliche Fest förmlich eingeführt wurde. Das zeigte sich schon bei dem dann abgebrochenen Versuch, ein eigenes Regimefest des 18. Brumaire zu begründen[352]. Das Fest kam spät, erst im Jahre XII / 10. November 1803[353], als es sich eigentlich schon überlebt hatte, denn es sollte auf einer eigenen Tradition der Friedensproklamationen beruhen, wofür schon die Präliminarien des Friedens mit England am 18. Brumaire X / 9. Nov. 1801 verkündet worden waren[354]. Erfolgreicher war dann die Einführung des Geburtsfestes von Napoleon in Verbindung mit Mariä Himmelfahrt ab dem Jahre XI (15. August 1803)[355]. Aber auch hier war die Etablierung des Festes ein längerer Prozess, der schon durch die Proklamation zum Konsul auf Lebenszeit am 15. August 1802 vorbereitet worden war, aber erst 1806 seinen Abschluss fand, als der 15. August zum offiziellen Staatsfeiertag erklärt wurde[356]. Schon bei der Proklamation zum Konsul auf Lebenszeit war aber die neue Festform mit Parade, Rede des Präfekten und Tedeum in der Kathedrale voll ausgeprägt.

---

[348] Bereths: Musikchronik, 1978, S. 18.
[349] Gross: Napoleonkult, 2004, S. 725 (nach dem Chronist Ludwig Müller).
[350] Lager: Mitteilungen 1915, S. 181, was offen lässt, dass im Jahre 1804 die Nationalfeste doch noch begangen wurden. Interessiert hat sich Michael Müller aber nicht mehr dafür.
[351] Stein: Napoleonfeste im Saardepartement, 2012.
[352] Buchholz: Französischer Staatskult, 1997, S. 186-190.
[353] LHA Koblenz: Best. 276 Nr. 1688.
[354] LHA Koblenz: Best. 276 Nr. 1692, 1693.
[355] LHA Koblenz: Best. 276 Nr. 1684.
[356] Spang: La Saint-Napoléon, 1969; Bois: Histoire des 14 Juillet, 1991, S. 90-91; Schneider: Politische Festkultur, 1995, S. 29-37; Buchholz: Französischer Staatskult, 1997, S. 280-289.

All das betrifft die Departementshauptstadt. Wie aber vollzog sich der Umbruch im Departement? Das Fest des 14. Juli 1800 war noch von der alten Zentralverwaltung in allen Kantonen angeordnet worden und sollte auch noch von den alten Kantonsmunizipalitäten durchgeführt werden. Im Rhein-Mosel-Departement ist es dann auch in mindestens 13 von 30 Kantonen, aus denen Festberichte vorliegen, durchgeführt worden.[357] Im Saardepartement sind dagegen bei der Zentralverwaltung keine Festberichte mehr überliefert, und lediglich in der Registerüberlieferung des Kantons Waldmohr konnte ein Eintrag gefunden werden. Dort beschränkte sich das Fest auf eine Rede des Kommissars im Sitzungssaal sowie auf das Beiprogramm mit Bankett und Spielen für die Jugend[358]. In Anbetracht des in Trier aber doch erkennbaren Willens der Zentralverwaltung, dem letzten Fest unter ihrer Leitung noch eine gewisse Ausstrahlung zu geben, sowie der nachgewiesenen Realisierungen des Festes im benachbarten Rhein-Mosel-Departement darf man aber vielleicht annehmen, dass dieses letzte direktoriale Fest im Saardepartement faktisch doch eine etwas breitere Realisierung gefunden hat, als quellenmäßig nachweisbar ist.

Nach der Aufhebung der Kantonsverwaltungen sollten die weiteren Feste ab dem Jahre IX (1800/01) entsprechend der neuen Verwaltungsgliederung außer in der Departementshauptstadt auch in den Arrondissementshauptorten und den Sitzen der Mairien gefeiert werden, was sogar eine Vermehrung der Festorte bedeutete! Da die Archive der Unterpräfekturen im Saardepartement aber kaum überliefert sind, liegen darüber nur wenige Informationen vor. In Saarbrücken wurde vom Neujahrsfest des 1. Vendémiaire IX / 23. September 1800 zwar nochmals - wie erwähnt - eine Festrede in den Druck gegeben[359], aber sonst ist über das Fest nichts weiter bekannt. In Prüm musste beim Fest des 14. Juli 1801 der neue Unterpräfekt den Umzug durch die Stadt allein mit der Gendarmerie antreten, da sich der neue Maire des Ortes verweigerte und von teilnehmenden Bürgern erst gar nicht die Rede war[360]. Ebenso spärlich sind die Nachrichten aus den Mairien. Immerhin zeigt das Beschlussregister der Mairie Wittlich für das Jahr IX (1800/01), dass der Maire für das Neujahrsfeste am 1. Vendémiaire IX / 23. September 1800, das Fest des 14. Juli 1801 sowie das Neujahrsfest am 1. Vendémiaire X / 23. September 1801 jeweils Anweisungen von dem Präfekten erhielt, eine Feier durchzuführen, und daraufhin auch die entsprechenden Anweisungen erteilte und die Mairiegemeinden informierte[361]. Offen bleibt allerdings, in welcher Form diese Feiern noch durchgeführt wurden, da die Beschlüsse dazu keinerlei Angaben machen. Ein

---

[357] Vgl. Kap. IV, 3.
[358] LA Speyer: Best. G 9, Nr. 37 (4), es ist hier der letzte Eintrag des Registers.
[359] Vgl. Verzeichnis 2: Publizistik der Nationalfeste, Nr. 94 (s.o.).
[360] Einziger Beleg über die Feier des 14. Juli 1801 in den Arrondissementshauptstädten sind die Festberichte für Prüm von Unterpräfekt und Maire (nur Rahmenprogramm), LHA Koblenz: Best. 276 Nr. 1111.

V. Inhalt der Nationalfeste

in lokaler Überlieferung erhaltenes Zirkular aus dem Rhein-Mosel-Departement[362] zeigt dabei noch den Grundbestand der direktorialen Nationalfeste mit Ankündigung durch Glocken und Böller, mit Feier im Dekadentempel oder einem geeigneten Saal mit Reden und patriotischen Liedern sowie mit Spielen und Illumination an Nachmittag und Abend. Das deutet auf eine formale Fortsetzung der Feste, wenn auch ein Zirkular mit der Anweisung zu einem Fest noch kein Bericht über ein auch wirklich durchgeführtes Fest ist. Außerdem bleibt es auch eine Tatsache, dass sich in den Akten der rheinischen Departementsverwaltungen zu all dem keine Unterlagen mehr finden. Ein übergeordnetes Interesse scheint daran nicht mehr bestanden zu haben.

Für das Saardepartement kann man so feststellen, dass die Festkultur der Französischen Republik schon längere Zeit vor dem Staatsstreich des 18. Brumaire kaum noch existierte. Nach einer immerhin breiten Rezeption zu Beginn der französischen Annexion bröckelte die Realisierungsquote in den Kantonen schon seit dem Neubeginn des Krieges im Frühjahr 1799, so dass beim Staatsstreich von Bonaparte die Feste außer in der Departementshauptstadt nur noch in wenigen Kantonen stattfanden und auch letzte Aktivitäten der republikanischen Verwaltungen daran nichts mehr änderten. Die dann folgenden Friedensschlüsse festigten zwar die französische Herrschaft im Rheinland und führten auch zur völligen Integration der neuen rheinischen Departements in den französischen Staat, dies gab aber im Rahmen der konsularen Republik keine Grundlage für eine neue republikanische Festkultur. Die für die innerfranzösischen Verhältnisse erlassenen Gesetze zur Abwicklung der französischen Nationalfeste wurden nur noch formal befolgt, so dass heute kaum noch zu ermitteln ist, in welcher Form dies genau geschah. Auf jeden Fall entfalteten diese Abwicklungstermine aber keinerlei Öffentlichkeitswirksamkeit mehr, was durch das Schweigen der zeitgenössischen Chronistik nachhaltig bezeugt wird. So endete die republikanische französische Festkultur im Saardepartement fast unbemerkt.

Das war in Innerfrankreich z.T. anders. Als - schon nach der Verkündigung der neuen Verfassung des Empire vom 18. Mai 1804 - wieder der Jahrestag des Sturms auf die Bastille anstand, war dies zumindest für die Gegner der Republik ein Grund zum Spott. In Nantes wurde für den 14. Juli 1804 eine regelrechte Trauerfeier auf die Republik plakatiert, datiert auf den neuen

---

[361] LHA Koblenz: Best. 648 Nr. 699. Für das Fest des 14. Juli 1801 berichtet auch der Unterpräfekt von Prüm in seinem Festbericht, dass er ein Zirkular an alle Maires seines Bezirks gerichtet habe. Die Beschlussregister des Maire von Wittlich für die Jahre X und XI sind nicht erhalten, das für das Jahr XII /1803/04 (LHA Koblenz: Best. 648 Nr. 698) enthält keine Anweisungen über Nationalfeste mehr.

[362] REITZ: Eller in der Franzosenzeit, 1926. Insofern könnte eine Quellensuche auf Ortsebene durchaus noch manchen Fund versprechen.

Verfassungstag des 18. Mai 1804[363]. Schon die Stilisierung dieses Plakates in den Formen nicht der Republik, sondern des vergangenen Ancien Régime goss den ganzen Spott der siegreichen Restauration über die verschwundene republikanische Festkultur aus (« *enterrement de très haute, très puissante, très illustre citoyenne, la République Française* ») und lässt an die berühmte Rede von Görres über das Ende des Alten Reiches denken. Eine ähnliche Verlautbarung aus den rheinischen Departements nimmt zwar nicht auf die revolutionäre Festtradition Bezug, stellt die Republik aber auch als eine Frau dar, die hier nun an einem « *Kaiserschnitt* » stirbt[364].

7. Revolutionsrezeption durch Feste

Die kurze Zeit der französischen Nationalfeste im Saardepartement unter der Verwaltung des Direktoriums in den Jahren 1798 und 1799 stellt einen Rezeptionsvorgang dar, der auf einem Transfer der einschlägigen Rechtsverordnungen wie überhaupt des politischen und rechtlichen Systems, zu dem die Feste gehörten, beruhte. Die Rezeption wurde noch verstärkt durch unmittelbare Beziehungen der Grenzkantone zu den innerfranzösischen Departements über die lothringische Grenze hinweg, so dass in den saarländischen Kantonen (Blieskastel, Merzig, Saarbrücken, St. Wendel, Wadern) auch direkte innerfranzösische Einflüsse zur Geltung kamen[365]. Eigene revolutionäre Festtraditionen, wie man sie in den italienischen Tochterrepubliken oder auch in Lüttich und der batavischen Republik finden kann, gab es im Saardepartement dagegen nicht. Es wurden nur die französischen Nationalfeste rezipiert, und zwar aufgrund der französischen Gesetzesnormen und nach dem französischen Vorbild. Dabei ist die Rezeptionsintensität trotz der großen Schwankungen in der Realisierungsfrequenz wohl nicht geringer als in vielen französischen Departements, ja man kann sogar annehmen, dass die Zahl der Festrealisierungen insgesamt durchaus recht respektabel war. Auf jeden Fall findet sich bei der Rezeption eine große Verordnungsdisziplin, die dazu führte, dass Festanweisungen auch dann noch ausgeführt wurden, wenn ihr Sinn nicht verstanden wurde[366].

Trotzdem sind die rheinischen Nationalfeste nicht einfach Kopien der französischen Feste, sondern sie zeigen durchaus eigene Akzente durch eine selektive Rezeption. Allgemein gilt für die französischen National-

---

[363] DÉRÉ: Fêtes révolutionnaires à Nantes, 1989, S. 30 (Faksimile).
[364] HAASIS: Morgenröte der Republik, 1984, S. 141.
[365] Pappel als Freiheitsbaum, Szenario bei den Festen des Ackerbaus und der Freiheit (9./10. Thermidor), Lieder (s.u.).
[366] Tragen von Kokarden bei der Errichtung von Freiheitsbäumen in den Gemeinden des Kantons Birkenfeld, zweitägige Ausrichtung des Festes des 9./10. Thermidor ohne Rezeption des Festzeremoniells.

feste, dass sie in Innerfrankreich vor allem politische Erinnerungsfeste waren, während die allgemeinpolitischen und die moralischen Feste trotz der Bemühungen des zweiten Direktoriums hier häufig vernachlässigt wurden[367]. Dagegen war es im Saardepartement gerade umgekehrt. Alle Feste, die eine wirkliche Resonanz erzielten, waren allgemeinpolitische oder moralische Feste, während die Feste der Revolutionstradition weniger intensiv rezipiert wurden. Gewiss ist dies durch die gezielte thematische Einführung der Festkultur durch Regierungskommissar Rudler noch betont worden, aber die tatsächliche Festrezeption bestätigt auch die realistische Einschätzung der französischen Verwaltung. Es war also eine besondere Interpretation der französischen Revolution, die durch die Feste in den rheinischen Nationalfesten konstituiert wurde.

Als Erinnerungsfeste der Revolution konnten die Feste im Saardepartement keine Grundlage haben, denn es hatte hier keine Revolution gegeben, an die hätte erinnert werden können. Die Ereignisfeste der Revolution stellten vielmehr eine fremde Geschichte dar, deren Fremdheit durch die fiktionale Vermittlung des Festes nur noch gesteigert wurde und die zu sprechenden Missverständnissen führen konnte[368]. Gerade die Ereignisfeste des 14. Juli 1789 und des 10. August 1792 waren die Feste mit den niedrigsten Realisierungsquoten, und ebenso gering war die Resonanz bei den Festen der aktuellen Politik, nämlich bei der Feier des Jahrestages des Staatsstreiches vom 18. Fruktidor und bei der Trauerfeier für Joubert. Diese Tendenz wird auch nicht durch den augenfälligen Erfolg der Trauerfeier für die französischen Gesandten beim Rastatter Kongress widerlegt, denn hier handelte es sich um eine nationale französische Demonstration, die weit über den Rahmen der sonstigen Nationalfeste hinausging und deshalb nicht auf den Gesichtspunkt der departementalen Rezeption zu beschränken ist. Hohe Realisierungsquoten und aufwendige Feiern gab es allerdings auch für die Feste zum Gedächtnis an die Hinrichtung Ludwigs XVI. am 21. Januar 1793 und an die Hinrichtung von Robespierre am 9./10. Thermidor II. Aber hier galten die Feiern gerade nicht den historischen Ereignissen. Das Fest der gerechten Bestrafung des letzten Königs der Franzosen, wie es offiziell genannt wurde, war vom Direktorium selbst zum Fest der Eidesleistung der Funktionäre enthistorisiert worden und stellte deshalb auch im Saardepartement vor allem eine Treuebekundung der Verwaltung gegenüber dem Direktorium dar. Bei dem Regimefest des Direktoriums am 9./10. Thermidor schließlich zeigte sich eine deutliche Sonderrezeption des Festes. Zwar wurde die Regimeideologie

---

[367] Bois: Fêtes révolutionnaires à Angers, 1929, S. 122; Vovelle: Les métamorphoses de la fête en Provence, 1976, S. 136f.; Laroche de Roussane: Fêtes civiques à Sainte-Foy La Grande, 1989, S. 107f.;

[368] Ehrung der Generale Hoche und Joubert anstelle der girondistischen Gründer beim Fest der Gründung der Republik am 1. Vendémiaire VIII in St. Wendel.

der doppelten Abgrenzung sowohl von der Monarchie wie von der Jakobinerherrschaft in der Departementshauptstadt originalgetreu rezipiert und auch das dazu gehörige Zeremoniell in einigen grenznahen Kantonen nachgeahmt, doch blieb seine politische Allegorik auf eine fremde Theatralik beschränkt. Dagegen setzte die allgemeine Rezeption des Festes an allgemeinen Elementen der Nationalfeste wie z.B. an dem mit dem Fest des 9./10. Thermidor kaum verbundenen Bastille-Symbol an, so dass das Fest nicht als Regimefest des Direktoriums, sondern als ein Fest der Freiheit und der republikanischen Moral erschien. Auch bei den Erinnerungsfesten der französischen Revolution blieb die Revolutionsgeschichte untransferierbar. Nur in ihrer Wirkung auf das Rheinland oder als Parallele zur eigenen Geschichte war die Französische Revolution von Bedeutung.

Revolutionsfeste können keine Revolution transferieren. So konnte im Saardepartement keine Festkultur vermittelt werden für eine Revolution, die es dort gar nicht gegeben hatte. Nur umgekehrt konnte die Einführung der französischen Nationalfeste im Rheinland vorgehen, indem die Feste von dem auszugehen versuchten, was schon vorher transferiert worden war, nämlich den französischen Institutionen, die wirklich in den rheinischen Departements eingeführt worden waren. So bestanden die Feste der französischen Revolutionstradition in der Perspektive der rheinischen Rezeption in Festen der Freiheitsrechte und der republikanischen Moral und erschienen damit als Sonderformen der grundlegenderen allgemeinpolitischen Feste. Diese nun hatten in der Perspektive des Saardepartements nicht nur den Vorteil, dass sie eine volkstümliche und durch den Revolutionskontakt vertraute Symbolik aufwiesen, sondern dass sie damit auch Inhalte verbanden, die ohne historische Vermittlung direkt auf die aktuellen Verhältnisse der Region übertragbar erschienen. Die Resonanz, die die politischen Nationalfeste erreichen konnten, erzielten sie deshalb weniger durch besondere Allegorien und theatralische Szenarien als durch die Grundformen der Nationalfeste mit der Befreiungssymbolik um Freiheitsbaum und Vaterlandsaltar unter freiem Himmel. Hier haben die Nationalfeste im Saardepartement besonders im ersten Jahr nach der Annexion vielfach Breitenwirkung erreicht und sogar gelegentlich Bereitschaft zur Akzeptanz gefunden.

Allerdings konnte die beste Festinszenierung nicht von den Umständen abstrahieren, unter denen die Feste stattfanden. Das gilt nicht nur für die außenpolitische Krise des Jahres 1799, das gilt auch schon für die verfassungsrechtlich eingeschränkte Annexion im Jahre 1798, die Vorgeschichte der militärischen Besetzung des Rheinlandes durch die Revolutionstruppen und die Lebensbedingungen der Bevölkerung. Dass die Annexion nur mit einem beschränkten Rechtstransfer verbunden war, musste gerade bei den allgemeinpolitischen Festen deutlich werden. Die Nichtverleihung des Wahlrechtes setzte der Rezeption des Festes der Volkssouveränität Grenzen, und das Schicksal des Rheinlandes in den Revolutionskriegen stand einer Beteiligung an den französischen Siegesfeiern des Festes der Dankbarkeit entgegen. Die Feste propagierten die Freiheitsrechte, konnten sie aber oft nicht ausreichend konkretisieren. Insbesondere die gefeierte Befreiung vom Feudalsystem endete in der Aporie, dass die Steuerbelastung durch die Französische Republik deutlich höher war als die durch die alten Feudalstaaten. Das raubte den neu eingeführten Institutionen allgemein einen Großteil ihrer Glaubwürdigkeit. So wurde das Hauptfest der Gründung der Republik im Departement zwar breit rezipiert, aber dabei doch um den charakteristischen Aspekt des republikanischen Kalenderfestes verkürzt. Eine Breitenwirkung hatte es nur als ein allgemeines Nationalfest, soweit es als Volksfest aufgenommen werden konnte.

Einen realen Ansatzpunkt hatten auch die moralischen Feste. Die Heiligung der Arbeit und des sozialen Lebens in seinen Verlaufsformen war auch ohne die Vermittlung durch die Geschichte der französischen Revolution möglich. Der pädagogische Ansporn der Jugend, die Ehrung der gesellschaftlichen Aufgaben von Ehe und Familie und die Ehrerbietung für das Alter berührten auch die eigene Lebenswelt der Einwohner der rheinischen Departements. Die soziale Anerkennung der Arbeit und die Förderung von Agrarreformen konnten im jeweiligen lokalen Rahmen aufgezeigt werden. Insofern gelang den Festen die Darstellung der Prinzipien der säkularen, laikalen Gesellschaftsethik der Französischen Republik. Ja, es fand bei ihnen sogar eine Weiterentwicklung der Feste statt wie beim Fest des Ackerbaus, das weit über den innerfranzösischen Standard hinaus zu einer intensiven Propagierung agrarreformerischer Initiativen genutzt wurde. Allerdings waren auch die moralischen Feste in den rheinischen Departements durchgehend um den staatspolitischen Aspekt verkürzt. Das Fest der Jugend reduzierte sich zu einem Schulfest und zeigte gerade nicht die gesellschaftspolitische Integration der Jugend durch die Verleihung der Waffenfähigkeit und des Wahlrechts. Das Fest des Ackerbaus reduzierte sich auf ein Landwirtschafts- und Naturfest und zeigte gerade nicht die Parallelität zwischen Landwirten und Soldaten in ihren respektiven gesellschaftlichen Funktionen. Insofern erscheinen die moralischen Feste im Saardepartement stärker ethisiert und weniger politisch als in Innerfrankreich.

Denn die eigentliche politische Frage stellte sich bei den Nationalfesten im Saardepartement anders als in Innerfrankreich. Die Frage nach der Revolution war nicht eine Frage der selektiven Tradition der großen Journées, sondern es war die Frage, ob der Revolutionstransfer als Eroberung oder als Befreiung zu verstehen sei. Diese Frage hatte sich vor allem bei den Festen zur Einrichtung der französischen Verwaltungen gestellt. Das waren nun Sonderfeste der rheinischen Departements, die keine Entsprechung in Frankreich hatten.

Insofern findet sich in diesen Einsetzungsfesten und den an sie anschließenden Gedächtnisfesten doch eine eigene Festtradition der rheinischen Departements. Dabei war die Frage von Eroberung oder Befreiung eine Aporie. Die Annexion beruhte auf Eroberung, und sie bestand im Transfer von revolutionären Freiheitsrechten. Dieser Widerspruch wäre schon bei einer vollständigen Annexion nicht auflösbar gewesen, denn die Gewährung des Zugangs zu den Freiheitsrechten setzte immer die Verleihung der französischen Citoyennität voraus und implizierte damit die Aufgabe der bisherigen politischen Identität[369]. In Bezug auf das Rheinland kam aber noch hinzu, dass die Freiheitsrechte nur individualrechtlich gewährt worden waren, während die Teilhabe an der Souveränität des Volkes durch die Gewährung des Wahlrechtes gerade vorenthalten blieb. Unter politischem Aspekt mussten die Feste der Verwaltungseinrichtung wie auch die weiteren Nationalfeste im Saardepartement deshalb immer zur Utopie einer völligen Reunion führen, denn diese allein konnte die Eroberung zur Befreiung wandeln und die Befreiung auch konkret als Frieden und Wohlfahrt erleben lassen.

Die Nationalfeste im Saardepartement stellen so nicht eine besondere Rezeption in dem Sinne dar, dass hier unter den Bedingungen der Annexion eine besondere Festtradition geschaffen worden wäre. Zwar gab es durchaus Verschiebungen gegenüber den allgemeinen Zeremonialvorgaben, wie sie sich etwa in einer besonderen Dominanz der Verwaltung, einer Reduzierung der Rolle des Militärs oder auch in besonderen Formen des Protestes gegen die Feste zeigten. Aber in fast allen Fällen ließen sich ganz ähnliche Phänomene auch bei den faktisch durchgeführten Festen in Innerfrankreich nachweisen. Im Saardepartement wurden also keine anderen Nationalfeste gefeiert als in Innerfrankreich. Wenn es trotzdem eine besondere Interpretation der Nationalfeste im Saardepartement gab, dann aufgrund einer besonderen Selektion der Festformen. Die politischen Feste und Festzeremonielle wurden nicht oder weniger rezipiert und führten zu einer Konzentration der Feste auf das Grundzeremoniell der Befreiungssymbolik und der Vermittlung der republikanischen Sozialethik. Um den Preis des Verzichtes auf die Französische Revolutionstradition konnte damit freilich ein Bezug zum Transfer der republikanischen Institutionen hergestellt werden.

---

[369] PIRENNE: Histoire de Belgique, Bd. 6, 1926, S. 89-95.

VI. Form der Nationalfeste

Über die unterschiedliche Ausgestaltung der Nationalfeste gemäß dem jeweiligen Festinhalt und über die unterschiedliche Akzentuierung der Feste je nach den vorherrschenden politischen Umständen hinaus haben alle Nationalfeste einen zeremoniellen Kernbestand, der ihre Einheit ausmacht, allerdings auch häufig den Eindruck der Eintönigkeit erweckte. Das gilt schon für Frankreich, wo z.B. ein durchaus wohlwollender Zeitungskommentator in Poitiers sich nach dem Fest des 14. Juli 1797 fragte: «*pourquoi nos fêtes républicaines ont-elles toutes une même physionomie?*»[1] oder wo man in Compiegne mit dem 30. Floréal VII / 19. Mai 1799 die Protokollierung der einzelnen Dekadenfeiern mit der Begründung einstellte «*attendu que le mode adopté pour la célébration du décadi est toujours le même*»[2]. Ähnliches gilt auch für die rheinischen Departements, wo trotz des insgesamt sehr viel kürzeren Zeitraumes, in dem die Feste gefeiert wurden, die hier noch ausgeprägtere Konzentration der Feste auf ihren zeremoniellen Kernbestand ebenfalls schnell den Eindruck der Wiederholung hervorrief. Sogar schon vor dem Beginn des zweiten Durchganges durch die Festfolge ab dem Fest der Dankbarkeit (10. Prairial VII / 29. Mai 1799) verwies die Zentralverwaltung des Saardepartements in ihrem Zirkular für das Fest der Jugend am 10. Germinal VII / 30. März 1799 auf die «*cérémonies accoutumées qui consisteront en chants et discours patriotiques*». Entsprechend organisierten die Kantonsverwaltungen die Feste «*comme de coutume*», indem die Festankündigungen in der gewohnten Weise geschehen sollten («*cette solennité avait été annoncée et publiée de la manière dont les sont toutes les autres fêtes constitutionnelles*»), der Festzug in seiner schon traditionell gewordenen Reihenfolge zusammengestellt wurde («*l'ordre du cortège fut à peu près le même que celui de toutes les autres fêtes nationales*»), die üblichen Zeremonien ausgeführt wurden («*Les cérémonies accoutumées auront lieu dans les temples décadaires.*») und als Redner «*nos orateurs ordinaires*» auftraten[3]. Im benachbarten Rhein-Mosel-Departement wurde sogar ein Formular entwickelt, mit dem die Kantonsverwaltungen die Meldungen über die Durchführung der Nationalfeste in standardisierter Form abgeben konnten[4]. Hier dominierte also die Einheit des

---

[1] BLIN: La municipalité du canton de Poitiers sous le Directoire, 1994, S. 229.
[2] BERNET: Les cultes à Compiègne, 1996, S. 49.
[3] Zirkulare der Zentralverwaltung für die Feste der Jugend (10. Germinal VII / 30. März 1799) und der Eheleute (10. Floréal VII / 29. April 1799), dazu die Festberichte der Kantone für die Feste der Jugend (St. Arnual, St. Wendel) und der Eheleute (Reifferscheid, St. Arnual), 9./10. Thermidor (St. Wendel).
[4] LHA Koblenz: Best. 241 Nr. 3091. Das Formular selbst ist nicht überliefert.

Festes über die Spezifizierung des besonderen Festinhaltes und äußerte sich in Gewöhnung. Es war mehr ein Einheitsfest, das wiederholt wurde, als eine Folge von sich von einander unterscheidenden Einzelfesten. Insofern ist über die Rezeption der einzelnen Festinhalte hinaus auch die Ausformung der einzelnen Festelemente in den rheinischen Departements zu untersuchen.

1. Festort

Die Nationalfeste erstreckten sich immer auf den ganzen Ort, in dem sie gefeiert werden sollten. Am Vorabend und am Morgen der Feste waren die Ankündigungen durch Glocken und Böller überall zu hören. Dann zogen Musikgruppen durch die Straßen und bereiteten die Bevölkerung weiter auf das Fest vor. Alle öffentlichen Gebäude und die Wohnhäuser der Funktionäre und Angestellten der Verwaltung waren mit frischem Laub und Fahnen geschmückt. Der Festzug wurde durch möglichst viele Straßen geführt, und wenn am Abend eine Illumination stattfand, sollte sie den ganzen Ort erfassen, indem die Fenster der öffentlichen Gebäude, die der Häuser der Funktionäre und Angestellten der Verwaltung sowie mitunter auch noch die einiger Privathäuser erleuchtet waren. Allerdings waren die eigentlichen Festzeremonien auf einen bestimmten Festplatz beschränkt, konnten aber auch in mehreren Stationen an verschiedenen Plätzen der Orte durchgeführt werden.

1.1. Freiheitsbaum

Der bevorzugte Ort der französischen Nationalfeste war der Platz um den Freiheitsbaum[5]. Das gilt selbst für Paris[6], noch mehr aber für die Departements[7] und die reunierten und annektierten Gebiete. Unter dem Zeichen der Freiheitsbäume war die Revolution an den Grenzen der rheinischen Reichsstände angelangt, und unter dem Zeichen der Freiheitsbäume hatten die französischen Revolutionstruppen das linke Rheinufer erobert. Mit Freiheitsbäumen hatten die einheimischen Revolutionsanhänger darauf geantwortet. Schließlich war die Annexion der rheinischen Departements und die Einrichtung der Zivilverwaltungen mit der Errichtung von Freiheitsbäumen bis in die einzelnen Gemeinden verbunden worden. Das Zeichen der französischen Herrschaft war der Freiheitsbaum, so dass auch die Opposition gegen die französische Herrschaft hier ihr erstes Objekt für demonstrative Proteste fand.

Entsprechend stand bei den Feiern zur Einsetzung der französischen Verwaltung in den Departements, in den Kantonen und in den Gemeinden die Errichtung von Freiheitsbäumen im Mittelpunkt des Zeremoniells. Der Baum sollte Befreiungssymbol sein. Er wurde errichtet als Baum der Freiheit und der Ver-

---

[5] CORVOL: Les arbres de liberté, 1989; HARDEN: Liberty caps and liberty trees, 1995.
[6] SIMONETTI: Les arbres de la liberté, 1989.
[7] HIEGEL: Les arbres de la liberté dans le département de la Moselle, 1999.

VI. Form der Nationalfeste 277

brüderung, um den sich die Menschen in bürgerlicher Gleichheit versammeln sollten. Der Baum sollte auch ein Symbol der Dauer der Freiheit sein. Gepflanzt wurden Bäume mit Wurzeln, die wachsen und gedeihen konnten, um durch ihre breiten Äste Schutz zu geben und noch in fernen Zeiten an den Tag ihrer Pflanzung zu erinnern. Gepflanzt wurden so vor allem Eichen und manchmal auch Pappeln[8], und zwar nach französischem Vorbild wegen des volksethymologischen Zusammenhanges im Französischen von Pappel (*peuplier*) und Volk (*peuple*). Nur einmal, als ein Baum nicht angewachsen war und vorzeitig ersetzt werden musste, wurde ein Baum ohne Wurzeln als Zwischenlösung bis zur Neupflanzung eines richtigen Baumes gesetzt[9]. Dafür wurde eine Tanne ausgewählt, um durch ihre immergrünen Nadeln wenigstens den Anschein der Dauer zu geben. Allerdings ist auch der Freiheitsbaum, der auf der Zeichnung des St. Wendeler Sekretärs Manouisse von der Illumination des Ortes anlässlich des Festes der Gründung der Republik am 1. Vendémiaire VII / 22. September 1798 zu sehen ist, augenscheinlich eine Kiefer ohne Wurzeln, der man nur die Äste der Krone gelassen hat (Abb. 6).

Die Bäume waren im ganzen Land gesetzt worden und standen in allen Gemeinden. Mitunter waren auch mehrere Freiheitsbäume in einem Ort errichtet worden[10]. In Trier[11] waren es vier, in Birkenfeld[12] drei, und in verschiedenen anderen Kantonshauptorten immerhin zwei Bäume: so in Baumholder[13], Blankenheim[14], Blieskastel[15], Hermeskeil[16], Lebach[17], Meisenheim[18],

---

[8] SEIBRICH: Der Raum Rhaunen, 1994, S. 106 vermutet wegen der bezeugten Blüte im Juli, dass in Rhaunen eine Linde gepflanzt worden wäre.

[9] In Blankenheim am 10. Messidor VI, wieder ersetzt am 10. Germinal VII. Möglicherweise ist dies auch bei dem ersten Freiheitsbaum in Meisenheim der Fall, für den eine Kiefer gewählt wurde (BAUMGART: Roemmich, 1999, S. 107).

[10] In Toulouse standen im Herbst 1798 sogar 51 Freiheitsbäume, vgl. BARRE: Les fêtes révolutionnaires à Toulouse, 1976, S. 313.

[11] 19. Februar 1798 auf dem Freihof vor der Zentralverwaltung, auf dem Hauptmarkt und vor dem Gericht (ehem. Piaristen-Seminar, Lambertinisches Seminar) in der Diedrichsgasse sowie am 14. März 1798 auf dem Kornmarkt vor dem Rathaus.

[12] 20. März 1798 vor der Kirche, 7. April 1798 vor dem Amtshaus (Munizipalität), 9./10. Thermidor VI im Garten der Munizipalität.

[13] HANSEN: Quellen, Bd. 4, 1938, S. 738.

[14] 1. vor der Munizipalität, 2. auf dem Marktplatz, beide am 30. März 1799 erneuert.

[15] Der vordepartementale Freiheitsbaum wurde am 11. Februar 1798, der departementale am 10. April 1798 gepflanzt, erneuert am 20. März 1799 « *au milieu de la grande place* ».

[16] Am 16. April 1798 vor der Munizipalität auf dem Marktplatz, am 9. Thermidor / 27. Juli 1798 « *sur une place convenable pour ériger et planter ce nouveau signe de la liberté* ».

[17] Am 7. April 1798 vor dem Rathaus, am 19. Februar 1799 vor dem Haus des Präsidenten, wo er schon in der Nacht darauf niedergelegt wurde.

[18] Die vordepartementalen Freiheitsbäume wurden am 31. Dez. 1797 und 25. März 1798 auf dem Marktplatz errichtet, der departementale dann bei der Einsetzung der neuen Verwaltung am 10. April 1798 sowie am 9. April 1799 im Schlosshof.

Prüm[19], Saarbrücken[20] und Wittlich[21]. Außerdem ist noch mit Nebenbäumen zu rechnen wie denen in den Vororten von Trier[22] oder einem ohne eine offizielle Zeremonie gesetzten Baum in Merzig, der in der Nacht vom 22. auf den 23. Juni 1800 abgehauen wurde[23].

Nicht nur bei der Einrichtung der neuen Zivilverwaltungen, sondern ebenso bei den folgenden Nationalfeiern des Jahres VI blieb der hauptsächliche Festort der Freiheitsbaum auf dem dominierenden Platz des Ortes oder vor dem als Verwaltungssitz dienenden öffentlichen Gebäude. Hier fanden die meisten Feste statt. Wo mehrere Bäume zu ehren waren, wurde das Festzeremoniell darauf abgestimmt. Auf Hin- und Rückweg des Festzuges wurden jeweils die verschiedenen Bäume besucht und bei dem zweitägigen Fest des 9./10. Thermidor konnte man die beiden Festtage auf die verschiedenen Bäume verteilen. Der Baum gehörte so sehr zum unverzichtbaren Zeremoniell jedes Nationalfestes, dass beim Fest des Ackerbaus in Rhaunen im Jahre VI sogar ein alter, wurzelloser Freiheitsbaum im Zug mitgeführt und dann am Festort auf freiem Feld aufgestellt wurde. Dabei wurde der Freiheitsbaum von den Festzügen in der Regel mehrfach respektvoll umrundet, ehe das eigentliche Festzeremoniell unter dem Baum begann oder der Zug zur nächsten Station weiterzog.

Sowohl für die Baumsetzungen wie für die Nationalfeste ist in Frankreich der Tanz um den Freiheitsbaum fester Bestandteil des Festrituals. Für das Rheinland sind die Belege etwas spärlicher. Ein Ölgemälde, das bei der Jubiläumsausstellung 1989 in Nürnberg erstmals der Öffentlichkeit präsentiert wurde[24], ist wegen der unklaren Überlieferungsgeschichte geographisch nicht sicher zuzuordnen, so dass es sich doch eher auf die Frühphase der Revolution im Elsass beziehen mag und nicht auf das Rheinland, wo das Motiv eines Tanzes von Männern und Frauen mit Mönchen und (französischen) Soldaten selbst für die Zeit der Mainzer Republik schwer darstellbar erscheint und in der rheinischen Festikonographie jedenfalls allein stehen würde. Immerhin belegen die Festberichte des Saardepartements verschiedentlich den Tanz um den Freiheitsbaum im Zusammenhang mit den Nationalfesten. Bei den Baumsetzungen anlässlich der Einsetzung der neuen Verwaltungen für Konz, Merzig und Pfalzel wird ein Tanz erwähnt und dazu noch bei der Neupflanzung im Folgejahr in Wittlich. Bei sonstigen Feiern gab es Tänze beim Fest der Dankbarkeit

---

[19] 4. April 1798 im Abteihof vor der Munizipalität, 19. April *« sur la place publique »*.
[20] In Saarbrücken auf dem Platz vor dem Rathaus, in St. Johann auf dem Marktplatz.
[21] 19. November 1797 Freiheitsbaum der Cisrhenanen, 5. April 1798 erneuert sowie ein zweiter Baum vor der Wohnung des Friedensrichters.
[22] GROSS: Napoleonkult, 2004, S. 723 rechnet mit mehr als einem Dutzend.
[23] Akten der Untersuchung des Vorfalls in LHA Koblenz: Best. 276 Nr. 1094.
[24] Ausstellungskatalog: Freiheit, Gleichheit, Brüderlichkeit. 200 Jahre Französische Revolution in Deutschland, 1989, Nr. 174, S. 307 und 345.

am 10. Prairial VI / 29. März 1798 in Merzig, beim Fest des 9./10. Thermidor / 27./28. Juli 1798 in Wadern und beim Fest des Alters am 10. Fruktidor / 27. August in Kyllburg. Schließlich gab es noch mitternächtliche Besuche von tanzenden Paaren nach den anlässlich der Nationalfeste veranstalteten Bällen, und zwar bei dem Neujahrsfest nach dem republikanischen Kalender am 1. Vendémiaire VII / 22. September 1798 in Kyllburg und Wittlich und beim Fest der Volkssouveränität am 30. Ventôse VII / 20. März 1799 in Trier. Dabei sind Kyllburg, Merzig und Wittlich doppelt genannt.

Allerdings musste die ausgeprägte Baummetaphorik meist Wunsch bleiben. Nur in Rhaunen scheint man das Erlebnis eines wachsenden und gedeihenden Baumes gehabt zu haben. Beim Fest der Ackerbaues am 10. Messidor VI / 28. Juni 1798 grünte er, beim Freiheitsfest des 9./10. Thermidor VI / 27./28. Juli 1798 sah man einen « *herrlich blühenden Freiheitsbaum* », und beim Fest des Alters am 10. Fruktidor VI / 27. August 1798 konnte man die « *Beleuchtung des Früchte tragenden Baumes* » bewundern. Nur aus Manderscheid ist auch im folgenden Frühling beim Fest der Jugend am 10. Germinal VII / 30. März 1799 von einem « *Freiheitsbaum, welcher neue Knospen zu sammeln beginnt* », die Rede. Sonst aber mussten die meisten Freiheitsbäume im Frühjahr 1799 neu gepflanzt werden, was dann wiederum Gelegenheit zu einer in Zeit und Geographie weit ausladenden Baummetaphorik war:

> « *Dein Gipfel sprosse also, geliebter Baum, himmelan; dein Schatten verbreite sich über diesen Erdball, damit alle Völker dieser sublunarischen Welt einstens unter dir Ruhe und Zufriedenheit genießen könnten.* » (Trier).
> « *Qu'il prenne vie et qu'il puisse un jour ombrager par ses longues rameaux la postérité la plus reculée* » (Wittlich).

So wurde zu Beginn des zweiten Festjahres in den rheinischen Departements die zentrale Funktion des Freiheitsbaumes nochmals unterstrichen. Das Fest der Gründung der Republik am Neujahrstag des 22. September 1798 wurde fast überall als Baumfest begangen. Darauf fanden im folgenden Frühjahr die Neupflanzungen von Freiheitsbäumen statt, wenn auch diese in Innerfrankreich für den 21. Januar vorgesehene Zeremonie im Saardepartement an diesem Tag nur in Herrstein durchgeführt werden konnte, sonst aber witterungsbedingt auf später verschoben werden musste und dann am Jahrestag der Einsetzung der Zentralverwaltung am 1. Ventôse VII / 19. Februar 1799 in Trier sowie Mitte März in den Trierer Vororten und weiter am Fest der Volkssouveränität am 30. Ventôse VII / 20. März 1799 in Bernkastel, Blieskastel, Rhaunen (Morbach). Saarbrücken, Wadern und Wittlich, am Fest der Jugend am 10. Germinal VII / 30. März 1799 in Blankenheim und Meisenheim sowie am Jahrestag der Einrichtung der Kantonsverwaltung in Hermeskeil am 16. April 1799 stattfand. Allerdings waren dies auch oft die letzten Male, dass die

Freiheitsbäume im Festzeremoniell erwähnt wurden. Mit der Einrichtung der Dekadentempel wurden diese nun zum eigentlichen Festort, und nur in wenigen Kantonshauptorten wurden noch Baumfeste gefeiert oder die Freiheitsbäume bei den Festzügen zum Dekadentempel besucht (Prüm, Reifferscheid, Manderscheid, St. Arnual, Schönberg). Schon vor dem Ende der direktorialen Feste war es still um die Freiheitsbäume geworden. Der Versuch, nach dem 18. Brumaire den Baum als «*Baum des Friedens*» in den beginnenden Napoleonkult zu integrieren, wie er 1801 in Trier unternommen wurde, fand keine Nachahmung. Allerdings blieben die Bäume stehen und wurden in Trier erst in der Nacht vom 17./18. September 1804 beseitigt[25], also weniger als drei Wochen vor dem Besuch des neuen Kaisers Napoleon am 6. Oktober in der Stadt. Wie lange die Freiheitsbäume sonst noch überdauert oder vielleicht sogar, inzwischen zu Dorfeichen gewandelt, noch die preußische Zeit erlebt haben, müsste noch festgestellt werden[26].

1.2. Altar

Der Vaterlandsaltar ist älter als der Freiheitsbaum. Er geht auf die konstitutionelle Phase der Revolution zurück, als die ersten Revolutionsfeste noch unter Beteiligung von Priestern stattfanden und so der Vaterlandsaltar eine Verbindung von kirchlicher Sakralität und politischer Revolution darstellte. Aber auch über diese erste Phase hinaus blieb der Vaterlandsaltar ein wichtiger Bestandteil der Revolutionskultur. Kinder wurden hier getauft und Ehen geschlossen, Eide abgelegt und Waffen und Fahnen gesegnet, lange nachdem jede Form von kirchlicher Mitwirkung an den Festen aufgehört hatte. Auch im laikalen Nationalfest stellte der Vaterlandsaltar ein Residuum von nun republikanischer Sakralität dar. Vielfach stand er in einer engen Beziehung zum Freiheitsbaum, konnte aber auch alleine Festort sein. Meist stand er auf den großen Plätzen der Städte und Orte, insbesondere beim Fest des Ackerbaus konnte er auch auf freiem Feld errichtet werden. Im Unterschied zum Freiheitsbaum war der Vaterlandsaltar unter freiem Himmel allerdings keine Dauereinrichtung. Er wurde zu bestimmten Festen errichtet, verschwand danach aber

---

[25] GROSS: Napoleonkult, 2004, S. 725 (nach Chronik von Ludwig Müller).
[26] Freiligrath begrüße noch 1842 die Freiheitslinde von Hirzenach (HELBACH: Die Linde bei Hirzenach, 2009). Eine Kontinuität bis zur Revolution von 1848 wird für Rhaunen vermutet, wobei es sich auch um eine Linde gehandelt haben soll (SEIBRICH: Rhaunen, 1994, S. 106, 154). Als alter, 1798 gepflanzter Freiheitsbaum gilt die noch heute stehende 200-jährige Linde vor vor Schloss Dhaun (Freiheitsbäume und Freiheitsfeste in Rheinland-Pfalz. 150 Jahre Revolution von 1848/49, hg. v. d. Staatskanzlei RLP, 1998, S. 10). Auffällig ist, dass es sich in allen Fällen um Linden handelt, von denen zeitgenössisch nicht die Rede ist.
Genauere Nachrichten über das Nachleben der Freiheitsbäume gibt es für Frankreich (IHL: Fête républicaine, 1996, S. 254.) und besonders das benachbarte Departement Moselle (HIEGEL: Les arbres de la liberté, 1999).

wieder bis zu einem neuen Ereignis, für das er erneut aufgebaut wurde. Steinerne Altäre, die auf Dauer errichtet waren, wie sie aus Frankreich bekannt sind[27], hat es im Rheinland nicht gegeben. Im Gegensatz zum Freiheitsbaum nahm die Verlegung der Nationalfeste in den Dekadentempel dem Vaterlandsaltar aber nichts von seiner Bedeutung, sondern er wurde nun zum alleinigen Zentrum dieses neuen Sakralraumes und trug zumal in Dekadensälen, die keine Kirchen waren, ganz wesentlich zu der Sakralität dieser Räume bei.

In den rheinischen Departements trat der Vaterlandsaltar zuerst als Ergänzung zu den Freiheitsbäumen auf, fand aber gerade gegen Ende der ersten Festsaison im Jahre VI einen festen Platz im Zeremoniell der Nationalfeste im Saardepartement und wird hier in den Festberichten auch zunehmend selbständig ohne Bezug auf den Freiheitsbaum als Festort erwähnt.

Tabelle 15: Feste mit Vaterlandsaltar unter freiem Himmel im Saardepartement 1798

Feste	Feste mit Vaterlandsaltar	
	Zahl	Anteil an allen Feiern
VI prairial 10: Dankbarkeit	4	21,1 %
VI messidor 10: Ackerbau	5	20,8 %
VI thermidor 9/10	8	27,6 %
VI fructidor 10: Alter	4	14,8 %
VII vendémiaire 1: Neujahr	11	33,3 %

Der Vaterlandsaltar ist auch hier allgemein Residuum der Sakralität, so dass er auch zum « *autel sacré de l'agriculture* » (Reifferscheid, VI messidor 10) werden konnte. Seine in Frankreich verbreitete Funktion als nationales Integrationssymbol in der Verbindung von Politik und Armee konnte er im Rheinland allerdings kaum einnehmen. Stattdessen erscheint er parallel zu der allgemeinen Rezeption der Nationalfeste als Freiheitsfeste als « *autel de la liberté* » (Lebach, St. Wendel, Trier). Diese Gleichsetzung von Vaterlandsaltar und Freiheitsaltar ist zwar auch in Frankreich verbreitet, gewinnt in den rheinischen Departements aber auf dem Hintergrund der allgemeinen Rezeption der Nationalfeste als Freiheitsfeste noch an Bedeutung. Vielfach standen im Saardepartement Statuen der Freiheitsgöttin (« *déesse de la liberté* ») auf den Altären (Grumbach, Reifferscheid, Saarbrücken, Trier). Gelegentlich finden sich auch bildliche oder figürliche Darstellungen der Freiheit, die die

---

[27] Der Altar in Thionville hat sich als Steinmonument erhalten, vgl. CHIMELLO: L'autel de la patrie de Thionville, 1989, mit Bild. Ein Holzaltar ist im Museum von Angers erhalten, vgl. Spektakel der Macht, 2008, S. 233, mit Bild.

Ketten von Sklaven zertrümmert (« *déesse représentant la liberté brisant les chaînes de plusieurs esclaves amenés devant elle* », Reifferscheid VI thermidor 9/10) oder die besiegten Völker als Mutter, nicht als Herrin aufnimmt (Blankenheim, VII vendémiaire 1er). Einmal wurde der Trierer Dekadentempel mit den Statuen von sieben Tugenden geschmückt, nämlich von Freiheit, Gleichheit, Gerechtigkeit, dazu Vernunft, Gesetz, Tugend und Philosophie (VII vendémiaire 1er). Besonders in St. Wendel wurde der Altar im Festzug mitgeführt (VII vendémiaire 1er) oder auf freiem Feld aufgestellt (Fest des Ackerbaus, VII messidor 10; Abb. 5). Allerdings hatte der Altar bei den rheinischen Nationalfesten eine mehr statuarische Funktion. Hier wurden keine Kinder getauft, keine Ehen geschlossen, keine heranwachsenden Männer in die Listen der Nationalgarde (16 Jahre) oder die Wahllisten (21 Jahre) eingetragen, und Waffensegnungen hatten nur eine Rolle bei den Revolutionsspielen der Feste, betrafen aber nicht die wirkliche Armee. Der Altar war Ziel des Festzuges und Ort der Reden und Gesänge. Im Unterschied zu den Freiheitsbäumen konnte der Vaterlandsaltar aber in die Dekadentempel integriert werden und erhielt hier sogar noch neue liturgische Funktionen.

1.3. Dekadentempel

Waren die Nationalfeste im ersten Festjahr vor allem Baumfeste und Altarfeste, so änderte sich ihr Festort mit der Einrichtung der Dekadentempel ab dem Beginn des zweiten Festjahres deutlich. Das Fest des 21. Januar 1799 (Fest der gerechten Bestrafung des letzten Königs der Franzosen) war wegen der damit verbundenen Vereidigung aller Funktionäre das erste Fest, für das die Zentralverwaltung die Durchführung im Dekadentempel vorschrieb, und tatsächlich war dies auch für viele Kantone der Anlass, einen Dekadentempel oder einen Dekadensaal einzurichten[28]. Da auch für fast die Hälfte der folgenden Feste der Dekadentempel als Festort vorgegeben wurde[29] und das innerfranzösische Vorbild der Feste im Dekadentempel in die gleiche Richtung wirkte, galt für das Saardepartement ab Januar 1799 allgemein, dass die Feiern der Nationalfeste nun grundsätzlich in den Dekadentempeln stattfanden. Dieser Wechsel ist bei den meisten Kantonshauptorten, bei denen die Feste einigermaßen kontinuierlich stattfanden, deutlich zu beobachten.

Der Wechsel des Festortes war nicht ohne Folgen für den Charakter der Feste. Mit dem Dekadentempel hatten die republikanischen Feste einen festen Ort in der Gemeinde. Noch bedeutsamer war aber, dass die Sakralität des Raumes verbunden mit der Aufstellung eines Altars im Dekadensaal oder der Um-

---

[28] Vgl. über die Einrichtung der Dekadentempel Kap. III, 3.
[29] Volkssouveränität (30. Ventôse VII), Dankbarkeit (10. Prairial VII), Rastatt (20. Prairial VII), 14. Juli 1799, 10. August 1799, Neujahr (1. Vendémiaire VIII).

widmung eines Kirchenaltars zum Vaterlandsaltar im Dekadentempel für die Feste einen Sakralitätstransfer bedeutete. Hier hatte der Vaterlandsaltar nun auch eine liturgische Funktion, wenn das Buch der Verfassung auf dem Altar oder vor ihm auf einer Halbsäule niedergelegt wurde oder wenn beim Fest des 21. Januar die Vereidigung der Funktionäre am Altar geschah.

Andererseits bedeutete die Ersetzung der Platzfeste um den Freiheitsbaum durch Saalfeste einen Verlust an Öffentlichkeit. Die eigentliche Festzeremonie fand nun nicht mehr unter freiem Himmel auf dem größten Platz des Ortes mit einer gegebenenfalls großen Zuschauermenge statt, sondern in der Abgeschiedenheit eines besonderen Kultraumes, wo sich die Teilnehmerzahl weitgehend auf die unmittelbar Mitwirkenden beschränkte. Als einziges Element des öffentlichen Festzeremoniells blieb nur der Festzug durch die Straßen zum Dekadentempel. Auch der Zug betonte aber die Trennung zwischen Teilnehmern am Festzug und Zuschauern am Straßenrand und kannte keine Auflösung des Gegensatzes in der gemeinsamen Anwesenheit von Akteuren und Zuschauern im Kreis um den Freiheitsbaum. Allerdings war das Verhältnis von Fest und Öffentlichkeit ambivalent. Die Durchführung des Festes in der Öffentlichkeit konnte eine große Breitenwirkung des Festes ermöglichen, sie konnte das Fest aber auch exponieren, es bei einer zu geringen Teilnehmerzahl dem Spott aussetzen oder es gar für Störungen anfällig machen. Aus diesem Grunde wurde in Grumbach verschiedentlich im Jahre VII auf einen offiziellen Zug zum Dekadentempel verzichtet.

> « *Les succès éphémères des Autrichiens ont réveillé les espérances des mauvais citoyens, les bons citoyens en sont intimidés. [...] Nous avons à cause de cette situation chagrinante pour les fonctionnaires publics supprimé la promenade civique et les autres cérémonies, de crainte que personne n'y assisteroit, et nous avons jugé à propos qu'il convient mieux de supprimer les cérémonies extérieures de cette fête que de les exposer à la risée des mauvais sujets par la mesquinerie de la fête* » (Grumbach, 10. Floréal VII).

Obwohl ursprünglich wohl nicht beabsichtigt, hatte die Wahl des neuen Festortes gerade im Krisenjahr 1799 auch den Effekt, den Festen einen Schutzraum zur Verfügung zu stellen.

Umgekehrt rückte damit auch das öffentliche Zeremoniell der Feste in eine ambivalente Situation. Wenn in Büdlich und Lissendorf auch im Jahre 1799 noch Nationalfeste als Baumfeste auf dem Marktplatz stattfanden, so zeigte sich hier eine Distanz zur Einrichtung eines Dekadentempels, wie aus dem gleichen Grund auch in Ottweiler immer nur der Sitzungssaal der Kantonsmunizipalität als Festort diente. Wenn weiter in Wadern zwar das Refektorium des Kapuzinerklosters als Dekadentempel eingerichtet wurde, so beschränkte sich doch dessen Nutzung für Nationalfeste auf die allernotwendigsten Fälle wie die Eidesleistung am 2. Pluviôse und die beiden Trauerfeiern für die Gesandten beim Rastatter Kongress und für General Joubert. Das erst 1767 errichtete Kloster lag auf dem Christianenberg vor dem Ort, so dass in Wadern die Feste mit dem gleichen Zugparcours auch alternativ als Altar- oder Platzfeste in der Natur begangen werden konnten[30]. Sicherlich gilt diese implizite Vermeidung von Saalfesten im Dekadentempel nicht für alle Baum-, Altar- und Platzfeste, die im Jahre 1799 im Saardepartement noch gefeiert wurden, aber die Öffentlichkeit der Nationalfeste war in der damaligen Krisensituation insgesamt ambivalent. Sie konnte sowohl die Präsenz der französischen Herrschaft in der Öffentlichkeit zeigen, wie auch umgekehrt eine versteckte Opposition gegen die Einrichtung des Dekadentempels ausdrücken.

1.4. Natur

Schließlich war neben den Platzfesten mit Freiheitsbaum und/oder Vaterlandsaltar und den Festen im Dekadentempel auch die Natur ein gegebener Ort für die Nationalfeste. Das 18. Jahrhundert hatte Legitimation vor allem im Logos der Natur gefunden. Natur war als rational geordneter Kosmos entdeckt worden. Das Natürliche war also auch das Rationale. Damit wurde die Natur Vorbild auch für gesellschaftliche Ordnung. Staat und Gesellschaft waren dann legitim organisiert, wenn sie sich in ihrer natürlichen Ordnung und damit in Übereinstimmung mit der Natur befanden. Dieses Prinzip hatte schon dem Revolutionskalender zugrunde gelegen. Es wurde auch für Staat und Gesellschaft angestrebt, und es zeigte sich in den Revolutionsfesten.

Zwar sind in den rheinischen Departements keine künstlichen Berge mehr angelegt und keine heiligen Haine mehr gepflanzt worden, wie es in Frankreich oft der Fall war, aber vielfach haben Feste in der freien Natur stattgefunden. Dies gilt besonders für das Fest des Ackerbaus, das in den rheinischen Departements zweimal gefeiert wurde. Hier war der Zug in die Natur und der Furchenzug um einen auf freiem Feld errichteten Vaterlandsaltar ein Teil des vorgeschriebenen Festzeremoniells, was besonders im zweiten Jahr breit rezipiert wurde. Aber gelegentlich sind auch andere Feste mit einem Zug in die Natur gefeiert worden, so z.B. das Neujahrsfest des 1. Vendémiaire VII in Birkenfeld. Auch wenn szenische Kampfspiele mit den Festen verbunden waren wie beim Fest der Freiheit in Trier am 9./.10. Thermidor VI / 27./28. Juli 1798, bot sich die freie Natur als Festort an[31]. Umgekehrt konnte aber auch die Natur in den Orten nachgebaut werden. In St. Arnual hatte man beim Fest des Ackerbaus in beiden Jahren den Festort auf dem Marktplatz um

---

[30] Fest der Jugend 10. Floréal VII / 30. März 1799 als Platzfest im Ort sowie Fest des Ackerbaus 10. Messidor VII / 28. Juni 1799 als Altarfest und Fest des 10. August 1799 als Platzfest auf dem Christsianenberg. Im Vorjahr war nur das Ackerbaufest am 10. Messidor VI / 28. Juni 1798 hier ausgerichtet worden.

[31] Vgl. Kap. VI, 3.1.

Vaterlandsaltar und Freiheitsbaum mit zusätzlichen Bäumen geschmückt «*pour lui donner l'air plus champêtre*». In Saarbrücken erhielt der Vaterlandsaltar beim Fest des Ackerbaus 1798 im Schlossgarten eine Waldkulisse von 12 Bäumen und beim Fest der Gründung der Republik am 1. Vendémiaire VII / 21. September 1798 auf dem Schlossplatz sogar eine von 80 Bäumen. Die Natur bot auch die Möglichkeit zu einer freieren Gestaltung des Festraumes ohne Bindung an vorgegebene Plätze, Kirchen oder Säle.

Allerdings war auch hier eine Ambivalenz nicht zu vermeiden. Der Zug nach außerhalb in die Natur konnte auch gezielt als Mittel eingesetzt werden, um sowohl den öffentlichen Platz mit Freiheitsbaum und Vaterlandsaltar wie den Dekadentempel zu meiden. Bei den erwähnten Festzügen auf den Christianenberg bei Wadern im Jahre 1799 ging es darum, in der Natur einen alternativen Festort zu Festplatz und Dekadentempel zu finden. In Manderscheid, wo im Jahre VII dreimal ein Nationalfest in Form eines Zuges zu einem Ort außerhalb der Stadt durchgeführt wurde, ging es nur darum, den Dekadentempel aus dem Ort heraus zu verlegen. Hier wurden die Feiern nämlich in einer Kapelle durchgeführt, die «*ehemals zur Ausübung religiöser Gebräuche bestimmt*», nun aber «*destinée à la célébration des fêtes nationales*» war. Doch gerade die Kontinuität des Ortes zeigt die Ambivalenz der Festform zwischen religiöser Prozession und republikanischem Festzug.

2. Der Festzug

An diesem Festort der Stadt, ihrer Straßen und Plätze sowie ihrer öffentlichen Gebäude fanden nun die Feiern der französischen Nationalfeste statt. Dabei erstreckte sich der Festablauf auch wieder über den ganzen Tag. Am Vorabend und am Morgen des Festtages wurde das Fest mit Glocken, Böllern und Musik angekündigt, und die öffentlichen Gebäude sowie die Wohnhäuser der Funktionäre waren geschmückt. Dann folgte meist am Vormittag der große Umzug durch die Stadt mit der eigentlichen Feier als Platzfest oder als Saalfeier, woran sich ein gemeinsames Mahl der Funktionäre anschloss. Am Nachmittag wurde das Fest mit Wettkämpfen der Jugend und einem Konzert fortgesetzt, ehe es am Abend mit der Illumination der öffentlichen Gebäude sowie einem Ball und/oder einem Konzert für alle Einwohner seinen Abschluss fand. Natürlich ist dieses Programm nicht bei allen Festen voll realisiert worden, denn die Festinhalte, noch mehr die äußeren Umstände der Feste und nicht zuletzt einfach die materiellen Möglichkeiten der Kantone machten Anpassungen nötig. Aber zumindest bei den wichtigeren oder den volkstümlicheren Festen konnte das idealtypische Programm der Nationalfeste in vielen Kantonshauptorten weitgehend umgesetzt werden.

2.1. Ankündigung durch Glocken, Böller und Musik

Beim Tod von Papst Johannes Paul II. im Jahre 2005 wurde dieses Ereignis nicht nur in Rom, sondern in der ganzen christlichen Welt durch ein halbstündiges Glockenläuten kundgemacht. Hier wurde auch der aktuellen Generation die Klangmacht von Kirchenglocken deutlich. Am Ende des Ancien Régime waren die Glocken ganz allgemein das dominierende Ankündigungsinstrument. Die Glocken riefen nicht nur zu den Gottesdiensten, sondern zeigten auch die Stunden an und informierten über alle wichtigen freudigen und traurigen Ereignisse bis hin zum Gefahrenfall. Nach Thermidor aber wurden in Frankreich die Glocken säkularisiert. Das Gesetz vom 3. Ventôse III / 21. Februar 1795 verbot, mit Glockengeläut zur Messe zu rufen. Die Glocken dienten stattdessen als « *sonnerie civile* » nur noch staatlichen Zwecken, darunter insbesondere der Ankündigung von Dekadenfeiern und Nationalfesten[32]. Faktisch war die Situation in den Departements allerdings unterschiedlich. Teilweise wurde das Glockenläuten noch geduldet, teilweise waren aber auch die Glocken für militärische Zwecke eingezogen worden und waren so ganz verschwunden. Auf jeden Fall aber hatte das Glockengeläut weiterhin immer eine sakrale Konnotation und aktualisierte somit ständig den Konflikt zwischen Staat und Kirche, was gelegentlich ein allgemeines Verbot des Glockenläutens veranlasste[33]. Unabhängig von Kirche und Glocken gab es noch das weltlich-militärische Ankündigungsmittel des Böllerschießens. Allerdings bedurfte es dazu einer Ausstattung mit kleinen Geschützen und Pulver, was im Gegensatz zu den Glocken nicht überall vorhanden war.

Im Rheinland war dieser Konflikt entschärft. Hier unterstand das Kirchengeläut weiterhin dem Pfarrer, und auch das kirchliche Läuten für die Gottesdienste war durch die Einführung der Verordnung über den Gottesdienst (*police des cultes*) nicht verboten worden[34]. So war es hier unproblematischer, die Glocken für die Ankündigung der Nationalfeste in den Dienst zu nehmen. Schwierigkeiten hat es dabei anscheinend auch kaum gegeben, nur in Daun verstummte bei der Ankündigung des Festes des 2. Pluviôse VII / 21. Januar 1799 urplötzlich das gesamte Geläut, weil die Glockenseile alle gleichzeitig gerissen waren. Die Glocken waren das normale Mittel, um am Vorabend und am Morgen des Festtages ein bevorstehendes Ereignis anzukündigen. In Trier, in den größeren Kantonshauptorten und manchmal sogar in Einzelgemeinden war es möglich, zusätzlich zu den Glocken auch noch Böllerschießen oder zumindest doch Gewehrschießen aufzubieten[35]. Dabei legte man Wert darauf, dass auch der Beginn der Festzüge « *au bruit des canons et au son des*

---

[32] Ozouf: La fête révolutionnaire, S. 272-274; Corbain: Les cloches de la terre, 1994, S. 36f.; Laidé: Fêtes et manifestations publiques en Cote-d'Or, 2005, S. 35.
[33] Goudeau: Le Département de l'Eure sous le Directoire, 2012, S. 214.
[34] Hansen: Quellen, Bd. 4, 1938, S. 842.

cloches » erfolgen konnte. Mitunter fehlten allerdings die Geschütze oder das Geld für das Schießpulver[36]. So war es selten, dass Böller alleine ohne Glockengeläute zu hören waren[37]. Darüber hinaus boten die Glocken noch die Möglichkeit, in Fällen, in denen in Innerfrankreich die Ausrichtung der Feiern in allen Gemeinden angeordnet war, die Beteiligung der kantonsangehörigen Gemeinden sinnfällig zu machen, indem auch sie an dem Ankündigungsgeläut beteiligt wurden.[38]

Der lauten und weittragenden Ankündigung durch Glockenläuten und Böllerschießen folgte meist noch eine interne Ankündigung in den Festorten, indem eine oder auch mehrere Musikgruppen durch den Ort zogen und an verschiedenen Plätzen das Festprogramm verkündeten.

2.2. Ausschmückung der Straßen

Mit Anbruch des Festtages waren dann das Rathaus und die Privathäuser der Funktionäre und Angestellten der Republik mit Blumen und frischen Eichenzweigen geschmückt und in den französischen Nationalfarben beflaggt, was den ganzen Ort in das Fest mit einbeziehen sollte. Für Birkenfeld beim Neujahrsfest des 1. Vendémiaire VI / 22. September 1798 findet sich im Festbericht eine detaillierte Beschreibung:

> « *Au retour de l'astre du jour, l'œil fut d'abord agréablement surpris des marques intuitives de la grande fête, qui se présentoient dans les décorations de la maison municipale et des édifices des fonctionnaires et employés de la République, dont les portes surmontées de drapeaux tricolores, se trouvoient ornées de guirlandes de fleur et de feuillages de chêne. Puis le son des cloches continué depuis six jusqu'à sept heures et le bruit de sept coups de canon tirés à sept heures sonnantes rappelèrent à l'ouïe l'époque de la succession de l'an sept à l'an six de la République.* »

Durch diesen so vorbereiteten Raum bewegte sich dann der Festzug.

---

[35] Beim Fest des Ackerbaus am 10. Messidor VI wurden in 12 von 13 Fällen, für die der Ankündigungsmodus bekannt ist, Glocken benutzt. Nur in 5 Fällen kamen noch Böller hinzu (Blankenheim, Büdlich, Lebach, Rhaunen, Wadern, dagegen nicht in Trier !). Nur in Schönberg wurde eine puristische Ankündigung durch Musik, Trommeln und Gewehrsalven gewählt.

[36] In Baumholder war beim Fest des 9./10. Thermidor VI kein Pulver vorhanden. In Herrstein musste die Munizipalität für das Fest des 1. Vendémiaire VII die benötigten Böller bei dem Hüttenbesitzer Stumm ausleihen und das nötige Pulver extra kaufen (BRILL: Idar, 1935, S. 79).

[37] 10. Fruktidor VI: Merzig; 1. Vendémiaire VII: St. Arnual, St. Wendel.

[38] Zirkular der Zentralverwaltung zum Fest der Volkssouveränität am 30. Ventôse VII / 20. März 1799: Das Fest soll angekündigt werden « *dans toutes les communes du département par des salves d'artillerie dans les communes où il s'en trouve et dans les autres par le son de toutes les cloches* ».

2.3. Wege der Festzüge

Dieser Festzug (« *cortège* », oder « *marche civique* », « *marche patriotique* », « *promenade civique* », sogar: « *procession* », bzw. deutsch: « *Volkszug* ») war das wichtigste Element des Festzeremoniells und führte in der Regel von dem Sitz der Verwaltung zu dem jeweils ausgewählten Festort und wieder zurück. Zusammen mit der Ankündigung war der Zug der am stärksten in die Öffentlichkeit wirkende Teil der Feste, der auch von den Einwohnern wahrgenommen wurde, die nicht an der eigentlichen Feier teilnahmen. Aufstellung, Ausstattung sowie Wege der Festzüge unterlagen deshalb einer genauen Reglementierung durch die planenden Oberbehörden und einer oft minutiösen Vorbereitung durch die ausführenden Unterbehörden.

Relativ unproblematisch, weil alternativlos war die Wahl des vorgesehenen Parcours in den kleineren Kantonshauptorten, weil die Festzüge hier einfach den Hauptstraßen folgen konnten oder mussten. Oft beschränken sich deshalb die Festberichte auf die Feststellung, dass der Zug durch die « *principales rues* » geführt habe. So dominierte in Meisenheim der innere Straßenring von Untergasse, Obergasse und Amtsgasse, der die wichtigsten Plätze, angefangen vom Marktplatz über den Viehmarkt (heute Rapportierplatz) bis zum Schlosshof verband und an dem alle wichtigen Gebäude wie die Munizipalität (Rathaus)[39], die reformierte Kirche und die großen Höfe lagen. Bezeichnenderweise standen hier auch die meisten Stadthäuser mit Erkern, so dass dieser Straßenring gleichsam ein permanentes Theater bildete und sich damit für Umzüge aller Art anbot. Genauer sind wir über den Weg des Zuges anlässlich der Pflanzung eines neuen Freiheitsbaumes beim Fest der Jugend VII informiert (Anhang 5: Parcours des Festzuges in Meisenheim), das in Meisenheim erst eine Dekade später als vorgeschrieben gefeiert wurde, nämlich am 20. Germinal / 9. April 1799. Der Zug begab sich vom Sitz der Munizipalität zum Untertor, um dort eine aus dem städtischen Bannwald herbeigeführte Eiche, die als Freiheitsbaum vorgesehen war, abzuholen, und folgte dann weiter dem Straßenring über Obergasse und Amtsgasse bis zum Schlossplatz, wo die Baumsetzung stattfand[40]. Eine Alternative zu dem Weg gab es nicht.

---

[39] BAUMGART: Roemmich, 1999, S. 106, gibt als Sitz der Munizipalität das benachbarte Hohl'sche Haus Untergasse 19 an. Seine Quelle (SALOMON: Neussel, 2010, S. 19f) gibt aber nur an, dass die « *Hauptniederlage der sogenannten Patrioten* » sich in diesem Haus befand. Das ist wohl richtig, da Hohl damals Agent von Meisenheim und als solcher Mitglied der Kantonsmunizipalität war (Unterschrift in dieser Funktion LHA Koblenz: Best. 276 Nr. 1110). In der Regel wurden die alten Rathäuser der Kantonshauptorte als Sitz der Munizipalität genutzt, das dürfte auch für Meisenheim gegolten haben.

[40] Der Festbericht spricht nur von dem Platz. Es dürfte sich um den Schlosshof gehandelt haben, wo schon der alte Freiheitsbaum gestanden hatte, der nun ersetzt wurde (BAUMGART: Roemmich, 1999, S. 108-109), während die vordepartementalen Freiheitsbäume auf dem Marktplatz gepflanzt worden waren (BAUMGART: Roemisch, 1999, S. 106-107).

VI. Form der Nationalfeste

Möglichkeiten zu Wegvarianten für den Zug gab es nur in größeren Orten und vor allem in Trier (Anhang 6: Parcours der Festzüge in Trier). Hier fanden die eigentlichen Feiern in aller Regel im Dekadentempel, der alten Jesuitenkirche, statt. Anders war es nur anfangs vor Einrichtung des Dekadentempels und wenn das Festzeremoniell eine Feier an einem anderen Ort verlangte, so etwa für die Baumsetzungen oder für die Feste des Ackerbaus oder der Freiheit am 9./10. Thermidor VI, die unter freiem Himmel auf den Plätzen bzw. im Palastgarten stattfanden. Die für das Festzeremoniell wichtigen Gebäude waren die Zentralverwaltung im alten Walderdorff'schen Palais am Domfreihof und das städtische Rathaus auf dem Kornmarkt, vor denen jeweils ein Freiheitsbaum stand. Ein dritter Freiheitsbaum war auf dem Hauptmarkt errichtet worden, und ein vierter stand vor dem Gericht im ehem. Lambertinum. Ausgangspunkt der Festzüge war anfangs, solange die Feiern von der Zentralverwaltung organisiert wurden, der Sitz der Zentralverwaltung, später dann, nachdem die Munizipalität ab dem Fest der Eheleute (10. Floréal VII / 29. April 1799) die Organisation übernommen hatte, das Rathaus. Die Festzüge begaben sich von hier aus zum Dekadentempel in der Jesuitenkirche, wobei meist der Weg über den Hauptmarkt genommen wurde, verbunden mit einer Station vor dem Freiheitsbaum. Das war in beiden Fällen ein recht kurzer Weg, der aber nur selten relativ direkt eingeschlagen wurde wie beim Fest der Gründung der Republik (1. Vendémiaire VII / 22. September 1798). Meist wurden die Festzüge dagegen einen etwas weiteren Weg geführt. Immer aber ging es dabei um das Dreieck zwischen Hauptmarkt, Brotstraße, Jüdemerstraße, Herkulesbrunnen und Fleischstraße, mitunter auch abgekürzt durch eine kürzere Verbindung zwischen Brot- und Fleischstraße über die Nagelstraße. Mit Recht hat schon der Trierer Stadtarchivar Kentenich darauf hingewiesen, dass das auch der traditionelle Weg der Fronleichnamsprozession war[41], eben weil es sich um die alten Hauptachsen der Stadt handelte. Das betrifft aber nur die späteren Festzüge. Dagegen beschränkten sich die früheren Festzüge des Jahres 1798 nicht auf dieses traditionelle Dreieck, sondern suchten auch die anderen Bezirke der Stadt mit in den Umzug einzubeziehen und auch dafür wieder verschiedene Varianten zu verwenden[42]. Bei den Festen der Volkssouveränität am 30. Ventôse VI / 20. März 1798 und des Ackerbaus am 10. Messidor VI / 28. Juni 1798 wurde so durchaus das traditionelle Dreieck begangen. Dabei wurde beim Fest der Volkssouveränität vom Hauptmarkt aus über das Rathaus die Fleischstraße benutzt,

---

[41] KENTENICH: Geschichte der Stadt Trier, 1915, S. 641. Vgl. auch HEINZ: Aus der Geschichte der Trierer Fronleichnamsprozession, 1995. Die beigegebene Karte S. 63 zeigt den späteren Parcours des 19. Jahrhunderts.

[42] Die Wege der Festzüge sind meist in den Festberichten der Munizipalität Trier erwähnt. Sie werden auch von dem Chronisten Müller berichtet. Die jeweiligen Angaben sind aber in allen Fällen zu überprüfen. Nicht richtig sind z.B. Müllers Angaben für den Festzug bei der Einsetzung der neuen Behörden am 19. Februar 1798.

ehe dann über die Jüdemerstraße, wie der Festbericht es bezeugt, oder auch über die Nagelstraße, wie es der Chronist Müller berichtet, der Dekadentempel erreicht wurde (Anhang 6.2.). Beim Fest des Ackerbaus, dessen Hauptfeier auf dem Hauptmarkt stattfand, wurde sogar das gesamte Dreieck mit Fleischstraße, Jüdemerstraße und Brotstraße ausgeschritten (Anhang 6.3.). Außerdem war bei beiden genannten Festen vom Sitz der Zentralverwaltung am Domfreihof aus aber auch der Nordostteil der Stadt über die Straße Sieh-um-dich und die Glockenstraße (Volkssouveränität) bzw. über die Straße Sieh-um-dich und die Rindertanzstraße (Ackerbau) sowie die Simeonstraße besucht worden, wovon der Chronist Müller nichts berichtet. Außergewöhnlich war auch der Zugweg am 9./10. Thermidor VI / 27./28. Juli 1798, der vom Sitz der Zentralverwaltung am Domfreihof zunächst das traditionelle Dreieck bis zur Ecke Fahrstraße / Brotstraße benutzte, dann aber nicht direkt über die Jesuitenstraße zum ehem. Palast weiterzog, sondern über Neugasse, Germansgasse und Weberbach auch das südöstliche Viertel der Stadt in den Parcours mit einbezog (Anhang 6.4.). Schon beim Fest der Dankbarkeit am 10. Prairial VI / 29. Mai 1798 war der Zug durch die Neustraße gegangen[43], ehe er dann wieder über Jüdemerstraße und Fleischstraße den Hauptmarkt erreichte. Schließlich war beim Fest des Alters am 10. Fruktidor VI / 27. August 1798 ein Anmarsch vom Sitz der Zentralverwaltung über Liebfrauenstraße und Hosenstraße zu dem traditionellen Dreieck geplant (Anhang 6.5.), das diesmal auf dem Weg zum Hauptmarkt in einer mäandrierenden Form durchschritten werden sollte (Nagelstraße, Fleischstraße, Kornmarkt, Philippstraße, Brotstraße). Auch wenn dieser Marschplan wegen des Mangels an verfügbarem Militär dann nicht ausgeführt worden ist, zeigt er zusammen mit den anderen Zugvarianten doch erneut das Bestreben der Zentralverwaltung, die gesamte Stadt durch die Umzüge an den Festen zu beteiligen[44]. Ähnliches gilt auch für Saarbrücken, wo der Zug immer durch die beiden Schwesterstädte, Saarbrücken und St. Johann, geführt wurde, und spiegelt sich auch sonst in der oft verwendeten Formel, dass der Zug « *durch alle Gassen* » geführt worden wäre. [45]

Der Festzug war eine öffentliche Demonstration der neuen Verwaltung. Wie bei allen öffentlichen Auftritten, konnte darin aber auch ein Risiko bestehen.

---

[43] Der Weg des Festzuges ist nur durch den Chronisten Müller überliefert. Die Stelle ist aufschlussreich für die Editionstechnik des Herausgebers seines Tagebuches. Müller schreibt « *gegen 11 Uhr kame der Zug längs unser Haus* » (LHA Koblenz: Best. 700,62 Nr. 28 Heft G für 1798, fol. 31v); Lager: Chronik, 1915, S. 119, dagegen interpretiert: „Gegen 11 Uhr ging ein Zug durch die Neustraße !", wobei auch das Ausrufezeichen die Verwunderung nicht des Chronisten, sondern des Herausgebers bezeichnet.

[44] Auch die topographische Übersichtskarte (Anlage 6.1.) verdeutlicht dies nochmals.

[45] Eine sozialtopographische Begründung für die wechselnden Parcours der Nationalfeste, wie sie für verschiedene Städte in Frankreich wahrscheinlich gemacht werden konnte, sehe ich für Trier nicht. Vgl. Ozouf: Fêtes, 1976, S. 163-176; Ozouf: Le cortège et la ville, 1989, S. 74-111.

Wenn in Manderscheid beim Fest des 14. Juli im Jahre 1799 der Festzug allein von dem Kommissar mit gerade noch einem Agenten sowie unter Geleitschutz durch die vier Gendarmen der lokalen Brigade gebildet wurde, oder wenn in Schönberg beim Fest des 9./10. Thermidor VII gerade einmal sieben Personen den Festzug bildeten, mag das von einer strikten republikanischen Pflichterfüllung der Teilnehmer zeugen. Möglicherweise war es aber klüger, unter solchen Umständen auf den Festzug zu verzichten[46], wie dies z.B. in Grumbach bei den Festen der Jugend und des Ackerbaus im Jahre 1799 geschah, und zwar mit der ausdrücklichen Begründung: « *nous ne voulons pas exposer la fête à la risée des mauvais citoyens par une mesquinerie* ».

2.4. Gliederung der Festzüge

Der Zug diente nicht nur der Überwindung der Entfernung zwischen dem Versammlungsort der Festteilnehmer und dem Festplatz, sondern er war vor allem Mittel zur Darstellung des Festes in der Öffentlichkeit. In allen Fällen, in denen das Festzeremoniell in einem geschlossenen Raum durchgeführt wurde, war der Zug sogar der einzige Teil des Festes, der von der größeren Öffentlichkeit wahrgenommen wurde.

Die Nationalfeste wurden von der Verwaltung ausgerichtet. Insofern waren Funktionäre und Beschäftigte der öffentlichen Verwaltung die hauptsächlichen Teilnehmer und bildeten, gegliedert nach der Hierarchie der verschiedenen Verwaltungssparten, auch den Kern der Umzüge. Das war ein regelrechter Aufmarsch in formierten Reihen mit allen Amtsträgern in ihrer Amtsuniform und mit der dreifarbigen Schärpe, angefangen von der Zentralverwaltung in Trier in schwarzen Seidenmänteln und mit prächtigen Federhüten[47], während die alten Amtsträger nur bei den allerersten Festen noch eingeladen worden waren, um die friedliche Amtsübergabe zu demonstrieren[48].

---

[46] Ähnliche Schlussfolgerungen zog auch der Kommissar eines lothringischen Kantons, der sogar (vielleicht doch etwas überzeichnend) meinte, dass diese problematischen Miniumzüge die Regel wären und in drei Viertel der Feste in Frankreich in dieser Weise stattfänden, vgl. CLÉMENDOT: Le département de la Meurthe à l'époque du Directoire, 1966, S. 293-294.

[47] Eine offizielle Amtstracht hatte die Zentralverwaltung des Saardepartements anscheinend nur für sich selbst festgelegt, vgl. Arrêté der Zentralverwaltung vom 8. Thermidor VI / 26. Juli 1798 im Vorgriff auf eine allgemeine gesetzliche Regelung (LHA Koblenz: Best. 276 Nr. 1106).

[48] In Trier erschienen die Befehlshaber der alten Ämter in den Festzügen bei den ersten vier Feiern 1798, nämlich bei der Einsetzung der Zentralverwaltung am 19. Februar, der Einsetzung der Munizipalität am 14. März, beim Fest der Volkssouveränität am 20. März sowie bei der Erneuerung des Freiheitsbaumes auf dem Domplatz am 24. März. Dabei erwähnt das Festprogramm für die Einsetzung der Munizipalität die Anwesenheit der ganzen Bürgerschaft. Der Zeitzeuge Müller berichtet aber etwas beckmesserisch, dass diese tatsächlich durch die alte Verwaltung repräsentiert worden sei (LHA Koblenz: Best. 700,62 Nr. 28 Heft G für 1798, fol. 30V; LAGER: Chronik, 1915, S. 118), wie das

Solche Aufmärsche stellten die Frage der Rangordnung. Das war besonders in Trier mit einer Vielzahl von Behörden und einer Zahl von etwa 150 Funktionären[49] keine einfache Sache, die vielerorts zu Streitigkeiten zwischen den Verwaltungen führte[50]. In Trier hat es eine Auseinandersetzung vor allem um die Sitzordnung im Dekadentempel gegeben[51]. Die Gerichte hatten den Vorrang vor der Munizipalität beansprucht und beim Fest des 9./10. Thermidor VII / 27./28. Juli 1799 deren Plätze im Dekadentempel besetzt, so dass der Stadtkommandant eingreifen musste, um die Ordnung wiederherzustellen. Daraufhin blieben die Gerichte den nächsten Dekadenfeiern fern, bis nach Verhandlungen zwischen den Verwaltungen durch Arrêté der Munizipalität vom 26. Thermidor VII / 13. August 1799 entschieden wurde, dass die Zentralverwaltung rechts neben dem unter der Vierung aufgebauten Vaterlandsaltar sitzen sollte und die Munizipalität links neben dem Altar. Die Gerichte erhielten ihren Platz auch rechts vom Altar hinter der Zentralverwaltung und das Militär sowie die Gendarmerie links neben dem Altar hinter der Munizipalität. Die sonstigen Verwaltungen, also insbesondere die Domänen- und Steuerverwaltung und die technischen Verwaltungen (Forsten, Brücken- und Straßenbau), saßen hinter dem Vaterlandsaltar am Anfang des Chores. Schließlich erhielt noch das Orchester seinen Platz auf der einen Seite des langen Chores hinter den sonstigen Verwaltungen, während ihm gegenüber auf der anderen Seite des Chores die Angestellten der Verwaltung platziert wurden. Das setzte auch implizit eine Rangfolge der Verwaltungen fest, die von der Zentralverwaltung angeführt wurde und der dann die Munizipalität, die Gerichte, das Militär sowie die sonstigen Verwaltungen nachfolgten. Diese Regelung galt allerdings nur für die Funktionäre, also die verantwortlich mit Verwaltungsaufgaben betrauten Funktionsträger, während das Hilfspersonal eine nicht weiter untergliederte Schlussgruppe bildete. Für die Festzüge galt nun das ungeschriebene Gesetz, das ja auch heute noch gilt, dass der Letztkommende der Ranghöchste ist. Dies ist auch in Trier grundsätzlich beachtet worden, und zwar in der Weise, dass die Zentralverwaltung den Schlussplatz des Zuges einnahm, so lange sie selbst die Nationalfeste in Trier organisierte. Nachdem

---

aber kaum anders möglich war. Ebenfalls waren die alten Verwaltungen anwesend bei der Einsetzung der neuen Verwaltung in den Landkantonen Bernkastel, Merzig und Wittlich. In Rhaunen wirkte der alte Amtmann an der Organisation der Einsetzungsfeier mit.

[49] Personalaufstellung zur Eidesleistung am Fest des 2. Pluviôse VII (LHA Koblenz: Best. 276 Nr. 2170); Zeugnis des Chronisten Müller zum Fest der Gründung der Republik am 1. Vendémiaire VII / 22. September 1798 (LHA Koblenz: Best. 700,62 Nr. 28 Heft G für 1798 S. 19; LAGER: Chronik, 1915, S. 122), der außer den eigentlichen Funktionären « *130 in Diensten stehende junge Leute, theils Franzosen, theils Einheimische* » aufführt.

[50] LAIDIÉ: Fêtes et manifestations publiques en Côte-d'Or, 2005, S. 277-286 über die Rangstreitigkeiten zwischen Departementsverwaltung und Munizipalität in Dijon.

[51] Schriftwechsel zwischen Munizipalität, Zentralverwaltung und Justizministerium 1799 (LHA Koblenz: Best. 276 Nr. 1106; AN Paris: F^{1b} II Sarre 1).

VI. Form der Nationalfeste

aber ab dem Fest der Eheleute (10. Floréal VII / 29. April 1799) die Organisation der Feste auf die Munizipalität übergegangen war, marschierte nun die Munizipalität hinter der Zentralverwaltung, und zwar ohne dass es darüber zu neuen Streitigkeiten gekommen wäre. Dagegen wurde die weitere Rangfolge der Verwaltungen im Zug nicht ganz so strikt eingehalten, so dass hier auch andere Reihenfolgen vorkamen. Außerdem gab es in seltenen Fällen auch eine Umkehrung der Reihenfolge, so beim Fest des 9./10. Thermidor VI / 27./28. Juli 1798, wo die Zentralverwaltung als erste Verwaltungsgruppe direkt hinter der im Zug mitgeführten Verfassung eingereiht wurde. Sonst war umgekehrt die Verfassung in die Hierarchie der Behörden eingefügt worden, indem sie zwischen der Munizipalität und der Zentralverwaltung ihren Platz hatte (1. Ventôse VII / 19. Februar 1799 und 30. Ventôse VII / 20. März 1799).

Auch in den Landkantonen war der Vorrang des Letztkommenden bekannt und wurde angewandt, wie z.B. bei der Einführung des neuen Präsidenten der Kantonsmunizipalität in Bernkastel beim Fest der Eheleute am 10. Floréal VII / 29. April 1799. Die Gliederungsordnung stand aber in Konkurrenz zum Vorrang der Spitzenstellung, an die sich die weiteren Gruppen in absteigender Rangordnung anschlossen. Das gilt insbesondere für das Fest des 2. Pluviôse VII / 21. Januar 1799, bei dem alle Funktionäre ihren Eid zu leisten hatten und wo der Zug nur im Aufmarsch der Funktionäre bestand. Hier wurden die Festzüge nach einer Ankündigungsformation von Militär und/oder Fahnen generell von Präsident, Kommissar und Sekretär der Munizipalverwaltung eröffnet, denen sich die Agenten und Adjunkten sowie die weiteren Funktionäre anschlossen. Aber auch sonst ist diese Anordnung bei den Festzügen in den Landkantonen nicht selten. Auch die Verwaltungsnomenklatur war in den Landkantonen im Vergleich zur Departementshauptstadt anders zusammengesetzt. In Birkenfeld, Prüm und Saarbrücken gab es noch das Personal der Arrondissementsgerichte, aber sonst waren in den Landkantonen nur die Unterbehörden vertreten und auch diese wie die Gendarmerie, die Forstverwaltung usw. nicht überall oder zumindest nicht überall in gleicher Stärke. So war die Funktionärspräsenz bei den Festen von Kanton zu Kanton unterschiedlich.

Ein solcher Aufmarsch bedurfte einer Inszenierung durch Gliederungselemente. Am beliebtesten war die Gliederung der Festzüge durch militärische Formationen, wozu außer den Garnisonen und dem durchziehenden Militär auch die Gendarmen, die Feld- und Waldhüter sowie schließlich aus Einheimischen gebildete Formationen zu Fuß und zu Pferd bereitstanden. In Trier wurden die Festzüge regelmäßig von Armeeformationen eröffnet und geschlossen, so dass sich ein Militärrahmen für die Züge ergab, der oft auch noch durch ein Militärspalier ergänzt wurde, das den Zug auf beiden Seiten begleitete und absicherte. Das Schema findet sich auch in den Kantonen. In Blieskastel wurde beim Fest des 9./10. Thermidor VI / 27./28. Juli 1798 der Zug von je 6

Soldaten eröffnet und geschlossen, außerdem wurden die Funktionäre noch von jeweils 6 Soldaten auf jeder Seite eskortiert, wodurch der Rang der Verwaltung deutlich hervorgehoben wurde. Allerdings kamen die Soldaten von einer gerade im Kanton zur Durchsetzung von Steuerforderungen liegenden Einquartierungstruppe, was dem Fest einen eher autoritären Charakter gab. Ein solcher Militärrahmen kam auch noch bei Zügen in anderen Kantonen vor[52], war aber auch dort nur mit Einquartierungstruppen oder durchziehendem Militär zu leisten. Die Anforderung von Soldaten aus den benachbarten innerfranzösischen Garnisonsstädten war auf einen einzigen Fall bei der Einsetzung der Kantonsverwaltung in Merzig im Frühjahr 1798 beschränkt. Wollte oder musste man sich aber mit den lokalen Aufgeboten der Gendarmerie sowie der Feld- und Waldschützen begnügen, reichte es in der Regel nur für eine militärische Zugeröffnung, die deshalb den Regelfall in den Kantonen darstellt. Verschiedentlich sind in den Kantonen deshalb eigene paramilitärische Verbände nach dem Vorbild der Nationalgarde gebildet worden, die dann in genügender Anzahl zur Verfügung standen. Beim Fest der Gründung der Republik in Meisenheim am 1. Vendémiaire VII / 22. September 1798 konnte der Zug so einen doppelten Militärrahmen durch eine bürgerliche Nationalgarde zu Fuß und zu Pferd erhalten, wozu noch ein weiteres Detachement in der Mitte des Zuges kam.

Die Funktion des Militärs für die Inszenierung der Festzüge stand in Konkurrenz zur Verwendung von Fahnen und Musikgruppen. Nationalfahnen waren ein leicht einsetzbares Mittel, das sowohl alleine wie auch in Kombination mit Militär verwendet werden konnte. Oft wurden Festzüge von einem Fahnenträger eröffnet, oder ein solcher Fahnenträger wurde dem militärischen Eröffnungsdetachement zugeordnet. Beim Fest der Gründung der Republik am 1. Vendémiaire VII / 22. September 1798 wurde in Birkenfeld der Festzug von einem Schüler mit der Trikolore eröffnet, dem am Schluss ein alter Lehrer von 70 Jahren ebenfalls mit einer Fahne antwortete. Mitunter besaßen die Kantone dazu eigene Fahnen, die nur bei diesen Festlichkeiten eingesetzt wurden. Die Trikoloren von St. Wendel sind im Bild festgehalten (Abb. 3), sie tragen die französischsprachigen Aufschriften « *Egalité* » und « *Liberté* ». Eine ähnliche Fahne hatte auch der Kanton Baumholder anschaffen lassen, sie war mit einer Stickerei geschmückt, die einen Freiheitsbaum darstellte (« *drapeau tricolore dans lequel l'arbre de la liberté était joliment brodé* »). Vor allem aber lebten die Festzüge von den Musikkorps, die dem sonst stummen Schauspiel des Vorbeizugs Leben verliehen. Die Bereitstellung von Musikgruppen für die Festzüge und die eigentlichen Feiern war allerdings in Trier und in den

---

[52] Fest der Dankbarkeit am 10. Prairial VI / 29. Mai 1798 in Manderscheid und Merzig, Fest der Volkssouveränität am 30. Ventôse VII / 20. März 1799 in Saarbrücken.

VI. Form der Nationalfeste

Landkantonen in gleicher Weise ein Problem, denn zumindest ein Teil der Musiker musste bezahlt werden. Trotzdem waren Musikkorps fester Bestandteil der Festzüge und marschierten meist direkt hinter der militärischen Zugspitze, wenn sie nicht sogar selbst den Zug eröffneten.

Die für Anfang und Ende der Züge erforderliche Akzentuierung wiederholte sich als Inszenierungsaufgabe für die Trennung der einzelnen Gruppen innerhalb der Festzüge. Militär, Musikgruppen und Fahnen standen auch hierfür zur Verfügung. Militärgruppen im Zug konnten nur in Trier, wo sich eine ständige Garnison befand, aufgeboten werden. So marschierten beim Fest des Ackerbaus am 10. Messidor VII / 28. Juni 1799 und bei dem Fest des 9./10. Thermidor VII / 27./28. Juli 1799 jeweils insgesamt sieben Militärformationen im Zug mit. Zum Fest des 14. Juli 1799, bei dem der Zug von einem Militärspalier eskortiert wurde, vermerkt der Chronist Müller dazu auch lakonisch: « *Es waren ziemlich viele Soldaten dabei* »[53]. Selten konnte mehr als eine Musikgruppe für den Festzug angeworben werden. Fälle, bei denen mehrere Musikgruppen aufmarschierten, die dann auch als Strukturierungselement innerhalb des Zuges dienen konnten, sind deshalb selten: zwei Musikgruppen gab es beim Fest des Alters am 10. Fruktidor VI / 27. August 1798 in Rhaunen und beim Fest der Volkssouveränität am 30. Ventôse VI / 20. März 1799 in Trier, drei Musikgruppen finden sich allein beim Fest der Gründung der Republik am 1. Vendémiaire VII / 22. September 1798 in Birkenfeld.

Zur Gliederung der Festzüge dienten weiterhin noch die verschiedenen Requisiten, die im Zusammenhang mit dem Festzeremoniell des jeweiligen Festes standen. Bei den Baumsetzungen wurde der einzupflanzende Freiheitsbaum zeremoniell im Zug mitgeführt und bei den Trauerfeiern die entsprechenden Urnen. Bei den Feiern mit Verfassungsbezug nahm ein die Verfassung repräsentierendes Buch auf einem roten Kissen eine zentrale Position in der Zugordnung ein, was - wie berichtet - in Trier sogar einmal zur Umkehrung der Marschordnung der Funktionäre führte. Bei der Ehrung von verwundeten Soldaten fuhren diese in Wagen im Zug mit, und ebenso waren die jungen Mädchen mit den für die Ehrung der Soldaten bestimmten Kronen und Girlanden mit im Zug. Entsprechendes gilt auch für die Ehrungen der Schüler, Ehepaare und Alten. Alles wurde aber übertroffen von den Möglichkeiten, die das Ackerbaufest bot, wobei eine Vielzahl von Ackergeräten bis hin zu Tieren und Wagen im Zug mitgeführt wurde und dabei noch - wie bei dem prächtigen Festzug in Rhaunen - eine thematische Ordnung der Motive im Durchgang durch das landwirtschaftliche Vegetationsjahr dargestellt werden konnte.

---

[53] LHA Koblenz: Best. 700,62 Nr. 28 Heft H für 1799 fol. 20v; nicht bei LAGER: Chronik, 1915, S. 130.

Bleibt noch anzumerken, welche Rolle die Bürger und Bürgerinnen in den Festzügen einnahmen. Die Nationalfeste entstammten einer staatsbürgerlichen Pädagogik, die von der Verwaltung den Bürgern/innen dargeboten wurde. Insofern finden sich vor allem die Selbstdarstellung der Verwaltung sowie Symbole und Requisiten zu den verschieden Festinhalten. Bürger und Bürgerinnen traten dabei nur auf, wenn der Festkontext es verlangte. Das war allerdings oft genug der Fall. Beliebt waren Gliederungen nach Alter und Geschlecht, weil ihnen gut die verschiedenen staatspolitischen Funktionen zuzuordnen waren[54]. Dies ließ sich aber nur in Innerfrankreich mit der Verleihung des Wahlrechts und der Einschreibung in die Listen der Nationalgarde verbinden. In den rheinischen Departements hatten die Bürger diese Rechte und Pflichten noch nicht, und so blieb nur die Zuweisung ornamentaler Rollen für den Ablauf des Festzeremoniells. Die Schulkinder mit ihren Lehrern wirkten regelmäßig bei den Festen mit. Schon im Zug, dann aber auch während der Feiern bildeten sie die Chöre, die die fremden und fremdsprachigen Revolutionslieder einstudiert hatten und vortragen konnten. In Trier kamen noch die Kinder des Waisenhauses und die Studenten mit ihren Professoren hinzu. Auch hier griff das Festarrangement ein und teilte die Gruppen weiter nach Geschlecht auf, so dass die verschiedenen Einzelgruppen im Zug in Beziehung zueinander gesetzt werden konnten. Eine Stufe höher in der Altershierarchie folgte nach den Schülern und Studenten dann die Jugend, auch sie wiederum meist unterschieden nach Geschlecht, einmal sogar nach Konfession (2. Pluviôse VII / 21. Januar 1799, Waldmohr: « *jeunesse des trois sectes* »). Sie wurden für den Transport der Requisiten benötigt. Natürlich trug die Jungmannschaft den Freiheitsbaum, und dazu kamen die Mädchen mit Bändern und Girlanden für den Schmuck des Baumes. Die Mädchen hatten in weißen Kleidern mit einer Schärpe in den Nationalfarben zu erscheinen, die jungen Männer in Festtagskleidung und mit Hut. Beim Fest des Alters in Grumbach am 10. Fruktidor VI / 27. August 1798 trugen die Jungen Gewehre und die Mädchen Körbe mit Blumen, beim Fest des Ackerbaus am 10. Messidor / 28. Juni 1798 in Rhaunen entsprechend die Jungen als Landwirte Sensen und Heugabeln und die Mädchen als Gärtnerinnen Rechen und Blumen. Nicht ganz so häufig ist dann die folgende Altersklasse der Erwachsenen in den Festzügen vertreten. Immerhin erscheinen beim Fest des Ackerbaus am 10. Messidor VI / 28. Juni 1798 in Blankenheim « *cultivateurs mariés* » und in Kusel « *citoyens mariés* », und beim Fest des Alters am 10. Fruktidor VI / 27. August 1798 sind es verschiedentlich « *jeunes épouses* », die die Kronen und Girlanden für die zu ehrenden Alten tragen (Blieskastel, Daun, Reifferscheid)[55]. Bei der stilisierten Nachspielung der Niederwerfung des Königtums

---

[54] Ozouf: La fête révolutionnaire, 1976, S. 223-234.
[55] Bei dem gleichen Fest im Folgejahr gehen die wenigen eingegangenen Festberichte auf solche Details nicht mehr ein.

VI. Form der Nationalfeste

am 10. August 1792 beim Fest des 9./10. Thermidor VI / 27./28. Juli 1798 in Trier wird das Volk dargestellt als Familienväter mit Keulen (« *massues* »), junge Männer mit Hellebarden (« *piques* ») und Soldaten mit Säbeln. Allerdings kam das bei der Aufführung im Trierer Palastgarten durch die die Gruppen umgebenden Soldaten kaum zur Geltung. Jedenfalls hat der Chronist Müller nichts von dieser symbolischen Darstellung des Volkes gesehen, geschweige denn verstanden[56]. Als dann aber wirklich einmal versucht wurde, das Volk als handelnde Person in den Festzügen darzustellen (« *un groupe de vieillards pris parmi tous les états et représentant le Peuple* »), nämlich beim Fest der Volkssouveränität am 30. Ventôse VII / 20. März 1799, ist dies nur in Trier in eine berufsständische Darstellung umgesetzt worden[57], während sonst in den Festzügen nur einfach eine Gruppe von Greisen erschien.

So blieb dem eigentlichen Volk nur die Rolle des Zuschauers, die ihm als pädagogischem Objekt ja auch zukam. Allerdings erscheinen vielfach Bürger, gelegentlich auch mit dem Epitheton ornans der « *bons citoyens* » ausgezeichnet, selbst als Gruppe in den Umzügen, und besonders bei den Platzfesten war der Übergang zwischen Zuschauern und Festteilnehmern fließend. Allgemein kann gelten, dass sich nach dem Vorbeimarsch des Festzuges fast immer ein großer Teil der Zuschauer an das Ende des Zuges eingereiht haben dürfte und dann bei dem Kreis um den Freiheitsbaum oder den Freiheitsaltar nicht mehr von den anderen Zugteilnehmern zu unterscheiden war. Jedenfalls wird das oft genug in den Festberichten erwähnt, um es allgemein annehmen zu können, und die Belege beschränken sich auch nicht auf die Anfangsphase der Festfolge. Zitieren wir als Beispiel das Fest des Ackerbaus am 30. Messidor VI / 28. Juni VI in Blankenheim: « *Le reste des spectateurs en grand nombre et sans qu'on fut prévenu, se rangèrent d'eux-mêmes pour fermer la marche* », und für diesen Fall gilt auch das schöne Wort von dem « *oubli total de l'ancienne différence des rangs* ». Allerdings kann man trotzdem wohl nur ein- oder zweimal von einem Volksfest sprechen, nämlich wiederum beim Fest des Ackerbaus, nun aber in St. Wendel in den Jahren VI und VII, wo die strukturierende Rolle, die bei den Festen sonst immer von Militär, Gendarmerie oder der lokalen Nationalgarde ausgefüllt wurde, nun von den Einwohnern selbst übernommen wurde: « *Cette marche était précédée, escortée et fermée par la masse du peuple, elle était immense* ».

---

[56] LHA Koblenz: Best. 700,62 Nr. 28 Heft G für 1798, fol. 32v; LAGER: Chronik, 1915, S. 120.

[57] « *Des groupes représentant l'agriculture, l'industrie, le commerce, les arts et les sciences, figurés par des cultivateurs, des ouvriers, des négocians, des artistes et des hommes de lettre munis chacun des attributs de leur profession* ». Dagegen sind berufsständische Bürgergruppen in Frankreich häufiger, bes. beim Fest der Souveränität, vgl. CHEVALIER: Les fêtes de la première République, 2003, S. 165.

2.5. Beteiligung der Gemeinden

Die Nationalfeste wurden im Saardepartement in der Departementshauptstadt Trier sowie in den Kantonshauptorten gefeiert. Das hat eine gewisse Verwaltungslogik für sich, denn die Kantone waren die unterste Ebene der staatlichen Verwaltung und umfassten alle Gemeinden in ihrem jeweiligen Bezirk, die in der Kantonsverwaltung auch alle mit ihren jeweiligen Agenten und Adjunkten vertreten waren. Über diese Vertretung in der Kantonsverwaltung waren die Gemeinden auch an den Nationalfesten auf Kantonsebene beteiligt. Das gilt für die annektierten Departements des Rheinlandes. In Frankreich dagegen wurden die Nationalfeste und vor allem die politischen Nationalfeste vielfach auch auf Gemeindeebene gefeiert. Hier respektierte das Direktorium ältere gemeindliche Traditionen oder wollte mit den Festen auch auf die Gemeindeebene einwirken (Volkssouveränität), so dass es die Feier dieser Feste in allen Gemeinden angeordnet hatte.

Für die rheinischen Departements, in denen alle Nationalfeste neu eingeführt worden waren, stellte sich die Sache dagegen etwas anders dar. Zwar war im Zusammenhang mit der Einsetzung der neuen Verwaltung das Pflanzen von Freiheitsbäumen bis in jede Gemeinde angeordnet worden, aber Rudler hatte die politischen Nationalfeste nur mit Verzögerung in den rheinischen Departements eingeführt. Zudem zeigte sich bald, dass der Festzyklus zumal für die rheinischen Verhältnisse besonders in den Sommermonaten überfrachtet war, so dass es schon bei ruhiger politischer Lage für die Kantone nicht einfach war, allen Vorgaben der Zentralverwaltungen zu entsprechen. Noch größere Schwierigkeiten musste es mit sich bringen, mit der Durchführung der Feste auf Gemeindeebene noch eine zusätzliche Stufe der Verwaltungshierarchie bei der Realisierung der Nationalfeste einzuführen.

Im Saardepartement war man sich dieser Schwierigkeiten anscheinend sehr wohl bewusst. Deshalb wurden die Gemeindefeiern in den meisten Fällen im Gegensatz zum innerfranzösischen Vorbild nicht übernommen. Wo aber die Gemeinden doch eingebunden werden sollten, begnügte man sich mit einer abgeschwächten Form, dass nämlich nur die Festankündigungen durch Glockenläuten und ggf. Böller auch in den Gemeinden durchgeführt werden sollten. Doch war man auch damit recht sparsam, so dass es im Saardepartement nur zwei Nationalfeste gab, für die eine gemeindliche Ankündigung vorgegeben war, nämlich das Fest der Gründung der Republik am 1. Vendémiaire VII / 22. September 1798 und das Fest der Volkssouveränität am 30. Ventôse VII / 20. März 1799. Dabei berichteten im ersten Fall 10 von 31 und im zweiten Fall 5 von 25 Landkantonen, für die Festberichte vorliegen, über die Durchführung dieses Programmpunktes. Man darf deshalb wohl eine recht weitgehende Durchführung annehmen. Das wird noch dadurch gestützt, dass auch bei den Festen, bei denen die Zentralverwaltung keine Ankündigungen in den einzelnen Gemeinden vorgegeben hatte, zumindest in einigen Kantonen zusätzlich auch in den Gemeinden die Glocken geläutet wurden[58].

Tabelle 16: Feier der politischen Nationalfeste in den Gemeinden in Frankreich und im Saardepartement 1798-1799

Datum	Fest	Frankreich		Saardepartement
Frukt. 10	Alter	Kanton		1798 / 1799 keine Anweisung, aber 1798 Gemeindefeiern in Wittlich
Vend. 1er	Gründung der Republik		Gde.	1798 übernommen für Ankündigung; Gemeindefeiern in Schweich, Wittlich
				1799 nicht übernommen
Pluv. 2	Eidesleistung		Gde.	1799 nicht übernommen
Vent. 30	Volkssouveränität		Gde.	1799 übernommen für Ankündigung
Juli 14	14. Juli		Gde.	1799 nicht übernommen
Therm. 9/10	Freiheit	Kanton		1798 keine Anweisung, aber Ankündigungen; Gemeindefeiern in Bernkastel, Schweich
				1799 keine Anweisung, aber Gemeindefeiern in Meisenheim
Aug. 10	10. August		Gde.	1799 nicht übernommen
Frukt. 18	18. Fruktidor		Gde.	1798 nicht übernommen von Zentralverwaltung gegen Votum des Kommissars
				1799 nicht übernommen

Noch darüber hinaus ging die Durchführung von Feiern oder doch immerhin Versammlungen auf Gemeindeebene, und zwar ohne dass es dazu innerfranzösische Anweisungen gab. Schon beim Fest des Alters in Wittlich und dann

---

[58] 2. Pluviôse VII / 21. Januar 1799 Gerechte Bestrafung des letzten Königs der Franzosen: Blieskastel, Lissendorf, Kusel allerdings mit der Begründung, dass die Stadt selbst über keine Glocken verfüge und so die Kantonsgemeinden subsidiär einspringen müssten; 10. Germinal VII / 30. März 1799 Jugend: Wadern; 10. Floréal VII / 29. April 1799 Eheleute: Konz; 20. Prairial VII / 19. Mai 1799 Rastatt: Rhaunen; 14. Juli 1799: Lebach; 10. August 1799: St. Arnual; 1. Vendémiaire VIII / 23. September 1799: Lebach, Manderscheid, Reifferscheid, Wadern; 10. Frimaire VIII / 1. Dezember 1799 Joubert: Lebach.

beim Fest der Gründung der Republik wieder in Wittlich sowie im benachbarten Schweich wurde das Fest am Hauptort mit Feiern in den Gemeinden verbunden. Auch aus Dollendorf (Kanton Blankenheim) liegt der Festbericht einer Gemeindefeier vor. Beim Regimefest des 9./10. Thermidor VI hatte die Zentralverwaltung in ihrem Zirkular nur allgemeine Hinweise zur Bedeutung des Festes gegeben, aber kein bestimmtes Szenarium vorgeschrieben. Das Fest ist dann auch sehr variantenreich ausgestaltet worden. Bemerkenswert ist dabei eine große Anzahl von Kantonen, in denen eine Gemeindebeteiligung nicht nur durch Ankündigung in allen Gemeinden, sondern sogar mit der Durchführung von Sonderfeiern in den Gemeinden (Kantone Bernkastel und Schweich) vollzogen wurde[59], ohne dass direkt erkennbar wäre, woher die Initiativen dazu kamen. Noch bei der Wiederholung des Festes im Jahre VII griff man in Meisenheim dieses Vorgehen auf, indem nun der erste Tag des Festes unter Leitung der Agenten in den jeweiligen Gemeinden gefeiert wurde und eine Kantonsfeier nur am zweiten Tag im Kantonshauptort stattfand. Bei den Trauerfeiern für die Gesandten beim Rastatter Kongress ging dann die Initiative von der Zentralverwaltung aus, die die Verlesung der verschiedenen Gesetze, Deklarationen und Aufrufe in jeder Gemeinde vorgeschrieben hatte, wobei die Durchführung zumindest für 10 von 25 Landkantonen auch belegt werden kann. Auch sonst mögen solche Dorffeste noch vorgekommen sein. Beim Fest der Gründung der Republik am 1. Vendémiaire VII / 22. September 1798 waren in Meisenheim die Spiele am Nachmittag in den benachbarten Ort Breitenheim verlegt worden, wobei schon am Vormittag ein « *détachement des citoyens armées* » dieser Gemeinde am Festzug teilgenommen hatte und auch das Nachmittagsprogramm vor allem aus paramilitärischen Wettkämpfen und Exerziervorführungen bestand. Eine andere Initiative liegt für die Gemeinde Rengen (Kanton Daun) vor, wo der Agent ein Gedicht zum Fest der gerechten Bestrafung des letzten Königs der Franzosen (2. Pluviôse VII) verfasste[60].

Außerdem gab es noch eine weitere Form der Beteiligung von nachgeordneten Verwaltungsebenen an Nationalfesten an den Sitzen der vorgesetzten Behörden, nämlich die der Entsendung von Delegationen. Die Zentralverwaltung selbst hatte dies für das Fest des Jahrestages der Einsetzung der neuen Verwaltungen am 19. Februar 1799 aufgegriffen, indem sie alle Kantonsmunizipalitäten eingeladen hatte, Delegationen nach Trier zu entsenden. Ähnliches ist dann bei den Trauerfeiern für die Rastatter Gesandten von der Zentralverwaltung für die Kantonsebene wiederholt worden, wo zusätzlich zu den schon erwähnten Gemeindeversammlungen jede Gemeinde noch eine Delegation zur Feier im jeweiligen Kantonshauptort entsenden sollte. Wenn solche Delegationen in den

---

[59] Vgl. Kap. V, 4.2.
[60] Vgl. Kap. V, 4.3.

VI. Form der Nationalfeste

Festberichten von 8 aus 25 Kantonen erwähnt werden, lässt das auf eine relativ hohe Realisierungsquote schließen.

Insgesamt ist so erkennbar, dass im Saardepartement auf Gemeindeebene offensichtlich keine eigentlichen Nationalfeste durchgeführt wurden. Relativ häufig wurden in den Kantonen aber die Gemeinden durch Ankündigungsläuten beteiligt. Insbesondere wenn beim Fest des 9./10. Thermidor VI, wie in Bernkastel, die Gemeinden auf die Vorgabe des Kantonshauptortes in dessen Läuten einstimmten oder wenn, wie bei dem gleichen Fest in St. Wendel, das Läuten ausgehend vom Kantonshauptort von Ort zu Ort weitergegeben wurde, konnte das zugleich die Zentralität des Kantonshauptortes stärken und die Gemeinden mit einbinden. Darüber hinaus sind in einigen Kantonen anlässlich der Nationalfeste Bürgerversammlungen in den Gemeinden durchgeführt worden, bei denen den Einwohnern die entsprechenden Verwaltungstexte verlesen wurden. Im Gegensatz dazu sind in Innerfrankreich insgesamt mehr Revolutions- und Nationalfeste bis auf die Gemeindeebene veranstaltet worden. Dies geschah allerdings selektiv, so dass einzelne Feste im Saardepartement auch an mehr Orten gefeiert werden konnten als in innerfranzösischen Departements[61].

3. Zeremonien, Requisiten und Festarchitektur

Ankündigung und Zug waren die öffentlichen Teile der Nationalfeste. Dazu kam die eigentliche Feier, die vor allem anfangs als Platzfeier um Freiheitsbaum und/oder Vaterlandsaltar ebenfalls in aller Öffentlichkeit stattfand, allerdings später als Saalfest trotz einer weiterhin gegebenen allgemeinen Zugänglichkeit doch einen Rückzug aus der Öffentlichkeit bedeutete. Diese Feiern hatten ihr eigenes Zeremoniell, das jeweils festspezifisch war, aber auch sich wiederholende Elemente aufwies.

3.1. Zeremonien

Zu allen Nationalfesten gehörten bestimmte Zeremonien, die den Inhalt des Festes augenscheinlich machen sollten wie z.B. das Ziehen eines Furchenkranzes beim Fest des Ackerbaus, wenn das Fest nicht überhaupt in einer Zeremonie bestand wie z.B. bei den Baumsetzungen oder der Vereidigung der Funktionäre. Einige Zeremonien hatten auch eine darüber hinaus gehende Bedeutung und wurden bei unterschiedlichen Festen vollzogen.

Der *Eid*[62] hat in der Französischen Revolution von Anfang an eine zentrale Rolle gespielt. Beim Ballhausschwur der Abgeordneten des Dritten Standes,

---
[61] Vgl. Festkalender für das Departement Côte-d'Or oben Kap. IV, 3, Graphik 5.
[62] STAROBINSKI: 1789. Les emblèmes de la raison, 1973, S. 81ff.; BIANCHI: Serments, 1989; SCHRÖER: Republik im Experiment, 2014, S. 343-365.

nicht eher auseinander zu gehen, bis sie Frankreich eine Verfassung gegeben hätten, war es eine Selbstbindung, die sich mit der Konstituierung zur Nationalversammlung verband. Bei den späteren Bürgereiden (*serment civique*) war der Eid eine Bindung zunächst noch an die konstitutionelle Monarchie, dann an die Republik sowie die Verfassung etc. So war der Eid das wichtigste Instrument der Republik, sich der Einheit der Bürger in der Republik zu vergewissern. Eide wurden gefordert von den Abgeordneten, den Beamten, den Bürgern bei den Wahlen und den neu in die Gemeinschaft der Staatsbürger aufzunehmenden jungen Männern, sowie weiter von den Priestern. Das führte schon bald zu einem inflationären Gebrauch des Eides, der seine Glaubwürdigkeit einschränkte.

Im annektierten Rheinland war die Einführung des Eides doppelt problematisch, wurde er hier doch von Personen gefordert, die eben nicht (voller) Teil der Gemeinschaft der Staatsbürger waren. So blieb es - verglichen mit Innerfrankreich - bei einem sparsameren Gebrauch dieses Instituts. Bei der Einsetzung der neuen Verwaltungen wurde ein einfacher Treueid gefordert, wie er allen Verwaltungsbeamten auch im Ancien Régime abverlangt worden war. Bei dem Fest der Volkssouveränität im Jahre VI, das im Saardepartement nur in Trier gefeiert wurde, erscheint die Eidesleistung zunächst als Verlegenheitslösung für ein sonst nicht vorhandenes Festzeremoniell. Andererseits war der Beamteneid gerade bei diesem Fest auch sehr sprechend in der Darstellung einer Herrschaft über das Volk durch nun gerade nicht gewählte Verwalter. Hinzu kam, dass dabei Kommissar Boucqueau im Gegensatz zu den Einsetzungsfeiern den vollen Eid mit der Absage an Königtum und Anarchie verwendete und diesen auch bei der regulären Eidesleistung beim Fest des 2. Pluviôse VII durchsetzte. Trotzdem hat es im Saardepartement eine nennenswerte Opposition gegen diese Eidesleistungen zumindest nicht offen gegeben[63]. Die allgemeine Eidesleistung am 2. Pluviôse VII fiel in eine Zeit der Stärke des Regimes, so dass besoldete Beamte bei einer Eidverweigerung ihre Entlassung befürchten mussten. Unbesoldete Mitglieder der Kantonsmunizipalitäten hatten hier allerdings einen größeren Freiraum und nutzten ihn auch.

Der Eid war auch in Innerfrankreich nicht unproblematisch. Dabei ging es nicht um die Absage an das Königtum, die Grundlage der Republik war, wohl aber um die Absage an die Anarchie, womit zunächst die Anhänger von Robespierre gemeint waren. Die Definition war allerdings sehr unbestimmt und damit offen für politische Instrumentalisierungen. Schließlich bestand die

---

[63] Eidesleistungen waren auch schon vor der Einrichtung der Departementsverwaltung in der Zeit der Militärverwaltung gefordert worden. Einheimische Funktionäre, die dabei die Eidesleistung verweigert hatten, wie z.B. die ehemaligen Saarbrücker Verwaltungsbeamten, wurden schon damals abberufen und auch nach 1798 nicht wieder eingesetzt. Vgl. LAUFER: [2] Verwaltung, 2010, S. 218; [3] Französischkenntnisse, 2008, S. 717.

VI. Form der Nationalfeste

Gefahr, dass der Begriff der Anarchie auch auf die Republik selbst angewendet werden könnte, und so ersetzte die neojakobinische Mehrheit der Kammern mit Gesetz vom 23. Thermidor VII / 10. August 1799[64] den bisherigen Eid durch eine neue Formel, die nur noch eine Absage an Königtum und jede Form der Tyrannis enthielt und nun auch mit dem Fest der Gründung der Republik verbunden sein sollte. Für das Rheinland ist dies allerdings nicht mehr umgesetzt worden, und es hat die Republik auch nicht gerettet.

Ein anderer Aufnahmeritus war die *Accolade fraternelle*[65], eine angedeutete Umarmung, mit der Ernennungen und Auszeichnungen abgeschlossen wurden. So wurden bei der Einrichtung der neuen Verwaltungen die neu ernannten Beamten nach der Vereidigung mit einer Accolade von dem Einsetzungskommissar als ihrem nunmehrigen Kollegen begrüßt. Ebenso konnte einem Redner, der nicht zur Verwaltung gehörte, mit dieser Geste der Dank bezeugt werden (St. Wendel, Fest des 1. Vendémiaire VII). Schließlich wurde auch die Accolade verwendet, um die auszuzeichnenden Schüler, Eheleute, Alten und Landwirte ehrenhalber im Kreis der Beamten zu begrüßen. Darüber hinaus konnte die Accolade auch noch eine allgemeinere Verbrüderungsfunktion haben. So wünschten sich die Einwohner von Merzig mit dieser Geste beim republikanischen Neujahrsfest ein gutes Neues Jahr.

Die *Auszeichnung* von besonderen Bürgern war Teil des pädagogischen Auftrages der Feste[66]. In Innerfrankreich stand meist der Soldat im Mittelpunkt. Das rheinische Zeremoniell war ziviler, so dass nur ein Ausschnitt aus dem innerfranzösischen Zeremoniell hier zur Anwendung kam. Schüler, Ehepaare, Alte, verdiente Landwirte sowie die Sieger in den sportlichen Wettkämpfen des Nachmittags wurden durch Bekränzung mit der Bürgerkrone (*couronne civique*) aus Eichenlaub oder gelegentlich auch aus Blumen geehrt und erhielten Belohnungen. War die Anwendung des Krönungszeremoniells für die Schuljugend noch sporadisch, so wurden die Eheleute schon durchgehend mit der Bürgerkrone bedacht, ehe das Zeremoniell bei dem Fest der Alten voll ausgestaltet war. Zur Krönung kam hier noch die prozessionsmäßige Abholung, indem zunächst die Häuser der zu ehrenden Alten geschmückt wurden und diese dann selbst durch eine Abordnung oder auch den ganzen Festzug in ihren Häusern bzw. den Häusern, die für ihre Abholung bestimmt worden waren, abgeholt und zum Ort der Feier geleitet wurden, um dort mit der Bürgerkrone gekrönt zu werden. In Blieskastel hatte man dazu sogar eine mit sechs Pferden bespannte Kutsche aufgeboten.

---

[64] DELEPLACE: La haine, 2009, S. 71.
[65] SCHRÖER: Republik im Experiment, 2014, S. 366. Der Chronist Müller in Trier übersetzt mit «*Friedenskuss*», LHA Koblenz: Best. 700,62 Nr. 28, Heft G für 1798 fol. 30 bzw. LAGER: Chronik, 1915, S. 117; der gedruckte Festbericht hat «*Bruderkuss*» (S. 15).
[66] SCHRÖER: Republik im Experiment, 2014, S. 366-375.

Auch in den rheinischen Departements wurden den Soldaten als den Verteidigern der Republik bei den Festen besondere Ehren erwiesen. Dazu gehörte, die *Bekränzung von verwundeten Soldaten* mit Bürgerkronen aus Eichenlaub durch in Weiß gekleidete junge Mädchen. Die Zeremonie hatte ihren eigentlichen Platz beim Fest der Dankbarkeit am 10. Prairial, das auch ein Siegesfest für die Armee war, und wurde deshalb bei beiden Realisierungen des Festes in den Jahren VI und VII in Trier vollzogen. Sie findet sich aber auch bei den Feiern zur Einführung der Zentralverwaltung in Trier am 19. Februar 1798 und zur Einführung der Kantonsmunizipalität in Wittlich am 5. April 1798, während bei der gleichen Einsetzungsfeier in Büdlich (Neumagen) ein im Zug mitmarschierender französischer Offizier mit einer Lorbeerkrone geehrt wurde. Außerdem findet sich eine Gruppe von verwundeten Soldaten, die von jungen Mädchen mit Eichenkronen umgeben ist, auch im Zug beim Fest der Gründung der Republik (1. Vendémiaire VII / 22. September 1798) in Trier, und in Neumagen wurde das Programm für das gleiche Fest um eine Ehrung der Toten des dortigen Militärhospitals erweitert. Die Bedeutung der Zeremonie steigerte sich noch mit der Zeit, so dass im Zug des Neujahrsfestes des Jahres VIII am 23. September 1799 in Trier gleich zwei Gruppen von verwundeten Soldaten, umgeben von jungen Mädchen mit Eichenkränzen, erschienen. Indem sie vor und hinter das im Zug mitgeführte Buch der Verfassung platziert waren und einmal eine Bastille und dann eine Urne mitführten, war die Bedeutung der Armee als Verteidiger der Freiheit und die Erinnerung an die dafür gebrachten Opfer deutlich dargestellt worden.

Ganz ähnlich hat auch die Zeremonie der *Verbrennung oder Vernichtung von Insignien des Ancien Régime* ihren Platz im Zeremoniell des Festes der Freiheit am 9./10. Thermidor, wo sie bei den Feiern im Jahre VI siebenmal vollzogen wurde. Aber auch bei der Einsetzung der Kantonsmunizipalität in Trier am 14. März 1798 sowie im Jahre VII bei den Festen des 2. Pluviôse (Bestrafung des letzten Königs der Franzosen) in Manderscheid, des 30. Ventôse (Volkssouveränität) in Wadern und des 10. Germinal (Jugend) in Blankenheim war sie in den Festablauf aufgenommen worden, da es sich hier um die Gestaltung einer Grundidee der Republik handelte, nämlich der Überwindung der alten Feudalordnung.

Über Zeremonien hinaus gehen schließlich *szenische Darstellungen* von wichtigen Momenten der Revolution, mit denen die Feste der Revolutionsgeschichte öfter verbunden waren. Es war wie in Innerfrankreich[67] ein recht beliebtes, weil einfach zu inszenierendes Mittel, um den Festen etwas Spannung zu verleihen. Besonders bei dem Fest des 9./10. Thermidor wurden Kampfspiele gezeigt (VI Daun, Trier; VII Hermeskeil), aber auch das Fest des 18. Fruktidor bot zu ähnlichen Darbietungen Anlass (VI St. Wendel, Wadern).

---

[67] GOUDEAU: Le Département de l'Eure sous le Directoire, 2012, S. 218.

Hier konnte die nicht erlebte Revolutionsgeschichte zumindest in der Fiktionalität nachgespielt werden und durch die szenische Darstellung zu einem Erlebnissurrogat werden. Einmal ist so auch ein richtiges kleines Theaterstück in die Festveranstaltung integriert worden (*Der freundschaftliche Besuch*), nämlich beim Fest der Volkssouveränität am 30. Ventôse VII / 20. März 1799 in Grumbach. Wie die Feste der nicht mitvollzogenen Revolutionsgeschichte war auch das Fest der Volkssouveränität am Vorabend der jährlichen Wahlen in den rheinischen Departements ohne Funktion. So konnte hier «*ein patriotisches Lustspiel mit Gesang*», verfasst von dem Primärschullehrer des Kantonshauptortes Peter Engel, in der Fiktionalität republikanische Grundrechte ansprechen, die in der Realität der Bevölkerung (noch) vorenthalten waren.

3.2. Requisiten

Bei den Nationalfesten wurde zur Vollziehung der Zeremonien sowie zur Ausschmückung der Festzüge und der Feiern eine Reihe von Gegenständen verwendet. In den Festzügen wurden Requisiten mitgeführt, die als Symbole der Revolutionsgeschichte für die Feiern von Bedeutung waren. Dazu kamen Objekte wie insbesondere die lebensgroßen Darstellungen von Revolutionsallegorien oder Bildtafeln, die im Zug mitgeführt oder im Dekadentempel aufgestellt wurden. So entfaltete sich in figürlichen, bildlichen und textlichen Darstellungen das ganze Kaleidoskop der Grundwerte der Revolution.

3.2.1. Symbole

Eines der frühesten Nationalsymbole des revolutionären Frankreichs ist die *Trikolore*[68], wobei allerdings zwischen dem Farbsymbol und seinen Materialisierungen auf unterschiedlichen Trägern zu unterscheiden ist. Bei der Entstehung der Trikolore ist kaum die Wirklichkeit von der Legende zu trennen, fest steht aber, dass sie in der Form der dreifarbigen Kokarde schon wenige Tage nach dem Bastillesturm vom 14. Juli 1789 in Paris vielfach getragen wurde und dass mit dem Föderationsfest vom 14. Juli 1790 die «*couleurs nationales*» als Nationalsymbol etabliert waren. Als Fahne wurde die Trikolore mit dem Beginn des Revolutionskrieges vom Militär verwendet, und in diesem Zusammenhang erfolgte auch die Festlegung auf eine Querstreifung zur Unterscheidung von der Fahne der Republik der Niederlande. Das Gesetz vom 27. Pluviôse II / 15. Februar 1794 erklärte sie zur Nationalflagge.

Als Kokarde und Fahne war die Trikolore bei den Nationalfesten in vielfacher Form zu verwenden. Nach der Annexion des Rheinlandes war das Tragen der dreifarbigen Kokarde schon Mitte Februar 1798 vorgeschrieben worden[69] und

---

[68] GIRARDET: Les Trois Couleurs, 1984. LIRIS: Cocarde, 1989. SCHRÖER: Republik im Experiment, 2014, S. 64-72, 375-381.
[69] HANSEN: Quellen, Bd. 4, 1938, S. 563 Anm. 4; STEIN: Polizeiüberwachung, 2000, S. 236.

wurde mitunter auch mit Polizeigewalt erzwungen. Die Durchsetzung dieses Gebots wurde allerdings sehr unterschiedlich gehandhabt, so dass es dem Berichterstatter für das Fest des 21. Januar 1799 in Saarbrücken durchaus der Erwähnung wert war, dass alle Teilnehmerinnen am Festball die Kokarde getragen hätten:

> « C'est que pas une seule citoyenne, telle qu'étoit l'élégance ou l'ordre de la parure, n'avoit oubliée que le plus bel ornement étoit celui de la cocarde ».

Die dreifarbige Fahne schmückte an den republikanischen Festtagen in Trier den Turm der Hauptkirche St. Gangolf am Hauptmarkt, und entsprechend verfuhr man auch in den Kantonshauptorten mit der Beflaggung der Kirche und/oder des Rathauses, wie dies durch einen Arrêté der Zentralverwaltung vom 8. Januar 1799 vorgeschrieben war[70]. Auch sonst fanden sich an den Festtagen weitere Fahnen an den Festplätzen, an den öffentlichen Gebäuden sowie an den Häusern der Funktionäre. Schließlich wurden Fahnen auch in den Festzügen mitgeführt und dienten zur Rhythmisierung der Gruppen. Dabei trugen die in St. Wendel verwendeten Fahnen die französischen Aufschriften « *Liberté* » und « *Egalité* » (Abb. 3), während in Baumholder die Fahne mit einer Stickerei in Form eines Freiheitsbaumes geschmückt war (Fest des 9./10. Thermidor VI).

Zweimal diente die aufgepflanzte Nationalfahne als Ersatz für einen nicht vorhandenen Freiheitsbaum. So konnte die Fahne anstelle des Freiheitsbaumes umtanzt (Lebach beim Fest des Alters, 10. Fruktidor VI / 28. August 1798) oder neben der Fahne die Verbrennung von Feudalsymbolen vorgenommen werden (Manderscheid beim Fest des 2. Pluviôse VII / 21. Januar 1799).

Fahnen dienten zur Kennzeichnung von politischen und militärischen Gruppen. Bei den szenischen Darstellungen waren Republikaner durch die Trikolore und die Royalisten durch die weiße Fahne gekennzeichnet. So spielten auch gegnerische Fahnen eine Rolle im Festzeremoniell. Beim Fest der Volkssouveränität in Wadern im Jahre 1799 wurden Fahnen der alten Herrschaften verbrannt, und bei der Trauerfeier für die Gesandten beim Rastatter Kongress wurde in Merzig eine österreichische Fahne sogar standrechtlich erschossen.

Von fast ebenso großer Bedeutung wie die Nationalfahne war die *Verfassung des Jahres III* als Grundlage des Regimes des Direktoriums[71]. In Frankreich war die Mitführung der Verfassung als Buch in den Festzügen seit 1796 allgemein eingeführt, und nach dem Staatsstreich vom 18. Fruktidor wurde die Verfassung besonders bei dem Fest der Gründung der Republik Gegenstand von Ehrungen, so dass dieses Zeremoniell im Rheinland von Anfang an

---

[70] KÖLLNER: Geschichte der Städte Saarbrücken und St. Johann, 1865, S. 491.
[71] La Constitution de l'an III, 1998.

Nachahmung finden konnte[72]. Schon bei der Einsetzung der neuen Verwaltungen wurde die Verfassung bei den Feiern in Bernkastel und Wittlich im Zuge mitgeführt[73]. Danach hatte das Motiv zunächst eher eine diskrete Fortsetzung, indem es nur einmal, nämlich in Merzig bei dem Fest der Dankbarkeit (10. Prairial VI / 29. Mai 1798) aufgegriffen wurde. Dabei wurde das Buch der Verfassung zusammen mit dem Text der Rechte und Pflichten des Menschen und Bürgers, die aber eigentlich schon einen Teil der Verfassung bildeten, am Freiheitsbaum niedergelegt.

Dann aber gab die Zentralverwaltung der zeremoniellen Mitführung der Verfassung bei den Festen in Trier eine größere Bedeutung. Schon bei dem Fest der Gründung der Republik am 1. Vendémiaire VII / 22. September 1798 wurde die Verfassung von den Präsidenten der Zentralverwaltung, der Munizipalität Trier und des Strafgerichts des Departements sowie von dem Militärkommandanten von Trier im Zug getragen und dann im Dekadensaal auf einer Halbsäule vor dem Vaterlandsaltar niedergelegt. Ob es gegen diese Beteiligung des Militärs, die anscheinend auf einer Initiative der Munizipalität beruhte und jedenfalls in der Programmvorgabe der Zentralverwaltung noch nicht enthalten gewesen war, Bedenken gab, ist nicht bekannt, denn immerhin wurde hier dem Militär quasi ein Verfassungsrang zugebilligt, den ihm die Verfassung selbst nicht gegeben hatte. Jedenfalls ist es auffällig, dass beim folgenden Fest des Jahrestages der Einsetzung der neuen Gewalten nun die Präsidenten der beiden Gerichte des Departements zusammen mit den Präsidenten von Zentralverwaltung und Munizipalität Trier die Verfassung im Dekadentempel am Vaterlandsaltar niederlegten, ohne dass das Militär noch daran beteiligt war. Doch kehrte das Militär beim Fest der Gründung der Republik im Folgejahr am 1. Vendémiaire VIII / 23. September 1799 wieder in das Zeremoniell zurück, indem hier die Verfassung nun wiederum von den drei Präsidenten von Gericht, Stadt und Departement sowie von dem kommandierenden General des Departements im Zug getragen wurde (Programm)[74]. Außerdem war inzwischen das Zeremoniell noch dadurch erweitert worden, dass die Bedeutung der

---

[72] Schröer: Republik im Experiment, 2014, S. 244-248.
[73] Die Anregung dafür könnte von dem Mitglied der Zentralverwaltung Haan ausgegangen sein, der für beide Feste als Einsetzungskommissar fungierte. Allerdings erwähnt er selbst in seinem Bericht für die Zentralverwaltung dieses Zeremoniellauditil nicht. Wahrscheinlicher ist deshalb die Urheberschaft von Keucker, damals Kommissar beim Polizeigericht in Prüm, der schon die Pflanzung der cisrhenanischen Freiheitsbäume in Wittlich und Umgebung veranlasst hatte, nun die Einsetzungsfeier in Wittlich organisierte und zusammen mit Kommissar und Präsident der neuen Kantonsverwaltung von Wittlich auch an dem Fest in Bernkastel teilnahm.
[74] In ähnlicher Weise wurde bei der vorausgehenden Trauerfeier für die ermordeten französischen Gesandten beim Rastatter Kongress die daran erinnernde Urne ebenfalls von den Präsidenten von Zentralverwaltung, Munizipalität und Gericht sowie von dem Stadtkommandanten im Zug getragen.

Verfassung über den Kreis der Spitzen von Verwaltung, Justiz und Militär hinaus dargestellt wurde. So wurde am Jahrestag der Einsetzung der neuen Verwaltungen am 19. Februar 1799 die Verfassung im Zug von den Abordnungen der Kantonsmunizipalitäten des Departements getragen, ehe sie im Dekadentempel wieder von den Präsidenten von Verwaltungen und Gerichten übernommen wurde. Schließlich wurde beim Fest der Volkssouveränität am 30. Ventôse VII / 20. März 1799 die Verfassung sogar von dem gesamten Volk getragen, das durch verschiedene Berufsgruppen repräsentiert wurde.

Bei dem gleichen Fest der Volkssouveränität im Jahre VII hatte die Zentralverwaltung dieses Zeremoniell auch für die Festzüge in allen Kantonen vorgeschrieben, womit sie den Anschluss an das allgemein für Frankreich vorgeschriebene Zeremoniell vornahm. Das Motiv war anscheinend recht populär geworden, so dass es auch über das Fest der Volkssouveränität hinaus noch fortgeführt wurde. Beim Fest der Jugend am 10. Germinal VII / 30. März 1799 erscheint es in vier Kantonen (Konz, Manderscheid, Schweich, Wittlich) sowie beim Fest der Eheleute am 10. Floréal VII / 29. April 1799 noch in zwei Kantonen (Bernkastel, Birkenfeld) und ebenso beim Fest der Freiheit am 9./10. Thermidor VII / 27./28. Juli 1799 (Grumbach, Lebach). Es fällt auf, dass dies eine breite geographische Streuung des Motives in acht Kantonen anzeigt, nicht eine Spezialtradition einzelner Kantone.

Der Verfassungsbezug wurde weiter durch die Hervorhebung der Rechte und Pflichten des Menschen und Bürgers vertieft, die der Verfassung des Jahres III vorangestellt waren[75]. War dabei die Hinzufügung eines Pflichtenkatalogs zu den Bürgerrechten der vorhergehenden Verfassungen auch nicht unumstritten, so gab dieser Dualismus zwischen Rechten und Pflichten die Möglichkeit zu einer szenischen Verlesung, wobei der Präsident die Rechte und der Kommissar die Pflichten verlas oder auch in Trier einmal eine Aufteilung nach den beiden Sprachen erfolgte (Volkssouveränität VI). Das geschah insbesondere bei den republikanischen Hochfesten der Gründung der Republik, der Volkssouveränität und des 9./10. Thermidor. Eine kürzere Form dieses Verfassungsgedenkens bestand darin, den ersten und letzten Artikel der Verfassung während der Feier zu verlesen. Dabei wurde die Einheit und Unteilbarkeit der Republik verkündet (Art. 1) und die Verfassung nicht nur der Treue der Verfassungsorgane, sondern auch der Wachsamkeit aller Bürger anvertraut (Art. 377). Die starke Betonung der Rolle der Verfassung bei den Festen traf sich dabei mit der rheinischen Tendenz zu einer grundsatzorientierten Rezeption der Republik.

---

[75] FORTUNET: Des droits et des devoirs, 1998. ZUBER: Le culte des droits de l'homme, 2014. Wyttenbach hatte dazu einen Schulkommentar geschrieben, allerdings erst als es eigentlich schon zu spät dafür war: WYTTENBACH: Handbuch für den Unterricht in den Pflichten und Rechten des Menschen und des Bürgers, zum Gebrauch in den Primarschulen, vorzüglich in der zweiten Classe, VIII.

VI. Form der Nationalfeste

Die *Faszes* sind ein antikes Symbol der Staatsgewalt, das für die Französische Republik um so mehr als Staatssymbol zu rezipieren war, als es in keinem Bezug zur Monarchie stand. So gab sich die neue Republik mit ihrer Gründung am 21. September 1792 ein Siegel, das aus einem Rutenbündel bestand, aus dem in der Mitte eine Lanze mit einer Freiheitsmütze hervorragte. Zwar wurde dieses abstrakte Siegel schon am Folgetag durch eine personifizierte Darstellung der Freiheit ersetzt, dieser waren als Attribute aber ebenfalls ein Speer mit Freiheitsmütze sowie ein Rutenbündel beigegeben[76]. Die Faszes bilden auch heute noch oder besser wieder das Siegel der Französischen Republik. Bei den Nationalfesten wurden sie aber weniger rezipiert. Belegt ist die Mitführung von Faszes in den Festzügen in St. Wendel. Beim Fest der Gründung der Republik am 1. Vendémiaire VIII / 23. September 1799 wurden mit frischem Laub geschmückte Faszes mitgeführt, die an ihrer Spitze Dreiecke mit Hinweisen auf Freiheit und Gleichheit trugen (Abb. 2). Schon im Vorjahr war am 1. Vendémiaire VII / 22. September 1798 ein großes Rutenbündel (« *le faisceau* ») im Zug mitgeführt worden, das auch beim Fest des Ackerbaus am 10. Messidor VI / 28. Juni 1798 erschien und hier zusammen mit zwei Trikoloren den Altaraufbau bildete (Abb. 5), um dann in ganz ähnlicher Weise auch bei dem Kenotaph für die französischen Gesandten beim Rastatter Kongress wiederzukehren (Abb. 9). Überall sind dabei die Faszes als Symbole der Staatsmacht und der nationalen Einigkeit gezeigt worden, während eine Verwendung im Zeremoniell mit dem symbolischen Wechsel des Tragens von Faszes zwischen Bürgern und Militär, der in Innerfrankreich sehr häufig ist, im Saardepartement nicht vorkommt. Wie oben schon dargelegt, verhinderte in den rheinischen Departements die fehlende demokratische Legitimierung der Verwaltung eine breitere Rezeption des Motivs. Umgekehrt konnten auf dieser Motivgrundlage aber auch Neuschöpfungen vorkommen, die nun umgekehrt in Frankreich kaum verbreitet waren. So wurden beim Fest des Ackerbaus in Waldmohr am 10. Messidor VI / 28. Juni VII von den Funktionären Ährenbündel (« *les faisceaux des épis* ») getragen, wobei offensichtlich das Staatssymbol mit dem Festthema verbunden werden sollte.

Über die Symbole der Grundwerte der Revolution hinaus hat die revolutionäre Festkultur auch ein ausdifferenziertes System von Spezialsymbolen für einzelne revolutionäre und republikanische Werte entwickelt, wovon bei den rheinischen Nationalfesten wiederum die allgemeineren rezipiert wurden.

Das Fest des 14. Juli hatte in der Revolutionsdekade zeitgenössisch noch nicht die dominierende Rolle des späteren Nationalfestes, und dieser für Innerfrankreich geltende Befund ist für die rheinischen Departements wegen der Krisen-

---

[76] AGULHON: Marianne au combat, 1979, S. 28. JOURDAN: Les Monuments de la Révolution, 1997, S. 247-248. Für das Rheinland vgl.: REICHARDT: Revolutionskultur, 1993, S. 32-34; STEIN: L'action administrative de la Révolution et les images, 2002, S. 137.

situation des Jahrs 1799 noch deutlicher, wie dargelegt wurde. Insofern kann nicht erwartet werden, dass die *Bastille* als das zentrale Symbol dieses Festes[77] bei den Nationalfesten im Saardepartement eine große Verbreitung gefunden hätte. Immerhin wurde beim Freiheitsfest am 9./10. Thermidor VI / 27./28. Juli 1798 in Büdlich die Geschichte des Sturms auf die Bastille in der Festrede des Chefsekretärs Blechmann ausführlich beschrieben, und bei dem gleichen Fest in Birkenfeld wurde eine lokale Bastille-Grotte unter einer bei dieser Gelegenheit als drittem Freiheitsbaum des Ortes geweihten Birke geehrt. Schließlich wurde noch beim Fest der Gründung der Republik am 1. Vendémiaire VIII / 23. September 1799, als sich die Republik gerade von den jüngsten Niederlagen des Revolutionskrieges zu erholen begann, die Bastille in Trier als Modell und in St. Wendel als Bild im Zug mitgeführt, wobei sich hier schon eine Kanonisierung des Ereignisses andeutete. Das ist zwar kein sehr breiter Befund, aber doch etwas mehr, als die missglückte Rezeption des Festes des 14. Juli hätte erwarten lassen.

Das *gleichseitige Dreieck* und die *Pyramide* waren als Symbole der Gleichheit weit verbreitete Motive der Revolutionsikonographie. Bei den Nationalfesten im Saardepartement treten sie allerdings weniger häufig in Erscheinung. Immerhin zeigen die Illustrationen von Manouisse zu den Nationalfesten in St. Wendel wiederholt das Dreieckssymbol. Beim Fest der Gründung der Republik am 1. Vendémiaire VIII / 23. September 1799 werden Dreiecke im Zug mitgeführt (Abb. 2), und bei der Illumination beim gleichen Fest im Jahr zuvor ist ein aus vier Dreiecken zusammengesetztes großes Dreieck im zentralen Fenster des Rathauses platziert (Abb. 6). Außerdem erscheint ein Dreieck mit Senklot als Gleichheitssymbol auf der Illustration des kathartischen Feuers beim Fest des 9./10. Thermidor VI / 27./28. Juli 1798 (Abb. 7). Dagegen begegnet die Pyramide bei den Nationalfesten im Saardepartement vor allem in der Sonderbedeutung als Symbol der vier rheinischen Departements. Beim Fest des Jahrestages der Einsetzung der neuen Verwaltungen am 19. Februar 1799 in Trier war unter der Vierung im Dekadentempel eine Pyramide aufgestellt, die auf jeder Seite den Namen eines der vier rheinischen Departements trug. Beim Fest der Volkssouveränität am 30. Ventôse VII / 20. März 1799 in Grumbach wurde eine Statue der Republik, die von vier Pyramiden umgeben war, im Zug mitgeführt und dann auf dem Vaterlandsaltar niedergesetzt. Eigentlich ist die Pyramide aber ein Grabsymbol, woran in der Zeit der Revolution und des Empire die Erinnerung vor allem im militärischen Bereich lebendig war. Bei der Trauerfeier für die Rastatter Gesandten wurde in Büdlich eine Pyramide unter dem Freiheitsbaum errichtet, und bei der Trauerfeier für Joubert stand eine Pyramide neben dem Vaterlandsaltar im Dekadentempel in Trier. Außer-

---

[77] REICHARDT: Bastille, 1988; LÜSEBRINK / REICHARDT: Bastille, 1990; BOCHER: Démolir la Bastille, 2012.

dem fand die Pyramide noch als Architekturmotiv Verwendung, wenn sie beim Fest der Gründung der Republik am 1. Vendémiaire VII / 22. September 1798 in Blankenheim[78] als Träger für verschiedene Symbole und Inschriften diente.

Schließlich griffen die Nationalfeste über die Revolutionsikonographie hinaus auf allgemeine Symbole zurück, wenn der Inhalt der Feste es verlangte.

Die *Urne* wurde als Symbol des Todes vor allem bei der Trauerfeier für die ermordeten Gesandten beim Rastatter Kongress verwendet, wie dies in der Zeichnung von Manouisse von dem Kenotaph im St. Wendelinusdom in St. Wendel dargestellt ist (Abb. 9). Sonst wurden Urnen auch bei weiteren Anlässen des Totengedenkens benutzt. Das war zunächst in Trier beim Fest des 10. August im Jahre 1799 für die Toten dieser Journée sowie beim Fest des 9./10. Thermidor VI / 27./28. Juli 1798 in St. Arnual und beim Fest der Gründung der Republik am 1. Vendémiaire VIII / 23. September 1799 wieder in Trier für die gefallenen Verteidiger der Republik der Fall. Schließlich wurden Urnen auch noch bei der Trauerfeier für General Joubert, die sich im Zeremoniell eng an die Trauerfeier für die Gesandten beim Rastatter Kongress anlehnte, in Lebach, Manderscheid, Trier und Wadern im Zug mitgeführt.

Viele Requisiten waren auf spezielle Anlässe beschränkt. So wurden bei dem Fest des Ackerbaus die unterschiedlichsten Gerätschaften des Ackerbaus mitgeführt, von einfachen Sensen und Rechen bis zu Gespannen mit Wagen oder Pflügen. Schließlich sparten die Feste nicht an allgemeinem Schmuck. Freiheitsbäume, Gebäude, im Zug mitgeführte Gegenstände oder besonders zu ehrende Personen wurden mit Girlanden und Kränzen aus Efeu, Eichenzweigen oder Blumen besonders hervorgehoben.

Betrachtet man diese Auswahl von Revolutionssymbolen, die bei den Nationalfesten im Saardepartement zur Anwendung kam, auf dem Hintergrund des großen Fundus der Revolutionsikonographie, so fällt ihre Einfachheit und ihre relativ überschaubare Zahl auf. Immer handelt es sich um allgemeinere Symbole, die die Republik und ihre Grundwerte darstellen. Das war zunächst inhaltlich begründet, denn es konnte die Einheit stärken und ging Parteiinteressen aus dem Weg. Einfache Grundwertesymbole findet man deshalb auch in anderen Bereichen der Revolutionsikonographie wie z.B. den Briefköpfen der republikanischen Verwaltungen. Allerdings besteht dort auch die Tendenz zu einer vielfältigen und kreativen Kombination von Symbolen. Wenn dies bei den Nationalfesten im Saardepartement weniger der Fall ist, so dürfte dies schon allein in der Beschränkung der materiellen Möglichkeiten begründet gewesen sein. Es ist einfach aufwendiger, Objekte herzustellen als Zeichnungen anzufertigen, und die materiellen Ressourcen der Unterverwaltungen für die Ausgestaltung der Nationalfeste waren begrenzt. So musste

---

[78] Siehe unten Kap. 6.3.

man sich auf einige wenige Grundformen beschränken, die man gleichwohl zu variieren und zu kombinieren wusste.

3.2.2. Allegorien

Die Darstellung der politischen wie der moralischen Werte der Französischen Republik erfolgte in Anknüpfung an die antike Tradition durch Allegorien, die in voller Lebensgröße als Bilder und Figuren die Wände und Altäre der Dekadentempel schmückten. Daneben finden sie sich auch in großer Varianz auf den Briefköpfen der offiziellen Drucke und Schreiben der republikanischen Behörden[79]. Beim Fest der Gründung der Republik am 1. Vendémiaire VII / 22. September 1798 war der Dekadentempel in Trier auch einmal mit den Statuen von sieben Allegorien geschmückt, nämlich der politischen Kardinaltugenden Freiheit, Gleichheit, Gerechtigkeit, Vernunft, Gesetz, Tugend und Philosophie. Dabei fehlten in dieser Reihe sogar noch einige Allegorien, wie gleich zu sehen sein wird.

Für Trier sind die Wechsel im allegorischen Schmuck gut zu verfolgen. Schon bei dem Fest der Dankbarkeit am 10. Prairial VI / 29. Mai 1798 erschien die Freiheit auf dem Vaterlandsaltar neben dem Freiheitsbaum auf dem Hauptmarkt und gehörte anscheinend so selbstverständlich zum Festschmuck, dass nur der Chronist Müller, nicht aber der offizielle Festbericht sie erwähnt. Beim Fest der Freiheit am 9./10. Fruktidor VI / 27./28. Juli 1798 bildete sie dann sogar den Mittelpunkt der Feier, indem sie am ersten Tag auf dem Altar über den Trümmern der Monarchie aufgestellt war und am zweiten Tag nach der symbolischen Beseitigung der Jakobinerherrschaft als Zeichen für die wiedergewonnene Freiheit von dem Altar des ersten Tages auf den des zweiten Tages transferiert wurde. Dass bei den ab dem 17. August 1798 abgehaltenen Dekadenfeiern dann wirklich zunächst im Dekadensaal (Akademiesaal) das Bild einer Vernunft aufgestellt und dann nach dem Umzug in den Dekadentempel (Jesuitenkirche) beim Fest des 18. Fruktidor VI / 4. September 1798 durch eine Statue der Vernunft ersetzt worden wäre, was wiederum der Chronist Müller berichtet, wofür sich aber sonst kein Beleg findet, dürfte eher eine Legende sein[80]. Vielmehr war es zunächst eine Republik, die wohl schon den Dekadensaal, zumindest dann aber den Dekadentempel schmückte. Allerdings war die Zentralverwaltung mit der ersten Darstellung nicht zufrieden, so dass sie die Munizipalität beauftragte, für das folgende Fest der Gründung der Republik am 1. Vendémiaire VII / 22. September 1798 eine neue Statue bei dem als Professor für Zeichnen an der Zentralschule vorgesehenen Maler Johann Jungbluth in Auftrag zu geben, von dem man sich eine erhabenere und schick-

---

[79] BOPPE / BOPPE: Les vignettes emblématiques, 1911. JOURDAN: Les monuments de la Révolution, 1997, S. 207-295. STEIN: L'Action administrative de la Révolution, 2002.
[80] Vgl. Kap. III, 2.

lichere Darstellung (« *une figure plus relevée et plus décente que celle qui jusqu'à présent a représenté la République* ») versprach[81]. Das Fest der Volkssouveränität am 30. Ventôse VII / 20. März 1799 erforderte dann selbstredend eine Souveränität, wobei in Trier die Zentralverwaltung gemäß den Vorgaben aus Paris eine aufwendigere Installation errichten ließ, die aus einer Gruppe mit der stehenden Göttin der Souveränität, einer sitzenden Darstellung des Volkes sowie einer zu ihren Füßen liegenden und in Ketten gebundenen Darstellung des Despotismus gebildet wurde. Schließlich wurde beim Fest der Eheleute am 10. Floréal VII / 29. April 1799 noch die bürgerliche Familie zu den Ehren der Altäre erhoben, wobei man hier einen legendären Familienvater im Kreis seiner Frau und seiner acht Kinder unter einem Freiheitsbaum sitzen sah, wie er ihnen die Verfassung erklärte[82]. Dazu war noch die in Anlehnung an die Verfassung formulierte Inschrift gefügt: « *Nul ne peut être bon citoyen sans être bon époux* ». Es ist anzunehmen, dass bei den anderen Festen, wenn der Festinhalt nichts anderes erforderte, die Altarstatue wieder ihre eigentliche Grundidentität als Freiheit[83] zurückerhielt, wie es für das Fest der Jugend am 10. Germinal VII / 30. März 1799 auch ausdrücklich bezeugt ist.

Dagegen sind allegorische Darstellungen in den Kantonen seltener. Auch wenn diese Statuen natürlich nur aus vergänglichem Gips und nicht etwa aus Stein oder gar aus Marmor bestanden, setzte ihre Herstellung schon allein materiell die Verfügung über künstlerische Talente und pekuniäre Ressourcen voraus, die in den Kantonen weniger vorhanden waren. Die Zentralverwaltung hatte das oben beschriebene Szenario des Festes der Volkssouveränität im Jahre VII auch für die Kantone vorgeschrieben. Die Anweisung wurde aber nur in Daun und Lebach ausgeführt, und auch hier nur in eingeschränkter Form mit der Allegorie einer Souveränität. Sonst erscheint eine Republik noch am häufigsten, so beim Neujahrsfest des 1. Vendémiaire VII / 22. September 1798 auf zwei Transparenten bei der abendlichen Illumination in Saarbrücken. In Grumbach wurde beim Fest der Volkssouveränität am 30. Ventôse VII / 20. März 1799 sogar die Statue einer Republik im Zug mitgeführt und dann auf dem Vaterlandsaltar im Dekadentempel aufgestellt, und in Konz wurde beim Fest der Dankbarkeit am 10. Prairial VII / 29. Mai 1799 die Statue einer Republik

---

[81] Schreiben der Zentralverwaltung an die Munizipalität Trier vom 23. Fruktidor VI / 9. September 1798, LHA Koblenz: Best. 276 Nr. 1007; StadtA Trier: Fz 67. Jungbluths Bewerbung ist erhalten, LHA Koblenz: Best. 276 Nr. 657, ohne biographischen Angaben.

[82] Die Installation kehrt nochmals am 14. Juli 1801 im Dekadensaal wieder, vgl. Kap. V, 6.

[83] Die Allegorie der Republik als Freiheit mit Freiheitsmütze, Pique und Faszis liegt mit der Republikgründung und der Dekretierung ihres Staatssiegels fest (Agulhon: Marianne au combat, 1979, S. 28-29; Schröer: Republik im Experiment, 2014, S. 78-101). Während in den Briefköpfen des Direktoriums aber eine Entwicklung von der stehenden zur sitzenden oder besser thronenden Republik einsetzt, verbleiben die Briefköpfe der Verwaltungen in den rheinischen Departements bei der stehenden Republik-Freiheit (Stein: L'action administrative de la Révolution et les images, 2002, S. 137-138).

auf dem Vaterlandsaltar gekrönt. Auch die Freiheit wurde verschiedentlich geehrt. Außer bei dem Fest des 9./10. Thermidor in Trier (s.o.) erscheint sie hierbei 1798 noch in Saarbrücken und in Reifferscheid sowie 1799 in Grumbach. Beim Neujahrsfest des 1. Vendémiaire VII / 22. September 1798 grüßt sie in Blankenheim auf einem Transparent aus einem Fenster des Schlosses und schmückt beim Fest des 10. August 1799 wiederum in Grumbach den Vaterlandsaltar. Zwar hatte die Zentralverwaltung hier über die für Innerfrankreich geltenden Anweisungen hinaus das Aufstellen einer von Kriegsattributen begleiteten und somit wehrhaften Freiheit, die Symbole der Monarchie zerschmettert, vorgeschrieben[84], aber bei der geringen Realisierungsquote des Festes war diese Vorgabe allein in Grumbach zur Ausführung gekommen. Auffallend ist das Motiv der Mütterlichkeit der Republik, die sich auf die Aufnahme der neuen rheinischen Departements als ihre Kinder bezieht.

3.2.3. Tafeln und Wagen

Ein einfacheres Mittel zur bildhaften Vermittlung republikanischer Themen waren Text- und Bildtafeln. Sie konnten auf einer Stange getragen und so im Zuge mitgeführt werden, wie z.B. beim Fest der Volkssouveränität am 30. Ventôse VII / 20. März 1799 in Trier. Für die Pflanzung des Freiheitsbaumes in St. Wendel am 18. März 1798 sind die Inschriften (Devisen) der Tafeln im Festbericht erwähnt, und für das Fest der Gründung der Republik am 1. Vendémiaire VIII / 23. September 1799 am gleichen Ort sind sogar Zeichnungen von solchen Bildtafeln überliefert (Abb. 2, 3 und 4). Die Tafeln erinnern an wichtige Epochen der Revolutionsgeschichte, so an den Sturm auf die Bastille am 14. Juli (ohne Jahreszahl), der mit dem Bild der Bastille vergegenwärtigt wird und wozu als Text gesetzt ist: «*Ewiger Ruhm den Zerstörern der Bastille*», sowie an den Sturm auf die Tuilerien am 10. August (ohne Jahreszahl), was durch ein zerbrochenes Zepter und eine zerbrochene Krone vergegenwärtigt wird und wozu als Text gehört: «*Zerbrochen sind die Fesseln, frei die Franken*». In der gleichen Weise wird auch an die toten Generäle Hoche und Joubert erinnert, wobei hier die Bildtafeln durch Fahne, Schwert und ein Band in den Nationalfarben geschmückt sind und die Texte außer «*République française*» sowie «*Liberté*» und «*Egalité*» auch die altrevolutionäre Parole «*Mort aux Tyrans*» bringen. Ähnliche Spruch- und Bildtafeln sind sicher auch bei anderen Festzügen mitgeführt worden.

Dagegen fehlen in den Festzügen des Saardepartements auch einige Elemente, die das Bild der Nationalfeste vor allem bei den Realisierungen in Paris geprägt haben. Das betrifft vor allem die großen Wagen, die eines der wichtigsten Elemente der Pariser Festzüge waren. Wenn bei den Baumsetzungen

---

[84] «*La liberté entourée de trophées guerrières, foulant aux pieds sceptre, couronnes et autres signes de la royauté*». Zirkular vom 17. Thermidor VII / 4. August 1799.

die Freiheitsbäume auf Wagen herbeigeführt wurden oder wenn beim Fest des Ackerbaus im Jahre VI in Manderscheid und Trier Bauernwagen mit Feldfrüchten und Ackergeräten mitgeführt wurden, war das kein Ersatz. Auch wenn beim Fest des Alters im Jahre VI in Blieskastel die zur Ehrung ausgewählten Greise mit einem sechsspännigen Wagen abgeholt oder beim Fest der Jugend im Jahre VII in Wittlich die Sieger der sportlichen Wettkämpfe in einem «*char de triomphe*» in die Stadt zurückgebracht wurden, so blieb auch dies im ländlichen Milieu. Auch hier wird die Begrenzung der materiellen Mittel zur Durchführung der Nationalfeste deutlich.

3.3. Festarchitektur

Die aufwendigen Festinszenierungen in Paris machten es möglich, die Festorte für das Zeremoniell entsprechend einzurichten. An den Stationen entlang des Weges der Festzüge sowie insbesondere auf dem Marsfeld entstanden so Kulissenbauten und Landschaftsbilder für einzelne Ereignisse oder für bestimmte Zeitspannen[85]. In den Departements sind solche Ansätze natürlich viel bescheidener, und auch in den rheinischen Departements sind Beispiele ephemärer Festarchitektur erst aus napoleonischer Zeit bekannt.

Die Aufgabe, den zur Verfügung stehenden Raum für das Festzeremoniell herzurichten, stellte sich hier aber gleichwohl. Deshalb wurden die Dekadentempel und Dekadensäle entsprechend ausgestattet, und entsprechend führten die Festzüge den für die Festplätze benötigten Schmuck als Requisiten im Zug mit. So reichte es aus, am Festplatz ein Podium (*estrade*) oder auch mehrere vorzubereiten, von denen aus die Redner sprechen konnten und auf denen der Vaterlandsaltar errichtet sowie Akteure und Ehrengäste platziert werden konnten. Da als Festort meist ein innerörtlicher Platz gewählt wurde, fanden die Zuschauer fast von selbst ihren Platz. Es bildete sich ein Umstand um den Freiheitsbaum und/oder den Vaterlandsaltar, und wenn der Platz die Menge nicht aufnehmen konnte, so boten die Fenster und sogar die Dächer der umstehenden Häuser geradezu Logenplätze an. Der Platz verwandelte sich so in ein Theater[86], bei dem ganz selbstverständlich realisiert war, was La Révellière-Lépeaux als Mitglied des Direktoriums in seiner Rede vor dem Institut vom September 1797 für solche Feste gefordert hatte: «*il faut autant qu'il est possible faire participer tous les spectateurs, quel qu'en soit le nombre, à tout ce qui se voit, à tout ce qui se dit, à tout ce qui se chante, à tout ce qui se fait*»[87]. Jeder Festteilnehmer sollte also ständig das gesamte Festgeschehen in allen seinen Aspekten verfolgen können.

---

[85] HARTEN / HARTEN: Die Versöhnung mit der Natur, 1989, S. 115 ff. Fêtes et Révolution, 1989, mit vorzüglichem Bildmaterial für Paris. SCHRÖER: Republik im Experiment, 2014, S. 190 ff.
[86] So z.B. bei den Einsetzungsfeiern in Trier, aber hier auch beim Fest anlässlich der Hochzeit zwischen Napoleon mit Marie-Louise von Österreich (STEIN: Napoleonfeste, 2012, S. 20).
[87] LA RÉVELLIÈRE-LÉPEAUX: Essai, 1797, S. 8.

Wo sich eine solche Theaterstruktur aber nicht von selbst ergab, waren bauliche Maßnahmen nötig. Dabei handelte es sich immer um Formen eines Amphitheaters, das allein die Forderung nach der vollkommenen Teilhabe der Zuschauer am Festgeschehen erfüllen konnte. Insofern ist das Amphitheater der eigentliche Ort der Revolutionsfeste, und entsprechend sind solche Bauten vor allem bei den großen Pariser Revolutionsfesten seit dem Föderationsfest immer wieder errichtet worden[88]. In kleinerem Maße kommen auch im Saardepartement solche Hilfsbauten vor, so in Prüm beim Fest des Alters am 10. Fruktidor VI / 27. August 1798, in Wittlich beim Fest der Gründung der Republik am 1. Vendémiaire VII / 22. September 1798 sowie in Manderscheid beim Fest der Dankbarkeit am 10. Prairial VII / 29. Mai 1799, wobei diese Konstruktionen sowohl auf innerstädtischen Plätzen (Prüm, Wittlich) wie auch außerhalb der Ortschaften (Manderscheid) errichtet wurden.

4. Teilnehmer

Über Zeit und Ort der Feste, die Gliederung der Festzüge und das Zeremoniell der Feiern hinaus waren die Feste davon abhängig, dass sich Bürger und Gruppen von Bürgern an ihnen beteiligten und sich ein Publikum fand, das die Festveranstaltungen besuchte. Überall wurde die Bevölkerung darauf hingewiesen, dass der Festtag ein Feiertag wäre, an dem in der Öffentlichkeit nicht gearbeitet werden dürfe, und gleichzeitig zur Teilnahme an dem Festprogramm eingeladen. Gelegentlich war damit noch ein Hinweis auf die obligatorische Festtagskleidung verbunden (« *bien habillés et ornés des fleurs ou branches vertes* », Blieskastel, Fest des 9./10. Thermidor VI).

4.1. Zahl der Teilnehmer und Zuschauer

Es ist eine offene Frage, wie stark die Nationalfeste besucht waren. Dabei ist diese Frage doppelt zu stellen, einmal nach der Zahl der Teilnehmer an Festzug und Festzeremoniell und dann nach der Zahl der Zuschauer in den Straßen, durch die der Festzug führte.

Für die Teilnehmer an den Festzügen liegen immerhin einige Zahlen vor. Für das Fest der Gründung der Republik am 1. Vendémiaire VII / 22. September 1798 in Trier berichtet der Trierer Chronist Müller, der nicht als ein Freund der französischen Nationalfeste bekannt ist, dass der Zug von 1000 Personen gebildet worden sei. Für die Festzüge in den Kantonshauptorten werden dagegen geringere Zahlen angegeben. Die Festberichte von Blankenheim sprechen einmal von 200 Personen (10. Prairial VII / 29. Mai 1799) und einmal von 100 Personen (10. August 1799). Ein Bericht aus Manderscheid spricht von

---

[88] Ozouf: La fête révolutionnaire, 1976, S. 155. Harten: Transformation und Utopie des Raumes in der Französischen Revolution, 1994.

VI. Form der Nationalfeste

einer durchschnittlichen Teilnehmerzahl von 100 Personen (14. Juli 1799). Wenn außerdem für das Fest der Jugend in Hermeskeil am 10. Germinal VII / 30. März 1799 allein die Zahl von « *près de 200* » teilnehmenden Schülern angegeben wird, darf man zusammen mit den meist ebenfalls teilnehmenden Eltern und den ex officio anwesenden Beamten eine durchaus größere Teilnehmerzahl annehmen. Dabei handelt es sich in allen Fällen nicht gerade um republikfreundliche Orte. Die Zahlen betreffen so zwar Feste, die etwas aufwendiger gefeiert wurden, die Beteiligung kann für Kantone, die ein stärkeres Festengagement zeigten, aber leicht auch etwas höher angesetzt werden.

Dabei wurde der Grundstock der Teilnehmer immer von den öffentlichen Funktionsträgern gebildet, und damit waren nicht nur die verfassungsmäßigen Staatsgewalten von Verwaltung und Justiz gemeint, sondern alle staatlichen Funktionsträger und alle Angestellten der Republik hatten zu den Festen zu erscheinen. Das umfasste also auch die Spezialverwaltungen wie Domänen, Steuern, Forsten etc. bis hin zu den lokalen Gendarmen sowie den staatlichen Feld- und Waldhütern. Wichtig war auch die Teilnahme der Lehrer und ihrer Schüler. In Trier finden sich regelmäßig die Studenten der alten Universität mit ihren Professoren im Zug. Dazu kamen in gleicher Weise die Schüler der Primärschulen und des weiterführenden Collège, sowie die Kinder des Waisenhauses. Schüler und Studenten sollten nicht nur die Plätze oder Säle füllen, sie wurden auch für den Chorgesang gebraucht. Außerdem konnte ihre Anwesenheit auch ihre Eltern zur Teilnahme veranlassen. Das gilt vor allem für das Fest der Jugend, bei dem verschiedene Schüler öffentlich ausgezeichnet wurden, könnte aber auch darüber hinaus ein Mobilisierungseffekt gewesen sein. Insgesamt dürfte dieser institutionelle Grundbestand der Teilnehmer in den Kantonshauptorten wohl schon zwischen 100 und 200 Personen umfasst haben und ist für Trier mit seiner weit größeren Verwaltungsdichte deutlich höher anzusetzen, wenn auch sicherlich nicht immer die vom Chronisten Müller einmal berichteten 1000 Personen erreicht worden sein dürften. Dabei ist auch zu berücksichtigen, dass durchaus nicht immer alle Mitglieder dieses offiziellen Personenkreises auch wirklich zu den Feiern kamen, was vor allem für die ehrenamtlich tätigen Funktionäre wie die Agenten und Adjunkten der Gemeinden galt, auf die kaum Druck ausgeübt werden konnte.

Dagegen gibt es für die Zahl der Zuschauer bei den Festen nur allgemeine Angaben ohne zahlenmäßige Spezifizierung. So war bei den Feiern zur Einsetzung der neuen Verwaltungen in Trier « *eine ansehnliche Zahl Einwohner* » (Einsetzung der Zentralverwaltung am 19. Februar 1798), bzw. « *eine große Anzahl beiwohnender Bürger der Stadt* » (Einsetzung der Munizipalität am 14. März 1798) anwesend. Für beide Ereignisse wird auch berichtet, dass sich die Häuser der Plätze, auf denen das Hauptzeremoniell stattfand, in ein Amphitheater verwandelten, bei dem nicht nur alle Fenster mit Zuschauern besetzt waren, sondern auch die Dächer und Bäume als Tribüne dienen mussten[89]. Auch sonst wird von einer « *foule de peuple* » (Reifferscheid, 10. Prairial VI, 10. Prairial VII) bzw. einer « *foule immense* », einem « *nombre considérable d'habitans* » oder einem « *grand nombre de citoyens* » (1. Vendémiaire VII, Kyllburg, Meisenheim, Prüm) etc. berichtet. Vor allem in der Anfangszeit konnten die gut organisierten Inszenierungen der Nationalfeste ihr Publikum durchaus beeindrucken. Die öffentlichen Zeremonien der Baumsetzungen oder der Kampfspiele, die gegliederten Umzüge mit der Darstellung des Volkes in Gruppen unter Mitführung von Revolutionssymbolen und Requisiten der Revolutionsgeschichte waren etwas völlig Neues für die rheinische Bevölkerung, das seinen Eindruck auf die Zuschauer nicht verfehlte. Ein durch mehrere Zeitzeugen gut belegtes Beispiel ist das frühe Fest zur Feier des Beginns des Jahres III in Saarbrücken, das freilich nicht erst am 1. Vendémiaire III / 22. September 1794, sondern schon am Vortag, nämlich am Sonntag, dem 21. September, stattfand[90]. Der Aufmarsch von friedlichen Soldaten und Gendarmen zusammen mit Einheimischen, gegliedert nach Berufsgruppen von Handwerkern und Bauern mit ihren Berufsattributen und begleitet von Gruppen junger Mädchen mit Kränzen und Girlanden wurde als etwas noch nie Dagewesenes bestaunt und wirkte darüber hinaus nach den langen Kriegsleiden wie das Versprechen einer arkadischen heilen Welt, dem die Zuschauer nur zu gerne Glauben schenkten[91]. Ebenso aufschlussreich ist der Bericht eines anonymen auswärtigen Zuschauers über das Fest des 10. August 1798 in Mainz, der zwar ein

---

[89] Festbericht Zentralverwaltung, S. 3; Festbericht Munizipalität, S. 5. Letztere Passage zitiert bei GROSS: Napoleonkult, 2004, S. 724, allerdings mit irrigem Datum (17. Okt. 1797) für die Quelle.

[90] Gottlieb'sche Chronik 1775-1815, veröffentlicht von KROHN, 1900, S. 11; Firmond'sche Chronik 1790-1801, veröffentlicht von KROHN, 1900, S. 67; KÖLLNER: Geschichte der Städte Saarbrücken und St. Johann, 1865, S. 474. Vgl. auch BURG: Saarbrücken im revolutionären Wandel, 1999, S. 470. Das Fest wird im Anschluss an Köllner in der Literatur allgemein als Ackerbaufest bezeichnet. Dieser Begriff ist anachronistisch, da hier offensichtlich der Name des späteren gleichnamigen Nationalfestes des Direktoriums auf die frühere Zeit zurückprojeziert wurde. Zwar sind auch zeitgenössisch das 32. und 33. Dekadenfest des Revolutionskalenders dem Ackerbau bzw. der Industrie gewidmet, aber diese Feste fielen auf den 20. und 30. Fruktidor (6. und 16. August), wenn sie denn im Herbst 1794 überhaupt noch gefeiert wurden. Bei Gottlieb und Firmond hat das Fest keinen Namen. Zutreffender spricht HANSEN: Quellen, Bd. 3, 1935, S. 210-212 von einer Feier des republikanischen Jahresanfanges, obwohl auch der 1. Vendémiaire III in Frankreich noch nicht allgemein als Fest gefeiert wurde. Allerdings war im Herbst 1794 der Festkalender noch nicht so stark reguliert wie später unter dem Direktorium und erlaubte durchaus lokale Initiativen. Dies ist auch hier anzunehmen, und insofern handelt es sich hier um eine lokale Sonderveranstaltung.

[91] Eine ähnliche Aufnahme der Nationalfeste konstatiert MAHLERWEIN: Die Herren im Dorf, 2001, S. 382, für das Ackerbaufest am 10. Messidor 1798 / 28. Juni 1798 in Bechtheim (Donnersberg), das dann aber in einer Massenschlägerei zwischen Anhängern und Gegnern des neuen Systems endete.

VI. Form der Nationalfeste

wohlwollender Besucher war, aber durchaus auch Kritisches notierte[92]. Er bestätigt nicht nur die große Zahl der Zuschauer (« *Die Menge der Zuschauer war so groß, daß man nichts als Köpfe sah.* »)[93], sondern vermittelt vor allem einen Eindruck von der allgemeinen Feststimmung. Die ganze Stadt schien auf den Beinen zu sein, so dass in den Straßen, die zum Festplatz führten, und auf dem Festplatz selbst kein Durchkommen mehr war. Es war wie heute an Karneval, und die wichtigeren Nationalfeste waren ja auch Volksfeste. Natürlich wurde die Bevölkerung dabei durch amtliche Ankündigungen auf die großen Plätze bestellt, aber die Einwohner mussten ja auch kommen, und sie kamen auch wirklich[94], wie ja auch Pfarrchroniken die Neugier des Publikums bezeugen[95]. Wenn sich der Reiz des Neuen bei den Festaufzügen dann mit der Zeit und einer zunehmenden Häufung der Feste auch abschwächte, so war die abnehmende Beteiligung an den Festen besonders ab der Mitte des Jahres 1799 aber vor allem durch die politische Situation verursacht.

Naturgemäß sind die Festberichte diskreter bei der Einräumung einer nur geringen Beteiligung an den Festen. Beim Fest der Jugend in Blankenheim am 10. Germinal VII / 30. März 1799 bedauert die Verwaltung immerhin, « *que nous nous sommes trouvés en très petit nombre* », und die Unterschriften aller Teilnehmer zeigen, dass es morgens 27 und nachmittags 16 waren. Ähnlich war es gleichzeitig in Merzig, wo der Festbericht die Abwesenheit des gesamten Personals des Friedensgerichtes sowie der Agenten von sieben Gemeinden protokollierte. Aber es gab auch Feste, an denen die Teilnehmerzahl noch kleiner war, wie oben ausgeführt[96], und entlarvend ist das schon zitierte Trierer Eingeständnis, « *tout le monde sait que le peuple de Trêves ne fréquente point le temple décadaire* ». Dabei beschränkte sich die Funktionsverweigerung der Agenten nicht nur auf die Teilnahme an den Festen, sondern sie betraf vor allem ihre normale Verwaltungsarbeit, so dass die Kantonsverwaltung Schönberg zu Anfang des Jahres VIII feststellen musste, « *que depuis plus de trois mois, la plupart des agens de notre administration ne viennent plus aux séances* ». Gleichzeitig lagen der Kantonsverwaltung Pfalzel die Demissionen von Agenten und Adjunkten aus 23 Kantonsgemeinden vor, darunter aus drei Gemeinden, bei denen Agent und Adjunkt gleichzeitig ihre Amtsentbindung beantragt hatten[97]. In Ottweiler hatte die Absetzungsbewegung sogar schon früher begonnen, indem bereits bei der Eidesleistung am 21. Januar

---

[92] Schneider: « *Triumph* », 1989, S. 231 ff, bes. S. 235-236.
[93] Vgl. auch ein ähnliches Zeugnis für das Fest des 14. Juli 1800 in Trier, Kap. V, 6.
[94] Chronik Müller zum Fest der Volkssouveränität in Trier am 20. März 1798: Ankündigung durch die Schelle « *das sich die Bürgerschaft am folgenden Tag aufm Freyhof einfinden müsse, wo dann auch alles sich eingefunden* » (LHA Koblenz: Best. 700,62 Nr. 28, Heft. G für 1798 fol. 31; Lager: Chronik, 1915, S. 119).
[95] Pfarrchronik Pfalzel, zit. nach Zanten: Gemeinde, 1989, S. 145.
[96] Siehe oben Kap. 2.3.

1799 mehr als ein Drittel der Agenten und Adjunkten (13 von 35) nicht erschienen war und sich dieser Absentismus bei den folgenden Festen regelmäßig wiederholte[98]. Die Verwaltung stand diesen Absetzungsbewegungen ziemlich machtlos gegenüber, denn Präsidenten, Agenten und Adjunkte der Kantonsverwaltung erhielten keine Besoldung, so dass man auf Freiwilligkeit angewiesen war. Zwar konnte die Zentralverwaltung im Einzelfall immer einen ortsfremden Funktionär (also einen Franzosen aus Innerfrankreich) zwangsweise ernennen, der dann ein Gehalt erhalten musste, für das der betreffende Kanton aufzukommen hatte, aber wenn das selbst für die Besetzung des Präsidentenamtes eine Ausnahme blieb[99], war dies für die Funktionen der Agenten und Adjunkten der einzelnen Gemeinden völlig ausgeschlossen. Der Personalmangel wurde also zunehmend zu einem kaum lösbaren Problem, so dass im Herbst des Jahres 1799 die Frequentierung der Nationalfeste noch die kleinste Sorge der Verwaltung darstellte, vielmehr drohte die gesamte Unterverwaltung auf Gemeindeebene zusammenzubrechen.

Insgesamt kann man für die wichtigeren Nationalfeste, wie vor allem die Einsetzungsfeste, das Fest der Gründung der Republik, das Ackerbaufest oder das Fest der Jugend sowie auch für das Fest des 9./10. Thermidor annehmen, dass sie in vielen Städten des Departements als Volksfeste gefeiert wurden und einen großen Zulauf hatten. In den kleineren Städten und Orten kann man vielleicht immer noch mit einer Zahl der Teilnehmer zwischen 100 und 200 und für die Feste in Trier und Saarbrücken sogar mit deutlich höheren Zahlen rechnen. Darüber hinaus konnten die Feste auch eine nicht unbedeutende und manchmal auch sehr große Zuschauermenge anlocken, die allerdings aus politischen wie strukturellen Gründen den gleichen Schwankungen unterlag wie die Zahl der aktiven Festteilnehmer.

4.2. Militär

Wichtig war die Rolle des Militärs, das bei fast allen Nationalfesten anwesend war. In Innerfrankreich war es die Nationalgarde, die die Aufgabe hatte, die Mitglieder der republikanischen Verwaltungen bei den Festen zu eskortieren

---

[97] LHA Koblenz: Best. 276 Nr. 132 (25.-26. Frim. VIII / 16.-17. Dez. 1799), was die Krisenbeschreibung bei Ecker: Das Saargebiet und die französische Revolution, 1929, S. 108 in der Tendenz bestätigt, wenn auch nicht alle Agenten ihr Amt niedergelegt haben.

[98] So begründet die Kantonsverwaltung Ottweiler die Unmöglichkeit, das Fest der Eheleute im Jahre VII zu feiern, mit der Abwesenheit der Agenten und Adjunkten: « *Tous ceux des agens de notre canton, qui ont demandé leur démission depuis très longtemps, sans pouvoir l'obtenir, sont extrêmement tardifs pour remplir les devoirs, que leur employ leur impose, et la plupart d'entre eux ne font presque rien du tout, sans que l'on puisse gagner quelque chose sur eux par de bonnes paroles. Veuillez donc les remplacer par ceux que nous avons eu l'honneur de vous proposer à ce sujet le plus tôt possible* ».

[99] Das gilt wahrscheinlich für den am 15. Juli 1799 eingesetzten Präsidenten der Munizipalität Ottweiler, Serres (Stein: Partizipation III, 2002, S. 329, 384).

und für Ruhe und Ordnung zu sorgen. Im Rheinland gab es keine Nationalgarde, dafür aber um so mehr durchziehendes Militär, das hier deshalb ganz natürlich die Ordnungsfunktionen der Nationalgarde übernahm und entsprechend bei den Feiern in Erscheinung trat. Dabei konnte es an die Feiern der Nationalfeste in der Zeit vor der Einrichtung der Departements anknüpfen, die reine Militärfeiern gewesen waren. Die Durchführung von Feiern im Schutz eines Militärkarrees waren damals keine Seltenheit, wie auch die bekannten Bilder von den Baumpflanzungen in Bonn und Köln zeigen[100]. Nationalfeste im Saardepartement haben allerdings nur zweimal in dieser Form stattgefunden, so die Baumsetzung auf dem Hauptmarkt in Trier bei der Einsetzung der Zentralverwaltung am 19. Februar 1798 sowie das Fest der Dankbarkeit in St. Wendel am 10. Prairial VI / 29. Mai 1798. Häufiger war, dass das Militär dem Festzug einen Seitenschutz gegenüber den Zuschauern gab und dabei den Zug begleitete oder sich entlang der Wegstrecke aufstellte, wie es auf der Tuschzeichnung von Manouisse für die Illumination anlässlich des Festes der Gründung der Republik am 1. Vendémiaire VIII / 22. September 1799 in St. Wendel zu sehen ist (Abb. 6). Gegenüber diesen Formen der Demonstration einer massiven Militärpräsenz war es unauffälliger, wenn das Militär als Gruppe im Festzug mitmarschierte und gegebenenfalls noch seinen Musikzug mitbrachte. Wo immer es die Zahl der verfügbaren Personen erlaubte, wie fast immer in Trier, wählte man gerne einen Militärrahmen für den Zug, so dass am Anfang und am Ende jeweils eine Formation marschierte. War das nicht der Fall, konnte man immer noch den Zug allein mit einem Militärdetachement beginnen lassen, wie es öfter geschah, während eine Positionierung des Militärs nur am Ende oder in der Mitte selten war.

Natürlich hat es auch Nationalfeiern im Saardepartement gegeben, die ohne Militärschutz auskamen. Das gilt etwa für die Neupflanzung des Freiheitsbaumes vor dem Sitz der Zentralverwaltung in Trier am 24. März 1798, nachdem dieser in der Nacht vom 22./23. März abgehauen worden war. Hier sollte die Initiative des Volkes für die Pflanzung demonstriert werden, so dass auf eine Militärpräsenz ausdrücklich verzichtet wurde, wie es auch im Festbericht festgehalten wurde (« *ohne militärische Bedeckung* »)[101]. Ähnliches gilt auch für das Fest des Ackerbaus in St. Wendel in beiden Jahren 1798 und 1799, bei dem dadurch der Volksfestcharakter betont wurde: « *Cette marche était précédée, escortée et fermée par la masse du peuple; elle était immense* ».

Meist aber wurde nicht nur wegen der Sicherheit, sondern auch wegen der Öffentlichkeitswirkung die Anwesenheit des Militärs bei den Nationalfesten

---

[100] Freiheit, Gleichheit, Brüderlichkeit. 200 Jahre Französische Revolution in Deutschland, 1989, Nr. 198 und 521; STEIN: Ikonographie, 1989, S. 201-202 mit Nachweisen.
[101] LHA Koblenz: Best. 276 Nr. 1094; Festbericht, siehe Verzeichnis 2: Publizistik der Nationalfeste, Nr. 13.

als wünschenswert, wenn nicht als notwendig erachtet. In Trier ist von einer erforderlichen Militärdeckung von zwischen 258 Mann (10. Messidor VI / 28. Juni 1798, Ackerbau[102]) und 500 Mann (10. Prairial VI / 29. Mai 1798, Dankbarkeit[103]) auszugehen. Als einmal die nötige Militärstärke nicht verfügbar war, musste der Parcours deutlich verkürzt werden (10. Fruktidor VI / 27. August 1798, Alter), wobei es hier aber nicht nur um Sicherheitsbedenken ging, sondern auch und wohl noch mehr darum, dass dadurch dem Fest das militärische Zeremoniell (*pompe*) fehlte. Mit der Militärpräsenz konnte auch Druck auf die Bevölkerung ausgeübt werden, an der Feier teilzunehmen, wie es offensichtlich bei der Feier der Einsetzung der Munizipalität in Merzig der Fall war, bei der man den Einwohnern bei Nichterscheinen unverhohlen mit Einquartierung drohte[104]. Gerade deswegen war die Militärpräsenz ambivalent, indem sie einer freiwilligen Teilnahme der Einwohner im Wege stand. Wiederholt klagten deshalb die Munizipalverwaltungen über die dauernden Durchzüge und sagten in einigen Fällen sogar Feste wegen gerade erfolgter Truppeneinmärsche ab (Fest des Alters am 10. Fruktidor VI / 27. August 1798 in Kusel, Meisenheim, Schweich). Noch problematischer war die Rolle des Militärs, wenn es in den Orten nicht nur kurze Station auf ihren Durchmärschen machte, sondern als Strafmaßnahme in Form von Einquartierungen auf unbestimmte Zeit erschien, z.B. um die Eintreibung von Steuern zu erzwingen. In Schönberg fiel sogar die Feier des ersten Nationalfestes (Fest der Dankbarkeit am 10. Prairial VI / 29. Mai 1798) mit einer solchen Einquartierung zusammen, was im Festbericht nicht unkommentiert blieb: « *[L']allégresse* [der Funktionäre] *et la joie du peuple pour la première fête nationale étoit tout près à éclater, si le détachement de l'exécution militaire arrivé au matin n'avoit en quelque manière étouffé leur voix.* ».

Wegen dieser Ambivalenz der Militärpräsenz bei gleichzeitigem Fehlen einer Nationalgarde, die in Innerfrankreich als lokale republikanische Ordnungsmacht überall zur Verfügung stand, suchte man im Rheinland nach anderem Ersatz. Nur in Einzelfällen konnte man in den benachbarten innerfranzösischen Departements Hilfe ausleihen, wie bei der Einsetzung der neuen Verwaltung in Merzig, wohin der Kommandant von Saarlouis auf Anforderung ein Corps von 25 Mann schickte. Vielmehr suchte man, wo immer möglich, die lokale Gendarmerie und auch die Feld- und Waldhüter mit der Festpolizei zu betrauen. Darüber hinaus bildete man aber auch Paramilitär. In Lebach verstärkte man beim Fest des Alters (10. Fruktidor VI / 27. August 1798) die

---

[102] Festbericht mit Spezifizierung des anwesenden Militärs; Müller erwähnt « *zu beiden Seiten* [des Zuges] *über 100 Soldaten mit Gewehr* » (LHA Koblenz: Best. 700,62 Nr. 28 Heft G für 1798, fol. 32; LAGER: Chronik, 1915, S. 120).
[103] Chronik Müller: LHA Koblenz: Best. 700,62 Nr. 28 Heft G für 1798, fol. 31v; LAGER, Chronik, 1915, S. 119.
[104] ECKER: Das Saargebiet und die französische Revolution, 1929. S. 99.

Gendarmerie mit Agenten und Adjunkten der Kantonsgemeinden. Vor allem aber wurden aus der Jugend paramilitärische Formationen gebildet, die die Polizeifunktion des Militärs wahrnehmen sollten. Paramilitärische Fußtruppen finden sich in Birkenfeld, Rhaunen, St. Wendel, Wadern und Wittlich[105]; paramilitärische Reitergruppen werden in Baumholder, Blieskastel, Hermeskeil, Meisenheim, Wittlich und vor allem in Rhaunen genannt[106]. Diese Quasinationalgarde nahm nicht nur am Festzug teil, sondern zeigte auch Exerzierübungen (*évolutions militaires*) und führte nachmittags noch Pferderennen durch. Zur Ordnungsfunktion kam also nicht nur die Unterhaltung der Zuschauer, sondern auch durchaus eine gewisse militärische Ausbildung. Im Falle von Wadern wird für diese Formation auch direkt der Begriff Nationalgarde (*garde nationale*) verwendet[107], und wie bei der innerfranzösischen Nationalgarde leisteten ihre Mitglieder beim Fest des 2. Pluviôse VII / 21. Januar 1799 den Eid auf die Republik. So verwundert es nicht, dass in diesem Zusammenhang auch zum freiwilligen Eintritt in die Armee aufgerufen wurde und sogar einige Beispiele solcher Freiwilliger zitiert werden konnten[108].

4.3. Volksgesellschaften

Eine besondere Rolle hätte man von den Volksgesellschaften in den Festzügen erwarten können. Volksgesellschaften hatten sich in Innerfrankreich vielfach nach dem jakobinischen Staatsstreich vom 18. Fruktidor V wieder gebildet[109], und ihre Gründung wurde auch in den rheinischen Departements im Frühjahr 1798 von Regierungskommissar Rudler gefördert[110], weil sich die französische Verwaltung von diesen Organisationen Unterstützung bei der Einrichtung der neuen Departements und speziell bei der Organisation der Reunionsadressen versprach. Andererseits aber wollte die französische Verwaltung mit allen Mitteln verhindern, dass sich aus den Volksgesellschaften so etwas wie Parteien bildeten, was mit dem französischen Staatsverständnis unvereinbar war (Verfassung des Jahres III, Art. 362). So durften die Volksgesellschaften keine formelle Organisation auf-

---

[105] VII Gründung der Republik: St. Wendel, Wadern; Bestrafung des letzten Königs der Franzosen: Wadern; Jugend: Birkenfeld, Rhaunen, Wadern, Wittlich; Eheleute: Wadern.
[106] VI Ackerbau: Rhaunen; 9./10. Thermidor: Baumholder, Rhaunen; Alter: Rhaunen; VII Gründung der Republik: Blieskastel, Meisenheim; Volkssouveränität: Rhaunen, Wittlich; Ackerbau: Rhaunen.
[107] Im Kanton Bechtheim (Donnersberg) wurde ebenfalls eine « *Nationalreiterei* » gebildet, die in einer « *Nationaluniform* » antrat, die die französischen Nationalfarben aufnahm, vgl.: MAHLERWEIN: Die Herren im Dorf, 2001, S. 380.
[108] VII pluv. 2: Hermeskeil; VII prair. 20: Schweich.
[109] Atlas de la Révolution française, 1987 ff, hier Heft 6, S. 72-73, für die rheinischen Departements allerdings ergänzungsbedürftig. Ebenso ist die Karte von KUHN: Linksrheinische deutsche Jakobiner, 1978 zu ergänzen, bes. für das südliche Rheinland.
[110] STEIN: Die konstitutionellen Zirkel, 1993.

bauen, keine Protokolle führen und untereinander nicht korrespondieren. Kein Wunder, dass sie kaum Spuren hinterlassen haben.

Im Saardepartement waren die Volksgesellschaften mit frühen Baumsetzungen noch vor der Einsetzung der neuen Verwaltungen hervorgetreten[111], so am 19. November 1797 in Wittlich[112] und am 19. März 1798 in St. Wendel[113]. In Trier bemühte sich Haan Anfang 1798 um eine Baumsetzung, wenn auch ohne Erfolg[114]. In Baumholder ist eine Gesellschaft durch ihre Reunionsadresse vom 10. April 1798 bekannt[115]. Darüber hinaus mag es auch noch weitere Organisationsansätze gegeben haben, für die aber kaum Quellen vorliegen[116].

In den Festzügen der Nationalfeste tritt im Saardepartement nur die Volksgesellschaft von St. Wendel in Erscheinung. Dass sie bei der von ihr organisierten Baumsetzung am 19. März 1798 eine besondere Gruppe als « *Gesellschaft der hiesigen Volksfreunde in Nationaltracht* » bildete und im Zentrum des Zuges direkt hinter dem Freiheitsbaum marschierte, war zu erwarten. Aber sie erschien auch bei dem Fest der Gründung der Republik am 1. Vendémiaire VII / 22. September 1798 als « A*mis de la Constitution* », bei der Trauerfeier für die französischen Gesandten beim Rastatter Kongress am 8. Juni 1799 als « *Amis de l'humanité, de la justice et du gouvernement français* » sowie noch am Fest der Gründung der Republik am 1. Vendémiaire VIII / 23. September 1799 als « A*mis du gouvernement français et de la Constitution de l'an III* ». Wenn auch die wechselnden Bezeichnungen durchgehend die politische Angepasstheit zeigen, so hat die Volksgesellschaft doch augenscheinlich in St. Wendel bis zum Ende des Direktoriums bestanden[117].

Über diese Fälle hinaus werden aber nur noch zweimal in ähnlicher Weise besondere Personengruppen erwähnt. Beim Fest des Alters am 10. Fruktidor VI / 27. August 1798 in Lebach werden « *Amis de la République* » genannt. Sie marschierten aber nicht als besondere Gruppe im Zug mit, sondern gaben nach der Feier ein Essen für die bei dem Fest besonders geehrten Greise, und ebenso waren beim Jahrestag der Einsetzung der neuen Verwaltungen in Hermeskeil « A*mis de la liberté* » am gemeinsamen Mahl der Mitglieder der Verwaltung beteiligt. Außerdem wurden bei der Einsetzung der neuen Verwaltungen in Trier Patrioten in diskreter Weise erwähnt. Der Kommissar bei der

---

[111] Siehe Kap. V, 1.2.1.
[112] HANSEN: Quellen, Bd. 4, 1938, S. 354, 486.
[113] STEIN: Die konstitutionellen Zirkel, 1993.
[114] Bekannt ist das Zeugnis des Chronisten Müller, HANSEN: Quellen, Bd. 4, 1938, S. 486. Die Rolle von Haan erwähnt Hetzrodt in seiner Flugschrift: Etwas über die Rechtfertigung des Bürgers Haan, VII, S. 12.
[115] HANSEN: Quellen, Bd. 4, 1938, S. 826-827.
[116] Für Blieskastel vgl. Laufer: [3] Französischkenntnisse, 2008, S. 719.
[117] Ähnlich langlebig war wohl nur noch der Konstitutionelle Zirkel in Bonn, vgl. GREISINGER: Aufklärung und Revolution, 1978.

VI. Form der Nationalfeste

Zentralverwaltung Boucqueau sprach sie in seiner Rede bei der Einsetzung der Zentralverwaltung an: « *und ihr feurige Patrioten* », und der einstweilige Kommissar bei der Munizipalität Stammel beendete seine Rede bei der Einsetzung der Munizipalität in Trier mit einen Hoch auf die Freunde Cisrhenaniens. Doch bleibt unklar, ob damit bestimmte organisierte Personengruppen gemeint waren. Deutlicher ist ein Text, der an dem wenig später abgesägten Freiheitsbaum vor der Zentralverwaltung gefunden wurde und der auch die Clubisten bedrohte (« *Les ténèbres et les potences sont préparés pour les apostats et les clubistes* »[118]). Durch das weitgehende Organisationsverbot waren aber gerade die Gruppen, die am ehesten bereit waren, sich für die republikanischen Feste zu engagieren, zu einem Schattendasein gezwungen. Es wiederholt sich hier die Unfähigkeit der Ersten Französischen Republik, sich eine eigene politische Mehrheit zu sichern.

4.4. Besucher aus anderen Kantonen

Die Durchführung der Nationalfeste im Saardepartement wurde von der Verwaltung gelenkt, und insofern gilt dafür die Verwaltungshierarchie. Dem folgt auch die vorliegende Untersuchung. Es wurde ausgegangen von der innerfranzösischen Gesetzgebung und es wurde analysiert, in welcher Form sie auf den Ebenen des Departements und des Kantons rezipiert wurde. Beziehungen, die über diese Hierarchie hinaus gehen, sind dagegen seltener in den Blick getreten. Nur die grenznahen Kantone unterhielten gelegentlich Beziehungen zu den benachbarten innerfranzösischen Kantonen, so Merzig mit Saarlouis und anfangs auch Blieskastel mit Saargemünd, während die spätere Kantonsverwaltung Blieskastel diese Beziehungen gerade blockierte. Wie stand es aber mit Beziehungen zwischen den Kantonen des Saardepartements untereinander? Das ist vor allem ein Quellenproblem[119], denn im Rahmen einer gesetzmäßigen Verwaltung waren solche Beziehungen nicht vorgesehen, und so gibt es auch kaum Verwaltungsquellen darüber. In einigen Fällen geben die Festberichte aber Hinweise und zeigen so eine größere Realitätsnähe.

Das zeigte sich schon bei der Einsetzung der neuen Verwaltungen. Bekannt sind die Einsetzungskommissare in 23 der 34 Kantone. Dabei wurden die Einsetzungen in der einen Hälfte der Fälle (11) von Mitgliedern der Zentralverwaltung (5) oder Kommissaren und Präsidenten der Arrondissementsgerichte (6) durchgeführt. In der anderen Hälfte dagegen wurde die Einsetzung von Kantonskommissaren (12) vorgenommen. Dabei sind aber nur in zwei Fällen Kommissare aus angrenzenden Kantonen zu Einsetzungskommis-

---

[118] LHA Koblenz: Best. 276 Nr. 1094.
[119] In Innerfrankreich sind solche interkantonalen Beziehen seit der Föderationsbewegung von 1790 häufig (Schmidt: Die Mobilisierung der Provinz, 2005, S. 116), wenn auch diese Tradition seit der Jakobinerherrschaft umstritten war.

saren in ihren Nachbarkantonen benannt worden[120]. Sonst hat vielmehr immer der Kommissar des Kantons selbst die Einsetzung vollzogen. In Bernkastel erschien bei der Einsetzung allerdings eine ganze Delegation aus Wittlich mit Präsident, Kommissar und weiteren Funktionären, wie umgekehrt auch eine ähnliche Delegation von Bernkastel an der Einsetzung in Wittlich teilnahm. In Bernkastel war darüber hinaus auch der Kommissar von Rhaunen mit einer Delegation seines Kantons erschienen. Auch bei der Einsetzung der Verwaltung in Konz hatte der Präsident der Zentralverwaltung Lintz als Einsetzungskommissar eine namhafte Delegation aus Trier mit u.a. seinem Bürochef und dem Präsidenten der Munizipalität mitgebracht, und außerdem hatte sich noch der Kommissar des Nachbarkantons Pfalzel eingefunden. Weitere Besuche sind in den Festberichten zwar nicht erwähnt, lassen sich aber nachweisen, wenn die Quellenlage es erlaubt. So « *hospitirte* » der Kommissar von Wolfstein im Donnersbergdepartement Schmitt, wie er in seinen Lebenserinnerungen berichtet, bei der Einsetzung in vier Kantonen, darunter im Saardepartement in Grumbach und Meisenheim[121]. Das zeigt eine enge lokale Vernetzung.

Die Beziehungen der Kantone zur Zentralverwaltung wurden auch nach der Einsetzung fortgesetzt, wenn auch in geringerem Maße, als man vielleicht erwarten könnte. Von den Zentralverwaltern hielt nur Haan nochmals eine Rede in Wittlich, und zwar am 1. Vendémiaire VII / 22. September 1798 beim Fest der Gründung der Republik. Auch wenn noch einige Reden von anderen Funktionären der Departementsebene belegt sind[122], zeigt dies doch eine gewisse Distanz zwischen Zentrale und Peripherie. Dagegen belegen die Festberichte eine enge Beziehung zwischen den Nachbarkantonen St. Wendel und Ottweiler. Der Angestellte der Kantonsverwaltung St. Wendel Escherich, der ein beliebter Festredner war, hielt am zweiten Tag des Festes des 9./10. Thermidor VI / 27./28. Juli 1798 die Festrede in Ottweiler und wirkte bei dem Gesangsvortrag des dortigen Kommissars mit, nachdem er noch am Vortag in St. Wendel als Redner aufgetreten war. Dagegen wirkte im Gegenzug der Kommissar von Ottweiler Boye als Musiker und Sänger bei Festen in St. Wendel mit, und zwar beim Fest des Ackerbaus am 10. Messidor VII / 28. Juni 1799 und beim Fest des Alters am 10. Fruktidor VII / 27. August 1799, als diese Feste in seinem eigenen Kanton anscheinend nicht zustande kamen: « *Des spectateurs d'un canton voisin, accompagnés du citoyen Boye, tous dirigés par l'opinion, sont venus prendre part à cette fête civique; ce dernier a figuré avec enthousiasme dans l'orchestre et dans les chœurs.* »

---

[120] Rischmann, Kommissar in Baumholder, in Birkenfeld; Weyrich, Kommissar in Waldmohr, in Rhaunen. In beiden Fällen erfolgten die Ernennungen zum Einsetzungskommissar vor den Ernennungen zum Kantonskommissar. Es kann also sein, dass auch hier zunächst Einsetzungen durch den lokalen Kommissar geplant waren.
[121] BAUMGART: Roemmich, 1999, S. 109.
[122] Vgl. Kap. VI, 10.2.

Sonst ist in den Festberichten allerdings nur noch vereinzelt von solchen interkantonalen Kontakten die Rede. So nahm der Lissendorfer Friedensrichter in Blankenheim an der Feier des Festes der Gründung der Republik am 1. Vendémiaire VIII / 23. September 1799 teil. Solche Besuche müssen aber nicht immer zur Notorität der Festberichte gelangt sein, wie auch eine Art Antrittsbesuch des neuen Kommissars in Bernkastel Scheidweiler bei seinem Kollegen in Rhaunen nur aus einem Zusatzschreiben bekannt ist[123]. Dabei bot der zweite Tag des Festes des 9./10. Thermidor - wie hier im Jahre VI - eine gute Gelegenheit zu solchen Kontakten, ohne die eigenen Aufgaben zu vernachlässigen, da der Kommissar noch am Vortag die obligatorische Festrede in seinem eigenen Kanton gehalten hatte.

4.5. Frauen

In seiner Rede zum Fest der Volkssouveränität am 30. Ventôse VII / 20. März 1799 in Trier stellte das Mitglied der Zentralverwaltung Gerhards die für seine Zeit vielleicht doch etwas ungewöhnliche Frage:

> « *Warum ist aber das weibliche Geschlecht von Souveränitäts-Handlungen und von Staatsämtern ausgeschlossen? Die Weiber sind ja Menschen und Glieder der bürgerlichen Gesellschaft, wie die Männer. Sie sollen also auch gleiche Rechte und gleichen Antheil an der Verwaltung haben. Giebt es doch Nationen, wo das weibliche Geschlecht ausschließlich das Staatsruder in seinen Händen hält! In den meisten europäischen Königreichen sah man Prinzessinnen auf dem Throne sitzen, und wo sie ausgeschlossen waren, wie in Frankreich, rächten sie ihren beleidigten Stolz fürchterlich.* » (Patriotische Beiträge VII, Heft 3, S. 12)

Die Antwort ist dann weit weniger aufregend und kann deshalb hier getrost übergangen werden. Immerhin ist Gerhards der Frage nach der Rolle der Frau in Revolution und Republik nicht ausgewichen. Aber seine traditionale Ant-

---

[123] Es handelt sich nicht um einen Kontrollbesuch, wie SEIBRICH: Raum Rhaunen, 1994, S. 118 vermutet. Dagegen spricht zunächst die Chronologie. Die Kantonsmunizipalität Rhaunen hatte ein Mahnschreiben der Zentralverwaltung vom 29. Thermidor VI / 16. August 1798 erhalten, das den mangelnden Einsatz bei der Durchführung der Nationalfeste beklagte und insbesondere die Nichtvorlage des Festberichtes für das Fest vom 9./10. Thermidor rügte. Darauf antwortete die Kantonsverwaltung Rhaunen mit einem Rechtfertigungsschreiben vom 9. Fruktidor VI / 26. August 1798, wobei sie den Besuch des Kommissars von Bernkastel als Beweis für die volle Durchführung des Festes anführte. Da die Mahnung erst nach dem Fest erfolgte, kann die Entsendung des Kommissars nicht schon zur Kontrolle der Kantonsverwaltung geschehen sein.
Außerdem war das Schreiben der Zentralverwaltung ein Zirkular, das sich an alle Kantonsverwaltungen richtete, und das für die Zentralverwaltung nicht sehr schmeichelhaft war, denn es zeigte keineswegs die Inaktivität der Kantons, sondern vielmehr die schlechte Aktenführung der Zentralverwaltung (vgl. Kap. IV, 4). Es handelt sich also nicht um einen persönlichen Vorwurf gegen Monsieur als Sekretär der Kantonsmunizipalität Rhaunen und bezieht sich nicht auf die von Seibrich eingehend untersuchten Causa Monsieur.

wort kommt nicht von ungefähr. Schon vor Gerhards hatte sich der aufklärerische Professor an der Universität und spätere Lehrer an der Zentralschule Staadt bei seiner Rede zum Fest des Alters am 10. Fruktidor VI / 27. August 1798 ebenfalls in Trier[124] mit dem Auftrag konfrontiert gesehen, nicht nur die alten Männer, sondern auch die alten Frauen zu ehren, da nach den Anweisungen der Zentralverwaltung bei dem Fest nicht nur zwei Familienväter, sondern eben auch zwei Familienmütter geehrt werden sollten:

> « *Auch dem guten emsigen Weibe sein bescheidenes Antheil. Jede Falte auf ihrer Stirne ist ein Beglaubigungsschein ihres Werthes. Sie war die Zierde und Freude ihres Gatten. Noch denkt sie zur guten Stunde daran, und verjüngt sich, wenn sie im weiblichen Zirkel die Geschichte ihrer Brauttage erzählt. Sie wurde Mutter, und erhielt den Staat bei der Fortdauer der gleichmäsigen Menschenmenge, auf die er berechnet war: sie erzog Söhne, die ihrem Vater gleichen, zum Dienste des Vaterlandes und Töchter nach ihrem Bilde: verwaltete mütterlich das Innere des Hauses, und gieng auswärts mit fräulicher Züchtigkeit ihrem Manne zur Seite. Auch dem guten emsigen Weibe eine Krone.* »

Politisch völlig korrekt wird hier die Frau in ihrer staatspolitischen Funktion als Mutter und Gattin gesehen. Dazu stimmt auch das von einem französischen Angestellten der Zentralverwaltung für den Jahrestag der Einsetzung der neuen Verwaltungen gedichtete Lied[125], bei dem auch eine Einwohnerin der vier rheinischen Departements (« *habitante* ») eine Rollenstrophe zugeteilt bekommt, um das Lob der Männer, Kinder und Brüder zu singen (« *Nos époux, nos enfans, nos frères* »). Auch hier findet sich also das gleiche Rollenbild, doch immerhin tritt eine Sängerin in der Rolle der Frau auf, wie auch Gerhards und Staadt immerhin die Frage doch wahrnahmen.

Eine Parität bei den Ehrungen für die Schüler war beim Fest der Jugend immerhin schon in einem Drittel der Kantone beachtet worden, und für das Fest des Alters war sogar die Zentralverwaltung von einer Parität ausgegangen, wenn sie auch nicht überall umgesetzt wurde. Schließlich hatte der katholische Pfarrer von Rhaunen Monsieur beim Fest des Ackerbaus am 10. Messidor VI / 28. Juni 1798 von sich aus außer 13 Landwirten auch 6 Gärtnerinnen geehrt. Im Zeremoniell der Feste waren die Mädchen und Frauen dann allerdings darauf beschränkt, beim Schmücken von Freiheitsbäumen und der Krönung von auszuzeichnenden Personen zu assistieren. Dabei sah es hinter den Kulissen schon etwas anders aus, wie bei den Invektiven gegen den französischen Kommissar in Manderscheid Provot deutlich wird, dem vorgeworfen wurde, sich von seiner Frau als Dolmetscherin dirigieren zu lassen (vgl. Kap 5.3).

---

[124] Verehrung des Altertums (siehe Verzeichnis 2: Bibliographie der Festpublizistik), S. 6.
[125] Couplets et Refrains pour la Fête du 1ᵉʳ Ventôse (Verzeichnis 2: Publizistik der Nationalfeste).

4.6. Juden

Die Judenbefreiung war in Frankreich durch Gesetz vom 27. September 1791[126] erfolgt. Dies hatte allerdings zunächst für das Rheinland keine Bedeutung, da das Gesetz nicht für die rheinischen Departements verkündigt wurde. Vielmehr galten im Rheinland die alten Judengesetze der Reichsstände weiter[127]. Erst im Rahmen der Bemühungen von General Hoche um die Gründung einer cisrhenanischen Tochterrepublik am Rhein stellte die Mittelkommission in Bonn mit Arrêté vom 15. September 1797 denjenigen Gemeinden, die sich der cisrhenanischen Republik anschließen würden, die Aufhebung des Zehnten und auch des Leibzolls für die Juden wenigstens in Aussicht[128]. Mit dem Tod von Hoche am 9. September 1797 und der Umbildung des Direktoriums nach dem Staatsstreich vom 18. Fruktidor V / 4. September 1797 war diese cisrhenanische Politik allerdings beendet, und das neue Direktorium verfügte umgehend in einem Arrêté vom 14. Vendémiaire VI / 5. Oktober 1797 die Aufhebung der Mittelkommission und ihres Arrêtés vom 15. September 1797[129]. Der Arrêté des Direktoriums ist aber nicht veröffentlicht worden, und die Mittelkommission wurde zwar am 26. November formell aufgehoben, amtierte aber unter neuem Namen weiter[130]. Der Arrêté der Mittelkommission vom 15. September wurde so nie aufgehoben, sondern hatte nur nach dem Ende der Cisrhenanenbewegung jede Bedeutung verloren.

Bei der Einrichtung der neuen Verwaltungen ab Februar 1798 waren die Juden also noch korporativ gebunden. In Trier wurden sie bei den Feiern der Einsetzung der neuen Verwaltungen aufgefordert, sich im Rahmen der alten Korporationen an dem Festzug zu beteiligen und Vertreter zu entsenden[131]. Der neu ernannte Präsident der Zentralverwaltung des Saardepartements Lintz ging deshalb in seiner öffentlichen Begrüßungsrede auf dem Hauptmarkt, die auch im Druck erschien, nur mit einer Seitenbemerkung auf die Rechte der Juden ein: « *Der Juden Leib-Zoll wird den verachteten Israeliten ferner nicht mehr unter die Menschheit herabwürdigen* »[132], und ähnlich geschah es auch durch Kommissar Simonis bei der Einsetzungsfeier in Blieskastel[133]. Der Leibzoll war eine Abgabe, die von den Juden bei jedem Grenzübertritt verlangt wurde und so besonders belastend für ihre Geschäftstätigkeit war. Wenn Lintz nun den Leibzoll ansprach und seine Aufhebung gegen die eigentlich geltende Rechtslage in Aussicht stellte, konnte sich das nur auf die mit der

---
[126] MALINO: Juifs, 1989, S. 607.
[127] KASPER-HOLTKOTTE: Juden im Aufbruch, 1996; BÜHLER: Jüdische Gemeinde Triers, 2004.
[128] HANSEN: Quellen, Bd. 3, 1935, S. 1210-1211.
[129] HANSEN: Quellen, Bd. 4, 1938, S. 122.
[130] STEIN: Akten der französischen Besatzungsverwaltungen, 2009, S. 39.
[131] DELAPORTE: La Fête, 1994, S. 149.
[132] Verbalprozess, S. 19; Rede, S. 4, siehe Verzeichnis 2: Bibliographie der Festpublizistik.
[133] Vgl. Verzeichnis 2: Publizistik der Nationalfeste.

Annexion gegebene Aufhebung der alten Grenzen beziehen, die den Leibzoll hinfällig machte.

Die Judenbefreiung in den rheinischen Departements gründete sich dann erst auf die durch Arrêté von Regierungskommissar Rudler vom 26. März 1798 verkündete Aufhebung der Feudalrechte[134], die alle gruppenspezifischen Vorrechte und Beschränkungen beseitigte. Insofern konnte bei den kurz darauf stattfindenden Feiern zur Einsetzung der neuen Kantonsmunizipalitäten die Judenbefreiung deutlicher angesprochen werden. Schon am 31. März erklärte Kommissar Stammel bei der Einsetzung der neuen Verwaltung in Konz: « *Alle, auch der Jude, der Türk und der Heide sind unsere Brüder. Wir dienen alle einem Gott* », und die gleiche Formulierung findet sich auch in der Rede des Sekretärs Hommerich beim Fest des 9./10. Thermidor VI / 27./28. Juli 1798 in Hermeskeil. Entsprechend stark war die Mitwirkung der Juden an den Nationalfesten. Bei der Feier zur Einsetzung der Verwaltung in Merzig am 4. April 1798 beteiligten sich Juden am Tanz um dem Freiheitsbaum. Bei der Einsetzungsfeier in Wittlich am 5. April sprach Keucker als Redner in einem besonderen Zusatz zu seiner Rede die Juden, die am Festzug teilgenommen hatten, direkt an. Der gedruckte Festbericht vermerkt dazu:

« *Er wünschte ihnen besonders Glück zu der Befreiung aus der Sklaverei, in der man sie hielte, forderte sie auf, ihre Dankbarkeit durch Gehorsam gegen die Gesetze der Republik und Anhänglichkeit an dieselbe zu beweisen. Dann reichte er einem unter ihnen den Bruderkuss und einen Zweig des Freiheitsbaumes. Dieser drückte seine Empfindungen in kurzer gedrängter Rede aus, und seine Mitbrüder äußerten ihr großes Gefühl in enthusiastischen Rufen 'Es lebe die Republik'* ».

Schließlich trug bei der Einsetzungsfeier am 9. April 1798 in Ottweiler der jüdische Schullehrer Calmann Seligmann eine Hymne auf die Freiheit vor[135]. Ob darüber hinaus auch ein jüdischer Redner bei den Dekadenfeiern und den Nationalfesten aufgetreten ist, ist nicht belegt[136].

---

[134] HANSEN: Quellen, Bd. 4, 1938, S. 635; BORMANN / DANIELS: Handbuch, Bd. 6, 1841, S. 631.

[135] « *Le citoyen Calman Seligmann, maître d'école des juifs, demande la parole. Elle est accordée par cette réponse: Parlez sans vous gêner, vous êtes Citoyen comme nous. Il prononce ensuite des vers dans lesquels ils démontre des principes patriotiques.* » (Festbericht)

[136] MARX: Denkwürdigkeiten, 1860, S. 61, berichtet ohne Quellenangabe, dass der jüdische Arzt Lion Bernkastel in Trier eine Dekadenrede gehalten hätte, und dafür mit einer Geldstrafe von 50 Franken belegt worden sei, „weil er in seiner Rede mehrmals ehrfurchtsvoll und andächtig von Gott Erwähnung gethan hatte". Das muss dahingestellt bleiben. Die Rede ist nicht unwahrscheinlich, da Bernkastel damals republikanisches Engagement zeigte und in Haan's Zeitschrift bis zu deren Ende publizierte. Erwähnungen von Gott in Reden zu den Nationalfesten sind aber nicht selten. Insofern ist auch hier zu vermuten, dass Marx aus ungeprüfter Volksüberlieferung schöpft.

Danach allerdings verschwinden die Juden aus den Festberichten. Da sie als normale Bürger zu behandeln waren, gab es keinen Anlass, sie besonders zu erwähnen. Dass sie sich aber auch wirklich weiter an den Nationalfesten beteiligten, ergibt sich aus Quellen wie der Trier Chronik von Müller, die allerdings auch zugleich die Distanz deutlich macht, die weiterhin in der Bevölkerung gegenüber den Juden vorhanden war. Müller äußert sich in diesem Punkt so zurückhaltend wie sonst bei allen politischen Angelegenheiten. So erfahren wir nur, dass beim Fest des 9./10. Thermidor VI / 27./28. Juli 1798 unter den «*Buben*» im Zug auch «*Judenbuben*» waren, dass beim Fest des 18. Fruktidor VI / 4. September 1798 Juden im Dekadentempel anwesend waren und dass beim republikanischen Neujahrsfest am 1. Vendémiaire VII / 22. September 1798 sich Jüdinnen unter den 40 im Zug mitziehenden Jungfrauen befanden. Bezüglich der Anwesenheit von Juden im Dekadentempel am 18. Fruktidor VI, der damals erstmals benutzt wurde, notiert Müller noch:

> «*In dieser Kirch fanden sich dieser Zeit viele Juden ein, die alle ihre Hüte aufsitzen gehabt, so Wohldenkenden sehr auffallend. Die Bauersleut kommen dieser Zeit auch in diese Kirche, halten ihre Hüte ab und nehmen beim Herausgehen wie beim Eingehen Weihwasser*»[137].

Die Juden haben sich also im Dekadentempel wie in der Synagoge verhalten, was Müller rügt, weil er voraussetzt, dass man sich im Dekadentempel wie in einer Kirche zu verhalten habe. Hier waren also gleich mehrere Gewohnheiten verletzt worden.

5. Fest und Religion

Die Nationalfeste waren keineswegs einfach säkulare Veranstaltungen zur Pflege einer politischen Memoria wie die späteren Nationalfeste der III. Republik. Man wird ihnen aber auch nicht gerecht, wenn man sie nur als Konkurrenzveranstaltungen zu den konfessionellen Gottesdiensten sieht. Vielmehr beanspruchten die Nationalfeste aus sich heraus eine eigene Sakralität[138]. Dabei geht es nicht so sehr um die Kontinuität von Formen der Staatsreligion in der Frühphase der Revolution, als die Revolutionsfeste quasi selbstverständlich von religiösen Formen begleitet wurden. Auch die eigentliche Ausbildung

---

[137] Chronik Müller: LHA Koblenz: Best. 700,62 Nr. 28 Heft G für 1798, fol. 33v, 35; LAGER: Chronik, 1915, S. 122. Mit ähnlicher Tendenz berichtet auch der ehem. kurpfälzische Einnehmer von Sobernheim Regnier über die erste Dekadenfeier in Sobernheim in der als Dekadentempel dienenden reformierten Kirche am 5. Juli 1798: «*Es waren auch Juden darein, welche sich nicht wenig brüsteten, an einem Platz zu sein, wo sie Religionsvorurteile sonsten nie geduldet würden haben*»; Tagebuch Regnier, S. 97 (Heimatwissenschaftliche Zentralbibliothek Bad Kreuznach).

[138] OZOUF: La Fête révolutionnaire, 1976, S. 317ff; SCHRÖER: Republik im Experiment, 2014, S. 461-467.

einer revolutionären Religion mit eigenen Kultformen[139] ist vor allem auf die jakobinische Phase der Revolution beschränkt und spielt so für die rheinischen Departements keine Rolle. Vielmehr erfuhren die Feste insgesamt eine religiöse Überformung, die den Grundwerten des Staates eine quasireligiöse Weihe im Sinne einer « *religion civique* » geben sollte.

5.1. Sakralität der Nationalfeste

Das Mitglied des Direktoriums La Révellière-Lépeaux hatte in seinen Reden vor dem Institut auf einer Trennung zwischen den Sphären der Religion, der Nationalfeste und der Riten der Verlaufsformen des individuellen Lebens (*état civil*) Wert gelegt[140]. Das hinderte aber nicht, dass auch die Feste des Direktoriums für die hier zelebrierten Grundwerte von Revolution und Staat eine eigene Sakralität beanspruchten und zu einer religiösen Überformung im Sinne einer *religion civique* tendierten[141]. Innenminister François de Neufchâteau erklärte dazu ausdrücklich in seinem Zirkular zum Fest der Gründung der Republik am 1. Vendémiaire VII / 22. September 1798: « *Les fêtes républicaines portent en elles un caractère religieux, une philosophie de sentiment, une éloquence morale, qui parlent à tous les cœurs* »[142].

Diese Tendenz ist auch im Rheinland greifbar, wenn sie auch hier auf einer von der Revolutionsgeschichte bisher unbearbeiteten Erde schwächer ausfällt als in Innerfrankreich. Belegbar ist aber, dass auch hier der Staat für seine Gesetze eine eigene heilige Sphäre beanspruchte[143], und insofern waren auch seine Symbole heilig. Der Freiheitsbaum[144] und der Vaterlandsaltar[145] waren Heiligtümer, und umgekehrt waren Angriffe auf sie Entheiligungen[146], ja schon

---

[139] Vgl. die Unterscheidung von Ozouf zwischen „culte révolutionnaire" und „religion révolutionnaire" (Religion révolutionnaire, 1988 / Revolutionäre Religion, 1996.). Ebenso hat der Dictionnaire historique de la Révolution française, 1989, die Artikel „Cultes révolutionnaires" (Bianchi) und „Fêtes révolutionnaires" (Vovelle) getrennt.

[140] Kap. IV, 1.

[141] Die These von Ozouf über einen „transfert de sacralité" (La Fête révolutionnaire, 1976, S. 317ff) ist von Byrnes bes. für die Feste unter dem Direktorium als gescheitert zurückgewiesen worden: „superficial and didactic the revolutionary myth system did not provide these fundamental features of myth" (Celebration of the Revolutionary Festivals under the Directory, 1994, S. 218), was aber nicht ausschließt, dass eine religiöse Überformung intendiert war und belegbar ist (Schröer: Republik im Experiment, 2014, S. 461-467), die freilich erst in der Dritten Republik ihre volle Wirkung entfaltete (Plé: Die sakralen Grundlagen der laizistischen Republik Frankreichs, 2005).

[142] François de Neufchâteau: Recueil, Bd. 1, S. 118.

[143] Festbericht über die Einsetzung der Zentralverwaltung in Trier am 19. Februar 1798: Rede Boucqueau, S. 32 (Heiligtum der Gesetze), S. 40 (Heiligtum der Gerechtigkeit); Rede Gand, S. 44 (Heiligtümer des Richterstuhls).

[144] Rede von Dupré zum Jahrestag der Einsetzung der neuen Verwaltungen am 19. Februar 1799 in Trier, S. 3-4 und öfter.

[145] Fest der Dankbarkeit in Prüm am 10. Prairial VI: « *l'autel sacré de la patrie* » und öfter.

[146] Rede von Heddesdorf bei der Neupflanzung am 26. März 1798 in Trier.

VI. Form der Nationalfeste

die Feste als rein profane Handlungen zu begreifen, galt als ein Angriff auf die Institution der Nationalfeste[147].

Entsprechend entwickelten die Nationalfeste in ihrem Zeremoniell gottesdienstähnliche Formen. Schon der Festzug hatte Prozessionscharakter[148]. Vor allem aber konnte die Feier im Dekadentempel eine gottesdienstähnliche Stimmung erzeugen. Dazu gehörte ein ausgiebiger Gebrauch von Weihrauch, wie z.B. beim Fest der Gründung der Republik. Hinzu kamen quasireligiöse Zeremonien. Wenn in einigen Kantonen die Vereidigung der Funktionäre am 2. Pluviôse / 21. Januar am Vaterlandsaltar im Dekadentempel erfolgte, suchte man einen religiösen Ort. Wenn das Buch der Verfassung auf oder vor dem Vaterlandsaltar niedergelegt wurde oder wenn die Rechte und Pflichten des Menschen und Staatsbürgers aus der Verfassung szenisch verlesen wurden, erinnerte das an das Zeremoniell um die Bibel im katholischen Gottesdienst, zumal dem Buch der Verfassung z.B. durch Abnahme der Kopfbedeckung eine quasi religiöse Referenz erwiesen wurde:

> « L'agent municipal de la commune du chef lieu [...] prenant l'auguste livre de la constitution qui se trouvoit entre des bouquets de fleurs déposé sur l'autel de la patrie, après que tout le monde se fût respectueusement découvert, donna lecture de la déclaration des droits et des devoirs, qui précède la constitution de l'an III. » (Birkenfeld, Gründung der Republik 1. Vend. VII)

Auch das sonstige Festzeremoniell weist verschiedentlich Parallelen zum Gottesdienst der christlichen Kirchen auf. Beim Fest des Ackerbaus in St. Wendel am 10. Messidor VI / 28. Juni 1798 vollzog der Präsident der Kantonsmunizipalität einen Opferritus (« *offrande à la nature* »), indem von den ersten Feldfrüchten des Jahres einige auf dem Altar rituell verbrannt wurden:

> « *Un bûcher avait été préparé à l'avance, il fut mis sur l'autel. Le Président prit successivement dans les corbeilles des jeunes filles les prémices de cette heureuse année, présents ineffables de la mère commune et les jeta sur le foyer.* »

Beim Fest der Dankbarkeit am 10. Prairial VII / 29. Mai 1799 in Konz nahm der ehem. Priester und nunmehrige Kantonskommissar Stammel eine regelrechte Segnung vor, wie es der Festbericht erwähnt:

> « *Le citoyen commissaire s'approcha de l'autel de la patrie pour y rendre grâce aux bienfaiteurs de l'humanité, l'Être suprême, la Patrie, les hommes illustres dans les annales des peuples [...] et tous les fonctionnaires publics fidèles à leur saints devoirs furent les dignes objets de ses bénédictions.* »

---

[147] So wendet sich der Bericht über das Fest der Gründung der Republik am 1. Vendémiaire VII / 22. September 1798 in Birkenfeld gegen « *les insinuation des fanatiques tendantes à représenter les fêtes nationales sous l'odieux jour d'acte profanes* ».

[148] Die Pfarrchronik von Pfalzel spricht von « *sinnloser Nachäffung der Fronleichnamsprozession* », vgl. ZANTEN: Gemeinde, 1989, S. 141.

Auf dieser Basis konnten dann auch in Birkenfeld und Pfalzel wirkliche deutsche Kirchenlieder Eingang in die Nationalfeste finden[149].

Schließlich entwickelte sich bei den Festen in einigen Kantonen ein Pendant zu den Kollekten der christlichen Gottesdienste. Wurde in Manderscheid beim Fest der Dankbarkeit am 10. Prairial VI / 29. Mai 1798 eine Sammlung « *au soulagement des pauvres du canton qui par incendie ont perdu ce qu'ils possédoient* » (Festbericht) noch beim Bankett und nicht bei der Feier selbst erhoben, so scheint in Saarbrücken bei der im Sitzungssaal der Stadtmunizipalität durchgeführten Feier des Festes des 18. Fruktidor VI / 4. September 1798 eine Kollekte in der Feier selbst vorgenommen worden zu sein (« *Il a été [...] déposé sur le bureau une somme de 108 francs 50 centimes pour être distribuée aux pauvres honteux* », Festbericht). Am weitesten ist man unter der Leitung von Stammel in Konz gegangen. Das Fest der Dankbarkeit im Jahre VII wurde hier zu einem regelrechten Wohltätigkeitsfest ausgestaltet, bei dem der Präsident des Wohltätigkeitsbüros, das Mitglied des Benediktinerkonvents von St. Matthias Bridoul, die Festrede hielt und dann Stammel und Bridoul, jeder mit einem kleinen Mädchen auf dem Arm, die Kollekte für die Armen einsammelten. Ebenso wurden hier auch bei den Festen der Volkssouveränität am 30. Ventôse, der Jugend am 10. Germinal und der Eheleute am 10. Floréal des Jahres VII Kollekten erhoben.

So konnte das Verhältnis zwischen Staat und Bürger leicht die Form einer Religion annehmen:

« *Wir kennen keine andere Religion als jene, welche uns Liebe gebiethet und Duldsamkeit und Gehorsam gegen das Gesetz und unsere Oberen lehret* » (Stammel)[150].

Auch wenn hier ein Ausschließlichkeitsanspruch für die säkulare Staatsreligion erhoben wird, musste das nicht unbedingt einen Konflikt mit den Kirchen bedeuten. Zumindest in aufgeklärter Interpretation verstand sich nämlich die Kirche selbst als ein Apostolat der Toleranz und bekannte sich zu einem Gott der Liebe, wie es der reformierte Pfarrer Friedrich Jakob Heinz aus Breitenbach, der auch beim Ackerbaufest VII in Waldmohr als Redner auftrat, in einer Zuschrift zum Journal für das Saardepartement darstellte[151].

Von geringerer Bedeutung war dagegen der Kult eines höchsten Wesens (*Être suprême*) in der Zeit des Direktoriums. Für das Fest des 2. Pluviôse VII mit der Vereidigung der Inhaber staatlicher Funktionen schrieb das Zirkular von Innenminister François de Neufchâteau die Anrufung des höchsten Wesens im

---

[149] Vgl. Kap. V, 3.3.
[150] Rede von Stammel bei der Neupflanzung am 26. März in Trier, Festbericht S. 10, Rededruck S. 6.
[151] Journal für das Saardepartement, Heft 5, Fruktidor VI, S. 431-434.

Zeremoniell vor. Die Zentralverwaltung des Saardepartements hatte dies übernommen, und so erscheint das höchste Wesen in den meisten Festberichten als formelhafter Ersatz für Gott in den Eiden, und auch sonst wird der Kult des höchsten Wesens gelegentlich in Festberichten, Reden und Liedern erwähnt[152], aber es scheint sich hierbei doch eher um ein Versatzstück einer vergangenen Revolutionsperiode zu handeln, das nur noch mitgeschleppt wurde. Als Beleg für eine Verbreitung der Theophilanthropie im Saardepartement kann man es jedenfalls nicht in Anspruch nehmen.

5.2. Geistliche Präsenz bei den Nationalfesten

Die Anfänge der Französischen Revolution waren durchaus von großen Teilen des Klerus mitgetragen worden. Zur Zeit der Annexion des Rheinlandes lag diese Periode allerdings inzwischen schon lange zurück, und die Republik des Direktoriums versuchte einen Weg zwischen dem Ausgleich mit der katholischen Kirche und der Kontrolle der mit ihr verbundenen Reaktion zu beschreiten. Um so bemerkenswerter ist es, dass im Abstand von fast einem Jahrzehnt sich ein Teil der innerfranzösischen Entwicklung im annektierten Rheinland wiederholte[153].

Aus der Perspektive der katholischen Historiographie des 19. Jahrhunderts über die französische Politik im Rheinland und insbesondere die Nationalfeste kann die Stärke der kirchlichen Präsenz bei diesen Festen schon überraschen (vgl. Anhang 7: Mitwirkung von Geistlichen an den Nationalfesten). In Trier waren die Stadtpfarrer in corpore in den Zügen der ersten Feste vertreten, und beim Fest der Dankbarkeit am 10. Prairial VI / 29. Mai 1798 waren in zwei Kantonshauptorten die staatlichen Feste mit kirchlichen Veranstaltungen verbunden worden. In Hermeskeil fand die Feier sowohl im Sitzungssaal der Kantonsverwaltung statt, wo der Kommissar die Rede hielt, als auch in der Pfarrkirche, wo der Stadtvikar Matthias Feilen sprach, der auch schon bei der Einsetzung der neuen Verwaltung eine Rede über Freiheit und Gleichheit gehalten hatte. Da die Kirche damals noch kein Dekadentempel war, handelt es sich hier wirklich um eine Einbeziehung der Kirche in das Festzeremoniell. In ähnlicher Weise hielt auch in Kyllburg, wo das Fest der Dankbarkeit mit einem Pfarrfest zusammenfiel, der Klostergeistliche von St. Thomas Vitus Bechmann in der Pfarrkirche eine Rede, die zugleich Teil des Pfarrfestes und des Nationalfestes war[154], und für die er eine besondere Belobigung der Zen-

---

[152] VI prair. 10 St. Arnual, VII vend. 1ᵉʳ Birkenfeld, VII vend. 30 Reifferscheid, VII mess. 10 St. Wendel; Neupflanzung des Freiheitsbaums in Lebach, VII germ. 2.

[153] Zur Situation der Kirchen im Rheinland unter dem Direktorium vgl. WAGNER: Revolution, Religion und Kirchen im Rheinland um 1800, 1989.

[154] Der Festbericht (LHA Koblenz: Best. 276 Nr. 1714) berichtet: «*Comme l'époque de la fête tombait sur un jour de grande fête de la paroisse, une quantité d'habitans se rassemblait dans l'église du chef-lieu, où le citoyen Bechmann, curé des religieuses de*

tralverwaltung erhielt: « *Nous applaudissons au zèle que vous avez déployé en cette occasion pour propager l'esprit public et faire aimer le régime républicain* »[155]. Danach ist von weiteren Aktivitäten dieser Art der beiden Geistlichen zwar nichts mehr bekannt, aber noch beim Fest der Freiheit am 9./10. Thermidor VI / 27./28. Juli 1798 sah in Bernkastel das Festzeremoniell für den ersten Tag eine Messe in jeder Gemeinde mit einer Predigt des jeweiligen Ortsgeistlichen zum anstehenden Nationalfest vor, und beim Fest des Alters am 10. Fruktidor VI / 27. August 1798 wurde in Rhaunen die Feier mit einem « *Gottesdienst* » in der Kirche verbunden, der « *mit einem hierzu besonders verfertigten musicalischen Amt celebriert und mit dem Te Deum laudamus dann hierunter abgefeuerten Böllern und Läutung aller Glocken beendiget* [wurde] ». Dazu hatte Johannes Varain, katholischer Pfarrer in Haag, die Rede gehalten, der auch nochmals am 20. März 1799 beim Fest der Volkssouveränität (nun in Morbach) eine Rede übernahm.

Eine Verbindung von Nationalfesten mit protestantischen Gottesdiensten hat es im Saardepartement zwar nicht gegeben, aber umso häufiger traten protestantische Geistliche als Redner bei den Festen auf. Trotz des zahlenmäßigen Übergewichtes der katholischen Konfession im Departement wurden mehr Festreden von protestantischen Pfarrern (17) als von katholischen Geistlichen (11) gehalten, und es können leicht noch einige mehr gewesen sein, denn meist werden die geistlichen Redner in den Festberichten nur als « *citoyen* » ohne Nennung ihres kirchlichen Amtes genannt. Dabei ist die geistliche Präsenz bei den Festen im Saardepartement recht unterschiedlich verteilt. In fast der Hälfte der Kantone (15) erscheinen Pfarrer weder im Zug noch am Rednerpult, und in einem weiteren Viertel der Kantone (8) ist die geistliche Präsenz nur ein einmaliges Ereignis. Um so stärker fällt deshalb die Mitwirkung von Geistlichen an den Festen in Herrstein (10) sowie in Kyllburg und Rhaunen (8) ins Gewicht. In Herrstein und Rhaunen traten die Pfarrer vor allem als Redner auf, während in Kyllburg die Mitglieder des kleinen Marienstiftes anscheinend bei fast jeder sich bietenden Gelegenheit im Festzug erschienen. Erkennbar ist auch, dass sich die Mitwirkung bei den Festen nicht nur auf die Geistlichen der Kantonshauptorte selbst beschränkte, sondern dass auch fast ebenso viele

---

St. Thomas avait prononcé un sermon qui lui attira l'attention de tous les paroissiens, il ne parle que des lois françaises et sur la réforme du culte publiées et exécutées dans le pays réunis et par son développement il prépare le peuple à une nouveauté, pour non seulement la compatibilité de ces lois avec la religion catholique, mais encore combien il était essentiel de prendre des dispositions et arrêtés pour occasionner la chute du fanatisme. Par ce moyen le but de la fête fut atteint. »

[155] Der interne Vermerk der Kantonsverwaltung ist noch deutlicher (LHA Koblenz: Best. 276 Nr. 1714): « *Nous avons surtout été contens de la conduite vraiment patriotique du citoyen Bechmann, curé des religieux de St. Thomas. Il mérite d'autant plus d'éloges que dans son discours il a eu le courage d'arracher les marques hypocrites au charlatanisme religieux dont beaucoup de ses confrères font un si mauvais usage.* »

VI. Form der Nationalfeste   337

Pfarrer aus dem jeweiligen Umland auftraten. Wenn im zweiten Festjahr die Präsenz der Pfarrer in den Festzügen zurückging und ab April 1799 ganz aufhörte, so liegt das auch daran, dass die Feste nun meist Saalfeste waren und die Bedeutung der Festzüge generell zurückgegangen war. Dagegen gab es von Pfarrern gehaltene Reden noch etwas länger, ehe sie auf dem Höhepunkt der außenpolitischen Krise des Direktoriums dann aber ab August 1799 auch endeten, wenn man von einer letzten Rede bei der Trauerfeier für General Joubert in Herrstein einmal absieht (Vgl. Anhang 7.3.: Mitwirkung von Geistlichen an den Nationalfesten).

Die entscheidende Frage ist natürlich, wie freiwillig oder wie berechnend oder auch gezwungen diese Teilnahme von Geistlichen an den Nationalfesten war[156]. Wenn die Teilnahme der Konvente des Marienstiftes in Kyllburg siebenmal, der Abtei St. Matthias bei Trier ab der Verlegung der Kantonsverwaltung von Konz nach St. Matthias fünfmal sowie noch des Stiftes Pfalzel zweimal und des Stiftes Blieskastel einmal in den Festberichten erwähnt wird, ist das eine offene Frage. In Kyllburg ist es schwer, an Freiwilligkeit zu glauben, wenn man liest, welche Wahrheiten bezüglich des zölibatären Sozialschmarotzertums sich die Konventualen bei diesen Gelegenheiten anhören mussten. Etwas anders könnte es in Konz / St. Matthias gewesen sein, wo der Ortspfarrer Canaris Präsident und der ehem. Geistliche Stammel Kommissar waren und und das Mitglied des Konventes Bridoul dazu veranlasst werden konnte, die Präsidentschaft des Wohltätigkeitsbüros zu übernehmen. Naturgemäß gibt es kaum Quellen, um solche Motivationsfragen zu klären. Um so aufschlussreicher ist ein in lokaler Überlieferung erhaltenes Schreiben der Kantonsverwaltung von St. Wendel an den reformierten Pfarrer von Niederkirchen im Ostertal Friedrich Jakob Culmann[157], das hier deshalb volltextlich eingerückt werden soll[158].

« St. Vendel, den 4. thermidor an VI [/ 22. Juli 1798]

L'administration municipale du Canton de St. Vendel
an den Bürger Cullmann [sic], *Pfarrer der Gemeinde Niederkirchen*

*Da Sie, Bürger Pfarrer, neulich bey der Feyer des Ackerbau-Festes zu erkennen gaben, wie Sie bey dem nächsten Fest zu Haltung einer Rede erbiethig seyen, so wollen wir Sie andurch eingeladen haben, Sich nicht nur bey der auf den 9*ten *und 10*ten *dieses vorseyenden Celebration des Festes der Republik und der Freyheit einzufinden, sondern auch auf den 10*ten *eine Rede zu halten, wozu Ihnen der Gegenstand dieses Festes den schönsten Stoff von selbst an*

---

[156] Ein Beispiel, wie Druck auf potentielle Redner ausgeübt wurde, gibt BILL (Idar, 1935, S. 78-79), allerdings konnten die Aufgeforderten auch ablehnen, so auch im zitierten Fall.
[157] KIRSCH /ZIMMER: Chronik des mittleren Ostertals, Bd. 3, 2001, S. 688-690.
[158] Zentralarchiv der Ev. Kirche der Pfalz, Speyer: Best. 44 Pfarrarchiv Niederkirchen im Ostertal Nr. 22. Ich danke Herrn Hans Kirsch, Selchenbach, für den freundlichen Hinweis auf diese Quelle.

die Hand geben wird. Wir fügen dieser Einladung zugleich eine Übersetzung des Circularschreibens der Central-Verwaltung bey, woraus Sie ersehen werden, wie interessant uns die würdige Feyer dieses Festes seyn muss.

Gruß und Bruderliebe

Ph. Cetto, Président
Hargart, greffier en chef »

(Auf dem Briefformular vorgedruckte Textpassagen recte)

Culmann war Pfarrer des kantonsangehörigen Ortes Niederkirchen. Er war zum Ackerbaufest, das immer Publikum anzog, nach St. Wendel gekommen. Da er bei dem Fest keine Funktion hatte, ist er im Festbericht nicht erwähnt. Bei dieser Gelegenheit hatte er aber seine Bereitschaft zur Übernahme einer Rede zu erkennen gegeben, worauf die Kantonsverwaltung nun antwortete. Daran, dass die Initiative von Culmann ausging, ist dabei um so weniger zu zweifeln, als sein Auftritt die einzige Form einer geistlichen Präsenz bei Nationalfesten in St. Wendel war, wo man sich anscheinend von sich aus nicht besonders um die Mitwirkung von Pfarrern bemüht zu haben scheint. Culmann hat dann beim Fest des 9./10. Thermidor VI / 27./28. Juli 1798 die Rede des zweiten Festtages gehalten, worüber der Festbericht schreibt:

« *Après différents airs exécutés par celle [la musique], le citoyen Cullmann, ministre réformé dans la commune de Niederkirchen se plaça sur l'estrade et prononça un discours savant sur les avantages inappréciables de la liberté après en avoir donné la définition sous tous les rapports tant naturels et moraux que dans l'état de la société, et prouva que l'homme libre put seul jouir du bonheur; qu'enfin lui seul peut être heureux, tandis que l'esclave, chargé de chênes dorées gémit secrètement dans une honteuse dépendance. Ce discours a fait une sensation profonde dans l'âme des vrais amis de la Liberté et de l'Egalité et de tous ceux capables d'en apprécier le véritable mérite. Il est à regretter que la modestie de son auteur prive l'Administration municipale du plaisir d'en joindre une copie au présent.* »

Der Redner hat sich also an die diskreten Vorgaben gehalten und sie im Stil von Gelehrtenreden, wie sie aus den Anfängen der Mainzer Republik bekannt sind, umgesetzt. Da Culmann keinerlei Funktionen in der französischen Verwaltung gesucht hat und auch als Pfarrer wenig Karriereehrgeiz zeigte, sondern mehr als 50 Jahre bis zu seinem Tod 1840 in seiner Gemeinde Niederkirchen blieb, kann man ihm auch schwer Berechnung unterstellen. Er wird seine Rede wohl einfach ernst gemeint haben. Ein Einzelfall scheint er auch nicht gewesen zu sein. Immerhin bewarb sich etwa gleichzeitig der Pfarrer von Pferdsfeld (Donnersberg) Hiltebrandt[159] um eine Schulstelle im Saardepartement und fügte als Probearbeit eine fiktive Rede zum Ackerbaufest bei.

---

[159] LHA Koblenz. Best. 276 Nr. 657.

VI. Form der Nationalfeste

Dagegen kann man in anderen Fällen schon eher Berechnung nicht ausschließen. Jakob Heinrich Martini war lutherischer Pfarrer in Niederwörresbach und hielt früh, nämlich beim Ackerbaufest am 28. Juni 1798 in Herrstein zusammen mit dem ebenfalls lutherischen Stadtpfarrer von Herrstein die Festreden. Danach wurde er aber von dem Kantonskommissar Bauch denunziert, sich zur Zeit des Klöppelkrieges (Okt. 1798) mit einem gefälschten Pass an den badischen Hof nach Karlsruhe begeben zu haben, denn die Markgrafen von Baden-Durlach waren damals ja noch nominell die Mit-Landesherren der hinteren Grafschaft Sponheim, zu der Herrstein und auch Niederwörresbach gehörten[160]. Martini konnte sich gegen den Kommissar durchsetzen, der abberufen wurde. Er wurde dann aber im März 1799 verhaftet und sah sich gezwungen, sich öffentlich zu rechtfertigen, was ihm anscheinend wiederum gelang. Insofern steht seine Rede beim überhaupt letzten Nationalfest nach dem Zeremoniell des Direktoriums im Dezember 1799 nicht mehr in direktem Zusammenhang mit diesen Anfeindungen. Ein öffentlicher, regimekonformer Auftritt konnte vor diesem Hintergrund aber auch nicht schaden, zumal Martini ab 1802 wirklich in Karlsruhe als Hofprediger zu finden ist.

Viele Fälle bleiben aber ambivalent je nachdem, ob man zeitgenössischen oder späteren Quellen folgt. In Meisenheim erklärte sich der reformierte Stadtpfarrer Johann Wilhelm Neussel bereit, bei der Baumsetzung im Frühjahr 1798 die Rede zu halten, um - wie er später in seinen Memoiren dazu ausführte[161] - in dem lokalen Konflikt zwischen einer kleinen profranzösischen Minderheit, die aber in der Kantonsmunizipalität gut vertreten war, und einer antifranzösischen Mehrheit der Einwohner zu vermitteln. Bei der konservativ-altständischen Haltung von Neussel musste dies scheitern, so dass nicht nur die Gegnerschaft zu dem Kantonskommissar fortbestand, sondern nun umgekehrt die katholischen Geistlichen ihre Verwaltungsnähe durch Teilnahme an den Festumzügen demonstrierten[162]. Auf der Grundlage des politischen Konfliktes verschärfte sich nun auch noch der konfessionelle. Schließlich, um noch ein letztes Beispiel zu nennen, wollte der lutherische Pfarrer von Kleinich Tobias Schneegans seine Rede beim Fest der Volkssouveränität in Bernkastel im Jahre VII später nur noch als einen erzwungen Auftritt verstanden wissen[163]. Aber Schneegans hatte sich in dem Ort, wo er Pfarrer war, auch als Agent zur

---

[160] STEIN: Verwaltungspartizipation II, 2001, S. 142.
[161] Salomon: Neussel, 2010, S. 22-23.
[162] Siehe oben, Kap. VI, 3. Verwaltungsbericht über das Fest der Jugend am 10. Germinal VII (LHA Koblenz: Best. 276 Nr. 1712) beschreibt den Festzug, « *suivi par la masse des citoyens, parmi lesquels l'administration a distingué avec une très grande satisfaction les prêtres du culte catholique qui méprisant l'exemple peu louable de leurs confrères du culte protestant, ont encore dans cette circonstance démontré leur dévouement à la chose publique* ».
[163] SINEMUS: Die Geschichte des Kirchspiels Cleinich, 1925, S. 35.

Verfügung gestellt und war so selbst Mitglied der Kantonsverwaltung. Das macht ihn noch nicht notwendigerweise zu einem Republikaner, nuanciert aber die Behauptung des Zwangs für die Übernahme der Rede.

Für die kurze Dauer der Verwaltung unter dem Direktorium im Rheinland hat die geistliche Präsenz bei den Nationalfesten recht lange angehalten. Neben den Geistlichen, die zu einer Kooperation mit der französischen Verwaltung bereit waren, hat es aber auch eine scharfe Gegnerschaft von Seiten vieler Pfarrer sowie der Kirchenhierarchie gegen die Übertragung der französischen Kirchengesetze auf das Rheinland gegeben[164]. Die Nationalfeste waren dabei keine primäre Ursache, wohl aber waren sie ein Feld, auf dem der Konflikt öffentlichkeitswirksam ausgetragen werden konnte.

5.3. Konkurrenz zwischen republikanischen und kirchlichen Feiertagen

Konflikte zwischen Staat und Kirche waren also weniger theologischer als vielmehr politischer Art und zeigten sich so z.B. in der Konkurrenz zwischen Sonntag und Dekadi. Doch auch hier war die Situation ambivalent. Die meisten Nationalfeste fanden an Werktagen nach dem alten Kalender statt und waren also deswegen Feiertage, weil sie wie die allgemeinpolitischen und moralischen Nationalfeste auf einen Dekadi fielen oder wie die Feste der Revolutionsgeschichte, die feste Daten hatten, zu Feiertagen erklärt worden waren. Hier stellte sich die Aufgabe, den neuen Feiertagen Geltung zu verschaffen, d.h. die Arbeitsruhe durchzusetzen[165] und die Bevölkerung für eine Beteiligung an den Festen zu gewinnen.

Vor allem in den Perioden der Festhäufung und beim Zusammenfall der Feste mit Zeiten hoher Arbeitsintensität wie bei der Ernte lag der Gedanke deshalb nahe, die Situation dadurch zu entzerren, dass man die Feste auf den Sonntag verlegte[166]. Das Fest des 9./10. Thermidor VI / 26./27. Juli 1798 fiel mitten in der Ernte auf einen Freitag und Samstag, das machte zusammen mit dem von der Landbevölkerung nach wie vor weiter befolgten Sonntag eine Periode von drei Tagen, an denen nicht gearbeitet wurde bzw. werden durfte. Unter diesen Umständen schien das Arbeitsverbot für das Nationalfest kaum durchsetzbar. In einem Teil der Kantone wurde das Fest deshalb nur eintägig gefeiert, wobei man nur einmal den 9. Thermidor (Wittlich), also den Freitag, für die Feier wählte, in den anderen sechs Fällen aber auf den auf einen Samstag fallenden 10. Thermidor auswich (Blieskastel, Kyllburg, Ottweiler, Pfalzel, Rhaunen,

---

[164] SCHUNK: Französische Revolution und pfälzischer Protestantismus, 1992. BECKER: Napoleonische Elitenpolitik im Rheinland, 2011. Für die katholische Kirche vgl. die Aufsätze von Elisabeth WAGNER, die z.T. das Saardepartement betreffen.

[165] Vgl. zu dem Konflikt in Meisenheim, STEIN: Revolutionskalender, 2000, S. 164-174.

[166] Noch in den Jahren nach der Einführung des 14. Juli als Nationalfeiertag 1880 wurde das Fest in ländlichen Gebieten oft auf den nächstfolgenden Sonntag verschoben. IHL: La fête républicaine, 1996, S. 141-142.

St. Arnual). Noch einen Schritt weiter ging man im Kanton Schönberg, indem hier das Fest auf Sonntag/Montag, den 11./12. Juli gelegt wurde, «*pour augmenter la pompe*». Ob die Maßnahmen Erfolg gehabt haben, ist besonders im Fall von Schönberg nicht zu entscheiden, da der Festbericht nicht vorliegt, sondern nur die Korrespondenz über sein Fehlen. Das Problem wiederholte sich aber einen Monat später beim Fest des Alters am 10. Fruktidor VI / 27. August 1798, das auf einen Montag fiel. Wieder wurde in Schönberg das Fest wegen der Ernte verlegt, und zwar auf den nächstfolgenden Sonntag (16. Fruktidor / 2. September)[167], «*pour donner autant d'éclat à cette fête*». Der Erfolg war aber mäßig, da nicht nur die Bewohner, sondern auch die Agenten lieber zu lokalen Dorffesten als zum Nationalfest gegangen waren. Die Verlegung von Nationalfesten auf den Sonntag entschärfte zwar den Konflikt um die Durchsetzung der Arbeitsruhe, war augenscheinlich aber wenig geeignet, eine größere Beteiligung der Bevölkerung zu erreichen.

Umgekehrt hat es einen ernsthaften Konflikt um die Durchführung eines Nationalfestes im Saardepartement ausgerechnet dann gegeben, als ein Fest auf einen Sonntag fiel[168]. Das war während der kurzen Zeit, in der die Nationalfeste im Rheinland durchgeführt wurden, nur einmal der Fall, nämlich beim Fest des 14. Juli 1799. Damit war nun aber ein doppelter Konflikt vorgezeichnet. Einmal musste eine Konkurrenz um die Teilnehmer zwischen Kirche und Staat entstehen, wie dies schon oben für die Verlegungen von Nationalfesten auf einen Sonntag galt. Zum anderen kam nun aber noch eine Konkurrenz um den Festort hinzu, da das Zirkular der Zentralverwaltung über die Durchführung des Festes ausdrücklich den Dekadentempel als Festort bestimmt hatte[169].

Wenn sich der Konflikt trotzdem in Grenzen gehalten hat, so lag das vor allem an den außenpolitischen Umständen, die dazu führten, das das Fest in den allermeisten Kantonen überhaupt nicht gefeiert wurde. Nicht nur in Hermeskeil erschienen nämlich noch nicht einmal die Funktionäre, da sie «*ont

---

[167] Das scheint auch in Schweich der Fall gewesen zu sein. Zwar macht der sehr summarische Festbericht keine Angaben dazu, er ist aber auffälligerweise auf den 16. Fruktidor datiert.

[168] In Frankreich wurde in diesen Jahren in solchen Fällen zur Vermeidung von Konflikten meist der Ausweg gewählt, das Fest zu verlegen. Das Fest des 9. Thermidor V / 27. Juli 1797 fiel zwar nicht auf einen Sonntag, aber in Beauvais war damals ein großer Markttag, so dass man das Fest am folgenden Tag feierte (Dommanget: La déchristianisation à Beauvais, 1921, S. 456). Das Fest des 2. Pluviôse VI / 21. Januar 1798 fiel dann wirklich auf einen Sonntag, in den Städten im Westen des Departements Maine-et-Loire ging man auch hier dem Konflikt aus dem Weg und wich auf den folgenden Montag aus (Denis: Les fêtes révolutionnaires dans le département du Maine-et-Loire, 1988, S. 395).

[169] «*Tous les fonctionnaires publics, employés civils et militaires se rendront en cortège dans la matinée de cette journée au temple décadaire où les cérémonies accoutumées auront lieu*».

préféré sans doute assister aux cérémonies de leurs cultes ». So wurde das Fest gemäß den Anweisungen der Zentralverwaltung mit einem Zug zum Dekadentempel (abgesehen von Trier) nur noch im Kanton Rhaunen (Morbach) begangen, während man in drei weiteren Kantonen dem Konflikt mit einem Kompromiss aus dem Weg ging. Zwar wurde der Abhaltung des Festes Genüge getan, aber in Büdlich ging der Zug zum Freiheitsbaum, und in Ottweiler und Schönberg fand die Feier im Dekadensaal statt. Zu einem Eklat kam es allein in Manderscheid. Hier versammelte man sich wie üblich im Sitzungssaal der Kantonsverwaltung. Allerdings waren der Präsident Beaury und der Chefsekretär Ruhé gar nicht erst erschienen, wie das auch schon bei den vorhergegangenen Festen der Fall gewesen war, und die anwesenden Agenten waren nur zu einer Feier an diesem Ort bereit. Dagegen bestand der französische Kommissar Provot auf einem Zug zum Dekadentempel, also zur örtlichen Kirche. So kam es zu einer Spaltung. Der Kommissar zog mit einem Agenten sowie den vier Mann der lokalen Gendarmeriebrigade zum Dekadentempel, während die übrigen Agenten und sonstigen anwesenden Personen im Sitzungssaal verblieben. Anschließend erstattete jede Seite Bericht an die Zentralverwaltung in Trier. Der Kommissar berichtete über die Abwesenheit bzw. Weigerung der Mitglieder der Kantonsverwaltung auf der Basis des Arrêté der Zentralverwaltung, der ausdrücklich den Dekadentempel als Festort vorgegeben hatte. Die Agenten dagegen übergingen diesen Arrêté und beriefen sich auf einen älteren Arrêté der Zentralverwaltung vom 23. Thermidor VI / 10. August 1798 über die Einführung der Dekadenfeiern, der als Festort dafür die Kirche oder jeden anderen geeigneten Ort bestimmt hatte[170]. Darüber hinaus begründeten sie ihre Weigerung mit der geradezu patriotischen Überlegung, « *daß, so lange dieselben* [National- und Dekadenfeste] *in der Kirche gefeiert wurden, denselben niemand beiwohnte als gerade die öffentlichen Beamten und Angestellten, und diese bloß aus Zwang, dass hingegen jetzt, wo wir sie in unserm Sitzungssaale begehen, gewöhnlich mehr als hundert Bürger beiwohnen* »[171]. Außerdem erstellte auch noch die Gendarmerie ein Protokoll,

---

[170] « *Dans les communes des chef-lieux de canton, les autorités constituées et employés y demeurant, se rassembleront le matin à dix heures, dans l'église ou local quelconque propre à la célébration de la fête, qui consistera en chants et discours patriotiques, ainsi qu'en la lecture de la Constitution, des lois de la République française et arrêtés de l'Administration centrale* », vgl. oben Kap. III, 2.

[171] Bei den in Sälen gefeierten Nationalfesten wurden in Manderscheid vor dem Fest des 14. Juli 1799 benutzt: dreimal der Dekadentempel (VII pluv. 2, Eidesleistung: « *temple de la commune* »; VII vent. 1, Jahrestag der Einsetzung der Verwaltung: « *temple destiné aux célébrations des fêtes nationales* »; VII prair. 20, Rastatt: « *temple décadaire* ») und zweimal eine ehem. Kapelle außerhalb des Ortes (VII germ. 10, Jugend; VII flor. 10, Eheleute). Von einer Feier im « *Dekadensaal* », unter welchem Namen der Sitzungssaal der Munizipalität verstanden werden kann, ist nur einmal beim Fest der Jugend am 10. Germinal VII die Rede, als nach Stationen in der genannten Kapelle und am Freiheitsbaum noch eine Rede im Dekadensaal gehalten wurde. Beim Fest des 14. Juli 1799

VI. Form der Nationalfeste

das über den Regierungskommissar für die vier rheinischen Departements in Mainz an den Kommissar bei der Zentralverwaltung in Trier gelangte und auch dem Polizeiminister in Paris vorlag[172]. Damit war nun nicht nur die Frage nach dem Festort gestellt, sondern vor allem die Machtfrage zwischen Kommissar und Kantonsmunizipalität zu entscheiden.

Ebenso interessant wie der Vorfall selbst ist deshalb seine Behandlung durch die Verwaltung. Formal war die Sache eigentlich klar. Der Kommissar hatte sich strikt an die neue, festspezifische Anweisung der Zentralverwaltung gehalten. Die Kantonsverwaltung dagegen hatte eine ältere und allgemeinere Anweisung der Zentralverwaltung bemüht, die für den konkreten Fall eigentlich nicht anwendbar war. Aber was entschied die Zentralverwaltung? Der Bericht des Kantonskommissars wurde von der Zentralverwaltung einfach zu den Akten gelegt, ohne beschieden zu werden[173]. Beschieden wurde allein der Bericht der Kantonsverwaltung, und zwar zustimmend unter Wiederholung der Bestimmungen des von der Kantonsverwaltung angezogenen Arrêté über die Dekadenfeiern[174]. Allerdings war die Angelegenheit damit noch nicht beendet. Der Kommissar bei der Zentralverwaltung, der aufgrund des Gendarmerieberichts durch den Regierungskommissar in Mainz mit der Angelegenheit befasst worden war, hatte formell die Absetzung des Präsidenten und des Sekretärs verlangt. Das konnte die Zentralverwaltung nicht einfach übergehen und wollte es wahrscheinlich auch gar nicht. So wurde Präsident Beaury abgesetzt, wenn auch etwas später wieder neu berufen, da man keinen Ersatz für diese unbesoldete Stelle hatte finden können. Allerdings behandelte die Zentralverwaltung diesen Vorgang als eine eigene Sache, die deshalb auch nicht zu den Akten des Festes des 14. Juli kam, sondern unter den Stellenakten abgelegt wurde[175]. Der Chefsekretär hatte schon selbst einige Tage vorher um seine Ablösung gebeten. Diese wurde nun angenommen, er behielt aber eine Anstellung als Angestellter der Kantonsverwaltung in Manderscheid. Schließlich hatte der Kantonskommissar auch schon vor dem Festkonflikt einen Antrag auf Abberufung gestellt. Diesem

---

wurde dann - wie dargestellt - die offizielle Feier im Dekadentempel und die Szissionsfeier im Sitzungssaal abgehalten. Danach benutzte man beim Fest der Gründung der Republik am 1. Vendémiaire VIII / 23. September 1799 die « *église la plus vaste de la commune* » und bei der Trauerfeier für Joubert am 10. Frimaire VIII / 1. Dezember 1799 wiederum die ehem. Kapelle außerhalb des Ortes. Die Angabe der Munizipalverwaltung kann also zumindest für die Nationalfeste nicht bestätigt werden, für die Dekadenfeste ist sie allerdings nicht zu kontrollieren.

[172] AN Paris: F⁷ 7605 (36).
[173] LHA Koblenz: Best. 276 Nr. 1111
[174] LHA Koblenz: Best. 276 Nr. 1106. « *Nous vous prévenons que rien ne s'oppose à ce que les fêtes nationales soient célébrées dans tel local que ce soit pourvu qu'il soit convenable et propre aux cérémonies dont elles sont susceptibles.* »
[175] LHA Koblenz: Best. 276 Nr. 128.

stimmte die Zentralverwaltung jetzt ebenfalls zu. Sie ernannte einen neuen Kommissar[176], betraute den alten aber mit einem neuen Amt. So waren alle Konfliktfälle jeweils separat und formal völlig gesetzeskonform abgearbeitet worden, ohne dass der politische Wille der Zentralverwaltung irgendwie protokolliert worden wäre. Erst in der Zusammenschau der verschiedenen Vorgänge wird deutlich, dass hier nicht nur rein gesetzesausführende Verwaltungsentscheidungen getroffen worden waren, sondern dass man sich intensiv um eine Deeskalation des Konfliktes bemüht hatte. Es ist dann auch in Manderscheid in der Zeit des Direktoriums zu keinen weiteren Konflikten dieser Art mehr gekommen.

Bemühungen um eine Koexistenz zwischen Staat und Kirche hat es also auf beiden Seiten gegeben, so dass weniger der Konflikt als vielmehr ein umsichtiges Nebeneinander die Regel waren. Wenn es Konflikte zwischen Staat und Kirche gab, so ging es dabei um die staatliche Gesetzgebung in Kirchenangelegenheiten und die staatliche Politik, die Religion zur Privatsache zu machen und konsequent aus dem öffentlichen Raum heraus zu halten, nicht aber um eine weniger bedeutsame Konkurrenz zwischen Nationalfesten und Dekadenfeiern mit den Gottesdiensten der christlichen Konfessionen. Außerdem war im Land der Simultaneen ja auch das Verhältnis zwischen den Konfessionen nicht konfliktfrei, und die neue Religionsfreiheit hatte diesen Auseinandersetzungen sogar noch einen neuen Freiraum gewährt[177].

6. Soziabilität des Festes

Das thermidorianische Festgesetz vom 3. Brumaire IV enthält eine Legaldefinition der Form der Nationalfeste in den Kantonen:

> « *La célébration des fêtes nationales de canton consiste en chants patriotiques, en discours sur la morale des citoyens, en banquets fraternels, en divers jeux publics propres à chaque localité et dans la distribution des récompenses* »[178].

Damit wurden Bankette, Spiele und Belohnungen durch Preise in die revolutionäre Festkultur eingeführt. Insbesondere die Festregie des zweiten Direktoriums hat dies dann zunehmend umgesetzt[179], wobei sie vielleicht nur nun auch offiziell berücksichtige, wie das große Publikum immer schon die Feste

---

[176] LHA Koblenz: Best. 276 Nr. 129.
[177] So argumentierte die Zentralverwaltung des Donnersbergdepartements in einem solchen Fall: « *Il serait absurde de croire que parce que sous l'ancien régime telle secte opprimait telle autre, il soit permis aux persécutés de devenir persécuteur sous le nouveau* ». STEIN: Französisches Verwaltungsschriftgut, 1996, S. 141-143.
[178] Gesetz vom 3. Brumaire IV, Art. 2, vgl. Kap. IV, 2.
[179] LAIDIÉ: Fêtes et manifestations publiques en Côte-d'Or, 2005, S. 45 ff.

gefeiert hatte[180]. Auf jeden Fall war die Doppelung des Festzeremoniells durch einen geselligen Festteil zum Zeitpunkt der Annexion des Rheinlandes fester Bestandteil der Feiern der Nationalfeste geworden. In einem gewissen Sinn realisierte die Soziabilität des Nachmittagsfestes die politischen Diskurse des Vormittagsfestes. Die freie und glückliche Volksgemeinschaft, wie sie in ihren politischen und sozialen Rahmenbedingungen am Vormittag vorgestellt wurde, wurde am Nachmittag in Spiel, Tanz und anderen gemeinsamen Festaktivitäten realisiert. Insofern kann man im Anschluss an Rousseau's Brief an d'Alembert von 1758 in der Tat in der Soziabilität den eigentlichen Festinhalt sehen. Zumindest aber sind die Nachmittagsfeste nicht einfach Anhang und Ausklang der politischen Feste, sondern deren fester Bestandteil.

Ein gemeinschaftliches Mal der Funktionäre, Spiele für die Jugend sowie weiter am Abend Ball, Konzert und Illumination gehörten nun auch im Saardepartement zum obligatorischen Festprogramm. Zwar wurde der Kanon nicht immer voll erfüllt, denn nicht alle Feste waren Freudenfeste, nicht bei allen Festen waren die materiellen Voraussetzungen für ein großes Programm gegeben, nicht bei allen Festen machten die politischen Umstände die Realisierung eines umfassenden Festprogrammes möglich etc. Aber idealtypisch war die Festgeselligkeit fester Bestandteil des Festes und konnte gelegentlich sogar das eigentliche Festzeremoniell dominieren. Immerhin konnten die Nationalfeste auf diese Weise Volksfestcharakter annehmen.

6.1. Bankette

Im Normalfall fanden das Festzeremoniell mit Zug und Festritual am Vormittag des Festtages und die Spiele am Nachmittag statt. Die Zwischenzeit wurde mit einem « *banquet fraternel* » ausgefüllt, zu dem sich die Funktionäre trafen. Meist wurden dazu auch noch weitere Honoratioren sowie die sonstigen Mitwirkenden an dem Festprogramm eingeladen. Bei den moralischen Festen wurden dazu noch in der Regel die geehrten Schüler, Ehepaare und Alten mit zur Tafel gebeten. Die Bezeichnungen für dieses Mahl schwanken. Außer dem im Gesetz vorgegebenen Begriff eines « *banquet fraternel* » erscheinen auch die politisch korrekten Varianten « *banquet civil* », « *repas civil* » oder « *dîner républicain* ». Vielfach wurde aber der doch etwas pompöse Begriff des Banketts eingeschränkt oder ersetzt. So finden sich auch « *banquet rural* » und « *banquet frugal* » sowie « *repas fraternel et frugal* », « *repas frugal* » oder auch einmal « *récréation très frugal* »[181]. Die Tendenz zu einer bürgerlichen Bescheidenheit entspricht dabei durchaus den verfügbaren Mitteln. Waren bei den ersten Festen anscheinend noch Mittel der

---

[180] Diese Perspektive der Feste von unten beschreibt der Parisbesucher Ernst Moritz Arndt ausgerechnet anlässlich der Trauerfeier für die Rastatter Gesandten, vgl. ARNDT: Pariser Sommer, 1799, 1982, S. 84.

[181] Fest des Ackerbaus am 10. Messidor VII / 28. Juni 1798 in Konz.

Zentralverwaltung vorhanden, die von den Kantonen in Anspruch genommen werden konnten, so versiegte diese Quelle schnell, und immer häufiger wurde in den Festberichten betont, dass jeder Teilnehmer an dem gemeinschaftlichen Mahl seine eigene Zeche selbst bezahlt hätte.

Größere Festmahle, die alle Festteilnehmer eingeschlossen hätten, sind dagegen selten und dürften durch die dann doch recht große Zahl der Teilnehmer auch an organisatorische Grenzen gestoßen sein. Immerhin versammelte sich in Bernkastel am Nachmittag des Tages der Einsetzung der neuen Verwaltung die gesamte Bürgerschaft bei einem frohen Becher Moselwein auf dem Marktplatz, wo sich noch heute die Atmosphäre eines solchen Bürgermahles nachvollziehen lässt:

> «*Nachmittags lude der President, Bürger Friderici, den Kommissar ein, sich mit ihm auf den Markt zu begeben, um zu sehen, wie der neu gepflanzte Baum sich benehme; und indem er ihn auf das Stadthaus führte, überraschte er denselben mit dem Anblick der gesammten Bürgerschaft, welche sich, nach alter ländlicher Moselsitte, beym frohen Becher versammelt hatte, und auf den Flohr der Republik und die baldige Vereinigung mit ihr denselben freudevoll leerten.*» (Gedruckter Festbericht)

Nur einmal ist auch das Festmal mit einer Armenspeisung verbunden worden, als beim Fest der Volkssouveränität am 30. Ventôse VII / 20. März 1799 in Konz den Armen eine Brotration für eine Dekade ausgeteilt wurde. Häufiger war es dagegen, dass Bier, Weißbrot und Branntwein bzw. in den Weingegenden Brot und Wein an die Jugend[182] oder auch einmal an alle Festteilnehmer[183] ausgeteilt wurden. Beim Fest der Dankbarkeit am 10. Prairial VI / 29. Mai 1798 in Hermeskeil wurde die Verteilung sogar unter dem Freiheitsbaum vorgenommen und damit in das Festzeremoniell integriert. In Hermeskeil erhielten beim Fest der Gründung der Republik am 1. Vendémiaire VII / 22. September 1798 alle Kinder und Jugendlichen, die am Zug teilgenommen hatten, ein Geschenk von zwei Kreuzern.

6.2. Spiele und sportliche Wettkämpfe

Der Nachmittag der Feste war den Spielen und Wettkämpfen gewidmet, die meist auf einer Wiese nahe den Kantonshauptorten stattfanden. Am beliebtesten waren Wettläufe für die Jungen, die meist getrennt nach Altersklassen durchgeführt und nicht nur für die Schulkinder, sondern auch für die Jugend veranstaltet wurden. Nur in St. Arnual sind zweimal auch Wettläufe von Mädchen erwähnt. In Trier scheint die Beteiligung nicht allzu groß gewesen zu sein,

---

[182] So beim Fest der Gründung der Republik am 1. Vendémiaire VII / 22. September 1799 in Bernkastel oder beim Fest der gerechten Bestrafung des letzten Königs der Franzosen am 2. Pluviôse VII / 21. Januar 1799 in Waldmohr.
[183] Einsetzungsfeier in Daun.

VI. Form der Nationalfeste

da der Chronist Müller nur zweimal von Wettläufen berichtet und dabei in einem Fall auch nur 8 Jungen teilnahmen. In den Landkantonen war die Beteiligung größer, da die Festprotokolle darüber ausführlicher berichten. In Hermeskeil mussten wegen der großen Teilnehmerzahl die Wettkämpfe am Jahrestag der Einsetzung der neuen Verwaltungen sogar gleichzeitig durchgeführt werden.

In den Kantonen erfahren wir auch etwas über die für die Sieger ausgesetzten Preise. Häufig sind Kleidungsstücke, vor allem Taschentücher, aber auch Strümpfe, eine Weste, eine Krawatte oder auch ein Hut mit Kokarde. Nahrungsmittel werden dagegen nur einmal erwähnt: in St. Wendel erhielt der Gewinner beim Fest der Gründung der Republik am 1. Vendémiaire VII / 22. September 1798 zwei Hühner. Häufig gab es auch kleine Geldgeschenke. Dazu kam die Ehre. In St. Wendel erhielten die Sieger beim Fest der Dankbarkeit am 10. Prairial VI / 29. Mai 1798 ein Band in den Nationalfarben und in Blieskastel beim Fest des 9./10. Thermidor VI / 27./28. Juli 1798 ein Schmuckexemplar der Verfassung (« *exemplaire de la constitution bien relié* »). Vor allem wurde in Wittlich beim Fest der Eheleute am 10. Floréal VII / 30. März 1799 der Sieger mit einer Bürgerkrone geehrt und in einem « *char de triomphe* » zurück in die Stadt gebracht. Eine soziale Komponente ist nur in St. Arnual erkennbar, wo beim Fest der Dankbarkeit am 10. Prairial VI / 29. Mai 1798 die beiden ärmsten Kinder den Siegespreis erhielten.

In Lebach, Meisenheim, Trier und Wadern wurden auch Reiterwettkämpfe ausgetragen, die sich naturgemäß an die ältere Jugend richteten. In Trier hatten sich für den Wettkampf beim Fest des Ackerbaus am 10. Messidor VI / 28. Juni 1798 allerdings nur drei Angestellte der Zentralverwaltung für das Wettreiten gemeldet, nämlich der Chef de bureau Schmeltzer, sein Sous-chef Schwindenhammer sowie ein Angestellter (*employé*), und wen wundert's, dass der Einlauf vollkommen die Behördenhierarchie reproduzierte. In den Landgemeinden war die Beteiligung sicherlich demokratischer. In Meisenheim wurden beim Fest der Gründung der Republik am 1. Vendémiaire VII / 22. September 1798 die Wettkämpfe für die jugendliche Nationalgarde veranstaltet und getrennt nach den Waffengattungen durchgeführt. So waren hier auch wertvollere Preise ausgesetzt worden. Der Sieger des Wettreitens erhielt Sattelzeug und Zügel, der Sieger des Wettlaufes der Grenadiere ein Gewehr, und für die Chasseurs war ein Säbel ausgesetzt worden. Auch wenn es sich nur um eine paramilitärische Organisation handelte, war die Waffenfähigkeit der Truppe also augenscheinlich schon ernst gemeint.

Außerdem wurden noch verschiedene Spiele veranstaltet, die zum Teil auch heute noch in ähnlicher Form als Kinderspiele bekannt sind. In St. Wendel und Wadern sollte man mit verbundenen Augen eine aufgehängte Gans mit einem Stock treffen. In Birkenfeld wurde zweimal ein Schießen ohne Patronen veranstaltet (« *tirer au blanc* »). Hier wurde auch gekegelt (« *jeu de quilles* »). In St. Wendel finden sich Seilziehen (« *l'exercice de la corde lâche* »), Seilspringen (« *saut du ruban tricolore* ») sowie Springen von einem elastischen Brett (« *saut de tremplain* [sic] »).

6.3. Konzerte, Bälle, Illuminationen

Nach dem Zeremoniell am Vormittag und den Spielen am Nachmittag folgte noch ein Abendprogramm, über das der Trierer Chronist Müller anlässlich der Einsetzung der Zentralverwaltung am 19. Februar 1798 berichtete:

> « *Diesen Abend 5 Uhr fing am Rathaus auf hiesigem Kornmarkt ein Concert an, so bis gegen 9 Uhren fortgesetzt worden, wo dann Ball bis in den anderen Tag morgens frühe gehalten worden. Dabey ist diesen Abend von halb 7 bis gegen Mitternacht die ganze Stadt erleuchtet worden.* »[184]

Es blieb allerdings vorerst das einzige Konzert in Trier, denn bei der nächsten Veranstaltung erschienen die Musikanten nicht, weil sie nicht bezahlt worden waren. Bälle wurden aber noch einige veranstaltet, so beim Fest der Gründung der Republik am 1. Vendémiaire VII / 22. September 1798, für welche Veranstaltung sich der Verwalter Haan später berühmte, eine Verlängerung der Sperrstunde erreicht zu haben[185], oder beim Fest der Volkssouveränität am 30. Ventôse VII / 20. März 1799, wo es sogar - trotz der Jahreszeit - zu einem nächtlichen Tanz um den Freiheitsbaum kam. Auch in den Landkantonen waren die Bälle häufiger als die Konzerte, und auch hier wird für Kyllburg und Wittlich von nächtlichen Tänzen um den Freiheitsbaum berichtet, wobei der Anlass mit dem Fest der Gründung der Republik am 1. Vendémiaire VII / 22. September 1798 jahreszeitlich deutlich besser gewählt worden war. Für Konzerte war das Problem, Musiker zu finden und vor allem auch zu bezahlen, in den Landkantonen eher noch größer als in der Departementshauptstadt. Immerhin wusste man in Birkenfeld beim Fest der Dankbarkeit am 10. Prairial VI / 28. Juni 1798 die Anwesenheit von durchziehenden Truppen zu einer Serenade der Militärkapelle im Garten des Rathauses zu nutzen.

Bei den Illuminationen wurden am Abend die Fenster der Häuser durch Kerzenschein erleuchtet. Darüber hinaus gab es die Möglichkeit, Transparente in die Fenster zu stellen und sie durch Kerzen zu erleuchten. Eine Tuschzeichnung von Manouisse in St. Wendel vermittelt uns auch hier einen Eindruck von den Lichteffekten und der Stimmung, die durch solche Illuminationen erzielt werden konnten. Sein Bild vom Fest der Gründung der Republik am 1. Vendémiaire VII / 22. September 1798 in St. Wendel (Abb. 6) zeigt die Atmosphäre. Die Stadt ist völlig dunkel, so dass die Häuser sich nur als

---

[184] LHA Koblenz: Best. 700,62 Nr. 28, Heft G für 1798, fol. 30v; Lager: Chronik, 1915, S. 117.
[185] Rechtfertigung des Bürgers Haan, Verwalter des Saardepartements gegen eine gegen ihn gemachte Denunziation, Luxemburg VII, S. 13-14.

VI. Form der Nationalfeste

Silhouette von dem durch den Mond etwas erleuchteten Himmel abheben. Um so markanter sind die Lichteffekte der Kerzen in den Fenstern, die Fensterrahmen und Dachvorsprünge hell erscheinen lassen. Alle abgebildeten Häuser sind erleuchtet, so dass eine stimmungsvolle Dämmerung entsteht. Der Blick geht vom Platz vor dem Haus der Munizipalität, das besonders hervorgehoben ist, auf den Marktplatz, wo ein Freiheitsbaum zu erkennen ist, und weiter zu den Türmen der Stadtkirche (St. Wendelinus-Dom), wobei ein Spalier von Soldaten die Verbindung zwischen dem Freiheitsbaum und der Munizipalität herstellt und zugleich das Bild zum Betrachter hin abschließt. Im Fenster über dem Eingang des Hauses der Munizipalität erkennt man ein Transparent, das ein größeres Dreieck zeigt, das aus vier kleineren Dreiecken zusammengesetzt ist, was sich auf das Revolutionssymbol der Gleichheit bezog und deshalb sicherlich noch mit entsprechenden Inschriften versehen war. Ähnliche Transparente aus St. Wendel hat Manouisse noch später von dem Fest anlässlich der Hochzeit von Napoleon mit Marie-Louise von Österreich überliefert (vgl. Abb. 1), die hier auch wieder emblematische Darstellungen zeigen[186].

Die Illuminationen beim Fest der Gründung der Republik am 1. Vendémiaire VII / 22. September 1798 sind besonders gut beschrieben. Außer der erwähnten Illustration von Manouisse für St. Wendel liegen dafür die Festberichte von Blankenheim, Ottweiler und Saarbrücken vor. Durchgehend besteht der Fensterschmuck in Revolutionssymbolen und Texttafeln, die durch die Tansparentbeleuchtung in der allgemeinen Dunkelheit besonders herausstechen.

In Ottweiler waren das Rathaus und die Wohnhäuser der Beamten mit Inschriften geschmückt, wobei der Ruhm von Bonaparte's Ägyptenfeldzug auch bis in das Saardepartement gelangt war:

« *Le soir une illumination termina la fête. Sur la maison commune on voyoit l'inscription en lettres transparantes* [sic] „Vive la République", *sur le logement du Commissaire on voyoit un œil de surveillance et à deux cotés les inscriptions suivantes* „Vive le Directoire exécutif", „Vive Buonaparte le Grand", *au milieu on voyoit* „Aux fondateurs de la République". *Plusieurs maisons, surtout celle du Receveur et de l'Inspecteur des eaux et forêts étoient bien illuminées.* »
(Hervorhebung der Zitate in recte, W.H.St.)

In Saarbrücken beeindruckten große Darstellungen republikanischer Allegorien in den Fenster des Rathauses:

« *Le même soir à 7 heures a commencée* [sic] *l'illumination d'un genre aussi nouveau que parfaitement ordonné. La façade de la maison commune présentoit le plus beau coup d'œil, les grandes croisées étoient masquées par des transparants* [sic] *de huit pieds de haut, représentant chacun une*

---

[186] STEIN: Napoleonfeste, 2012, S. 22-23.

déesse analogue du [sic] *régime républicain. Un transparant de forme triangulaire portoit la devise de* "*Vive la République, toujours une, triomphante et impérissable*". *Les lampions, par centaine, ont été distribué* [sic] *et placé* [sic] *cimétrialement* [sic] *de manière que les deux façades de la maison commune paroissoient embrasées. Chaque fonctionnaire public et généralement tous les habitants se sont surpassés par l'ordre, le goût et l'invention des illuminations. L'autel de la patrie ainsi que la déesse de la liberté n'offroient pas moins dans l'obscurité un tableau merveilleux par l'illumination qui avoit été exécutée.* »
(Hervorhebung der Zitate in recte, W.H.St.)

In Blankenheim war neben dem Freiheitsbaum eine Konstruktion für ein Transparent erstellt worden, wobei auf einem kubischen Sockel eine Pyramide errichtet worden war, so dass auf den drei Schauseiten jeweils eine kleinere rechteckige und eine größere dreieckige Transparentfläche entstanden, die mit Bildern und Inschriften verziert waren. Die Hauptseite zeigte auf der Pyramide den Freiheitsbaum und wies im Sockel auf den Anlass des Festes hin. Die Seiten rühmten auf der Pyramide die Grundwerte von Freiheit und Vaterland auf Deutsch und Französisch und wiesen auf dem Sockel auf die Verwaltungsgliederung hin. Daneben war eines der großen Fenster des Schlosses mit der Darstellung einer Freiheitsgöttin geschmückt, wozu eine lateinische Inschrift die mütterliche Aufnahme des besiegten Volkes der Rheinländer in die französische Nation rühmte:

« *D'après le signal de quelques boëtes toutes les maisons furent illuminées. Les transparents apposés par le président près l'arbre de la liberté et sur la fenêtre de la salle de danse au château attirèrent surtout les regards de la multitude pour qui ce spectacle étoit tout à fait nouveau. La première* [sic], *une piramide* [sic] *quarrée sur son piédestal à trois faces illuminées, sur la principale un arbre de liberté auquel un écriteau était appendu sur lequel ces mots environnés d'une couronne civique* „Constitution de l'an III", *sur le piédestal* „L'an VII de la fondation de la République Françoise", *sur une des cotés* „A la liberté et à la patrie", *au piédestal* „Département de la Sarre", *sur l'autre* „Der Freiheit und dem Vaterlande", *et au piédestal* „Canton de Blankenheim". *L'autre transparent représentoit la Déesse de la liberté avec ses attributs et l'inscription* „Haec est in gremium quae victos sola recepit Matris non dominae ritu".
(Hervorhebung der Zitate in recte, W.H.St.)

Wie alle öffentlichen Manifestationen der Nationalfeste boten die Illuminationen eine Gelegenheit für die Bevölkerung, Zustimmung oder Distanz zum Regime zum Ausdruck zu bringen. Dass alle öffentlichen Gebäude sowie die Privathäuser der Funktionäre und Verwaltungsangestellten illuminiert waren, verstand sich von selbst. Ein direkter Zwang auf Privatpersonen, sich zu beteiligen,

VI. Form der Nationalfeste 351

wurde aber anscheinend nicht ausgeübt. So hebt der Chronist Gottlieb bei dem Fest der Einsetzung der neuen Verwaltung am 8. April 1798 in Saarbrücken hervor, dass jeder nach seinem Vermögen zur Beleuchtung der Stadt beigetragen habe[187], während der Verwaltungsbericht über das Fest der Volkssouveränität in Ottweiler am 30. Ventôse VII / 20. März 1799 die « *illumination très pauvre* » beklagt, an der sich nur wenige Häuser beteiligt hätten[188], und man in Kusel es beim Fest der Gründung der Republik demonstrativ ablehnte, wegen Armut der Stadt und Brandgefahr eine Illumination durchzuführen.

War die Illumination ein Lieblingskind des 18. Jahrhunderts, das bei den Nationalfesten zur Darstellung von Symbolen und Devisen der Französischen Republik dienen konnte, so waren Konzerte und Bälle traditionelle Festelemente, die dazu beitragen konnten, die Nationalfeste zu Volksfesten zu machen.

7. Kosten der Feste

Wie alles kostete die Veranstaltung der Nationalfeste Geld. Rechnungsunterlagen für die Nationalfeste im Saardepartement liegen allerdings von der Zentralverwaltung wie von den Kantonen kaum vor[189]. So sollen nur einige Einzelrechnungen, die den Festberichten beilagen, und einige Randbemerkungen in den Festberichten selbst zusammengestellt werden.

Diese gesammelten Angaben sind notwendigerweise punktuell und erfolgen in verschiedenen Münz- und Währungseinheiten. Lassen sich die Währungen durch offizielle Umrechnungstabellen noch einigermaßen vergleichen[190], so bleibt die Bewertung der ermittelten Geldsummen schwierig, da sich das damalige Preisgefüge von dem heutigen stark unterscheidet[191].

---

[187] Gottlieb'sche Chronik, S. 15.
[188] Ähnlich auch der Trierer Chronist Müller für den Jahrestag der Einsetzung der neuen Verwaltungen am 19. Februar 1799.
[189] Ein Kapitel in der Abrechnung des Kantons Wittlich für das Jahr VI betrifft die Kosten für 4 Nationalfeste (LHAK Best. 276 Nr. 3182, fol. 130v). Eine weiterführende Untersuchung könnte auf der Basis der Rechnungsüberlieferung der Stadt Trier unternommen werden (STEIN: Die französischen Bestände des Stadtarchivs Trier, 2013, S. 75-76).
[190] Livres und Francs können für kleine Summen gleichgesetzt werden. Ecus gab es im Werte von 3 oder von 6 Livres. Der Florin (Reichsgulden zu 60 Kreuzer) hatte einen Wert von 2 francs 15 centimes, der Kreuzer also einen von 3 centimes, nach: Arrêté des Direktoriums vom 26. Vendémiaire VII / 18. Oktober 1799 (BODMANN / DANIELS: Handbuch, Bd. 4, 1836, S. 105), publiziert für die rheinischen Departements am 16. Brumaire VIII / 7. Nov. 1799 (BODMANN / DANIELS: Handbuch, Bd. 6, 1841, S. 813).
[191] Eine Orientierung geben die Preis- und Lohntabellen bei MÜLLER: Säkularisation und Grundbesitz, 1980, S. 191-206.

Tabelle 17: Kosten für die Durchführung der Nationalfeste in einigen Kantonen des Saardepartements 1798-1799

	VI prairial 10 Dankbarkeit			VI messidor 10 Ackerbau			VI therm 9/10	VII vendémiaire 1 Gründung Republik	
	Hermeskeil	Lebach	Wadern	Blankenheim	Herrstein	Herrstein	Lissendorf	Hermeskeil	Herrstein
Baumpflanzung				2 liv 0 s					
Fahnen				7 liv 9 s					
Agrarinstrumente				5 liv 0 s					
Kerzenwachs				1 liv 0 s					
Material zus.				**15 liv 9 s**					
Bewirtung der Verwalter	96 liv 0 s								15 fl 0 kr
Bewirtung von Agenten, Adjunkten, Unterbeamten etc.	148 liv 4 s								40 fl 48 kr
Bewirtung von Schülern	48 liv 6 s								
Bewirtung insgesamt	**292 liv 10 s**	**18 fl 0 btz**		**113 liv 6 s**		120 liv			**55 fl 48 kr**
Honorar für Musik		6 fl 0 btz		24 liv 0 s					
Kanonen, Pulver		4 fl 3 btz		27 liv 14 s					
zus	**292 liv 10 s**	**28 fl 3 btz** (ca. 60 fr)	**124 fr**	**180 liv 9 s**		120 liv	16 écus (ca. 48 fr)	**89 fl 20 kr** (ca. 192 fr)	**55 fl 48 kr** (ca. 120 fr)

Abkürzungen: btz=batzen; fl=florins; fr=francs; kr=kreuzer; liv = livres; s=sous

VI. Form der Nationalfeste

Am teuersten war augenscheinlich die Bewirtung, die aber bei ganztägigen Veranstaltungen mit vielen Teilnehmern von auswärts kaum zu umgehen war. In Herrstein beim Fest der Gründung der Republik im Jahre VII ist die Zahl der Gedecke spezifiziert. Es waren insgesamt 52 Personen zu versorgen: 10 Personen Munizipalverwaltung und 42 Agenten sowie Musikanten und junge Leute. In Lebach beim Fest der Dankbarkeit im Jahre VI wurden nur Musikanten und der Kanonier verpflegt, so dass für alle nur 36 Schoppen Wein auszugeben waren. In Blankenheim waren es beim Fest des Ackerbaus im Jahre VI 44 « *pots de vins* ». Die Schulkinder, die nur in Hermeskeil beim Fest der Dankbarkeit im Jahre VI separat aufgeführt wurden, mussten sich anscheinend mit weniger begnügen. Die Zahl der Verwalter des Kantons Hermeskeil ist nicht angegeben, in Herrstein waren es beim Fest der Gründung der Republik im Jahre VII aber 10 Personen, so dass diese Zahl als Richtmaß genommen werden kann. Die Zahl der Schüler dürfte erheblich größer gewesen sein, trotzdem betrug ihre Zeche nur die Hälfte der Zeche der Verwalter. Kosten verursachten auch die Honorare für die Musik[192] und das zum Böllerschießen notwendige Kanonenpulver[193], wofür knapp die Hälfte der Bewirtungskosten aufzuwenden war. Schließlich waren für das Fest des Ackerbaus in Blankenheim im Jahre VI noch Kosten für Festschmuck in Form von Fahnen, Kerzen und den anlassbedingten Agrargeräten entstanden, die wiederum etwa die Hälfte der Kosten für Musik und Böllerschießen betrugen[194].

Grundsätzlich standen für die Kosten der Feste die *centimes additionnels communaux* der Kantone zur Verfügung. Aus ihnen waren aber alle Lokalausgaben zu bestreiten, so dass sie nie ausreichten. Vielleicht hatte auch die Zentralverwaltung einen Fonds für die Durchführung der Nationalfeste bereit gestellt[195], was aber konkret nur für die Departementshauptstadt Trier zu belegen ist, der ein Jahresetat (« *crédit* ») von 1200 Francs für die Durchführung aller Nationalfeste von der Zentralverwaltung zur Verfügung gestellt worden war[196]. Allerdings bestimmte hier die Zentralverwaltung auch den Ablauf der

---

[192] In Lebach fallen dazu einmal 8 fr 60 cent an, in Blankenheim dagegen fast das Dreifache, nämlich 24 livres. In Trier werden noch im Vendémiaire VIII / Sept./Okt. 1799 für drei Dekadenfeiern 42 fr 5 cent ausgezahlt (BERETHS: Musikchronik, 1978, S. 16) und in Wittlich für vier Nationalfeste im Jahre VI 72 fr (LHA Koblenz: Best. 276 Nr. 3182, fol. 130v). Das ergibt einen Durchschnitt von 15 fr 30 cent.

[193] Die Pulverkosten waren in Wittlich niedriger, wo für vier Feste nur 51 fr 82 cent ausgegeben wurde, also pro Fest knapp 13 fr (LHA Koblenz: Best. 276 Nr. 3182, fol. 130v).

[194] Die Kosten für die Fahnen werden in Wittlich bestätigt, wo für zwei Fahnen 10 fr bezahlt wurden (LHA Koblenz: Best. 276 Nr. 3182, fol. 130v).

[195] Der Kanton Lützerath im Rhein-Mosel-Departement beruft sich am 9. Vendémiaire VII / 30. September VII gegenüber der Zentralverwaltung des Departements auf dieses Vorbild (LHA Koblenz: Best. 241 Nr. 3092), indem er um eine Zuweisung bittet « *ainsi que le département de la Sarre l'a accordé à tous ses cantons* ».

[196] Schreiben der Zentralverwaltung an die Munizipalität Trier vom 29. Messidor VI / 17.

Feste und verlangte dabei einen höheren Standard. Für die Kantone ist es dagegen wahrscheinlicher, dass die Zentralverwaltung nur die Genehmigung von Anweisungen auf die Centimes additionnels in Aussicht stellte[197]. Für das erste departementsweit gefeierte Nationalfest nach dem Kanon der französischen Festgesetze, nämlich das Fest der Dankbarkeit am 10. Prairial VII / 29. Mai 1798, präsentierte der Kanton Hermeskeil allein für das Bankett eine Rechnung von 292 livres 10 sols[198], die sich aus 96 livres für die Verwalter (« *citoyens administrateurs* »), aus 148 livres 4 sols für die Agenten, Adjunkte, Forsthüter, Gerichtsdiener, Boten und andere Unterbeamte sowie aus 48 livres 6 sols für die Schüler zusammensetzte. Dagegen waren bei dem gleichen Fest in Waldmohr mit 124 francs für das Gemeinschaftsmahl und das Böllerschießen zusammen nur weniger als die Hälfte der Hermeskeiler Kosten angefallen, und in Wittlich gab man für ein Bankett nur 60 fr aus, während sich der Kanton Reifferscheid damit begnügen wollte, was jedem Kanton zugebilligt würde (« *attendant seulement à recevoir ce que vous avez accordé a chaque canton* »)[199]. Zumindest Rechnungen der ersten Art waren der Zentralverwaltung dann wohl doch zu viel, so dass sie in ihrem Zirkular für das nächstfolgende Fest des Ackerbaus die Kantone zu schärfster Sparsamkeit aufrief und drohte, alle nicht absolut notwendigen Ausgaben nicht anerkennen zu wollen, wie insbesondere Kosten für Essen und Bankette[200].

Von da an begannen die Klagen der Kantonsverwaltungen über die Finanzierung der Feste. Beim Fest des 9./10. Thermidor VI / 27./28. Juli 1798 merkte die Kantonsverwaltung Waldmohr es nur als Zeichen ihrer Uneigennützigkeit (« *désintéressement* ») an, dass die Agenten die Kosten für Bankett und Musik selbst getragen hätten, aber schon beim Fest des Alters am 10. Fruktidor VI / 27. August 1798 verband die Kantonsverwaltung Blankenheim die gleiche Er-

---

Juli 1798 bezüglich des Festes der Freiheit am 9./10. Thermidor sowie vom 22. Brumaire IX / 13. November 1800 bezüglich der Dekadenfeiern (StadtA Trier Fz 67). Außerdem gewährte die Zentralverwaltung Vorschüsse auf die Centimes additionnels, indem sie Rechnungen für die Munizipalität direkt anwies, vgl. Schreiben der Zentralverwaltung an die Munizipalität Trier vom 2. Floréal VII / 21. April 1799 bezüglich des Festes der Eheleute am 10. Floréal VII, also des ersten Festes, das die Munizipalität federführend durchführte (LHA Koblenz: Best. 276 Nr. 1713; StadtA Trier Fz 67).

[197] Das Zirkular der Zentralverwaltung für das Fest schließt mit dem Passus: « *Dans vos dépenses municipales il vous sera alloué une certaine somme pour subvenir aux frais que la célébration des fêtes nationales pourra occasionner.* »

[198] Das entspricht etwa den Lebenshaltungskosten einer Handwerkerfamilie auf dem Lande für ein ganzes Jahr, vgl. MÜLLER: Säkularisation und Grundbesitz, 1980, S. 204.

[199] Bericht über das Fest des Alters am 10. Fruktidor VI / 27. August 1798.

[200] Zirkular der Zentralverwaltung vom 29. Prairial VI / 17. Juni 1798 - LHA Koblenz: Best. 276 Nr. 1110 (Konzept), StadtA Trier: Fz 67 (Empfängerausfertigung): « *Nous vous rappellerons enfin que la plus sévère économie devra présider et vous prévenant que nous reierons* [sic] *des comptes municipales toutes les dépenses qui n'auront pas été strictement nécessaires, telles que repas, banquet etc.* »

klärung mit der Erinnerung, dass ihr die Kosten für das vorangegangene Fest des Ackerbaus noch nicht erstattet worden wären, und wiederholte ihre Mahnung im Bericht über das Fest der Gründung der Republik am 1. Vendémiaire VII. Danach hören die Finanzklagen in den Festberichten nicht mehr auf. Reifferscheid beklagt « l'*épuisement total de nos fonds* » (30. Ventôse VII), in Prüm sind die Musikanten seit sechs Nationalfesten nicht mehr bezahlt worden (Fest der Jugend, 10. Floréal VII), und St. Wendel berichtet von « *l'épuisement total de moyens pécuniaires* », was seit neun Monaten andauere (20. Prairial VII). Wenn nun noch von einem Bankett bzw. eher von einem « *repas frugal* » die Rede ist, geschieht das regelmäßig mit dem Zusatz, dass jeder Teilnehmer seinen Kostenanteil selbst getragen habe. Schon für das Fest des 9./10. Thermidor VI hatte der Kanton Wittlich seine Agenten bitten müssen, wegen der Leere der Kasse aus jeder Gemeinde 6 livres zur Kostendeckung des Festes mitzubringen. Beim Fest des Ackerbaus am 10. Messidor VII schließlich berichtet der Kanton Prüm, dass man schon zwei- oder dreimal die Festkosten nur durch eine freiwillige Kollekte habe aufbringen können, dass aber eine erneute Wiederholung dieser Bitte nur zu einer Blamage führen könne. Auch das mag den zunehmenden Rückgang der Festfrequenz im Jahre 1799 erklären.

8. Liedgut der Nationalfeste[201]

Die Feiern der Nationalfeste waren von Musik begleitet. Schon am Morgen der Festtage wurde das Festprogramm in den Straßen und auf den Plätzen durch Musikgruppen verkündet, die patriotische Lieder spielten, und das gleiche Musikprogramm begleitete auch die Festzüge. Höhepunkt war dann die Feier unter dem Freiheitsbaum oder im Dekadentempel, bei der die Festzeremonie und die Reden von Instrumentalstücken und Chorgesang begleitet wurden. Schließlich konnten noch im Programm des Nachmittags Lieder erklingen, ehe dann das Fest mit einem Ball oder einem Konzert endete.

Während die Auswirkungen der Französischen Revolution auf die deutsche Musik gut bekannt sind[202] und auch die Musikpflege im Rheinland während der Zugehörigkeit zu Frankreich für einige Städte die Aufmerksamkeit der Forschung gefunden hat[203], sind die Musik der Nationalfeste und insbesondere das dabei erklungene Liedgut bisher wenig beachtet worden[204]. Das mag teil-

---

[201] Erstdruck in Jahrbuch des Zentrums für Populäre Kultur und Musik, 60/61, 2015/2016, S. 247-292. Der musikwissenschaftliche Apparat S. 280-292 wird hier nicht wiederholt.
[202] Martin: Revolution in der deutschen Musik, 1989, mit weiterer Literatur.
[203] Jacobshagen: Musik im Rheinland der Franzosenzeit, 2012.
[204] Abgesehen von kursorischen Erwähnungen ist nur auf die Textsammlung von Engels zu verweisen (Gedichte und Lieder deutscher Jakobiner, 1971). Einen Überblick über die politische Liedkultur in Deutschland gibt die Ausstellung: « *Freiheit lebet nur im Liede* ». Das politische Lied in Deutschland, 1992, die das Liedgut der Mainzer Republik behandelt (S.20-35), aber die Lieder der französischen Nationalfeste im Rheinland ausspart.

weise in der Quellenlage begründet sein, denn die Festberichte erwähnen meist nur allgemein, dass patriotische Lieder gesungen oder Musikstücke gespielt worden seien, doch ohne anzugeben, um welche Lieder und Musikstücke es sich gehandelt habe. Erst eine systematische Auswertung der Quellen kann versuchen, das Liedgut der französischen Nationalfeste im Rheinland genauer zu ermitteln. Dabei kann auch untersucht werden, inwieweit französisches Liedgut in den rheinischen Departements rezipiert wurde sowie inwieweit dabei auch auf deutsche Lieder zurückgegriffen wurde oder solche für diesen Anlass neu entstanden sind.

8.1. Rezeption der französischen Revolutionslieder

Wie die Revolutionsfeste stellten auch die Revolutionslieder[205] durchaus etwas Neues dar und vollzogen einen kreativen Bruch mit dem Ancien Régime im kulturellen Bereich[206]. Zwar setzten sie zunächst die Tradition der Chansons und Vaudevilles als Strophenlieder mit Refrain fort[207], wobei neben Neuschöpfungen in Text und Musik (*chansons*) auch auf alten Melodievorlagen (*timbres*) immer neue und aktuelle Texte präsentiert wurden (*vaudevilles*). Doch bald entstanden auf dieser Grundlage auch Neukompositionen, die textlich und musikalisch den Refrain von einer Zusammenfassung oder einem Ausklang des Liedes zum eigentlichen Ausdruck der Botschaft des Liedes machten. So lebte das bekannte Ça ira durch seinen Refrain, und noch ausgesprochener entwickelte die *Marseillaise* ihren mitreißenden Schwung durch den Appell des Refrains « *Aux armes citoyens* ». Das gilt sowohl für die einfacheren Chansons wie für die aufwendiger komponierten und mit Orchesterbegleitung präsentierten Hymnen. Hinzu kam dann noch eine neue Aufführungspraxis mit einem Wechsel zwischen dem Strophenvortrag durch verschiedene Sänger oder Sängergruppen und der Aufnahme des Refrains durch das gesamte Publikum, was die Dynamik der Musik weiter verstärkte und das Revolutionslied sogar zum Agens des politischen Prozesses machen konnte.

Mit dem Ende der Jakobinerherrschaft wurde das Revolutionslied, wie überhaupt das Revolutionsfest, konservativ. Lieder und Festkultur sollten nicht mehr die Revolution vorantreiben, sondern die Mémoire der Revolution bewahren. Das Liedgut der Revolution wurde kaum noch spontan fortentwickelt, vielmehr wurde es Teil des Revolutionserbes, das kontrolliert verwaltet wurde.

---

[205] Materialkataloge: PIERRE: Musique des Fêtes et cérémonies de la Révolution française, 1899. PIERRE: Hymnes et chansons de la Révolution, 1904. - Gesamtdarstellungen: MARTY / MARTY: Dictionnaire, 1988. BRÉCY: La Révolution en chantant, 1988. MOUREAU / WAHL: Chants de la Révolution française, 1989, dazu: Musikkassette mit dem Ensemble Jacques moderne unter Leitung von Jean-Pierre Ouvrard, 1989. MASON: Singing the French Revolution, 1996.

[206] COY: Die Musik der Französischen Revolution, 1978. SCHNEIDER: Formen- und Funktionswandel in den Chansons und Hymnen der französischen Revolution, 1988.

[207] KEILHAUER: Das französische Chanson im späten Ancien Régime, 1998.

VI. Form der Nationalfeste

Ein Arrêté des Direktoriums vom 18. Nivôse IV / 8. Januar 1796 verpflichtete die Theater in Paris, vor jeder Vorstellung die beliebtesten Revolutionslieder spielen zu lassen, und nannte exemplarisch die *Marseillaise*, sowie die Lieder *Ça ira*, *Veillons au salut de l'Empire* und den *Chant du départ*[208]. Damit war eine gewisse Kanonisierung des Liedbestandes der Revolution erreicht und zugleich seine Entpolitisierung als « *les airs chéris des républicains* » zur Tradition der direktorialen Republik eingetreten. Neuschöpfungen waren nun fast nur noch Auftragswerke für die Nationalfeste. Es ist also dieses zum Politikerbe gewordene Korpus der Revolutionslieder, das die Nationalfeste unter dem Direktorium beherrschte[209] und das auch in den annektierten rheinischen Departements eingeführt wurde, sozusagen als Dekor der französischen Verwaltungspolitik.

Dabei kann es nicht überraschen, dass genau diese, in dem zitierten Arrêté genannten, Lieder diejenigen waren, die auch im Rheinland vornehmlich und sogar fast allein rezipiert wurden[210]. Unter ihnen steht mit großem Abstand an allererster Stelle die Marseillaise, da sie einen quasi-offiziellen Status hatte[211]. Zwar hat die revolutionäre Republik keine eigentliche Nationalhymne gekannt, aber schon der jakobinisch beherrschte Konvent hatte am 24. November 1793 das Singen der Marseillaise bei den offiziellen Feiern des Dekadi angeordnet und der thermidorianische Konvent hatte diese Tradition fortgesetzt, indem er am 14. Juli 1794 bestimmte, dass der Aufzug der Wache am Tagungsort des Konventes (*Palais national*) von den Klängen der Marseillaise begleitet würde. Wenn aber heute die Marseillaise das einzige Revolutionslied ist, das noch aktuell eine direkte Vorstellung von der Wirkung dieser Lieder geben kann, so ist dies eine Folge der Wiedereinführung der Marseillaise als Nationalhymne durch die III. Republik am 14. Februar 1879. So wichtig diese Vermittlung ist, so stellt sich doch die Aufgabe, die zeitgenössische revolutionäre Liedkultur ohne die Vermittlung durch die III. Republik zu vergegenwärtigen.

---

[208] DEBIDOUR: Recueil des actes du Directoire exécutif, Bd. 1, 1910, S. 391-392.
[209] GOUDEAU: Le Département de l'Eure sous le Directoire, 2012, S. 218.
[210] Bei einem improvisierten Empfang im April 1798 in Wolfstein (Donnersberg) für den unangekündigt erschienenen Kommissar des Kantons wurde diesem, wie er in seinen Lebenserinnerungen berichtet, « *in dem Marseille-Marsch 'allons enfants', dem 'Freiheit ihr Brüder'* [Aufruf zur Freiheit von einem jungen Mainzer Bürger den 19ten November 1792, Mikrofiche-Ausg.: München (Saur) 1993.] *und dem berüchtigten 'Ça ira' eine fürchterliche Tafelmusik gebracht* », die anscheinend mit « *brüllenden Har- oder Disharmonien* » vorgetragen wurde, aber ganz der profranzösischen Orthodoxie entsprach. (Lebensgeschichte von Simon Joseph Schmitt, 1924, S. 112).
[211] PIERRE : Musique des Fêtes, 1899, Nr. 95, S. 456; PIERRE: Hymnes et chansons, 1904, Nr. 14, S. 223; MARTY / MARTY : Dictionnaire, 1988, S. 9-10; BRÉCY: Révolution en chantant, 1988, S. 93-98; MOUREAU / WAHL: Chants de la Révolution française, 1989, S. 79-82.
VOVELLE: La Marseillaise, 1984; ROBERT: La Marseillaise, 1989; BOIS: Histoire des 14 Juillet, 1991.

Musik war Begleitung der Feste der Revolution und des Direktoriums. Sie strukturierte das Zeremoniell mit Reden und Liedern und gliederte die Festzüge mit ihren verschiedenen Gruppen, wie das heute auch noch bei entsprechenden Veranstaltungen der Fall ist. In Paris konnten große Orchester aufgeboten werden. In der französischen Provinz und dann auch in dem annektierten Rheinland musste man sich mit weniger begnügen. Einmal ist die Rede von einer Musik, wie man sie eben bekommen konnte (« *musique, telle que l'on pouvait l'avoir* »)[212], aber so wird es meist gewesen sein. In Trier gab es ein semiprofessionelles Orchester, das wöchentlich bzw. dekadisch Konzerte gab[213]. Es wurde gerne für die Nationalfeste engagiert, musste aber bezahlt werden, so dass es schließlich nicht mehr erschien, als die Gage einige Male ausgeblieben war[214]. In der Regel ist mit Musikgruppen von unter 10 Musikanten zu rechnen, die vor allem Blas- und Schlaginstrumente spielten. Einmal werden die Instrumente genannt: es sind: Querflöte und Piccolo, Klarinette, Horn sowie Triangel, Pauken und Trommeln[215]. Das ist etwa das, was unter den Bezeichnungen als « *musique champêtre* », « *musique turque* », « *musique guerrière* » oder « *musique militaire* » zu verstehen ist. Gelegentlich kommen Streichergruppen oder Kammerorchesterbesetzungen (Cembalo, Harfe, Flöte[216]) vor. Häufig ist ein Zusammenwirken von professionellen Musikern und Amateuren. Bei den Feiern im Dekadentempel wurde schließlich auch in einigen Fällen auf die Orgel zurückgegriffen[217]. Wie schon angeführt, musste man eben nehmen, was zu bekommen war.

Diese Orchester und Musikgruppen spielten reine Instrumentalstücke[218] und dienten zur Begleitung von Liedern. Nicht nur für die französischen Lieder, sondern auch für deutsche Neudichtungen bestand die Schwierigkeit darin, dass sie besonders eingeübt werden mussten. Nur selten finden sich Liedvorträge von Einzelsängern[219], die Regel war, dass die Schulchöre der Orte, wo die Feste stattfanden, unter Leitung ihrer Lehrer und Lehrerinnen die Lieder

---

[212] Festbericht Schönberg, 23. Thermidor VII / 10. August 1799.
[213] Konzerte sollen jeden Quintidi stattfinden, nicht alle fünf Tage, wie Bereths: (Musikchronik, 1978, S. 13) irrtümlich übersetzt.
[214] Festbericht Trier, 9./10. Thermidor VI. Ähnlich: Festbericht Prüm, 10. Floréal VII, Jugend.
[215] Festbericht St. Wendel, 1. Vendémiaire VII.
[216] Festbericht Grumbach 27. Thermidor VII / 10. August 1799.
[217] Fest der Volkssouveränität, 30. Ventôse VII / 20. März 1799 in Saarbrücken; Fest der Jugend, 10. Germinal VII / 30. März 1799 in Wittlich. In Trier hatte das Programm für das Fest des 18. Fruktidor VI / 4. September 1798 vorgesehen « *les orgues seront touchées depuis 10 heures précises jusqu'au commencement de la cérémonie* » sowie « *leur jeu précédera et suivra chaque fois les discours [...] ainsi que les chants et les simphonies* », was in der Endfassung aber gestrichen ist.
[218] Das Musikprogramm am Fest der Republik am 1. Vendémiaire XII / 24. September 1803 (Bereths: Musikchronik, 1978, S. 18) ist für die Nationalfeste leider nicht repräsentativ. Hier wurde ein symphonisches Konzert anstelle des Nationalfestes gegeben, aber nicht mehr die Musik der Nationalfeste gespielt.

VI. Form der Nationalfeste

vorher einübten und dann bei den Feiern mit Musikbegleitung vortrugen. Daneben kamen auch andere Gruppenchöre vor, wie die der Beamten[220] oder in Trier die der Lehrer und Studenten der Universität. Der Gesang der gesamten Anwesenden musste sich dagegen auf bekannte Lieder und deren Refrain beschränken. Insbesondere bei französischen Liedern wurde auch oft nur allein die Melodie vom Orchester gespielt, ohne dass der Text gesungen wurde. Ein Katalog der bei den Nationalfesten im Rheinland gesungenen Lieder besteht nicht. Die Festberichte erwähnen meist nur allgemein, dass patriotische Lieder gesungen worden seien. Nennungen von einzelnen Liedern erfolgen nur unsystematisch und eher zufällig.

8.1.1. *Marseillaise*

Es kann nicht überraschen, dass auch bei der Rezeption der Festlieder in den rheinischen Departements die Marseillaise uneingeschränkt dominierte. Für die Nationalfeste im Saardepartement in der Zeit des Direktoriums liegen insgesamt Berichte für 409 Feiern vor. Für 72 Feiern gibt es Zeugnisse, dass die Marseillaise in irgendeiner Form gesungen oder gespielt wurde. Das betrifft knapp 18 % der realisierten Feiern. Angesichts der vielen Kurzberichte und der unsystematischen Erwähnung der Lieder in den ausführlicheren Festberichten ist das ein hoher Wert und bezeugt die weite Verbreitung der Marseillaise. Dabei hatte die Zentralverwaltung des Saardepartements nur einmal das Singen der Marseillaise direkt angeordnet, und das auch erst recht spät, nämlich bei der Trauerfeier für die Gesandten beim Rastatter Kongress am 20. Prairial VII / 8. Juni 1799, wozu auch der Text als Liedblatt gedruckt wurde, und zwar auf Französisch. In diesem Fall sind dann die Erwähnungen der Marseillaise in den Festberichten recht häufig, gleichsam als Ausführungsnachweis.

Auch für den heutigen Hörer ist die Suggestivkraft des Liedes, das von dem Offizier und Amateurmusiker Rouget de Lisle in einer Nacht Ende April 1792 in Straßburg gedichtet und komponiert wurde[221], durchaus spürbar[222]. Das Lied beginnt mit einem Appell zum Kampf: « *Allons enfants de la patrie* »,

---

[219] Einsetzungsfeier in Wittlich, 5. April 1798: « *Bürger Clemens* [nicht identifiziert], *der bekannte Patriot und Bürgerfreund, welcher das Fest mit seiner Gegenwart beehrte, sang dabey patriotische Lieder und erhob die Gemüther der schon entzückten Bürger zum völligen Taumel der Freunde.* »; Ottweiler, 9./10. Thermidor VI / 27./28. Juli 1798: « *chants patriotiques qu'entonna le citoyen Boyé* [Kommissar] *accompagné par le citoyen Escherich* [Sekretär aus St. Wendel]»; Blieskastel, 10. Fruktidor VI / 27. August 1798: « *La citoyenne Stein accompagnée de la musique chanta solo l'air "Quels accents, quels transports / partout la gaieté brille"* , *le refrain en a été répété avec la plus vive énergie républicaine par les assistans* »; Trier, 10. Fruktidor VI / 27. August 1798: « *chant patriotique exécuté par un étudiant de l'université* ».

[220] Büdlich, 20. Prairial VII; Hermeskeil, 1. Ventôse VII; Kyllburg, 9./10. Thermidor VI; 10. Frimaire VIII; Schönberg, 20. Prairial VII.

[221] ZWEIG: Das Genie einer Nacht, in: ders.: Sternstunden der Menschheit, 1943 und öfter.

der sogleich wiederholt wird. Es folgt eine Rückwendung zur Bedrohung des Vaterlandes in Moll, die aber gleichwohl mit einem Appell eingeleitet wird: « *Entendez-vous dans les campagnes mugir les féroces soldats [...]* ». Doch dies ist nur die Überleitung zu dem nun dreifachen, sprachlich variierten Kampfaufruf des Refrains, mit dem das Lied seine höchsten Töne erreicht: « *Aux Armes Citoyens, / formez les bataillons, / marchons, marchons [...]* » und der dabei vom imperativen Appell in das kommunautäre Wir umschlägt. Dabei ist das Lied nur indirekt ein Revolutionslied, sondern vor allem ein Kampflied gegen die Feinde des Vaterlandes. Aber es spricht die Sprache der Revolution. Die Bürger werden zum Schutz des Vaterlandes aufgerufen, und die Freiheit ist ihre Schutzgöttin. Die folgenden Strophen beschreiben dann die Kampfsituation. Aber die letzte (sechste) Strophe[223] nimmt nochmals den Appellcharakter der Eingangsstrophe auf, nun mit einer mehrfachen Anrufung von Vaterlandsliebe und Freiheit, die mit der Bitte um Sieg endet. So gewinnt auch der Refrain am Ende nochmals eine neue Stärke.

> « *Amour sacré de la Patrie,*
> *Conduis, soutiens nos bras vengeurs.*
> *Liberté, Liberté chérie,*
> *Combats avec tes défenseurs!*
> *Sous nos drapeaux que la victoire*
> *Accoure à tes mâles accents,*
> *Que tes ennemis expirants*
> *Voient ton triomphe et notre gloire!* ».

Trotz der Bekanntheit der Marseillaise und der mitreißenden Musik, stellte der französische Text aber eine Schwierigkeit dar, das Lied im Rheinland zur Aufführung zu bringen. Französischkenntnisse waren im Rheinland noch nicht einmal allgemein bei den Eliten vorhanden und fehlten in der Fläche des Landes vollständig[224]. So dürfte eine einmal etwas ausführlicher beschriebene Aufführungspraxis auch für viele andere Fälle gelten, wo man die Hymne wirklich singen und nicht nur durch das Orchester spielen lassen wollte:

> « *Le commissaire du Directoire Exécutif près l'Administration Municipale, accompagné du Citoyen juge de paix et du très petit nombre de citoyens chantants et parlants français a entonné et chanté une strophe de l'himne [sic] des Marseillais, dont il a invité tous les citoyens présents à répéter au moins de cœur le refrain "Aux armes citoyens! Marchons, qu'un sang impur abreuve nos sillons!". Après le chant entier de cette himne patriotique et la répétition plusieurs*

---

[222] Für die Textanalyse vgl. HUDDE: Une Inconnue célèbre: La Marseillaise, 1995. Für die musikalische Analyse vgl. SCHNEIDER: Formen- und Funktionswandel, 1988, S. 446f.

[223] Die später hinzugefügte siebte Strophe (« *Nous entrerons dans la carrière / Quand nos aînés n'y seront plus* ») spielt in den rheinischen Departementen (ohne die Einführung der Konskription) kaum eine Rolle.

[224] STEIN: Das Französische im Rheinland, 2012, mit weiterer Literatur.

> *fois faite surtout de la dernière strophe 'Amour sacré de la Patrie, Conduis, soutiens nos bras vengeurs' [...].* » (Büdlich, 20. Prairial VII)

Der französische Text wurde hier nur von den Beamten und den wenigen anderen Französisch sprechenden Personen unter den Anwesenden gesungen oder er war, wie meist, von den Schülern vorher einstudiert worden und wurde dann als Chorgesang vorgetragen. Nur beim Refrain waren dann alle eingeladen, nach Möglichkeit mitzusingen. Allerdings hatte die Wirkung der Marseillaise auch Grenzen, denn die Situation, dass das Vaterland in Gefahr war, aus der die Marseillaise im April 1792 entstanden war, war im Rheinland nur schwer zu vermitteln. Inszenierungen bei Kampfspielen, bei denen Republikaner unter Absingen der Marseillaise eine von Royalisten gehaltene Burg erstürmten, waren Sonderfälle[225] und zeigen zugleich die Distanz zum rituellen Absingen der Hymne durch die Festversammlungen, zumal wenn dies der Schlussgesang war. Allgemein wurde in den rheinischen Departements das französische Militär nicht ohne Ambivalenz wahrgenommen, denn nach den Kriegsjahren galt es mehr als Besatzung denn als nationale Verteidigung. So war nicht nur im vorliegenden Fall die Schluss-Strophe « *Amour sacré de la Patrie* » deutlich beliebter als das Lied selbst. Schon die Anweisung der Zentralverwaltung für die Trauerfeier für die Gesandten beim Rastatter Kongress hatte nur das Singen der ersten und letzten (sechsten) Strophe angeordnet, und so geschah es auch in verschiedenen anderen Fällen. Noch verbreiteter war es aber, von der Marseillaise überhaupt nur die Schluss-Strophe singen zu lassen.

Bei aller Adaption blieb aber die Schwierigkeit der Sprache, zumal der Text der Marseillaise nicht ganz geringe Ansprüche an die Französischkenntnisse des Publikums stellt. Es lag also nahe, die Hymne in deutscher Übersetzung zu singen, wie es gelegentlich ausdrücklich in den Festberichten angezeigt wird:

> « *Nous commençâmes la cérémonie par la Marseillaise, dont nous avons choisi l'interprétation allemande, pour que tous les assistens puissent la comprendre et en sentir les expressions patriotiques.* » (Ottweiler, Fest der Jugend VII)

Allerdings verschob das nur die Schwierigkeiten[226], denn das Lied traf hier nicht nur politisch und terminologisch, sondern auch literarisch und poetologisch auf einen ganz anderen Kontext, was es schwierig machte, einen Text zu bieten, der nicht nur eine Übersetzung lieferte, sondern auch singbar war und einen Transfer der Begeisterung vermitteln konnte, den die Marseillaise zeitgenössisch bei Franzosen auslöste.

Die Marseillaise war schon unmittelbar nach ihrer Entstehung auch in deutschen Versionen verbreitet worden. So konnte im Saardepartement auf diese Übersetzungen zurückgegriffen werden. Bei der Trauerfeier für die Gesandten

---

[225] St. Wendel, 18. Fruktidor VI; Hermeskeil, 9./10. Thermidor VII.
[226] HUDDE: Zur Wirkung der Marseillaise auf Deutsch, 1990, S. 156ff.

beim Rastatter Kongress wurde eine Fassung verbreitet, die auf eine Verdeutschung aus dem ersten Koalitionskrieg von 1792 zurückging und 1797 im Druck erschienen war (*Auf Franken eilet ins Gefechte*)[227]. Schon sie hatte sich, vor allem in den mittleren Strophen, deutlich vom Original entfernt. Nun wurde sie erneut umgestaltet. Hatte das französische Original als Feinde unausgesprochen die Österreicher attackiert, so nannte die Übersetzung von 1792 ausdrücklich die Preußen, unter deren Leitung die alliierte Invasionsarmee gegen Frankreich stand, als Gegner, ehe die Neufassung von 1799 diese nun durch die Russen ersetzte, die damals die stärksten Truppen der Alliierten gegen Frankreich stellten. Vor allem aber wurde die Eigenständigkeit der mittleren Strophen in der Übersetzungsvorlage von der Neubearbeitung genutzt, um diese von drei auf zwei Strophen zu kürzen und aus der Kürzungsmasse eine neue Schlussstrophe zu gewinnen, die aus dem Anfang der fünften Strophe des französischen Originals (« *François, en guerriers magnanimes* ») eine Adhortation gewinnt, die die Franzosen aus der Perspektive des eroberten Rheinlandes anspricht und den Siegeswunsch für die Franzosen mit der Bitte um Schonung der Untertanen der besiegten Fürsten verbindet.

« *O Franken kämpft als edle Sieger*
Beweist, was Kraft und Großmuth kann,
Zernichtet die gekrönten Tiger,
Und schont den schwachen Unterthan (rep.)
Laßt Kugeln auf die Schlösser regnen,
Zerstöret jedes Räubernest,
Befreit die Welt von dieser Pest,
Dann werden euch die Völker segnen. »

Ganz anders hatte ein schon beim Fest des Alters am 10. Fruktidor VI / 27. August 1798 in Blieskastel verteilter Text die Übersetzungsproblematik behandelt. Der Text hält sich sehr viel enger an die französische Vorlage (« *Auf! Auf! Ihr Vaterlandspartei! / Der Tag der Ehre rückt herbei* ») und kann so den martialischen Ton der Marseillaise gut vermitteln. Eigenartigerweise ist hier aber die fünfte Strophe ganz weggelassen worden, so dass für eine Umdeutung des Liedes in die Perspektive der deutschen Bevölkerung kein Raum bleibt. Auch in Blieskastel dürfte eine ältere Übersetzungsvorlage nachgedruckt worden sein. Organisator des Festes, bei dem die Liedblätter verteilt wurden, war der secrétaire en chef der Kantonsverwaltung Baur, der zuvor im benachbarten Saargemünd tätig gewesen war und sich von dort auch für andere Anlässe wie die Dekadenfeiern die Text- und Musikvorlagen besorgt hatte. Es darf also eine in Lothringen entstandene Übersetzung als

---

[227] ENGELS: Hymne, 1971, S. 19f. Die Version des Liedblattes wurde von MARX: Geschichte des Erzstiftes Trier, Bd. V, 1864, S. 570 irrtümlich Stammel zugeschrieben und auf das Fest der Freiheit (9./10. Thermidor) bezogen.

VI. Form der Nationalfeste

Vorlage angenommen werden. Wenn so die Wirkung der Übersetzung auf den Kanton beschränkt war, so dürfte die Wirkung aber durchaus intensiver gewesen sein als bei dem Liedblatt der Zentralverwaltung, wie der Blieskasteler Festbericht an die Zentralverwaltung anzeigt:

> « Pour animer l'amour de la liberté dans les âmes de nos administrés nous avons fait imprimer l'hymne marseillais en allemand, et dans chaque commune 30 exemplaires ont été distribués à la jeunesse pour chanter le chant énergique et guerrier dans les écoles et tous les décadis avant et après la lecture des lois et de vos arrêtés. »

Zeitgenössisch am bekanntesten war die freie Nachdichtung der Marseillaise durch Johann Heinrich Voß: *Sey uns gegrüßt, du holde Freiheit!* Sie erscheint auch im Saardepartement in der Trierer Liedersammlung[228] und wurde in St. Wendel dreimal bei den ersten Festen im Jahre 1798 gesungen[229]. Dabei liegt dem verwendeten Text die Urfassung von 1792/93 zugrunde[230]. Aufschlussreich ist, dass die Trierer Liedersammlung bei der Schluss-Strophe die Anrufung des Monarchen durch eine pluralistische Fassung ersetzt, die auf die Kollegialverwaltungen unter dem Direktorium angewendet werden konnte, gleichzeitig aber die in der Originalfassung von Voß schon nur vorsichtig angedeutete Beteiligung des Volkes als Ratgeber an der Staatsleitung sogar noch abschwächt, so dass nur noch von einer Sachwaltung der Weisen für das Volk, nicht aber von deren Beratung durch das Volk, die Rede ist. Noch weiter geht die in St. Wendel gesungene Fassung, die diese Schlussstrophe ganz weglässt, wobei allerdings die in Trier publizierte Neufassung erst nach den Feiern in St. Wendel im Druck zur Verfügung stand.

Voß Urfassung 1792/93	Fassung Trier
« *O du Beherrscher, sei uns Vater;* *Und dir gehorcht kindlich das Volk!* *Die Erfahrnen hör und die Guten,* *Die das Volk zum Rath dir gesandt!* *Es sei geehrt Fleiß nur und Tugend,* *Wohlthätig für Leben und Geist!* *Doch schwelgst du mit der Hochgeburt,* *Und erstickst die Rufe der* *Menschheit ?* »	« *O Ihr am Ruder! seyd uns Väter* *Und euch gehorchet kindlich das Volk;* *Den Erfahrnen hört und den Weißen* *Der des Volkes Rechte behaupt!* *Es sey geehrt Fleiß nur und Tugend,* *Wohlthätig für Leben und für Geist!* *Doch schwelgt ihr mit der Hochgeburt,* *Und erstickt die Rufe der* *Menschheit.* »
	(Unterschiedlicher Text recte, W.H.St.)

---

[228] Lieder-Sammlung, StadtA Trier Fz 684, Nr. 10 (s.u.)
[229] St. Wendel, 19. März 1798: Baumsetzung (« *das schöne Freiheitslied von Voß, nach der bekannten Melodie des Marseiller Marsches* » mit Volltext im Festbericht); 10. Prairial VI / 29. Mai 1798; 9./10. Thermidor VI / 27./28. Juli 1798.
[230] ENGELS: Hymne, 1971, S. 11-15.

Die Rezeption der Marseillaise zeigt so eine außerordentliche Varianz. Wir finden eine rein musikalische Aufführung der Melodie durch das Orchester, sodann verschiedene Formen der Wiedergabe des französischen Textes, angefangen von der solistischen oder chorischen Darbietung des Textes in Auswahl oder in seiner Gesamtheit bis zum Einstimmen aller Teilnehmer in den Refrain, sowie schließlich den Transfer in die deutsche Sprache in textnahen Übersetzungen oder freien Nachdichtungen.

8.1.2. *Chant du Départ*, *Ça ira* und weitere französische Festlieder

Von den insgesamt fast 3000 Revolutionsliedern konnte auch im Rheinland kein anderes Lied mit der Marseillaise in der Verbreitung mithalten. So ist auch der Abstand zu dem - nach der Marseillaise - noch am meisten verbreiteten Lied, dem *Chant du Départ* bzw., wie es in den deutschen Festberichten heißt, dem *Gesang beim Abmarsch*[231], der immerhin zehnmal in den Festberichten erwähnt wird[232], sehr groß. Der Chanson entstand im Zusammenhang mit den Siegen der französischen Revolutionstruppen an der belgischen Front im Sommer 1794. Er wiederholte also in gewisser Weise die Situation der Entstehung der Marseillaise, nur dass jetzt die Schlachten schon gewonnen waren und dass die Autoren mit Marie Joseph Chenier für den Text und Etienne Nicolas Méhul für die Musik professionelle Künstler waren. Wie bei der Marseillaise wurde der Gesang bald sehr populär, da aber der Chanson eher ein Kunstlied war und vor allem der Platz der Hymne schon durch die Marseillaise besetzt war, hat sich der *Chant du Départ* doch nicht so dominant durchgesetzt. Immerhin war er unter Napoleon 1804-1815 die Nationalhymne Frankreichs, und noch unter der Präsidentschaft von Valéry Giscard d'Estaing hatte er eine offiziöse Funktion. Auch bei den rheinischen Nationalfesten ist er meist zusammen mit der Marseillaise nach dem Ende von Reden oder zum Schluss der Feiern gesungen worden.

Bezeichnend für den hohen Stellenwert des Liedes ist, dass es auch im Rheinland Kontrafakturen auf seiner Melodiegrundlage gegeben hat. Für das Fest der Gründung der Republik zu Beginn des Jahres VIII in Trier (23. September 1799) hatte ein anonymer *employé du département de la Sarre* eine Neufassung des Textes unter dem Titel *Aux Conscrits* verfasst, die in Trier als Liedblatt verteilt wurde[233]. Sie hielt sich in Text und Stil eng an das Vorbild, konzentrierte sich aber mit einer von der *Republik* gesungen Eingangsstrophe und zwei Folgestrophen, von denen eine aus der Perspektive des Vaters und

---

[231] PIERRE: Musique des Fêtes, 1899, Nr. 97, S. 463; PIERRE: Hymnes et chansons, 1904, Nr. 68, S. 336 ; MARTY / MARTY: Dictionnaire, 1988, S. 185-188 ; BRÉCY: Révolution en chantant, 1988, S. 162-163 ; MOUREAU / WAHL: Chants de la Révolution française, 1989, S. 159-163. DOMINÉ: Le chant du départ de Marie-Joseph Chénier et Étienne Méhul, 2002.
[232] Trier viermal, Schönberg zweimal sowie je einmal Büdlich, Hermeskeil, Prüm und Rhaunen.
[233] Verzeichnis 2: Publizistik der Nationalfeste, Nr. 87.

eine aus der der Frau des eingezogenen Rekruten sprechen, auf die Werbung für die Verteidigung von Freiheit und Vaterland. Dabei macht das Aufgreifen der jakobinischen Parole « *vivre libre ou mourir* » im Refrain die Gelegenheitsdichtung zu einem republikanisch-neojakobinischen Kampflied kurz bevor der bald darauf erfolgte Staatsstreich von Bonaparte diese Bewegung schon wieder überholte.

Darüber hinaus werden in den Festberichten nur noch vier weitere französische Revolutionslieder ausdrücklich genannt. Noch am häufigsten erscheint das *Ça ira*[234]. Es ist das älteste der klassisch gewordenen Revolutionslieder und entwickelte sich aus einer eher harmlosen Gelegenheitsdichtung des Straßensängers Ladré durch die Rezeption des Liedes bei der Vorbereitung des Föderationsfestes am 14. Juli 1790 zu einem der verbreitetsten Revolutionslieder, ehe der mitreißende Refrain samt seinen Umdichtungen es zur sansculottischen Kampfparole gegen die Aristokraten machte. In den Festberichten wird es siebenmal erwähnt[235], erklingt aber in den meisten Fällen nur als Melodie ohne Text. Doch auch die beliebte fröhliche Tanzmusik des Straßenmusikanten Bécourt, die dem Lied zugrunde liegt und als *Carillon national* bekannt war, transportiert doch unausgesprochen die gesamte Geschichte der Revolution, an der sie intensiv beteiligt war.

Auf der gleichen Linie allgemeiner Freude, die mehr den Volksfestcharakter als die ideologischen Inhalte der Nationalfeste unterstreicht, liegen auch zwei weitere französische Lieder. Das erste Lied: *Où peut-on être mieux qu'au sein de sa famille* ist eine Arie aus der vorrevolutionären komischen Oper Lucie von 1769, Musik André Gréty, Text Jean-François Marmontel[236]. Auch hier ist sicherlich nicht das Kultlied der für die konstitutionelle Monarchie eintretenden *Monarchiens* der Anfangsjahre der Revolution gemeint; und natürlich konnte man noch nicht wissen, dass dieses Musikstück unter der Restauration 1815-1830 so etwas wie die geheime Nationalhymne werden sollte. Es wird in den Festberichten immerhin viermal genannt[237]. Hier ist allerdings mehr das Lied als nur die Musik gemeint, denn in Blieskastel wurde es zuerst auf Französisch und dann auf Deutsch gesungen und auch in Grumbach wurde es auf Deutsch gesungen. Das zweite Lied ist *Quels accens, quels transports,*

---

[234] Pierre: Musique des Fêtes, 1899, Nr. 106, S. 477 ; Pierre: Hymnes et chansons, 1904, Nr. 315, S. 477; Marty / Marty: Dictionnaire, 1988, S. 97-99 ; Brécy, La Révolution en chantant, 1988, S. 14, 55-56; Moureau / Wahl: Chants de la Révolution française, 1989, S. 45-48.

[235] Blieskastel, VI thermidor 9/10 (zweimal), VI fructidor 10; Grumbach, VII thermidor 9/10, VII thermidor 23; Prüm, VII prairial 10; Saarbrücken, VII pluviôse 2; Trier, VI messidor 10.

[236] Pierre: Hymnes et chansons, 1899, Nr. 1044, S. 629.

[237] Blieskastel, VI fructidor 10; Grumbach VII messidor 10; Rhaunen, VII fructidor 10; St. Wendel, VII vendémiaire 1er.

partout la gaîté brille, das als Hymne der Versailler bekannt wurde[238]. Es wurde im Oktober 1793 von Etienne-Joseph Delrieu für den Text und François Giroust für die Musik geschaffen. Obwohl es die Freiheitsideologie bedient, steht zumindest am Anfang der Aufruf zu allgemeiner Fröhlichkeit. Es wird in den Festberichten zweimal erwähnt[239]. Auch hier ist wohl nicht nur das Musikstück gemeint, denn zumindest in Blieskastel wurde das Stück textlich im Wechsel zwischen einer Sängerin, die die einzelnen Strophen sang, und der Versammlung, die jeweils in den Refrain einfiel, vorgetragen: « *Nous ne reconnaissons, en détestant les rois, / Que l'amour des vertus et l'Empire des lois.* » Außerdem verwahrt die Stadtbibliothek Trier ein Liedblatt mit dem Text des Stückes[240], das sich allerdings zu keinem der Festberichte aus dem Saardepartement hat zuordnen lassen. Das Lied ist also auch hier für den Gesang der Teilnehmer bestimmt gewesen.

Schließlich bleibt als stärker ideologisches Lied nur die Hymne *Veillons au salut de l'Empire*. Das auf einer älteren Opernarie basierende Stück, das dem Chefchirurgen der Rheinarmee Boy zugeschrieben wird, ist eine Anlasskomposition für ein Pariser Revolutionsfest am 25. März 1793[241]. Das Lied wurde aber schnell so bekannt, dass es der Revolutionskomponist Gossec schon im Herbst des gleichen Jahres für seine lyrische Oper *Offrande à la liberté* zusammen mit der Marseillaise verwendete. Auch hier ist die spätere Verwendung als offizielle Hymne des Empire auszublenden, denn *Empire* ist hier nur ein durch den Reim gefordertes Synonym von *Patrie*. Es handelt sich eher um eine allgemeine Freiheitshymne, die erst in der letzten Strophe etwas martialischer wird. Das Stück ist nur einmal, und zwar in St. Wendel verwendet worden, und auch dies relativ ideologiefrei beim Fest der Dankbarkeit. Dass aber die Erwähnungen in den Festberichten häufig durchaus lückenhaft sind, zeigt sich gerade bei diesem Lied. Offensichtlich muss es bekannter gewesen sein, denn es gehört zu den - abgesehen von der Marseillaise - seltenen Fällen, in denen ein französisches Revolutionslied eine deutsche Kontrafaktur erhalten hat, und zwar mit dem Lied *Dort ziehen die Sklaven in Scharen* des Mainzer Gymnasiallehrers und Professors Friedrich Lehne[242]. Zwar erwähnen es die Festberichte des Saardepartements wiederum nur zweimal für St. Wendel und einmal für Grumbach, aber es findet sich sowohl in der Trierer wie in der Koblenzer Liedersammlung (s.u.).

---

[238] PIERRE: Hymnes et chansons, 1899, Nr. 980, S. 616.
[239] Blieskastel, VI fructidor 10; St. Wendel, VI thermidor 9/10.
[240] StadtB Trier: T 129, Nr. 29
[241] PIERRE: Hymnes et chansons, 1899, Nr. 608, S. 544; MARTY / MARTY: Dictionnaire, 1988, S. 129-130; MOUREAU / WAHL: Chants de la Révolution française, 1989, S. 73-74.
[242] Sonst ist für das Saardepartement nur noch Stammel's Lied « *Es stürze Thron und Kron* » zu nennen, das die Melodie von « *Au bruit des canons* » benutzt, das aber kein eigentliches Revolutionslied ist.

VI. Form der Nationalfeste

Im Gegensatz zu der sehr weiten Verbreitung der Marseillaise sowie - mit Abstand - auch des *Chant du Départ* fällt bei der Rezeption der weiteren Revolutionslieder eine deutliche örtliche Konzentration auf. Die drei Lieder, die für Blieskastel erwähnt werden, erklangen nur im Sommer 1798 an dem Fest der Freiheit am 9./10. Thermidor / 27./28. Juli 1798 sowie an dem darauf folgenden Fest des Alters am 10. Fruktidor VI / 27. August 1798, die beide von dem damaligen Secrétaire en chef des Kantons Anton Baur ausgerichtet wurden, der sich dazu auf die Verbindungen zu seinem früheren Dienstort Saargemünd stützen konnte. Mit der Abberufung von Baur einen Monat später endet die Rezeption französischer Revolutionslieder in Blieskastel aber ebenso plötzlich wie sie begonnen hatte. Dafür erklingen nun an dem neuen Dienstort von Baur in Grumbach, wo er ab Januar 1799 Kommissar bei der dortigen Kantonsverwaltung war, fast die gleichen französischen Revolutionslieder. Ein Teil der Lieder war sowohl in Blieskastel wie in Grumbach mit deutschem Text präsentiert worden. Außerdem hatte Baur in Blieskastel ein Liedblatt der Marseillaise mit einer deutschen Übersetzung verteilen und in Grumbach die Kontrafaktur des *Veillons au salut de l'Empire*, nämlich Lehne's *Dort ziehen die Sklaven in Scharen*, erklingen lassen.

Neben Blieskastel / Grumbach ist St. Wendel ein zweites Zentrum der Rezeption der französischen Revolutionslieder, wenn auch mit einem etwas anderen Profil. Vor allem fehlt hier das von Baur mit vier Aufführungen offensichtlich sehr geschätzte *Ça ira*. Die Rezeption der französischen Revolutionslieder steht in St. Wendel auch auf einer breiteren politischen Grundlage und ist weniger von einer Einzelperson abhängig als in Blieskastel / Grumbach. Sonst finden sich allerdings die gleichen bekannten französischen Lieder, einschließlich der schon genannten deutschen Kontrafaktur des *Veillons au salut de l'Empire* von Lehne, das schon bei der ersten Aufführung anlässlich der Setzung des Freiheitsbaumes am 19. März 1798 mit vollem Text im Festbericht erscheint. In St. Wendel war auch die deutsche Kontrafaktur der Marseillaise, nämlich Voß' *Sey uns gegrüßt du holde Freiheit*, rezipiert worden und wird dreimal in den Festberichten erwähnt. Mag sich also in der Rezeption bzw. der Ablehnung des *Ça ira* eine ideologische Differenz andeuten, so überwiegt doch die gemeinsame Bereitschaft zur Rezeption allgemein bekannter französischer Revolutionslieder, verbunden allerdings mit dem Bemühen, ihre Inkulturation durch Übersetzungen und Kontrafakturen zu fördern.

Allerdings sind das die einzigen Kantonshauptorte, an denen eine solche Rezeptionspolitik so deutlich erkennbar ist. Aber auch in den anderen Kantonen wurde gesungen und gespielt, und ein Teil des musikalischen Kanons ist erkennbar.

8.2. Deutschsprachige Lieder

Schon allein von den sprachlichen Voraussetzungen her musste das deutschsprachige Liedgut, das bei den Nationalfesten verwendet wurde[243], sehr viel umfangreicher sein als die wenigen rezipierten französischen Revolutionslieder. Die deutschen Lieder sind allerdings durchaus schwieriger zu ermitteln als das französische Liedgut. Letzteres hatte natürlich die politische Aufmerksamkeit für sich, und so dürfte es durchaus seltener in einem Festbericht versäumt worden sein, eine Aufführung eines französischen Revolutionsliedes besonders zu erwähnen. Dagegen sind sicherlich häufiger deutsche Lieder ohne Spezifizierung nach Titel und Verfasser angegeben worden, und es sind vor allem sie gemeint, wenn in den Festberichten nur allgemein erwähnt wird, dass patriotische Lieder gesungen wurden. So haben von den 34 Orten im Saardepartement, an denen Nationalfeste durchgeführt wurden, nur 13 dort gesungene deutschsprachige Lieder mit Titeln genannt, wobei die Zahl der gemeldeten Titel von einem bis zu 17 (Grumbach) reicht. Die Quellenhinweise sind also durchaus selektiv. Trotzdem soll der methodische Ansatz beibehalten werden, von der nachgewiesenen Aufführungspraxis auszugehen und vor allem das Liedgut zu untersuchen, das auch tatsächlich bei den Nationalfesten gesungen worden ist[244]. Betrachten wir zunächst die neuen republikanischen Lieder, untersuchen wir dann die speziell für die Nationalfeste im Saardepartement geschaffenen Anlasslieder und berücksichtigen wir schließlich noch allgemeinere Anleihen an dem zeitgenössischen deutschen Liedgut.

8.2.1. Republikanische Lieder

Die Existenz von verschiedenen republikanischen Bewegungen hatte im Rheinland zur Entstehung eines republikanischen Liedgutes geführt, das zur weiteren Verbreitung in verschiedenen Liedersammlungen zusammengefasst wurde. Mit der Entstehung der neuen Departements und der Einführung der Dekadenfeiern und Nationalfeste war ab dem Jahr 1798 der Bedarf an solchen Büchern anscheinend gestiegen, so dass sie verschiedentlich schon im Titel Hinweise auf ihre Verwendung « *zum Gebrauch bei Feierung der Dekaden und anderer republikanischen Feste im Dekaden-Tempel* » (Trier)[245] bzw.

---

[243] Die deutschen revolutionären und republikanischen Lieder sind gesammelt bei ENGELS: Gedichte und Lieder deutscher Jakobiner, 1971. Tonaufnahmen auf zwei Kassetten wurden veröffentlicht im Zusammenhang mit der Ausstellung Deutschland und die Französische Revolution, 1989, S. 268 (Kassettographie).

[244] Das unterscheidet das hier untersuchte Korpus von der von Engels aus den zeitgenössischen Publikationen zusammengestellten Sammlung.

[245] Lieder-Sammlung zum Gebrauch bei Feierung der Dekaden und anderer republikanischen Feste im Dekaden-Tempel der Gemeinde Trier. Erstes Heft, [Trier o.J.], 32 Seiten DinA 5, bibliographisch nicht ermittelbar, über die Online-Kataloge der Bibliotheken nicht recherchierbar. Erhalten archivisch in StadtA Trier: Fz 684; außerdem erhalten in Sammlungsüberlieferung: KreisA Wittlich: BM-2559-Vi und Trier, Museum Simeonstift:

VI. Form der Nationalfeste

« *zur Feier der Dekaden und Republikanischen Festtage* » (Koblenz)[246] enthalten. Zwei dieser Liederhefte sind als Heft 1 erschienen und waren somit für eine Fortsetzung vorgesehen, die aber nie erschienen ist. Außerdem sind diese Druckwerke nur sehr selten erhalten, was zumindest ein Grund dafür ist, dass sie bisher kaum näher untersucht wurden[247]. Trotzdem scheinen die Hefte aber Gebrauchstexte gewesen zu sein, wie die regionale Überlieferung und die Einbindung von Liedblättern in einzelnen Exemplaren belegen.

Immerhin stellen diese Liedersammlungen zeitgenössische Zusammenstellungen der gebräuchlichsten Liedtexte dar. Für Trier und das Saardepartement liegen zwei solche Sammlungen vor. Die *Lieder-Sammlung zum Gebrauch bei Feierung der Dekaden und anderer republikanischen Feste im Dekaden-Tempel der Gemeinde Trier* umfasst 16 Lieder und dürfte zu Beginn des Jahres VII, genauer zwischen Ende September 1798 und Anfang Januar 1799 erschienen sein[248]. Hier finden sich viele Lieder, deren Verwendung bei den Nationalfesten im Saardepartement nachgewiesen werden kann. Gut ein Jahr später erschien im Brumaire VIII, also Ende Oktober / Anfang November 1799, und somit gleichzeitig mit dem Staatsstreich von Bonaparte die Sammlung *Lieder für Freie*, die von Johann Wyttenbach und (wahrscheinlich) von Johann Jakob Stammel herausgegeben wurde[249]. Sie bringt mit 42 Liedern nicht nur mehr Texte, sondern ist auch breiter angelegt. Es ist eine überregionale Sammlung von republikanischen Liedern und Gedichten, ganz im Stil der philosophisch-pädagogischen Anthologien, wie sie Wyttenbach verschiedentlich herausgegeben hat. So enthält sie zwar auch eine Reihe von Liedtexten, die bei den Nationalfesten im Saardepartement verwendet wurden, die Sammlung geht aber über diesen Zweck hinaus und will sehr viel allgemeiner republikanisches Liedgut zusammenstellen. Insofern soll die erste Liedersammlung als Leitquelle für das deutsche republikanische Liedgut, das bei den Nationalfesten im Saardepartement zur Aufführung gekommen ist, dienen. Ergänzend dazu kann auch die spätere Liedersammlung herangezogen werden.

V 1555. - Lieder für Freie, Trier (Hetzrodt Nr. 52), Brumaire VIII [Okt./Nov. 1799], 196 Seiten DinA6 erhalten in der StadtB Trier (11/2368 8°) sowie in anderen Bibliotheken.

[246] Liederlese für Republikaner zur Feier der Dekaden und Republikanischen Festtage. Coblenz (in der Lassaulxischen Druckerei) Ventôse VII [Febr./März 1799], 48 Seiten, vorhanden in: LHA Koblenz: Best. 1c Nr. 9372 sowie in anderen Bibliotheken. - Lieder-Sammlung für Republikaner. Erste Lieferung, Koblenz (in der neuen Buchhandlung und Buchdruckerei auf dem Paradeplatz [Hériot]) o.J., 40 Seiten, bibliographisch nicht ermittelbar, über die Online-Kataloge der Bibliotheken nicht recherchierbar, vorhanden in LHA Koblenz, Bibliothek: A 5661.

[247] Zu nennen ist nur die Analyse der von Franz Lassaulx in Koblenz herausgegebenen « *Liederlese* » durch Just: Lassaulx, 1926, S. 81-87.

[248] Datierungsnachweis siehe Verzeichnis 2: Publizistik der Nationalfeste.

[249] Klupsch: Wyttenbach, 2012, S. 95, 167.

Als erstes Lied bringt die Trierer Liedersammlung das von Johann Jakob Stammel für die Pflanzung des Freiheitsbaumes bei der Einsetzung der Zentralverwaltung des Saardepartements in Trier am 19. Februar 1798 komponierte Freiheitslied (*Sie hebt sich hoch aus tiefer Nacht*)[250]. Der Text feiert den Freiheitsbaum (« *Verschlungen lasst uns Hand in Hand / Heut pflanzen dieses Freiheitspfand* ») und erwähnt auch die Freiheitsmütze (« *Schwinget Bürger hoch den Freiheitshut* »), um mit einem Hoch auf den freien Bürger zu enden (« *Es lebe jeder freie Mann, / Der dem Gesetz nur untertan.* »). Begleitet wird das Lied von einem Refrain, der sich appellativ an die « *Trierer* » wendet. Dazu sollte die verwendete volkstümliche Weise *Freut Euch des Lebens* wohl für eine leichte Rezeption des neuen Liedes sorgen.

> « *Feiernd umwindet*
> *Trierer das Freiheitsmahl !*
> *Freude verkündet*
> *Donnernd das Tal.* »

Inwieweit das Lied wirklich eine Regionalhymne geworden ist, ist nicht genau abzuschätzen. Für die Einsetzung der Zentralverwaltung in Trier ist es als Beiblatt überliefert, doch wird das Lied im Festbericht nicht erwähnt und auch in den späteren Trierer Festberichten wird es nicht genannt. Andererseits ist das Prädikat « *Tréviroise* » schon zeitgenössisch belegt[251], und es sind auch Aufführungen außerhalb von Trier bekannt, so in Merzig bei der Einführung der Kantonsverwaltung. In Birkenfeld erscheint beim Fest der Freiheit am 9./10. Thermidor VI / 27./28. Juli 1798 sogar eine lokale Adaption des Liedes, die sowohl auf die dortige Baumpflanzung wie auch auf den aktuellen Festanlass mit der Abgrenzung gegen Monarchie und Anarchie Bezug nimmt.

> « *Birkenfelds Birke*   *Wir weyhen es am frohen Tag'*
> *Dies alte Namensmahl*   *Wo Frankreichs Wütherich erlag,*
> *Sey dem Bezirke*   *Wo Freyheit, die den Thron zerknickt,*
> *Nun Freiheitsmahl!*   *Auch Anarchie erdrückt.* »

---

[250] Liedersammlung Trier, Nr. 1.
[251] Festbericht Birkenfeld VI thermidor 9/10 (LHA Koblenz: Best. 276 Nr. 1682). Die analoge Neubildung ist bemerkenswert, denn die Vorlage *(Marseillaise)* ist zwar seit 1792 belegt, dominierte aber zur Zeit der rheinischen Nationalfeste weder in Frankreich (HUDDE: Comment la Marseillaise devint femme, 2002.) noch im Rheinland eindeutig. Bei den Erwähnungen der Marseillaise in den Festberichten des Saardepartements ist die Bezeichnung « *Marseillaise* » mit 45 % zwar die häufigste Einzelbezeichnung. Die alternativen Bezeichnungen « *Hymne du / des Marseillais, Hymne marseillais, Hymne de Marseille* » bzw. « *Marseiller / Marseillanischer Marsch* » haben aber mit 50 % die Mehrheit. Außerdem wird das Lied noch in 5 % der Fälle nur mit dem Liedanfang zitiert.

Außerdem sind noch zwei weitere Verwendungen des Liedes in Birkenfeld belegt, wobei allerdings im Refrain der Appell an die Trierer durch das neutrale « *Brüder* » ersetzt wurde.

Ebenfalls fünf Aufführungen sind für ein anonymes Bruderlied (*Brüder lasst uns Hand in Hand / Froh durchs Leben hüpfen*)[252] nachweisbar, das in beide Trierer sowie eine Koblenzer Liedersammlungen aufgenommen wurde und das Johann Jakob Stammel als Timbre für sein Lied zum Fest des Alters verwendete, worauf zurückzukommen ist. Es gibt sich als ein lebenslustiges Tanzlied, doch wird das Lebensglück (« *Erdenglück* ») als Belohnung für tugendhaftes Teilen (« *Wohlthun* ») mit den Brüdern verstanden. So steht das Lied unter dem thematischen Titel der « *Freundschaft* ».

Jeweils drei Aufführungsnachweise gibt es dann für zwei weitere Lieder, wobei es sich in beiden Fällen um Kontrafakturen französischer Revolutionslieder handelt, für die ein deutscher Text benötigt wurde, um sie im Rheinland singbar und publikumstauglich zu machen, nämlich das schon erwähnte Lied von Lehne: *Dort ziehen die Sklaven in Scharen*[253] als Kontrafaktur für das *Veillons au salut de l'Empire* und die ebenfalls schon erwähnte Kontrafaktur der Marseillaise von Voß: *Sey uns gegrüßt du holde Freiheit*[254].

Außerdem sind noch einige Lieder zu erwähnen, für die zumindest einmal eine Verwendung bei den Nationalfesten im Saardepartement nachgewiesen ist. Bei der Einsetzung der Verwaltung in Pfalzel erklang das Lied *Erhalt uns die Freiheit, allmächtiger Gott,* was eine nur in der Anfangszeile geänderte Variante des in der Trierer Liedersammlung aufgeführten Liedes *Verleih uns den Frieden, allmächtiger Gott !*[255] darstellt. Leo Just hat das Lied, das auch in der Koblenzer Liedersammlung von Franz Lassaulx erscheint, wenig geschätzt wegen - wie er schreibt - dem darin zum Ausdruck kommenden „fast philiströs anmutenden Ruhebedürfnis"[256]. Aber es ist seinem Charakter nach ja auch ein Kirchenlied, das damit allerdings die republikanischen Keywords « *Freiheit* » und « *Gleichheit* » verbindet und die Friedenssehnsucht der Bevölkerung bedient. Ein Einzelfall ist das nicht, denn ebenfalls in Pfalzel erklang zum republikanischen Neujahrsfest (22. September 1798) der von Friedrich Lehne anlässlich des Friedens von Campo-Formio entstandene Hymnus auf Bonaparte *Friedegeber sei gepriesen*[257], der dann nach dem Staatsstreich beim Fest des 14. Juli 1800 in Trier eine fröhliche Wiederauferstehung feierte. Engels

---

[252] Liedersammlung Trier, Nr. 6; Lieder für Freie, S. 181; Liedersammlung Koblenz, Nr. 10.
[253] Liedersammlung Trier, Nr. 14; Liedersammlung Koblenz, Nr. 7; Liederlese Koblenz, Nr. 14.
[254] Liedersammlung Trier, Nr. 10; Lieder für Freie, S. 100; Liedersammlung Koblenz, Nr. 1; Liederlese Koblenz, Nr. 1.
[255] Liedersammlung Trier, Nr. 4; Lieder für Freie, S. 125; Liedersammlung Koblenz, Nr. 3; Liederlese Koblenz, Nr. 15.
[256] JUST: Lassaulx, 1926, S. 86f.

hat es nicht in seine Sammlung republikanischer Lieder aufgenommen, zumal Lehne auch der Lapsus unterläuft, den Friedegeber gleich zu weiteren Kriegen aufzurufen (« *Schreite fort zu neuen Siegen, / Ruhm und Glück begleiten dich* »). So ist der Übergang gegeben zu einem wirklichen Kriegslied, wie es in Grumbach erklang (*Heilige Freiheit*)[258]. Hier darf sich nun « Krieg » auf « Sieg » reimen, und es wird aufgerufen zur Vernichtung von England als dem letzten verbliebenen Feind.

Berücksichtigt man schließlich noch die drei weiteren in der Trierer Liedersammlung enthaltenen Lieder von Stammel[259], die später unter den Anlassliedern näher betrachtet werden sollen, so ist in die Trierer Liedersammlung für 10 von 16 Liedern, also fast für zwei Drittel, eine Verwendung bei den Nationalfesten im Saardepartement nachzuweisen. Darüber hinaus sind von diesen 10 Liedern auch 7 in den Koblenzer Liedersammlungen enthalten und 3 davon sogar in beiden Koblenzer Liedersammlungen. Die Trierer Liedersammlung kann also als weitgehend repräsentativ für das Saardepartement gelten, und die hier benutzten Lieder gehören zu einem großen Teil zu einem überregionalen rheinischen Korpus republikanischer Lieder.

Das kann auch für die wenigen republikanischen Lieder angenommen werden, deren Verwendung bei den Nationalfesten nachgewiesen ist, ohne dass sie in der Trierer Liedersammlung erscheinen. Bei der Baumsetzung in St. Wendel am 19. März 1798 erklang das Lied *Heil, Glück und Himmelssegen ströme / Auf unser freies Land*, ein martialisches Lied auf Freiheit und Gleichheit, das nur - etwas unvermutet - am Ende Bonaparte als Schöpfer von Frieden und Freiheit rühmt. Auffällig ist, dass das Lied nicht in den Trierer Liedersammlungen, wohl aber in der Koblenzer Liedersammlung (Nr. 14) erscheint. Doch die eigentliche Rezeption besteht darin, dass das Lied auch schon vorher am 19. Februar bei der Einsetzung der Zentralverwaltung in Koblenz[260] sowie am 28. Februar bei der Feier der Kölner Volksgesellschaft anlässlich der Einrichtung dieser Zentralverwaltungen[261] erklungen war. Außerdem war es nur zwei Tage nach der St. Wendeler Feier am 21. März in Speyer bei der Pflanzung des dortigen Freiheitsbaums zu hören[262]. Das zeigt die gute Vernetzung der Republikaner in St. Wendel mit den Zentren der Cisrhenanen im Norden und der Reunionsbewegung im Süden des Rheinlandes. Darüber hinaus war das Lied

---

[257] LEHNE: Dem Helden Napoleon Buonaparte, 1797 [StadtB Mainz]. Liedersammlung Trier, Nr. 3; Lieder für Freie, S. 146.
[258] Liedersammlung Trier, Nr. 12; Liedersammlung Koblenz, Nr. 6.
[259] *Selig, wer am Ziele steht* (Nr. 11); *Himmlisch und schön stralte im Ost* (Nr. 13); *Steige hernieder / Festlicher Tag* ! Nr. 15);
[260] HANSEN: Quellen, Bd. 4, 1938, S. 569.
[261] HANSEN: Quellen, Bd. 4, 1938, S. 537.
[262] Liedblatt « *Lied bei der Pflanzung des Freiheitsbaumes in Speier zu singen* », SCHNEIDER: « Triumph », 1988, S. 195-199.

VI. Form der Nationalfeste

auch im Umfeld der Helvetischen Republik bekannt. Im gleichen Jahr 1798 wurde es als Schweizer Freiheitslied gedruckt[263] und erhielt im Folgejahr 1799 eine parodistische Antwort[264], die in ihrem Vorwort die Autorschaft der parodierten Vorlage dem Schweizer Jakobiner und Mitglied des helvetischen Staatsrates Johann Caspar Billeter[265] zuschreibt.

Dagegen ist ein speziell für die Einsetzung der neuen Verwaltung in Bernkastel geschaffenes Lied anscheinend nicht über diese einmalige lokale Aufführung hinaus bekannt geworden[266]. Es ist ein einfaches Lied, aber gerade deshalb in der Verbindung einer leichten Tanzmelodie mit einer republikanischen Belehrung über Freiheit und Gleichheit vor dem Gesetz doch repräsentativ.

« Dass wir nun freye Leut'
In einem freyen Land'
Dies kündiget anheut
Uns an dies Freyheitspfand.

Es druckt uns künftig nicht
Der Fürsten Eigensinn;
Ihr' Macht und ihr Gewicht
Fällt jetzt wie Staub dahin.

Der Fürsten Kämmer-Schlund,
Der unersättlich schien,
Richt uns nicht mehr zu Grund
Mit seiner Hunger-Mien'.

Zernichtet ist anjetzt
Die eitle Fürsten Zunft
Ihr Platz ist nun besetzt
Mit Weisheit und Vernunft.

Wir sind nun alle gleich,
In einem Bürger-Grad;
Ihr Fürsten, weg mit euch,
Weg alle Gunst und Gnad.

Uns zeugte alle gleich
Nur einer Mutter Schooß;
Wer arm ist oder reich,
Ist gleich an Rechten groß.

Man schreibt sich nicht mehr von
Man schreibt sich nicht mehr Herr'n
Der Name Bürger schon
Heist mehr als Kreuz und Stern.

Auch ziert kein Ordensband;
Die Tugend ziert allein;
Drum laßt uns, Hand in Hand,
Heut froh und lustig seyn.

Refrain: *Drum laßt uns fröhlich springen*
Und Wonne trunken singen:
Es blüht nun unser Glück
Es leb die Republik »

---

[263] Freyheitslied der Schweizer. Heil, Glück und Himmelssegen ström / Auf unser freyes Land! s.l. 1798 [UB Basel].
[264] Alpines [Frédéric-César de La Harpe]: Helvetisches Freyheitslied, nebst der Parodie eines emigrirten Schweizers, s.l. 10. Brachmonat [Juni] 1799 [UB Bern, Schweizerische NB].
[265] Biographische Angaben, die aber nicht auf den Lieddruck eingehen, in: Historisches Lexikon der Schweiz, Bd. 2, Basel 2003; Sebastian Brändli: Die Helvetische Generation. Das Zürcher Landbürgertum an der Schwelle zum 19. Jahrhundert, in: Schweiz im Wandel, Festschrift für Rudolf Braun zum 60. Geburtstag, h.g.v. Sebastian BRÄNDLI, Basel 1990, S. 191-207, hier S. 198-201.
[266] Festbericht Bernkastel anlässlich der Einsetzung der neuen Verwaltung am 4. April 1798.

Außerdem erklang noch in Grumbach ein Lied *Lobsinget Frankreichs Gott*, das in diese Gruppe zu gehören scheint, das aber nicht identifiziert werden konnte. Schließlich ist noch ein dem Koblenzer Gymnasiallehrer Johann Adam Türk zugeschriebenes Lied zu erwähnen, das zweimal bei den Nationalfesten in Konz erklang[267] und wohl auch darüber hinaus bekannt war[268].

In Grumbach liegt noch der Sonderfall eines fiktionalen Vortrags von Festliedern vor. Zum Fest der Volkssouveränität am 30. Ventôse VII / 20. März 1799 hatte hier der örtliche Primärschullehrer Peter Engel das Bühnenstück *Der freundschaftliche Besuch* verfasst und durch seine Schüler aufführen lassen. Darin werden zwei Gedichte mit Klavierbegleitung als Lieder vorgetragen. Das erste: *Freund, willst Du immer fröhlich sein* ist ein Freundschaftslied, das zweite: *Droben herrscht ein Gott der Liebe* dagegen ein engagiertes Freiheitslied, das Freiheit und Gleichheit aus der göttlichen Schöpfung ableitet. Es ist zu vermuten, dass Engel auch der Verfasser dieser Gedichte und der Schöpfer ihrer Vertonung ist[269].

Endlich ist zumindest auch ein deutschsprachiges republikanisches Lied aus dem Elsass bei den Nationalfesten im Saardepartement rezipiert worden, und zwar das Lied *Die Freiheit und die Gleichheit herrscht in unserm Vaterland* von August Lamey[270], das bei dem Fest des 9./10. Thermidor VI in St. Wendel gesungen wurde.

Darüber hinaus findet sich in der Publizistik des Saardepartements noch eine Reihe weiterer Freiheitslieder, von denen aber nicht gesagt werden kann, inwieweit sie auch tatsächlich bei den Nationalfesten zur Aufführung gelangten. Doch kann ein Mehrfachdruck auch einen Hinweis auf die Verbreitung geben, so im Fall des Freiheitsliedes von Friedrich Lehne *Wohl mir ! Ich bin ein freyer Mann / Nur den Gesetzen unterthan*, das in der Zeitschrift Journal für das Saardepartement in seiner früheren sowie in den Liedersammlungen von Trier und Koblenz in seiner späteren Fassung erschien[271].

Die Themen dieser allgemeinen republikanischen Lieder sind so beschränkt. Es handelt sind meist um Freiheitslieder, wobei ein breiter Konsens über die Definition der Freiheit als staatsbürgerlicher Gleichheit vor dem Gesetz besteht. Allerdings verbinden sich damit die eigentlich widersprüchlichen

---

[267] VI thermidor 9/10 (Fest der Freiheit), VI fuctidor 10 (Fest des Alters)
[268] Bereits unter dem 22. September 1797 erschien eine Erklärung von Türk, dass er nicht der Verfasser des unter seinem Namen verbreiteten Freiheitsliedes sei (JUST: Lassaulx, 1926, S. 82). Den Text des Liedes habe ich gleichwohl nicht finden können.
[269] Vgl. Anhang 8: Lieder aus *Der freundliche Besuch*. Allerdings reklamiert Engel im Vorwort seine Autorschaft für das Stück nur « *bis auf die Gedichte* ».
[270] ENGELS: Gedichte und Lieder, 1971, Nr. 90.
[271] Journal für das Saardepartement, VI, Nr. 4, S. 369. Liedersammlung Trier, Nr. 7; Lieder für Freie, S. 121; Liedersammlung Koblenz, Nr. 4.

Tendenzen sowohl zum Martialischen als auch zum Frieden. Die Lieder scheinen eine gewisse überregionale Verbreitung gefunden zu haben, indem sie zu einem großen Teil auch in den Koblenzer Liedersammlungen erschienen und auch Beziehungen nach Speyer und Köln bestanden. Deshalb umfassen sie auch eine Reihe von Liedern von allgemein bekannten Autoren wie Lehne und Voß, wobei es sich um Kontrafakturen von französischen Revolutionsliedern handelt. Dagegen sind Beziehungen zum Liedgut der Mainzer Republik[272], zu dem der Cisrhenanen[273] sowie zum Elsass[274] nur schwach ausgeprägt.

8.2.2. Anlasslieder der Nationalfeste

Neben diesen allgemeinen Freiheitsliedern wurden bei den Nationalfesten auch Lieder benötigt, die die spezielle Thematik der jeweiligen Feste behandelten. So erklangen bei den Nationalfesten des Saardepartements häufig Lieder, die speziell für den jeweiligen Anlass gedichtet worden waren und sich dabei meist an die Melodien bekannter Lieder anschlossen, die als *Timbre* (Weise) verwendet wurden. Diese Lieder wurden in den meisten Fällen auf Veranlassung der Zentralverwaltung als Liedblätter gedruckt, und diese können uns somit hier als Leitquelle dienen. Sie wurden an die Kantone verteilt. Wenn dabei eine Auflage von 400 - 500 Stück vorgesehen war[275], konnten jedem Kanton 15-16 Exemplare zugeteilt werden, was für die Einstudierung durch einen Chor ausreichte, aber nicht für den Gesang eines größeren Teilnehmerkreises genügte. Bei diesen Liedern sind im Gegensatz zu den meist anonymen republikanischen Liedern die Autoren in der Regel bekannt, und die Autoren sind sowohl Deutsche wie Franzosen. Allerdings stammen die meisten dieser Anlasslieder von Johann Jakob Stammel, der diese Liedgattung im Saardepartement weitgehend dominierte.

Johann Jakob Stammel[276] wurde 1771 in Trier geboren und war zum Zeitpunkt der französischen Besetzung 1794 katholischer Pfarrer in Gusterath. 1797

---

[272] Zu nennen ist nur Lehne's *Dort ziehen die Sklaven in Scharen* von 1793, womit aber weniger das Lied aus der Belagerungszeit von 1793 (Erstdruck: StadtB Mz: Mog m 336) gemeint ist, sondern die Kontrafaktur des *Veillons au salut de l'Empire*.

[273] Die Cisrhenanenhymne von Zumbach erscheint nur in: Liederlese Koblenz, Nr. 7 S. 26 und in: Lieder für Freie, S. 189; die Lieder von Biergans (BERS / GRAUMANN: Staatshymne, 2003, S. 50-63) wurden gar nicht rezipiert.

[274] In der Sammlung Lieder für Freie ist Pfeffel allerdings mit einigen Stücken vertreten.

[275] VI thermidor 9/10: 400 Exemplare; VI fructidor 18: 200 Exemplare; VII pluviôse 2: zwei Liedblätter à 500 Exemplare; VII fructidor 10: 400 Exemplare. Außerdem hat die Kantonsverwaltung Blieskastel für das Fest des Alters am 10. Fruktidor VI für jede der 32 Gemeinden 30 Liedblätter, also 1000 Blatt, mit der Marseillaise drucken lassen.

[276] Elisabeth WAGNER, in: Biographisch-Bibliographisches Kirchenlexikon, Bd. 10, 1995, Sp. 1142-1144; Guido GROSS, in: Trierer Biographisches Lexikon, 2000, S. 445; STEIN: Verwaltungspartizipation III, 2002, S. 385-386. MARX: Geschichte des Erzstiftes. Bd. 5, 1864, S. 559-572, druckt Stammel's Lieder mit einer biographischen Einleitung ab, HASHAGEN: Das Rheinland und die französische Herrschaft, 1908, S. 397-403, kommentiert sie.

gab er jedoch sein Pfarramt auf und wurde 1798 Kommissar bei der Kantonsverwaltung Konz. Bekannt wurde er durch seine Reden bei den Nationalfesten und vor allem durch seine Lieder. Unter dem Empire gelang ihm ein Absprung in die Justiz, wo er es bis zum Staatsprokurator brachte und dieses Amt auch noch in preußischer Zeit ausübte. Allerdings ist er in dieser Zeit nicht mehr öffentlich aufgetreten und hat auch - mit einer hier nicht einschlägigen Ausnahme - nichts mehr veröffentlicht. Er starb 1845 in Bonn.

Stammel hat zu allen Festen des allgemeinpolitischen Festzyklus Anlasslieder verfasst. Schon erwähnt wurde seine « *Tréviroise* », die mit dem lokalen und regionalen Appell an die « *Trierer* » die Einsetzung der Zentralverwaltung in Trier begrüßte. So war es Pflicht, zum ersten Jahrestag der Einsetzung der neuen Verwaltungen einen Hymnus zu präsentieren (*Heut jauchzet wonnetrunken / Mein freies Vaterland*). Fern aller Kritik der Republikaner an der realexistierenden französischen Verwaltung gilt hier der Jubel der Mutter-Republik, die die Rheinländer wie ihre eigenen Kinder behandelt (« *Sie pfleget uns nicht minder / Als ihre eignen Kinder* ») und die dann in einer langen Appellkette zur Aufnahme des Rheinlandes in die Republik aufgefordert wird (« *Schließ uns auch bald dem Bunde / Der großen Franken ein* »). Dazu kommen dann noch die Lieder zu den Feiern der republikanischen Grundwerte. Das republikanische Neujahrsfest am 1. Vendémiaire war auch das Fest der Gründung der Republik. Stammel rahmt seinen Hymnus mit dem Motiv des Festtages ein, so dass er beginnt : « *Steige hernieder / Festlicher Tag* »[277], und dieses Motiv am Ende nochmals aufgenommen wird: « *Jauchzet drum Bürger ! / Freudig dem Tag* ». Dazu stellt er dann in einer längeren Begriffsreihe die neu gewonnene Freiheit der alten Knechtschaft unter Zepter und Krone gegenüber. Zu dem Fest der Volkssouveränität, das am Vorabend des jährlichen Wahltages angesetzt und der Grundlegitimation der Republik gewidmet ist, verfasst Stammel den Hymnus: *In dir o Mensch ! liegt Götterkraft:/ Du bist dir selbst genug*. Hier besingt er wiederum in einer langen Appellreihe den Menschen als das Maß der Dinge, wobei das Eingangsthema variiert wird (« *In deiner Brust liegt Allgewalt* » ; « *Du trägst in dir selbst das Gesetz* »). Doch dann bricht er plötzlich einer Verabsolutierung des Menschen die Spitze, indem die Appelle sich nun an den göttlichen Genius richten. Damit kann ein transzendenter Horizont einer Vollendung aufgezeigt und zugleich das anfangs eingeführte Bild der « *Götterkraft* » ausgeführt werden. Gegenpol zur Wahlmacht des Staatsbürgers ist die vom Staat geforderte Dankbarkeit des Bürgers gegenüber der republikanischen Regierung, der das Fest der Dankbarkeit gilt[278]. Stammel bringt dazu ein Lied über Liebe und Gegenliebe (*Heut bethet stille / Der freie Mann*), was er anhand der Beziehungen darstellt, die « *der*

---

[277] Journal für das Saardepartement VI, Heft 5, S. 460; Liedersammlung Trier, Nr. 15; Liedersammlung Koblenz, Nr. 8.

VI. Form der Nationalfeste

freie Mann » zu Gott, zum Vaterland und zu seiner Familie hat. Dabei stand diese Interpretation des Festes freilich in Kontrast zu einer Militarisierung des Festes mit Aufmärschen von Armee und Nationalgarde sowie Ehrungen von Veteranen. Dies war allerdings vor allem in Innerfrankreich der Fall und galt im Saardepartement nur für die Garnisonsstadt Trier, während sich sonst die Kantonsverwaltungen eher um eine zivile Ausrichtung des Festes bemühten, wozu das Stammel'sche Lied, wie der Beleg für die Aufführung in Konz zeigt, gut gepasst haben wird.

Liedbeiträge hat Stammel auch zu allen Festen des moralischen Festzyklus geliefert. Ja, er scheint diese Lieder besonders geschätzt zu haben, denn er hat nur die Lieder zu den Festen der Jugend, der Eheleute und des Alters in seine, von ihm zusammen mit Wyttenbach herausgegebene Sammlung *Lieder für Freie* aufgenommen. Wo, wie in seinem Lied zum Fest der Jugend (*Wenn in hoffnungsvoller Blüthe*)[279], sich Jugend auf Tugend reimt, muss die Unbeschwertheit der Jugend zwangsläufig unter die Kontrolle der Pflicht gestellt werden, was dann für die Altersklassen vom Säugling über das Kind bis zum Jüngling sowie mit einem freilich bescheideneren Seitenblick auf das Mädchen thematisch durchgeführt wird. Wenn Stammel für dieses Lied noch als Timbre *Alles liebt und paart sich wieder* gewählt hatte, sicherte er seinem Lied nicht nur die Singbarkeit, sondern wies auch schon auf das nächstfolgende Fest der Eheleute voraus. Dort erklang dieses bekannte zeitgenössische Lied dann auch zumindest in dem Kanton, in dem Stammel selbst Funktionsträger war, nämlich in Konz, während er für sein eigenes Festlied zu diesem Anlass (*In des Lebens düstre Triebe / Goß der Vater der Natur / Mild ein Tröpfchen reiner Liebe*)[280] ein anderes Timbre wählte (*Aus dem Strome des Genusses*). Wenn hier nun schon in der Eingangsstrophe das Keyword « *reine Liebe* » sowohl auf « *düstre Triebe* » wie auf « *edle Triebe* » gereimt wird, mag das nicht gerade originell sein, bahnt aber den Weg zu einem Lob der Familie. Wenig überraschen auch einige Anleihen an Schillers Ode *An die Freude*, um so mehr aber eine über drei Strophen gezogene Abrechnung mit dem Zölibatsgebot für katholische Priester, die in der Forderung endet : « *Priester, werdet Menschen wieder, / Folgt der Liebe sanfter Spur* ». Hier wird ein authentisches biographisches Motiv von Stammel greifbar. Er hatte 1797 sein Priesteramt aufgegeben und heiratete 1805 in Prüm. Bei aller Liebe zu Revolution und Aufklärung dürfte dieser Bruch mit der Kirche aber nicht gleichzeitig einen Bruch mit der Religion bedeutet haben[281]. Jedenfalls sind die Gottbezüge

---

[278] Auch Boos, Kommissar beim Kanton Schönberg, hatte dazu ein Lied komponiert, das allerdings im Festbericht nur ohne Text erwähnt wird.
[279] Lieder für Freie, S. 173.
[280] Lieder für Freie, S. 158.
[281] Zum Religionsverständnis der Mainzer Republik vgl. FISCHER: Revolution und Religion. Die Flugschrift „Te Deum Laudamus der Franken" (Mainz 1793) und ihr historischer,

in seinen Liedern sehr präsent. Fast wie ein Kirchenlied[282] beginnt Stammel's Lied zum Fest des Alters : *Selig, wer am Ziele steht, / Wo der Richter thronet*[283] und bringt dann im Mittelteil sogar ein über drei Strophen gezogenes Dankgebet an den « *Weltenrichter* ». Das Fest des Ackerbaus schließt sich nicht unmittelbar an die moralischen Feste an, betrifft aber angesichts der damals noch vorherrschenden agrarischen Wirtschaftsform ebenfalls eine Grundlage der damaligen Gesellschaft. Stammel wählt für sein Lied (*Ich neide nicht den reichen Mann, / Der mehr hat, als ihm fruchten kann.*) eine besondere Form, indem hier der einzige Fall vorliegt, in dem Stammel bei seinen Anlassliedern die Ich-Form wählt und dabei das lyrische Ich aus der Position des Landmannes sprechen lässt. Die unvermeidlichen Stereotypen der Idylle des bescheidenen Landmanns gewinnen so doch eine gewisse Authentizität. Sie schließen sich auch eng an das Lied zu dem vorausgegangenen Fest des Alters an, indem auch dieses Lied in einem Dankgebet zu Gott endet. Dies hat Stammel's Lied von 1799 auch einem anonymen Lied voraus, das schon bei dem gleichen Fest im Vorjahr 1798 entstanden war. Es nimmt mit seinen Rahmenversen (« *Wer nicht mit mir den Pflüger ehrt, / Der ist den Bissen Brod nicht werth* ») das gleiche Motiv auf, sucht aber die Idylle zu pädagogisieren.

Stammel hat somit für alle moralischen und allgemeinpolitischen Feste Lieder verfasst. Bei den eigentlich politischen Festen der Revolutionsgeschichte und des aktuellen Regimes ist dies aber nur bei weniger als der Hälfte der Feste der Fall (3 aus 7). Dazu kommen nun zwar noch einige Lieder von anderen Autoren, aber auch sie beschränken sich auf nur wenige Anlässe. So bleiben die Feste zum Gedenken an den Sturm auf die Bastille am 14. Juli 1789, die Erstürmung der Tuilerien am 10. August 1792 sowie den Sturz von Robespierre am 9./10. Thermidor II (27./28. Juli 1794)[284] im Saardepartement ohne eigene überlieferte deutschsprachige Lieder. Liedschöpfungen liegen nicht für die Feste der Revolutionsgeschichte, sondern nur für die aktuellen politischen Feste des Regimes vor. Das Fest der gerechten Bestrafung des letzten Königs der Franzosen am 2. Pluviôse / 21. Januar, zu dem nicht weniger als drei Lieddichtungen vorliegen, war weniger wegen seiner revolutionsgeschichtlichen Bedeutung wichtig, sondern vor allem weil mit ihm die öffentliche Eidesleistung der Staatsbeamten verbunden war. Ein eigentlich antimonarchisches

---

theologischer und publizistischer Kontext, 2009.

[282] Bei dem Fest des Alters am 10. Fructidor VI / 27. August 1798 in Birkenfeld wurde sogar ein wirkliches Kirchenlied gesungen, vgl. Kap. V, 3.3.

[283] Journal für das Saardepartement VI, Heft 5, S. 422; Liedersammlung Trier, Nr. 11; Lieder für Freie, S. 178; Liedersammlung Koblenz, Nr. 9, gesungen in Konz beim Fest des Alters VI.

[284] Zum Fest des 9./10. Thermidor VI hatte der Friedensgerichtsschreiber von Kyllburg, Hochmuth, eine Hymne komponiert, die im Festbericht ohne Angabe des Textes erwähnt wird.

VI. Form der Nationalfeste

Lied hat dabei nur der Trierer Richter Gand gedichtet, das mit einer dreifachen Verfluchung beginnt (*Fluch den gekrönten Ungeheuern!*), um dann die Übergesetzlichkeit der Monarchen (« *Und über das Gesetz sich weit erhaben denken* ») und ihre Ausbeutung des Volkes (« *Daß sie nicht für das Volk, das Volk für sie da sei* ») zu geißeln. Nicht weniger martialisch beginnt auch das Lied des Trierer Professors Damian Wirz: *Da liegt mit Schand und Blut bedeckt / Der letzte Kapet hingestreckt*, hebt dann aber auf den Eidbruch des Königs ab (« *Da liegt er, seines Meineids Raub / Herabgeschleudert in den Staub* »), um mit dem geforderten Eid der Treue zur Republik und des Hasses auf Despotie und Anarchie zu enden. Am bekanntesten wurde aber die Ereigniskomposition von Stammel *Es stürze Thron und Kron!*, die auch über den eigentlichen Anlass hinaus rezipiert wurde. Sie geht über den Aufruf zum Schwur (« *Wir schwören Haß der Fürstenzunft / Nur uns gebietet die Vernunft* ») noch mit einer Anrufung Gottes (« *Vernimm o Vater der Natur!* ») hinaus, unter welcher Stilfigur nicht nur die Verdammung der alten Tyrannei, sondern auch Bitten für die Zukunft um Frieden und Freiheit präsentiert werden können. Dabei wird auch vorsichtig eine Ausweitung der Republik auf ganz Deutschland angedeutet (« *Es lebe jeder Deutsche Mann, / Der bald wie wir, auch jauchzen kann.* »). Für das eigentliche Legitimationsfest des Regimes am 9./10. Thermidor liegen - wie erwähnt - keine eigenen deutschen Lieder aus dem Saardepartement vor, und auch für das Fest zum Jahresgedächtnis des Staatsstreiches vom 18. Fruktidor V, das am 4. September 1798 gefeiert wurde, liegt nur ein Lied von Stammel vor. Es beginnt mit einem starken Naturbild: « *Himmlisch und schön stralte im Ost / Freiheit! dein heiliger Name* », doch kommt das Lied über eine Gleichsetzung von Nacht und Tag mit Gut und Böse nicht hinaus und das eigentliche politische Geschehen bleibt unerwähnt.

Dagegen liegt gleich eine Reihe von Anlassliedern für die öffentlichen Trauerfeiern für die ermordeten französischen Gesandten beim Rastatter Kongress vor, die in ganz Frankreich bis in alle Kantonsorte abgehalten wurden. Dazu gehört ein Lied von Stammel (*Hier in diesen Todeshallen / Fasset Grausen mein Gebein!*). Außerdem ist noch ein Gedicht oder Lied von Friedrich Lehne zum gleichen Anlass im Saardepartement rezipiert worden (*Germanien! so stolz auf deine Treue*), das als Liedblatt gedruckt wurde. Der Kommissar beim Kanton Schönberg, Boos, hat es für die dortige Trauerfeier in Noten gesetzt, und für die Trierer Feier wurde es in der Vertonung durch den Domorganisten und Komponisten Peter Josef Pletz[285] verwendet und dazu von allen Teilnehmern eine Abschiedszeremonie vollzogen. Der gleiche Text von Lehne diente offenbar auch noch für die Trauerfeier für den französischen General Joubert als Vorlage

---

[285] Kurzbiographie von Josef Still, in: Trierer Biographisches Lexikon, 2000, S. 346.

für eine anonyme Kontrafaktur (*Vom Schmerz gebeugt, mit tiefer Trau'r umhüllet, / Vergißt das Heer den erst errung'nen Sieg*)[286].

Bemerkenswerterweise umfasst die Produktion von Anlassliedern im Saardepartement nicht nur deutschsprachige, sondern auch einige französischsprachige Lieder. Die Autoren sind, wie zu erwarten, französische Verwaltungsbeamte und Militärs. Auch diese Lieder wurden durch Liedblätter verbreitet, die auf Veranlassung der Zentralverwaltung gedruckt wurden. Ein erstes Lied erklang schon am Jahrestag der Einsetzung der neuen Verwaltung am 19. Februar 1799 (*La liberté sur cette terre / est fixée enfin pour jamais*) und greift durchaus anlasskonform das Thema der Integration der Rheinländer auf, fordert dabei aber nicht nur die Deutschen zur Integration auf (« *Trévirois, enfans de la Sarre, / Mettez à profit ces bienfaits* »), sondern ruft auch die eigene Gruppe zur Mäßigung auf (« *N'abusons par de la victoire / On bénira le nom français.* »). Beim Fest der Freiheit am 9./10. Thermidor VII / 27./28. Juli 1799 wird diese Aufforderung wiederholt, doch spricht das Lied die Bevölkerung nun schon gleich als Franzosen an: « *Français il est tems de fixer / Le bonheur au sein de la France* ». Dagegen ist ein zum Fest der Gründung der Republik am 1. Vendémiaire VIII / 23. September 1799 geschaffenes Lied eine Kontrafaktur des *Chant du Départ* (*Espoir de la patrie, enfans de la victoire*), wobei schon mitten im neuen Revolutionskrieg zum Kampf aufgerufen wird (« *Le Français naît pour la patrie. / Le Français vit pour la servir.* »). Letzte Ausklänge dieser Serie sind dann noch die beiden kurzen Verslieder, die der Richter am Revisionsgericht in Trier Joseph Giraud zu Ehren der Freiheit (*On voit le François gai*) und der Professor an der Zentralschule in Trier Poupinet zum Gedächtnis an den bei Marengo gefallenen General Désaix (*Beaux Arts ! fils du Génie et de la Liberté*) anlässlich des Festes des 14. Juli 1801, das damals aber als Fest des Friedens und der Eintracht gefeiert wurde, verfasst haben.

Die für die Nationalfeste im Saardepartement gedichteten Lieder machen ein eigenes Korpus aus. Es sind durchgehend offizielle Lieder, die auf Veranlassung der französischen Verwaltung als Liedblatt gedruckt wurden und bei den Nationalfesten vorgetragen wurden. Im Gegensatz zu den allgemeinen republikanischen Liedern, deren Verfasser meist nicht bekannt sind, werden hier die Verfasser in der Regel genannt, wobei es sich durchweg um deutsche Verwaltungsbeamte handelt. Die Form der Lieder ist einfach, da sie durch die

---

[286] Das Liedblatt nennt den Namen des Autors nicht, verweist aber als Timbre auf eine Kantate für das Trauerfest der ermordeten Gesandten bei Rastatt. Dies darf auf das Lied von Lehne bezogen werden, denn ein Verspaar aus diesem Trauergesang (« *Zur Rache ! schall' es von den Pirenäen, / Im Wiederhall an Jura's Felsenwand !* ») findet sich nur ein wenig angepasst in dem neuen Stück (« *Zum Kampfe schallt es von den Pyrenäen, / Im Wiederhall an Jura's Felsenwand* »). Ob sich nun Lehne selbst kopierte oder ein anderer sich ihm anschloss, sei dahingestellt.

als Timbre verwendeten Melodien bekannter Lieder vorgegeben war. Trotzdem kann zumindest bei Stammel der Ansatz eines persönlichen Stils erkannt werden. Beeindruckend sind seine starken Naturbilder, die er wirksam auch zur Darstellung abstrakter Begriffe darbieten kann. Auffällig ist auch ein Unterschied zwischen seinen Liedern für die allgemeinpolitischen und für die moralischen Feste. Die republikanischen Lieder sind vielfach durch ihren Appellcharakter gekennzeichnet, der sich in der Anrufung von republikanischen Werten wie der Freiheit äußert, die dadurch eine Personifikation erfahren. Dazu gehört auch die Anrufung des Genius und Gottes, womit transzendente Sphären eröffnet werden. In Stammel's Liedern für die moralischen Nationalfeste fehlen diese Stilelemente dagegen. Diese sind vielmehr in einem getrageneren Stil ohne direkte Appelle gehalten. Nur hier spricht auch einmal ein lyrisches Ich. Bei der sonstigen Dominanz von Refrainliedern muss der sparsame Gebrauch dieses Stilmittels bei Stammel auffallen. Der immer mit einer gewissen Penetranz verbundene Einsatz des Refrains kommt nur in seinen politischen Liedern vor, und zwar in der Tréviroise mit dem immer wiederkehrenden Bezug auf den Freiheitsbaum sowie in seinem Lied zum Fest des Gedächtnisses an die Hinrichtung von Ludwig XVI., bei dem der Refrain die Bestrafung des Eidbruches nach jeder Strophe gleichsam einhämmert. Die wenigen französischen Lieder schließlich halten sich eng an die französische Liedtradition. Sie dürften wohl nur in Trier zur Aufführung gelangt sein.

8.2.3. Allgemeines deutsches Lied- und Kulturgut

Die bisher vorgestellten Lieder der Nationalfeste im Saardepartement können als Beispiele einer neuen politischen Lyrik gelesen werden, die republikanische Grundwerte besingt und Ereignisse der Französischen Republik kommentiert. Dabei konnte zwischen einem überregionalen Korpus republikanischer Lieder und regionalen Anlassliedern für die Nationalfeste unterschieden werden. Immer stellte sich aber dabei die Aufgabe, die Ereignisse und Ideen der französischen Republik einem deutschen Publikum nahe zu bringen. Das wichtigste Transfer-Medium war dabei natürlich die Sprache. Das verwendete Liedgut war überwiegend in Deutsch, und deutsche Kontrafakturen französischer Lieder machten diese für das deutsche Publikum singbar. Einen Schritt weiter ging die Inkulturation, wenn im Kontext der Nationalfeste Stücke der zeitgenössischen deutschen Kultur präsentiert wurden und auf dieser Basis eine Integration der französischen republikanischen Werte versucht wurde. In diesem Sinne hat die Trierer Lieder-Sammlung *Lieder für Freie* zusammen mit einigen französischen Revolutionsliedern eine große Auswahl von deutschen republikanischen Liedern und Gedichten zusammengestellt, um die Verwandtschaft der jeweiligen Ansätze zu unterstreichen. Aus ähnlichen Intentionen wurde bei den Nationalfesten im Saardepartement auf zeitgenössische deutsche Lieder zurückgegriffen. Das republikanische Liedkorpus verbindet sich so mit zeitgenössischen volkstümlichen Liedern, also dem Liedgut des späteren Volksliedes[287].

Das schon erwähnte Bruderlied (*Brüder lasst uns Hand in Hand / Froh durchs Leben hüpfen*), das in die Trierer Liedersammlung aufgenommen worden war und dessen Verwendung bei den Nationalfesten mehrfach belegt ist, gehört bereits in diesem Zusammenhang[288]. Doch auch außerhalb des Kanons der gedruckten Liedersammlungen begegnen im lokalen Kontext der Feste weitere Beispiele, und dies gilt besonders für die Festveranstaltungen in Grumbach unter der Leitung des dortigen Kommissars Baur sowie unter Mitwirkung des Primärschullehrers Engel. Bei dem Fest der Jugend am 10. Germinal VII / 30. März 1799 ließ Baur das Lied *Freut euch des Lebens* von Johann Martin Usteri, wohl in der Vertonung durch Hans Georg Nägeli, vortragen, das ab 1795 mehrfach im Druck erschienen war[289]. Das Lied ist nicht ganz so naiv wie der heute noch bekannte Refrain es erscheinen lassen mag. Der Ausdruck der Lebensfreude verbindet sich nämlich mit der Freundschaft und der Tugend der Bescheidenheit. Insofern ist es kein Gegensatz, wenn Baur bei der gleichen Gelegenheit auch das Lied *Eins nur, Freunde, Seelengröße / Gibst dem Menschen Werth und Ruh'* von Freiherr Dieter Ernst Spiegel von Pickelsheim in der Vertonung von Johann Friedrich Reichardt singen ließ, das sich auch im Ton gleich als ein Tugendlied gibt[290]. Wieder eher einen volkstümlichen Akzent stellte das beim Fest der Ehegatten am 10. Floréal VI / 29. April 1799 in Konz gesungene Lied *Alles liebt und paart sich wieder* von Wilhelm Gottfried Becker dar, das wohl in der Vertonung durch Johann André von 1793 erklang[291].

Über diese volkstümlichen Lieder hinaus wurden bei den Nationalfesten auch Werke der eigentlichen musikalischen und literarischen zeitgenössischen deutschen Kultur zitiert. Dazu zählen an erster Stelle vielfältige Anleihen an Mozarts Zauberflöte von 1791. Bei dem Fest der Eheleute am 10. Floréal VII / 29. Mai 1799 erklang in Grumbach die Arie *Bei Männern welche Liebe*

---

[287] Zum Volkslied allgemein: SZESKUS: Das deutsche Volkslied, 2010. Von den großen Volksliedsammlungen wurden benutzt: BÖHME: Volksthümliche Lieder der Deutschen im 18. und 19. Jahrhundert, 1895. ERK / BÖHME: Deutscher Liederhort, 1925. FRIEDLÄNDER: Das deutsche Lied im 18. Jahrhundert, 1954. HOLZAPFEL: Liedverzeichnis, 2006. Herangezogen wurden auch die einschlägigen Mappen des Deutschen Volksliedarchivs / Zentrums für Populäre Kultur und Musik, Freiburg, sowie sein Historisch-kritisches Liederlexikon (online verfügbar unter: http:www.liederelexikon.de).

[288] Es konnte trotz seiner nachgewiesenen zeitgenössischen Bekanntheit in den einschlägigen Volksliedsammlungen nicht nachgewiesen werden.

[289] FRIEDLÄNDER: Lied, Bd. 1, 1954, S. 348-349; Bd. 2, 1954, S. 373-379. HOLZAPFEL: Liedverzeichnis, 2006, S. 605. LINDER-BEROUD: « *Freut euch des Lebens* » - Ein Schlager der Goethezeit, 1989.

[290] HOLZAPFEL: Liedverzeichnis, 2006, S. 427.

[291] FRIEDLÄNDER: Lied, Bd. 2, 1954, S. 420. HOLZAPFEL: Liedverzeichnis, 2006, S. 75.

VI. Form der Nationalfeste

fühlen, und Damian Wirz verwendete dieses Lied als Timbre für seinen Beitrag zum Fest der gerechten Bestrafung des letzten Königs der Franzosen am 2. Pluviôse VII / 21. Januar 1799 (*Da liegt mit Schand und Blut bedeckt / Der letzte Kapet hingestreckt*). Ebenso hatte schon vorher Friedrich Lehne die Melodie der Arie des Vogelfängers für sein Lied *Wohl mir! Ich bin ein freyer Mann* verwendet, das mehrfach in den Publikationen des Saardepartements abgedruckt wurde. Schließlich hatte das Mitglied der Zentralverwaltung des Saardepartements Gerhards bei einer Rede zum Fest der Volkssouveränität in Trier am 30. Ventôse VII / 20. März 1799 einige Verse aus der gleichen Oper in leichter Abwandlung zitiert: « *Dann wäre die Erd ein Himmelreich / Und Sterbliche den Göttern gleich* ».

Nicht ganz so häufig sind Anleihen bei Schiller. Immerhin erklang ebenfalls beim Fest der Eheleute im Jahre VII in Grumbach Schillers Ode an die Freude von 1785/86 mit der Strophe « *Wem der große Wurf gelungen, / Eines Freundes Freund zu sein, / Wer ein holdes Weib errungen, / Mische seinen Jubel ein* ». Dabei handelt es sich natürlich nicht um die spätere Vertonung durch Beethoven von 1824, durch die die Ode ihre heutige Geltung erlangte. Aber auch schon vorher hatte es nicht weniger als 42 Vertonungen gegeben, davon 20 noch vor 1798 und allein sechs im Jahre 1796[292].

Sehr beliebt waren die Dichtungen von Christian Fürchtegott Gellert. In Birkenfeld wurde zum republikanischen Neujahrsfest am 1. Vendémiaire VII / 22. September 1798 sein Neujahrslied *Am neuen Jahre*[293] gesungen, das ein protestantisches Kirchenlied nach der Melodie von *Es ist das Heil uns kommen* von Paul Speratus aus dem Jahre 1523 darstellt. Hierzu gibt der Festbericht eine ausführliche Erklärung, warum dieses Lied ausgewählt wurde:

> « *Un chant composé pour la fête du nouvel an par Gellert, ce poète chéri de l'Allemagne qui pour la morale pure et saine qu'il respire et pour les idées religieuses d'un intérêt universel qu'il suggère avoit paru digne de la fête et qu'on avoit en conséquence jugé à propos d'adopter pour le cas, d'autant plus qu'on croyoit qu'une telle adoption d'un véhicule familier d'édification destiné pour l'ancienne fête du nouvel an pourroit favoriser la transition des sentimens sublimes et de la douce yvresse du cœur qu'il avoit autrefois inspiré, et contribuer à neutraliser les insinuations des fanatiques tendantes à représenter les fêtes nationales sous l'odieux jour d'actes profanes.* »

Es ging also darum, die traditionellen Bräuche in das neue Fest zu integrieren, gleichzeitig aber auch die Kontinuität der Werte darzustellen. Dazu eigneten sich die moralischen Gedichte von Gellert gut, so dass auch seine Fabeln *Die*

---

[292] Persons: « *Deine Zauber binden wieder* », 2002, S. 43-46 (Bibliographie).
[293] Gellert: Gesammelte Schriften, Bd. 2, 1997, S. 187-188, zuerst publiziert 1757, vertont von Carl Philipp Emanuel Bach, 1758.

schlauen Mädchen[294] und *Das neue Ehepaar*[295] bei den Festen der Volkssouveränität und der Eheleute in Grumbach im Jahre VII vorgetragen wurden.

Das alles liest sich wie eine Ergänzung zu Hashagen's[296] langer Liste von rheinischen Bezügen zur deutschen Geistesgeschichte, und das ist es ja auch. Aber entgegen der Interpretation durch Hashagen kann man diese Bezüge hier nicht als Opposition gegen eine französische Überfremdung in Anspruch nehmen, vielmehr geht es ja gerade darum, Inhalte der französischen Nationalfeste in den Formen deutscher Tradition auszudrücken und damit zu inkulturieren. So verbindet sich bei Kommissar Baur in Grumbach die Rezeption französischer Revolutionslieder mit Stücken der deutschen zeitgenössischen Literatur. So beziehen sich die deutschen Literaturzitate auch nicht nur auf moralische Werte, sondern betreffen auch das Politische. Bei der Baumsetzung und der Einrichtung der neuen Verwaltung Anfang April 1798 in Schönberg trug Kommissar Boos eine für das Ereignis adaptierte und um einige Strophen gekürzte Fassung des Gedichtes *Der befreite Sklave* von Ludwig Christoph Heinrich Hölty vor[297].

Boos	Hölty
« *Gottlob*, daß mich kein Fürst itzt mehr Vom Thron tiransiert; *Kein* Pfaff und kein gesterter Herr *Mich* Pflüger mehr skalpirt. *Der ganze Himmel schwebt um mich, Die Schöpfung ist mir neu: Dich habe ich süsse Freiheit, dich! Gott, frei bin ich: Gott, frei!* »	« *Gottlob*, daß keine Kette mehr An diesem Arme klirrt, *Kein* Teufel mit gezückter Wehr *Mich* Rudernden umirrt! *Der ganze Himmel schwebt um mich, Die Schöpfung ist mir neu; Dich hab' ich, süsse Freiheit, dich! Gott! frei bin ich, bin frei!* »

(Unterschiedlicher Text recte, W.H.St.)

Außerdem wurde eines der stärksten republikanischen deutschen Gedichte, *Die Fürstengruft* von Christian Friedrich Daniel Schubart[298] in dem zum Fest der Volkssouveränität in Grumbach am 30. Ventôse VII / 20. März 1799 aufgeführten Bühnenstück des dortigen Primärschullehrers Peter Engel *Der freundschaftliche Besuch* vorgetragen. Schubart's Gedicht ist in der gleichen verkürzten Bearbeitung wie bei dem Vortrag in Grumbach auch im Journal für das Saardepartement abgedruckt worden, während es später in der Trierer

---

[294] Ibid. Bd. 1, 2000, S. 163-164, zitiert im Festbericht als « *Zwei Mädchen und ein Hahn* ».
[295] Ibid. S. 170-175, zitiert im Festbericht als « *Das brave Ehepaar* ».
[296] HASHAGEN: Das Rheinland und die französische Herrschaft, 1908.
[297] HÖLTHY: Gesammelte Werke und Briefe, 1998, S. 186-187, entstanden 1774.
[298] Schubart's Werke in einem Band, 1988, S. 303-306, 401, entstanden während der Haft auf dem Hohenasperg, zuerst erschienen 1781.

Liedersammlung *Lieder für Freie* im vollen originalen Umfang erschien[299]. Die drastische Demonstration der Vergänglichkeit, die die hohen Fürsten auf das ihnen gebührende Maß zurückdrängt, war also auch über die Grumbacher Rezitation hinaus im Bereich des Saardepartements bekannt.

Die Lieder und Literaturstücke verlängern somit die in den republikanischen Liedern mit zeitgenössischen Autoren wie Lehne, Stammel und Voß begonnene Linie einer deutschen republikanischen Tradition auch auf die ältere Generation der Gellert, Hölty und Schubart. Dabei ist die Kenntnis der deutschen Literatur und Kultur auch in den ländlichen Gebieten des Saardepartements bemerkenswert gut verbreitet, indem Bühnenstücke, Gedichte, Lieder und Vertonungen, die damals erst vor wenigen Jahren entstanden waren, rezipiert wurden. Zur Inkulturation der französischen Nationalfeste gehörte auch die Berücksichtigung volkstümlicher Melodien und Lieder, die die Zuschauer emotional ansprechen sollten, um die Empfänglichkeit für die Darstellung moralischer und politischer Werte zu fördern. Bei einigen der moralischen Nationalfeste scheint das auch nicht ganz vergeblich gewesen zu sein.

8.3. Inkulturation der Republik im Lied

Neben den Reden gehörten die Lieder zu den wichtigsten liturgischen Elementen der französischen Nationalfeste. Das Korpus der französischen Revolutionslieder zählt fast 3000 Chansons und Hymnen, die allerdings zum allergrößten Teil bereits vor 1795 entstanden[300]. Die Einführung der Nationalfeste des Direktoriums im Rheinland nach der französischen Besetzung ab 1794/97 stellt deshalb einen mehrfachen Rezeptionsvorgang dar. Mit dem Festkanon wurden auch die französischen Revolutionslieder übernommen, aber diese bildeten bereits ein aus der Anfangsphase der Revolution überkommenes Korpus. Die Sprache dieser Lieder war Französisch und ihr Gegenstand war die Geschichte der Französischen Revolution, was beides für die rheinische Bevölkerung fremd, wenn nicht unverständlich war. So musste sich die Rezeption der französischen Revolutionslieder auf wenige bekannte Chansons beschränken. Wirklich rezipiert wurde dabei nur die Marseillaise, die auch durch adaptierte Übersetzungen und Kontrafakturen inkulturiert wurde. Daneben hatte nur noch der *Chant du Départ* eine gewisse Verbreitung, während eine Rezeption weiterer Revolutionslieder auf wenige Kantonsorte beschränkt war, wo sie auch oft auf besonderer personaler Vermittlung beruhte.

---

[299] Journal für das Saardepartement, Heft 8, S. 762-764. Dabei gibt die handschriftliche Fassung in Grumbach einen besseren Text als der Druck im Journal für das Saardepartement. Weggelassen ist die wiederholende Strophe 2 sowie der etwas versöhnlichere Schluss ab den Versen « *Ihr aber, bessre Fürsten, [...]* », so dass das Gedicht noch radikaler erscheint. - Lieder für Freie, 1799, S. 42-51.

[300] Statistik bei KEILHAUER: Chanson, S. 246.

Um so wichtiger war deshalb die Verwendung deutschsprachiger Lieder bei den Nationalfesten. Dabei stehen Kontrafakturen französischer Lieder am Anfang, so die Kontrafaktur der Marseillaise von Voß oder die Kontrafaktur des *Veillons au salut de l'Empire* von Lehne, die weit verbreitet waren. Darüber hinaus konnte aber ein Korpus deutscher republikanischer Lieder ermittelt werden, das im ganzen Rheinland verbreitet war und vor allem aus Freiheitsliedern bestand. Einen stärker regionalen und sogar personalen Charakter hatten die für die Feste in den jeweiligen Departements von den Verwaltungen in Auftrag gegebenen Anlasslieder, wobei im Falle des Saardepartements die Lieder eines Johann Jakob Stammel von besonderer Bedeutung sind. Schließlich wurde auch eine Inkulturation der Nationalfeste im Rheinland versucht, wozu eine Reihe von zeitgenössischen volkstümlichen deutschen Liedern rezipiert wurde. Dass es dabei nicht nur um Stimmungslieder ging, belegt die parallele Rezeption von Stücken deutscher Literatur. Neue republikanische Freiheitslieder sowie zeitgenössische deutsche Lieder und Gedichte versuchten hier die Grundwerte der Französischen Revolution in der Sprache der deutschen literarischen Aufklärung auszudrücken. Wie die Nationalfeste im Allgemeinen, so konnte das deutsche Lied im Besonderen die Grundwerte der aus der Französischen Revolution entstandenen Republik darstellen.

Insofern verband sich mit der Präsentation der französischen wie der deutschen Lieder bei den Nationalfesten die Erwartung einer Stärkung der republikanischen Gesinnung unter der Bevölkerung, wie es in dem Bericht der Kantonsverwaltung Blieskastel über das Fest des Alters am 10. Fruktidor VI / 27. August 1798 heißt: « *Les chansons pareils sont un des plus forts moyens d'éveiller et d'entretenir le patriotisme parmi les habitans et parmi la jeunesse* ».

9. Der Blick der Anderen

Als die Nationalfeste in den rheinischen Departements eingeführt wurden, hatte die Bevölkerung mehr als drei Jahre lang Krieg sowie Besatzung durch die Armeen der Französischen Republik ertragen müssen. Dabei sollten sich die französischen Truppen grundsätzlich aus dem besetzten Land unterhalten. Die ganze Besatzungsverwaltung zielte darauf ab, dass die für die Armeen nötigen Lebens- und Finanzmittel weitestgehend von der Bevölkerung des Rheinlandes bereitgestellt würden[301]. Das führte zu einer schier ununterbrochenen Folge von Kontributionen, die als Geldzahlungen eingetrieben wurden, und Requisitionen, bei denen Nahrungsmittel und Sachgüter beschlagnahmt oder Arbeitsleistungen erzwungen wurden. Hinzu kam, dass außerdem

---

[301] BLANNING: French Revolution in Germany, 1983, S. 83-134 et passim; SCHUMACHER: Idéologie révolutionnaire et pratique politique de la France en Rhénanie, 1989, S. 92-105; ANDRAE: Rheinländer, 1994, S. 179-227. Eine lokale Einzelaufstellung gibt: PETRY: Beiträge zur Geschichte der Stadt Wittlich, Bd. 2, 2002, S. 267-270.

VI. Form der Nationalfeste

auch die herkömmlichen Steuern nun an die neuen Herren weiter gezahlt werden mussten[302], so dass die Kriegssteuern ein Mehrfaches der früheren milden Besteuerung darstellten. Hinzu kamen schließlich immer noch wilde Plünderungen und Anforderungen durch das Militär aller Grade, gegen die sich die Bevölkerung nicht wehren konnte. Die Gesamtbelastung lässt sich wegen dieser Vielfalt der Anforderungen über eine Aufstellung der Hauptkontributionen hinaus kaum ermessen, führte aber zu einer massiven Ausplünderung und lange dauernden Verarmung der Bevölkerung[303].

Wenn nach den drei Jahren Dauerbesatzung die Bevölkerung diesen Zustand nun auch noch in den Nationalfesten als Befreiung feiern sollte, kann man das - gelinde gesagt - nur als Zumutung ansehen[304]. Aber als Revolutionszustimmung[305] waren die Feste auch nur zu einem Teil gemeint. Vielmehr ging es in den rheinischen Departements - wie übrigens in Innerfrankreich auch - sehr viel mehr um die Erziehung des Volkes. Die Feste sollten das richtige Verständnis von Revolution und Republik fördern sowie in Innerfrankreich die Wahlentscheidungen im Sinne einer gouvernementalen Mehrheit vorbereiten. Außerdem sollte bei den Festen der Aspekt der Selbstdarstellung der Verwaltung nicht außer Acht gelassen werden, und dies wiederum in Innerfrankreich wie im annektierten Rheinland. Hauptdarsteller der Feste war die Verwaltung selbst, die sich in den Umzügen präsentierte, die Zeremonien vollzog und den allergrößten Teil der Redner stellte. Bei der Beschränktheit der Reichweite der sonstigen Medien wie der Flugschriften und der Zeitungen darf die öffentliche Selbstdarstellung der Verwaltung in den Festen vor Ort nicht unterschätzt werden. In den Aufmärschen präsentierte sie sich in ihrer Hierarchie und in ihren offiziellen Festgewändern. Hinzu kam dann natürlich noch die ideologische Ausrichtung, aber eben als Funktion des Verwaltungshandelns.

Doch wie und inwieweit ist dieser Pomp auch wirklich verstanden und aufgenommen worden? Als Quellen können dazu eigentlich nur die zeitgenössischen Chroniken herangezogen werden. Diese sind freilich nur sehr spärlich geführt worden und/oder erhalten. Auch geben sie aus politischer Vorsicht meist keine direkten Urteile über die Feste ab, sondern beschränken sich auf eine Aufzählung der Fakten, so dass auch diese Quellen oft stumm bleiben und man sich mit wenigen indirekten Angaben begnügen muss. Hinzu kommen allerdings die Handlungen der Zuschauer zwischen zustimmender Beteiligung und

---

[302] Molitor: Untertan, 1980, S. 39.
[303] Die Tilgung der Schulden aus den Revolutionskriegen zog sich in Bad Kreuznach bis 1914 hin, vgl. Schmitt: Französische Herrschaft, 1998, S. 295.
[304] Schumacher: Idéologie révolutionnaire et pratique politique de la France en Rhénanie, 1989, S. 105 urteilt: „La politique économique et financière de la France a certainement été l'obstacle le plus sérieux au développement d'un véritable esprit patriotique français dans les territoires occupés."
[305] Blanning: French Revolution in Germany, 1983, S. 301.

ablehnender Verweigerung. Für diese Reaktionen der Bevölkerung können nun wieder die Berichte der Verwaltung und der Gendarmerie herangezogen werden. So fließen hier die Quellen etwas reichlicher, aber auch diese Quellen haben eine besondere Perspektive, denn die Verwaltungsberichte sehen Verweigerung oder Widerstand immer als Sabotage gegen die französische Verwaltung an.

9.1. Festverständnis der Zuschauer

An chronikalischen Quellen stehen für die Nationalfeste im Saardepartement nur die Chroniken aus Saarbrücken und Trier zur Verfügung[306]. Die Saarbrücker Chronistik beginnt mit einem staunenden « *Noch nie da gewesen* » anlässlich des Festes zum Beginn des Jahres III nach dem republikanischen Kalender am 21. September 1794[307]. Diese interessierte und wohlwollende Aufmerksamkeit zeigt der Chronist Gottlieb auch noch bei der Einsetzung der neuen Verwaltung am 8. April 1798, wo er alles « *sehr auffallend und annehmlich zu hören und zu sehen* » findet und besonders « *schöne weiß gekleidete Jungfern* » und die « *schöne türkische Musik* » der anwesenden 500 Mann Chasseurs notiert. Dann aber werden bei Gottlieb keine weiteren Feste mehr erwähnt, und auch in der Firmond'schen Chronik ist für Saarbrücken nur noch vom Neujahrsfeste am 22. September 1798 die Rede. Alle anderen Feste in Saarbrücken bleiben in der lokalen Chronistik unerwähnt.

Sehr viel detaillierter berichtet die Chronik von Ludwig Müller für Trier, die auch zeitgenössische Dokumente wie die Festprogramme benutzt und wohl auch Berichte von anderen Augenzeugen mit verwertet, aber anscheinend keine gedruckten Festberichte und Reden ausschreibt. Müller räumt den Festen eine eigene Rubrik in seiner Chronik ein, beschreibt aber vor allem den äußeren Festablauf, nämlich das, was sich auf den Straßen und Plätzen ereignet hat. Diese Konzentration auf das Zeremoniell in der Öffentlichkeit gilt zwar auch für die Saarbrücker Chronistik, sie wird bei Müller aber wegen der Detailfülle seiner Darstellung besonders deutlich. Die Nationalfeste bestehen so vor allem aus dem Festzug, wobei sich Müller intensiv für die Aufstellung der Gruppen und den Weg des Zuges interessiert. Dazu werden die im Freien vorgenommenen Zeremonien beschrieben. Reden werden dagegen kaum inhaltlich referiert, sondern es wird nur vermerkt, in welcher Sprache sie gehalten wurden und wie lange sie gedauert hätten. Man kann sich also durchaus fragen, ob ein Zuschauer wie Müller die Reden im Freien schon rein akustisch überhaupt verstanden hat[308]. Müller scheint sich auch wenig um die offizielle Festideologie gekümmert zu haben. Da kann es nicht verwundern,

---

[306] Vgl. Kap. I, 1.
[307] Vgl. Kap. VI, 4.1.
[308] Ein anonymer Teilnehmer am Fest des 10. August 1798 in Mainz hat jedenfalls wegen des allgemeinen Lärms kein Wort mitbekommen und vermutet sogar, dass selbst die Redner « *sich selbst kaum verstanden* », SCHNEIDER: « *Triumph* », 1989, S. 237.

VI. Form der Nationalfeste

wenn Symbole und Zeremonien nicht verstanden werden. Selbst ein so zentrales Requisit wie das im Zug in Trier wiederholt mitgeführte Buch der Verfassung wird bei Müller nur in seinem äußeren Aspekt als « *rotes Buch* » angesprochen und dann nur einmal beim Fest des 9./10. Thermidor VI / 27./28. Juli 1798 nach dem Hörensagen als « *Buch des Gesetzes* » identifiziert, wobei unklar bleibt, ob Müller wirklich wusste oder wissen wollte, worum es sich handelte[309]. Überhaupt zeigt gerade dieses Fest, dessen umfangreiche Darbietung im Trierer Palastgarten Müller augenscheinlich selbst miterlebt hat, das Unverständnis des Chronisten für die französischen Nationalfeste. Ohne eine inhaltliche Rezeption der Reden und Symbolhandlungen reduzieren sich die Zeremonien des Sturzes des Königtums und der Herrschaft von Robespierre auf ein chaotisches Hin- und Hergerenne von Soldaten. Im Festbericht ist z.B. die programmatisch vorgegebene Differenzierung der Akteure bei den beiden dargestellten Zeremonien sehr wohl rezipiert, indem die Befreiung vom Königtum durch das Volk (« *le peuple entier* »), dargestellt durch Familienväter, junge Leute und Soldaten, erfolgte, während die Befreiung von der Jakobinerherrschaft allein durch die Amtsträger (« *les dépositaires de l'autorité* ») vollzogen wurde. Müller dagegen sieht überall nur Militär. Auch bei Müller erlahmt dann das Interesse für die Feste ab dem Fest der Jugend am 10. Floréal VII / 30. März 1799, also mit dem Wiederausbruch des Krieges.

Kann man dem philosophisch, juristisch und naturwissenschaftlich gebildeten und offensichtlich auch kirchlich gebundenen Müller durchaus ein gewolltes Unverständnis gegenüber der Symbolik der Französischen Republik unterstellen, so war das Unverständnis in den Kantonshauptorten und vor allem in den Gemeinden sicherlich in ähnlicher Weise verbreitet, aber doch anders begründet. Hier war die Französische Republik zwar mit ihrer Steuereintreibung durchaus angekommen, bei den Einwohnern fehlte aber so gut wie jede Kenntnis der Institutionen und der Symbolik der Republik. Quellenmäßig ist das kaum zu belegen, symptomatisch dürfte der Umgang im Kanton Birkenfeld mit der Verpflichtung zum Tragen der Kokarde gewesen sein, wobei die phantasiereichen Bezeichnungen, die diesem Objekt beigelegt wurden, ein komplettes Unverständnis seitens der Bevölkerung zeigen[310]. Auch die Pfalzeler Pfarrchronik bezeugt anlässlich der Einsetzung der dortigen Verwaltung: « *Das Volk nahm neugierig teil, ohne die Bedeutung der Handlung oder den Sinn der Reden zu verstehen* »[311]. Das musste sich natürlich auch auf die Bereitschaft zur Mitwirkung an den Festen, sei es als Teilnehmer oder sei es auch nur

---

[309] In französischen Texten kommt die Formulierung « *le livre de la loi* » für die Verfassung des Jahres III durchaus vor (SCHRÖER: Republik im Experiment, S. 246), nicht jedoch in den Festberichten für Trier und das Saardepartement.
[310] Vgl. Kap. V, 1.2.3.
[311] ZANTEN: Gemeinde, 1989, S. 145.

als Zuschauer, auswirken. Diese kulturell-politische Distanz der Bevölkerung zu den Nationalfesten ist grundsätzlich als Hintergrund zur Rezeption der Feste im Saardepartement anzunehmen. Zu einem wirklichen Problem wurde sie aber in dem Moment, in dem die politischen Rahmenbedingungen sich zuungunsten der Französischen Republik änderten.

9.2. Verweigerung und Widerstände

Der zweite Koalitionskrieg hatte formal mit der französischen Kriegserklärung an Österreich vom 12. März 1799 begonnen, nachdem der Kaiser russischen Truppen den Durchzug erlaubt hatte und so faktisch deren Verbündeter geworden war. Frankreich war auf diesen Krieg durch die Bindung seiner Truppen in den eroberten Gebieten von Holland über Rom bis nach Neapel und Ägypten nicht gut vorbereitet, und so begann der zweite Revolutionskrieg mit einer Reihe französischer Niederlagen, angefangen mit der Niederlage der französischen Deutschlandarmee bei Stockach am 25. März. Am 29. April, also am Tag nach dem Gesandtenmord bei Rastatt, nahmen die österreichischen und russischen Truppen Mailand ein. Das bedeutete das Ende der cisalpinischen Republik, und in den folgenden Wochen verschwanden dann auch die anderen französischen Tochterrepubliken in Italien und in der Schweiz.

Am Tag der Einnahme von Mailand wurde das Fest der Eheleute im Saardepartement gefeiert. Nachdem das Fest der Jugend einen Monat zuvor noch als ein augenscheinlicher Erfolg gewertet werden konnte, war das Fest der Eheleute mit nur sechs wirklichen Feiern nun ein Desaster[312]. Die politisch unverdächtige Kantonsmunizipalität von Grumbach mit dem französischen Kommissar Baur sprach in ihrem Festbericht dann auch deutlich die Motive hinter der allgemeinen Verweigerung an. Der Wiederbeginn des Krieges und die ersten Erfolge der Alliierten hätten bei der Bevölkerung die Hoffnung auf eine Vertreibung der Franzosen neu geweckt, und gerade die ständig steigenden Steueranforderungen (« *la célérité avec laquelle les contributions sont exigées* ») würden als Zeichen der Schwäche interpretiert, so als ob die Franzosen noch schnell alles aus dem Lande herauspressen wollten, was sie könnten, bevor sie sich doch zurückziehen müßten. So war es zu einem Steuerstreik mehrerer Gemeinden in altbekannten Formen bäuerlichen Widerstandes gekommen (« *une espèce de coalition parmi quelques communes pour refuser le payement des contributions et attendre la fin de l'histoire* »). Unter diesen Umständen war auch nicht mehr auf die Agenten zu zählen. Vielfach erschienen sie gar nicht, und wenn, kamen sie schlecht angezogen und vor allem ohne die dreifarbige Schärpe, die noch heute in Frankreich die Autorität lokaler Amtsträger kennzeichnet. Die Verweigerungshaltung, die sich schon bei der Eidesleistung am 2. Pluviôse VII / 21. Januar 1799 vor

---

[312] Vgl. Kap. V, 3.1. und V, 3.2.

VI. Form der Nationalfeste

allem in Ottweiler angekündigt hatte, hatte sich inzwischen weiter ausgebreitet und zeigte sich auch bei den folgenden Festen. Insbesondere die Landkantone im Hunsrück und im Saarbergland (Hermeskeil, Merzig, Ottweiler, Wadern) waren davon betroffen. Aber das Phänomen war durchaus älter, denn schon bei dem ersten politischen Hauptfest, dem Regimefest des Direktoriums am 9./10. Thermidor VI / 27./28. Juli 1798, hatte die Zentralverwaltung es ja für nötig befunden, eine Sammelrüge an alle Kantone zu schicken, was damals freilich überzogen war und eher die Zentralverwaltung blamierte. Nun aber wurden Unmutshandlungen allgemeiner und entsprechend stieg die Nervosität der französischen Verwaltung. Schon im Frühjahr war der Überwachungsdruck auf Randgruppen, unter denen man politische Emissäre und Opponenten vermutete, gestiegen, und ab Prairial VII (Mai/Juni 1799) stiegen die Verhaftungszahlen für politische und kirchliche Delikte.[313]

Am deutlichsten war die Kontinuität der Verweigerungshaltung der Einwohner, soweit sie nicht in irgendeiner Form zu den Funktionären gehörten. Dieses Phänomen beginnt schon sehr früh. Schon beim Fest der Dankbarkeit am 10. Prairial VI / 29. Mai 1798, also bei dem allerersten regulären Nationalfest im Saardepartement, war es in Trier nicht gelungen, die für das Fest vorgesehene Anzahl von 24 jungen unverheirateten Frauen (« *jeunes filles* ») zu gewinnen, wobei sich auch Töchter von Funktionären unter allerlei Vorwänden der Teilnahme entzogen. Lediglich 11 Mädchen erklärten sich zur Mitwirkung bereit. So mussten noch je 8 Mädchen in den Nachbarkantonen Konz und Pfalzel angeworben werden. Da sich auch bis zum nächst folgenden Fest des Ackerbaus am 10. Messidor VI / 28. Juni 1798 die Situation nicht geändert hatte, erneuerte man in Trier die Anfrage bei den Nachbarkantonen. Diese lehnten nun aber ab, da sie ja die gleichen Feste bei sich durchzuführen hatten. Daraufhin wurde im offiziellen Trierer Festbericht der Zug überhaupt nicht mehr beschrieben[314], während in Pfalzel beim Fest des Ackerbaus locker 24 Mädchen und in Konz beim Fest des Alters am 10. Fruktidor VI / 27. August 1798, also bei dem nächstfolgenden moralischen Fest, 26 Mädchen aufgeboten werden konnten. In Trier aber blieb nichts weiteres übrig, als beim Fest des Alters ganz auf die Mädchen zu verzichten und stattdessen Schulkinder zu verpflichten. Aber nun fanden sich weder die für die Ehrung vorgesehenen zwei « *pères de famille* » noch die beiden « *mères de famille* », so dass man auf zwei verwaltungsnahe Männer zurückgreifen musste, um überhaupt jemanden für die Zeremonie zu haben[315]. Danach stabilisierte sich die Lage zwar, so dass beim Fest der Gründung der Republik am Neujahrstag des

---

[313] STEIN: Polizeiüberwachung, 2000, S. 247ff.
[314] LHA Koblenz: Best. 276 Nr. 1110, 1714; StadtA Trier Fz 67, 684.
[315] Chronik Müller, LHA Koblenz: Best. 700,62 Nr. 28 Heft G für 1798, fol. 33v; LAGER, Chronik, 1915, S. 122.

1. Vendémiaire VII / 22. September 1798 die vorgesehenen 40 « citoyennes » auch tatsächlich im Zug erschienen, aber beim Fest der Eheleute am 10. Floréal VII / 29. April 1799 konnte die Krönung der auszuzeichnenden Ehepaare nur mit Mühe durchgeführt werden[316]. Beim Fest des Alters am 10. Fruktidor VII / 27. August 1799 war dann zwar die Ehrung der auszuzeichnenden Alten zeremoniellkonform möglich, aber für das Ehrengeleit war es bei einer Abholung durch Kinder verblieben, während gleichzeitig in Ottweiler alle ausgewählten Alten absagten, so dass das Fest auf das kommende Jahr verschoben werden musste, wo es dann überhaupt nicht mehr stattfand.

Daneben kamen auch Formen kollektiver Verweigerung vor. Es gehörte zum Ritual der Feste, dass die Reden mit einem Hochruf auf die Republik endeten (« *Vive la République* »), der dann von den Zuhörern im Chor wiederholt wurde. Aber in Ottweiler blieb schon beim Fest der Volkssouveränität am 30. Ventôse VII / 20. März 1799 alles stumm (« *personne ne le répète* »)[317], und es versteht sich fast von selbst, dass unter diesen Umständen sich auch kaum ein Bürger an der abendlichen Illumination beteiligte.

Dagegen sind aktive Stör- oder Widerstandshandlungen eher selten und stehen dann meist im Zusammenhang mit besonders provozierenden politischen Situationen. Natürlich, es gab die Baumfrevel[318]. Am spektakulärsten war das Absägen des Baumes vor der Zentralverwaltung in Trier kurz nach deren Einführung im Frühjahr 1798. Die Baumniederlegungen im Herbst 1798 in Schönberg, Prüm, Kyllburg und Spang (Kanton Kyllburg) standen dann im Zusammenhang mit dem Klöppelkrieg[319], wobei nicht klar ist, ob die Verursacher aus den belgischen Departements oder doch aus den Kantonen selbst kamen. Schließlich wurde in Lebach in der Nacht vom 19./20. Februar 1799 der Freiheitsbaum, der am Vortage anlässlich des Jahrestages der Einsetzung der neuen Verwaltungen vor dem Haus des Präsidenten gesetzt worden war, niedergelegt[320]. Weitere Aktionen sind dann schon erheblich harmloser. In Daun rissen bei der Ankündigung des Festes des 2. Pluviôse VII / 21. Januar 1799 plötzlich alle Glockenseile gleichzeitig. In Wadern gab es bei der zeremoniellen Verbrennung von Feudalinsignien am Fest der Volkssouveränität am 30. Ventôse VII / 20. März 1799 Einsprüche des Kantonspräsidenten und von Mitgliedern

---

[316] Der Chronist Müller berichtet, dass beim Fest der Eheleute in Trier die eingeladenen Eheleute nicht im Zug erschienen. Allerdings werden im Festprogramm Namen genannt und im Festbericht die Krönung protokolliert. Außerdem erhält die Munizipalität nach vorausgegangener massiver Kritik nun ein Lob für die Festgestaltung von der Zentralverwaltung, so dass das Fest kein Totalausfall gewesen sein kann, vgl. Kap V, 3.2.
[317] Über ein nur sehr schwaches Echo auf die Hochrufe bei den Festen berichtet auch Arndt aus Paris (Pariser Sommer 1799, 1982, S. 84).
[318] STEIN: Polizeiüberwachung, 2000, S. 239-242.
[319] STEIN: La République, 2000, Karte S. 181;
[320] LHA Koblenz: Best. 276 Nr. 1094.

VI. Form der Nationalfeste

der ehem. fürstlichen Verwaltung, und in Hermeskeil vermochten einige Übelwollende (« *malintentionnés* ») beim Fest der Eheleute am 10. Floréal VII / 29. April 1799, die Teilnehmer des Balles, der schon begonnen hatte, auf ein Zeichen hin zum Verlassen der Festveranstaltung zu bewegen. Schließlich wurde die Trauerfeier für die französischen Gesandten beim Rastatter Kongress am 20. Prairial VII / 8. Juni 1799 in Trier durch proösterreichische Zwischenrufe gestört, und einige Tage zuvor war in der Nacht vom 23./24. Mai 1799 ebenfalls in Trier ein antifranzösisches Plakat am Freiheitsbaum vor der Zentralverwaltung entdeckt worden, wobei hier wohl auch eine Niederlegung des Baums geplant war, aber nicht ausgeführt werden konnte[321].

Die Nationalfeste boten als öffentliche Demonstrationen einen Angriffspunkt, an dem sich Distanz und Opposition zu dem französischen Annexionsregime äußern konnten. Soweit es sich um eine passive Verweigerung handelte, war eine gewisse Grundstruktur zu erkennen, die chronologisch durchlief, aber lokal eher punktuell als kontinuierlich in Erscheinung trat. Sie bewegte sich völlig im rechtlich tolerierten Rahmen. Niemand musste an den Nationalfesten teilnehmen, und das Amt des Funktionärs konnte man ablehnen oder von ihm auch wieder zurücktreten, wenn auch letzteres der Genehmigung durch die Zentralverwaltung bedurfte. Dagegen waren aktive Stör- und Sabotagehandlungen seltener, und auch diese waren vielfach harmlos. Wirkliche Straftaten (« *lèse-république* ») stellten nur die Übergriffe auf die Freiheitsbäume dar, und sie erforderten durchaus genauere und längerfristige Planungen, wofür aber bei für Opponenten günstigen Situationen auch Akteure zur Verfügung standen. Überzeugende Beweise für eine Fremdsteuerung der Aktionen, die von der Verwaltung gerne bemüht wurde, liegen aber nicht vor. Die Reaktion der Bevölkerung auf die Nationalfeste schließt sich so eng an das an, was auch für die allgemeine politische Kriminalität in dieser Zeit im Saardepartement festgestellt werden konnte[322]. Direkte Widerstandsaktionen waren selten, aber passive Verweigerung und reaktive Aktionen zivilen Unmuts zeigen eine breite Abwehrhaltung gegen den sozialen und politischen Umbruch.

Allerdings war diese für das Saardepartement geltende Situation nicht viel anders als in den innerfranzösischen Departements auch. Lethargie und Verweigerung waren auch hier häufig, und das Engagement für die Nationalfeste war auf einige politische Perioden beschränkt. Wenn man will, fallen in Frankreich eher die aktiven Phasen wie nach dem Staatsstreich vom 18. Fruktidor auf, während im Saardepartement eher die schwindende Beteiligung nach dem Wiederausbruch des Krieges wahrgenommen wird.

---

[321] Die Verwaltung reagierte mit einer Mischung von einschüchternden Drohungen und Beruhigungen. Aufruf der Stadtverwaltung Trier in: Der Anzeiger für das Saardepartement Nr. 34, 20. Prairial / 8. Juni 1799.

[322] STEIN: Polizeiüberwachung, 2000, bes. S. 243.

10. Reden bei den Nationalfesten: Der Einbruch der Realität

Am ersten Jahrestag der Hinrichtung Ludwigs XVI., am 21. Januar 1794, traf in Paris der Festzug auf der Place de la Révolution (Place de la Concorde), wo die Guillotine aufgestellt worden war, direkt auf einen Exekutionskarren mit vier Verurteilten und war so gezwungen, deren Hinrichtung beizuwohnen[323]. Diese Konfrontation war hart, verdeutlicht aber gerade deshalb den Abstand der Fiktionalität des Festes von der politischen Realität. Eine ganz so krasse Konfrontation hat es bei den Nationalfesten im Saardepartement zwar nicht gegeben, aber die Spannung zwischen der Fiktionalität des Festes und der Realität des Annexionssystems mit Truppendurchzügen oder Zwangseinquartierung ist auch im Rheinland deutlich und kommt hier sogar häufiger zum Ausdruck als bei dem Pariser Ereignis. Wie in Paris ignorierten sich aber auch im Saardepartement Fest und staatliche Gewalt. Das Fest tat alles, um die politischen Ereignisse auf eine symbolische Ebene zu heben, während sich die Exekutionen durch eine Berufung auf die revolutionären Grundwerte nicht in Frage stellen ließen. Einen Ort gab es allerdings, an dem das Fest sich mit der politisch-sozialen Realität der Besatzungssituation und des Annexionsregimes auseinandersetzen musste, nämlich die Festreden. Wollte das Fest das Volk als Publikum der Nationalfeste argumentativ erreichen, so musste es sich der Auseinandersetzung mit den Realitäten der damals aktuellen politischen und sozialen Gegebenheiten stellen. Die Festreden mussten also die Zuhörer in ihrer jeweiligen Lebenssituation ansprechen und konnten erst von hier aus versuchen, die Grundwerte der Französischen Revolution und der republikanischen Staatsform vorzustellen. Insofern sind die Reden der Nationalfeste der Ort einer reflektierten Konfrontation der politischen Anschauungen und Theorien der Französischen Republik mit der Lebensrealität der Bevölkerung.

10.1. Parlamentsreden und Festreden in Frankreich und Deutschland

Die Französische Revolution war die Schöpferin einer großen Redekultur. Die Reden der Französischen Revolution sind vor allem Parlamentsreden[324]. Die

---

[323] Ozouf: La fête révolutionnaire, 1978, S. 121f. Ozouf: Le Cortège et la Ville, 1989, S. 98-99.

[324] Die in Arbeit befindliche Edition der *Archives parlementaires* gibt eine ständig wachsende kritische Quellengrundlage. Leseeditionen sind: Les grands discours parlementaires de la Révolution de Mirabeau à Robespierre, hg. v. Guy Chaussinand-Nogaret, Paris (Armand Colin), 2005, sowie in Deutsch: Reden der Französischen Revolution, hg. v. Peter Fischer, München (dtv), 1974.
Grundlage der Forschung sind die Pionierwerke: Aulard: L'Éloquence parlementaire pendant la Révolution française, 1882-1886, sowie ders.: Les grands orateurs de la Révolution, 1914.
Einen Überblick über die aktuelle Forschung gibt u.a. der Sammelband: Une expérience rhétorique. L'éloquence de la Révolution, 2002. An Einzelstudien seien genannt: Brasart: Paroles de la Révolution. Les Assemblées parlementaires, 1988. Guilhaumou:

Tribüne der verschiedenen Nationalversammlungen war der Ort dieser Reden, die sich vor der Öffentlichkeit der Abgeordneten und des Publikums entwickelten und in Zeitungen und Parlamentsprotokollen ihren Niederschlag fanden. Sie stellen eine neue Redekultur dar, die erst mit dem revolutionären Parlamentarismus entstanden war und in die französische Literaturgeschichte unter dem Begriff der *éloquence révolutionnaire* eingegangen ist. Neu an den Reden ist dabei weniger ihr rhetorischer Stil als ihre parlamentarische Funktion im Kampf um die Mehrheit, der in einem Parlament ohne feste Fraktionen sehr viel heftiger sein musste als in heutigen Parteienparlamenten.

Ein fast ebenso umfangreiches Quellenmaterial wie die Redekultur der Revolutionsparlamente hat die Kultur der Volksreden der Revolutionsfeste hinterlassen. Sie haben allerdings bisher kaum eine größere Aufmerksamkeit in der historischen Forschung gefunden. Die Darstellung der Revolutionsfeste von Mona Ozouf widmet dem Phänomen noch nicht einmal eine Textseite und belässt es bei der wenig erhellenden Bewertung der Geschwätzigkeit[325]. Allerdings wurden die bei den französischen Revolutionsfesten gehaltenen Reden auch immer wieder an das französische Parlament gesandt, um dort in den Sitzungen vor Abgeordneten und Publikum verlesen zu werden. Über diesen Umweg hat Hans Ulrich Gumbrecht solche Reden in einer Studie über die Parlamentsreden der Französischen Revolution mit behandelt[326] und analysiert sie mit dem Instrumentarium der Rezeptionslinguistik als nicht-fiktionale pragmatische Texte, die in einem Kommunikationszusammenhang stehen und so auch Sprachhandlungen darstellen können, die – und dies nun wieder im parlamentarischen Umfeld – bei den Zuhörern eine Wirkung in Form von Folgehandlungen bei den Abstimmungen erzielen sollen.

Der Parlamentarismus der Französischen Republik hat im Rheinland nur bei der ersten französischen Besetzung von Mainz 1792/93 in Form des Mainzer Jakobinerklubs und des rheinisch-deutschen Nationalkonvents eine kurzzeitige Wirkung gehabt. Nach der Wiedereroberung des linken Rheinufers durch die Franzosen ab 1794 hat es dagegen keine Beteiligung des Rheinlandes am

---

L'avènement des porte-parole de la République, 1998.
Hinzuweisen ist auf einige jüngere deutsche Untersuchungen: LÖHLEIN-HOFSTÄDTER: Rhetorik der französischen Revolution, 1993. KRAUSE-TASTET: Analyse der Stilentwicklung in politischen Diskursen während der Französischen Revolution, 1999.

[325] OZOUF: La fête révolutionnaire, 1976, S. 253-254: "La fête révolutionnaire est bavarde." LAIDIÉ: Fêtes et manifestations publiques en Côte-d'Or, 2005, S. 40 stellt fest: "La fête révolutionnaire n'offre une impression de nouveauté sans doute que dans les discours", seine eigenen Analysen beziehen sich dann auf die Beziehung dieser Reden zu den gouvernementalen Vorgaben („*prose ministérielle*") (S. 62-64) und den Topos der Darstellung der Utopie des Nouveau Régime auf der Grundlage einer Kritik des vergangenen Feudalismus (S. 198-209).

[326] GUMBRECHT: Funktionen parlamentarischer Rhetorik in der Französischen Revolution, 1978, S. 93-125.

Parlamentarismus der Französischen Republik (bis 1799) gegeben. Dagegen hatte die Redekultur der französischen Revolutionsfeste durchaus ihr Pendant in den rheinischen Departements.

Allerdings steht auch die Forschung über die republikanischen Reden im Rheinland noch weitgehend am Anfang. Immerhin liegen einige Studien zu den Reden der Mainzer Republik von 1792/93 und der Cisrhenanen von 1797 vor. Nachdem schon im Rahmen der älteren Jakobinerforschung u.a. die volksnahe Metaphorik der Reden und das Verhältnis der Redner zu ihren Zuhörern untersucht worden waren[327], analysierte jetzt Manfred Stanjura[328] die Rhetorik der Reden der pfälzischen Jakobinerklubs in der Zeit der Mainzer Republik. Dabei kann er ein stilistisches Profil erstellen, das vor allem auf der strukturierenden Verwendung der Hyperbel beruht. Außerdem hat Joachim Herrgen[329] im Rahmen einer Studie über die politische Sprache der Mainzer Republik die im Mainzer Jakobinerklub gehaltenen Reden mit dem Instrumentarium der historischen Pragmalinguistik untersucht. Er sieht in ihnen erstmals in Deutschland in Erscheinung tretende Volksreden, die sich in informativ-persuasiver Weise an eine Öffentlichkeit wenden, mit der sie wechselseitig in einem konstitutiven Verhältnis stehen. Die Reden zielen auf politische Bewusstseinsbildung ab und dienen der Begründung, Motivation und Vorbereitung von Analyse, Kritik und Rechtfertigung politischen Handelns. Umgekehrt konstituiert sich eine politische Öffentlichkeit erst im Vollzug dieser Volksreden. Während aber Stanjura meint, aus der gekonnten Rhetorik der Reden auf ihre Wirkungsintensität beim Publikum schließen zu können, betont Herrgen eher die Begrenztheit der Wirkung der Reden. Offensichtlich war es schwierig, über den engeren Kreis der Mitglieder der Jakobinerklubs hinaus ein indifferentes bis ablehnendes Publikum für die Französische Republik zu gewinnen. Meenken nennt deshalb dieses ungleiche Verhältnis zwischen Redner und Publikum eine heuristische Falle[330], und Rowe konstatiert eine ideologische Kluft[331], so dass die Reden und die Feste nur die Isolierung des Annexionsregimes aufzeigten.

So wichtig grundsätzlich die französischen Urbilder für die Rezeption der Revolutionskultur im französisch besetzten Rheinland sind, so sind diese Bezüge speziell für die Reden der rheinischen Nationalfeste doch eher gering einzuschätzen. Wurden bei den 1798 im Rheinland eingeführten französischen Nationalfesten Festzeremoniell und Symbole direkt über-

---

[327] JÄGER: Politische Metaphorik im Jakobinismus und im Vormärz, 1971. STEPHAN: Literarischer Jakobinismus in Deutschland, 1976. SCHMIDT: Die Rhetorik der Cisrhenanen, 1980. GILLI: Bilder, Metaphern und Vergleiche in den Reden der Mainzer Jakobiner, 1989.
[328] STANJURA: Revolutionäre Reden und Flugschriften, 1997.
[329] HERRGEN: Die Sprache der Mainzer Republik, 2000.
[330] MEENKEN: Eine heuristische Falle: Zur revolutionären Rhetorik deutscher Jakobiner im Umfeld der Mainzer Republik, 2000.
[331] ROWE: Forging New Frenchmen, 1999, S. 120; ROWE: Die Sichtbarkeit der Macht, 2012, S. 365.

VI. Form der Nationalfeste

nommen und auch die wichtigsten Revolutionslieder trotz der Sprachdifferenz rezipiert, so gilt dies nicht in gleicher Weise für die Festreden. Für sie gab es keine vorgeschriebenen Mustertexte, die überall zur Verlesung kommen sollten. Es genügte, wenn die offiziellen Reden sich auf das jeweilige Fest bezogen und seine Bedeutung angemessen darstellten. Die Reden hatten « *analogue à la fête* » zu sein, wie die in den Festberichten stereotyp wiederholte Formel lautete. In welcher Weise dies konkret geschah, war den lokalen Realisatoren überlassen. Doch auch in Einzelfällen scheinen keine Beispielreden aus Innerfrankreich im Rheinland übernommen worden zu sein. So waren im Rheinland die Festredner weitgehend auf sich selbst gestellt, was individuelle Lösungen erwarten lässt.

Selbstverständlich galt für die meisten der französischen wie der deutschen Redner der Nationalfeste der gleiche Bildungskanon, der bis zum Ende des 18. Jahrhunderts eine Schulung in der antiken Rhetorik einschloss. So ist es nicht überraschend, in diesen Reden - wie auch in den französischen Parlamentsreden - in Aufbau und Stil die Muster der antiken Rhetorik wiederzufinden. Der studierte Jurist Matthias Bender thematisierte dies in einer Rede als Präsident der Kantonsmunizipalität Daun auch ausdrücklich:

« *Cicero, leihe mir Deine überzeugende Beredsamkeit und Deinen goldenen Mund, damit ich meinen Mitbürgern nur den zehnten Teil der Wahrheiten, so mein Herz fasset, mitzuteilen [...] im Stande seyn möge.* » (Rede beim Fest der gerechten Bestrafung des letzten Königs der Franzosen, 2. Pluviôse VII / 21. Januar 1799)

Doch das Charakteristische und Neue dieser Reden bestand eher nicht in der Beherrschung dieser Techniken, sondern in deren Adaption an die neue Redesituation, sei es im Parlament oder bei den Festen. Insofern muss eine Analyse, die die Redetexte mit dem Instrumentarium dieser Rhetoriktradition untersucht, an ihre Grenze gelangen[332], und so hat sich die neuere Forschung zu den französischen Parlamentsreden der Revolution auch weitgehende von der reinen Textanalyse gelöst[333].

Im Unterschied zu den Parlamentsreden ist die Kommunikationssituation bei den Nationalfesten aber ausgesprochen monologisch. Das vorgegebene Szenario des Festes erlaubte keinen Dialog zwischen Redner und Publikum. So mussten die Redner einseitig den Kontakt zum Publikum suchen, indem sie es anredeten oder rhetorische Fragen stellten. Vor allem aber suchten sie den

---

[332] „Das Neue an der Rhetorik der Französischen Revolution liegt nicht in deren formalen Eigenheiten, d.h. in deren rhetorischer Struktur im herkömmlichen Sinne des Wortes." HUNT: Symbole der Macht, 1989, S. 48.

[333] Das Gleiche gilt auch für die frühen deutschen Parlamentsreden der Paulskirche, vgl. GRÜNERT: Sprache und Politik, 1974, S. 19; ALLHOFF: Rhetorische Analyse, 1975, S. 566.

Publikumsbezug dadurch herzustellen, dass sie Themen, Argumente und Befürchtungen, die das Publikum bewegten, aufgriffen, um ihm dann ihre Sicht der Dinge vorzutragen und zu versuchen, es von ihrem Standpunkt zu überzeugen. Die Reden zielten bei den Zuhörern auch nicht auf eine direkte Handlung wie ein bestimmtes Votum ab, sondern allenfalls auf eine längerfristige Änderung der politischen Grundüberzeugung (*esprit public*). So endeten alle Festreden - anders als in den Parlamenten - mit dem Einigkeit demonstrierenden Ruf « Es lebe die französische Republik » / « Vive la République française ». Insofern ähneln die Reden mehr kirchlichen Predigten[334] als parlamentarischen Interventionen. Aber waren die Reden der Nationalfeste auch monologisch, so waren sie doch keineswegs uniform. Immer wurde eine Mehrzahl von Reden von unterschiedlichen Rednern gehalten, was schon allein eine Pluralität der Darstellungsweisen und auch der Meinungen garantierte.

10.2. Redner bei den Nationalfesten

Bei den Nationalfesten im Saardepartement sind nach Ausweis der Festberichte 507 Reden gehalten worden, von denen die Redner bekannt sind, davon 457 in den Kantonen (einschließlich der von Mitgliedern der Munizipalität Trier gehaltenen Reden) sowie 50 von Mitgliedern der Departementsverwaltungen in Trier. Diese Redner sind sehr ungleich auf die Kantone verteilt.

Tabelle 18: Zahl der in den Kantonen des Saardepartements gehaltenen Reden (nach den Festberichten) 1798-1799

Zahl der Reden	1-3	4-6	7-9	10-12	13-15	16-18	19-21	22-24	25-27
Zahl der Kantone	2	3	5	7	5	5	4	1	2

Nur für zwei Reden kennen wir die Redner in Lissendorf und für drei in Saarburg, dagegen ist dies für 24 Reden in St. Wendel, 25 in Wittlich und 27 in Konz der Fall. Das ist natürlich teilweise ein Quellenproblem, indem es in den Festberichten vielfach nur allgemein heißt, dass Reden gehalten wurden. Wenn allerdings Kantone Zeugnis von ihrer Festorganisation geben wollten, nannten sie nicht nur die Redner, sondern berichteten auch über den Inhalt der

---

[334] Von den rationalistischen Predigten der deutschen Aufklärung trennt die Reden der Nationalfeste aber deren konservative politische Grundhaltung. Zwar werden in ihnen - mit und ohne Bibelbezug - naturwissenschaftliche, ökonomische und auch politische Themen angesprochen, aber immer mit dem Ziel, eine moralische Verbesserung und damit Stabilisierung des bestehenden Gesellschaftssystems zu erreichen, vgl. KRAUSE: Die Predigt der späten deutschen Aufklärung, 1965. Ähnliches gilt auch für die Schriften der Volksaufklärung, die zwar keine Reden sind, aber den gleichen pädagogischen Impetus zeigen. Auch sie blieben weitgehend innerhalb der vorrevolutionären Gesellschaftsordnung, vgl. BÖNING: « *Freyer als mancher Freyherr* », 1989.

VI. Form der Nationalfeste   399

Reden, fügten die Redetexte den Festberichten bei oder ließen die Reden sogar drucken. Insofern gibt die Statistik schon einen Überblick über das Engagement der Kantonsverwaltungen. Dabei zeigt sich eine breite Mitte mit 10 - 20 Reden für die meisten Kantone.

Versucht man eine soziale und berufliche Analyse der Redner (vgl. Anhang 9.1.: Redner bei den Nationalfesten im Saardepartement), so bestätigt sich erneut der gouvernementale Charakter der Feste, indem die Reden fast ausschließlich von Mitgliedern der Verwaltung gehalten wurden. Natürlich dominieren hier die Kantonsverwaltungen, von deren Mitgliedern 80 % (407) der Reden gehalten wurden. Bemerkenswert ist aber, wie stark dabei die Kantonsmunizipalitäten vertreten sind. Wenn 135 Reden von Kommissaren, 105 von Präsidenten, 80 von Sekretären und Angestellten und noch 10 von Agenten und Adjunkten der Einzelgemeinden gehalten wurden, so macht das mit 330 Reden gut 65 % aller Reden aus. Neben den Funktionären der allgemeinen Verwaltung fallen dagegen die Angehörigen der anderen Verwaltungen auf Kantonsebene kaum ins Gewicht. Allenfalls kann man noch die Richter und Notare mit 50 Reden (10 %) erwähnen, während Einnehmer und Forstbeamte kaum erscheinen und andere Verwaltungen überhaupt nicht vorkommen. Auch Auftritte von Rednern von außerhalb der Kantone sind selten. Abgesehen von den Reden der Einführungskommissare[335] aus der Zentrale (6) oder anderen Kantonen (2) erscheinen nur noch 7 Redner aus Trier und einer aus einem Nachbarkanton bei den Nationalfesten in den Kantonen, nämlich die Altblieskasteler Saal und Schmeltzer je einmal in ihrem Heimatort, dann Wyttenbach als Mitglied der Unterrichtsjury des Departements, Schönberger als künftiger Lehrer an der Zentralschule und nochmals Schmeltzer in Konz sowie der Verwalter Haan und wiederum Saal in Wittlich, wo man von der Nachbarschaft zu Trier profitieren konnte. Auftritte von Rednern aus Nachbarkantonen waren dagegen unüblich, und so ist die Rede des Sekretärs Escherich aus St. Wendel in Ottweiler beim Fest des 9./10. Thermidor VI / 27./28. Juli 1798 eine seltene Ausnahme. Escherich gehört mit 11 Reden zu den aktivsten Rednern bei den Nationalfesten im Saardepartement[336], er ist auch der einzige Festredner, dem ein ausgesprochen volkstümlicher Redestil attestiert wird: « *Le citoyen Escherich seul possède le talent particulier d'obtenir les aveux et de plaire au peuple en parlant à sa portée et par la manière unique dont il dit la vérité* »[337]. Allerdings ist kein Redetext von ihm überliefert.

---

[335] Nicht alle Einführungskommissare haben Reden gehalten.
[336] Mehr Reden als Escherich hielt lediglich der Kommissar von Schönberg, Boos, und gleich viele Reden wie er hielten die Kommissare von Konz, Stammel, und St. Arnual, Köllner.
[337] Verwaltungsbericht von St. Wendel zum Fest der Gründung der Republik am 1. Vendémiaire VII / 23. September 1799.

Klein aber nicht uninteressant ist die Mitwirkung von Bürgern ohne Verwaltungsfunktion. Die Gruppe ist mit 51 Reden (10 %) nicht sehr stark vertreten, aber immerhin erkennbar. Dabei stellen die Pfarrer mit 27 Reden (18 von protestantischen und 9 von katholischen Geistlichen) die größte Gruppe (vgl. Anhang 7.3.: Pfarrer als Redner bei den Nationalfesten), während sonst immerhin noch sechs Reden von Lehrern und eine von einem Arzt gehalten wurden. Außerdem hielt beim Fest der Jugend in Wittlich der älteste der auszuzeichnenden Schüler selbst eine Dankesrede[338]. Daneben sind noch weitere 16 Reden von Rednern gehalten worden, die nur schlicht als Bürger bezeichnet werden. Die Gruppe ist groß genug, dass eine Identifizierung der Personen lohnen würde, so dass ihre Namen im Anhang aufgeführt sind (Anhang 9.2.: Bürger als Redner bei den Nationalfesten). Einstweilig kann diese Gruppe nur negativ charakterisiert werden. Keine dieser Personen scheint sich an den Nationalgüterversteigerungen beteiligt oder später zu den Honoratioren gehört zu haben[339]. So ergibt sich ein, wenn auch nicht sehr scharfer Blick auf einen Personenkreis, der augenscheinlich zu einem republikanischen Engagement an der Seite der neuen Verwaltungen bereit war, aber anscheinend nur hier in Erscheinung tritt.

Eine nur wenig andere Situation ergibt sich für Trier, wo die Festberichte insgesamt 60 Reden erwähnen und davon der allergrößte Anteil (50) von Personen aus den Departementsverwaltungen und nur der Rest (10) von der Stadtmunizipalität gehalten wurden. Auch auf der Departementsebene dominiert die allgemeine Verwaltung mit 17 Reden, wenn auch nicht ganz so stark wie in den Kantonen. Ebenso stark wie die Zentralverwaltung sind nämlich die Gerichte mit 16 Reden vertreten, also jeweils mit einem Drittel. Dabei ist allerdings zu berücksichtigen, dass das höhere Personal der Zentralverwaltung mit Verwaltern, Generalsekretär und Kommissar aus nur sieben Personen bestand, die Richter der verschiedenen Gerichte in Trier aber mehr als die dreifache Zahl (25) umfassten[340], während in den Kantonen Präsident, Chefsekretär und Kommissar der allgemeinen Verwaltung etwa die gleiche Zahl ausmachten wie Notar und Friedensrichter, jeweils mit ihrem Hilfspersonal. In Bezug auf die jeweilige Stärke von Verwaltung und Justiz galt in Trier und in den Kantonen also doch etwa die gleiche Verteilung der Reden. Außerdem traten in Trier

---

[338] Einen ähnlichen Fall gab es in Köln, wobei hier die Rede sogar im Druck erschien, vgl. BUCHHOLZ: Französischer Staatskult, 1997, S. 98.

[339] Das gilt allerdings nicht für Karl Cetto in St. Wendel, der ab 1803 als Maire von St. Wendel durchaus zu den Honoratioren gehörte und dessen Bruder, mit dem zusammen er ein gemeinsames Geschäft führte, einer der Großkäufer von Nationalgütern im Saardepartement war.

[340] GRILLI: Die französische Gerichtsorganisation, 1999, S. 241. Statistisch nicht berücksichtigt wurde das Revisionsgericht mit nochmals 11 Richtern, das erst am September 1799 errichtet wurde, aber mit Rebmann durchaus noch einen Redner bei einem Nationalfest (Trauerfeier für Joubert) stellte.

noch die ehemaligen Professoren der Universität und künftigen Professoren der Zentralschule mit neun Reden sowie das Militär mit sechs Reden auf, während die sonstige Verwaltung allein mit einer Rede des Domänendirektors Lelièvre vertreten war. Auffällig ist in Trier das Fehlen einer Beteiligung der Bürger, denn bei der einen Bürgerrede handelt es sich um eine Rede von Haan nach seiner Absetzung als Verwalter, die also keine Ausnahme darstellt.

Eine sprachliche Parität wurde bei den Reden allein in der Departementshauptstadt Trier beachtet, wo bei allen Anlässen grundsätzlich immer französische und deutsche Reden parallel gehalten wurden. Das hatte natürlich Statusgründe, aber in Trier war der Anteil der Franzosen in der Verwaltung und damit auch im Publikum der Feste groß genug, um auch ein französischsprachiges Festzeremoniell anbieten zu können. In den Kantonshauptorten findet sich dagegen eine solche Sprachenparität nur gerade je einmal für Birkenfeld (1. Ventôse VII), Daun (2. Pluviôse VII), Saarbrücken (1. Vendémiaire VII) und St. Wendel (10. Prairial VI). Allein in Merzig sind bei fünf Nationalfesten französische Reden gehalten worden (9./10. Thermidor VI; 1. Vendémiaire, 2. Pluviôse, 1. Ventôse, 30. Ventôse VII), wobei in fast allen Fällen die Anwesenheit französischer Truppen der Anlass für die französischen Reden war, denn nur in solchen Fällen war bei den Nationalfesten in den Landkantonen ein Publikum anwesend, das in Französisch angesprochen werden konnte.

10.3. Reden bei den Nationalfesten

Trotz ihrer großen funktionalen Einheitlichkeit bilden die bei den Nationalfesten im Saardepartement gehaltenen Reden nicht unbedingt ein einheitliches Korpus. Das ist weniger in der thematischen Verschiedenheit begründet, die sich noch als Differenzierung republikanischer Politik begreifen ließe, als vielmehr in der Anlassbezogenheit der Reden. Viele Reden sind erkennbar vorbereitet und komponiert[341], aber manche Reden dürften auch aus dem Stegreif gehalten worden sein. Bestimmtes lässt sich darüber aber kaum sagen, da von den allermeisten Reden nur zu erfahren ist, dass ihr Inhalt « *analogue à la fête* » gewesen sei, und auch wo die Festberichte ein Inhaltsreferat der Reden geben, bleibt dies oft wenig konkret.

10.3.1. Textkorpus

Über die Festberichte hinaus liegen aber auch 90 Reden volltextlich vor, von denen die der direktorialen Phase vor dem 18. Brumaire VIII besonders analysiert werden sollen. Somit ergibt sich ein Korpus von 88 Texten, von denen

---

[341] Redekonzepte sind erhalten von Rosbach beim Jahrestag der Einführung der neuen Verwaltungen am 19. Februar 1799 in Trier (LHA Koblenz: Best. 276 Nr. 1108), von Cetto beim Fest der Gründung der Republik VII in St. Wendel (LA Saarbrücken: ArchSlg.HV: L II Nr. 174) sowie von Lintz (StadtA Trier: Nachlass).

47 in zeitgenössischen offiziellen Drucken der Verwaltung[342] und 32 als handschriftliche Anlagen zu den Festberichten überliefert sind[343]. Außerdem haben der erste Präsident der Zentralverwaltung des Saardepartements Lintz drei Reden sowie der zweite und letzte Präsident Labourdinière eine Rede in zeitgenössischen Privatdrucken veröffentlicht, und zwei Reden sind nur anonym im Journal für das Saardepartement erschienen. Schließlich sind drei Reden in privaten Nachlässen erhalten[344]. Das ist insgesamt eine Auswahl von weniger als 20 % aller in den Festberichten erwähnten Reden. Aber der Umfang ist doch groß genug, um unterschiedliche Rednergruppen zu umfassen.

Von den 53 gedruckten Reden wurden 44 von Deutschen gehalten und nur 9 von Franzosen, bei den 35 handschriftlich überlieferten Reden ist das Verhältnis sogar 32 zu 3, sodass insgesamt weniger als 16 % der überlieferten Redetexte von Franzosen stammen. Das spiegelt die Sprachsituation bei den Nationalfesten wider. Aber auch für Trier, wo eine Sprachenparität beachtet wurde, sind Festberichte und Reden nur bei Anlässen, die für die französische Verwaltung besonders wichtig waren, in französischer Sprache gedruckt worden[345].

Das Korpus der volltextlich überlieferten Reden der Nationalfeste im Saardepartement[346] ist so vor allem durch die Reden der deutschen Redner geprägt (Anhang 9.3.: Redner der volltextlich erhaltenen Reden bei den Nationalfesten). Das soziale Profil dieser Redner zeigt aber gegenüber dem Profil aller Redner nur geringe Unterschiede. In Trier wie in den Kantonen dominieren hier sogar noch stärker die Mitglieder der allgemeinen Verwaltung, wobei in Trier der französischsprachige Kommissar gegenüber den deutschsprachigen Mitgliedern der Zentralverwaltung zurücktritt, in den Kantonen aber die politisch agileren Kommissare vor den lokalen Präsidenten rangieren. Richter und Professoren in Trier sind etwa auf dem gleichen Niveau vertreten wie in der Gesamtliste, während in den Kantonen Mitglieder der Sonderverwaltungen noch weniger erscheinen als schon im Gesamtkorpus. Das Gleiche gilt auch für die Bürger ohne Verwaltungsamt. Immerhin findet sich eine Rede eines protestantischen Pfarrers, eine eines Lehrers sowie drei von sonstigen Bürgern, von denen allerdings zwei von Karl Cetto aus St. Wendel stammen,

---

[342] Die Reden sind nicht alle als Einzeldruck oder Zeitschriftenbeitrag erschienen, verschiedentlich sind die Reden auch volltextlich in die gedruckten Festberichte aufgenommen worden. In den Fällen, wo solche Reden zitiert werden, sind die zugrunde liegenden Festberichte nachgewiesen.

[343] Die Rede von Stadtkommandant Latrobe liegt vor im französischen Original handschriftlich (Verzeichnis 1: Handschriftlich überlieferte Reden, Nr. 27) und in deutscher Übersetzung im Druck (Verzeichnis 2: Publizistik der Nationalfeste, Nr. 58). Sie ist nur einmal als Druck gezählt.

[344] Verzeichnis 1: Handschriftlich überlieferte Reden, Nr. 10, 16, 21.

[345] Vgl. Kap. IV, 4.

[346] Verzeichnis 1: Handschriftlich überlieferte Reden; Verzeichnis 2: Publizistik der Nationalfeste.

VI. Form der Nationalfeste

dem eigentlichen Spiritus Rektor der dortigen republikanischen Politik, den man kaum als einen einfachen Bürger bezeichnen kann. Insgesamt lässt sich so von den Reden eine deutliche Positionierung der deutschen Verwalter der Zentralverwaltung und der ihnen unterstellten Kantonsverwaltungen erwarten. Die Position der französischen Funktionäre ist zwar schwächer, aber vor allem für Trier doch deutlich genug vertreten.

Unterschiedlich ist die Herkunft der gedruckten und der aktenmäßig überlieferten Texte. Von 15 Kantonen sind überhaupt keine Redetexte überliefert, von 18 (mit Trier 19) Kantonen haben wir dagegen Redetexte, und zwar haben 2 (mit Trier 3) Kantone Reden nur im Druck erscheinen lassen, und 12 Kantone haben nur handgeschriebene Reden an die Zentralverwaltung übermittelt, während 4 Kantone beide Wege benutzt haben. Den Aufwand, Reden allgemein oder zumindest verwaltungsintern bekannt zu machen, haben also nur etwas mehr als die Hälfte der Kantone auf sich genommen. Dabei ist es verständlich, dass - Trier einmal ausgenommen - die Zahl der Drucke in den Kantonen insgesamt kleiner und auch in der Verteilung begrenzter ist als die Zahl der handschriftlich überlieferten Reden, deren Zahl in den Kantonen größer und deren Herkunft breiter gestreut ist. Interessant sind die Sonderfälle von Vielproduzenten: Blieskastel lässt 7 und Schönberg 6 Reden drucken, Wittlich sendet 8 und Herrstein 4 handschriftliche Reden an die Zentralverwaltung. Anzumerken ist auch eine zeitliche Differenzierung zwischen den gedruckten und den aktenmäßig überlieferten Reden. Der Druck der Festreden endet im Grunde mit der Rede von Wyttenbach beim Fest der Jugend in Konz am 10. Germinal VII / 30. März 1799, denn danach werden nur noch eine französische Rede aus Trier anlässlich des Neujahrsfestes des Jahres VIII sowie die beiden Nachzüglerreden bei den ersten nachbrumairischen Festen in Saarbrücken und Trier gedruckt. Dagegen senden die Kantone nach dem Fest der Jugend im Jahre VII noch 6 weitere handgeschriebene Reden ein, die letzten vom Fest des Alters VII am 10. Fruktidor VII / 27. August 1799. Das ist eine Zeitdifferenz von vollen fünf Monaten. Der Befund zeigt, dass es doch eine nicht unbeachtliche Zahl von festfreudigeren Kantonen gab, und er relativiert auch das Abbrechen der Festrealisierungen in der Krise des Jahres VII.

Die bei den Nationalfesten im Saardepartement gehaltenen Reden sind frei von der Verwendung von Fremdtexten. Es wurden keine französischen Reden rezipiert, weder im Original noch in Übersetzung. Lediglich die Reden bei der Feier zum Jahrestag der Einsetzung der neuen Verwaltungen in Trier wurden bei dem nächstfolgenden Fest (Volkssouveränität) in Daun insgesamt und in Hermeskeil mit Beschränkung auf die Rede des Präsidenten der Zentralverwaltung Lintz verlesen. Dabei war die Trierer Feier als zentrale Veranstaltung für das gesamte Departement gedacht gewesen, weswegen dazu auch Delegationen aus allen Kantonen eingeladen worden waren. Daun und

Hermeskeil hatten - wie die meisten Kantone - keine Delegationen geschickt, nahmen nun aber durch die Verlesung der Trierer Reden auf die Zentralfeier in Trier Bezug[347]. Außerdem wurde in einigen Kantonen noch auf die *Politische Zeitung im Saardepartement* Bezug genommen. Die Zeitung war in der militärischen und politischen Krise des Direktoriums im Sommer 1799 von der Zentralverwaltung in Trier als Mittel zur Beeinflussung der öffentlichen Meinung initiiert worden[348]. Daraufhin wurden in Kyllburg zweimal Artikel aus dieser Zeitung bei den Nationalfesten verlesen, und zwar beim Fest des Ackerbaus[349] am 10. Messidor VII / 28. Juni 1799 und beim Fest des 9./10. Thermidor / 27./28. Juli 1799, während in Prüm ebenfalls beim Fest des Ackerbaus VII das Ankündigungszirkular für diese Zeitung zitiert wurde. Da bei den Festveranstaltungen häufig aktuelle Arrêtés der französischen Verwaltungen verlesen wurden, sind diese Hinweise auf eine neue, offiziell geförderte Zeitung nicht auffällig. Die eigentlichen Redetexte sind aber immer authentische Originaldokumente, für die es keine Vorlagen oder Anweisungen gab. Die Reden sind somit sehr viel stärker individuell geprägt, als es bei dem zentral gelenkten Festzeremoniell der Fall ist.

10.3.2. Redemodi

Vor die Aufgabe gestellt, die politischen Prinzipien der Französischen Revolution zu vermitteln und für deren Umsetzung durch die neu eingeführten Verwaltungen der Französischen Republik zu werben, hätte wohl jeder Redner bei den Nationalfesten gewünscht, sich in Übereinstimmung mit seinen Zuhörern zu wissen. Zumindest für Stammel als provisorischem Kommissar bei der Munizipalität der Stadt Trier schien dies bei der Einsetzung dieser Munizipalität am 24. Ventôse VI / 14. März 1798 die gegebene Sprechsituation zu sein, die es ihm ermöglichte, fast selbstverständlich von dem „Ich" über die Eingebundenheit in die ganze Festversammlung zum „Wir" zu gelangen:

> « *Wie freue ich mich, einmal in der Mitte freier Menschen meine Stimme erheben und zu meinen Landesleuten sprechen zu können, wie ich es auf dem Herzen habe. Groß und wichtig sind die itzigen Begebenheiten im Vaterlande: wir sind nun mit dem freien und mächtigen Frankenvolke verbrüdert und machen mit ihm nur eine einzige große Familie aus.* »

Doch wenn sich diese Situation für Stammel nur gut eine Woche später schon wiederholte, zeigte sich auch die Problematik dieser Situation. Nachdem nämlich in der Nacht vom 21./22. März 1798 der vor dem Sitz der Zentralverwal-

---

[347] Anscheinend ist so nicht nur die Rede von Lintz bei der Eidesleistung am 2. Pluviôse (vgl. Kap. IV, 3) von der Zentralverwaltung an die Kantone verteilt worden.
[348] Vgl. Kap. II, 5.
[349] Die Nummer vom 9. Messidor VII / 27. Juni 1799 enthält einen kurzen Text zum Lob des Ackerbaus.

VI. Form der Nationalfeste

tung auf dem Domfreihof in Trier gepflanzte Freiheitsbaum abgesägt worden war, fiel es ihm erneut zu, bei der unmittelbar darauf folgenden Neupflanzung am 24. März 1798 als Sprecher seiner Mitbürger aufzutreten:

> « *Ihr gabet mir den Auftrag, in Euerm Namen feierlich zu erklären, daß Ihr an der großen Frevelthat, welche sich in der Nacht vom 2ten bis zum 3ten Germinal auf diesem Platze ereignete, nicht den geringsten Antheil genommen habet. Mit Freuden erfülle ich Euern Wunsch und erkläre vor dieser zahlreichen Versammlung, ich erkläre im Angesichte meiner friedlichen Mitbürger, daß es nur die verruchte Hand eines öffentlichen Ruhestöhrers seyn konnte, welche uns den Baum unserer Freiheit, den Baum unserer neuen Verbrüderung und unserer großen Wiedergeburt so schändlich rauben wollte. Doch wir werden ihn sogleich mit aller Feierlichkeit wieder ersetzten und unsere Gesinnung deutlich genug an den Tag legen.* »

Der Anlass der Rede war jetzt kein Grund zur Freude mehr. Aber in ganz ähnlicher Weise wie bei der ersten Rede wechselt der Redner von der noch distanzierten Ihr-Anrede fast selbstverständlich zu dem gemeinsamen « uns », um dann mit der Betonung der vollen Gemeinsamkeit vollends im Wir-Modus fortzufahren, der dann auch die weitere Rede bestimmt.

Eine andere, freilich weniger ausdrucksstarke Alternative zu dieser Redefigur ist die Bescheidenheitsformel, mit der ein Redner die hervorgehobene Position seiner Kanzel ablehnen und sich als Bürger auf die gleiche Ebene wie seine Zuhörer stellen kann. Auch diese Redefigur ist, wie die Übereinstimmungsformel, im Korpus allerdings nur einmal vertreten[350], und zwar bei der Rede von Gerichtspräsident Rosbach am Jahrestag der Einrichtung der neuen Verwaltungen am 19. Februar 1799 in Trier:

> « *Großer! Verehrungswürdiger, unserer Gesellschaft feierlichster Tag! Ein Andrer, mehr als ich mit Redekunst begabter, sollte dein Gedächtniß kommenden Enkeln aufbewahren, ein Andrer als ich, der großmüthigen Regierung den wärmsten Dank für den besonderen Vortheil zollen, welchen unsre Gemeinde genieset, da sie zum Sitz aller höheren Verwaltungs- und richterlichen- Gewalten bestimmt wurde. Laßt uns, liebe Mitbürger, [...]* »

Auch hier kann sich der Redner also zum Sprecher der Versammelten machen und damit sofort in den Wir-Modus wechseln.

Als allgemeiner Redemodus ist der Wir-Modus freilich durchaus häufiger und dominiert viele Reden der Nationalfeste im Saardepartement, zumal in der Anfangsphase der Festfolge. Vielfach wurde er zu einem Gliederungsmittel der Reden. Bei der Errichtung des Freiheitsbaumes in St. Wendel am 29. Ventôse VI / 19. März 1798 benutzte der Festredner Karl Cetto als (künftiger)

---

[350] Vgl. den parallelen Gebrauch dieser Redefigur bei den Dekadenreden, siehe Kap. III, 3.

Präsident des konstitutionellen Zirkels der Stadt die Wir-Formel in Wiederholungsvarianten zur Strukturierung seiner Rede[351]. Nach einer historischen Einleitung spricht er zunächst mit einem zweifachen « *Wir haben [...]* » die bedrückte Lage der Stadt unter der Feudalherrschaft an, um dann in einer dreifachen Umkehrung zur rückversichernden Frage [« *Sahen wir nicht [...], hingen wir nicht [...], mußten wir uns endlich nicht [...]* »] das Urteil über die früheren Missstände allgemein zu machen. Das ist dann die Grundlage, um zum Schluss mit einem sechsfachen « *Wir werden [...]* » auf die von der Französischen Republik zu erwartenden Segnungen vorauszuweisen. So hielt auch der Präsident der Zentralverwaltung Lintz bei seiner Rede anlässlich der Einsetzung der neuen Verwaltungen am 19. Februar 1798 in Trier nach der obligatorischen Ihr-Anrede dann die Wir-Form konsequent durch alle Erörterungen der neuen Staatsordnung durch. Es war ihm offensichtlich wichtig, als Mitbetroffener zu erscheinen, der in der gleichen Position wie seine Zuhörer war. Auch das Mitglied der Zentralverwaltung Haan folgte in seiner Rede zum Fest der Volkssouveränität in Trier am 30. Ventôse VI / 20. März 1798 diesem Schema. Wieder werden die Mitbürger aus der Anrede heraus im Ihr-Modus angesprochen (« *Ihr habet euch frei, ihr euch souverain erklärt* »), während die Schlussaufforderung an die Zuhörer, die volle Reunion an die Französische Republik zu erbitten, dann in den Wir-Stil wechselt : « *Ist es nicht besser, wir eilen ihm* [i.e. dem Reunionsantrag] *mit Vertrauen und brüderlicher Liebe in die offenen Arme entgegen [...]* ».

Die Ansprache der Zuhörer im Ihr-Modus muss nicht notwendigerweise eine Distanz ausdrücken. Das zeigt eine andere Rede von Haan, die er nur 14 Tage später anlässlich der Einführung der neuen Verwaltung in Bernkastel am 4. April 1798 als Einsetzungskommissar hielt[352] und bei der er gerade umgekehrt vorging. Haan beginnt hier mit dem vereinnahmenden „Wir", um an die gemeinsamen Leiden in der Kriegszeit zu erinnern, und geht dann umgekehrt bei der Schilderung der Leiden unter den alten Feudalherren zum „Ihr" über. Das gibt ihm nun die Möglichkeit, die Zuhörer als « *Mitbürger* » direkt anzureden, und noch mehr, die allgemein geschilderten Phänomene konkret mit seinen Zuhörern in Verbindung zu bringen, indem er den Vortrag immer wieder mit direkten Anreden verbindet: « *ihr kennt [...]* », « *ihr denkt [...]* » etc.. Dieses Stilmittel verschärft er noch dadurch, dass er mit dem Übergang von der allgemeinen Leidensschilderung zur Darlegung eines personalisierten Einzelschicksals das „Ihr" zum „Du" konkretisiert und sich nun nicht mehr an die Zuhörer insgesamt, sondern an jeden Zuhörer einzeln wenden kann: « *Du hattest lieber Mitbürger [...]* ». Nach einem Zwischenstück, bei dem er die zwar exemplarisch gedachten, aber doch gruppenspezifisch (Ihr) oder sogar

---

[351] Rede im Festbericht der Baumsetzung abgedruckt.
[352] Rede im Festbericht der Einsetzungsfeier abgedruckt.

individuell (Du) formulierten Leidensgeschichten durch ein vierfach wiederholtes « *wie mancher [...]* » ins Allgemeine hebt, kann Haan deshalb seine Rede mit der Vorausschau auf die künftige republikanische Glückseligkeit durchaus im Ihr-Modus abschließen : « *Künftig habt ihr zwar Abgaben zu bezahlen, [...] Aber künftig zahlt ihr, Mitbürger von der ärmeren Klasse, nicht mehr allein [...]* ».

Der Ihr-Modus hatte noch den Vorteil, dass er leicht mit dem Imperativ zu verbinden war. Das wird besonders bei den Reden des Lehrers am alten Gymnasium in Trier und künftigen Professors an der Zentralschule Blaumeiser sowie des Kommissars bei der Zentralverwaltung Boucqueau bei der Einsetzung der Zentralverwaltung in Trier am 19. Februar 1798 deutlich. Zitieren wir ein Beispiel aus der Rede von Boucqueau :

> « *Ihr feurige Patrioten, Männer unsrer ganzen Achtung werth, die ihr schon manche Probe eurer Anhänglichkeit an die Sache der Freiheit abgelegt habet,* machet *den Gegenstand der Liebe eurer Mitbürger aus,* stellet *ihnen die beständige Ausübung aller Bürger-Tugenden als Beyspiele auf.*
>
> *Ihr Kalten und Gefühllosen, die ihr nur euer Ich im Auge habt, Menschen ohne Spannkraft,* lasset *euch von einem Funken jenes brennenden Feuers der Vaterlandsliebe durchdringen,* reisset *euch aus jener Unempfindlichkeit, welche den Menschen, der seine Würde fühlet, entnervet, und* verdienet *Glieder eines freien Volks zu werden.* »

(Hervorhebungen recte, W.H.St.)

Eine besondere Rolle hatte schließlich die Ich-Rede. Fälle wie die anfangs zitierten Reden von Stammel, bei denen der Redner seine persönliche Situation in die Rede einbringen konnte, waren freilich nach diesen Anfangsreden selten. Die Reden waren auf die Zielgruppe der Zuhörer ausgerichtet, die es für die Prinzipien der Französischen Republik zu gewinnen galt, so dass persönliche Worte für besondere Stellungnahmen reserviert waren, die aber auch nur in zwei Fällen vorkamen.

Stammel selbst hat dem Einzeldruck seiner Rede bei der Einsetzung der Munizipalität Trier am 14. März 1798 einen « *Nachtrag* » angefügt, der nicht Teil seiner Rede war und deshalb auch beim Abdruck der Rede im Festbericht fehlt. Es ist eine Abrechnung mit seinen Feinden, die er als « *Feinde der Wahrheit und des Volkes* » apostrophiert und mit einem iterativen aggressiven « *Ihr* » als Feinde der Aufklärung angreift. Es ist ein Schlusswort zu der Kontroverse über seine 1797 erschienene *Trierische Kronik für den Bürger und Landmann*[353] mit dem Trierer Augustinermönch Kronenberger. Dabei

---

[353] GROSS: Der Trierer Prediger Kronenberger, 1959, S. 214-217. Die Studie ist gut recherchiert, steht in der Tendenz allerdings noch sehr in der Tradition der katholischen

kann er seiner Verfolgung sogar noch etwas Positives abgewinnen (« *Ich habe an Gelassenheit, an Sanftmuth und Versöhnlichkeit zugenommen* »), in der Sache ist er aber nicht bereit, etwas zurückzunehmen (« *Wahrheit bleibt mir ewig heilig* »), so dass der Nachtrag durchaus einen Widerruf seines Widerrufes von 1797 darstellt.

Ein ähnliches, aber doch ganz anderes persönliches Bekenntnis äußerte Haan bei seiner ersten Rede als Mitglied der Zentralverwaltung anlässlich des Festes der Volkssouveränität am 30. Ventôse VI / 20. März 1798 in Trier:

« *Welcher erhabene Gedanke für mich, wie sehr erfüllt er meine Seele, von dieser Bühne, von der ich ehemals die Rechte der Menschheit als Lehrer vertheidigte, und eure Söhne zu den Grundsätzen der Freiheit vorzubereiten suchte, wie seelenerhebend, sag ich, ist es für mich, nun in eurem Namen, im Namen des freigewordenen Volkes feyerlich erklären und ausrufen zu können: Wir sind ein freies souveraines Volk.* »

Die Rede wurde im Promotionssaal der alten Universität gehalten, wo Haan in der Tat ab 1785 als Professor für praktische Philosophie bei Prüfungen aufgetreten war. Ob Haan nun 1789 als Professor abgesetzt worden ist[354] oder doch bis zum Einmarsch der Franzosen 1794 weiter amtierte[355], wäre noch zu klären, jedenfalls ist der Stolz des Redners deutlich genug, nun als französischer Funktionär an seiner alten Wirkungsstelle zu stehen, und die reklamierte Kontinuität im Eintreten für die Rechte der Menschheit und die Grundsätze der Freiheit darf man einem Anhänger der Aufklärung schon abnehmen.

So unterstützt die Redeweise die Intentionen der Rede. Allerdings sind die Ausdrucksmittel variabel. Das „Ihr" kann sowohl eine Distanz zum Publikum ausdrücken, wie auch das Publikum an den gerade behandelten Gegenstand binden, und die gleiche Allgemeingültigkeit der Aussage, die Haan durch die kollektive und dann individuelle Anrede mit „Ihr" und „Du" für seine Darlegung erreicht, ergibt sich bei der Rede des Präsidenten der Kantonsverwaltung Wittlich Weiss beim Fest des Ackerbaus am 10. Messidor VI / 28. Juni 1798 durch die Abstraktion der geschilderten Personen (« *Der Bauer* »).

Historiographie des 19. Jahrhunderts in Trier. Stammel hätte sicher dagegen protestiert, dass sein Verzicht auf das Priesteramt als „Abfall" [vom Glauben] bezeichnet würde. Gross übergeht auch völlig die Kontinuität von der Gesetzgebung des Generalvikariats zur französischen Police extérieure des cultes, z.B. im Vorgehen gegen Prozessionen. Schließlich irrt Gross, wenn er für Trier annimmt, dass die Verwaltung der Französischen Republik (vor 1800) von den Priestern in Trier und dem deutschen Teil der Diözese den französischen Priestereid oder auch nur einen Gehorsamseid gefordert hätte. Das betaf nur die französischen Teile des Erzbistums. Für eine ausführlichere Diskussion vgl. STEIN: La République directoriale et la Rhénanie annexée, 2000, bes. S. 186, 194.

[354] DRUT-HOURS: Contribution à l'histoire de l'Aufklärung, 1999, S. 572.
[355] MOLITOR: Haan, 1974, S. 319.

VI. Form der Nationalfeste

Insgesamt dominierte in den Reden der Anfangsphase das Bemühen um Bürgernähe bis hin zur Identifikation im gemeinsamen « *Wir* ». Die Wirkung lässt sich freilich nicht direkt messen. Fest steht aber, dass alternativ dazu schon von Anfang an auch eine andere Redeweise verwendet wurde, nämlich die, die institutionelle und wissensmäßige Vorrangstellung der Redner zu einer Information und Belehrung der Zuhörer zu nutzen. Der Übergang ist freilich fließend, und so finden sich beide Redemodi auch bei denselben Rednern.

Stammel selbst erklärte in seiner Rede zur Einsetzung der Munizipalität des Kantons Konz, wo er als Kommissar wirkte, am 31. März 1798:

> « *Es ist der Mühe werth, euch einmal auf die Ursachen des Krieges zurückzuführen, damit ihr alles so recht mit einem Blicke übersehen und richtig beurtheilen könnet. Wie ihr wisset, so brach der Krieg in Frankreich aus [...]* ».

Zwar sucht Stammel auch hier, die Zuhörer mitzunehmen und sich ihrer Zustimmung zu versichern (« *Wie ihr wisset [...]* »), aber er geht doch von einem Wissensvorsprung des Redners aus, was eine Belehrung der Zuhörer nötig macht. Ähnliche Formeln finden sich auch bei anderen Rednern, wo angekündigt wird, zu erklären[356], zu beweisen[357] oder zu belehren[358]. Am deutlichsten, um nicht zu sagen am penetrantesten, wird dieser Redemodus in der Rede von Kommissar Guttenberger beim Fest der Freiheit am 9./10. Thermidor VI / 27./28. Juli 1798 in Hermeskeil. Die Rede beginnt gleich im Belehrungsmodus:

> « *Was Ihr unter der wahren Freiheit zu verstehen habet, habe ich euch schon neulich bey der Einsetzung der hiesigen Municipal-Verwaltung deutlich erkläret.* »

Darauf fragt Guttenberger mit einem fünffach wiederholten « *Vielleicht habt ihr, [...] vielleicht seyd ihr [...]* » die möglichen Fortschritte seiner Verwaltungsunterworfenen in der Verwirklichung der republikanischen Tugenden ab, um dann mit der gleichen Wiederholungstechnik festzustellen, dass sie « *noch* » oder « *noch immer* » ihren alten Gewohnheiten anhingen. Dabei wird

---

[356] « *Ich will euch [über] die Vorfälle, die diesen Krieg in Frankreich notwendig gemacht haben, etwas weniges erklären* » - Secrétaire en chef Hommerich beim Fest der Freiheit am 9./10. Thermidor VI /27./28. August 1798 in Hermeskeil.

[357] « *Bei dieser Gelegenheit finde ich es sehr am rechten Platz, euch noch kürzlich zu sagen, was eine Republikanische Verfassung ist, deren Vorzüge zu schildern und Euch zu beweisen, dass viele der gegenwärtigen Einrichtungen [...] bei alten Republiken gebräuchlich und der Regierungsform angemessen sind.* » - Karl Cetto beim Fest der Gründung der Republik am 1. Vendémiaire VII / 22. September 1798 in St. Wendel.

[358] « *[...] genug für Eure Belehrung, daß selbst euere Kirche ihr neues Jahr nicht mit dem ersten Jänner [...] anfängt; genug für euere Belehrung, daß einst für ganz Teutschland der 25. Dezember [...] der Anfang eines neuen Jahres gewesen ist.* » - Kommissar Boos beim Fest der Gründung der Republik am 1. Vendémiaire VII / 22. September 1798 in Schönberg.

die Abkanzelung kaum dadurch gemildert, dass neben der Ihr-Form auch die den Redner mit einschließende Wir-Form verwendet wird. Schließlich ergibt sich jedenfalls die scharfe Schlussfolgerung:

> « Mit einem Wort, ihr habt bisher nicht die geringsten Fortschritte in der Freyheit gemacht und ihr seyd noch zur Zeit noch keine wahren freyen Menschen geworden ! ».

Worauf dann nach einem kurzen Ausflug in die im Fest thematisierte Revolutionsgeschichte die Aufforderung an das Publikum ergeht:

> « Lernet hieraus, Bürger, [...] freye Menschen, gute Bürger, aufgeklärte Christen zu werden, seyd in Zukunft [...] ».

Das hatte schon etwas von einer Pädagogik mit dem Holzhammer. Andernorts erfolgte die Belehrung zwar sanfter und vielfach auch nur indirekt und ohne Ankündigung, aber die Redner sahen sich doch sehr häufig zu dieser Redeweise gedrängt, da sie gerade nicht voraussetzen konnten, dass die Zuhörer schon wussten oder gar schon wollten, was ihnen vermittelt werden sollte. Auch wenn es Übergänge wie bei Stammel gab, weist der Wechsel zum Belehrungsmodus bei den Festreden doch deutlich auf die Schwierigkeiten hin, die Bevölkerung für republikanische Themen anzusprechen.

Ging der Belehrungsmodus noch von einem Vorrang des Belehrenden als Lehrer vor den Zuhörern als Schülern oder Kindern aus, so gerieten die Festredner schon bald in die Defensive, so dass sie sich mehr gegen Vorwürfe und Vorurteile verteidigen und rechtfertigen mussten als selbst aktiv die Themen auswählen oder gar die Übereinstimmung mit dem Festpublikum herstellen konnten. Beispielhaft thematisiert ist das in der Rede eines nur als « jeune patriote » vorgestellten Matthias Peters aus Pohlbach beim Fest der Gründung der Republik in Wittlich am 1. Vendémiaire VII / 22. September 1798, also noch lange vor dem Beginn der Krise des Folgejahres. Nach einer kurzen Einstimmung in das Neujahrsfest nach dem Revolutionskalender führt er aus:

> « Es würde unnüz sein, euch die Republik, die Freiheit und Gleichheit als Grundpfeiler derselben in dichterischen Ausdrücken zu erheben, denn allein diese Namen reichen hin, euch das schwarze Blut ins Gesicht zu treiben.
>
> Es würde unnüz sein, euch die Vortheile einer republikanischen Verfassung vorzumahlen, indem ihr nach eurem Privatinteresse das Ganze beurtheilet, und nach diesem trüglichen Maßstabe bestimmt, ob eine Regierung gut sei oder nicht. »

Die weitere Rede gilt dann der Widerlegung bestimmter Vorurteile gegen die republikanische Staatsform und die französische Verwaltung. Dabei redet er den politischen Gegner direkt als « Kurzsichtiger » bzw. « Mißvergnügter, der du die alte Verfassung liebest » an und nimmt die Du-Anrede dann bei jedem Punkt, der abzuarbeiten ist, wieder auf (« *Du, klagst über das Betragen der Republikaner [...], Du wirfst den Franken vor [...]* »).

Merkwürdig genug kehrt bei den Redemodi gegen Ende der Festperiode dann aber doch wieder die Fröhlichkeit des Anfangs wieder: « *Welch ein Vergnügen ist es für mich, an Euch Bürger heute eine Rede zu halten [...]* » (Präsident Beaury beim Fest des Ackerbaus am 10. Messidor VII / 28. Juni 1799 in Manderscheid). Aber hier handelt es sich nun um eine völlig unpolitische Rede zum Lobe der Landwirtschaft, die auch von einem recht schlechten Republikaner, dann aber um so besseren napoleonischen Notablen gehalten wurde, der nach seiner vorübergehenden Absetzung als Präsident der Kantonsverwaltung dann 1800 Maire wurde.

10.3.3. Utopie der republikanischen Glückseligkeit

Die staatsrechtliche Angliederung des Rheinlandes an Frankreich und seine Umwandlung in Departements wurde mit den Einsetzungsfeiern für die neuen Verwaltungen in sinnfälliger Weise vollzogen. Dazu gehörten die Zeremonien der Baumsetzung und der Vereidigung der neuen Beamten. Wichtigstes Mittel aber, um das Geschehen zu erklären und zu kommentieren, waren die Festreden. Ansatzpunkt war dabei vielfach die Dichotomie von Alt und Neu[359]. Aber diese Dichotomie war mehrschichtig. Es war einmal der Gegensatz zwischen der Feudalherrschaft und der Republik mit der Verkündigung der Grundrechte, der demokratischen Legitimation von Regierung und Verwaltung etc. Es war aber zum andern auch die Ablösung des Krieges mit der Ausbeutung der Bevölkerung durch eine Verwaltung, die sich rechtsstaatlichen Prinzipien verpflichtet sah. Aber die Ablösung der alten Feudalherren hatte nicht den Beginn eines Nouveau Régime gebracht, sondern die Bedrückung durch den Krieg, und das Ende des Krieges war noch mehr eine Ankündigung als schon eine Realität. Schmeltzer strukturierte seine Rede in Blieskastel bei der Pflanzung des Freiheitsbaumes am 23. Pluviôse VI / 11. Februar 1798 deshalb in dem Dreischritt « *Was wir waren* » (Feudalherrschaft), « *Was wir sind* » (Klage über den Krieg), « *Was wir sein werden* » (Regime der Freiheit). Kommissar Boucqueau versprach bei der Einsetzung der Zentralverwaltung in Trier am 19. Februar 1798 « *eine glänzende Zukunft* », und die Zentralverwaltung selbst verkündete in ihrer Proklamation vom 27. Februar 1798 « *une paix glorieuse* ». Die Überschneidungen ließen sich offensichtlich nur

---

[359] Proklamation der Zentralverwaltung vom 9. Ventôse VI / 27. Februar (DELAPORTE: La fête du 1er ventôse an VI à Trèves, 1994, S. 152-154); Reden: Schmeltzer bei der Baumpflanzung in Blieskastel am 11. Februar 1798; Cetto bei der Baumsetzung in St. Wendel am 11. März 1798; Haan bei der Einsetzung der Verwaltung in Bernkastel am 7. April 1798; Lintz und Stammel bei der Einsetzung der Verwaltung in Konz am 31. März 1798; Willwersch und Horn bei der Einsetzung der Verwaltung in Pfalzel am 3. April 1798; Boos bei der Einsetzung der Verwaltung in Schönberg am 5. April 1798.

mit einer Projektion in die Zukunft auflösen. Das entsprach auch durchaus den Erwartungen der Bevölkerung, aber die republikanische Glückseligkeit war ein Versprechen, das zwar in seinen Grundsätzen aufgezeigt werden konnte, aber erst in wenigen Punkten auch schon real existierte.

Die Annexion sollte das Ende des Krieges und der militärischen Besetzung bringen. Die Zentralverwaltung hatte in ihrer Proklamation vom 27. Februar 1798 auch erklärt: « *vous ne serez plus opprimés par un régime militaire* », und hatte das Ende der Requisitionen und Kriegskontributionen angekündigt. Dazu hatten Boucqueau und Stammel in Trier den Bau von Kasernen versprochen, um die Einwohner von Einquartierungen zu befreien. Außerdem war von dem Präsidenten der Zentralverwaltung Lintz in Konz und von dem Mitglied der Zentralverwaltung Gerhards in Pfalzel die Abschaffung der militärischen Requisitionen verkündet worden. Die Annexion ließ sich auch als Frieden darstellen, da nun der Rhein die Militärgrenze bildete. Feinere Ohren konnten dabei freilich unterschiedliche Obertöne in den Reden vernehmen, je nachdem ob sie von Deutschen oder Franzosen gehalten wurden. Während der deutsche Präsident der Kantonsverwaltung Blieskastel Kretz bezüglich der Rheingrenze erklärte: « *Das freie Volk [der Franken oder Franzosen] steht an dem weit von seinen Grenzen [entfernt] gelegenen Rheinstrom* » (9./10. Therm. VI / 27./28. Juli 1798)[360], sah das französische Mitglied der Zentralverwaltung Labourdinière in der Rheingrenze die Rückkehr des Rheinlandes in die alten Grenzen des fränkischen Frankreichs und das Erreichen der natürlichen Grenze des aktuellen Frankreichs. Während das deutsche Mitglied der Zentralverwaltung Gerhards und andere die Freiheitsliebe der alten Treverer mythologisierten und daraus eine eigene Freiheitstradition konstruierten, betonte Kommissar Boucqueau die Eroberung des Rheinlandes und die Aufnahme seiner Bevölkerung in den französischen Staat. Während der deutsche Präsident der Zentralverwaltung Lintz die Vorteile der Vereinigung mit Frankreich als Entschädigung für die Leiden und Opfer von Kriegs- und Besatzungszeit wertete, stellten die französischen Beamten Bedingungen für die Gewährung der vollen Rechtsgleichheit durch die Reunion. Wenn dies bei Boucqueau in Trier noch etwas vage als « *ungeheucheltes Betragen und unbegrenztes Zutrauen* » umschrieben wurde, sagte es sogar der deutsche Kommissar Horn in Pfalzel deutlicher: « *Es gibt nur ein einziges, aber zugleich leichtes Mittel, der Freiheit würdig zu werden, es besteht in Erfüllung seiner* [i.e. des Bürgers] *Pflichten und genauer Beobachtung der*

---

[360] Der gleiche Satz findet sich auch in der Rede von Kommissar Baur zum gleichen Fest des 9./10. Thermidor des Folgejahres nun in Grumbach. Auch die weitere Rede von Baur ist textgleich mit der Rede von Kretz. Zum Zeitpunkt der Rede von Kretz war Baur noch secrétaire en chef in Blieskastel. Baur dürfte diese sogar gedruckte Rede von Kretz sicherlich besessen haben, und vielleicht hatte er auch an deren Redaktion mitgewirkt. Insofern könnte es sich sogar um ein Selbstzitat handeln.

VI. Form der Nationalfeste

Gesetze ». Wieweit diese Differenzierungen, die erst beim Vergleich der verschiedenen Reden, die zu unterschiedlichen Zeitpunkten und z.T. auch an unterschiedlichen Orten gehalten wurden, zeitgenössisch nachzuvollziehen waren, muss dahingestellt bleiben. Wichtiger waren für die Zuhörer und die Bevölkerung auch sicherlich die Realien, nämlich die Frage, welche Regelungen, welche Rechte und Belastungen die neue Ordnung für die Bevölkerung mit sich bringen würde.

Im Zeichen der allerorten errichteten Freiheitsbäume hatte die Proklamation der Zentralverwaltung vom 27. Februar 1798 verkündet: « *Le peuple français vous donne aujourd'hui votre liberté* ». Die Reden bei den Einsetzungsfeiern definierten dann diese Freiheit im Horizont des Grundrechtekataloges der Verfassung des Jahres III: Grenzen der Freiheit bestehen nur durch Gesetz, und Gesetze sind für alle Bürger gleich und richten sich nach der goldenen Regel[361]. Für die Bevölkerung der annektierten Gebiete konkretisierte sich das in der Einrichtung der neuen Verwaltung. Die Redner werden nicht müde[362], deren Verfassungsmäßigkeit darzulegen, die neben der (künftigen) Wahl durch die Bürger vor allem auf Transparenz und Kontrolle beruhe. Die Verwaltungen sind verpflichtet, Rechenschaft zu geben und Rechnung zu legen, und den Bürgern steht ein Akteneinsichts-, Petitions- und Klagerecht zu. Verfassungsmäßigkeit gilt auch für die Justiz, die von der Verwaltung getrennt ist und für die Öffentlichkeit, Mündlichkeit und Unentgeltlichkeit gelten[363]. Nur zurückhaltender konnte dagegen die Entfeudalisierung der Gesellschaft angesprochen werden. Die Einführung der entsprechenden französischen Gesetze war nämlich ein längerfristiger Prozess. Bei der Einsetzung der Zentralverwaltung am 19. Februar 1798 sprach nur der deutsche Präsident der Zentralverwaltung Lintz die Aufhebung der Feudalabgaben an[364], und zwar in einem präsentischen Futur, das nicht klar erkennen ließ, was schon Realität und was erst Ankündigung war. Die Aufhebung der Zehnten und der sonstigen Feudalabgaben erfolgte dann erst durch Arrêté des Regierungskommissars vom 27. März 1798[365]. So konnten erst die Redner bei der Einsetzung der Kantons-

---

[361] Rede von Lintz bei der Einsetzung der Zentralverwaltung am 19. Februar 1798 in Trier; Rede des Agenten von Ottweiler Müller bei der Einsetzung der Munizipalität Ottweiler; Rede von Präsident Willwersch bei der Einsetzung der Munizipalität Pfalzel; Rede von Präsident Kretz in Blieskastel und von Chefsekretär Blechmann in Büdlich beim Fest des 9./10. Thermidor VI; Rede von Kommissar Baur beim Fest des 9./10. Thermidor VII in Grumbach.

[362] Beispielsweise in der Rede des Mitglieds der Zentralverwaltung Gerhards bei der Einrichtung der Munizipalität Trier.

[363] Reden von Kommissar Boucqueau und Richter Gand bei der Einsetzung der Zentralverwaltung in Trier. Rede des Mitglieds der Zentralverwaltung Haan bei der Einsetzung der Munizipalität Bernkastel.

[364] Festbericht Trier, S. 19; Rede S. 4.

[365] HANSEN: Quellen, Bd. 4, 1938, S. 635.

verwaltungen Ende März / Anfang April 1798 etwas konkreter auf die Aufhebung des Zehnten und überhaupt der Feudalabgaben auf Grund und Boden eingehen und auch die gesellschaftlichen Folgen der Entfeudalisierung ansprechen[366]. Doch erst im Sommer 1798 waren Chefsekretär Blechmann beim Fest des Ackerbaus in Büdlich am 10. Messidor VI / 28. Juni 1798 und Präsident Schwarz beim Fest des 9./10. Thermidor in Hermeskeil am 27./28. Juli 1798 in der Lage, die « *loi relative à l'abolition de la féodalité* » zu verlesen[367]. Entsprechend allgemein musste auch die Behandlung von weiteren konkreten Folgen der Entfeudalisierung bleiben. Die Steuerfrage war zunächst dadurch entschärft, dass die neue Verwaltung das Ende von militärischen Kontributionen und Requisitionen verkündet hatte. Die weitere Behandlung des Themas in den Festreden beschränkte sich so auf den allgemeinen Hinweis, dass es auch steuerlich keine privilegierten Stände mehr gebe und nun alle Bürger entsprechend ihrer Leistungsfähigkeit zur Steuer herangezogen würden. Auch bezüglich der Wirtschaft wurde nur allgemein die Handels- und Verkehrsfreiheit gerühmt. Harmlos war schließlich noch die Erörterung der Sprachenfrage, wo nur gegen den bisher verbreiteten Gebrauch des Lateins erklärt wurde, dass « *die Gesetze in der uns eigenen Muttersprache vorgelegt und allgemein verständlich gemacht* » würden[368], ohne dass das Problem des Französischen als Verwaltungs- und Gerichtssprache schon akut geworden wäre[369]. So blieb als einziger wirklich allergischer Punkt der Reden der Einsetzungsfeste die Frage der Religion. Zwar hatte auch in diesem Punkt Rudler die französische « *loi sur la police extérieure des cultes* » vom 27. September 1795 noch nicht publiziert, was erst durch seinen Arrêté vom 27. Mai 1798 (Pfingstsonntag) geschah, aber die revolutionäre Religionspolitik in Frankreich selbst und dann in Belgien war in der Bevölkerung bekannt genug, so dass die Redner darauf Bezug nehmen mussten. Der Präsident der Zentralverwaltung Lintz verwies deshalb schon in seiner Rede bei der Einsetzung der Zentralverwaltung in Trier auf die verfassungsmäßig garantierte Religionsfreiheit[370], die freilich für alle Konfessionen gelten müsse, und bestätigte das Weiter-

---

[366] Rede von Chefsekretär Cetto bei der Einsetzung der Munizipalität Bernkastel; Rede von Präsident Willwersch bei der Einsetzung der Munizipalität Pfalzel.

[367] Es ist nicht angegeben, was Blechmann und Schwarz verlesen haben. Wahrscheinlich war es der Arrêté von Rudler, vielleicht aber auch zumindest ein Teil der damit publizierten französischen Gesetze, darunter das scharfe Gesetz vom 17. Juli 1793 (Art. 22 des Arrêté).

[368] Präsident der Zentralverwaltung Lintz bei der Einrichtung der Zentralverwaltung in Trier am 19. Februar 1798.

[369] Vgl. zur Sprachenfrage: STEIN: Das Französische im Rheinland, 2012, mit weiterer Literatur.

[370] Die Religionsfreiheit ist allerdings als Individualrecht formuliert: « *Nul ne peut être empêché d'exercer, en se conformant aux lois, le culte qu'il a choisi* » (Art. 354). Sie impliziert keine Garantie der Kirchen, die unabhängig von der sich als laikalem Staat verstehenden Französischen Republik sind. So regelt die Verfassung im gleichen Artikel auch die Beziehungen des Bürgers zu den Kirchen: « *Nul ne peut être forcé de contribuer aux dépenses d'un culte. La République n'en salarie aucun* ».

bestehen der sozialen Stiftungen für Kranke. Er rechtfertigte aber das Vorgehen gegen die Klöster und erklärte die Schwierigkeiten in den neuen belgischen Departements mit dem dortigen Widerstand des Klerus. Dazu wies das Mitglied der Zentralverwaltung Haan bei der Einsetzung der Kantonsverwaltung Bernkastel noch auf das Recht der Kirchengemeinden zur Wahl ihrer Pfarrer hin, wovon vielfach Gebrauch gemacht wurde[371]. Einen Schritt weiter ging noch Kommissar Stammel in seinen Reden in Trier und Konz, wenn er die Religionspraxis des Ancien Régime als Aberglauben und Volksverdummung angriff und dagegen die Wiedergeburt der Religion in ihrer ursprünglichen biblischen Reinheit forderte. Schon bei der Wiederholung der Baumsetzung in Trier hatte er auch gesagt, was er darunter verstand: « *Wir kennen keine andere Religion als jene, welche uns Liebe gebiethet und Duldsamkeit und Gehorsam gegen das Gesetz und unsere Oberen lehrt* », und er leitete bei der Einsetzung der Verwaltung in Konz die Gleichheit der christlichen Brüderlichkeit aus der für jeden Menschen geltenden Ebenbildlichkeit mit Gott ab. Dies wurde von ihm und anderen dann als « *schöne Jesuslehre* » apostrophiert[372].

Die versprochene republikanische Glückseligkeit blieb also in den Anfangsreden durchaus allgemein und vage. Noch als der Friedensrichter Lohr beim Fest des 9./10. Thermidor / 27./28. Juli 1798 in Wittlich eine Übersicht über die bereits gewährten Freiheiten zu geben versuchte, blieb seine Liste überschaubar. Zwar konnte er auf die Religionsfreiheit, die Handelsfreiheit und die Freiheit von Feudallasten verweisen, aber schon die Wahl der Gesetzgeber sowie von Verwaltungen und Friedensgerichten konnte er nur als einen Wechsel auf die Zukunft für den Fall einer erwarteten baldigen Reunion in Aussicht stellen. Ja, bei der Setzung der Freiheitsbäume und der Einsetzung der neuen Verwaltungen waren auch Versprechen gemacht worden, die sich als nicht einlösbar erweisen sollten. Anton Cetto als neu eingesetzter Chefsekretär der Munizipalität Bernkastel hatte erklärt: « *Wir werden durch Einziehung der kammeral, adeligen und überflüssigen geistlichen Güter unsere allgemeinen Schulden dann tilgen* », und Lintz hatte schon vorher mit der Autorität des Präsidenten der Zentralverwaltung zugesagt: « *Die Gemeinde-Schulden werden von der Nation übernommen und bezahlt* ». Das war die Philosophie der

---

[371] SEIBRICH: Pfarrerwahlen, 1991; STEIN: La République directoriale et la Rhénanie annexée, 2000.

[372] Ähnlich auch von dem Chefsekretär Cetto bei der Einsetzung in Bernkastel (« *reine Christenlehre* »), von dem Mitglied der Zentralverwaltung Haan beim Fest der Volkssouveränität in Trier am 20. März 1798 (« *gutthätige Christus-Religion* »), von dem Chefsekretär Hommerich in Hermeskeil beim Fest des 9./10. Thermidor VI / 27./28. Juli 1798 (« *schöne Jesuslehre* »), oder von dem Lehrer Vohl beim Fest der Gründung der Republik am 22. September 1798 in Herrstein (« *reine Jesuslehre* »). Die Formulierung begegnet schon im deutschen Aufklärungsschrifttum und impliziert durchaus eine Kritik an Kirchenorganisation und Kirchenhierarchie.

Nationalisierung, die sich schon damals für Frankreich als Mythos erwiesen hatte. Die Nationalgüter sind dann auch, wenn auch erst unter dem Empire, wirklich versteigert worden, die dabei auch durchaus erzielten Gewinne führten aber keineswegs zu einer finanziellen Erleichterung der Gemeinden, sondern wiederum besonders unter dem Empire wurden umgekehrt immer mehr allgemeine Staatslasten den Gemeinden aufgeladen.

10.3.4. Verteidigung der französischen Reformen

So war es nicht verwunderlich, dass mit der institutionellen Verfestigung der französischen Verwaltung in den rheinischen Departements die Klagen über das neue Regime deutlicher wurden. Dabei hatte die Auseinandersetzung mit den Anhängern der alten Ordnung schon gleich mit dem Beginn der Nationalfeste begonnen. Die Klagen wurden dann lauter in dem Maße, in dem die Zukunftsversprechungen der Republikaner mit der Zeit leiser wurden[373]. Auch ließ sich die Realität der Klagen schließlich nicht mehr wegargumentieren:

> *« Es läßt sich wohl nicht läugnen, daß viele unter ihnen, vielleicht die meisten, durch die neue Ordnung der Dinge ihren Stand, ihre Nahrung, ihre Aussichten und über dies durch den Krieg den grösten Teil ihres Vermögens eingebüßet haben. »*[374]

Darauf hatten die Redner bei den Nationalfesten nun zu antworten. Bei einigen Punkten hatten sie anscheinend keine große Mühe, Kritik zurückzuweisen, da ihre Verteidigungsstrategie sich zumindest auf gute Argumente für die Reformen stützen konnte. Das war z.B. bezüglich der Abschaffung des Adels und auch der Ersetzung des Justizsystems der Fall[375]. Für andere Punkte wie die Einführung des neuen Kalenders[376], die mit Hinweisen auf die vielen anderen Kalender und Jahreszählungen im Altertum und im Mittelalter gerechtfertigt wurde, konnte das auch gelten; trotzdem erreichten die Redner dabei aber nicht die Aufmerksamkeit ihrer Zuhörer. Doch waren das Nebenthemen. Die wichtigen Punkte waren die Kriegslasten, die Steuern und die Religion.

Beim Fest der Dankbarkeit am 10. Prairial VI / 29. April 1798 stellte Präsident Weiß in Wittlich die Frage:

---

[373] Rede von Kommissar Boye bei der Einsetzung in Ottweiler; Rede von Professor Krumeich beim Fest der Volkssouveränität am 30. Ventôse VI / 20. März 1798 in Trier; Rede von Bürger Peters aus Pohlbach beim Fest der Gründung der Republik am 1. Vendémiaire VII / 22. September 1798 in Wittlich; Rede von Präsident Weiß bei der Eidesleistung der Funktionäre am 21. Januar 1799 in Wittlich.

[374] Richter am Departementstribunal in Trier Saal beim Fest der Gründung der Republik am 1. Vendémiaire VII /22. September 1798 in seinem Herkunftsort Blieskastel.

[375] Rede des Präsidenten der Zentralverwaltung Lintz bei der Einsetzung der Zentralverwaltung in Trier.

[376] Reden von Karl Cetto in St. Wendel und Kommissar Boos in Schönberg beim Fest der Gründung der Republik am 1. Vendémiaire VII / 22. September 1798.

VI. Form der Nationalfeste

> « *Aber wofür, werden viele von euch sagen, sollen wir erkenntlich seyn. Wegen der abgeforderten starken Contribution oder daß man uns mit Einquartierung und Kriegslasten bedrückt?* »

In der Tat hatte die Einführung der neuen Verwaltung zwar versprochen, dass willkürliche Requisitionen und Kontributionen durch das Militär selbst aufhören sollten, aber von dem Prinzip, dass die in den rheinischen Departements liegenden Truppen so weit irgend möglich aus diesem Land selbst unterhalten werden sollten, daran hatte sich in Paris durch die Annexion nichts geändert[377]. Die Abgaben des Landes sollten nun allein von den Zivilbehörden erhoben werden, aber diese mussten Steuersummen festlegen, die sich einerseits am Finanzbedarf der Zentralregierung orientierten und deren Repartition andererseits nur auf groben Schätzungen der Steuerkraft der Departements und ihrer Untergliederungen beruhten. So erließ Rudler für das Jahr VI (22. Sept. 1797 - 21. Sept. 1798) eine Kontribution (Grundsteuer) für alle vier rheinischen Departements von 12 ½ Millionen Livres, wovon auf das Saardepartement 2.400.000 Livres entfielen[378]. Daraufhin sah sich Friedensrichter Lohr in Wittlich bei seiner vier Monate später beim Fest der Freiheit am 9./10. Thermidor VI / 27./28. August 1798 gehaltenen Rede mit dem Vorwurf konfrontiert: « *eine schöne Freiheit, bei einer Forderung von 12 [½] Millionen* ».

Die Reaktionen der Redner wirkten fast hilflos. Da wird das Faktum zunächst geleugnet, wie es dem offiziellen Sprachgebrauch der Verwaltung entsprach:

> « *Wir müssen zwar gestehen, daß die diesjährigen Abgaben und Contributionen hart und kaum beizubringen sind, aber dennoch glauben wir, daß diese zu entrichtende Steuer und der Schatzungsvorschlag den mannigfaltigen Abgaben eurer ehemaligen Herrschaft bey weitem noch nicht gleichkommen. Seid getrost, liebe Landsleute, in die Zukunft wird es besser werden.* »[379]

Dann werden die Klagen zwar aufgenommen und referiert, aber man sucht zu beschwichtigen: es sei nun einmal Krieg, da müssten überall hohe Steuern gezahlt werden, und mit der Zeit würde es schon besser werden[380]. Einige Kantonsmunizipalitäten versuchten aber auch, die Klage der Bevölkerung vorsichtig zu unterstützen, und machten sich zum Sprecher ihrer Verwaltungsuntergebenen. Wadern schloss seinen Bericht über das Fest der Dankbarkeit am 10. Prairial VI / 29. Mai 1798, bei dem allgemeine Freude geherrscht

---

[377] HANSEN: Quellen, Bd. 4, 1938, S. 618.
[378] HANSEN: Quellen, Bd. 4, 1938, S. 615.
[379] Chefsekretär Hommerich beim Fest der Freiheit am 9./10. Thermidor VI / 27./28. Juli 1798 in Hermeskeil.
[380] Richter Saal in Blieskastel und Bürger Peters in Wittlich beim Fest der Gründung der Republik am 1. Vendémiaire VII / 22. September 1798; Präsident der Zentralverwaltung Linz und Präsident der Munizipalität Trier Leistenschneider am Jahrestag der Einsetzung der neuen Verwaltungen am 19. Februar 1799 in Trier.

hätte, mit dem Hinweis: « *il n'y a qu'un seul article qui afflige les habitans de notre canton qui est l'énorme contribution dont ils sont frappés* ». In Blankenheim erwähnte Chefsekretär Dey beim Fest des Ackerbaus am 10. Messidor VI / 28. Juni 1798 zustimmend und dankbar die Bitte der Zentralverwaltung des Saardepartements an Regierungskommissar Rudler, ihr Departement bei der Grundsteuer zu entlasten, was die Kantonsmunizipalität nur durch einen Zeitungsbericht erfahren hatte. Schließlich begnügte sich die Kantonsverwaltung St. Arnual im Wissen um die Fruchtlosigkeit solcher Bitten von Betroffenen um Steuernachlass damit, im Bericht über das Fest des 9./10. Thermidor VI / 27./28. Juli 1798 die Zusage der Erfüllung der Steuerquote mit der Bitte um Verschonung von Einquartierung zu verbinden: « *[...] de vouloir avoir égard au [sic] misère qui règne dans ce canton plus que dans aucun autre et de ne lui plus envoyer de force armée promettant de s'acquitter le plutôt possible* ».

Am interessantesten ist aber die Reaktion des Mitglieds der Zentralverwaltung Haan bei seiner Rede zum Fest des Ackerbaus am 10. Messidor VI / 28. Juni 1798 in Trier, die oben schon unter formalen Aspekten erwähnt worden ist. Haan leugnete weder das Faktum der Steuerbelastung noch seine Folgen:

> « *Wir gestehen es, der Druck, die unvermeidliche Folge des Krieges, ist hart; die Abgaben, die ihr zu tragen habt, sind stärker, als sie unter eurem Fürsten waren* ».

Darauf folgten zunächst die üblichen Beschwichtigungen, aber dann gab Haan darüber hinaus nun den Bürgern selbst die Schuld an der hohen Steuerquote, nämlich wegen ihrer Boykottierung der Erhebungen für einen neuen Kataster[381]. In der Tat versuchte die französische Annexionsverwaltung ab 1798 alle verfügbaren Katasterinformationen zu sammeln und gegebenenfalls neu zu erheben, und so findet sich beim Fest der Gründung der Republik am 1. Vendémiaire VII / 22. September 1798 in Manderscheid unter den Festteilnehmern im Zug auch ein Katasterkommissar (« *commissaire envoyé à la perfection de la déclaration des biens fonds* »)[382]. Die bäuerlichen Grundbesitzer boykottierten allerdings diese Arbeiten, wie sie das bisher immer getan hatten, so dass sich die französische Verwaltung schließlich mit den Katastern der Vorgängerverwaltungen begnügen musste und auf dieser Grundlage eine provisorische Repartition der Steuerquote vornahm. Obwohl die Katasterarbeiten im Rheinland in napoleonischer Zeit dann mit neuer

---

[381] Ebenso: Reden von Chefsekretär Blechmann bei den Fest des Ackerbaus am 10. Messidor VI / 28. Juni 1798 und beim Fest des 9./10. Thermidor VI / 27./28. Juli 1798 in Büdlich sowie Rede von Kommissar Scheidweiler bei demselben Fest in Bernkastel.

[382] Stammel gab dazu in Konz Anleitungen für die Billigkeitsgeschworenen heraus, und zwar sowohl für die Grundsteuer wie für die Personalsteuer, LHA Koblenz: Best. 241 Nr. 739.

VI. Form der Nationalfeste

Systematik wieder aufgenommen wurden, konnten diese aber auch bis 1814 nur für einzelne Kantone abgeschlossen werden[383]. Insofern haben die Boykottaktionen in den Landkantonen sicherlich die Lokalrepartition beeinflussen und im Einzelfall sogar manipulieren können, für die im Vergleich zu den Vorgängerverwaltungen des Alten Reiches aber enorme Erhöhung der Steuerlast, die von einigen Forschern mit dem Faktor 10 angegeben wird[384], sind sie aber ganz sicherlich nicht ursächlich. Der Versuch von Haan, die Steuerpflichtigen selbst für die ihnen auferlegte Steuerlast verantwortlich zu machen, geht also fehl.

Gegenüber dieser globalen Steuerdebatte treten die Klagen über die Kosten für Verwaltung und Gerichte zurück. Nur eine anonyme Rede zum Fest der Gründung der Republik am 1. Vendémiaire VII / 22. September 1798 nimmt sie auf:

> « Ist nicht die geringste öffentliche Handlung mit Abgaben gestempelt, und der Tempel der Gerechtigkeit gerade dem bedürftigsten Armen verschlossen? Bürger! Ihr sprecht Wahrheit. » [385]

Hier werden ausdrücklich die Stempelsteuer sowie die Tatsache angesprochen, dass in der Justiz zwar direkte Zahlungen an die Richter wie die alten Sporteln aufgehoben waren, aber die Prozesse trotzdem große Summen für die Beschaffung von Urkunden und Unterlagen sowie die immer nötigen Übersetzungen und natürlich die Anwaltskosten erforderten, die die offizielle Unentgeltlichkeit der Justiz im Sinne des Artikels 205 der Verfassung des Jahres III (« La justice est rendue gratuitement ») in ihr Gegenteil verkehren konnten.

Bezüglich der Religionspolitik hatten sich die Funktionäre schon bei den Einsetzungsfeiern verteidigen müssen. So erklärte der Präsident der Zentralverwaltung Lintz bei deren Einsetzung in Trier:

---

[383] STEIN: Die historischen Funktionen des rheinisch-pfälzischen Katasters, 2005, S. 321-325.

[384] KENTENICH: Geschichte der Stadt Trier, 1915, S. 681 meint: „Im allgemeinen haben die Steuern unter der französischen Herrschaft mehr als das Dreifache der früheren betragen". BLANNING: The French Revolution in Germany, 1983, S. 161 schätzt, dass insgesamt die Steuerquote bis um den Faktor 10 stieg. SCHMITT: Französische Herrschaft, 1998, S. 293 hat ermittelt, dass für die Städte Bad Kreuznach und Sobernheim die Kontribution von Rudler in 1798 „etwa die doppelte Summe, die der pfälzische Kurfürst als Schatzung eingezogen hatte", betrug.
Über politisch motivierte Steuerverweigerung berichtet der Wolfsteiner Kommissar Schmitt in seinen Lebenserinnerungen (1924, S. 117), und die Untersuchungen von MAHLERWEIN: Die Herren im Dorf, 2001, S. 374-377 scheinen das für einen weiteren Kanton (Bechtheim, Donnersberg) zu bestätigen. Auch das zeigt den Forschungsbedarf, wobei aber auch die nachfranzösische Zeit mit einbezogen werden müsste, vgl. für die Lage in der Region Trier bes. Monz: Marx, 1973.

[385] Gedruckt im Journal für das Saardepartement, Heft 6 (Vendémiaire VII), S. 465-474.

« Was könnte uns also noch zurückhalten, uns ganz den Gedanken von künftigem Glücke und Wohlstand zu überlassen. Sollte es vielleicht die Unterdrückung der Klöster und anderer geistlichen Gemeinden sein? »

Seither hatte sich die religionspolitische Auseinandersetzung durch das Verbot von religiösen Handlungen in der Öffentlichkeit (« *Loi sur la police extérieure des cultes* ») gemäß Arrêté des Regierungskommissars vom 27. Mai 1798 noch verschärft, aber auch verlagert, denn die Hauptauseinandersetzung wurde nun direkt durch die Konflikte ausgetragen, die bei der schlichten Fortführung der alten religiösen Bräuche von Begräbnissen und Prozessionen in der Öffentlichkeit entstanden[386]. Bei den Nationalfesten schwelte das Thema weiter, zu einem Zwischenfall kam es aber wohl nur bei dem Fest des 18. Fruktidor VI / 4. September 1798 in Trier, also dem ersten Nationalfest, das in Trier in der ehem. Jesuitenkirche als dem neu eingerichteten Dekadentempel begangen wurde. Welcher Art der Protest war, ist nicht mehr genau zu rekonstruieren, da der Vorfall nur durch das darauf antwortende Zirkular der Zentralverwaltung vom 26. Fruktidor VI / 12. September 1798 überliefert ist[387]. Darin verurteilt die Zentralverwaltung antifranzösische Hetze bei dem Fest und droht für den Fall von Angriffen gegen die öffentliche Ordnung oder Beleidigung der Republik harte Strafen bis zur Deportation an. Man wüsste schon gerne, auf welche konkreten Aktionen diese massiven Drohungen antworteten.

Danach wurde das Thema noch von einigen Festrednern erörtert[388], doch wurden im Wesentlichen nur die Argumente wiederholt, die schon bei den Einsetzungsfeiern vorgetragen worden waren. Die Redner verwiesen wieder auf die verfassungsmäßig garantierte Religions- und Gewissensfreiheit, traten für Toleranz ein und rechtfertigten die Aufhebung der Zehnten, die Beschränkung der Klöster und das Verbot von religiösen Handlungen in der Öffentlichkeit als ein Vorgehen gegen kirchliche Missbräuche, die hätten abgestellt werden müssen. Gerne bemühte man sich auch aufzuzeigen, « *daß gute Republikaner auch gute Christen und die Grundsätze des wahren Patriotismus mit denen des wahren Christentums die nehmlichen seyen* »[389].

Die bei den Nationalfesten gehaltenen Reden blieben bis zum Ende monologisch, aber die aktive Ankündigung einer republikanischen Glückseligkeit

---

[386] WAGNER: Citoyen oder Katholik?, 1995. STEIN: Polizeiüberwachung und politische Opposition, 2000, S. 226-233.

[387] LHA Koblenz: Best. 700,152 Nr. 56 (16), vgl. Hansen, Quellen, Bd. 4, 1938, S. 931. Die Festberichte für den 18. Fruktidor übergehen den Vorfall, Gendarmerieberichte konnten nicht ermittelt werden.

[388] Rede von Lehrer Vohl in Herrstein und Bürger Peters in Wittlich beim Fest der Gründung der Republik am 1. Vendémiaire VII / 22. September 1798; Rede von Präsident Leistenschneider am Jahrestag der Einsetzung der neuen Verwaltungen am 19. Februar 1799 in Trier.

[389] Rede des Lehrers Vohl zum Fest der Gründung der Republik am 1. Vendémiaire VII / 22. September 1798 in Herrstein.

war doch zunehmend einer reaktiven Verteidigung der Maßnahmen der neuen Verwaltung und ihrer Folgen für die Bevölkerung gewichen. Dabei konnten die Festredner nicht gewinnen. Sowohl ihre Bemühungen um Beschwichtigung wie der Versuch, die Bürger selbst für die neuen Belastungen verantwortlich zu machen, gingen fehl. So blieb ein Missverhältnis zwischen deutlich höheren Forderungen der Verwaltung und dem Mangel an wirklich eingetretenen Verbesserungen, das durch Festreden und Grundsatzdiskussionen nicht aufzulösen war. Der fortdauernde bzw. erneut ausgebrochene Krieg verschärfte die Lage nur noch.

Schließlich fühlten sich die Festredner anscheinend sogar persönlich angegriffen, jedenfalls glaubte Haan schon bei seiner Rede zum Fest des Ackerbaus am 10. Messidor VI / 28. Juni 1798 in Trier, sich auch gegen mögliche körperliche Übergriffe absichern zu sollen, wobei hier nun seine Rede eine scharfe Dichotomie zwischen „wir" und „ihr" erreicht:

« *Mitbürger, ihr, die ihr unter dem Wahn, eurer Religion getreu zu bleiben, noch täglich Mord und Tod den sogenannten Patrioten und Klubisten zuschwört, fragt euch, fragt euer Gewissen und Herzen und nicht fanatische Mönche, ob diese euer Rachsucht dem Geist der Religion Christi mehr angemessen seye als die Bruderliebe und der Patriotismus, welchen wir euch empfehlen, und was thun, was thaten euch dann die, welche ihr als Klubisten verabscheuet.* »

10.4. Hochrufe und Toasts

Fast alle Reden bei den Nationalfesten endeten mit einem Hochruf auf die Französische Republik (« *Vive la République* »), der dann von den Anwesenden im Chor wiederholt wurde. Auch sonst konnten einzelne Abschnitte des Zeremoniells mit Hochrufen beendet werden, auf die dann auch hier die Antwortrufe der Anwesenden die allgemeine Zustimmung bekundeten. Diese Hochrufe sind in den Festberichten relativ gut überliefert, auch wenn natürlich keine Vollständigkeit vorliegt und bei kurzen Festberichten oder reinen Vollzugsmeldungen Informationen darüber fehlen.

Im Charakter ähnlich wie die Hochrufe sind die Toasts, die bei den Banketten zwischen dem Festzeremoniell am Morgen und dem geselligen Teil des Festes am Nachmittag und Abend ausgebracht wurden. Grundsätzlich bestanden Toasts aus zwei Teilen. Zuerst wurde der Adressat des Toastes genannt, worauf in einem zweiten Teil ein bestimmter Wunsch an ihn herangetragen wurde[390]. Als Beispiel sei der Toast von Kommissar Bernard in Saarbrücken, einem Franzosen aus Saargemünd, beim Fest der Volkssouveränität am 30. Ventôse VII / 20. März 1799 angeführt, bei dem am Vorabend der Wahlen das

---
[390] VON UNGERN-STERNBERG: Politische Bankette, 2005, S. 141.

Direktorium und die Kammern zur Einigkeit aufgerufen wurden und sich die (neojakobinischen ?) Patrioten als die wahren Unterstützer der republikanischen Regierung anboten:

> « *Au Directoire Exécutif et Corps Législatif:*
> [1.] *puissent[-ils] par leur constante union et prudence affermir la liberté et la prospérité de la République,*
> [2.] *puissent-ils aussi toujours se convaincre qu'un Gouvernement Républicain n'a et ne peut avoir d'amis que dans les rangs des Patriotes.* »

Allerdings sind in den Festberichten Toasts nicht nur weniger häufig erwähnt, sondern sie sind dort auch meist nur verkürzt wiedergegeben, indem nur angegeben wird, wem der Toast gegolten habe. Dadurch nähern sich die Toasts den Hochrufen an. Beide Gattungen stellen so aber insgesamt durchaus eine Kurzfassung der Redeintentionen dar. Trotz der Interaktionen mit den Festteilnehmern bei den Hochrufen bzw. mit den Teilnehmern an den Banketten bei den Toasts waren die Reaktionsmöglichkeiten des Publikums aber begrenzt. Immerhin kam Kommissar Boye in Ottweiler beim Fest der Souveränität des Volkes am 30. Ventôse VII / 20. März 1799 in die peinliche Situation, dass am Schluss seiner Rede auf seinen obligaten Hochruf auf die Republik ein absolute Stille eintrat, weil niemand den Ruf erwiderte (« *personne ne le répète* »).

Am weitesten verbreitet und bei jedem Fest mit mehreren Wiederholungen vertreten war natürlich der Hochruf auf die Republik (« *Vive la République / Es lebe die Republik* »). Von den republikanischen Grundwerten wurde am häufigsten die Freiheit (19) erwähnt[391], und in Blieskastel und Hermeskeil ließ man auch den eigenen Freiheitsbaum hochleben. Dagegen erschienen die Gleichheit und die Gerechtigkeit nur einmal und die Brüderlichkeit oder Verbrüderung überhaupt nicht. Sehr viel ausgeprägter waren die Hochrufe auf die republikanischen Institutionen. Die Verfassung wurde 14mal genannt und die Parlamente neunmal, wobei diese allerdings in zwei Fällen noch mit dem inzwischen nicht mehr existierenden Konvent gleichgesetzt wurden. Dazu kamen Hochrufe und Toasts auf das Direktorium (15) sowie auf die Regierung (9) und allgemein auf die Verwaltungen (21). Daneben wurde auch die Armee (13) nicht vergessen, wobei auch einmal speziell die Marine genannt wurde. Das Vaterland wurde zwar nur einmal erwähnt, die Nation aber siebenmal und darunter auch zweimal als « *Grande Nation* » (Merzig, Dankbarkeit 10. Prairial VI und VII)[392]. Häufig erschienen auch die Bewohner: zehnmal als Bürger, dreimal als Franzosen und zweimal als Republikaner.

---

[391] Die Zahlen beziehen sich auf Feste, bei denen die entsprechenden Hochrufe und Toasts erklangen. Mehrfachausbringung derselben Rufe bei der gleichen Feier, die vor allem bei dem Hochruf auf die Republik sehr häufig waren, wurden nicht berücksichtigt.
[392] In Birkenfeld erscheint im Bericht über das Fest des Ackerbaus am 10. Messidor VI / 28. Juni 1798 auch der Ausdruck « *Grande République* ».

Personalisierungen haben es aber schwer in Republiken. So wurden die Gründer der Republik nur unpersönlich als Gruppe genannt (5). Um so mehr fällt die namentliche Erwähnung von Bonaparte auf (3), wozu noch je eine Erwähnung in einer Rede und bei einer Illumination kamen. Das ist ein ähnlicher Befund, wie er sich schon für die bei den Festen gesungenen Lieder ergeben hat. Verglichen mit der Präsenz des Generals bei den zeitgleichen Festen in Frankreich ist die Zahl der Erwähnungen aber immer noch eher klein.

Von dieser zentralen Ebene der Republik sind die departementalen Institutionen zu unterscheiden. Der Regierungskommissar für die vier rheinischen Departements war sechsmal Adressat einer Ehrung, davon viermal mit Nennung seines Namens. Am häufigsten galten die Hochrufe der Zentralverwaltung (10), während die Kantonsverwaltungen auch noch viermal bedacht wurden. Die anderen Verwaltungen treten dagegen zurück: je einmal erschienen ein Friedensrichter (Blankenheim, Fest des Ackerbaus VII) und die Obergerichte des Departements. Einmal wurde auch die Trierer Garnison genannt, nämlich beim Fest des 9./10. Thermidor VI in Trier, als sie an den großen szenischen Aufführungen im Palastgarten maßgeblich beteiligt war. Schließlich wurde das Saardepartement insgesamt noch viermal erwähnt sowie sechsmal seine Bürger, nämlich je zweimal als Einwohner und Cisrhenanen sowie je einmal als Patrioten der vier neuen Departements sowie als Treverer. Etwas überraschen mag auch, dass der Wunsch nach Vereinigung mit Frankreich, der in den Reden häufig angesprochen wird, hier nur dreimal Gegenstand eines Hochrufes oder Toasts war.

Der spezielle Gegenstand der Feste wurde nur bei den moralischen Festen in den Hochrufen aufgenommen, so fünfmal beim Fest des Ackerbaus, viermal beim Fest des Alters und zweimal beim Fest der Jugend, aber nicht bei dem missglückten Fest der Ehegatten. Hinzu kommen noch vier Hochrufe auf die Souveränität beim Fest der Volkssouveränität. Für die sonstigen politischen Feste kamen dagegen solche speziellen Hochrufe nicht vor. Diese Feste erscheinen ja immer in ihrer Funktion für die aktuelle Republik, so dass die daraus abgeleiteten Hochrufe dann auch den verschiedenen Institutionen der Republik gelten konnten.

Wenig ausgeprägt war der internationale Aspekt der Revolution. Gerade zweimal wurden die Schwesterrepubliken bzw. Schwestervölker genannt, und einmal ließ man die Patrioten aller Länder hochleben.

Den Hochrufen auf die Republik und ihre Institutionen entsprachen die Verfluchungen der inneren und äußeren Feinde der Republik. Das Festzeremoniell für die Vereidigung der Funktionäre am 2. Pluviôse VII / 21. Januar 1799 sah die Verfluchung der Eidbrüchigen und derjenigen, die die Wiederherstellung des Königtums versuchen wollten, vor (« *imprécation contre les parjures et contre ceux qui provoqueraient le rétablissement de la royauté* »). Eng damit verbunden war der direkt aus der Eidesformel abgeleitete Fluch auf Königtum und Anarchie, der ebenfalls bei den Vereidigungen, aber etwa auch beim Fest des 9./10. Thermidor verwendet wurde (3). Selbstverständlich konnte man immer die Tyrannen verfluchen (3). In Prüm wurden schließlich auch einmal die Parteiungen (« *factions* ») verflucht, was einen Transfer französischen Politikverständnisses in die annektierten Departements darstellt. Bekanntlich drückte sich für die Revolution ja die Souveränität des Volkes nicht in einer pluralistischen Parteiendemokratie aus, sondern es galt immer, die *volonté générale* des Volkes durch die Einheit der Kammern auszudrücken. Der Begriff der Partei war deshalb negativ konnotiert, und so ist es in Frankreich im Grunde bis heute geblieben. Als äußere Feinde der Republik erscheinen zuerst England und nach dem Rastatter Gesandtenmorden dann Österreich.

Hochrufe und Toasts decken so ein weites Politikfeld ab. Allerdings lassen die Form der Hochrufe und die Verkürzung der Toasts auf die Nennung der Adressaten in den Festberichten meist nur erkennen, welche Institutionen und Personen geehrt bzw. verflucht wurden, ohne dass eine Differenzierung der politischen Motive deutlich würde. So ergibt sich nur, dass das gesamte Spektrum der Republik mit ihren nationalen und departementalen Institutionen dargestellt ist. Es herrschte politische Konformität und Korrektheit[393].

11. Einheit und Varianz der rheinischen Nationalfeste

Die französischen Nationalfeste wurden im Saardepartement grundsätzlich mit allen ihren Teilen übernommen. Wie in Innerfrankreich begannen die Feste mit einem Ankündigungszeremoniell am Vorabend und am Morgen des Festes. Dann versammelten sich die Funktionäre in ihrem Sitzungssaal, und von hier aus führte der Zug durch die Stadt zum eigentlichen Festort, der zuerst meist ein Platz mit dem Freiheitsbaum und später dann der Dekadentempel war, wo das festspezifische Zeremoniell stattfand. Nach einem gemeinsamen Mahl der Funktionäre folgte dann an Nachmittag und Abend der gesellige Teil des Festes mit Spielen der Jugend, Konzerten, Bällen und Illumination.

Ebenso wurde auch das Festzeremoniell der Nationalfeste mit seinen Symbolen, Allegorien und szenischen Darstellungen grundsätzlich übernommen, allerdings doch mit einer gewissen Konzentration. Es wurden vor allem allgemeine Symbole der Freiheit und Gleichheit rezipiert, die einfach herzustellen und gut zu kombinieren waren. Hierzu bieten die Bilddokumente aus St. Wendel ein einmaliges Dokumentations- und Anschauungsmaterial. Es zeigt auch, wie bei den verschiedenen Festen immer wieder die gleichen Requisiten

---

[393] Das gilt auch für die Abwicklungsfeste nach dem 19. Brumaire, so für die Toasts beim Fest des 14. Juli 1800 in Trier, vgl. Kap. V, 6.

VI. Form der Nationalfeste

in unterschiedlichem Arrangement im Zug mitgeführt und als Altarschmuck verwendet wurden. Aufwendigere Festrequisiten wie insbesondere allegorische Statuen finden sich regelmäßig nur in Trier und sind in den Kantonen seltener. Rheinische Besonderheiten sind die Verwendung des Pyramidensymbols für die vier rheinischen Departements und die Darstellung einer mütterlichen Republik mit den als ihren Kindern dargestellten annektierten Departements. Beschränkungen gab es bei der Rezeption des Liedgutes der Nationalfeste. Stärker als bei den bildlichen und figürlichen Symbolen machte sich bei den Liedern die Sprach- und Kulturdifferenz bemerkbar, so dass außer der Marseillaise nur wenige französische Lieder in die rheinischen Feste übernommen wurden. Dafür gab es aber eine breite Rezeption deutscher republikanischer Lieder und eine eigene Produktion von Anlassliedern für die einzelnen Feste, vor allem durch Johann Jakob Stammel.

Die Tendenz, die Nationalfeste als Befreiungs- und Freiheitsfeste zu rezipieren, wird im Formenbestand der Feste deutlich. Die Feste wurden meist mit dem Grundbestand des Festzeremoniells übernommen, so dass Symbole der Freiheit und Rituale der Befreiung dominierten. So erscheint der Vaterlandsaltar auch als Altar der Freiheit, und die Aufnahme des Bastillesymbols in Birkenfeld wurde vermutlich aus der deutschen Bastillerezeption und jedenfalls nicht direkt aus den französischen Festanleitungen übernommen. Mitunter führten Beschränkungen auch zu neuer Kreativität. Die Beschränkung der Feste auf die Kantonshauptorte schuf neue Formen der Beteiligung der Kantonsgemeinden. Kreativ war die Einbeziehung von deutschem Brauchtum und Liedgut sowie von Texten deutscher Literatur. Einen besonderen Akzent setzte die Propagierung der Agrarmodernisierung.

Schwierig ist es, die Zahl der Teilnehmer und Zuschauer an den Festen abzuschätzen. Geht man von der Zahl der jeweiligen örtlichen Funktionäre aus, die zur Teilnahme aufgerufen waren, so könnte in Trier der Dekadentempel schon allein durch sie gefüllt worden sein. Auch in den Kantonen konnte sich die Zahl der Funktionäre, die bei der Vereidigung erschienen, auf 60-70 Personen und mehr belaufen haben. Allerdings kamen bei den normalen Festen die unbesoldeten Funktionäre oft nicht, und auch die anderen konnten Ausreden finden. Dazu kamen noch Teilnehmer aus der Bevölkerung, so dass die Festberichte Gesamtzahlen der Teilnehmer von 100-200 für die Kantone und einmal sogar 1000 für Trier angeben. Schließlich gab es noch Zuschauer, so dass die Feste vor allem in der Anfangszeit und in der stabilen Verwaltungsphase zu Beginn des Jahres 1799 bei wichtigeren Festen durchaus Volksfestcharakter angenommen haben können.

Besonderheiten der rheinischen Nationalfeste zeigen sich bei verschiedenen Gruppen von Teilnehmern. Ein konstitutioneller Zirkel nahm als Gruppe nur in St. Wendel an den Festen teil, erscheint hier aber bis zum Ende der direktorialen Epoche in den Festzügen. Juden spielten eine aktive Rolle bei den Festen, werden in den Festberichten aber oft nicht besonders erwähnt, da man sie ja wie normale Bürger behandeln wollte. Bemerkenswert ist die Rolle von evangelischen und katholischen Pfarrern sowie von Mönchen und Stiftsherren, die als Teilnehmer in den Festzügen erscheinen und als Redner auftreten, weil eine solche geistliche Präsenz bei den Festen zur gleichen Zeit in Frankreich nicht mehr üblich ist. Einen wirklichen Konflikt gab es dabei nur einmal in Manderscheid, und dieser Konflikt konfrontierte auch nicht Kirche und Verwaltung, sondern spaltete die Verwaltung selbst. Schließlich brauchte man für die Festzüge auch einen Ordnungsschutz. In Frankreich stand dafür die Nationalgarde zur Verfügung, die es im Rheinland aber nicht gab. So schuf man in verschiedenen Kantonen paramilitärische Jungendverbände zu Fuß und zu Pferd, die bei den Festen als Nationalgarde auftraten, ohne rechtlich deren Funktion zu besitzen.

Schließlich sind Feste als öffentliche Ereignisse immer politisch exponiert und können so zugleich zur Affirmation und zum Protest benutzt werden. Waren die tatsächlichen Protestaktionen relativ harmlos und gering, so wurde die soziale und politische Isolierung der Feste im Rheinland bei den Festreden doch hinreichend deutlich. Es sind Reden gegen eine Mauer der Verweigerung und der Ablehnung, die weder durch Versuche einer Identifizierung mit den Zuhörern, noch durch Belehrung der Anwesenden oder gar Schuldzuweisungen zu überwinden war. So endeten die Reden schließlich in einem Diskurs der Rechtfertigung. Allerdings sind diese Reden Eigenschöpfungen der jeweiligen Redner, für die es keine direkten Vorbilder gab, so dass die Reden der deutschen und der französischen Redner auch deutlich voneinander unterschiedene Diskurse aufweisen.

Geht man von dem Anschein einer ermüdenden Einförmigkeit der Grundform der Nationalfeste aus, so überrascht die reale Varianz der Feste. Auch wenn Zeremonien und Requisiten nur mit einer gewissen Reduktion auf die Grundformen übernommen wurden, ließen sich die Elemente immer noch in unterschiedlicher Selektion und Anordnung zu vielen Realisationsvarianten kombinieren. Vielfach boten sich auch Gelegenheiten zu eigener Kreativität. Auch die gleichen Feste konnten an verschiedenen Festorten unter jeweils anderer lokaler Leitung in durchaus unterschiedlicher Weise realisiert werden. So ist die Form der französischen Nationalfeste durchaus mit einem eigenen Akzent im Rheinland übernommen worden.

VII. Französische Nationalfeste und republikanische Festkultur im Rheinland

Der Staatsstreich vom 18. Fruktidor V / 4. September 1797 hatte das republikanische Direktorium stabilisiert und ihm durch die Allianz mit dem Neojakobinismus eine Mehrheit in den Kammern unter der Protektion der Armee gesichert. Sein politisches Potential war zwar nicht stark genug, um längerfristig ein mehrheitsfähiges Parteiensystem zu schaffen, wohl aber konnte es die republikanische Festtradition neu beleben. Die fast in Vergessenheit geratenen Dekadenfeiern und Nationalfeste wurden mit neuer Intensität begangen, und neue republikanische Klubs und Medien entwickelten sich allenthalben. Die Annexion des Rheinlandes übertrug diese Formen einer republikanischen Öffentlichkeit in die neu geschaffenen rheinischen Departements. Doch was in Innerfrankreich Folge einer politischen Bewegung war, war im Rheinland ein Rechtstransfer mit einer gouvernementalen Einführung der Festkultur auf dem Verordnungswege.

Die Einführung der Nationalfeste der Französischen Republik in den rheinischen Departements (Kap. IV) erfolgte in pädagogischer Weise, und zwar zunächst durch Arrêté des Regierungskommissars Rudler vom 7. Floréal VI / 26. April 1798 in Auswahl, dann durch seine Verwaltungsverordnung vom 1. Thermidor VI / 19. Juli 1798 in vollem Umfang und schließlich noch ergänzt durch neu geschaffene Feste. Dadurch begann die Einführung der Nationalfeste in den rheinischen Departements mit den allgemeinpolitischen und moralischen Festen, während der volle Zyklus der Feste des Revolutionsgedächtnisses erst im zweiten Jahr erreicht wurde. Hinzu kamen die Dekadenfeiern (Kap. III), die departementsweise eingeführt wurden. Für das Saardepartement geschah dies durch Arrêté der Zentralverwaltung vom 24. Thermidor VI / 11. August 1798. Die Festfolge aus Nationalfesten und Dekadenfeiern fand dann bis zum Staatsstreich von Bonaparte am 18. Brumaire VIII / 9. November 1799 statt, und ihre Abwicklung mit einer Rumpfform zog sich sogar noch bis zum Ende des Konsulates 1804 hin. Dabei wurde der innerfranzösische Festzyklus in den rheinischen Departements noch durch Sonderfeste erweitert. Schon die Einsetzung der neuen Departements- und Kantonsverwaltungen zu Beginn des Jahres 1798 war Anlass zu Feiern im Stile der Nationalfeste, und im Saardepartement wurde der Jahrestag der Einsetzung dieser Verwaltungen noch zu einem regionalen Regimefest gemacht.

Aufgrund dieser Einführung wurden die französischen Dekadenfeiern und Nationalfeste in den rheinischen Departements in den Formen übernommen, wie sie in Frankreich praktiziert wurden (Kap. VI). Allerdings zeigte sich in der Rezeption durchaus eine Selektion, bei der vor allem allgemeine Symbole der Revolution übernommen wurden. Die Nationalfeste waren im Rheinland vor allem Freiheitsfeste und erreichten in dieser Form zeitweilig durchaus eine weite Verbreitung mit einer erkennbaren Akzeptanz als Volksfeste. Während in Innerfrankreich aber immer die Feiern des Revolutionsgedächtnisses im Vordergrund standen und die allgemeinpolitischen und moralischen Feste eine Nebenrolle spielten, war dies in den rheinischen Departements gerade umgekehrt. So erzielten im Saardepartement gerade die moralischen Feste die höchste Realisierungsfrequenz. Die Festformen zeigen im Rheinland eine regionale Akzentuierung. Eine eigene republikanische Festtradition findet sich in den rheinischen Departements allerdings nicht. Festzustellen sind dagegen Tendenzen zu einer Inkulturation der französischen Nationalfeste. Das gilt beispielhaft für das Liedgut, wo die französischen Revolutionslieder aufgrund der Sprachdifferenz und der fehlenden Teilnahme des Rheinlandes am Revolutionsprozess kaum rezipierbar waren. Die Lücke wurde durch deutsche republikanische Lieder geschlossen und veranlasste auch eine eigene Produktion von Liedern für die jeweiligen Feste. Das Ziel war, die Formen der französischen Nationalfeste in der Sprache der deutschen literarischen Aufklärung zum Ausdruck zu bringen. Völlig eigenständig waren schließlich die bei den Festen gehaltenen Reden, bei denen sich die gleiche Übersetzungsaufgabe stellte. Das gelang auch in den mehr grundsätzlichen Reden, die von den Dekadenfeiern erhalten sind. Dagegen hatten sich die Reden bei den Nationalfesten mit einem politisch-ideologischen Widerspruch auseinanderzusetzen. Auf der einen Seite propagierten die Feste und Feiern das Ideal eines republikanischen Staates auf der Basis der Grundwerte der Französischen Revolution. Auf der anderen Seite aber stand die Erfahrung mit der Realität der französischen Annexionsverwaltung nach einer militärischen Besetzung von mehr als drei Jahren, deren Folgen noch andauerten. Diesen Gegensatz konnten die Festredner letztlich nicht auflösen.

Auch bei der inhaltlichen Umsetzung der Nationalfeste (Kap. V) zeigten sich regionale Sonderformen. Die französischen Nationalfeste wurden unter einem Annexionsregime in den rheinischen Departements eingeführt, bei dem das gesamte französische Rechts- und Verwaltungssystem importiert und auch die republikanischen Individualrechte in Geltung gesetzt wurden, der Bevölkerung aber die volle staatsbürgerliche Reunion mit der Verleihung des politischen Wahlrechtes und freilich auch der Pflicht zum Kriegsdienst noch vorenthalten blieb. Entsprechend war gerade das eigentliche Ziel der Nationalfeste, nämlich die staatsbürgerliche Erziehung, in den rheinischen Departements kaum zu vermitteln. Hinzu kam die Erfahrung der militärischen Besetzung, die einer Ehrung der französischen Armee als Verteidiger der Freiheit im Wege stand.

Das führte beim Fest der Volkssouveränität bezüglich der Vorbereitung der Wahlen und beim Fest der Siege und der Dankbarkeit bezüglich des Dankes an die Armee zu Schieflagen, wo etwas gefeiert werden sollte, was es in den rheinischen Departements nicht gab oder wo die regionalen Erfahrungen dem Festinhalt entgegenstanden. Dagegen konnten die allgemeinpolitischen Feste als Befreiungsfeste gefeiert werden und erfuhren eine größere Resonanz in dem Maße, in dem sie zu allgemeinen Volksfesten wurden. Allerdings geschah das vielfach um den Preis einer Verkürzung um ihre staatspolitische Komponente. So entwickelte das Fest der Gründung der Republik eine Publikumswirksamkeit als Neujahrsfest nach dem Revolutionskalender mit einer Übertragung altdeutscher Neujahrsbräuche auf das neue Fest, blendete aber zugleich die staatspolitische Bedeutung des Revolutionskalenders aus. Ähnliches gilt auch für die moralischen Feste. Das Fest der Jugend zeigte gerade nicht die gesellschaftspolitische Integration der Jugend durch die Verleihung der Waffenfähigkeit und des Wahlrechts, sondern wurde zu einem Schulfest. Das Fest des Ackerbaus zeigte gerade nicht die Parallelität zwischen Landwirten und Soldaten in ihren respektiven gesellschaftlichen Funktionen, sondern wurde zu einem Landwirtschafts- und Naturfest. Schließlich wurde das Fest der Siege und der Dankbarkeit zu einem Wohltätigkeitsfest. Bemerkenswert ist allerdings, dass sich dabei auch Eigenentwicklungen zeigten, so beim Fest des Ackerbaus mit der Propagierung agrarreformerischer Initiativen, die in Innerfrankreich selten waren. Am schwierigsten hatten es die eigentlich politischen Feste, und zwar nicht nur weil ihre Termine zu einem großen Teil schon in die Zeit nach dem Wiederausbruch des Revolutionskrieges fielen, sondern auch weil sie Feste einer fremden Revolution blieben. Einige Feste hatten allerdings direkte verwaltungspolitische oder allgemeinpolitische Funktionen und wurden deshalb mit einem besonderen Aufwand durchgeführt. Die Eidesleistung der Funktionäre am Fest des 2. Pluviôse war gesetzlich vorgeschrieben und diente der Disziplinierung des Verwaltungspersonals. Die Trauerfeier für die ermordeten französischen Gesandten beim Rastatter Kongress war eine frankreichweite Propagandaaktion. Dagegen blieben die Feste der Revolutionsgeschichte fremd. Rezipiert werden konnten sie wiederum nur als Befreiungsfeste mit Betonung der Grundwerte der Revolution und der individuellen Freiheitsrechte. Doch auf dieser Grundlage zeigten sich dann auch hier kreative Eigeninitiativen. So wurde in Birkenfeld das Regimefest des Direktoriums vom 9./10. Thermidor zu einem Bastillefest umfunktioniert, und Befreiungsriten fanden sich bei vielen Festen an verschiedenen Orten, auch wo sie nicht vom französischen Zeremoniell vorgegeben waren. Dabei erleichterten diese Moralisierung und Idealisierung der Feste durchaus ihre Akzeptanz, wenn sie auch gleichzeitig den Gegensatz zwischen festiver Fiktionalität und verwaltungspolitischer Realität verschärften. In diesem Sinne hat die Einführung der französischen Nationalfeste in den rheinischen Departements durchaus zu einer Festfolge mit eigenem Profil geführt, und insofern kann man von rheinischen Nationalfesten sprechen.

Die rheinischen Nationalfeste haben auf die Öffentlichkeit der rheinischen Departements eingewirkt (Kap. II und IV). Dazu bedienten sie sich der Medien der Zeitungen und Flugschriften, wirkten aber vor allem durch ihre unmittelbare lokale Präsenz. Gerade die oft grundsätzliche und moralische Rezeption der Festinhalte konnte dabei die Ansprache des Publikums erleichtern. Die Feste begannen im Frühjahr 1798 mit einer hohen Realisierungsfrequenz, die sich bis zur Jahreswende 1798/99 mit dem Fest der Gründung der Republik am 1. Vendémiaire VII / 22. September 1798 noch steigerte und die darüber hinaus weiter auf einem hohen Niveau gehalten werden konnte. Parallel dazu zeigt die Statistik der Verhaftungen durch die Gendarmerie für das Jahr 1798 und den Anfang des Folgejahres 1799 eine stabile Verwaltungssituation mit einem geringen Überwachungsdruck. Mit dem Wiederbeginn des Revolutionskrieges setzte aber eine Krise ein, die zu einer Abnahme der Realisierungsfrequenz bei den Nationalfesten führte und parallel dazu einen sprunghaften Anstieg der Verhaftungen durch die Gendarmerie auslöste.

Während die republikanischen Zeitschriften im Rheinland schon vor dem Ende der direktorialen Phase der Französischen Republik ihr Erscheinen hatten einstellen müssen, sind die Nationalfeste in den rheinischen Departements bis zum Staatsstreich von Bonaparte am 18. Brumaire VIII / 9. November 1799 regelmäßig durchgeführt worden. Die von den Konsuln vorgenommene Neuordnung der Nationalfeste durch das Gesetz vom 3. Nivôse VIII / 24. Dezember 1799 zielte aber mittelfristig auf eine Liquidierung ab, so dass Dekadenfeiern und Nationalfeste in den rheinischen Departements wie überhaupt in Frankreich spätestens im Jahre der Kaiserkrönung 1804 ausliefen.

Mit einem eigenen, deutlich regional geprägten Akzentuierungsprofil waren die rheinischen Nationalfeste Teil der Festkultur der Französischen Republik des Direktoriums. Die rheinischen Sonderformen sind vor allem Selektionen aus dem Gesamtspektrum der französischen Nationalfeste, und den einzelnen Besonderheiten und Ausformungen im Rheinland lassen sich auch durchaus ähnliche Einzelbeispiele in Innerfrankreich an die Seite stellen. Das gilt auch für die Realisierungsfrequenz. Zwar ist die Durchführung der Feste im Rheinland durchaus von der allgemeinen politischen und sozialen Lage abhängig, aber die rheinische Realisierung ist verglichen mit den innerfranzösischen Departements eher höher, und Proteste und Verweigerungen bei den Festen sind vergleichsweise eher geringer. Dies zeigt neben einer gewissen Akzeptanz der Nationalfeste durch die Bevölkerung auch eine Stabilität der französischen Verwaltung. Die französischen Nationalfeste im Rheinland weckten Neugierde durch ihre Neuartigkeit, und sie gewannen mit den größeren Festen ihr Publikum als Volksfeste. Ausgerichtet wurden sie von den Verwaltungen, und sie hatten mit der Vereidigung der Funktionäre und der Selbstdarstellung der Verwaltungen auch Verwaltungsfunktionen. Im Krisenjahr 1799 zeigte sich aber zunehmend die Isolierung der Feste in einem Verwaltungsghetto. Hier konnten sie zwar ungehindert, aber auch oft unbeachtet stattfinden. Die eigentlichen Probleme der Departements und ihrer Bevölkerung aber bestanden in den realen Lebensbedingungen, auf die die Feste nicht einwirken konnten.

*

Die Nationalfeste der französischen Republik stellen im Rheinland nur eine kurze Episode dar. Wenn sie auch in den napoleonischen Festen vor allem in ihrer Form noch eine gewisse Fortsetzung fanden, so haben sie doch keine direkten Spuren hinterlassen. Allerdings war das in Frankreich auch nicht viel anders, wo die heutige republikanische Politikkultur erst ein Kind der Dritten Republik ist, die freilich in sehr bewusstem Rückgriff auf die unterdrückte Revolutionstradition des 19. Jahrhunderts geschaffen wurde. Dagegen ist die mittelbare Wirkung der rheinischen Revolutionskultur nicht zu unterschätzen, waren die französischen Nationalfeste doch eine politische Schule für die rheinischen Republikaner. Sie waren das Terrain einer intensiven Auseinandersetzung mit Grundwerten und Geschichte der Französischen Revolution, und ihre Rezeption erfolgte in durchaus eigenständiger Weise auf der Grundlage des deutschen Aufklärungsdenkens. Sie boten ein System von Zeichen, Symbolen und Allegorien, um diese Ideen und Werte auszudrücken und darzustellen. Schließlich stellten sie auch ein Ablaufmuster für weitere Feste und Veranstaltungen zur Verfügung. Aus der Revolutionskultur ohne Revolution erbte das linksseitige Rheinland eine republikanische Festkultur.

Diese konnte über die Epoche der Französischen Republik und über die Zeit der Zugehörigkeit des Rheinlandes zu Frankreich hinaus genutzt werden[1], wobei allerdings die Erinnerung an die französischen Nationalfeste im Rheinland nun nur noch einen Faktor in einem komplexeren Bezugssystem bildete. Das Erbe der Institutionen der Französischen Republik im Rheinland stand einerseits in Wechselbeziehungen zu direkten Einwirkungen der Französischen Revolution sowie den weiteren Revolutionen in Frankreich im 19. Jahrhundert auf Deutschland, es wurde andererseits durch nationale Abgrenzung gegen Frankreich aus Angst vor neuen Annexionsbestrebungen beeinträchtigt. Trotzdem behielt das Andenken der Nationalfeste aber seine Anziehungskraft.

Das wurde um so wichtiger, als im deutschen Vormärz das Fest eine der wenigen politischen Ausdrucksformen darstellte, die Oppositionellen eine Plattform in der Öffentlichkeit bieten konnten. „Das politische Fest wurde zum Surrogat

---

[1] SPERBER: Echoes of the French Revolution in the Rhineland, 1989; SPERBER: Germania mit Phrygiermütze, 1998; sowie seine grundlegende Studie: Rhineland Radicals, 1991.

für fehlende politische Versammlungsfreiheit" (Düding)². Schon beim Jahrestag der Völkerschlacht bei Leipzig am 18. Oktober 1814 wurde trotz der antifranzösischen Ausrichtung des Festes das Grundmuster („Matrix") der französischen Nationalfeste weitgehend rezipiert³. Wie bei den uneingestandenen Vorbildern suchte man den Festen einen sakralen Charakter zu geben. Die Feiern waren mit Gottesdiensten verbunden, die oft an Altären in der freien Natur stattfanden, was das Vorbild der republikanischen Vaterlandsaltäre erkennen lässt. Auch sonst ist das französische Festmuster erkennbar. Die Ankündigung der Feste geschah durch Böller und Glocken, worauf sich ein wohl gegliederter Zug in Bewegung setzte, um am Festplatz verschiedenen Reden beizuwohnen. Dabei wurden auch rituelle Verbrennungen vorgenommen, wenn auch jetzt nicht mehr von Symbolen des Feudalsystems, sondern denen der Fremdherrschaft. Eide wurden geschworen, auch sie natürlich nun mit neuem Inhalt. Bei der Wiederholung des Festes zum 50. Jahrestag wurden in Leipzig in bester republikanischer Tradition je eine Gruppe von 50 weiß gekleideten Jungfrauen und 1000 Veteranen der Schlacht aufgeboten⁴. Auch Elemente des Begleitprogramms der französischen Nationalfeste wie das gemeinsame Mahl, Spiele für die Jugend, Bälle und vor allem Illuminationen am Abend finden sich wieder. Dabei nimmt das linksseitige Rheinland freilich eine Sonderstellung ein. Wieder sollte nämlich das Rheinland etwas feiern, an dem es gar nicht bzw. sogar auf der falschen Seite teilgenommen hatte. So geriet das Fest in eine ähnliche Ambivalenz wie die ersten französischen Nationalfeste. Entsprechend verhalten war die Realisierung. Wo aber Feste stattfanden, wie z.B. in Kaiserslautern 1814, trat die Kontinuität zu den französischen Vorgängerfesten deutlich zu Tage⁵.

Ähnliche Rückgriffe auf die Organisations- und Ausdrucksformen der französischen Nationalfeste finden sich bei den politischen Festen des Vormärz und insbesondere 1832 beim Hambacher Fest⁶ und 1843 beim badischen Verfassungsfest⁷. Auch noch in der Revolution von 1848/49 werden sie bei den Volks- oder Bürgerversammlungen⁸, die oft Festform annahmen, deutlich. Wieder handelte es sich um politische Feste im öffentlichen Raum. Angekündigt

---

[2] Düding: Öffentliche Festkultur, 1988, Einleitung, S. 13, Zitat S. 20.
[3] Düding: Das deutsche Nationalfest von 1814, 1988, S. 80-83.
[4] Hoffmann: Mythos und Geschichte, 1995, S. 117.
[5] Weiss: Nationale Festkultur im Linksrheinischen, 2004.
[6] Foerster: Preß- und Vaterlandsverein, 1982, S. 99-102, mit Hinweisen auf die Kontinuität zu den französischen Revolutionsfesten; Luy: « *Morgen gehen wir nach St. Wendel* », 1992, S. 124 ff.
[7] Nolte: Die badischen Verfassungsfeste im Vormärz, 1993. Wien: Politische Feste und Feiern in Baden, 2001, S. 125-206.
[8] Luz-y-Graf: 1848/49 in Trier, 1998, S. 247 ff; Brandt: Vormärz und 1848er Revolution in den Fürstentümern Lichtenberg und Birkenfeld, 2002, S. 99 ff; sowie: Wien: Politische Feste und Feiern in Baden, 2001, S. 479-485.

wurden sie durch Böller und Glocken am Vorabend und Morgen des Festes. Das Fest selbst begann mit einem großen Zug zum Festplatz oder Festraum, bei dem die allgemeine Teilnahme aller Bürger ohne Unterschied ihres Standes dominierte. Am Festort bildeten wieder Lieder und Reden den Höhepunkt der politischen Aussage der Feste, doch wurde nun neben der Freiheit auch die nationale Einheit thematisiert. Wieder finden sich Rituale wie die Ehrung von verdienten Politikern sowie die Verabschiedung von Resolutionen, Adressen und Petitionen. Am Mittag folgte ein gemeinsames Mahl der Honoratioren, was mit langen Toastreihen nochmals Gelegenheit zu politischen Statements gab, und am Abend endeten die Feste dann mit Ball und Illumination.

Bezüge zu der französischen Revolutionskultur wiederholen sich dann bei den einzelnen Festelementen. Als Pendant zur französischen Trikolore verfügten die deutschen demokratischen Bewegungen seit dem Vormärz über eigene demokratische Nationalfarben[9]. Sie wurden als Kokarde getragen oder als Fahne in Umzügen mitgeführt und als Symbol aufgepflanzt. Dabei ersetzte die Fahne häufig den älteren Freiheitsbaum als Freiheitssymbol, was sich auch schon bei den Nationalfesten angedeutet hatte. Daneben gab es auch Freiheitsbaumsetzungen, insbesondere in ländlichen Gemeinden und zumal in der Pfalz 1832 im Umkreis des Hambacher Festes[10] sowie 1848 in Baden[11]. Dabei konnte in der Pfalz mitunter bis in die Platzwahl an die spontanen Baumsetzungen der Jahreswende 1797/98 angeknüpft werden, nur dass es sich jetzt um verbotene und polizeilich zu unterdrückende Aktionen handelte. Weniger als damals lassen sich nun allerdings politische Demonstrationen von volkstümlichen Maifeiern trennen[12]. Auch die französischen Nationalfeste hatten ja im Rheinland nur dort größeren Publikumserfolg gehabt, wo sie zu Volksfesten geworden waren. Rezipiert wurde das Programm von Freiheit, Gleichheit und Brüderlichkeit als Motto demokratischer Vereine und Gruppierungen in Reden, Petitionen und Geselligkeit[13]. Dabei durften die

---

[9] FEHRENBACH: Über die Bedeutung der politischen Symbole im Nationalstaat, 1971.
[10] HAASIS: Volksfest, sozialer Protest und Verschwörung, 1981, S. 111-117. Ausstellungskatalog: Hambacher Fest, 1982, Nr. 363, S. 225-226 mit Karte; LUY: « Morgen gehen wir nach St. Wendel », 1992, S. 126 ff. - HECKMANN: Tumulte, Demonstrationen, Petitionen, 1992, S. 249-250, 259. Ausstellungskatalog: « Der schlimmste Punkt der Provinz », 1998, S. 354-355 mit Karte. SPERBER: Germania mit Phrygiermütze, 1998, S. 64; HAASIS / GALLE: Oberrheinische Freiheitsbäume, 1999.
[11] WIEN: Politische Feste und Feiern in Baden, 2001, S. 501-528 mit Karte S. 506, hier allerdings vor allem durch die Rezeption in der Schweiz vermittelt.
[12] FOERSTER: Der Preß- und Vaterlandsverein, 1982, S. 127-129; HANNIG: « Freiheitsbäume » im Umkreis des Hambacher Festes, 1989; HANNIG: Vom Eigensinn der Freiheitsbäume, 1990; HECKMANN: Weihrauch für Freiheit und Vernunft, 1991, S. 306-308; LUY: « Morgen gehen wir nach St. Wendel », 1992, S. 146 ff. LUZ-Y-GRAF: 1848/49 in Trier, 1998, S. 260-261, 273, 290, 337; RUMMEL: Kanonen gegen Winzer, 1998, S. 320-322.
[13] MONZ: Marx, 1973, S. 209; SPERBER: Echoes of the French Revolution in the Rhineland, 1989, S. 209 (Ulmen), 211 (Trier). - Petition von Arbeitern des Saarreviers an das

Accolade fraternelle[14] ebenso wenig fehlen wie die Marseillaise[15] oder die Freiheitsmütze[16]. Die gedruckten Liederbücher für das Hambacher Fest[17] enthalten die Marseillaise in französisch und deutsch sowie die neue Parisienne von Delavigne ebenfalls in französisch und deutsch und dazu noch altbekannte Kontrafakturen nach französischen Melodien wie das *Dort ziehen die Sklaven in Scharen* von Lehne.

Der deutsche Michel mit Jakobinermütze blieb nur ein publizistischer Traum[18], aber die Baumsetzungen waren Fakt. Wenn noch zu Beginn der Eroberung der Pfalz durch Preußen im Juni 1849 die Gemeinde Eschringen[19] aufgefordert wurde, sich dadurch als gut republikanisch zu erklären, dass die Bewohner « *sogleich einen Freiheitsbaum mit einem Fahnen herrichten* »[20], zeigt dies einen direkten politischen Gebrauch der Revolutionssymbolik, deren Semantik fraglos als bekannt vorausgesetzt werden konnte.

Frankfurter Vorparlament, April 1848, ed. MOLDENHAUER, in: ZGSaargegend 1969/70, S. 82. - LUZ-Y-GRAF: 1848/49 in Trier, 1998, S. 252.

[14] LUZ-Y-GRAF: 1848/49 in Trier, 1998, S. 252.

[15] Schon der Trierer Casinostreit von 1833 war durch das Singen der Marseillaise und das Schwenken der Trikolore ausgelöst worden, vgl. MONZ: Marx, 1973, S. 134-137. Die Marseillaise wurde 1832/33 in Saarbrücken - St. Johann und St. Wendel gesungen, vgl. KELL / WINKLER: « *Die Freiheit tön' in unsern Liedern* », 1999, S. 282. 1848 ertönte sie dann wieder in Birkenfeld (BRANDT: Vormärz und 1848er Revolution in den Fürstentümern Lichtenberg und Birkenfeld, 2002, S. 99) sowie in Trier und Bernkastel (MONZ: Marx, 1973, S. 202; LUZ-Y-GRAF: 1848/49 in Trier, 1998, S. 251, 271, 322).

[16] Die Mitglieder des demokratischen Vereins in St. Wendel trugen 1832 bei ihren Sitzungen rote Freiheitsmützen, und die Freiheitsbäume in St. Wendel waren mit roten Freiheitsmützen geschmückt, vgl. LUY: « *Morgen gehen wir nach St. Wendel* », 1992, S. 119-121. Der Redner des demokratischen Vereins in Trier, der Bierbrauer Ditsch, trug eine obligatorische Jakobinermütze, vgl. KENTENICH: Geschichte der Stadt Trier, 1915, S. 841.

[17] Volksstimme, 1832. Der Zeitgeist, 1832. Das Liedgut von Vormärz und Revolution von 1848/49 ist gesammelt in dem Ausstellungskatalog « *Freiheit lebet nur im Liede* », 1992, S. 43-66 sowie in den Aufsätzen DIEHL: Die Lieder im Umkreis des Hambacher Festes, 1981, KRÖHER: Lieder des Hambacher Festes, 1982, und KELL / WINKLER: « *Die Freiheit tön' in unsern Liedern* », 1999.

[18] Freiheit, Gleichheit, Brüderlichkeit. 200 Jahre Französische Revolution in Deutschland, Ausstellungskatalog 1989, Nr. 621-622, S. 680f.

[19] Eschringen gehörte zum Kanton Blieskastel im Saardepartement, war dann Teil des Landkommissariates Zweibrücken in der Pfalz und ist heute Teil des Stadtverbandes Saarbrücken im Saarland.

[20] HECKMANN: Tumulte, Demonstrationen, Petitionen, 1992, S. 260-262.

VIII. Illustrationen von François Manouisse zu den Nationalfesten in St. Wendel 1798-1799

Abb. 1: Bericht der Mairie St. Wendel über das Fest anlässlich der Hochzeit von Napoleon mit Marie-Louise von Österreich am 23. April 1810, Titelseite (StadtA Trier: Ta 55/17 (Nr. 1), mit Erwerbsvermerk)

Abb. 2: Faszien und Schrifttafeln beim Fest der Gründung der Republik in St. Wendel am 1. Vendémiaire VIII / 23. September 1799 (LHA Koblenz: Best. 276 Nr. 1107)

VIII. Illustrationen

Abb. 3: Trikoloren und Schrifttafeln beim Fest der Gründung der Republik
in St. Wendel am 1. Vendémiaire VIII / 23. September 1799
(LHA Koblenz: Best. 276 Nr. 1107)

Abb. 4: Schrifttafel im Zug des Festes der Gründung der Republik
in St. Wendel am 1. Vendémiaire VIII / 23. September 1799
(LHA Koblenz: Best. 276 Nr. 1107)

VIII. Illustrationen

Abb. 5: Altar der Vaterlandes oder der Freiheit beim Fest des Ackerbaus
in St. Wendel am 10. Messidor VI / 28. Juni 1798
(LHA Koblenz: Best. 276 Nr. 1110)

Beschreibung des Altars im Festbericht:
« *Sur le devant on voyait le chiffre de la République française surmonté de la couronne civique et entouré de feuilles de chêne et de laurier. Sur la face droite était l'emblème de la Liberté avec son inscription. Sur celle de gauche était le symbole de l'Egalité avec son inscription. Sur le derrière un serpent formant le cercle faisant allusion à l'Éternité de la République française* »

Abb. 6: Illumination beim Fest der Gründung der Republik in St. Wendel am 1. Vendémiaire VII / 22. September 1798 (LHA Koblenz: Best. 276 Nr. 1107)

Abb. 7. Scheiterhaufen beim Fest des 9./10. Thermidor VI / 27.28. Juli 1798 in St. Wendel (LHA Koblenz: Best. 276 Nr. 1682)

VIII. Illustrationen 441

Abb. 8: Scheiterhaufen beim Fest des 9./10. Thermidor VII / 27./28. Juli 1799 in St. Wendel (LHA Koblenz: Best. 276 Nr. 1682)

Abb. 9: Kenotaph für die ermordeten Gesandten beim Rastatter Kongress
in St. Wendel am 20. Prairial VII / 8. Juni 1799 (LHA Koblenz: Best. 276 Nr. 1689)

IX. Anhänge

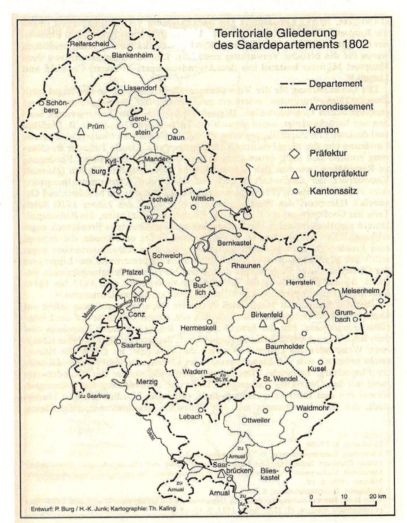

Anhang 1: Territorialgliederung des Saardepartements 1802
(Quelle: Peter Burg: Verwaltung in der Modernisierung, Paderborn 1994, S. 43 mit freundlicher Genehmigung des Instituts für westfälische Regionalgeschichte (LWL).)

Die Territorialgliederung von 1802 ist mit der für 1798-1800 weitgehend identisch. Anstelle der Präfektur existiert vor 1800 die Zentralverwaltung. Die Arrondissements sind unter dem Direktorium lediglich Strafgerichtsbezirke. An den Unterpräfekturstandorten befinden sich auch nur Kantonsverwaltungen sowie jeweils ein Zuchtpolizeigericht.

Anhang 2: Kalender der Nationalfeste im Saardepartement
1798, Januar - Juni

	Januar	Februar	März	April	Mai	Juni
1				Einsetzung Kantonsverwaltungen		
2						
3						
4						
5						
6						
7						
8						
9						
10						
11						
12						
13						
14						
15						
16						
17						
18						
19		1. Ventôse Zentralverwaltung				
20			(30. Ventôse Volkssouveränität)			
21						
22						
23						
24						
25						
26						
27						
28						10. Messidor Ackerbau
29			Einsetzung Kantonsverwaltungen		10. Prairial Erkenntlichkeit	
30						
31						

In Klammern nur in Trier gefeierte Feste

IX. Anhang 2: Kalender der Nationalfeste

1798, Juli - Dezember

	Juli	August	September	Oktober	November	Dezember
1						
2						
3						
4			18. Fruktidor			
5						
6						
7						
8						
9						
10						
11						
12						
13						
14	(14. Juli)					
15						
16						
17						
18						
19						
20						
21						
22			1. Vendémiaire Gründung Republik / Neujahr			
23						
24						
25						
26						
27	9./10. Thermidor Freiheit	10. Fruktidor Alter				
28						
29						
30						
31						

1799, Januar - Juni

	Januar	Februar	März	April	Mai	Juni
1						
2						
3						
4						
5						
6						
7						
8						20. Prairial Rastatt
9						
10						
11						
12						
13						
14						
15						
16						
17						
18						
19		1. Ventôse Jahrestag Verwaltung				
20			30. Ventôse Volkssouveränität			
21	21. Januar Beamteneid					
22						
23						
24						
25						
26						
27						
28						10. Messidor Ackerbau
29				10. Floréal Ehe	10. Prairial Erkenntlichkeit	
30			10. Germinal Jugend			
31						

IX. Anhang 2: Kalender der Nationalfeste 447

1799, Juli - Dezember

	Juli	August	September	Oktober	November	Dezember
1						10. Fimaire Joubert
2						
3						
4			(18. Fruktidor)			
5						
6						
7						
8						
9						
10		10. August				
11						
12						
13						
14	14. Juli					
15						
16						
17						
18						
19						
20						
21						
22						
23			1. Vendémiaire Gründung Republik / Neujahr			
24						
25						
26						
27	9./10. Thermidor Freiheit	10. Fruktidor Alter				
28						
29						
30						
31						

IX. Anhang 3: Nationalfeste in den Kantonen

Anhang 3: Nationalfeste in den einzelnen Kantonen des Saardepartements, 1798-1799

3.1. Kantone Baumholder – Kusel

3.1.1. Jahr VI (Baumsetzung – 18. Fruktidor)

Datum	Baum-holder	Bern-kastel	Bir-kenfeld	Blan-ken-heim	Blies-kastel	Büd-lich	Daun	Gerol-stein	Grum-bach	Her-mes-keil	Herr-stein	Konz	Kusel
Baumsetzung			*		*								
VI ventôse 1 Zentralverwaltung													
VI ventôse 30 Volkssouveränität													
VI germinal Munizipalitäten		*	*		*	*	*	*		*		*	
VI prairial 10 Dankbarkeit			*				*			*		*	
VI messidor 10 Ackerbau	*			*	*	*	*					*	*
VI Juli 14													
VI thermidor 9/10 Freiheit	*	*	*	*	*	*	*	*	*	*	*	*	
VI fructidor 10 Alter	*		*		*	*	*			*	*	*	
VI fructidor 18 Staatsstreich			*					*					

IX. Anhang 3: Nationalfeste in den Kantonen

3.1. Kantone Baumholder – Kusel
3.1.2. Jahr VII vendémiaire 1 (Neujahr / Gründung der Republik) – Messidor 10 (Ackerbau)

Datum	Baum-holder	Bern-kastel	Bir-kenfeld	Blan-ken-heim	Blies-kastel	Büd-lich	Daun	Gerol-stein	Grum-bach	Her-mes-keil	Herr-stein	Konz	Kusel
VII vendémiaire 1 Neujahr / Republik	*	*	*	*	*	*	*	*	*	*	*	*	*
VII pluviôse 2 Eidesleistung	*	*	*	*	*		*	*	*	*	*		*
VII ventôse 1 Verwaltungen	*		*	*						*		*	
VII ventôse 30 Volkssouveränität	*	*	*		*		*				*	*	
VII germinal 10 Jugend			*	*					*	*	*	*	
VII floréal 10 Eheleute		*							*	*	*	*	
VII prairial 10 Dankbarkeit				*					*		*	*	
VII prairial 20 Rastatt	*	*	*	*	*	*	*	*	*	*	*		
VII messidor 10 Ackerbau			*	*					*	*	*		

3.1. Kantone Baumholder – Kusel
3.1.3. Jahr VII messidor 26 (14. Juli) – VIII frimaire 10 (Joubert)

Datum	Baum-holder	Bern-kastel	Bir-kenfeld	Blan-ken-heim	Blies-kastel	Büd-lich	Daun	Gerol-stein	Grum-bach	Her-mes-keil	Herr-stein	Konz	Kusel
VII messidor 26 / 14. Juli													
VII thermidor 9/10 Freiheit		*				*			*	*			
VII thermidor 22 / 10. August				*		*			*				
VII fructidor 10 Alter						*							
VII fructidor 18 Unterdrückung Gegenrevolution							*						
VIII vendémiaire 1 Republik	*			*					*		*		
VIII frim. 10 Joubert				*							*	*	

IX. Anhang 3: Nationalfeste in den Kantonen

3.2. Kantone Kyllburg – Saarburg
3.2.1. Jahr VI (Baumsetzung – 18. Fruktidor)

Datum	Kyll-burg	Lebach	Lissen-dorf	Man-der-scheid	Mei-sen-heim	Merzig	Ott-weiler	Pfalzel	Prüm	Reiffer-scheid	Rhau-nen	Saar-brü-cken	Saar-burg
Baumsetzung					*								*
VI ventôse 1 Zentralverwaltung													
VI ventôse 30 Volkssouveränität													
VI germinal Munizipalitäten	*		*		*	*	*	*	*		*	*	*
VI prairial 10 Dankbarkeit	*	*		*		*	*	*	*	*			*
VI messidor 10 Ackerbau	*	*		*	*		*	*		*	*	*	
VI Juli 14	*			*		*	*	*	*	*	*		
VI thermidor 9/10 Freiheit	*	*		*		*	*	*	*	*	*	*	
VI fructidor 10 Alter	*	*	*			*	*	*	*	*	*		
VI fructidor 18 Staatsstreich		*				*	*		*			*	*

3.2. Kantone Kyllburg – Saarburg
3.2.2. Jahr VII vendémiaire 1 (Neujahr / Gründung der Republik) – messidor 10 (Ackerbau)

Datum	Kyll-burg	Lebach	Lissen-dorf	Man-der-scheid	Mei-sen-heim	Merzig	Ott-weiler	Pfalzel	Prüm	Reiffer-scheid	Rhau-nen	Saar-brü-cken	Saar-burg
VII vendémiaire 1 Neujahr / Republik	*	*	*	*	*	*	*	*	*	*		*	*
VII pluviôse 2 Eidesleistung	*	*	*	*	*	*	*	*	*	*	*	*	*
VII ventôse 1 Verwaltungen			*	*		*							
VII ventôse 30 Volkssouveränität	*	*		*	*	*	*		*	*	*	*	
VII germinal 10 Jugend	*		*	*	*	*			*	*	*		
VII floréal 10 Eheleute	*	*	*	*		*	*	*	*	*	*		
VII prairial 10 Dankbarkeit	*			*		*			*	*	*		
VII prairial 20 Rastatt	*	*	*	*		*	*	*	*	*	*	*	*
VII messidor 10 Ackerbau	*		*	*					*		*		

IX. Anhang 3: Nationalfeste in den Kantonen

3.2. Kantone Kyllburg – Saarburg
3.2.3. Jahr VII messidor 26 (14. Juli) – VIII frimaire 10 (Joubert)

Datum	Kyll-burg	Lebach	Lissen-dorf	Man-der-scheid	Mei-sen-heim	Merzig	Ott-weiler	Pfalzel	Prüm	Reiffer-scheid	Rhau-nen	Saar-brü-cken	Saar-burg
VII messidor 26 / 14. Juli				*			*				*		
VII thermidor 9/10 Freiheit	*	*	*		*						*		
VII thermidor 22 / 10. August							*				*		
VII fructidor 10 Alter	*		*								*		
VII fructidor 18 Unterdrückung Gegenrevolution		*	*	*					*	*			
VIII vendémiaire 1 Republik				*			*						
VIII frim 10 Joubert	*	*											

3.3. Kantone St. Arnual - Wittlich
3.3.1. Jahr VI (Baumsetzung – 18. Fruktidor)

Datum	Sankt Arnual	Sankt Wendel	Schönberg	Schweich	Trier	Wadern	Waldmohr	Wittlich
Baumsetzung		*						*
VI ventôse 1 Zentralverwaltung					*			
VI ventôse 30 Volkssouveränität					*			
VI germinal Munizipalitäten	*		*	*	*		*	*
VI prairial 10 Dankbarkeit	*	*	*		*	*	*	*
VI messidor 10 Ackerbau	*	*	*	*	*	*	*	*
VI Juli 14	*				*			
VI thermidor 9/10 Freiheit		*	*	*	*	*	*	*
VI fructidor 10 Alter		*			*	*	*	*
VI fructidor 18 Staatsstreich		*			*	*	*	

IX. Anhang 3: Nationalfeste in den Kantonen   455

3.3. Kantone St. Arnual - Wittlich
3.3.2. Jahr VII vendémiaire 1 (Neujahr / Gründung der Republik) – messidor 10 (Ackerbau)

Datum	Sankt Arnual	Sankt Wendel	Schön-berg	Schweich	Trier	Wadern	Wald-mohr	Wittlich
VII vendémiaire 1 Neujahr / Republik	*	*	*	*	*	*	*	*
VII pluviôse 2 Eidesleistung	*		*		*	*	*	*
VII ventôse 1 Verwaltungen		*	*	*	*		*	
VII ventôse 30 Volkssouveränität	*	*	*	*	*	*	*	*
VII germinal 10 Jugend	*	*	*	*	*	*		*
VII floréal 10 Eheleute	*	*			*	*		*
VII prairial 10 Dankbarkeit	*	*	*	*	*	*	*	*
VII prairial 20 Rastatt	*	*	*		*	*	*	*
VII messidor 10 Ackerbau	*	*	*		*	*	*	*

3.3. Kantone St. Arnual - Wittlich
3.3.3. Jahr VII messidor 26 (14. Juli) – VIII frimaire 10 (Joubert)

Datum	Sankt Arnual	Sankt Wendel	Schön-berg	Schweich	Trier	Wadern	Wald-mohr	Wittlich
VII messidor 26 / 14. Juli	*		*					
VII thermidor 9/10 Freiheit	*	*	*		*	*		*
VII thermidor 22 / 10. August	*		*		*	*		
VII fructidor 10 Alter	*				*			
VII fructidor 18 Unterdrückung Gegenrevolution					*			
VIII vendémiaire 1 Republik	*	*	*		*	*	*	
VIII frim 10 Joubert	*		*		*	*	*	

Anhang 4: Eidesleistungen der Funktionäre in einigen Kantonen des Saardepartements, 1799
(LHA Koblenz: Best. 276 Nr. 2170, 2171)

Funktionäre	Bir	Gru	Kyl	Leb	Man	Reif	Rha	StA	Wit
Präsident	1	1	1	1	1	1	1	1	1
Kommissar - fehlend entschuldigt	1	1	1	1	1	1	1	1	1
Chefsekretär	1	1	1	1	1	1	1	1	1
Commis im Büro	1			4	2	2	3	2	3
Agenten und Adjunkte - abwesend entschuldigt - abwesend unentschuldigt	59	23	49 2 12	23	22 1 2	22	36 10 3	33 6	54 1 4
Friedensgericht	1	5	6	7	3	6	4	3	8
Notare	2	2	*2			1			
Tribunal correctionnel (Birkenfeld)	2								
Domäneneinnehmer	1								3
Steuereinnehmer	2		1			7			1
Forstverwaltung - abwesend	7	1	3	8 2	1	18	7	12	5
Hospices civils									5
Subsistance militaire									1
Gendarmerie nationale - abwesend, entschuldigt			3	3					3 2
Post									1
Schulen									2
Sonst						2			
Zus.	78	34	65	48	31	60	54	53	83

* Personalunion

Siglen: Bir = Birkenfeld; Gru = Grumbach; Kyl = Kyllburg; Leb = Lebach; Man = Manderscheid; Reif = Reifferscheid; Rha = Rhaunen; StA = St. Arnual; Wit = Wittlich

Anhang 5: Parcours des Festzuges in Meisenheim anlässlich der Pflanzung eines neuen Freiheitsbaumes beim Fest der Jugend am 20. Germinal VII / 9. April 1799

Basiskarte: Stadtplan von Meisenheim von 1768, nach: Meinhold LURZ: Meisenheim, Architektur und Stadtentwicklung, Horb a.N. 1987, S. 21. Schwarz markierte Häuser haben einen Erker.

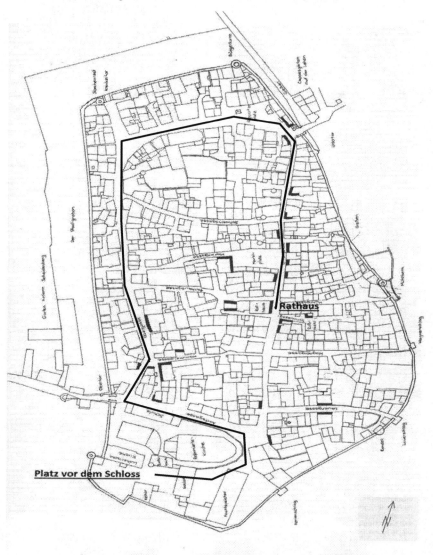

Anhang 6: Parcours der Festzüge in Trier
6.1. Topographische Übersicht
Basiskarte: Stadtplan von Trier um 1800, nach: Kentenich: Geschichte der Stadt Trier, 1915, Anlage

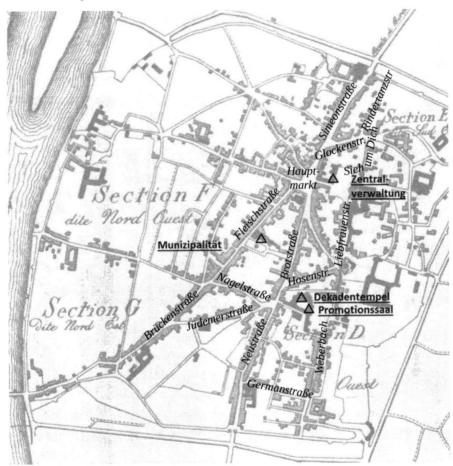

Anhang 6: Parcours der Festzüge in Trier
6.2. Fest der Volkssouveränität am 30. Ventôse VI / 20. März 1798

Basiskarte: Stadtplan von Trier um 1800, nach: Kentenich: Geschichte der Stadt Trier, 1915, Anlage

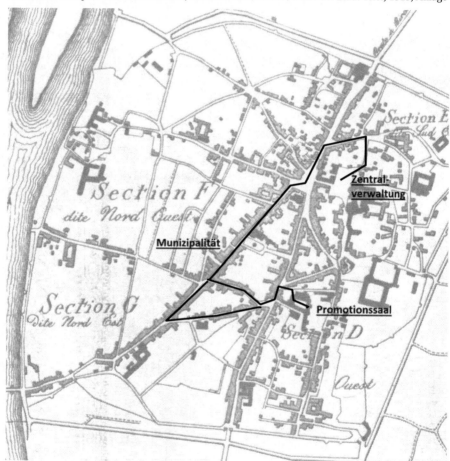

IX. Anhang 6: Festzüge Trier   461

Anhang 6: Parcours der Festzüge in Trier
6.3. Fest des Ackerbaus am 10. Messidor VI / 28. Juni 1798

Basiskarte: Stadtplan von Trier um 1800, nach: Kentenich: Geschichte der Stadt Trier, 1915, Anlage

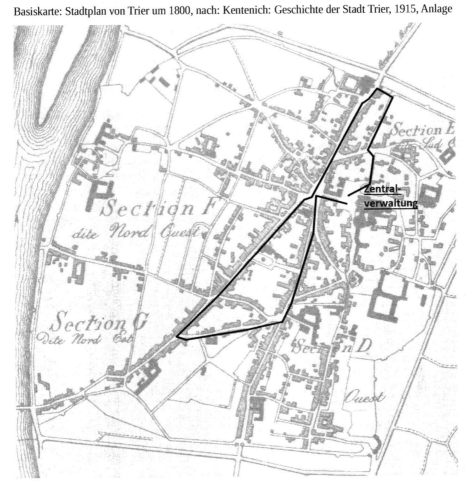

Anhang 6: Parcours der Festzüge in Trier
6.4. Fest der Freiheit am 9./10. Thermidor VI / 27./28. Juli 1798

Basiskarte: Stadtplan von Trier um 1800, nach: Kentenich: Geschichte der Stadt Trier, 1915, Anlage

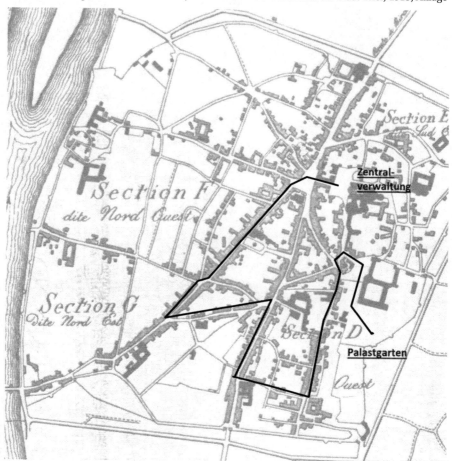

Anhang 6: Parcours der Festzüge in Trier
6.5. Fest des Alters am 10. Fruktidor VI / 27. August 1798, Planung

Basiskarte: Stadtplan von Trier um 1800, nach: Kentenich: Geschichte der Stadt Trier, 1915, Anlage

Anhang 7: Mitwirkung von Geistlichen an den Nationalfesten im Saardepartement, 1798-1799

7.1. Gesamtstatistik

(Zahlen für Pfarrer im Zug beziehen sich auf Kantone;
Zahlen für Reden und Gottesdienste beziehen sich auf gehaltene Reden und Gottesdienste)

Datum	Fest	Geistliche bei				
		Zug	Rede		Gottesdienst		zus.
			kath.	prot.	kath.	prot.	
	Baumsetzung	2		2			4
ab VI vent. 1 / 1798 Febr. 19	Einsetzung der Verwaltungen	8	2	1			11
VI vent. 30 / 1798 März 20	Volkssouveränität	1					1
VI prair. 10 / 1798 Mai 29	Erkenntlichkeit	1			2		3
VI mess. 10 / 1798 Juni 28	Ackerbau	2		3			5
VI therm. 9/10 / 1798 Juli 27/28	Freiheit	3		2			5
VI fruct. 10 / 1798 Aug. 27	Alter	2	1	1	1		5
VI fruct. 18 / 1798 Sept. 4	18. Fruktidor						
VII vend. 1 / 1798 Sept. 22	Gründung Republik / Neujahr	4					4
VII pluv. 2 / 1799 Jan. 21	Eidesleistung	1		1			2
VII vent. 1 / 1799 Febr. 19	Jahrestag der Einsetzung der Verwaltungen						
VII vent. 30 / 1799 März 20	Volkssouveränität	2	1	2			5

IX. Anhang 7: Mitwirkung von Geistlichen   465

Datum	Fest	Geistliche bei					
		Zug	Rede		Gottesdienst		zus.
			kath.	prot.	kath.	prot.	
VII germ. 10 / 1799 März 30	Jugend	2	2	1			5
VII prair. 10 / 1799 Mai 29	Erkenntlichkeit	2		1			3
VII prair. 20 / 1799 Juni 8	Rastatt	0	1				1
VII mess. 10 / 1799 Juni 28	Ackerbau				2		2
VII mess. 26 / 1799 Juli 14	14. Juli						
VII therm. 9/10 / 1799 Juli 27/28	Freiheit	1					1
VII therm. 22 / 1799 Aug. 10	10. August						
VII fruct. 10 / 1799 Aug. 27	Alter						
VII fruct. 18 / 1799 Sept. 4	18. Fruktidor						
VIII vend. 1 / 1799 Sept. 23	Gründung Republik / Neujahr						
VIII frim. 10 / 1799 Dez. 1	Joubert				1		1
zus.		31	8		18	3	60

IX. Anhang 7: Mitwirkung von Geistlichen

Anhang 7: Mitwirkung von Geistlichen an den Nationalfesten im Saardepartement, 1798-1799

Anhang 7.2.: Aufstellung für die einzelnen Kantone (* = Teilnahme am Festzug; G = Gottesdienst; R = Rede)

7.2.1.: Kantone Baumholder – Kusel,
7.2.1.1.:VI vendémiaire 1 (Gründung der Republik) – fructidor (Staatsstreich)

Datum	Baum holder	Bern kastel	Bir ken feld	Blan ken heim	Blies kastel	Büd lich	Daun	Gerol stein	Grum bach	Her mes keil	Herr stein	Konz	Kusel
Baumsetzung													
VI ventôse 1 Einsetzung Verwaltungen						*							
VI ventôse 30 Volkssouveränität													
VI germinal Munizipalitäten		*	*							R			
VI prairial 10 Dankbarkeit			*							G			
VI messidor 10 Ackerbau	R												
VI thermidor 9/10 Freiheit					*						* R R		
VI fructidor 10 Alter											R		
VI fructidor 18 Staatsstreich											R	*	

IX. Anhang 7: Mitwirkung von Geistlichen

7.2.1.: Kantone Baumholder – Kusel,
7.2.1.2.: VII vendémiaire 1 (Neujahr / Gründung der Republik) – messidor (Ackerbau)

Datum	Baum-holder	Bern-kastel	Bir-kenfeld	Blan-ken-heim	Blies-kastel	Büd-lich	Daun	Gerol-stein	Grum-bach	Her-mes-keil	Herr-stein	Konz	Kusel
VII vendémiaire 1 Neujahr / Republik						*						*	
VII pluviôse 2 Eidesleistung			R										
VII ventôse 1 Verwaltungen													
VII ventôse 30 Volkssouveränität		R									R	*	
VII germinal 10 Jugend			R									*	
VII floréal 10 Eheleute		R											
VII prairial 10 Dankbarkeit											R	*	
VII prairial 20 Rastatt											R		
VII messidor 10 Ackerbau											R		

7.2.1.: Kantone Baumholder – Kusel,
7.2.1.3.: VII messidor 26 (14. Juli) – VIII frimaire 10 (Joubert)

Datum	Baum-holder	Bern-kastel	Birken-feld	Blan-ken-heim	Blies-kastel	Büd-lich	Daun	Gerol-stein	Grum-bach	Her-mes-keil	Herr-stein	Konz	Kusel
VII messidor 26 / 14. Juli													
VII thermidor 9/10 Freiheit													
VII thermidor 22 / 10. August													
VII fructidor 10 Alter													
VII fructidor 18 Staatsstreich													
VIII vendémiaire 1 Republik												R	
VIII frimaire 10 Joubert													

7.2.2.: Kantone Kyllburg – Saarburg
7.2.2.1.:VI vendémiaire 1 (Gründung der Republik) – fructidor (Staatsstreich)

Datum	Kyll-burg	Lebach	Lissen-dorf	Man-der-scheid	Mei-sen-heim	Merzig	Ott-weiler	Pfalzel	Prüm	Reiffer-scheid	Rhau-nen	Saar-brü-cken	Saar-burg
Baumsetzung					R R	*							
VI ventôse 1 Zentralverwaltung													
VI ventôse 30 Volkssouveränität													
VI germinal Munizipalitäten						*		*			R R		
VI prairial 10 Dankbarkeit								*					
VI messidor 10 Ackerbau													
VI thermidor 9/10 Freiheit											*		
VI fructidor 10 Alter											G R		
VI fructidor 18 Staatsstreich													

7.2.2.: Kantone Kyllburg – Saarburg
7.2.2.2.: Jahr VII vendémiaire 1 (Neujahr / Gründung der Republik) – messidor 10 (Ackerbau)

Datum	Kyll-burg	Lebach	Lissen-dorf	Man-der-scheid	Mei-sen-heim	Merzig	Ottwei-ler	Pfalzel	Prüm	Reiffer-scheid	Rhau-nen	Saar-brü-cken	Saar-burg
VII vendémiaire 1 Neujahr / Republik													
VII pluviôse 2 Eidesleistung													
VII ventôse 1 Verwaltungen													
VII ventôse 30 Volkssouveränität											R		
VII germinal 10 Jugend					*						R		
VII floréal 10 Eheleute													
VII prairial 10 Dankbarkeit													
VII prairial 20 Rastatt													
VII messidor 10 Ackerbau													

IX. Anhang 7: Mitwirkung von Geistlichen

7.2.2.: Kantone Kyllburg – Saarburg
7.2.2.3.: Jahr VII messidor 26 (14. Juli) – VIII frimaire 10 (Joubert)

Datum	Kyll-burg	Lebach	Lissen-dorf	Man-der-scheid	Mei-sen-heim	Merzig	Ott-weiler	Pfalzel	Prüm	Reiffer-scheid	Rhau-nen	Saar-brü-cken	Saar-burg
VII messidor 26 / 14. Juli													
VII thermidor 9/10 Freiheit											R		
VII thermidor 22 / 10. August													
VII fructidor 10 Alter													
VII fructidor 18 Staatsstreich													
VIII vendémiaire 1 Republik													
VIII frimaire 10 Joubert													

7.2.3.: Kantone St. Arnual - Wittlich
7.2.3.1. Jahr VI (Baumsetzung – 18. Fruktidor)

Datum	Sankt Arnual	Sankt Wendel	Schönberg	Schweich	Trier	Wadern	Waldmohr	Wittlich
Baumsetzung								
VI ventôse 1 Zentralverwaltung					*			
VI ventôse 30 Volkssouveränität					*			
VI germinal Munizipalitäten					*			
VI prairial 10 Dankbarkeit								
VI messidor 10 Ackerbau								
VI thermidor 9/10 Freiheit		R						
VI fructidor 10 Alter								
VI fructidor 18 Staatsstreich								

IX. Anhang 7: Mitwirkung von Geistlichen 473

7.2.3.: Kantone St. Arnual - Wittlich
7.2.3.2.: Jahr VII vendémiaire 1 (Neujahr / Gründung der Republik) – messidor 10 (Ackerbau)

Datum	Sankt Arnual	Sankt Wendel	Schönberg	Schweich	Trier	Wadern	Waldmohr	Wittlich
VII vendémiaire 1 Neujahr / Republik						*		
VII pluviôse 2 Eidesleistung								
VII ventôse 1 Verwaltungen								
VII ventôse 30 Volkssouveränität								*
VII germinal 10 Jugend			R					
VII floréal 10 Eheleute								
VII prairial 10 Dankbarkeit								
VII prairial 20 Rastatt							R	
VII messidor 10 Ackerbau								

7.2.3.: Kantone St. Arnual - Wittlich
7.2.3.3.: Jahr VII messidor 26 (14. Juli) – VIII frimaire 10 (Joubert)

Datum	Sankt Arnual	Sankt Wendel	Schön-berg	Schweich	Trier	Wadern	Waldmohr	Wittlich
VII messidor 26 / 14. Juli								
VII thermidor 9/10 Freiheit								
VII thermidor 22 / 10. August								
VII fructidor 10 Alter								
VII fructidor 18 Staatsstreich								
VIII vendémiaire 1 Republik								
VIII frim. 10 Joubert								

Anhang 7: Mitwirkung von Geistlichen an den Nationalfesten im Saardepartement, 1798-1799

7.3. Pfarrer als Redner bei den Nationalfesten im Saardepartement
(ohne Pfarrer mit Funktionärsfunktionen in der franz. Verwaltung)

1. Katholische Pfarrer (ohne Professoren an der Zentralschule)

Bechmann, Vitus (1763-1814), 1793-1804 Klostergeistlicher der Zisterzienser in St. Thomas (Der Weltklerus, 1941, S. 44)
　Rede in Kyllburg beim Fest der Erkenntlichkeit VI
Feilen, Matthias (1769-1842), 1793-1800 Vikar in Hermeskeil (Der Weltklerus, 1941, S. 113)
　Rede in Hermeskeil bei der Einsetzung der Kantonsverwaltung VI sowie beim Fest der Erkenntlichkeit VI
Herges, Franz Peter, Hauskaplan in Bischofsdhron (SEIBRECHT: Rhaunen, 1994, S. 124)
　Rede in Rhaunen (Morbach) beim Fest des 9./10. Thermidor VII
Hoffelt, Dominikus (1751-1825), 1781-1800 Kaplan in Morbach (Der Weltklerus, 1941, S. 158; SEIBRECHT: Rhaunen, 1994, S. 124)
　Rede in Rhaunen (Morbach) beim Fest der Jugend VII
Monsieur, Friedrich (1755-1812), 1792-1801 kath. Pfarrer in Rhaunen (Der Weltklerus, 1941, S. 236)
　Rede in Rhaunen bei der Einsetzung der Kantonsverwaltung VI
Thielen, Nikolaus (1750-1831), Vikar und Lehrer in Winterscheid (Der Weltklerus, 1941, S. 346)
　Rede in Schönberg beim Fest der Jugend VII
Vagner, curé catholique de la commune de Oberstein (nicht identifiziert)
　Rede in Herrstein bei der Trauerfeier für die Gesandten in Rastatt VII
Varain, Johannes (1771-1830), 1798-1803 kath. Pfarrer im Haag (Der Weltklerus, 1941, S. 354)
　Rede in Rhaunen beim Fest des Alters VI und in Morbach beim Fest der Volkssouveränität VII

2. Protestantische Pfarrer

Bonnet, Karl Friedrich (1767-1833), 1797-1823 ref. Pfarrer in Achtelsbach (Rhein. Pfarrerbuch, 2011, Nr. 1310)
　Rede in Birkenfeld beim Fest der gerechten Bestrafung des letzten Königs der Franzosen VII
Bruch, Christian Gottlieb (1771-1836), 1798-1803 luth. Pfarrer in Veldenz (Rhein. Pfarrerbuch, 2011, Nr. 1587)
　Rede in Bernkastel beim Fest der Eheleute VII
Culmann, Friedrich Jakob (1757-1840), 1789-1840 ref. Pfarrer in Niederkirchen im Ostertal (Rhein. Pfarrerbuch, 2011, Nr. 2152)
　Rede in St. Wendel beim Fest des 9./10. Therm. VI
Gottlieb, Johann (1733-1808), 1766-1808 luth. Pfarrer in Idar (Rhein. Pfarrerbuch, 2011, Nr. 4178)
　Rede in Herrstein beim Fest der Dankbarkeit VII

Heinz, Friedrich Jakob (1759-1819), 1797-1809 ref. Pfarrer in Breitenbach (Pfalz) (Rhein. Pfarrerbuch, 2011, Nr. 5016; Biundo, 1968, Nr. 2003)
Rede in Waldmohr beim Fest des Ackerbaus VII

Hepp, Georg Philipp (1760-1825), 1796-1820 ref. Pfarrer in Baumholder (Rhein. Pfarrerbuch, 2011, Nr. 5177)
Rede beim Fest des Ackerbaus VI

Lichtenberger, Johann Ludwig (1764-1821), 1783-1800 luth. Pfarrer in Georg-Weyerbach (ROSENKRANZ: Das ev. Rheinland, 1958, S. 303)
Rede in Herrstein beim Fest des Alters VI

Martini, Jakob Heinrich (1767-1842), 1789-1802 luth. Pfarrer in Niederwörresbach (ROSENKRANZ: Das ev. Rheinland, 1958, S. 321)
Rede in Herrstein beim Fest des Ackerbaus VI und bei der Trauerfeier für Joubert VII

Moog, Georg Daniel (1737-1807), 1776-1807 luth. Pfarrer in Meisenheim (ROSENKRANZ: Das ev. Rheinland, 1958, S. 342; Biundo, 1968, Nr. 3558; BAUMGART: Roemmich, 1999, S. 108)
Rede in Meisenheim bei der Baumpflanzung am 22. März 1798

Musgang, Jakob Friedrich (1764-1839), 1792-1802, luth. Pfarrer in Birkenfeld (ROSENKRANZ: Das ev. Rheinland, 1958, S. 354)
Rede in Birkenfeld beim Fest der Jugend VII

Neussel, Johann Wilhelm II (1767-1842), 1796-1838 ref. Pfarrer in Meisenheim (ROSENKRANZ: Das ev. Rheinland, 1958, S. 361; BAUMGART: Roemmich, 1999, S. 108)
Rede in Meisenheim bei der Baumpflanzung am 22. März 1798

Schmidt, Christian Philipp (1749-1811), 1778-1811 luth. Pfarrer in Rhaunen (ROSENKRANZ: Das ev. Rheinland, 1958, S. 449)
Rede in Rhaunen bei der Einsetzung der Kantonsverwaltung

Schmidt, Johann Peter (1739-1807), 1790-1807 luth. Pfarrer in Herrstein (ROSENKRANZ: Das ev. Rheinland, 1958, S. 451)
Rede in Herrstein beim Fest des Ackerbaus VI, sowie Rede seines Sohnes in Herrstein beim Fest der Volkssouveränität VII

Schneegans, Tobias I (1752-1819), 1775-1819 luth. Pfarrer in Kleinich (Rosenkranz: Das ev. Rheinland, 1958, S. 458)
Rede in Bernkastel beim Fest der Volkssouveränität VII

Schneider, Johann Philipp Christian (+1816), 1795-1804 luth. Pfarrer in Veitsrodt (ROSENKRANZ: Das ev. Rheinland, 1958, S. 460)
Rede in Herrstein beim Fest des 9./10. Therm. VI

Simon, Johann Philipp (1729-1807), 1782-1807 luth. Pfarrer in Wickenroth (ROSENKRANZ: Das ev. Rheinland, 1958, S. 486)
Rede beim Fest des Ackerbaus VII

Hiltebrandt, Ferdinand Valerius (1766-1831), 1793-1801 Pfarrer in Pferdsfeld (Rhein. Pfarrerbuch, 2011, Nr. 5438)
Bewerbungsrede zum Fest des Ackerbaus VI

Anhang 8: Lieder aus *Der freundschaftliche Besuch*

Quelle: *Der freundschaftliche Besuch. Ein patriotisches Lustspiel mit Gesang in drey Aufzügen, aufgeführt von einer Gesellschaft Kinder zu Grumbach am 30ten Ventôse 7ten Jahr[s] [20. März 1799] der französischen Republik*, von Peter Engel, Primärschullehrer in Grumbach (LHA Koblenz: Best. 276 Nr. 1109)

I.

Freund, willst Du immer frö[h]lich sein:
So bleib ein guter Mann.
Das Herz des Menschen ist nicht rein,
Das sich nicht freuen kann.

Denn Tugend nur gibt Heiterkeit,
Gibt einen frohen Sinn,
Und führt durch Kummer und durch Leid
Mit leichten Schritten hin.

Drum selig! Wer mit heitrer Brust
Sich seines Daseins freut!
Und Sinn hat für die reine Lust
Der goldnen Jugendzeit!

Den Wein und Spiel und Saitenklang
In muntre Laune stimmt,
Und der an Tanz und Rundgesang
Mit Wärme Antheil nimmt.

Wer Sinn für Freude hat und Scherz,
Mißgönt auch andern nicht
Des Lebens Wonne, und sein Herz
Ist hell wie sein Gesicht.

Die beste Philosophie
Lehrt fröhlichen Genuß
Der Zeit des Lebens, übe sie,
So flieht dich der Verdruß.

Sie stärkt Gesundheit und Verstand,
Gibt einem frohen Sinn,
Und leitet uns mit sanfter Hand
Zum kühlen Grabe hin.

II.

Droben herrscht ein Gott der Liebe!
Liebe ward sein Allmachtsruf,
Als aus einem Vatertriebe
Er das Reich der Welten schuf.
Gleichheit war sein hoher Wille,
Als er seine Menschen schuf,
Aehnlich formt er ihre Hülle,
Glücklich sein, ward ihr Beruf!

Chor: *Singt von Dank begeistert, Brüder,*
        Dem, der mit dem Allmachtsruf,
        Mil[l]ionen Welten schuf.
        Singt dem Gott der Liebe Lieder!

Freiheit gab er ihren Seelen,
Mit der Erde Bürgerrecht.
Wo sie ihren Wohnsitz wählen,
Bildet Farbe und Geschlecht,
Aber Knechtschaft nie die Zone.
Alle färbt sein Sonnenstrahl,
Keinem gab er eine Krone,
Allen jedes Band zur Wahl.

> Chor: *Frei sind alle! Frei die Mohren,*
> *Keiner soll mehr Sklave sein.*
> *Alle sich der Freiheit freun,*
> *Alle sind wir frei gebohren!*

Lästern Menschen unsre Rechte,
Sprechen sie der Gottheit Hohn!
Auf! Zertretet diese Knechte,
Stürzet der Tirannen Tron!
Bebet nicht, wenn blutge Fahnen,
Um den Pfad der Freiheit wehn.
Hoch am Ziele steiler Bahnen,
werdet ihr Vollendung sehn.

> Chor: *Erkämpft Menschen eure Rechte,*
> *Stürzet der Tirannen Tron!*
> *Beugt euch nicht für Scepter Kron,*
> *Seid nie eines Königs Knechte!*

Sieg umschwebt den Patrioten,
Fäl[l]t er auch im blutgen Streit.
Selbst sein Tod schrekt die Despoten,
Denn ihn krönt Unsterblichkeit.
Auf denn! Frankreichs Heldenmannen,
Zeichnen uns die Strahlenbahn.
Auf! Erhöht der Freiheit Fahnen!
Freiheit war des Schöpfers Plan.

> Chor: *Auf! Und singt der Freiheit Lieder,*
> *Schließt umschlungen Hand in Hand*
> *Immer fester unser Band,*
> *Wir sind alle gleich und Brüder!*

IX. Anhang 9: Redner bei den Nationalfesten

Anhang 9: Redner bei den Nationalfesten im Saardepartement, 1798-1799

9.1.: Redner, die in den Festberichten genannt werden
9.1.1.: Kantonsebene

Kantone	Reden	Alt-beamte	Funktionäre									Privatleute				
			Präsident	Sekretär	Agent / Adjunkt	Kommissar	Notar	Juge	Receveur	Forst	Wohltätigkeit	Fremde	Pf, ev	Pf, kath	Lehrer	Arzt	Bürger	Kinder
Baumholder	5		1	3		0		0					1					
Bernkastel	10		3	1		3		0				1	2					
Birkenfeld	14		3	7		0		0	1			1	2					
Blankenheim	11		3	1		6	1	0										
Blieskastel	14		4	1	1	5		1				2						
Büdlich	18		0	4		5		9										
Daun	10		4	2		3		1										
Gerolstein	9		5	0		4		0							1			
Grumbach	11		3	0		7		0						2	1			
Hermeskeil	22		1	9		4	1	4									1	
Herrstein	22		4	0	0	4	1	0	1				8	1	2	1		
Konz	27		3	2	3	10		4			1	4						

Kantone	Reden	Funktionäre											Privatleute					
		Alt-beam-te	Präsi-dent	Se-kre-tär	Agent / Ad-junkt	Kom-mis-sar	Notar	Juge	Rece-veur	Forst	Wohl-tätig-keit	Frem-de	Pf, ev	Pf, kath	Leh-rer	Arzt	Bür-ger	Kin-der
Kusel	4		1	2		1		0										
Kyllburg	14		9	0	1	0		3						1				
Lebach	16		3	2		10	0	1										
Lissendorf	3		0	0		1	2	0										
Manderscheid	16		2	5		7		2										
Meisenheim	10	1	2	2		2		0					2				1	
Merzig	21		2	6		2	2	0	6	1		1					1	
Ottweiler	16		1	1	1	8		0				1					4	
Pfalzel	10		5	0		2		2				1						
Prüm	14		3	5		1		2	1						1		1	
Reifferscheid	11		8	2		1		0										
Rhaunen	18		5	0	1	1	1	2					1	5				
Saarbrücken	11		2	0		8		1									2	
Saarburg	3		2	0		0	1	0										
Schönberg	20		2	3		14		0							1			

IX. Anhang 9: Redner bei den Nationalfesten

Kantone	Reden	Funktionäre										Privatleute					
		Alt-beam-te	Präsi-dent	Se-kre-tär	Agent /Ad-junkt	Kom-mis-sar	Notar	Juge	Rece-veur	Forst	Wohl-tätig-keit	Frem-de	Pf, ev	Pf, kath	Leh-rer	Arzt	Bür-ger	Kin-der
Schweich	4		0	2		0		1				1						
St. Arnual	17		6	0		11		0										
St. Wendel	24		0	11		5		2					1		1		4	
Trier (Stadt)	10		4	3		3		0										
Wadern	7		3	1		2		1						1				
Waldmohr	9		2	3		3		0										
Wittlich	26		9	2		2	1	4			1	4					2	1
	457	1	105	80	*7	135	10	40	9	1	2	16	18	9	6	1	16	1

*Bei den Agenten/Adjunkten sind wegen Doppelfunktion noch hinzuzählen: 1. Bernkastel: Schneegans, Pfarrer in Kleinisch, 2. Herrstein: Vohl, Lehrer in Kempfeld.

9.1.2.: Departementsebene

	Reden	Funktionäre						Privatleute
		Präsident Verwalter	Sekretär	Kom-missar	Gericht	Domäne	Zentralschule Jury d'instruction	Militär Gendar-merie	Bürger
Trier Dep.	50	12	2	3	16	1	9	6	1**

** Haan nach seiner Absetzung als homme de loi

Anhang 9: Redner bei den Nationalfesten
im Saardepartement, 1798-1799

9.2. Bürger als Redner bei den Nationalfesten im Saardepartement 1798-1799

Britz, Bürger:
> Rede beim Fest des Ackerbaus in Hermeskeil am 10. Messidor VI / 28. Juni 1799

Cetto, Karl, Bürger (Bruder des Präsidenten) in St. Wendel:
> Rede bei der Baumsetzung in St. Wendel am 29. Ventôse VI / 19. März 1798;
> Rede beim Fest der Gründung der Republik in St. Wendel am 1. Vendémiaire VI / 22. September 1798;
> Rede beim Fest des Ackerbaus in St. Wendel am 10. Messidor VI / 28. Juni 1799

Engel, Peter, Lehrer im Grumbach:
> Rede beim Fest der Jugend in Grumbach am 10. Germinal VII / 20. März 1799

Flech, Bürger:
> Rede beim Fest der Volksouveränität in Morbach (Kanton Rhaunen) am 30. Ventôse VII / 20. März 1799

Fleith, Bürger:
> Rede beim Fest des Alters in Morbach (Kanton Rhaunen) am 10. Fruktidor VII / 27. August 1799

Freitat, Bürger:
> Rede beim Fest des Ackerbaus in Ottweiler am 10. Messidor VI / 28. Juni 1798

Graff, Bürger:
> Rede beim Fest der Erkenntlichkeit in Ottweiler am 10. Prairial VI / 29. Mai 1798

Linck, Bürger:
> Rede beim Fest der Freiheit in St. Wendel am 9./10. Thermidor VII / 27./28. August 1799

Martin, *chirurgien à Herrstein*:
> Rede beim Fest der gerechten Bestrafung des letzten Königs der Franzosen in Herrstein am 2. Pluviôse VII / 21. Januar 1799

Peters, Matthias, *jeune homme de la commune de Pohlbach*:
> Rede beim Fest der Gründung der Republik in Wittlich am 1. Vendémiaire VI / 22. September 1798

Serre, Kaufmann (*négociant*) in Ottweiler[1]:
> Rede beim Fest des 10. August in Ottweiler am 23. Thermidor VII / 10. August 1799

---

[1] Eine mögliche Identität mit dem am 15. August 1799 installierten neuen Präsidenten Joseph Dominique Serres (STEIN: Partizipation III, 2002, S. 384) wäre zu klären.

IX. Anhang 9: Redner bei den Nationalfesten

Simon, Bürger:
    Rede beim Fest der Jugend in Wittlich am 10. Germinal VII / 20. März 1799
Stimper, Lehrer (in Prüm ?):
    Rede beim Fest der Jugend in Prüm am 10. Germinal VII / 20. März 1799
Thielen, Nikolaus, Lehrer in Winterscheid:
    Rede beim Fest der Jugend in Schönberg am 10. Germinal VII / 20. März 1799
Vohl, Lehrer (*maître d'école*) in Kempfeld:
    Rede beim Fest der Gründung der Republik in Herrstein am 1. Vendémiaire VI / 22. September 1798;
    Rede beim Fest der gerechten Bestrafung des letzten Königs der Franzosen in Herrstein am 2. Pluviôse VII / 21. Januar 1799
Weil, Bürger:
    Rede beim Fest der Freiheit in Ottweiler am 9./10. Thermidor VI / 27./28. Juli 1798

N.N., Bürger:
    Rede bei der Baumsetzung in Prüm am 30. Germinal VI / 19. April 1798
N.N., citoyen patriote:
    Rede beim Fest der Freiheit in Meisenheim am 9./10. Thermidor VII / 27./28. August 1799
N.N., Lehrer in St. Wendel:
    Rede beim Fest der Jugend in St. Wendel am 10. Germinal VII / 20. März 1799

Kantone: Grumbach 1, Hermeskeil 1, Herrstein 3, Meisenheim 1, Ottweiler 4, Prüm 2, Rhaunen 2, Schönberg 1, St. Wendel 5, Wittlich 2

Anhang 9: Redner bei den Nationalfesten im Saardepartement, 1798-1799

9.3.: Redner der volltextlich erhaltenen Reden bei den Nationalfesten im Saardepartement, 1798-1799

9.3.1.: Kantone (Ohne Reden nach dem 9. Brumaire VIII (2); ohne Reden, für die kein Autor bekannt ist (2))

Medium	Redner	zus.	Präsident	Sekretär	Agent/ Adjunkt	Kommissar	Notar Juge	Receveur	Forst	Wohltätigkeit	Fremde	Pf, ev	Pf, kath	Lehrer	Arzt	Bürger	Kinder
Druck	Dt	26	5	4		10	1				5					1	
Druck	Fr	1	1														
Ms	Dt	32	10	6	2	8	2					1	1	1		2	
Ms	Fr	3				3											
		62	17	9	2	21	3	0	0	0	5	1	1	1	0	3	0

Spaltenüberschriften nach Gruppen: Funktionäre (Präsident, Sekretär, Agent/Adjunkt, Kommissar, Notar Juge, Receveur, Forst, Wohltätigkeit); Privatleute (Fremde, Pf ev, Pf kath, Lehrer, Arzt, Bürger, Kinder).

9.3.2.: Departementsebene

Medium	Redner zus.	Präsident Verwalter	Sekretär	Kommissar	Gericht	Domänen	Zentralschule Jury d'instruction	Militär Gendarmerie	Privatleute Bürger
Druck Dt	16	10			3			3	
Druck Fr	8	2	1	2	1	1			1
Zus.	24	12	1	2	4	1		3	1

Spaltengruppen: Funktionäre (Präsident/Verwalter, Sekretär, Kommissar, Gericht, Domänen, Zentralschule/Jury d'instruction); Privatleute (Militär/Gendarmerie, Bürger).

X. Verzeichnisse

Verzeichnis 1: Handschriftlich überlieferte Reden

Feste Jahr VI (1797/98)

Errichtung von Freiheitsbäumen

(1) *Rede an die Bürgerschaft von Wittlich bey Wiederaufsetzung der dreyfarbigen Fahne, welche ein unbekannter Frevler von dem Freyheitsbaum abgerissen, gehalten von Stadtschultheis Weiss, Wittlich am 8. Germinal VI. Jahres / 28. März 1798.* - LHA Koblenz Best. 276 Nr. 1094

VI Germinal / 1798 März/April: Einsetzung der Kantonsmunizipalitäten

(2) Rede von Einsetzungskommissar Boye bei der Einsetzung der Kantonsmunizipalität in Ottweiler am 21. Germinal VI / 10. April 1798 - LHA Koblenz Best. 276 Nr. 1094

(3) Rede von Bürger Müller [Agent von Ottweiler] bei der Einsetzung der Kantonsmunizipalität in Ottweiler am 21. Germinal VI / 10. April 1798 - LHA Koblenz Best. 276 Nr. 1094

VI Prairial 10 / 1798 Mai 29: Fest der Dankbarkeit / Erkenntlichkeit

(4) *Stand-Rede, gehalten auf das Fest de la reconnaissance 6ten Jahres der fränkischen Republik in der Munizipalität zu Daun von dem Sekretär en chef Voegele* - LHA Koblenz Best. 276 Nr. 1714

(5) *Rede, welche der President der Municipalverwaltung des Kantons Wittlich, Bürger Weiß, bey Feyerung des Festes der Erkenntlichkeit am 10. Prairial an dem Freyheitsbaume zu Wittlich gehalten* - LHA Koblenz Best. 276 Nr. 1714

VI Messidor 10 / 1798 Juni 28: Fest des Ackerbaus

(6) Rede von Kommissar Bauch beim Fest des Ackerbaus am 10. Messidor VI / 28. Juni 1798 in Herrstein - LHA Koblenz Best. 276 Nr. 1110

(7) *Rede gehalten in Herrstein am Feste des Ackerbaues durch den Pfarrer B(ürger) Martini zu Niederwörresbach* - LHA Koblenz Best. 276 Nr. 1110

(8) *Rede auf dem Fest des Ackerbaues, gehalten zu Rhaunen [von Bonati, greffier du juge de paix de Rhaunen]* - LHA Koblenz Best. 276 Nr. 1110

(9) *Rede gehalten von Bürger Weiß, Presidenten der Municipalverwaltung des Kantons Wittlich* - LHA Koblenz Best. 276 Nr. 1110

VI Thermidor 9/10 / 1798 Juli 26./27: Fest der Freiheit

(10) *Rede, welche bei Feyerung des Festes der Freiheit den 9ten Thermidor von dem Bürger Euler, commis-greffier bei der Munizipalverwaltung des Cantons Baumholder, gehalten worden* - LHA Koblenz Best. 700,152 / 59 (Nr. 3)

(11) *Rede verfertigt von B(ürge)r Blechmann, Hauptsekretär bey der Munizipalverwaltung des Kantons Büdlich bey Gelegenheit der Feyer des Festes der Freyheit den 10. Thermidor im 6. Jahr der République* - LHA Koblenz Best. 276 Nr. 1682

(12) *Rede gehalten an dem Freyheitsfeste von dem B(ürger) Guttenberger, commissaire der vollziehenden Gewalt in dem Canton Hermeskeil* - LHA Koblenz Best. 276 Nr. 1110

(13) *Rede von Bürger Hommerich, secrétaire en chef der Munizipalverwaltung Hermeskeil* - LHA Koblenz Best. 276 Nr. 1110

(14) *Rede gehalten von dem Bürger Weiss, Präsidenten der Munizipalverwaltung [Wittlich], am Feste der Freiheit, 9ten Thermidor VI* - LHA Koblenz Best. 276 Nr. 1110

(15) *Rede gehalten von dem Bürger [Friedensrichter] Lohr am Fest der Freiheit in Wittlich am 9ten Thermidor VI* - LHA Koblenz Best. 276 Nr. 1110

VI Fruktidor 10 / 1798 August 27: Fest des Alters

(16) *Rede, welche bei Feyerung des Festes der Alten, den 10ten Fructidor VI von von dem Bürger Goerlitz, secrétaire en chef bei der Munizipalverwaltung des Cantons Baumholder, gehalten worden* - LHA Koblenz Best. 700,152 / 59 (Nr. 4)

(17) *Rede des Bürgers Presidenten [Kretz] an dem Fest des Alters den 10. Fruktidor [in Blieskastel]* - LHA Koblenz Best. 276 Nr. 1112
Moderner Druck: Legum: Kretz, 2012, S. 51-52.

Feste Jahr VII (1798/99)

VII Vendémiaire 1er / 1798 September 22: Fest der Gründung der Republik

(18) Rede von Bürger P. Weiß, Agent von Dollendorf, (Kanton Blankenheim) beim Fest der Gründung der Republik am 1. Vendémiaire VII / 22. September 1798 - LHA Koblenz Best. 276 Nr. 1107

(19) Rede von Bürger Bauch, Kommissar in Herrstein, beim Fest der Gründung der Republik am 1. Vendémiaire VII / 22. September 1798 - LHA Koblenz Best. 276 Nr. 1107

(20) Rede von Bürger Vohl, Lehrer und Agent in Kempfeld (Kanton Herrstein) in Herrstein beim Fest der Gründung der Republik am 1. Vendémiaire VII / 22. September 1798 - LHA Koblenz Best. 276 Nr. 1107

X. Verzeichnis 1: Handschriftlich überlieferte Reden

(21) Rede von Bürger Karl Cetto in St. Wendel beim Fest der Gründung der Republik am 1. Vendémiaire VII / 22. September 1798 – LA Saarbrücken: ArchSlg.HV, Nr. 174

(22) *Rede gehalten von Bürger Weiss, President der Municipalverwaltung des Kantons Wittlich, bei Gelegenheit der Feierung des Festes der Gründung der fränkischen Republik am ersten Vendémiaire 7. Jahres* - LHA Koblenz Best. 276 Nr. 1107

(23) *Rede gehalten zu Wittlich auf das Neujahrsfest 7. Jahres von Matthias Peters, [jeune homme de la commune de Polbach]* - LHA Koblenz Best. 276 Nr. 1107

VII Pluviôse 2 / 1799 Januar 21: Fest der gerechten Bestrafung des letzten Königs der Franzosen[1]

(24) *Rede gehalten von Bürger Simonis, Kommissaire des vollziehenden Directoriums bey der Municipalverwaltung des Cantons Bliescastel, am Fest des 2ten Pluviôse im 7. Jahr der ein- und unzertheilten Franken République* - LHA Koblenz Best. 276 Nr. 2170

(25) *Rede auf den 2ten Pluviôse 7ten Jahres* [von Bürger Bender, Präsident der Munizipalität Daun] - LHA Koblenz Best. 276 Nr. 2170

(26) *Petit discours prononcé par le commissaire du Directoire exécutif Humbert à Daun* - LHA Koblenz Best. 276 Nr. 2170

(27) *Discours prononcé le 2 Pluviôse an VII de la République par le commissaire de guerre Latrobe* [in Trier] - LHA Koblenz: Best. 241 Nr. 633 fol. 19[2]

(28) *Rede gehalten am 2ten Pluviôse [VII] von dem Presidenten der Munizipalverwaltung des Kantons Wittlich*, [Bürger Weiß] - LHA Koblenz Best. 276 Nr. 2170

VII Ventôse 30 / 1799 März 20: Fest der Volkssouveränität

(29) Rede von Kommissar Boos in Schönberg beim Fest der Volkssouveränität - LHA Koblenz Best. 276 Nr. 1109

(30) *Rede gehalten den 30ten Ventôse auf das Fest der Volkssouveränität von Bürger Carl Dominique, secrétaire en chef des Kantons Waldmohr* - LHA Koblenz Best. 276 Nr. 1109

---

[1] Nach dem Begleitschreiben zum Festbericht von Saarbrücken lag dem Bericht noch der Text der Rede des bisherigen Präsidenten Röchling bei, die aber in den Akten fehlt.

[2] Eine deutsche Übersetzung der Rede erschien im Druck: Rede am 2ten Pluviôse 7. Jahrs gehalten im Decaden-Tempel zu Trier von Bürger Latrobe, Kriegscommissär, in: Patriotische Beiträge VII Pluviôse, 2. Quartal, 2. Heft, S: 95-105. , siehe Verzeichnis 2 Nr. 58.

VII Floréal 10 / 1799 April 29: Fest der Ehegatten

(31) *Rede gehalten im gewöhnlichen Sitzungssaale des Cantons Berncastel von Bürger Ellinckshuysen, als er seine Anstellung als President erhielte* - LHA Koblenz Best. 276 Nr. 1713

VII Messidor 10 / 1799 Juni 28: Fest des Ackerbaus

(32) *Rede gehalten von Bürger Beaury, President der Munizipalverwaltung des Kantons Manderscheid, bey Gelegenheit der Feyer des Festes des Ackerbaus* [am 10. Messidor VII / 28. Juni 1799] - LHA Koblenz Best. 276 Nr. 1110

VII Thermidor 9/10 / 1799 Juli 27./28: Fest der Freiheit

(33) Rede von Kommissar Boistel in Büdlich beim Fest der Freiheit am 9./10. Thermidor /27./28. Juli 1799, vorgetragen in deutscher Übersetzung von dem Bürger Kropff, Lehrer in Detzem - volltextlich im Festbericht: LHA Koblenz Best. 276 Nr. 1682

(34) Rede von Kommissar Baur in Grumbach beim Fest der Freiheit am 9./10. Thermidor / 27./28. Juli 1799[3] - LHA Koblenz Best. 276 Nr. 1682

VII Fest des Alters

(35) Rede von Kommissar Boistel in Büdlich zum Fest des Alters - LHA Koblenz Best. 276 Nr. 1112 (franz.)

(36) Rede von Kommissar Köllner in St. Arnual beim Fest des Alters - volltextlich im Festbericht: LHA Koblenz Best. 276 Nr. 1112

---

[3] Die Rede ist textidentisch mit der gedruckten Rede von Präsident Kretz in Blieskastel zum gleichen Fest im Vorjahr, vgl. Verzeichnis 2 Nr. 37.

Verzeichnis 2: Publizistik der Nationalfeste im Saardepartement

Die Bibliographie verzeichnet die Flugschriften sowie deren Standorte im Stadtarchiv Trier (Sammelbände Hermes), in der Stadtbibliothek Trier (Einzeldrucke), im Landeshauptarchiv Koblenz sowie in einigen anderen Archiven und Bibliotheken. Auch die zeitgenössischen Zeitschriften, in denen ein Teil der Flugschriften abgedruckt ist, finden sich fast alle in der Stadtbibliothek Trier. Es sind vor allem das « *Journal für das Saardepartement* » (Haan) sowie die Zeitschriften « *Patriotische Beiträge* » und « *Der Beobachter an der Saar* » (Hetzrodt). Die bibliographischen Nachweise der modernen Drucke finden sich im Literaturverzeichnis.

1. Liedersammlungen

> (1) Lieder-Sammlung zum Gebrauch bei Feierung der Dekaden und anderer republikanischen Feste im Dekaden-Tempel der Gemeinde Trier. Erstes Heft. o.O. o.J. [Ende Sept. 1798 / Anfang Jan. 1799][1].
> StadtA Trier: FZ 684; Kreisarchiv Wittlich: BM-2559-Vi ; Museum Simeonstift Trier: V 1555

> (2) Lieder für Freie, Trier VIII Brumaire.
> StadtB Trier: 11/2368 sowie in weiteren Bibliotheken

2. Dekadenreden

> (3) [10. Brumaire VII / 31. Okt. 1798: B*ienfaiteurs de l'humanité*]: Denkmal den Wohltätern des Menschengeschlechtes, eine Decadenrede von Bürger Wyttenbach. Trier [VII].
> StadtB Trier : 11/3729:a und b.
> Patriotische Beiträge VII Brumaire [Okt./Nov. 1798], 1. Quartal, 2. Heft, S. 111-133.

> (4) [30. Brumaire VII / 20. Nov. 1798: L*iberté et Égalité*]: Decadenrede am 30. Nebelmonat 7. Jahres der Republik.
> Journal für das Saardepartement, Heft 7 (Pluviôse VII [Jan./Febr. 1799]), S. 595-605.

> (5) [10. Frimaire VII / 30. Nov. 1798: *République*]: Dekadenrede.
> Journal für das Sardepartement, Heft 7 (Pluviôse VII [Jan. / Febr. 1799]), S. 634-646.

> (6) [30. Frimaire VII / 20. Dez. 1798: A*mour de la patrie*]: Ueber Vaterlandsliebe, eine Decaden-Rede von B[ürger] Willversch.
> Patriotische Beiträge VII Nivôse [Dez. 1798 / Jan. 1799], 2. Quartal, 1. Heft, S. 1-10.

---

[1] Das letzte datierbare Lied des Bandes ist Stammel's Ode auf das Fest des 1. Vendémiaire VII / 22. Sept. 1798 (« *Steige hernieder / Festlicher Tag !* »), das damit als Datum post quem gilt. Bereits Stammel's nächstes Lied, sein Hymnus für das Fest der gerechten Bestrafung des letzten Königs der Franzosen am 2. Pluviôse VII / 21. Januar 1799 (« *Fluch den gekrönten Ungeheuern !* ») ist nur noch als Liedblatt erschienen, womit es das Datum ante quem angibt. Wir datieren die Liedersammlung auf Sept. 1798 / Jan. 1799.

(7) [20. Pluviôse VII / 8. Febr. 1799: *Immortalité*]: Ueber Unsterblichkeit, eine Decaden-Rede von B(ürge)r Birck, Munizipalverwalter zu Trier.
Patriotische Beiträge, VII Ventôse [Febr./März 1799], 2. Quartal, 3. Heft, S. 159-167.

(8) [30. Pluviôse VII / 18. Febr. 1799: A*mitié*]: Dekaden-Rede gehalten zu Trier am 30. Pluviôse 7. J(ahres) von B(ürge)r Hetzrodt. Trier [VII].
StadtA Trier: FZ 7, FZ 115(45); StadtB Trier: 11/2060, 8° 11/3135: 2 an, 11/315: 19 an.

3. Festberichte, Reden und Lieder

3.1. Feste im Jahr III (1794/95)

(9) Beschreibung der zu Trier den 10. Floréal 3ten Jahres [29. April 1795] der fränkischen Republik bey Installierung der konstituierten Gewalten gehaltenen Feierlichkeit. [Trier III].
LHA Koblenz: Best. 701 Nr. 572 (Ms); LHA Koblenz, Bibliothek: IV B 96 (Druck); StadtB Trier: 11/3135(1) (Druck).

3.2. Feste im Jahr VI (1797/98)

Errichtung von Freiheitsbäumen

(10) (*Blieskastel*) Rede gehalten bei der Pflanzung des Freiheitsbaumes in Blieskastell [sic] von einem Freund der Freiheit [Johann Christian Schmelzer] den 23ten des Regenmonats im 6ten Jahr der Republik [11. Februar 1798]. [Blieskastel VI].
StadtA Trier: FZ 110; PfälzLB Speyer: B 1616.
Faksimiledruck bei STANJURA: Revolutionäre Reden, 1997, Bd. 2, S. 343-346; LAUFER: Stadt und Herrschaft Blieskastel unter den Grafen von der Leyen und unter französischer Hoheit, 2015, S. 217-220.

(11) (*St. Wendel*) Pflanzung des Freiheitsbaumes zu St. Wendel im Saardepartement nebst der durch Bürger Karl Cetto gehaltenen Rede [29. Ventôse VI / 19. März 1798]. [St. Wendel] 1798.
StadtA Trier: FZ 111(40); StadtB Trier: 11/3690; StadtB Saarbrücken: HV 50.102; UB Heidelberg: Heid. Hs. 745/95.
Französische Übersetzung bei HERLY: Fêtes et cérémonies, 1927, S. 139-145.
Moderner Druck der Rede: MÜLLER: Geschichte St. Wendel, 1927, S. 147-151.

(12) (*Schönberg*) Rede bei Wiedererrichtung des Freiheitsbaumes zu Schönberg den 15ten Brumaire 7ten Jahres [5. Nov. 1798], gehalten von Anselm Boos.
Journal für das Saardepartement, Heft 7 (Pluviôse VII [Jan./Febr. 1799]), S. 610-614.

(13) (*Trier*) Verbalprozes [sic] über die durch die Bürgerschaft zu Trier am 4. Germinal 6. Jahres [24. März 1798] vorgenommene Pflanzung eines neuen Freiheitsbaumes vor dem Zentralverwaltungs-Gebäude zu Trier, nachdem der daselbst gestandene in der Nacht vom 2. auf den 3. Germinal durch

einen unbekannten Uebelgesinnten abgesägt worden ist. [Mit Reden von Stammel und Heddesdorf.] Trier (J. A. Schröll Nr. 85) VI.
StadtA Trier: FZ 112(48); StadtB Trier: T 129(9)

(14) Ehrenrettungsrede bei Gelegenheit der Ersetzung des zerstörten Freiheitsbaumes vor dem Centralgebäude in Trier, gehalten von J. J. Stammel, Munizipalbeamten der Stadt und des Kantons Trier, den 4ten Germinal 6ten Jahres [24. März 1798]. Trier (Schröll) VI.
StadtA Trier: FZ 112(47).

VI Ventôse 1er / 1798 Februar 19: Einsetzung der Zentralverwaltung in Trier

(15) Freiheitslied bei Gelegenheit der Einsetzung der neuen Gewalten des Saardepartements, gesungen auf dem Paradeplatz der Stadt Trier unter dem Freiheitsbaum. Nach der Melodie: Freut Euch des Lebens ..., den 1ten Windmonat 6ten Jahres der Französischen Republik. [Trier VI] (Liedblatt) / Freiheitslied, gesungen auf dem Paradeplatz zu Trier bei Pflanzung des Freiheitsbaumes am 1ten Ventôse 6. Jahres, [von J. J. Stammel,] nach der Melodie: Freut euch des Lebens (Liedersammlung). [« *Es hebt sich hoch aus tiefer Nach / Die Menschheit ...* »]
Liedblatt : StadtA Trier: FZ 111(20).
Liedersammlung, Trier (Eschermann) [VI], Nr. 1.
Moderner Druck bei Marx: Erzstift Trier, 1864, Bd. 5, S. 561-562.

(16) Verbal-Prozeß ueber die zu Trier den 1ten Windmonat 6ten Jahres der Republik bey Gelegenheit der Einsetzung des Departements stattgehabten Feyerlichkeit. Trier VI. / Procès-verbal de la Fête qui a eu lieu à Trèves le 1er Ventôse, An VI de la République Française, à l'occasion de l'installation des nouvelles Autorités du Département de la Sarre. Trier (Buchdruckerey des Saar-Departements) [VI][2]. [Mit Reden von Labourdinière, Boucqueau, Lintz, Blaumeyser, Boucqueau, Gand.]
StadtA Trier: FZ 7 französisch, FZ 111(23) deutsch und (24) französisch; StadtB Trier: T 129(7, 7a) deutsch, 86 Kq 107 französisch; StadtB Saarbrücken: HV 50.101 deutsch; LHA Koblenz: Best. 700,152 Nr. 62 deutsch.

(17) Rede von B(ürger) Lintz, Verwalter des Saar-Departements, gehalten bey Einsetzung der konstituirten Gewalten unter dem Freiheitsbaum zu Trier den 1ten Windmonat 6ten Jahres. Trier (Buchdruckerey des Saar-Departements) [VI].
StadtA Trier: FZ 111(18); StadtB Trier: T 479 8°; 9 an 11/3152).

(18) Rede an die studierende Jugend, gehalten bey der Einsetzung der neuen Gewalten des Saardepartements zu Trier den 1. Ventôse 6. Jahres von Bürger Blaumeyser, Professor der Rhetorik. Trier (Schröll), VI.
StadtA Trier: FZ 111(19); StadtB Trier: T 129(65a+b); an 11/3252.

---

[2] Die von Delaporte: Fête, 1994, S. 157 angezeigte Differenz zwischen der deutschen und französischen Fassung des Festberichtes ist nicht zutreffend. Delaporte vergleicht den französischen Festbericht der Einsetzung von 1798 mit dem Festbericht über die Feier zum ersten Jahrestag der Einsetzung 1799.

(19) Rede des Kommissärs des vollziehenden Direktoriums bey der Zentralverwaltung des Saar-Departements, Bürger Boucqueau, bey Gelegenheit der von ihm, aus Auftrag des Regierungs-Kommissärs, Bürger Rudler, vorgenommenen Einsetzung des Saar-Departements.
Journal für das Saardepartement, Heft 2 (Prairial VI), S. 49-57.

(20) Kurze analogische Rede, gehalten bei Installation des Tribunals des Saardepartements zu Trier am 1. Windmonat 6. Jahres von Bürger Gand. Trier VI.
StadtA Trier: FZ 111.

VI Germinal / 1798 März/April: Einsetzung der Kantonsmunizpalitäten

(21) (*Bernkastel*) Verbalprozeß des am 15. Germinal [4. April 1798] gehaltenen Einsetzungsfestes der Munizipal-Verwaltung des Cantons Bernkastel. [Mit Rede von Haan.] o.O. VI.
StadtA Trier: FZ 112(60); StadtB Saarbrücken: HV 50.101.
Moderner Druck: SCHMITT: Bernkastel im Wandel der Zeiten, 1985, S. 216-221.

(22) Rede, welche der Bürger Cetto, Obersekretär der Munizipalverwaltung des Kantons Bernkastel bey Einsetzung dieser Verwaltung und Pflanzung des Freyheitsbaumes in Bernkastel gehalten. Trier (Jakob Leistenschneider) [VI].
StadtA Trier: FZ 112(61); StadtB Saarbrücken: HV 50.101.

(23) (*Birkenfeld*) Verbal-Prozeß über die am 18tn des Keime-Monats im 6ten Jahre der französischen Republik [7. April 1798] erfolgte Einsetzung der Municipal-Verwaltung des Cantons Birkenfeld. Trier (J. C. Eschermann) [VI].
StadtA Trier: FZ 112(68); Museum Birkenfeld.

(24) (*Blieskastel*) Rede zur Ehre der Pflanzung des Freiheitsbaums bei Einsetzung der Municipalverwaltung des Kantons Blieskastel, dem 21. Germinal Vten Jahrs der Französischen Republik, gehalten von Bürger Simonis, Kommissar des vollziehenden Direktoriums an die freyen Bürger des Kantons. o.O., o.J.
StadtA Trier: Ta 55/2 (21)

(25) (*Konz*) Verbalprozeß über die zu Konz den 11ten Germinal 6ten Jahres der Republik [31. März 1798] bei Gelegenheit der Einsetzung der Munizipalverwaltung des Kantons Konz statt gehabten Feyerlichkeiten. [Mit Reden von Lintz und Stammel.] Trier (J. A. Schröll) [VI.]
StadtA Trier: FZ 112(58); StadtB Trier: T 129(10).
Französisches Regest bei HERLY: Fêtes et cérémonies, 1927, S. 135-139.

(26) (*Pfalzel*) Verbal-Prozeß über die zu Pfalzel den 14. Germinal 6. Jahres der Republik [3. April 1798] bei Gelegenheit der Einsetzung der Munizipal-Administration statt gehabten Feierlichkeiten. [Mit Rede von Willwersch.] Trier (J. A. Schröll) [VI].
StadtA Trier: FZ 112(59); LHA Koblenz: Bibliothek IV V 14.

(27) Rede gehalten bei der Einsetzung der Munizipal-Verwaltung des Kantons Pfalzel von dem Bürger J. J. [sic] Willwersch President der Munizipalität

und Kantons daselbst den 14. Germinal 6ten Jahrs.³
LHA Koblenz: Bibliothek IV W 53; StadtB Trier: 11/2869 8°.
Faksimiledruck: Kurtrierisches Jahrbuch, 1994, S. 62-67, mit Identifikation des Autors als Johann Peter Willwersch.

(28) (*Schönberg*) Rede bei Einsetzung der Munizipalität und Errichtung des Freiheitsbaumes zu Schönberg im Saardepartement, gehalten den 16. Germinal im 6ten Jahr der französischen Republik [5. April 1798] von Anselm Boos. Trier (J. A. Schröll) [VI].
StadtA Trier: FZ 112(64); StadtB Trier: RH 1755.

(29) (*Trier*) Verbalprozes über die zu Trier den 24. Windmonat 6ten Jahres der Republik [14. März 1798] bei Gelegenheit der Einsetzung der Munizipalverwaltung der Stadt und des Kantons Trier statt gehabte[n] Feierlichkeit. [Mit Reden von Dupré, Gerhards und Stammel.] Trier (J. A. Schröll) [VI].
StadtA Trier: FZ 9, FZ 111(38); StadtB Trier: T 129(8).

(30) Rede gehalten bei der Einsetzung der Munizipal-Verwaltung des Kantons und der Gemeinde Trier von dem Bürger J. H. Gerhards, Mitglied der Zentralverwaltung des Saar-Departements, den 24. Windmonat 6ten Jahres [14. März 1798]. Trier (J. A. Schröll) [VI].⁴
StadtA Trier: FZ 111(36); StadtB Trier: 8° / 11/2868; BA Trier, Abt. 49 Nr. 48.
Französische Übersetzung bei HERLY: Fêtes et cérémonies, 1927, S. 130-135.

(31) Rede gehalten bei der Einsetzung der neuen Munizipalität des Kantons und der Stadt Trier von dem Bürger J. J. Stammel, Munizipalbeamten daselbst, den 24. Windmonat 6ten Jahres [14. März 1798]. Trier (J. A. Schröll) [VI].⁵
StadtA Trier: FZ 111(37); StadtB Trier: T 129(2), T 129(67), 11/768a, 11/3590 8°.

(32) (*Wittlich*) Verbal-Prozeß des am 16ten Germinal gehaltenen Einsetzungsfestes der Munizipal-Verwaltung des Cantons Wittlich zu Wittlich. o.O. o.J.
StadtA Trier: FZ 112.
Moderner Druck: Trierische Chronik 6, 1910, S: 13-16; PETRY: Beiträge zur Geschichte der Stadt Wittlich, Bd. 2, 2002, S. 279-282.

VI Ventôse 30 / 1798 März 20: Fest der Volkssouveränität

(33) (*Trier*) Rede gehalten bei Feyerung des Souverainitäts-Festes auf dem Promotions-Saal, von Bürger Haan, Verwalter des Saar-Departements zu Trier, den 30ten Windmonat 6ten Jahrs. Trier (J. A. Schröll) 1798.
StadtA Trier: FZ 111(43); StadtB Trier: T 129(69), 2 an 11/3086; LHA Koblenz, Bibliothek: IV S 110.

---

³ Gleicher Satzspiegel wie bei dem Abdruck der Rede im Festbericht.
⁴ Gleicher Satzspiegel wie bei dem Abdruck der Rede im Festbericht.
⁵ Gleicher Satzspiegel wie bei dem Abdruck der Rede im Festbericht.

(34) Kurze Rede gehalten bei der Feyerung des Souverainitäts-Festes von dem Bürger J. W. Krumeich, Lehrer der Mathematik, den 30ten Windmonat 6ten Jahres. Trier (J. A. Schröll) VI.
StadtA Trier: FZ 111(zu 43); LHA Koblenz, Bibliothek: IV S 110.

VI Prairial 10 / 1798 Mai 30 Fest der Dankbarkeit

(35) (*Schönberg*) Rede am Fest der Erkenntlichkeit gehalten von Anselm Boos, Kommissär des Vollziehenden Direktoriums im Kanton Schönberg.
Journal für das Saardepartement, Heft 3 (Messidor VI), S. 267-275.

VI Messidor 10 / 1798 Juni 28: Fest des Ackerbaus

(36) Lied zum Fest des Ackerbaus [am 10. Messidor VI] [« *Wer nicht mit uns den Pflüger ehrt* »],
Journal für das Saardepartement, Heft 4 (Thermidor VI), S. 371-372.

(37) (*Trier*) Rede am Fest des Ackerbaues gehalten von Bürger Haan, Verwalter des Saar-Departements [in Trier, 10. Messidor VI].
Journal für das Saardepartement, Heft 3 (Messidor VI), S. 254-267.

VI Thermidor 9/10 / 1798 Juli 26./27: Fest der Freiheit

(38) (*Blieskastel*) Rede des Bürgers Kretz, Presidenten der Munizipal-Verwaltung des Kantons Blieskastell [sic], an dem Feste der Freiheit, den 10. Thermidor im 6ten Jahr der fränkischen Republik.[6]
LHA Koblenz: Best. 276 Nr. 1682.
Faksimiledruck bei STANJURA: Revolutionäre Reden, 1997, Bd. 2, S. 414-417.
Moderner Druck: LEGUM:Kretz, 2012, S. 49-51.

(39) (*Schönberg*) Zwei Reden gehalten auf das Nazionalfest den 9ten und 10ten Thermidor von Anselm Boos.
Journal für das Saardepartement, Heft 6 (Vendémiaire VII), S. 485-502[7].

(40) (*Trier*) Discours prononcé par Emanuel Lelièvre sur l'invitation de l'Administration centrale du département de la Sarre à la fête du 9 Thermidor an VI. [Trier VI.]
StadtA Trier: FZ 113(13); StadtB Trier: T 481 8°.
Rede von Emanuel Lelièvre, gehalten zu Trier bey Gelegenheit des Tages des 10ten Augustes auf Einladung der Central-Verwaltung des Saar-Departements an dem Feste vom 9ten Thermidor 6ten Jahres.
Journal für das Saardepartement, Heft 4 (Thermidor VI), S. 353-366.

---

[6] Die Rede ist textidentisch mit der handschriftlich überlieferten Rede von Kommissar Baur in Grumbach zum gleichen Fest im Folgejahr, vgl. Verzeichnis 1 Nr. 34.
[7] Die Rede wurde nicht in Trier gehalten, wie HANSEN: Quellen, 1938, Bd. 4, S. 905 irrtümlich berichtet. Der Festbericht für Trier erwähnt Boos nicht, während Boos selbst in seiner nachträglichen Stellungnahme notiert: « *Les deux discours tenus ont été envoyés à Trèves avec le premier messager.* » (LHA Koblenz: 276/1682).

X. Verzeichnis 2: Publizistik der Nationalfeste 495

VI Fruktidor 10 / 1798 August 27: Fest des Alters

(41) Stammel, Johann Jakob: Volkslied auf das Fest der Greise, den 10. Fruchtmonat 6ten Jahres. Nach der bekannten Melodie : Brüder ! Laßt uns Hand in Hand etc. Trier VI. [« *Selig, wer am Ziele steht* »]
Liedblatt: StadtA Trier: FZ 113(43); StadtB Trier: 14 an 11/3152; BATr: Abt. 49 Nr. 46.
Journal für das Saardepartement, Heft 5 (Fruktidor VI), S. 422-424; Der Rübezahl, 1. Jg. 1. Trimester, Heft 1 (Vendémiaire VII), S. 32, vgl. Joseph Görres politische Schriften, 1928, S. 299-300.
Liedersammlung Trier, Nr. 11; Liedersammlung Koblenz, Nr. 9.
Moderner Druck bei Marx: Erzstift Trier, 1864, Bd. 5, S. 570-571.

(42) Lied der freien Marseiller.
Liedblatt verteilt am 10. Fruktidor VI in Blieskastel
LHA Koblenz: Best. 276 Nr. 1112.

(43) (*Trier*) Verehrung des Alterthums. Eine Rede auf das Fest vom 10ten Fruktidor gehalten von Bürger [Johann Georg] Staat, Professor zu Trier. Trier (Hetzrodt) [VI].
StadtA Trier: FZ 113(42); StadtB Trier: 11/1887(a-b).

(44) (*Trier*) Lintz: Rede, gehalten an dem Fest des Alterthums, den 10. Fruktidor 6ten Jahres,
Betragen des Bürger Lintz, 1799, Nr. 8, S. 16-17.[8]

VI Fruktidor 18 / 1798 September 4: Fest der Unterdrückung der Gegenrevolution

(45) Stammel, J. J.: Ode auf das erste Fest des 18. Fruktidors [VI]. Nach der Melodie: Laut wie des Stroms donnernder Sturz etc.,Trier [VI]. [« *Himmlisch und schön stralte im Ost* »]
Liedblatt: StadtA Trier: FZ 113(56); StadtB Trier: T 483; LA Saarbrücken: HV 172. Journal für das Saardepartement, Heft 5 (Fruktidor VI), S. 424-426; Liedersammlung Trier, Nr. 13.
Moderner Druck bei Marx: Erzstift Trier, 1864, Bd. 5, S. 571-572.

3.3. Feste im Jahr VII (1798/99)

VII Vendémiaire 1er / 1798 September 22: Fest der Gründung der Republik

(46) Stammel, J. J.: Ode auf das Fest des 1ten Vendémiaires 7ten Jahres der fränkischen Republik. Trier VII. [« *Steige hernieder / Festlicher Tag !* »]

---

[8] Die Rede wird im Programm und im Festbericht für das Fest des Alters in Trier nicht erwähnt. Linz ist aber auch in keinem anderen Festbericht für dieses Fest im Saardepartement als Redner genannt. Fiktiv kann die Rede nicht gewesen sein, dafür ist der Druckort in einer Publikation der damaligen öffentlichen Kontroverse um die Person von Lintz zu hervorgehoben. So muss offen bleiben, wo die Rede gehalten worden ist.
Das Vorwort der Publikation von Lintz ist auf den 10. Brumaire VIII / 1. November 1799 datiert. Die Schrift ist ein Privatdruck und diente der Rechtfertigung des Verfassers gegen eine Denunziation wegen unerlaubter Kontakte zu seinem ehemaligen Dienstherren, dem Kurfürsten von Trier, vgl. Stein: Verwaltungspartizipation I, 2000, S. 200-203.

Liedblatt: StadtA Trier: FZ 114(2), FZ 684; StadtB Trier: T 482; BATr: Abt. 49 Nr. 46; LA Saarbrücken: HV 172.
Journal für das Saardepartement, Heft 5 (Fruktidor VI), S. 460-462; Liedersammlung Trier, Nr. 14 [recte 15].
Moderner Druck bei Marx: Erzstift Trier, 1864, Bd. 5, S. 572.

(47) (*ohne Ort*) Rede gehalten am ersten Vendemiaire 7ten fränkischen Jahres in einem Kanton des Saardepartements.
Journal für das Saardepartement, Heft 6 (Vendémiaire VII), S. 465-474.

(48) (*Blieskastel*) Rede gehalten zu Blieskastell bei der Gründungsfeier der fränkischen Republik am 1. Vendémiaire des 7ten Jahres von J. P. J. Saal, Rechtsfreund. o.O., [VII].
StadtA Trier: FZ 114(3); PfälzLB Speyer: B 1617.
Faksimiledruck bei Stanjura: Revolutionäre Reden, 1997, Bd. 2, S. 424-427; Laufer: Stadt und Herrschaft Blieskastel unter den Grafen von der Leyen und unter französischer Hoheit, 2015, S. 221-224.

(49) Gehaltene Rede des Bürgers Schillings an seine Mitbürger, Agenten und Adjunkten am Fest des ersten Vendémiaire siebenten Jahres der ein- und unzertheilbaren Franken Republik auf den Administrationssaal zu Blieskastell. o.O. [VII].
StadtA Trier: FZ 114(2); LHA Koblenz: Best. 276 Nr. 1007.
Moderner Druck: Wolfgang Krämer, in: Westricher Geschichtsblätter 1914, S. 2-4. Schneider: *„Triumph, die Freiheitsfahne weht..."*, 1988, S. 227-229.
Faksimiledruck bei Stanjura: Revolutionäre Reden, 1997, Bd. 2, S. 420-423.

(50) (*Schönberg*) Rede am 1. Vendémiär 7. Jahres, gehalten von Anselm Boos.
Journal für das Saardepartement, Heft 6 (Vendémiaire VII), S. 568-574.

(51) (*Trier*) Discours prononcé au temple décadaire à Trèves, le 1er Vendémiaire an VII, jour de la fête de la fondation de la République française, par le citoyen Joubert Labourdinière, Administrateur du Département de la Sarre. Trèves (Hetzrodt) [VIII].[9]

---

[9] Privatdruck des Autors allerdings in seiner amtlichen Funktion als Mitglied der Zentralverwaltung (« *je viens de le faire imprimer sous les yeux de l'administration centrale* »), um sich gegen Denunziationen zu rechtfertigen, er habe eine anti-republikanische Rede gehalten, unter dem 8. Brumaire VIII / 29. Oktober 1799 von ihm an das Polizeiministerium, damals unter Fouché, übersandt. Der Polizeiminister teilte darauf aber nur mit, dass keine Denunziation vorliege (AN Paris : F^7 7687(90)).
Ein entsprechender Zusatz findet sich am Ende des Druckes, der als Quelle der Denunziation angibt: *L'Echo des Forêts* no. 6. Das Begleitschreiben an den Innenminister präzisiert, dass die Luxemburger Zeitung nur eine Meldung des Pariser Blattes *L'ennemi des oppresseurs de tous les temps* (Nachfolgeblatt des *Journal des hommes libres de tous les temps*), Nr. 42 vom 23. Vendémiaire VIII / 15. Oktober 1799 nachdruckte.
Die Publikation der ein Jahr alten Rede dürfte auf Ende Oktober 1799 zu datieren sein, und zwar kurz vor dem o.g. Schreibens von Labourdinière an den Polizeiminister. Bei der Angelegenheit handelt es sich um eine Reaktion der deutschen Partei in der Zentralverwaltung des Saardepartements gegen eine Denunziation der französischen Partei gegen den Präsidenten Lintz, die seit Anfang September 1799 lief. Vgl. Stein: Verwaltungspartizipation I, 2000, S. 200-203, wo das vorliegende Dokument aber noch nicht berücksichtigt ist.

StadtA Trier: FZ 114(1); StadtB Trier: T 129(70 a+b), 15 an 11/3152 ; AN Paris: F⁷ 7687(90).

VII Pluviôse 2 / 1799 Januar 21: Fest der gerechten Bestrafung des letzten Königs der Franzosen

(52) Fluch auf souveräne Verbrecher, von Gand, Präsident des Ziviltribunals (Liedblatt, gedruckt auf Befehl der Zentralverwaltung vom 27ten Nivôse VII). [« *Fluch den gekrönten Ungeheuern !* »]
Liedblatt: StadtA Trier: FZ 115(25); StadtB Trier: 16 an 11/3152 8°.
Der Rübezahl Jg. 1, 2. Trimester, Heft 2, vgl. Joseph Görres, Gesammelte Schriften, 1928, Bd. 1, Köln 1928, S. 445-446.
Moderner Druck bei Marx: Erzstift Trier, 1864, Bd. 5, S. 565.

(53) Stammel, Johann Jakob: Hymnus auf das Fest des zweiten des Regenmonats im siebten Jahr der fränkischen Republik. Nach der so beliebten Melodie « Au bruit des Canons etc. », o.O. VII. [« *Es stürzt Thron und Kron !* »]
Liedblatt: StadtA Trier: FZ 115(23); StadtB Trier: T 129(78), 18 an 11/3152; BA Trier: Abt. 49 Nr. 46.
Patriotische Beiträge VII Nivôse, 2. Quartal, 1. Heft, S. 77-78.
Moderner Druck bei Marx: Erzstift Trier, 1864, Bd. 5, 1864, S. 564; Engels: Gedichte, 1971, S. 148-150.

(54) Wirz, Damian: Lied auf das Fest vom 2. Pluviôse [VII]. [« *Da liegt mit Schand und Blut bedeckt / Der letzte Kapet hingestreckt* »]
Liedblatt: StadtA Trier: FZ 115(24); 17 ad 11/3152; sowie Anhang zu Nr. 53 mit Zusatz: Vor der Rede gesungen nach der Melodie « Bei Männer[n] welche Liebe fühlen etc. »
Der Beobachter an der Saar, Nr. 14 (27. Nivôse VII).
Moderner Druck bei Marx: Erzstift Trier, 1864, Bd. 5, S. 563-564.
Faksimiledruck bei Stanjura, Revolutionäre Reden, 1997, Bd. 1, S. 338-339.

(55) (*ohne Ort*) Rede über die Hinrichtung des letzten Königs von Frankreich.
Journal für das Sardepartement, Heft 8 (ventôse VII), S: 750-758.

(56) (*Blieskastel*) Rede gehalten am Feste des zweiten Pluviôse von Bürger Schilling, Presidenten der Munizipal-Verwaltung des Kantons Blieskastell [sic] im 7ten Jahr der fränkischen Republik.
StadtA Trier: FZ 115(26); LHA Koblenz Best. 276 Nr. 2170 (ehem. Best. 241 Nr. 3266), fol. 203-210.
Faksimiledruck bei Stanjura: Revolutionäre Reden, 1997, Bd. 2, S. 434-439.

(57) (*Trier*) Rede an dem Feste vom 2ten Pluviôse 7ten Jahres gehalten in dem Dekaden-Tempel zu Trier von dem Bürger Lintz, President der Zentral-Verwaltung des Saar-Departements. Trier (Hetzrodt und Willversch) 1799.
StadtA Trier: FZ 684, FZ 115(22a-b); StadtB Trier: T 129(71), 7 an 11/3135; LHA Koblenz: 241/633 fol. 31.
Patriotische Beiträge, VII Pluviôse, 2. Quartal, 2. Heft, S. 79-95.

(58) Rede am 2ten Pluviôse 7. Jahrs gehalten im Decaden-Tempel zu Trier von Bürger Latrobe, Kriegscommissär.[10]
Patriotische Beiträge VII Pluviôse, 2. Quartal, 2. Heft, S: 95-105.

VII Ventôse 1er / 1799 Februar 19: Jahrestag der Einsetzung der Verwaltung

(59) Stammel, Johann Jakob: Hymnus gesungen aufs Jahrgedächtnis der Einsetzung der oberen Gewalten im Saar-Departement den 1ten Windmonat 7ten rep(ublikanischen) Jahres. Nach der alten, aber doch beliebten Melodie « Zu Stephan sprach im Traume ». Trier (J. C. Eschermann) [VII]. [« *Heut jachzet wonnetrunken / Mein freies Vaterland* »]
Liedblatt: StadtA Trier: FZ 7, FZ 115(46); StadtB Trier: 20 an 11/3152; BA Trier: Abt. 49 Nr. 46.
Moderner Druck bei: Marx: Erzstift Trier, 1864, Bd. 5, S. 565-566; Delaporte, André: La Fête du 1er ventôse an VI à Trèves, 1994, S. 158.

(60) Employé de l'Administration centrale [Petitin]: Couplets et Refrains pour la fête du 1er Ventôse, anniversaire de l'installation des autorités constituées au département de la Sarre. Air « Auguste et consolante image ». Trier [VII]. [« *La liberté sur cette terre / Est fixée enfin pour jamais* »]
Liedblatt: StadtA Trier: FZ 115(49); StadtB Trier T 129(27).

(61) (*Trier*) Verbal-Prozeß ueber die Feyer des Jahr-Gedächtnisses der Einsetzung der bestellten Gewalten des Saar-Departements. Trier VII. / Procès-verbal de la célébration du jour anniversaire de l'installation des Autorités constitués du Département de la Sarre. Trier [VII].
StadtA Trier: FZ 7 deutsch, FZ 115(46): französisch, (47): deutsch, mit allen Reden; StadtB Trier 11/2076a-b; 11/3135 mit allen Reden; LHA Koblenz, Bibliothek: IV S 110: französische und deutsch mit allen Reden.

(62) Rede des Bürgers Lintz, Presidenten der Central-Verwaltung des Saar-Departementes, gehalten zu Trier den 1ten Ventôse 7ten Jahres. Trier (Hetzrodt und Willversch) [VII]. / Discours prononcé par le citoyen Lintz, Président de l'administration centrale du Département de la Sarre, à la fête du 1er Ventôse an VII, jour anniversaire de l'installation des autorités constituées supérieures du même Département. Trier (Imprimerie du Département) [VII].
StadtB Trier: 1 in 11/2076 a-b, 7 an 11/3135; LHA Koblenz: Best. 700,152 Nr. 71 (französisch); LHA Koblenz, Bibliothek: IV S 110.
Der Beobachter an der Saar, Nr. 31, 32 (1er und 3 ventôse VII).

(63) Rede des Bürgers Rosbach, President des Civil-Tribunals des Saar-Departementes, gehalten zu Trier, den 1ten Ventôse 7ten Jahres. Trier (Hetzrodt und Willversch) VII.
StadtB Trier: 11/3135; BA Trier: Abt. 49 Nr. 48; LHA Koblenz, Bibliothek: IV S 110 (deutsch).

---

[10] Die Originalfassung der Rede in Französisch ist nur aktenmäßig überliefert: Discours prononcé le 2 Pluviôse an VII de la République par le commissaire de guerre Latrobe - LHA Koblenz: Best. 241 Nr. 633 fol. 19 (Ms.), vgl. Verzeichnis 1 Nr. 27.

(64) Rede, welche der Bürger Leistenschneider, President der Municipalverwaltung des Kantons und der Gemeinde Trier am 1ten Ventôse 7ten Jahrs bey der Jahresfeyer der Einsetzung der Konstituirten obern Gewalten des Saar-Departements gehalten. Trier (Departementsbuchdruckerey) [VII]. / Discours prononcé par le citoyen Leistenschneider, Président de l'Administration municipale de la Commune de Trèves, Département de la Sarre, à la fête du 1er Ventôse an VII, jour anniversaire de l'installation des autorités constituées supérieures du même Département. Trier [VII].
StadtB Trier: T 129(74); 5 ad 1/3135 (deutsch); 3 ad 11/2076; LHA Koblenz: 700,152 Nr. 70; LHA Koblenz, Bibliothek: IV S 110.
Moderner Druck: KUHN, Jakobiner, 1978, S. 252-258.

(65) Rede gehalten von B(ürger) Dupré bei Pflanzung des Freiheitsbaumes auf dem Marktplatz in der Gemeinde Trier am Fest des ersten Ventôse des 7ten Jahres. Trier (J. C. Eschermann) [VII].
StadtB Trier: T 129(72), 6 ad 11/3135; BA Trier: Abt. 49 Nr. 48; LHA Koblenz, Bibliothek: IV S 110.

(66) Rede des Bürgers Büchel, Presidenten des peinlichen Tribunals des Saar-Departements, gehalten in Trier, den 1ten Ventôse 7ten Jahres. Trier (Hetzrodt und Willversch) [VII].
StadtB Trier: bei 11/3135; T 129(73); LHA Koblenz, Bibliothek: IV S 110.

VII Ventôse 30 / 1799 März 20: Fest der Volkssouveränität

(67) Stammel, Johann Jakob: Lied auf das Fest der Volksherrschaft. Nach der bekannten Melodie: « Auf, auf! Ihr Brüder, und seyd stark etc. ». Trier [VII]. [« *In dir o Mensch ! Liegt Götterkraft* »]
Liedblatt: StadtB Trier: 11 an 11/3152.
Moderner Druck bei MARX: Erzstift Trier, 1864, Bd. 5, S. 562-563.

(68) (*Blieskastel*) Rede des Bürgers Derkum, Friedensrichter des Kantons Blieskastel, gehalten den 30ten Ventôse 7ten Jahres. Blieskastel (Philipp Leonard) [VII].
StadtA Trier: FZ 115(79).
Faksimiledruck bei STANJURA: Revolutionäre Reden, 1997, Bd. 2, S. 440-450.

(69) Rede des B(ürgers) Schlemmer, Sekretaire en chef der Blieskastler Verwaltung, gehalten am 30ten Windmonat 7ten Jahres der Franken Republik bei Erneuerung des Freiheitsbaumes, o.O. o.J.
StadtA Trier: FZ 115(ad 79).
Faksimiledruck bei STANJURA: Revolutionäre Reden, 1997, Bd. 2, S. 451-454.

(70) (*Trier*) Rede am Souverainitäts-Fest vom 30ten Ventôse 7ten Jahres, gehalten von J. H. Gerhards, Central-Verwalter des Saar-Departements.
Patriotische Beiträge VII Germinal, 3. Quartal, 1. Heft, S. 1-14.

(71) Rede von Bürger Zegowitz, General-Sekretär der Central-Verwaltung des Saar-Departements, gehalten am Volks-Souverainetätsfeste im Decaden-Tempel zu Trier am 30ten Ventôse 7ten Jahres. / Discours prononcé à la fête

de la souveraineté du peuple le 30 Ventôse an 7 de la République française au temple décadaire à Trêves, par le citoyen Zegowitz, secrétaire général de l'Administration centrale du Département de la Sarre, Trier (Hetzrodt und Willeversch) VII.
StadtA Trier: FZ 115 (77: deutsch; 78: französisch); StadtB Trier: T 480 8°; LHA Koblenz: 700,152 Nr. 69 (französisch); LHA Koblenz, Bibliothek: IV Z 8. Patriotische Beiträge VII Germinal, 3. Quartal, 1. Heft, S. 15-26 (deutsch).

(72) (*Wittlich*) Festbericht.
Der Beobachter an der Saar N° 48 (5. Germinal VII).

VII Germinal 10 / 1799 März 30: Fest der Jugend

(73) Stammel, Johann Jakob: Lied auf das Fest der Jugend nach der beliebten Melodie: « Alles liebt und paart sich wieder etc. ». Trier (J. E. Eschermann) [VII]. [« *Wenn in hoffnungsvoller Blüthe / Mit dem Blick voll Engelgüte / Sich die muntre Jugend freut* »]
Liedblatt: StadtA Trier: FZ 116(9), datiert von Hermes.
Lieder für Freie, Trier VIII Brumaire, S. 173 [11]
Moderner Druck bei MARX: Erzstift Trier, 1864, Bd. 5, S. 566.

(74) (*Konz*) Bericht über das Fest der Jugend im Kanton Konz, Matheis, den 12ten Germinal [VII / 1. April 1799]
Der Trierische Anzeiger für das Saardepartement 20, 15 Germinal 7ten Jahres [/ 4. April 1799], S. 2-3

(75) Rede an dem Fest der Jugend, gehalten zu Matheis, Canton Conz, den 10 Germinal 7. Jahres von B(ürge)r Wyttenbach, Mitglied des Unterrichtsjury von Trier. Trier [VII].
StadtA Trier: FZ 116(10).
Wieder abgedruckt in: WYTTENBACH: Schulreden, 1847, S. 11-16.

VII Floréal 10 / 1799 April 29: Fest der Ehegatten

(76) Stammel, Johann Jakob: Lied auf das Fest der Ehegatten. Nach der bekannten Melodie: « Aus dem Strome des Genusses » usw. Trier [VII] [« *In des Lebens düstre Triebe / Goß der Vater der Natur* »]
Liedblatt: StadtA Trier: FZ 116(72); BA Trier: Abt. 49 Nr. 46; Lieder für Freie, Trier VIII Brumaire, S. 158.
Modernen Druck bei MARX: Erzstift Trier, 1864, Bd. 5, S. 567.

VII Prairial 10 / 1799 Mai 29: Fest der Dankbarkeit

(77) Stammel, Johann Jakob: Lied auf das Fest der Erkenntlichkeit nach der Melodie: « Vor Ihrer Hütte etc.», gedruckt auf Befehl der Centralverwaltung. [Trier VII]. [« *Heut bethet stille / Der freie Mann* »]
Liedblatt: StadtA Trier: FZ 116(72), FZ 684.
Moderner Druck bei MARX: Erzstift Trier, 1864, Bd. 5, S. 568.

---

[11] Die Datierung bei HANSEN: Quellen, Bd. 4, S. 644 auf das Jahr VI ist zu korrigieren.

(78) *(Konz)* Bericht über das Fest in St. Matthias.
Der Beobachter an der Saar N° 82 (13 pluviôse VII).

VII Prairial 20 / 1799 Juni 8: Trauerfeier für die die ermordeten Gesandten beim Rastatter Kongress[12]

(79) Stammel, Johann Jakob: Auf das Trauerfest des Gesandtenmordes zu Rastadt. Nach der Melodie : « Auf, wer Kraft in Thaten fühlet etc. ». Trier (Eschermann) VII. [« *Hier in diesen Todeshallen* »]
Liedblatt: StadtA Trier: FZ 116(85).
Moderner Druck bei Marx: Erzstift Trier, 1864, Bd. 5, S. 568-569.

(80) Lehne, [Friedrich]: Rache gegen Oesterreich [« *Germanien! So stolz auf deine Treue* »].
Liedblatt für die Feier am 20. Prairial in Trier: StadtA Trier: FZ 116(86).
Moderner Druck: Venedey, Deutsche Republikaner, 1870, S. 412f.

(81) Hymne des Marsaillais [sic] (französisch).
Liedblatt für die Feier am 20. Prairial in Trier: StadtA Trier: FZ 116(87).

(82) Hymnus an die Freiheit. [Deutsche Fassung der Marseillaise]. Trier (Departements-Druckerey bey J. C. Eschermann), o.J. [« *Auf Franken eilet ins Gefechte / Es naht heran der Siegestag* »]
Liedblatt: StadtA Trier: FZ 116(88).
Moderner Druck: Marx: Erzstift Trier, 1864, Bd. 5, S. 570 (J. J. Stammel zugeschrieben, datiert 27./28 Juli); Engels, Hymne, 1989, S. 19 (nach früherem Druck von 1797, mit Textvarianten)

(83) Procès-verbal de la fête funèbre célébrée à Trèves le 20 Prairial an VII en mémoire des ministres plénipotentiaires français assassinés à Rastatt. Trier (Hetzrodt) VII.
LHA Koblenz Best. 276 Nr. 1689; StadtA Trier: FZ 116(84).
Als Aktenstück gedruckt: LHA Koblenz, Bibliothek: IV S 110; AN Paris: F^{1c} III Sarre 4.

VII Messidor 10 / 1799 Juni 28: Fest des Ackerbaus

(84) Stammel, Johann Jakob: Lied eines Landmannes, gesungen an dem Feste des Ackerbaues im 7ten Jahr der Republik. Nach der bekannten Melodie : « Ich hab ein kleines Hüttchen nur ». Trier (Eschermann) VII. [« *Ich neide nicht den reichen Mann, / Der mehr hat als ihm fruchten kann* »]
StadtA Trier: FZ 117(10), FZ 684; StadtB Trier: T 484; BA Trier: Abt. 49 Nr. 46.
Moderner Druck bei Marx: Erzstift Trier, 1864, Bd. 5, S. 569-570.

---

[12] Den Festbericht von Saarbrücken lag noch eine wohl gedruckte Rede des Gerichtsschreibers Heinrich Schwind bei, die von der Zentralverwaltung einer belobigenden Antwort gewürdigt wurde, sie fehlt aber im Aktenband (LHA Koblenz Best. 276 Nr. 1689) und war auch sonst nicht zu ermitteln.

VII Thermidor 9/10 / 1799 Juli 27./28: Fest der Freiheit

>   (85) Hymne patriotique, composé par le C(itoye)n Cavette, premier chef d'escadron du 24e régiment de cavalerie, chanté par l'auteur à la fête du 10 Thermidor an 7 au temple décadaire à Trèves. Sur l'air du Secret: « Femmes voulez-vous éprouver ». [« *Français il est tems de fixer / Le bonheur au sein de la France* »]
>   Liedblatt: StadtB Trier: T 129(22).

VII Thermidor 22 / 1799 August 10: Fest der Gefangennahme des Königs

>   (86) (*Trier*) Lintz: Rede, gehalten am Fest der Gefangennahme des Königs, den 22. Thermidor 7ten Jahres.
>   Betragen des Bürger Lintz, 1799, Nr. 9, S. 18-19.

3.4. Feste im Jahr VIII (1799/1800)

VIII Vendémiaire 1 / 1799 September 23: Fest der Gründung der Republik

>   (87) Employé du Département de la Sarre: Chanson patriotique sur l'air du chant du départ « Aux conscrits ». Trier (Hetzrodt) [VIII]. [« *Espoir de la patrie, enfans de la victoire* »]
>   Liedblatt: StadtA Trier: FZ 118.

>   (88) (*Trier*) Discours prononcé par le citoyen Goisset dans la salle décadaire de la commune de Trèves, le 1er Vendémiaire an 8 pour l'anniversaire de la fondation de la République.
>   StadtA Trier: FZ 118(1).

>   (89) Lintz: Rede, gehalten am Fest der Gründung der Republik, den 1. Vendémiaire 8. Jahres.
>   Betragen des Bürger Lintz, 1799, hier Nr. 10, S. 20-25.

VIII Frimaire 10 / 1799 Dezember 1: Trauerfeier für Joubert

>   (90) Lied auf Jouberts Tod, verfertigt nach einer Cantate auf das Trauerfest der ermordeten Gesandten bei Rastadt. Trier [VIII]. [« *Von Schmerz gebeugt, mit tiefer Trau'r umhüllet* »]
>   Liedblatt: StadtA Trier: FZ 118; StadtB Trier: T 129(17), 25 ad 11/3152.

VIII Messidor 25 / 1800 Juli 14: Fest des Sturms auf die Bastille

>   (91) Ronde de Trèves. Sur un air nouveau. Paroles d'un Citoyen [Joseph Giraud, juge au tribunal de révision à Trèves:], musique de Mademoiselle Dumey, Trier [VIII]. [« *On voit le François gai* »]
>   Liedblatt: StadtA Trier: FZ 120(28).

>   (92) [Poupinet, professeur des belles lettres à l'école centrale à Trèves:] Hommage à la mémoire du Général Désaix. Trier [VIII]. [« *Beaux Arts ! fils du Génie et de la Liberté* »]
>   Liedblatt: StadtA Trier: FZ 120(29).

X. Verzeichnis 2: Publizistik der Nationalfeste

(93) (*Trier*) Procès-verbal de la Fête de l'anniversaire du 14 juillet 1789, célébrée à Trèves le 25 Messidor an 8. Trier VIII.
StadtA Trier: FZ 67; StadtA Trier: FZ 120(30); LHA Koblenz: Best. 241, Nr. 182; LHA Koblenz: 700,152 Nr. 62 (mit Adresse: *Au commis(saire) m(unici)pal de Baumholder* [Ludwig Hartmann Rischmann]); AN Paris : F^{1c} III Sarre 4.

3.5. Feste im Jahr IX (1800/01)

IX Vendémiaire 1er / 1800 September 23: Fest der Gründung der Republik

(94) (*Saarbrücken*) Rede gehalten auf das Fest des ersten Vendemiärs des 9ten Jahres der Frankenrepublik von D(octor) K(iefer). Saarbrücken (Christian Hofer) IX.
StadtA Trier: Ta 55/14 (Nr. 1, Fasz. 6).

IX Germinal 20 / 1801 April 10: Verkündigung des Friedens von Lunéville

(95) (Saarbrücken) Wilhelm Gand: Friedensfestliche Rede, entworfen im Germinal des 9. Jahres der Frankenrepublik von Wilhelm Gand, Mitglied des Civilgerichtshofs zu Trier, zu der Zeit Direktor der Anklagegeschworenen und Präsident des Zuchtpolizeitribunals im Saarbrücker Bezirk des Saardepartements, Saarbrücken IX.
StadtA Trier: Ta 55/14 (Nr. 1, Fasc. 6); StadtB Saarbrücken: D 3026.

(96) (*Trier*) Discours du prefet du département de la Sarre à ses concitoyens. A la proclamation de la paix. Trier (Hetzrodt) IX.
StadtA Trier: FZ 122(16).

(97) J(ohann) J(akob) Stammel: An den Frieden. Bey seiner feierlichen Verkündigung in Trier am 20ten Germinal 9ten Jahres der Fr(anzösischen) Rep(ublik) [« *Mit des Lenzens erster Wonne* »]
StadtA Trier: FZ 122(17).

(98) Couplets chantés et toasts portés au Banquet civique célébré par une réunion de Républicains à l'occasion de la Paix, Trèves, le 29 germinal an 9.
StadtA Trier: FZ 122(21).

IX Messidor 25 / 1801 Juli 14: Fest des Sturms auf die Bastille

(99) (*Trier*) Rede gehalten von B(ürge)r Wyttenbach, Bibliothekar der Central-Schule des Saar-Departementes, am 14. Julius / 25 Messidor IX. Jahres. / Discours prononcé par le Citoyen Wyttenbach, Bibliothécaire de l'École centrale du Département de la Sarre, le 14 Juillet, 25 Messidor an 9 de la République. Trier (Hetzrodt) IX.[13]
StadtA Trier: FZ 122(44); StadtB Trier: 11/3447-2 an; T 129-77; LHA Koblenz: Best. 241 in Nr. 182.

---

[13] Nicht bei KLUPSCH: Wyttenbach, 2012.

Verzeichnis 3: Archivische Quellen

1. Bad Kreuznach, Heimatwissenschaftliche Zentralbibliothek des Landkreises Bad Kreuznach

Hk 776a: Tagebuch des kurpfälzischen Beamten Aloys Paul Regnier in Sobernheim, 1794 – 1801, Transkription S. 1-169 (Original in Privatbesitz)

2. Birkenfeld, Stadtarchiv

StadtA Birkenfeld: 470: Nationalfeste

3. Heidelberg, Universitätsbibliothek

Heid. Hs. 745: Reden bei französischen Revolutions- und Freiheitsfesten in der Pfalz

4. Koblenz: Landeshauptarchiv

Bestand 241: Regierungskommissar für die vier rheinischen Departements

LHA Ko: 241 / 565: Einrichtung der Zentralverwaltung und der Gerichte
LHA Ko: 241 / 633: Revolutionsfeste
LHA Ko: 241 / 739: Anleitungen von Kommissar Stammel zur Steuererhebung

Bestand 241: Zentralverwaltung des Rhein-Mosel-Departements

LHA Ko: 241 / 2137: Nationalfeste im Rhein-Mosel-Departement
LHA Ko: 241 / 2182-2188: Nationalfeste im Rhein-Mosel-Departement
LHA Ko: 241 / 2191: Zirkulare für Nationalfeste
LHA Ko: 241 / 2193-2194: Nationalfeste im Rhein-Mosel-Departement
LHA Ko: 241 / 2195: Dekadenfeiern im Rhein-Mosel-Departement
LHA Ko: 241 / 3091-3093: Nationalfeste im Rhein-Mosel-Departement
LHA Ko: 241 / 3096: Einrichtung der Dekadentempel im Rhein-Mosel-Departement
LHA Ko: 241 / 3266: siehe 276/2700
LHA Ko: 241 / 3267: siehe 276/2701

Bestand 276: Saardepartement

LHA Ko: 276 / 100, 128, 129, 135: Ernennung der Kommissare, Präsidenten und Chefsekretäre bei den Kantonsmunizipalitäten
LHA Ko: 276 / 137: Einsetzung der Verwaltungen
LHA Ko: 276 / 590: Aufsicht über die Gottesdienste
LHA Ko: 276 / 657: Bewerbungen um Professuren an der Zentralschule
LHA Ko: 276 / 1091: Öffentliche Sicherheit
LHA Ko: 276 / 1093: Nationalkokarde
LHA Ko: 276 / 1094: Freiheitsbäume
LHA Ko: 276 / 1095: Esprit public
LHA Ko: 276 / 1106: Dekadenfeiern
LHA Ko: 276 / 1107: Fest der Gründung der Republik
LHA Ko: 276 / 1108: Jahrestag der Einsetzung der Verwaltung
LHA Ko: 276 / 1109: Fest der Volkssouveränität

LHA Ko: 276 / 1110: Fest der Ackerbaus
LHA Ko: 276 / 1111: Fest des 14. Juli
LHA Ko: 276 / 1112: Fest der Alten
LHA Ko: 276 / 1113: Fest des 18. Fruktidor
LHA Ko: 276 / 1682: Fest des 9./10. Thermidor
LHA Ko: 276 / 1683: Fest des 10. August
LHA Ko: 276 / 1684: Geburtsfest von Napoleon
LHA Ko: 276 / 1688: Fest des 18. Brumaire
LHA Ko: 276 / 1689: Trauerfeier für die Gesandten beim Rastatter Kongress
LHA Ko: 276 / 1690: Trauerfeier für General Joubert
LHA Ko: 276 / 1692: Verkündigung des Friedens von Lunéville
LHA Ko: 276 / 1693: Verkündigung des Friedensschlusses mit England
LHA Ko: 276 / 1712: Fest der Jugend
LHA Ko: 276 / 1713: Fest der Ehegatten
LHA Ko: 276 / 1714: Fest der Dankbarkeit
LHA Ko: 276 / 2170-2171: Vereidigung der Beamten am 2. Pluviôse
LHA Ko: 276 / 3182: Beschlussbuch des Kantons Wittlich, VI-VII
LHA Ko: 276 / 3783: Im Kanton Hermeskeil empfangene Arrêtés der Zentralverwaltung

   Bestand 615: Stadt Bernkastel

LHA Ko: 615 / 306 und 326: Beschlussbücher der Kantonsmunizipalität Bernkastel

   Bestand 642: Stadt Kirn

LHA Ko: 642 / 180: Baumsetzung in Merxheim

   Bestand 648: Stadt Wittlich

LHA Ko: 648 / 698: Beschlussbuch der Mairie Wittlich, XII
LHA Ko: 648 / 699: Beschlussbuch der Mairie Wittlich, IX

   Bestand 700: Nachlässe

LHA Ko: 700,62: Nachlass Blattau
LHA Ko: 700,62 / 28 Chronik Ludwig Müller

LHA Ko: 700,152: Familienarchiv Rischmann
LHA Ko: 700,152 / 56: Plakatdrucke
LHA Ko: 700,152 / 57: Plakatdrucke
LHA Ko: 700,152 / 59: Festreden

   Bestand 701: Handschriften

LHA Ko: 701 / 572: Einsetzung der Bezirksverwaltung Trier, 1795

   Bestand 712: Plakatdrucke

   Bestand 717: Reproduktionen

LHA Ko: 717 / 514: Kopien aus Archives Nationales in Paris F / 1 c III Sarre 3
LHA Ko: 717 / 514: Kopien aus Archives Nationales in Paris F / 1 c III Sarre 4

5. Mainz, Stadtarchiv

StadtA Mainz: Etat des services, Sarre

6. Paris, Nationalarchiv

Bestand F / 1: Innenministerium

AN Paris: F / 1 b: Ministère de l'intérieur, Série départementale
AN Paris: F / 1 b II / Sarre / 1: Besetzung der Zentralverwaltung
AN Paris: F / 1 c III / 90-102: Nationalfeste, Zirkulare und Berichte
AN Paris: F / 1 c III Sarre 3: Reunionsadressen, 1798
AN Paris: F / 1 c III Sarre 4: Nationalfeste, Eidesleistung der Funktionäre nach dem 19. Brumaire
AN Paris: F / 1 e / 42: Trauerfeier für die Gesandten beim Rastatter Kongress
AN Paris: F / 1 e / 43: Verwaltung

Bestand F / 7: Police générale (Polizeiministerium)

AN Paris: F / 7 / 7470: Dekadenberichte der Gendarmerie
AN Paris: F / 7 / 7605 (36): Unruhen in Manderscheid
AN Paris: F / 7 / 7614 (75): Politische Situation im Saardepartement
AN Paris: F / 7 / 7687 (90): Fest der Gründung der Republik in Trier

7. Saarbrücken, Landesarchiv

Bestand: Archivaliensammlung des Historischen Vereins (ArchSlg.HV)

L II: Französische Revolution und Kaiserreich

LA Sb: ArchSlg.HV L II Nr. 174: Rede von Cetto zum Fest der Gründung der Republik am 1. Vendémiaire VII in St. Wendel, Konzept (Nachlass Cetto)
LA Sb: ArchSlg.HV L II Nr. 239: Einsetzung der Kantonsverwaltung Saarbrücken

Bestand: Kommission für saarländische Landesgeschichte

Mikrofilm III/39: Hetzerader Familienchronik (Baur: Tagebuch), Original in Privatbesitz

8. Saarbrücken, Stadtarchiv

Bestand: Mairie

StadtA Sb: Mairie Nr. 12: Rechnung der Baumpflanzung in St. Arnual im April 1798
StadtA Sb: Mairie Nr. 732: Beschlussbuch der Kantonsmunizipalität St. Arnual, Bd. 2, 19. Okt. 1798 - 13 März 1799
StadtA Sb: Mairie Nr. 733: Empfangene Anweisungen des Kantons St. Arnual
StadtA Sb: Mairie Nr. 749: Beschlussbuch der Kantonsmunizipalität St. Arnual, Bd. 3, 18 März - 14. Dez. 1799

9. Speyer, Landesarchiv

Bestand G 6 Departement Donnersberg

LA Speyer: G 6 Nr. 1: Errichtung und Wiederrichtung von Freiheitsbäumen, 1798-1804

Bestand G 9: Departement Saar

LA Speyer: G 9 Nr. 7: Register der auslaufenden Korrespondenz der Kantonsverwaltung Blieskastel, VI-VII

LA Speyer: G 9 Nr. 8: Register der bei der Kantonsverwaltung Blieskastel einkommenden Arrêtés der Zentralverwaltung des Saardepartements, VI-VII

LA Speyer: G 9 Nr. 37 (1): Register der auslaufenden Korrespondenz des Kommissars bei der Kantonsverwaltung Waldmohr, VI-VIII

LA Speyer: G 9 Nr. 37 (4): Register der auslaufenden Korrespondenz der Kantonsverwaltung Waldmohr, VIII

10. Speyer, Zentralarchiv der Ev. Kirche der Pfalz

Best. 44 Pfarrarchiv Niederkirchen im Ostertal

ZA Speyer: Best. 44 Nr. 22: Rede von Pfarrer Culmann beim Fest des 9./10. Therm. VI in St. Wendel

11. Trier, Bistumsarchiv

Abt. 49: Erzbistum Trier 1789-1802

BA Tr: Abt. 49, Nr. 46: Lieder von Stammel, 1797-99.
BA Tr: Abt. 49, Nr. 48: Republikanische Reden, 1798-1801.

12. Trier, Stadtarchiv

Bestand Fz: Französische Zeit

StadtA Tr: Fz   7: Einsetzung der Zentralverwaltung
StadtA Tr: Fz 10: Einsetzung der Munizipalität Trier
StadtA Tr: Fz 67: Eingehende Schreiben der Munizipalität, betr. u.a. Dekadenfeste, Revolutionsfeste
StadtA Tr: Fz 110 ff: Sammlung Hermes
StadtA Tr: Fz 684: Revolutionsfeste (Provenienz Kommissar)

Bestand Ta 55: Orte außerhalb von Trier

StadtA Tr: Ta 55/17 (Nr.1): Bericht der Mairie St. Wendel über die Feier anlässlich der Hochzeit von Napoleon mit Marie-Louise von Österreich am 23. April 1810, illustriert von Sekretär François Manouisse

Nachlass Johann Friedrich Lintz (1749-1829)

StadtA Tr: Tagebuch in den Jahren 1794-1798, Drucke und Konzepte von Reden

Verzeichnis 4: Forschungsliteratur

1. Quellenpublikationen

1.1. Frankreich

ARNDT, Ernst Moritz: Pariser Sommer 1799, hg. v. Wolfgang GERLACH, Frankfurt 1982.
Bulletin Décadaire de la République Française, Paris VII (Nr. 1-36), VIII (Nr. 1-5).
Bulletin des lois:
   Lois et actes du gouvernement. Bd. 1-8 (August 1789 – 18. Prairial II / 6. Juni 1794), Paris 1806-1807.
   Bulletin des lois, Série 1, Nr. 1-205, 22. Prairial II (10. Juni 1794) - 3. Brumaire IV (25. Okt. 1795), Série 2, Nr. 1-345, 12. Brumaire IV (3. Nov. 1795) - 27. Nivôse VIII (17. Jan. 1800).
FRANÇOIS DE NEUFCHÂTEAU, Nicolas Louis: Recueil des lettres circulaires, instructions, programmes, discours et autres actes publics, émanés du citoyen François de Neufchâteau, pendant ses deux exercices du Ministère de l'Intérieur, Bd. 1-2, Paris VII-VIII.
LA RÉVELLIÈRE-LÉPEAUX, Louis-Marie: Essai sur les moyens de faire participer l'universalité des spectateurs à tout ce qui se pratique dans les fêtes nationales, lu à la classe des sciences morales et politiques de l'Institut National de France dans la séance du 22 vendémiaire an VIème, Paris an VI.
LA RÉVELLIÈRE-LÉPEAUX, Louis-Marie: Réflexions sur le culte, sur les cérémonies civils et sur les fêtes nationales, lues à l'Institut le 12 floréal an V de la République dans la séance de la classe des Sciences morales et politiques, Paris an V.
La situation des départements et l'institution des premiers préfets en l'an VIII (1799-1800), hg.v. Élisabeth BERLIOZ, Paris 2000.
Les Constitutions de la France depuis 1789, hg. v. Jacques GODECHOT, Paris 1995.
POULTIER D'ELMOTTE, François-Martin: Discours décadaires pour toutes les fêtes de l'année républicaine, Paris II-III.
Manuel des autorités constituées de la République francaise, Paris V (1797).
Recueil des actes du Directoire exécutif, hg.v. A. DEBIDOUR, Bd. 1-4, Paris 1910-1917.

1.2. Rheinland

BORMANN, Karl Theodor Friedrich / DANIELS, Alexander von (Hg.): Handbuch der für die königlich-preußischen Rheinprovinzen verkündigten Gesetze, Verordnungen und Regierungsbeschlüsse aus der Zeit der Fremdherrschaft, Bd. 1-8, Köln 1833-1845.
DELAPORTE, André: La fête du 1er ventôse an VI à Trèves d'après des documents inédits, in: Francia 21/2, 1994, S. 147-161.
Der Beobachter an der Saar, hg. v. Johann Baptist HETZRODT und Ferdinand ZEININGER, Trier, Nr. 1-90, 1. Nivôse VII / 21. Dezember 1798 – 29. Prairial VII / 17. Juni 1799.
Der Trierische Ankündiger für das Saardepartement, Trier (Eschermann) VII (1798/99) – XI (1802/03), dann fortgesetzt unter anderem Titel.
Der Zeitgeist. Den Freunden der Freiheit gewidmet. Zweibrücken 1832.
ENGELS, Hans-Werner (Hg.): « *Die furchtbare Hymne* ». Die Marseillaise in Deutschland. Lieder und Gedichte gegen den ungerechten Krieg, Saarbrücken 1989.
ENGELS, Hans-Werner (Hg.): Gedichte und Lieder deutscher Jakobiner, Stuttgart 1971.

X. Verzeichnis 4: Forschungsliteratur

Firmond, Georg Ludwig: Chronik 1790-1801, hg. v. August Krohn, in: Mitteilungen des Historischen Vereins für die Saargegend 7, 1900, S. 28-123.

Görres, Joseph: Politische Schriften der Frühzeit, 1795-1800, hg. v. Max Braubach. (=Joseph Görres: Gesammelte Schriften, Bd. 1) Köln 1928.

Gottlieb, Johann Heinrich: Chronik 1775-1815, hg. v. August Krohn, in: Mitteilungen des Historischen Vereins für die Saargegend 7, 1900, S. 1-27.

Haan, Johann Jakob: Rechtfertigung des Bürgers Haan, Verwalter des Saar-Departements gegen eine gegen ihn gemachte Denunziation, Luxemburg VII.

Hansen, Joseph: Quellen zur Geschichte des Rheinlandes im Zeitalter der französischen Revolution 1780-1801, Bd. 1-4, Bonn 1913-1938.

Herly, Robert: Fêtes et cérémonies dans le département de la Sarre, an VI - 1814, in: Bulletin de la Société des amis des pays de la Sarre 1927, S. 128-167.

Hetzrodt, Johann Baptist: Etwas über die Rechtfertigung des Bürgers Haan, in Bezug auf seine darinnen enthaltene Ausfälle wider den Bürger Hetzrodt, Trier VII.

Journal für das Saardepartement, hg. v. Johann Jakob Haan, Heft 1-8 (Nr. 1-60) 3. Floréal VI / 22. April 1798 - Ventôse VII / März 1799.

Kuhn, Axel: Linksrheinische deutsche Jakobiner. Aufrufe, Reden, Protokolle, Briefe und Schriften 1794-1801, Stuttgart 1978.

Lager, Johann Christian: Mitteilungen aus einem Trierer Tagebuch aus der französischen Revolution, in: Trierische Chronik 11, 1915, S. 114-125, 129-141, 179-187.

Lehne, Friedrich: Dem Helden Napoleon Bounaparte, Mainz 1797.

Lieder für Freie, Trier (Hetzrodt Nr. 52), Brumaire VIII [Okt./Nov. 1799].

Lieder-Sammlung für Republikaner, Erste Lieferung, Koblenz (in der neuen Buchhandlung und Buchdruckerei auf dem Paradeplatz [Hériot] Nr. 465) o.J.

Lieder-Sammlung zum Gebrauch bei Feierung der Dekaden und anderer republikanischen Feste im Dekaden-Tempel der Gemeinde Trier, Erstes Heft, [Trier o.J.]

Liederlese für Republikaner zur Feier der Dekaden und Republikanischen Festtage, Coblenz (in der Lassaulxischen Druckerei, No 402) Ventôse VII [Febr./März 1799].

Lintz, Friedrich: Betragen des Bürger Lintz seit dem Einrücken der fränkischen Armeen in Trier, beleuchtet durch zwölf Beiträge. Trier (Hetzrodt) [1799]

Lohmeyer, Karl (Hg.): Lebensgeschichte von Simon Joseph Schmitt, Doktor der Philosophie 1766-1808, Heidelberg 1924.

Patriotische Beiträge, hg. v. Johann Baptist Hetzrodt, 1. Quartal, Heft 1 - 3. Quartal Heft 1, Vendémiaire VII / September 1798 - Germinal VII / April 1799.

Politische Zeitung im Saardepartement, hg. v. Johann Baptist Hetzrodt, Nr. 1-18, 4. Messidor VII / 22 Juni 1799 – 29. Fruktidor VII / 15. September 1799.

Poultier d'Elmotte, François-Martin: Dekadenreden auf alle Feste des republikanischen Jahres von Bürger Poultier, französischen Volks-Repräsentanten. Übersetzt von Bürger G[eorg] Wedekind, Volksrepräsentant der ehem. rheinisch-deutschen mit Frankreich nun verbundenen Republik, ordentlicher Arzt am Militärspital zu Straßburg. Straßburg im 3ten Jahr der fränkischen Republik.

Rebmann, Georg Friedrich: Coup d'œil sur les quatre départements de la rive gauche du Rhin, Trier X / 1802.

Rebmann, Georg Friedrich: Der revolutionäre Kalender. Eine Parentation, in: ders.: Historisch-politische Miscellen aus dem Jahrhundert der Contraste für unbefangene Leser. Germanien 1815, S. 258-273.

Recueil des règlements et arrêtés émanés du commissaire du gouvernement dans les quatre nouveaux départements de la rive gauche du Rhin / Sammlung der Verordnungen und Beschlüsse, erlassen durch den Regierungs-Kommissär in den vier neuen Departements des linken Rhein-Ufers, Teil 1-12, Heft 1-24, Strasbourg VII-VIII.

Republikanischer Katechismus oder Grundsätze der Philosophie, der Moral und der republikanischen Politik, für die Jugend aus dem französischen übersetzt, Trier o.J.

SALOMON, Udo (Hg.): Hofprediger Wilhelm Neussel. Ein reformierter Pfarrer erinnert sich an die französische Herrschaft in Meisenheim am Glan, 1794-1814, Meisenheim 2010.

SCHNEIDER, Erich (Hg.): « Triumph, die Freiheitsfahne weht... » Die Pfalz im Banne der Französischen Revolution (1789-1814). 2. Aufl. Landau 1989.

SCHIEL, Hubert: Johann Friedrich Lintz und sein Tagebuch von 1794-1799, in: Kurtrierisches Jahrbuch 1970, S. 106-141; 1971, S. 69-90; 1972, S. 81-103.

TRÄGER, Claus (Hg.): Mainz zwischen Rot und Schwarz. Die Mainzer Revolution 1792-1793 in Schriften, Reden und Briefen, Berlin 1963.

Volksstimme. Sammlung und Gesänge für alle Deutschen. Neustadt / Haardt 1832.

WYTTENBACH, Johann Hugo: Handbuch für den Unterricht in den Pflichten und Rechten des Menschen und des Bürgers, zum Gebrauch in den Primairschulen, vorzüglich in der zweiten Classe; Tugend und Recht, Trier (Hetzrodt) VIII [1799].

WYTTENBACH, Johann Hugo: Schulreden vom Jahre 1799 bis 1846, Trier 1847.

ZEGOWITZ, Ludwig: Statistique du département de la Sarre. Trèves, an XI.

1.3. Deutschland

BÜRGER, Gottfried August: Werke und Briefe, Leipzig 1958.

GELLERT, Christian Fürchtegott: Gesammelte Schriften. Kritische, kommentierte Ausgabe. Bd. 1: Fabeln und Erzählungen, Berlin 2000; Bd. 2: Gedichte, Geistliche Oden und Lieder, Berlin 1997.

HÖLTHY, Ludwig Christoph Heinrich: Gesammelte Werke und Briefe. Kritische Studienausgabe, hg. v. Walter HETTCHE, Göttingen 1998.

LA RÉVELLIÈRE-LÉPEAUX, Louis-Marie: Betrachtungen über den Gottesdienst, bürgerliche Gebräuche und Nationalfeste. Aus dem Französischen übersetzt von C. FABRICIUS. Hamburg 1797.

REBMANN, Georg Friedrich: Werke und Briefe, hg. v. Werner GREILING und Wolfgang RITSCHEL, Bd. 1-3, Berlin 1990.

Schubart's Werke in einem Band, hg. v. Ursula WERTHEIM und Hans BÖHN, Berlin 1988.

2. Archivinventare

EDER-STEIN, Irmtraut: Findbuch des Archivs der Verbandsgemeinde Birkenfeld. Birkenfeld 1994 (masch). [Archiv der VG Birkenfeld, LHA Koblenz: FA 532]

Inventar von Quellen zur deutschen Geschichte in Pariser Archiven und Bibliotheken. Bearb. v. einer Arbeitsgruppe unter Leitung von Georg SCHNATH, hg. v. Wolfgang Hans STEIN, Koblenz 1986.

STEIN, Wolfgang Hans: Akten der französischen Besatzungsverwaltungen 1794-1797. Landeshauptarchiv Bestand 241,001 – 241,014, Koblenz 2009.

STEIN, Wolfgang Hans: Die Akten der Verwaltung des Saardepartements 1798-1813. Inventar der Bestände Landeshauptarchiv Koblenz Bestand 276 und Landesarchiv Speyer Bestand G 9, Koblenz 1991.
STEIN, Wolfgang Hans: Die französischen Bestände des Stadtarchivs Trier 1794-1814 / 1816. Provenienzverzeichnis, Koblenz 2013.

3. Ausstellungen

1832 – 1982. Hambacher Fest. Freiheit und Einheit. Deutschland und Europa. Eine Ausstellung des Landes Rheinland-Pfalz zum 15jährigen Jubiläum des Hambacher Festes. Neustadt/Weinstraße 1982.
250 Jahre Trierer Zeitungen. Begleitband und Katalog zur Ausstellung der Stadtbibliothek Trier in Verbindung mit dem Trierer Volksfreund, von Gunther FRANZ und Hermann LÜCKING, Trier 1995.
« Der schlimmste Punkt in der Provinz ». Demokratische Revolution 1848/49 in Trier und Umgebung. Katalog-Handbuch. Hg. v. Elisabeth DÜHR, Trier 1998.
Deutsche Jakobiner. Mainzer Republik und Cisrhenanen 1792-1798. Ausstellung des Bundesarchivs und der Stadt Mainz, Bd. 1-3, Mainz 1981.
Deutschland und die Französische Revolution 1789/1989. Eine Ausstellung des Goethe-Instituts zum Jubiläum des welthistorischen Ereignisses, Stuttgart 1989.
Die Französische Revolution und die Saar. Ausstellung des Landesarchivs Saarbrücken. Katalog, St. Ingbert 1989.
Die Grafen von der Leyen und das Amt Blieskastel. Ausstellung der Stadt Blieskastel, Blieskastel 1991.
Die Publizistik der Mainzer Jakobiner und ihrer Gegner, Mainz 1993.
Freiheit, Gleichheit, Brüderlichkeit. 200 Jahre Französische Revolution in Deutschland, 1989. Ausstellungskatalog des Germanischen Nationalmuseums, Nürnberg 1989.
« Freiheit lebet nur im Liede ». Das politische Lied in Deutschland. Eine Ausstellung des Bundesarchivs in Verbindung mit dem Deutschen Volksliedarchiv Freiburg i. Br., Koblenz 1992.
Goethe in Trier und Luemburg. 200 Jahre Campagne in Frankreich 1792. Ausstellungskatalog, Trier 1992.
Petitionen und Barrikaden. Rheinische Revolutionen 1848/49. Bearb. v. Ingeborg SCHNELLING-REINICKE, Münster 1998.
Spektakel der Macht. Rituale im alten Europa 800-1800. Katalog, Darmstadt 2008.
Unter der Trikolore / Sous le drapeau tricolore. Trier in Frankreich – Napoleon in Trier / Trèves en France – Napoléon à Trèves. 1794-1814. Ausstellung des Städtischen Museums Simeonstift Trier, Trier 2004.
Untertan, Citoyen, Staatsbürger. Die Auswirkungen der französischen Revolution auf den rheinisch-pfälzischen Raum. Eine Ausstellung der Landesarchivverwaltung Rheinland-Pfalz, bearb. v. Wolfgang Hans STEIN, Koblenz 1981.

4. Wissenschaftliche Literatur

4.1. Sammelwerke

Atlas de la Révolution française, hg. v. Serge BONIN und Claude LANGLOIS, Paris 1987 ff

Biographisch-Bibliographisches Kirchenlexikon, Bd. 1 ff, Herzberg 1975 ff.
Biographisches Lexikon zur Geschichte der demokratischen und liberalen Bewegungen in Mitteleuropa 1770 bis 1848/49, hg. v. Helmut REINALTER und Claus OBERHAUSER, Frankfurt 2015.
Bürgerliche Feste. Symbolische Formen politischen Handelns im 19. Jahrhundert, hg. v. Manfred HETTLING und Paul NOLTE, Göttingen 1993.
Das Dritte Reich im Fest. Führermythos, Feierlaune und Verweigerung in Westfalen 1933-1945, hg. v. Werner FREITAG, Bielefeld 1997.
Das Fest. Beiträge zu einer Theorie und Systematik, hg. v. Michael MAURER, Köln 2004.
Das Fest. Eine Kulturgeschichte von der Antike bis zur Gegenwart, hg. v. Uwe SCHULTZ, München 1988.
Das ganze Deutschland sollt es sein. Politische Kultur in St. Wendel und der Saarregion 1830-1850, hg. v. Gerhard HECKMANN e.a., St. Wendel 1992.
Deutsche Verwaltungsgeschichte, hg. v. Kurt G. A. JESERICH, Hans POHL, Georg-Christoph VON UNRUH, Bd. 1-6, Stuttgart 1983-1988.
Deutschland und die Französische Revolution, hg. v. Jürgen Voss, München 1983.
Dictionnaire critique de la Révolution française, hg. v. François FURET und Mona OZOUF, Paris 1988.
Dictionnaire historique de la Révolution française, hg. v. Albert SOBOUL, Paris 1989.
Die Französische Revolution als Bruch des gesellschaftlichen Bewußtseins, hg. v. Reinhart KOSELLECK und Rolf REICHARDT, München 1988.
Du Directoire au Consulat, hg. v. Jacques BERNET e.a.: Teil 1: Le lien politique local dans la Grande Nation, Lille 1999; Teil 2: L'intégration des citoyens dans la grande nation, Lille 2000.
Emblèmes et symboles de la Révolution en Côte-d'Or, hg. v. Frank LAIDIÉ e.a., Dijon 2013.
Fêtes et jeux entre Saône et Meuse, hg. v. Georges VIARD, Dijon, Langres 2003.
Fêtes et politique en Champagne à travers les siècles, hg. v. Sylvette GUILBERT, Nancy 1992.
Fêtes et Révolution, hg. v. Béatrice de ANDIA e.a., Paris 1989.
Franzosen und Deutsche am Rhein 1789-1918-1945, hg. v. Peter HÜTTENBERGER und Hansgeorg MOLITOR, Essen 1989.
Geschichte der Stadt Saarbrücken, hg. v. Rolf WITTENBROCK, Bd. 1-2, Saarbrücken 1999.
Geschichtliche Grundbegriffe. Historisches Lexikon zur politisch-sozialen Sprache in Deutschland, hg. v. Otto BRUNNER, Werner CONZE, Reinhart KOSELLECK, Bd. 1-8, Stuttgart 1972-1997.
Handbuch politisch-sozialer Grundbegriffe in Frankreich 1680 – 1820, hg. v. Rolf REICHARDT e.a., Bd. 1-20, München 1985-2000.
Kritisches Wörterbuch der Französischen Revolution, hg. v. François FURET und Mona OZOUF, Bd. 1-2, Frankfurt 1996.
Kulturtransfer im Epochenumbruch. Frankreich – Deutschland 1770 bis 1815, hg. v. Hans-Jürgen LÜSEBRINK und Rolf REICHARDT, Leipzig 1997.
La Belgique française 1792-1815, hg. v. Hervé HASQUIN, Brüssel 1993.
La République directoriale. Actes du colloque de Clermont-Ferrand, hg. v. Philippe BOURDIN und Bernard GAINOT, Bd. 1-2, Société des Études Robespierristes 1998.
Les Fêtes de la Révolution. Colloque de Clermont-Ferrand. Actes recueillis et présentés par Jean EHRARD et Paul VIALLANEIX. Paris 1977.
Les lieux de mémoire, hg. v. Pierre NORA, Teil 1-3, 7 Bde., Paris 1984-1992.

Napoleon am Rhein, hg. v. Jürgen WILHELM e.a., Köln 2012.
Occupants – Occupés, 1792-1815. Colloque de Bruxelles, Brüssel 1969.
Öffentliche Festkultur. Politische Feste in Deutschland von der Aufklärung bis zum Ersten Weltkrieg, hg. v. Dieter DÜDING, e.a., Reinbek 1988.
Pour une République sans Révolution, hg. v. Roger DUPUY und Marcel MORABITO. Rennes 1996.
Pratiques religieuses, mentalités et spiritualités dans l'Europe révolutionnaire (1770-1820), Actes du colloque de Chantilly, hg. v. Paule LEROU, Raymond DARTEVELLE und Bernard PLONGERON, Turnhout 1988.
Réjouissances citoyennes en Côte-d'Or 1789-1800, hg.v. Franck LAIDIÉ et Christine LAMARRE, Dijon, 2005.
Revolution und konservatives Beharren. Das alte Reich und die Französische Revolution, hg. v. Karl Otto Freiherr VON ARETIN und Karl HÄRTER, Mainz 1990.
Symbolische Politik und politische Zeichensysteme im Zeitalter der Französischen Revolutionen (1789-1848), hg. v. Rolf REICHARDT e.a., Münster 2005.
Trierer Biographisches Lexikon, hg. v. Heinz MONZ, Koblenz 2000.
Une expérience rhétorique. L'éloquence de la Révolution, hg. v. Éric NÉGREL et Jean-Paul SERMAIN, Oxford 2002.
Volk – Nation – Vaterland, hg. v. Ulrich HERRMANN, Hamburg 1996.

4.2. Allgemeines

HAUPT, Heinz-Gerhard / KOCKA, Jürgen: Historischer Vergleich: Methoden, Aufgaben, Probleme. Eine Einleitung, in: Geschichte und Vergleich, hg. v. Heinz-Gerhard HAUPT und Jürgen KOCKA, Frankfurt 1996, S. 9-45.
MALTE, Rolf: Das sowjetische Massenfest, Hamburg 2005.
MAURER, Michael: Feste und Feiern als historischer Forschungsgegenstand, in: HZ 253, 1991, S. 101-130.
MOSSE, George L.: Die Nationalisierung der Massen. Von den Befreiungskriegen bis zum Dritten Reich, Frankfurt/Main 1993, zuerst englisch 1975.
PAULMANN, Johannes: Internationaler Vergleich und interkultureller Transfer. Zwei Forschungsansätze zur europäischen Geschichte des 18. bis 20. Jahrhunderts, in: HZ 267, 1998, S. 649-685.
ROOLFS, Christoph: Das Forschungskonzept des Kulturtransfers. Entstehung, Inhalte, Institutionalisierung und Akteure zwischen Frankreich und Deutschland, in: Napoleon am Rhein, 2012, S. 131-149, 179-194.

4.3. Frankreich

AGULHON, Maurice: Marianne au combat. L'imagerie et la symbolique républicaines de 1789 à 1880, Paris 1979.
ARZALIER, Francis: Des villages dans l'histoire. Vallée de Montmorency (1750-1914). Arras 1996.
AULARD, François-Alphonse: L'Éloquence parlementaire pendant la Révolution française. Bd. 1-2, Paris 1882-1886.
AULARD, François-Alphonse: Le culte de la raison et le culte de l'être suprême, 1791-1794. Paris 1892.

AULARD, François-Alphonse: Les grands orateurs de la Révolution, Paris 1914.
BACZKO, Bronislaw: Le calendrier républicain. Décréter l'Éternité, in: Les lieux de mémoire, Bd. 1, Paris 1984, S. 37-83.
BAKER, Keith Michael: Souveraineté, in: Dictionnaire critique de la Révolution française, 1988, S. 888-902. / Souveränität, in: Kritisches Wörterbuch der Französischen Revolution, 1996, S. 1332-1353.
BARRE, M.: Les fêtes révolutionnaires à Toulouse, 1789-1800. Thèse de 3e cycle, Toulouse 1976 (masch).
BAXMANN, Inge: Die Feste der Französischen Revolution. Inszenierung von Gesellschaft und Natur, Weinheim 1989.
BECK, Robert: Histoire du dimanche de 1700 à nos jours, Paris 1997.
BECQUART, Noël: Sur quelques fêtes nationales célébrées à Mareuil à l'époque du Directoire, in: Bulletin de la Société historique et archéologique du Périgord 99, 1972, S. 277-285.
BELISSA, Marc: La Cosmopolitique du Droit des gens (1713-1795). Fraternité universelle et intérêt national au siècle des lumières et pendant la Révolution française, in: AnnHistRévolutionFrançaise 1996, S. 723-733.
BERNET, Jacques: Les cultes à Compiègne et dans l'Oise de 1795 à 1802, in: Annales historiques compiègnoises 65-66, 1996, S. 41-53.
BERNET, Jacques: Portée et limites du culte de l'Être suprême en l'an II: l'exemple oisien, in: Pratiques religieuses dans l'Europe révolutionnaire, 1988, S. 387-394.
BIANCHI, Serge: Cultes révolutionnaires, in: Dictionnaire historique de la Révolution française, 1989, S. 312-315.
BIANCHI, Serge: La Révolution et la Première République au village. Pouvoirs, votes et politisation dans les compagnes d'Ile-de-France 1787-1800, Paris 2003.
BIANCHI, Serge: Serments, in: Dictionnaire historique de la Révolution française, 1989, S. 979-980.
BIRO, Sydney Seymour: German Policy of Revolutionary France. A study in French diplomacy during the war of the first coalition 1792 – 1797, Bd. 1-2, Cambridge (Mass) 1957.
BIVER, Marie-Louise: Fêtes révolutionnaires à Paris, Paris 1979.
BLANNING, F. C. W.: The French Revolutionary Wars, 1787-1802, London 1996.
BLIN, Claire: La municipalité du canton de Poitiers sous le Directoire. Thèse de l'École des Chartes 1994. Bd. 1-2 [Institut de l'Histoire de la Révolution française: B 114], Kurzreferat in: Positions des Thèses de l'École des Chartes 1994.
BOCHER, Héloise: Démolir la Bastille. L'édification d'un lieu de mémoire, Paris 2012.
BODINIER, Bernard / TEYSSIER, Éric: L'événement le plus important de la Révolution. La vente des biens nationaux, Paris 2000.
BOIS, Benjamin: Les fêtes révolutionnaires à Angers de l'an II à l'an VIII (1793-1799), Angers 1929.
BOIS, Jean-Pierre: Histoire des 14 Juillet, 1789-1919, Rennes 1991.
BOPPE, August / BOPPE, Raoul: Les vignettes emblématiques sous la Révolution, Paris 1911.
BOUINEAU, Jacques: Le référent antique dans la Révolutions française, légitimation d'une société sans Église, in: État et pouvoir. Réception des idéologies dans le Midi. L'Antiquité et les Temps modernes. Aix 1986, S. 241-258.

BOURDIN, Philippe: Le Puy-de-Dôme sous le Directoire. Vie politique et esprit public, Clermont-Ferrand 1990.
BRASART, Patrick: Paroles de la Révolution. Les Assemblées parlementaires, Paris 1988.
BRÉCY, Robert: La Révolution en chantant, Paris 1988.
BRELOT, Jean: La vie politique en Côte-d'Or sous le Directoire, Dijon 1932.
BRUNEL, Françoise: Thermidor. La chute de Robespierre, Brüssel 1989.
BUDRUSS, Eckhard: Die Deutschlandpolitik der Französischen Revolution zwischen Traditionen und Revolutionärem Bruch, in : Revolution und konservatives Beharren, 1990, S. 145-154.
BYRNES, Joseph F.: Celebration of the Revolutionary Festivals under the Directory: A Failure of Sacrality, in: Church History 63, 1994, S. 201-220.
CART, Michel: Les fêtes révolutionnaires dans les campagnes ardennaises (1789 - an VIII), in: Fêtes et politique en Champagne à travers les siècles, 1992, S. 147-155.
CHAPPEY, Jean-Luc : L'assassinat de Rastadt et les enjeux du « cri de vengeance » sous le second Directoire, in : La voix et le geste, hg. v. Philippe Bourdin e.a., Clermont-Ferrand 2005, S. 69-96.
CHARDON, Edmond: Révolution - Directoire. Dix ans de fêtes nationales et de cérémonies publiques à Rouen, 1790-1799. Rouen 1911.
CHEVALIER, Georges: Les fêtes de la première République du Directoire et du Consulat à Beaume, in: Fêtes et jeu entre Saône et Meuse, 2003, S. 161-174.
CHIMELLO, Sylvain: L'autel de la patrie de Thionville, in: Cahiers lorrains 1989, S. 373-382.
CLÉMENDOT, Pierre: Le département de la Meurthe à l'époque du Directoire, Raon-L'Étape (Vosges), 1966.
CORBAIN, Alain: Les cloches de la terre. Paysage sonore et culture sensible dans les compagnes au XIXe siècle, Paris 1994.
CORVISIER: La place de l'armée dans la Révolution française, in: Revue du Nord, 75, 1993, S. 7-19.
CORVOL, Andrée: Les arbres de liberté: origines et transformations, in: Actes du 114e congrès national des sociétés savantes, Paris 1989, section d'histoire moderne et contemporaine: Les Espaces révolutionnaires, Paris 1990, S. 283-298.
COTTEBRUNE, Anne: Des « réfugiés mayençais » dans le Paris révolutionnaire: histoire d'un exil politique 1793-1799, in: AnnHistRévolutionFrançaise 331, 2003, S. 79-103.
COY, Adelheid: Die Musik der Französischen Revolution. Zur Funktionsbestimmung von Lied und Hymne, München 1978.
D'HOLLANDER, Paul / PAGEOT, Pierre: La Révolution française dans le Limousin et la Marche, 1787-1799, Privat 1989.
DALISSON, Rémi: Célébrer la nation. Les fêtes nationales en France de 1789 à nos jours, Paris 2009.
DALISSON, Rémi: Les fêtes du Maréchal, Paris, 2015.
DALISSON, Rémi: Les Trois Couleurs, Marianne et l'Empereur: fêtes libérales et politique symbolique en France 1815-1870, Paris 2004.
DELALEUX, Philippe: Les fêtes de la Révolution à Metz 1789 - an VIII (1799), in: Cahiers lorrains 1989, S. 349-366.
DELEPLACE, Marc: La haine peut-elle être un sentiment républicain? À propos du serment civique de l'an V, in: AnnHistRévolutionFrançaise 2009, S. 49-72.

DELINIÈRE, Jean: La politique allemande du Directoire, in: La République du Directoire, 1997, S. 1011-1024.
DENIS, Jean-Pierre: Les fêtes révolutionnaires dans le département du Maine-et-Loire, in: Pratiques religieuses dans l'Europe révolutionnaire, 1988, S. 394-404.
DÉRÉ, Anne-Claire: Fêtes révolutionnaires à Nantes, Nantes 1989.
DIPPEL, Horst: Démocratie, Démocrates, in: Handbuch politisch-sozialer Grundbegriffe in Frankreich, Heft 6, 1986, S. 57-97.
DÖRNER, Ruth: « *Vive le Roi, vive Monsieur le Préfet* ». Nationalfeiertage in Dörfern des Departements Meuse von der Juli-Monarchie bis in die Dritte Republik (1830-1890), in: Lokale Gesellschaften im historischen Vergleich, hg. v. Ruth DÖRNER e.a., Trier 2001, S. 181-199.
DOMINÉ, Jean-François: Le chant du départ de Marie-Joseph Chénier et Étienne Méhul, in: AnnHistRévolutionFrançaise 2002, S. 89-100.
DOMMANGET, Maurice: La déchristianisation à Beauvais. Le culte décadaire et la Théophilantropie, in: Annales révolutionnaires 1921, S. 441-476.
FEHRENBACH, Elisabeth: Nation, in: Handbuch politisch-sozialer Grundbegriffe in Frankreich 1680-1820, Heft 7, 1986, S. 75-107.
FOROT, Victor: Les fêtes nationales et cérémonies publiques à Tulle sous la Révolution et la première République, Brive 1904.
FORTUNET, Françoise: Des droits et des devoirs, in: La Constitution de l'an III ou l'ordre républicain, hg. v. Jean BART e.a., Dijon 1998, S. 17-28.
FORTUNET, Françoise: Le temps à l'épreuve de la Révolution. Les avatars du décadi, in: Mouvement populaire et conscience sociale, XVIe - XIXe siècles, hg. v. Jean NICOLAS, Paris 1985, S. 677-686.
FRAY-FOURNIER, Alfred: Les fêtes nationales et les cérémonies civiques dans la Haute-Vienne pendant la Révolution, Limoges 1902.
GAINOT, Bernard: 1799, un nouveau Jacobinisme? La démocratie représentative, une alternative à brumaire, Paris 2001.
GAINOT, Bernard: La République Française et la „Démocratie électorale", in : Francia 42, 2015, S. 307-315.
GAINOT, Bernard: Le mouvement néo jacobin à la fin du Directoire: Structure et pratique politique, in: AnnHistRévolutionFrançaise 292, 1993, S. 302-305.
GAULMER, Jean: Cabinis et son discours sur les fêtes nationales (1791), in: Les Fêtes de la Révolution, 1977, S. 479-491.
GIRARDET, Raoul: Les Trois Couleurs. Ni blanc, ni rouge, in: Les lieux de mémoire, Bd. 1, 1984, S. 5-35.
GODECHOT, Jacques: La Grande Nation, Paris 2. Aufl. 1983.
GODECHOT, Jacques: Les commissaires aux armées sous le Directoire. Bd. 1-2, Paris 1941.
GODECHOT, Jacques: Les Institutions de la France sous la Révolution et l'Empire, Paris 2. Aufl. 1968.
GODECHOT, Jacques: Les variations de la politique française à l'égard des pays occupés, 1792-1814, in: Occupants – Occupés, 1792-1815, 1969, S. 15-41.
GOUDEAU, André: Le Département de l'Eure sous le Directoire, Rouen 2012.
GRANGE, Henri: La Revellière-Lépaux, théoricien de la fête nationale, in: Les Fêtes de la Révolution, 1797, S. -493-502
GUILHAUMOU, Jacques: L'avènement des porte-parole de la République, Lille 1998.

GUIOMAR, Jean-Yves: Histoire et signification de « la Grande Nation », in: Du Directoire au Consulat, Teil 1: Le lien politique local dans la Grande Nation, 1999, S. 317-327.

GUMBRECHT, Hans Ulrich: Funktionen parlamentarischer Rhetorik in der Französischen Revolution, München 1978.

GUYOT, Ch.: Les fêtes nationales à Mirécourt, Nancy 1900.

GUYOT, Raymond: Le Directoire et la paix de l'Europe, des traités de Bâle à la deuxième coalition (1795-1799), Paris 1911.

HABERMAS, Jürgen: Die Struktur der Öffentlichkeit. Untersuchungen zu einer Kategorie der bürgerlichen Gesellschaft, Neuwied, Berlin 1962.
Franz. Übersetzung: L'espace public. Archéologie de la publicité comme dimension constitutive de la société bourgeoise, 1986; englische Übersetzung: The Structural Transformation of the Public Sphere. An Inquiry into a Category of Bourgeois society. 1991.

HARDEN, J. David: Liberty caps and liberty trees, in: Past and Present 146, 1995, S. 66-102.

HARTEN, Hans Christian / HARTEN, Elke: Die Versöhnung mit der Natur. Gärten, Freiheitsbäume, republikanische Wälder, heilige Berge und Tugendparks in der Französischen Republik, Reinbek bei Hamburg 1989.

HARTEN, Hans Christian: Transformation und Utopie des Raumes in der Französischen Revolution, Braunschweig, Wiesbaden 1994.

HERDING, Klaus / REICHARDT, Rolf: Die Bildpublizistik der Französischen Revolution, Frankfurt 1989.

HEUVEL, Gerd van der: Der Freiheitsbegriff der Französischen Revolution, Göttingen 1988.

HIEGEL, Charles: Les arbres de la liberté dans le département de la Moselle, in: Cahiers lorrains 1999, S. 419-456.

HORN, Pierre: La monarchie française et l'espace frontalier sarro-lorraine: la régularisation de la seconde moitié du XVIIIe siècle, in: Annales de l'Est 2010, numéro spécial 2, S. 169-188.

HUDDE, Hinrich: Comment la Marseillaise devint femme, in: Mots. Les langages du politique 70, 2002, S. 29-43.

HUDDE, Hinrich: Une Inconnue célèbre: La Marseillaise. Analyse du texte, suivie de quelques marseillaises du Quatorze Juillet, in: La Chanson française contemporaine, hg. v. Ursula MATHIS, Innsbruck 1995, S. 91-104.

HUDDE, Hinrich: Zur Wirkung der Marseillaise auf Deutsch, in: Francia 17/2, 1990, S. 143-171.

HUNT, Lynn - LANSKY, David - HANSON, Paul: The failure of the Liberal Republic in France, 1795-1799, in: Journal of Modern History 51, 1979, S. 734-759.

HUNT, Lynn: Symbole der Macht, Macht der Symbole. Die Französische Revolution und der Entwurf einer politischen Kultur, Frankfurt am Main 1989, zuerst englisch 1984.

IHL, Olivier. La fête républicaine, Paris 1996.

JALAMBERT, Laurent: Des confins aux limites. La construction frontalière entre la France et le Saint Empire du XVIIe siècle au début du XIXe siècle, in: Annales de l'Est 2003, S. 347-370.

JESSENNE, Jean-Pierre: Pouvoir au village et Révolution. Artois 1760-1848, Lille 1987.

JOURDAN, Annie: Les Monuments de la Révolution 1770-1804, Paris 1997.

JULIA, Dominique: Lakanal, in: Dictionnaire historique de la Révolution française, 1989, S. 631-634.

KEILHAUER, Annette: Das französische Chanson im späten Ancien Régime, Hildesheim 1998.
KLIPPEL, Diethelm: Freiheit (Der politische Freiheitsbegriff im modernen Naturrecht), in: Geschichtliche Grundbegriffe, Bd. 2, 1975, S. 469-488.
KRAUSE-TASTET, Peter: Analyse der Stilentwicklung in politischen Diskursen während der Französischen Revolution, Frankfurt 1999.
KROEN, Sheryl: The cultural politics of revolution and counterrevolution in France (1815-1830), Ann Arbor 1993.
KRUSE, Wolfgang: Die Erfindung des modernen Militarismus. Krieg, Militär und bürgerliche Gesellschaft im politischen Diskurs der Französischen Revolution 1789-1799, München 2003.
LAIDIÉ, Frank: Fêtes et manifestations publiques en Côte-d'Or, Aix-en-Provence 2005.
LAMADON, Anni: Les fêtes civiques dans le département du Puy-du-Dôme sous la Révolution, in: La Révolution dans le Puy-du-Dôme, hg. v. Albert SOBOUL, Paris 1972, S. 265-313.
LAMOTTE, Françoise: Les fêtes révolutionnaires, in: Revue du département de la Manche 32, 1990, S. 79-96.
LAROCHE DE ROUSSANE, Paul: Les fêtes civiques à Sainte-Foy La Grande sous le Directoire, 1796-1799, in: Actes de l'Académie nationale des sciences, belles-lettres et arts de Bordeaux, 5e série, 14, 1989, S. 105-127.
LATOUR, Laure: Les fêtes révolutionnaires à Villefranche, in: Bulletin de la Société des Amis de Villefranche et du Bas-Rouergue 1989-90, S. 263-293.
LEFEBVRE, Georges: La France sous le Directoire, 1795-1799. Édition intégrale du cours „Le Directoire" présentée par Jean-René SURATTEAU, Paris 1977.
LEGRAND, Robert: Les fêtes civiques à Abbeville, in: Bulletin de la Société d'Émulation historique et littéraire d'Abbeville, 24, 1978, S. 373-426.
LEGRAND, Robert: Les fêtes du Consulat et de l'Empire [à Abbeville], in: Bulletin de la Société d'émulation historique et littéraire d'Abbeville, 24, 1978, S. 543-576.
LELEUX, Fernand: Un démocrate inconditionnel Charles Lambrechts, ministre de la justice sous le Directoire, 1753-1823, o.O. 1989.
LE BOZEC, Christine : La Première République, 1792-1799, Paris 2014.
LEUWERS, Hervé: Révolution et guerre de conquête. Les origines d'une nouvelle raison d'État (1789-1795), in: Revue du Nord 1993, S. 21-40.
LEUWERS, Hervé: Théorie et pratique des relations internationales chez les hommes du Directoire, in : La République directoriale, 1998, S. 937-959.
LEUWERS, Hervé: Un juriste en politique, Merlin de Douai, 1754-1838, Artois 1996.
LIRIS, Elisabeth: Autels de la patrie, in: Dictionnaire historique de la Révolution française, 1989, S. 59.
LIRIS, Elisabeth: Cocarde, in: Dictionnaire historique de la Révolution française, 1989, S. 241.
LIRIS, Elisabeth: Symbolisme révolutionnaire, in: Dictionnaire historique de la Révolution française, 1989, S. 1008-1009.
LÖHLEIN-HOFSTÄDTER, Elisabeth: Rhetorik der französischen Revolution. Diss. Erlangen-Nürnberg 1993.
LÜSEBRINK, Hans-Jürgen / REICHARDT, Rolf: Die Bastille. Zur Symbolgeschichte von Herrschaft und Freiheit, Frankfurt 1990.

LÜSEBRINK, Hans-Jürgen: Der „Transfer" des 14. Juli 1789. Methodische Überlegungen zur Komparatistischen Rezeptions- und Symbolgeschichte historischer Ereignisse am Beispiel des Bastillesturms, in: Revolution und konservatives Beharren, 1990, S. 37-44.

LÜSEBRINK, Hans-Jürgen: Die Genese der « *Grande Nation* ». Vom Soldat-Citoyen zur Idee des Empire, in : Volk – Nation – Vaterland, 1996, S. 118-130.

LYONS, Martyn: France under the Directory, Cambridge 1975.

MAIER, Hans: Über revolutionäre Feste und Zeitrechnung, in: Wie eine Revolution entsteht, hg. v. Hans MAIER und Eberhard SCHMITT, Paderborn 1988, S. 99-117; wiederholt in: ders.: Revolution und Kirche, Freiburg 5. Aufl. 1988, S. 269-289.

MALINO, Frances: Juifs, in: Dictionnaire historique de la Révolution française, 1989, S. 606-608.

MANIN, Bernard: Rousseau, in: Dictionnaire critique de la Révolution française, 1989, S. 872-886. / Rousseau, in: Kritisches Wörterbuch der Französischen Revolution, 1996, S. 1308-1331.

MARTY, Ginette / MARTY, Georges: Dictionnaire des chansons de la Révolution, 1787-1799, Paris 1988.

Mason, Laura: Singing the French Revolution. Popular culture and politics 1787-1799, Ithaca 1996.

MATHIEZ, Albert: La Théophilanthropie et le culte décadaire. Essai sur l'histoire religieuse de la Révolution, 1796-1801, Paris 1903, ND Paris, Genf 1975.

MATHIEZ, Albert: Les origines des cultes révolutionnaires, 1789-1792, Paris 1904.

MAZAURIC, Claude: La fête révolutionnaire, manifestation de la politique jacobine, Rouen 1793 / an II, in: Les Fêtes de la Révolution, 1977, S. 181-190.

MEINZER, Michael: Der französische Revolutionskalender und die „Neue Zeit", in: Die Französische Revolution als Bruch des gesellschaftlichen Bewußtseins, 1988, S. 35-65.

MEINZER, Michael: Der französische Revolutionskalender, 1792-1805. Planung, Durchführung und Scheitern einer politischen Zeitrechnung, München 1992.

MONNIER, Raymonde: L'espace public démocratique. Essai sur l'opinion à Paris de la Révolution au Directoire, Paris 1994.

Moureau, François / Wahl, Elisabeth : Chants de la Révolution française, Paris 1989.

NERI, Daniela: Frankreichs Reichspolitik auf dem Rastatter Kongress (1797-1799), in: Francia 24/2, 1997, S. 137-157.

NOËL, Jean-François: Les problèmes de frontières entre la France et l'Empire dans la seconde moitié du XVIIIe siècle, in: Revue historique 1966, S. 333-346.

NOIREL, Gérard: L'identification des citoyens. Naissance de l'état civil républicain, in: Genèse 13, 1993, S. 2-28.

NORDMAN, Daniel: Frontières de France, Paris 1998.

ORY, Jean-Marie: Les débuts du culte révolutionnaire dans le département des Vosges, 1792-1795, in: Pratiques religieuses dans l'Europe révolutionnaire, 1988, S. 411-419.

Ouvrard, Jean-Pierre : Chants de la Révolution française, Musikkassette mit dem Ensemble Jacques moderne unter Leitung von Jean-Pierre Ouvrard, 1989.

OZOUF, Mona: Calendrier, in: Dictionnaire critique de la Révolution française, 1988. / Kalender, in: Kritisches Wörterbuch der Französischen Revolution, 1996, S. 754-767.

Ozouf, Mona: De thermidor à brumaire. Le discours de la Révolution sur elle-même, in: Revue historique 243, 1970, S. 31-66.

Ozouf, Mona: La fête révolutionnaire, 1789-1799, Paris 1976.

Ozouf, Mona: Le Cortège et la Ville. Les itinéraires parisiens des fêtes révolutionnaires, in: Fêtes et Révolution, Paris 1989, S. 74-111.

Ozouf, Mona: Régénération, in: Dictionnaire critique de la Révolution française, 1988, S. 821-831. / Erneuerung, in: Kritisches Wörterbuch der Französischen Revolution, 1996, S. 1071-1086.

Ozouf, Mona: Religion révolutionnaire, in: Dictionnaire critique de la Révolution française, 1988, S. 603-613. / Revolutionäre Religion, in: Kritisches Wörterbuch der Französischen Revolution, 1996, S. 833-849.

Pierre, Constant: Les hymnes et chansons de la Révolution. Aperçu général et catalogue, Paris 1904.

Pierre, Constant: Musique des Fêtes et cérémonies de la Révolution française, Paris 1899.

Pioger, M. A.: Fêtes révolutionnaires à Parigné-les-Mans et dans le canton, in: Bulletin de la Société d'agriculture, sciences et arts de la Sarthe 67, 1959-60, S. 216-227.

Pizelle, Jean-Paul : Les fêtes révolutionnaires à Langres (1789-1799), in: Fêtes et jeux entre Saône et Meuse, 2005, S. 145-160.

Plé, Bernhard: Die sakralen Grundlagen der laizistischen Republik Frankreichs, in: Archiv für Kulturgeschichte 87, 2005, S. 373-393.

Reichardt, Rolf: Bastille, in: Handbuch politisch-sozialer Grundbegriffe in Frankreich 1680-1820, Heft 9, 1988, S. 7-74.

Reichardt, Rolf: Das Blut der Freiheit. Französische Revolution und demokratische Kultur, Frankfurt 2. Aufl. 1999.

Reinhard, Marcel: Le département de la Sarthe sous le régime directorial, Saint-Brieuc 1935.

Richard, Bernard : Les arbres de la liberté dans le département de l'Yonne sous la Révolution et l'Empire, in : Emblèmes et symboles de la Révolution en Côte d'Or, hg. v. Frank Laidié e.a., Dijon 2013, S. 151-166.

Richet, Denis: Frontières naturelles, in: Dictionnaire critique de la Révolution française, 1988, S. 746-747. / Natürliche Grenzen, in: Kritisches Wörterbuch der Französischen Revolution, 1996, S. 1239-1252.

Robert, Frédéric: La Marseillaise, Paris 1989.

Rosanvallon, Pierre: Le sacre du citoyen. Histoire du suffrage universel en France, Paris 1992.

Ruiz, Alain: A l'aube du Kantisme en France. Sieyès, Karl Friedrich Reinhard et le traité « Vers la paix perpétuelle » (Hivers 1795-1796), in: Cahiers d'études germaniques 4, 1980, S. 147-193; 5, 1981, S. 119-153.

Ruiz, Alain: Du Rhin comme limite: un concours franco-allemand à la fin du XVIIIe siècle, in: Deutsch-Französische Begegnungen am Rhein 1700-1789 / Rencontres franco-allemandes dans l'espace rhénan entre 1700 et 1789, hg. v. Heinke Wunderlich und Jean Mondot, Heidelberg 1994, S. 19-48.

Sanson, Rosemonde: Les 14 juillet, fête et conscience nationale, 1789-1975, Paris 1976.

Schmidt, Rüdiger: Die Mobilisierung der Provinz. Revolutionärer Wandel und politische Festkultur in Amiens, in: Symbolische Politik und politische Zeichensysteme im Zeitalter der Französischen Revolutionen, 2005, S. 113-130.

SCHNEIDER, Herbert: Der Formen- und Funktionswandel in den Chansons und Hymnen der französischen Revolution, in: Die Französische Revolution als Bruch des gesellschaftlichen Bewußtseins, 1988, S. 421-478.

SCHRÖER, Christiane: Republik im Experiment. Symbolische Politik im revolutionären Frankreich (1792-1799), Köln 2014.

SCHULZE, Winfried: Der 14. Juli 1789. Biographie eines Tages, Stuttgart 1989.

SERNA, Pierre: Le Directoire ... Un non lieu de mémoire à revisiter, in: La République directoriale, 1998, S. 37-63.

SHAW, Matthew: Time and the French Revolution. The Republican Calendar, 1789–Year XIV, London 2011.

SIMONETTI, Pascal: „Vivants piliers", les arbres de la liberté, in: Fêtes et Révolution, 1989, S. 156-177.

SMETS, Josef, Le Rhin, frontière naturelle de la France. Genèse d'une idée à l'époque révolutionnaire, 1789-1799, in: AnnHistRévolutionFrançaise 1998, S. 675-698.

STAROBINSKI, Jean: 1789. Les emblèmes de la raison, Paris 1973.

SURATTEAU, Jean-René / BISCHOFF, Alain: Jean-François Reubell, l'Alsacien de la Révolution française, Colmar 1995.

SURATTEAU, Jean-René: La politique du Directoire à l'égard de l'Allemagne d'après les papiers inédits du Directeur Reubell, in: AnnHistRévolutionFrançaise 56, 1984, S. 259-277.

SURATTEAU, Jean-René: Le double langage de la France révolutionnaire en Rhénanie, in: Franzosen und Deutsche am Rhein, 1989, S. 11-25.

SURATTEAU, Jean-René: Nation / Nationalité, in: Dictionnaire historique de la Révolution Française, 1988, S. 781-783.

TRENARD, Louis: Lille en Fête durant la Révolution, in: Revue du Nord 69, 1987, S. 591-604.

TULARD, Jean: La diplomatie française et l'Allemagne de 1789 à 1799, in: Deutschland und die Französische Revolution, 1983, S. 43-48.

ULBRICH, Claudia: Rheingrenze, Revolten und Französische Revolution, in: Die Französische Revolution und die Oberrheinlande, hg. v. Volker RÖDEL, Sigmaringen 1991, S. 223-244.

UNGERN-STERNBERG, Anthje von: Politische Bankette zur Zeit des Direktoriums, in: Symbolische Politik und politische Zeichensysteme im Zeitalter der Französischen Revolutionen, 2005, S. 131-154.

VOVELLE, Michel: Die Französische Revolution - Soziale Bewegung und Umbruch der Mentalitäten, München, Wien 1982.

VOVELLE, Michel: Fêtes révolutionnaires, in: Dictionnaire historique de la Révolution française, 1988, S. 449-451.

VOVELLE, Michel: La découverte de la politique. Géopolitique de la Révolution française, Paris 1993.

VOVELLE, Michel: La Marseillaise. La guerre ou la paix, in: Les Lieux de Mémoire, Teil I. La République , 1984, S. 85-136.

VOVELLE, Michel: Les métamorphoses de la fête en Provence de 1750 à 1820, Paris 1976.

WALTER, Gérard: La conjuration du Neuf Thermidor, Paris 1974.

WAQUET, Jean: Géographie d'une indignation. L'attentat de Rastadt et l'opinion en France (floréal-prairial an VII) d'après les adresses aux pouvoirs publics, in: Actes

du 104ᵉ Congrès national des sociétés savantes, Bordeaux 1979, Section: Histoire moderne et contemporaine, Bd. 2, Paris 1981, S. 501-517.
WEBER, Eugen: L'Hexagone, in: Les Lieux de mémoire, Bd. 2,2, 1986, S. 97-116.
WELKER, K. H. L.: Volkssouveränität, in: Handwörterbuch der deutschen Rechtsgeschichte, Bd. 5, Berlin 1998, Sp. 1006-1100.
WOLIKOW, Claudine: Les municipalités de canton: échec circonstanciel ou faiblesse structurelle? in: La République directoriale, 1998, S. 231-260.
WOLOCH, Isser: „Republican Institutions", in: The French Revolution and the creation of modern political culture, Bd. 2: The Political Culture of the French Revolution, hg. v. Colin LUCAS, Oxford, 1988, S. 371-387.
WOLOCH, Isser: Jacobine Legacy. The Democratic Movement under the Directory. Princeton 1970.
WORONOFF, Denis: La République bourgeoise de Thermidor à Brumaire, 1794-1799, Paris 1972.
ZIEBURA, Gilbert: Frankreich 1790-1794. Das Fest als revolutionärer Akt, in: Das Fest, 1988, S. 258-269.
ZUBER, Valentine: Le culte des droits de l'homme, Paris 2014.
ZWEIG, Stefan: Sternstunden der Menschheit, 1943.

4.4. Italien, Niederlande

BOSSENO, Marc: Iconographie des fêtes révolutionnaires italiennes, 1796-1799, in: Les images de la Révolution française, hg. v. Michel VOVELLE, Paris 1988, S. 157-164.
GRIJZENHOUT, Frans: La fête révolutionnaire aux Pays-Bas (1780-1806). De l'utopie à l'indifférence, in: AnnHistRévolutionFrançaise 326, 2001, S. 107-116.
JOURDAN, Annie: La Révolution batave entre la France et l'Amérique (1795-1806), Rennes 2008.

4.5. Belgische Departements

BERNARD, Bruno: La fête révolutionnaire du rassemblement spontané à la manifestation, in: La Belgique française, 1993, S. 487-490.
DEVLEESHOUWER: Le cas de la Belgique, in: Occupants - Occupés, 1792-1815, Brüssel 1969, S. 48-49.
PIRENNE, Henri: Histoire de Belgique. Bd. VI: La conquête française, le Consulat et l'Empire. Le Royaume des Pays-Bas, la Révolution belge, Bruxelles 1926.
RAXHON, Philippe: Fêtes civiques à Liège de la Révolution au Consulat. Rupture ou continuité? in: Du Directoire au Consulat, Teil 1, 1999, S. 137-149.
SPANG, Paul: La Saint-Napoléon à Luxembourg (1802-1813), in: Hémecht 21, 1969, S. 109-124.
SPANG, Paul: Les fêtes décadaires à Luxembourg, in: Hémecht 15, 1963, S. 329-348.
WARTELLE, François: Belgique, in: Dictionnaire historique de la Révolution française, 1989, S. 103-105.

4.6. Rheinland

ADAMS, Karl Peter: Kirche und Stadt Meisenheim, Köln 1978.
ANDRAE, Uwe: Die Rheinländer, die Revolution und der Krieg, 1794-1798, Essen 1994.

BAUMGART, Karl: Philipp Jacob Roemmich (1766-1813), Köln 1999.
BECKER, Andreas: Napoleonische Elitenpolitik im Rheinland. Die protestantische Geistlichkeit im Roerdepartement 1802-1814, Wien 2011.
BERETHS, Gustav: Musikchronik der Stadt Trier (1800-1850). Bd. 1: Das Konzert- und Vereinswesen, Mainz 1978.
BERS, Günter / GRAUMANN, Sabine: Eine Staatshymne für die „Cisrhenanische Republik" (1797), Jülich 2003.
BILL, August: Idar, Idar-Oberstein 1935.
BIUNDO, Georg: Die evangelischen Geistlichen der Pfalz seit der Reformation, Neustadt/Aisch 1968.
BLANNING, F. C. W.: The French Revolution in Germany. Occupation and Resistance in the Rhineland 1792-1802, Oxford 1983.
BONKHOFF, Bernhard H.: Politische Reden und der Kultus der Vernunft (1791-1798) in der Pfalz anhand von Dokumenten erläutert, in: Jahrbuch zur Geschichte von Stadt und Landkreis Kaiserslautern, 166/17, 1978/79, S. 149-164.
BRANDT, H. Peter: Vormärz und 1848er Revolution in den Fürstentümern Lichtenberg und Birkenfeld, in: Vormärz und 1848er Revolution an der oberen Nahe, hg. v. Helmut RENNER e.a., Birkenfeld 2002, S. 61-131.
BRUCH, Ludwig: Weg und Schicksal einer deutschen Zeitung, in: Saarbrücker Zeitung 1761-1961, hg. v. d. Saarbrücker Zeitung, Saarbrücken 1961, S. 15-67, 72-203.
BUCHHOLZ, Christoph: Französischer Staatskult 1792-1813 im linksrheinischen Deutschland, Frankfurt / Main, 1997.
BÜHLER, Marianne: Die jüdische Gemeinde Triers zur Zeit der Franzosen, in: Unter der Trikolore, 2004, S. 437-459.
BUNJES, Hermann u.a.: Die kirchlichen Denkmäler der Stadt Trier, mit Ausnahme des Domes, Düsseldorf 1938.
BURG, Peter: Saarbrücken im revolutionären Wandel (1789-1815), in: Geschichte der Stadt Saarbrücken, 1999, S. 455-518.
BURG, Peter: Verwaltung in der Modernisierung. Französische und preußische Regionalverwaltung vom Ancien Régime zum Revolutionszeitalter, Paderborn, 1994.
CARL, Horst: Französische Besatzungsherrschaft im Alten Reich, in: Francia 23/2, 1996, S. 33-64.
CONRADY, Alexander: Die Rheinlande in der Franzosenzeit 1750-1815, Stuttgart 1922.
COUBÉ, Stephen: Alsace, Lorraine et France rhénane, Paris 1915.
DANELZIK-BRÜGGEMANN, Christoph: Ereignisse und Bilder. Bildpublizistik und politische Kultur in Deutschland zur Zeit der französischen Revolution, Berlin 1995.
Der Weltklerus der Diözese Trier seit 1800, bearb. v. Adam EISMANN, Trier 1941.
DIEHL, Wolfgang: Die Lieder im Umkreis des Hambacher Festes von 1832, in: Pfälzische Landeskunde, Bd. 3, Landau 1981, S. 197-208.
DOTZENROD, Ottilie: Republikanische Feste im Rheinland zur Zeit der Französischen Revolution, in: Öffentliche Festkultur, 1988, S. 46-66.
DRUT-HOURS, Marie: Contribution à l'histoire sociale de l'Aufklärung, Étude comparative du processus dans les milieux catholiques et protestants. L'exemple des communautés de Deux-Ponts et de Trèves, Thèse Metz, Bd. 1-2, 1999.
DUFRAISSE, Roger: La crise économique de 1810-1812 en pays annexé: l'exemple de la rive gauche du Rhin, in: Francia 6, 1978, S. 407-440.

DUFRAISSE, Roger: Sarre, in: Grands Notables du Premier Empire, hg. v. Louis BERGERON und Guy CHAUSSIN-NOGARET, Bd. 3: Bas-Rhin, Sarre, Mont-Tonnerre, Rhin-et-Moselle, Roer. Paris 1978, S. 45-62.

DUMONT, Franz: Die Mainzer Republik von 1792/93, Alzey 2. Aufl. 1993.

ECKER, Alfred: Der Widerstand der Saarländer gegen die Fremdherrschaft der Franzosen, 1792-1815, Saarbrücken 1934.

ECKER, Franz: Das Saargebiet und die französische Revolution, 1789-1801, in: Mitteilungen des Historischen Vereins für die Saargegend 18, 1929, S. 1-128.

ENGELS, Wilhelm: Ablösung und Gemeinheitsteilungen in der Rheinprovinz. Ein Beitrag zur Geschichte der Bauernbefreiung, Bonn 1957.

ESTER, Karl d': Die Pressverhältnisse in Trier und im Saardepartement zur Zeit der französischen Herrschaft, in: Trierer Chronik 1911, S. 129-146.

FABER, Karl Georg: Die rheinischen Institutionen, in: Hambacher Gespräche 1962, Wiesbaden 1964, S. 20-40.

FABER, Karl Georg: Die Rheinlande zwischen Restauration und Revolution, Wiesbaden 1966.

FISCHER, Michael: Revolution und Religion. Die Flugschrift „Te Deum Landamus der Franken" (Mainz 1793) und ihr historischer, theologischer und publizistischer Kontext, in: Archiv für mittelrheinische Kirchengeschichte 61, 2009, S. 229-251.

FOERSTER, Cornelia: Der Preß- und Vaterlandsverein von 1832/33. Sozialstruktur und Organisationsformen der bürgerlichen Bewegung in der Zeit des Hambacher Festes, Trier 1982.

FRANKE, Manfred: Schinderhannes, Hildesheim 1993.

FRANZ, Gunther / Muller, Jean-Claude: Goethes erste Begegnung mit der Französischen Revolution, der Freiheitsbaum bei Sierck, in: Hémecht 44, 1992, S. 5-17.

FUNCK-BRENTANO, Frantz: La France sur le Rhin, Paris 1919.

GERTEIS, Klaus: Die Installierung der „Neuen Zeit" - Republikanische Feste und Feiern, in: Unter der Trikolore, Trier 2004, S. 269-281.

GILLI, Marita: Bilder, Metaphern und Vergleiche in den Reden der Mainzer Jakobiner, in: Weimarer Beiträge 1989, S. 759-772.

GÖHL, Walter: „Wir haben uns Freude damit gemacht". Zur Revolutionsakzeptanz im Kanton Birkenfeld. Freiheitsbaumfeiern, Verwaltungsneuordnung, Réunionsadressen, in: Mitteilungen des Vereins für Heimatkunde im Landkreis Birkenfeld 69, 1995, S. 51-76.

GRAUMANN, Sabine: Französische Verwaltung am Niederrhein. Das Roerdepartement 1798-1814, Essen 1990.

GREISINGER, Hansjürgen: Aufklärung und Revolution. Die Freiheitsbewegung in Bonn am Ende des 18. Jahrhunderts, Frankfurt 1978.

GRILLI, Antonio: Die französische Justizorganisation am linken Rheinufer 1797-1803, Frankfurt/Main 1999.

GRILLI, Antonio: Sprache und Recht in den französischen Rheinlanden. Die Einführung des Französischen als Gerichtssprache im Saardepartement 1798, in: RheinVjbll 57, 1993, S. 227-252.

GROSS, Guido: Der Napoleonkult in Trier, in: Unter der Trikolore, 2004, S. 721-745.

GROSS, Guido: Der Trierer Prediger P. Ernst Kronenberger OESA, in: Archiv für mittelrheinische Kirchengeschichte 11, 1959, S. 207-242.

GROSS, Guido: Johann Peter Job Hermes (1765-1833). Ein Trierer Sammler und Mäzen, in: Trierer Beiträge 14, 1984, S. 20-29.
GROSS, Guido: Leihbibliotheken im ausgehenden 18. Jahrhundert. Beitrag zu einer Geschichte des Buchhandels und des Lesens in Trier, in: Kurtrierisches Jahrbuch 30, 1990, S. 133-159.
HAASIS, Hellmut G.: Morgenröte der Republik. Die linksrheinischen deutschen Demokraten 1789-1849, Frankfurt/Main, 1984.
HAASIS, Hellmut G.: Volksfest, sozialer Protest und Verschwörung. 150 Jahre Hambacher Fest, Wunderhorn 1981.
HANNIG, Jürgen: « *Freiheitsbäume* » im Umkreis des Hambacher Festes, in: Ein Leben für die Freiheit. Philipp Jakob Siebenpfeiffer 1789-1845, Konstanz 1989, S. 289-319.
HANNIG, Jürgen: Vom Eigensinn der Freiheitsbäume. Frühliberale Bewegung und Volkskultur zur Zeit des Hambacher Festes 1832, in: Arbeit, Frömmigkeit und Eigensinn, hg. v. Richard von DÜLMEN, Frankfurt 1990, S. 171-213.
HASHAGEN, Justus: Das Rheinland und die französische Herrschaft. Beiträge zur Charakteristik ihres Gegensatzes, Bonn 1908.
HASHAGEN, Justus: Die Rheinlande beim Abschluß der französischen Fremdherrschaft, in: Die Rheinprovinz 1815-1915, hg. v. Joseph HANSEN, Bonn 1917, S. 1-56.
HECKMANN, Gerhard: Tumulte, Demonstrationen, Petitionen. Politische Kultur der Revolution von 1848/49 in der Saarregion, in: Das ganze Deutschland sollt es sein, 1992, S. 245-267.
HECKMANN, Gerhard: Weihrauch für Freiheit und Vernunft. Revolutionäre Symbole und Revolutionsfeste in der Saarregion, in: Revolutionäre Spuren. Beiträge der Saarlouiser Geschichtswerkstatt zur Französischen Revolution im Raum Saarlouis, hg. v. Johannes SCHMITT, Saarbrücken 1991, S. 287-311.
HEINZ, Andreas: Aus der Geschichte der Trierer Fronleichnamsprozession, in: Neues Trierisches Jahrbuch 35, 1995, S. 59-69.
HELBACH, Jürgen: « *Die Linde bei Hirzenach* », in: Hirzenach 1109-2009. Eine Chronik, Boppard 2009, S. 201-203.
HERRGEN, Joachim: Die Sprache der Mainzer Republik (1792-1793), Tübingen 2000.
HERRMANN, Hans-Walter: Das Königreich Frankreich, in: Geschichtliche Landeskunde des Saarlandes, Bd. 2, Saarbrücken 1977, S. 439-469.
JACOBSHAGEN, Arnold: Musik im Rheinland der Franzosenzeit, in: Napoleon am Rhein, 2012, S. 75-86.
JÄGER, Hans-Wolf: Politische Metaphorik im Jakobinismus und im Vormärz, Stuttgart 1971.
JUNG: Saarbrücken und St. Johann während der Fürstenzeit (1741-89), in: Geschichte der Stadt Saarbrücken, 1999, S. 353-453.
JUST, Leo: Franz Lassaulx, Bonn 1926.
KASPER-HOLTKOTTE, Cilli: « *Jud, gib dein Geld oder du bist des Todes* ». Die Banditengruppe des Schinderhannes und die Juden, in: Aschkenas 1993, S. 113-188.
KASPER-HOLTKOTTE, Cilli: Juden im Aufbruch. Zur Sozialgeschichte einer Minderheit im Saar-Mosel-Raum um 1800, Hannover 1996.
KELL, Eva / WINCKLER, Wolfgang: « *Die Freiheit tön' in unsern Liedern* ». Politische Lieder und Texte zum Vormärz und zur Revolution von 1848 in der Saarregion, in: Revolution an der Grenze. 1848/49, hg. v. Klaus RIES, St. Ingbert 1999, S. 275-313.
KENTENICH, Gottfried: Geschichte der Stadt Trier, Trier 1915, ND 1979.

KIRSCH, Hans / ZIMMER, Klaus: Chronik des mittleren Ostertals, Bd. 3, Niederkirchen 2001.

KLUPSCH, Tina: Johann Hugo Wyttenbach. Eine historische Biographie, Trier 2012.

KÖLLNER, Adolph: Geschichte der Städte Saarbrücken und St. Johann. Saarbrücken 1861, ND 1981.

KRÖHER, Oss: Lieder des Hambacher Festes, in: « *Schon pflanzen sie frech die Freiheitsbäume* ». 150 Jahre Hambacher Fest, hg. v. Manfred GEIS und Willi ROTHLEY, Neustadt a.d.W. 1982, S. 251-269.

KUHN, Axel: « *Und ewig soll am Vater Rhein die Freiheits-Eiche blühn!* ». Die deutschen Revolutionsfreunde beim Feiern beobachtet, in: Deutsche Jakobiner, Bd. 1, 1981, S. 177-192.

KUHN, Axel: Jakobiner im Rheinland. Der Kölner konstitutionelle Zirkel von 1798, Stuttgart 1978.

LAGER, Johann Christian: Die Kirchen und klösterlichen Genossenschaften Trier vor der Säkularisation, Trier [1920].

LAUFER, Wolfgang:
[1] Munizipalisierung und Reunionsgesuch. Die von der Leyensche Residenz und Herrschaft Blieskastel in den ersten Jahren der Französischen Revolution, in: JbWestdtLdg, 35, 2009, S. 325-374;
[2] Die Verwaltung des von der Leyenschen Oberamtes Blieskastel unter französischer Besetzung (1794-1798), in JbWestdtLdg 36, 2010, S. 203-221;
[3] Französischkenntnisse und Beamtenschaft im ehemaligen von der Leyenschen Oberamt Blieskastel um 1800, in: Studien zu Literatur, Sprache und Geschichte in Europa. FS Wolfgang HAUBRICHS, St. Ingbert 2008, S. 713-722;
Wiederholt in: Stadt und Herrschaft Blieskastel unter den Grafen von der Leyen und unter französischer Hoheit (1660-1793/94 – 1815). Gesammelte Beiträge von Wolfgang LAUFER, hg. v. Heinz QUASTEN, Saarbrücken 2015.

LAUFNER, Richard: Johann Hugo Wyttenbach, 1767-1848, in: Rheinische Lebensbilder 5, 1973, S. 45-55.

LEGUM, Kurt: Nicola Kretz, ein Blieskasteler Patriot, Jakobiner oder Opportunist? Versuch einer ersten Annäherung, in: Saarpfalz 112, 2012, S. 11-52.

LICHTER, Eduard: Wappen zu Trier im Spiegel der Zerstörung von 1798. Zugleich eine Bestandsaufnahme, in: Neues Trierisches Jahrbuch 1991, S. 11-36.

LOMPARSKI, Bernd: „Patriotismus" und „Vaterland" im Mainzer Klubismus, Diss. Saarbrücken, 1974.

LUY, Peter: « *Morgen gehen wir nach St. Wendel und jagen sie alle fort* ». Politische und soziale Unruhen im Fürstentum Lichtenberg während des Vormärz, in: Das ganze Deutschland soll es sein, 1992, S. 103-163.

LUZ-Y-GRAF, Guillermo: 1848/49 in Trier und Umgebung. Revolution und Revolutionskultur einer Stadt und ihrer Umgebung, in: Der schlimmste Punkt in der Provinz, 1998, S. 239-364.

MAHLERWEIN, Gunter: Die Herren im Dorf. Bäuerliche Oberschicht und ländliche Elitenbildung in Rheinhessen 1700-1850, Mainz 2001.

MARX, Jakob: Denkwürdigkeiten der Dreifaltigkeits- und Jesuitenkirche des bischöflichen Seminars zu Trier, Trier 1860.

MARX, Jakob: Geschichte des Erzstifts Trier, Bd. 5, Trier 1864, ND Aalen 1970.

MEENKEN, Immo: Eine heuristische Falle: Zur revolutionären Rhetorik deutscher Jakobiner im Umfeld der Mainzer Republik (1792/93), in: *„Das Wichtigste ist der Mensch"*. FS für Klaus GERTEIS, Mainz 2000, S. 53-73.

MOLITOR, Hansgeorg: Johann Jakob Haan. Ein rheinischer Beamter und die Revolution, in: RheinVjbll 38, 1974, S. 315-332.

MOLITOR, Hansgeorg: Vom Untertan zum Administré. Studien zur französischen Herrschaft und zum Verhalten der Bevölkerung im Rhein-Mosel-Raum von den Revolutionskriegen bis zum Ende der napoleonischen Zeit, Wiesbaden 1980.

MONZ, Heinz: Dr. Joseph Willewerch, ein Trierer Jakobiner, in: Neues Trierisches Jahrbuch 1994, S. 49-73.

MONZ, Heinz: Karl Marx. Grundlage der Entwicklung zu Leben und Werk, Trier 1973.

MÜLLER, Jürgen: Das Jahr des Umbruchs im Rheinland, in: RheinVjbll 62, 1998, S. 205-237.

MÜLLER, Klaus: Eine Volksbefragung im Rheinland am Ende des 18. Jahrhunderts. Zu den Reunionsadressen des Jahres 1798, in: Anknüpfungen. Gedenkschrift für Peter HÜTTENBERGER, Düsseldorf 1995, S. 105-119.

MÜLLER, Max: Geschichte der Stadt St. Wendel, St. Wendel, 1927.

MÜLLER, Michael: Säkularisation und Grundbesitz. Zur Sozialgeschichte des Saar-Mosel-Raumes 1794-1813, Boppard 1980.

NIESSNER, Alois: Zwanzig Jahre Franzosenherrschaft am Niederrhein 1794-1814, Aachen 1907.

ORTH, Ernst Wolfgang: Die Einflüsse der geistigen Väter des ersten Trierer Stadtbibliothekars Johann Hugo Wyttenbach, 1767-1848, in: Zur Geschichte rheinischer Stadtbibliotheken, Trier 1980, S. 136-156.

PETRY, Klaus: Beiträge zur Geschichte der Stadt Wittlich. Bd. 2: Die Geschichte der Stadt vom 14. Jahrhundert bis zum Jahre 1815, Wittlich 2002.

PÜSCHEL, Ulrich: Vom « *Trierischen Wochenblatt* » zum « *Journal du Département de la Sarre* », in: Unter der Trikolore, 2004, S. 283-304.

RAAB, Heribert: *„Baum der Freiheit"* - *„Baum der Sklaverei, der bringt uns Angst und Not"*. Zur Geschichte des Freiheitsbaumes 1792-1800, in: Forschungen zur Rechtsarchäologie und Rechtlichen Volkskunde 9, 1987, S. 87-102.

RAMBAUD, Alfred: Les Français sur le Rhin, 1792-1804, Paris 1919.

REICHARDT, Rolf: Französische Revolutionskultur in Mainz 1792-1801, in: Die Publizistik der Mainzer Jakobiner, 1993, S. 11-51.

REICHARDT, Rolf: Kokarden, Freiheitsbäume, Societäten: Revolutionskultur am Rhein 1789-1815. In: Frankreich am Rhein, hg. v. Franz J. FELTEN. Wiesbaden 2009, S. 85-126.

Reitz, Georg: Eller in der Franzosenzeit, in: Heimatbuch des Kreises Cochem, Kaisersesch 1926, S. 204-205.

[Rhein. Pfarrerbuch] Die evangelischen Pfarrerinnen und Pfarrer im Rheinland von der Reformation bis zur Gegenwart, zusammengestellt und bearbeitet von Jochen GRUCH, Bd. 1 (A-D), Bonn 2011, Bd. 2 (E-J), Bonn 2013.

ROMEYK, Horst: Die leitenden staatlichen und kommunalen Verwaltungsbeamten der Rheinprovinz 1816-1945, Düsseldorf 1994.

ROSENKRANZ, Albert: Das Evangelische Rheinland. Bd. 2: Die Pfarrer, Düsseldorf 1958.

ROWE, Michael: Die Sichtbarkeit der Macht. Symbolische Repräsentation von Herrschaft im napoleonischen Kaiserreich, in: HZ 295, 2012, S. 358-389.

Rowe, Michael: Forging 'New Frenchmen': State Propaganda in the Rhineland, 1794-1814, in: Propaganda, Political Rhetoric and Identity 1300-2000, hg v. Bertrand Taithe und Tim Thornton, Stroud 1999, S. 115-130.

Rummel, Walter: Kanonen gegen Winzer – Kolonnen gegen Bauern. Die Revolution von 1848/49 in den ländlichen Gebieten des Saar-Mosel-Raumes, in: JbWestdtLdg 24, 1998, S. 305-328.

Sagnac, Philippe: Le Rhin français pendant la Révolution et l'Empire, Paris 1917.

Saloman, Udo : Meisenheim. Eine kleine Stadt und ihre Bewohner in den Spannungsfeldern der europäischen Geschichte. Bad Kreuznach 2015.

Schaaf, Erwin: Der Landkreis Bernkastel-Wittlich zur Zeit der Französischen Revolution, in: Jahrbuch für den Kreis Bernkastel-Wittlich 1990, S. 54-73, 1991, S. 203-216.

Schaaf, Erwin: Die niedere Schule im Raum Trier-Saarbrücken von der späten Aufklärung bis zur Restauration 1780-1825, Trier 1966.

Schieder, Wolfgang: Säkularisation und Mediatisierung in den vier rheinischen Departements 1803-1813, Bd. 1-6, Boppard 1991.

Schmidt, Peter: Die Rhetorik der Cisrhenanen. Vorüberlegungen zu einer Untersuchung der Agitationsformen rheinischer Jakobiner während der zweiten französischen Rheinlandbesetzung, in: Die demokratische Bewegung in Mitteleuropa im ausgehenden 18. und frühen 19. Jahrhundert, hg. v. Otto Büsch, Berlin 1980, S. 326-339.

Schmitt, Franz: Bernkastel im Wandel der Zeiten, Bernkastel 1985.

Schmitt, Friedrich: Die französische Herrschaft von 1792/96 bis 1814 im Nahegebiet in der Sicht der Zeitzeugen, in: JbWestdtLdg 24, 1998, S. 269-303.

Schmitt, Johannes: Die Revolution in den französischen Gebieten an der Saar, in: Französische Revolution an der Saar, 1989, S. 15-42.

Schmitt, Johannes: Eroberung oder Befreiung? Ausbreitung der Revolution im Westsaarraum 1792/93. Saarlouis 1993.

Schneider, Ute: Politische Festkultur im 19. Jahrhundert. Die Rheinprovinz von der französischen Zeit bis zum Ende des Ersten Weltkrieges (1806-1918), Essen 1995.

Schubert, Werner: Französisches Recht in Deutschland seit Beginn des 19. Jahrhunderts, Köln 1977.

Schumacher, Alois: Idéologie révolutionnaire et pratique politique de la France en Rhénanie de 1793 à 1801. L'exemple du pays de Trèves, Paris 1989.

Schunk, Erich: Französische Revolution und pfälzischer Protestantismus, St. Ingbert 1992.

Schworm, Ernst: Kusel. Geschichte der Stadt, Kusel 1987.

Seibrich, Wolfgang: Der Raum Rhaunen während der Französischen Revolution, 1789-1801, Birkenfeld 1994.

Seibrich, Wolfgang: Linksrheinische (revolutionäre) Pfarrerwahlen 1795-1802. in: Archiv für mittelrheinische Kirchengeschichte 43, 1991, S. 211-254.

Sinemus, Martin: Die Geschichte des Kirchspiels Cleinich, Kleinich 1925.

Smets, Joseph: Freiheit, Gleichheit, Brüderlichkeit? Untersuchungen zum Verhalten der linksrheinischen Bevölkerung gegenüber der französischen Herrschaft 1794-1801, in: RheinVjbll 59, 1995, S. 79-122.

Smets, Joseph: Les pays rhénans (1794-1814). Le comportement des Rhénans face à l'occupation française, Frankfurt 1997.

Sperber, Jonathan: Echoes of the French Revolution in the Rhineland, 1830-1849, in: Central European History 22, 1989, S. 200-217.

SPERBER, Jonathan: Germania mit Phrygiermütze. Zur politischen Symbolik der Revolution von 1848/49 in den Rheinlanden, in: 1848/49 in Europa und der Mythos der Französischen Revolution, hg. v. Irmtraut GÖTZ VON OLLENHUSEN, Göttingen 1998, S. 63-80.

SPERBER, Jonathan: Rhineland Radicals. The democratic movement and the Revolution of 1848-1849, Princeton 1991.

SPRINGER, Max: Die Franzosenherrschaft in der Pfalz, 1792-1814, Stuttgart 1926.

STANJURA, Manfred: Revolutionäre Reden und Flugschriften im rheinisch-pfälzischen Raum (1791-1801), Bd. 1-2, St. Ingbert 1997.

STEIN, Wolfgang Hans: Das Französische im Rheinland, in: JbWestdtLdg 38, 2012, S. 213-238.

STEIN, Wolfgang Hans: Die historischen Funktionen des rheinisch-pfälzischen Katasters (18.-21. Jahrhundert), JbWestdtLdg 31, 2005, S. 318-359.

STEIN, Wolfgang Hans: Die Ikonographie der rheinischen Revolutionsfeste, in: JbWestdtLdg 15, 1989, S. 189-225.

STEIN, Wolfgang Hans: Die konstitutionellen Zirkel im Saardepartement. Sitzungsprotokolle und Korrespondenz des „Bundes für Freiheit und Recht" in St. Wendel 1798, in: ZGSaargegend 41, 1993, S. 119-153.

STEIN, Wolfgang Hans: Französische Quellen zur Geschichte des Rheinlandes in der Zeit der Französischen Revolution. Die Editionen der Sitzungsprotokolle des Konvents und des Direktoriums, in: RheinVjbll 72, 2008, S. 240-255.

STEIN, Wolfgang Hans: Französisches Scheidungsrecht im katholischen Rheinland (1798-1803), in: Palatia Historica. FS Ludwig Anton DOLL, Mainz 1994, S. 463-488.

STEIN, Wolfgang Hans: Französisches Verwaltungsschriftgut in Deutschland. Die Departementalverwaltung in der Zeit der Französischen Revolution und des Empire, Marburg 1996.

STEIN, Wolfgang Hans: Frontière et relations frontalières entre la Moselle et les départements rhénans sous la Révolution et l'Empire, in: La Lorraine et les pays de la rive gauche du Rhin du XVIIIe siecle à nos jours, hg. v. François ROTH, Moyenmoutier 2011, S. 97-114.

STEIN, Wolfgang Hans: Jakobinerklub und Freiheitsfeste. Revolutionspropaganda und Öffentlichkeit in St. Wendel 1798-1799, in: Friede den Hütten und Krieg den Tyrannen und Despoten. Beiträge zur Geschichte der Französischen Revolution und ihrer Folgen im Raum St. Wendel, hg. v. Gerhard HECKMANN e.a., St. Wendel 1989, S. 120-152.

STEIN, Wolfgang Hans: L'action administrative de la Révolution et les images. Les entêtes emblématiques des administrations françaises en Rhénanie 1794-1804, in: Révolutionnaires et Émigrés, hg. v. Daniel SCHÖNPFLUG und Jürgen VOSS, Stuttgart 2002, S. 133-146.

STEIN, Wolfgang Hans: La République directoriale et la Rhénanie annexée: frontière religieuse et autonomie paroissiale, in: Du Directoire au Consulat. Teil 2. Lille 2000, S. 177-197.

STEIN, Wolfgang Hans: Die Lieder der rheinischen Revolutionsfeste im Saardepartement, in : Jahrbuch des Zentrums für Populäre Kultur und Musik, 60/61, 2015/2016, S. 247-292.

STEIN, Wolfgang Hans: Literarischer Republikanismus im napoleonischen Trier. Die Société littéraire (Lesegesellschaft) von 1799, in: JbWestdtLdg, 33, 2007, S. 293-424.

STEIN, Wolfgang Hans: Napoleonfeste im Saardepartement, in: Landeskundliche Vierteljahrsblätter 58, 2012, S. 13-28.
STEIN: Wolfgang Hans: Regionale Partizipation im Bonapartismus. Wahlkollegien und Repräsentationsorgane im Saardepartement unter Konsulat und Empire (1802-1813), in: Kurtierisches Jahrbuch 56, 2016, S. 173-214.
STEIN, Wolfgang Hans: Polizeiüberwachung und politische Opposition im Saar-Departement unter dem Direktorium 1798-1800, in: RheinVjbll 64, 2000, S. 208-265.
STEIN, Wolfgang Hans: Revolutionäre Schulpolitik und schulische Stabilität im Arrondissement Kaiserslautern, in: Jahrbuch zur Geschichte von Stadt und Landkreis Kaiserslautern, 16/17, 1978/79, S. 171-206.
STEIN, Wolfgang Hans: Revolutionsfeste und Revolutionsakzeptanz in den Kantonen an der oberen Nahe (Baumholder, Birkenfeld, Herrstein, Rhaunen), in: Mitteilungen des Vereins für Heimatkunde im Landkreis Birkenfeld 64, 1990, S. 85-110.
STEIN, Wolfgang Hans: Revolutionskalender, Dekadi und Justiz im annektierten Rheinland, 1798-1801, in: Francia 27/2, 2000, S. 139-175.
STEIN, Wolfgang Hans: Rot und Schwarz in Koblenz. Zur Prosopographie der frühen Koblenzer Parteiengeschichte 1798/1799, in: JbWestdtLdg, 39, 2013, S. 289-355.
STEIN, Wolfgang Hans: Sprachtransfer durch Verwaltungshandeln. Französisch als Sprache der Verwaltungsöffentlichkeit in den rheinischen Departements, 1798-1814, in: Kulturtransfer im Epochenumbruch, 1997, S. 259-305.
STEIN, Wolfgang Hans: Une archivistique alternative? Le traitement des archives des départements français d'Allemagne de l'époque révolutionnaire et impériale, in: La Gazette des Archives 162, 1993, S. 189-203.
STEIN, Wolfgang Hans: Verwaltungspartizipation, Denunziation und Öffentlichkeit im Saar-Departement unter dem Direktorium 1798-1800:
Teil 1: Die Departementsverwaltung, in: JbWestdtLdg 26, 2000, S. 179-214;
Teil 2: Die Kantonsmunizipalitäten, in: JbWestdtLdg 27, 2001, S. 109-180;
Teil 3: Besetzungsliste und Personenkatalog der Kantonsverwaltung, in: JbWestdtLdg 28, 2002, S.315-392.
STEPHAN, Inge: Literarischer Jakobinismus in Deutschland (1789-1806), Stuttgart 1976.
THEURINGER, Thomas : Liberalismus im Rheinland. Voraussetzungen und Ursprünge im Zeitalter der Aufklärung, Frankfurt 1998.
TILGNER, Hilmar: Lesegesellschaften an Mosel und Mittelrhein im Zeitalter des aufgeklärten Absolutismus, Stuttgart 2001.
TIRARD, Paul: La France sur le Rhin, Paris 1930.
ULBRICH, Claudia: Das Oberamt Blieskastel, in: Französische Revolution an der Saar, 1989, S. 81-103.
ULBRICH, Claudia: Shulamit und Margarete. Macht, Geschlecht und Religion in einer ländlichen Gesellschaft des 18. Jahrhunderts, Wien 1999.
VENEDEY, Jakob: Deutsche Republikaner unter der französischen Republik, Leipzig 1870.
VOLZ, Günther: Anton Baur, in: Die alte Diözese Metz / L'ancien diocèse de Metz, Hg. v. Hans-Walter HERRMANN, Saarbrücken 1993, S. 293-303.
WADLE, Elmar: Ehescheidung vor dem Standesbeamten. Das revolutionäre Scheidungsrecht und seine Praxis in Saarbrücken, in: Zwischen Saar und Mosel, Festschrift für Hans-Walter HERMANN, hg. v. Wolfgang HAUBRICHS, e.a., Saarbrücken 1995. S. 291-302.

WAGNER, Elisabeth: Citoyen oder Katholik? Kirche und Religiosität im Rheinland 1794-1814, in: Koblenzer Beiträge zur Geschichte und Kultur NF 5, 1995, S. 85-91.
WAGNER, Elisabeth: Revolution, Religion und Kirchen im Rheinland um 1800, in: Franzosen und Deutsche am Rhein 1789-1918-1945, 1989, S. 267-288.
WEBER, Martin: Georg Christian Gottlieb Wedekind, 1761-1831. Werdegang und Schicksal eines Arztes im Zeitalter der Aufklärung und der Französischen Revolution, Stuttgart 1988.
WEISS, Evelyn: Nationale Festkultur im Linksrheinischen. Die Gedenkfeiern zur Leipziger Völkerschlacht in Kaiserslautern 1814/1863/1913, in: JbWestdtLdg 30, 2004, S. 187-271.
WIRTH, Christian: Der Jurist Johann Andreas Rebmann zwischen Revolution und Restauration, Frankfurt 1996.
ZANTEN, Thomas van: Aus dem Leben der Gemeinde [Pfalzel], in: Pfalzel. Geschichte und Gegenwart, hg. v. d. Arbeitsgemeinschaft Pfalzeler Chronik, Trier 1989, S. 141-149.
ZENZ, Emil: Trierische Zeitungen, Ein Beitrag zur Trierer Zeitungsgeschichte, Trier 1952.

4.7. Deutschland

ABDELFETTAH, Ahcène: Die Rezeption der Französischen Republik durch den deutschen öffentlichen Sprachgebrauch, untersucht an ausgewählten historisch-politischen Zeitschriften, 1789-1802, Heidelberg 1989.
ALLHOFF, Dieter-W.: Rhetorische Analyse der Reden und Debatten des ersten deutschen Parlamentes von 1848/49, München 1975.
ARETIN, Karl Otmar Freiherr von: Reichspatriotismus, in: Patriotismus in Deutschland, hg. v. Günter BIRTSCH e.a., Trier 1993, S. 25-36.
BÖHME, Franz Magnus: Volksthümliche Lieder der Deutschen im 18. und 19. Jahrhundert, Leipzig 1895.
BÖNING, Holger « Freyer als mancher Freyherr ». Die deutsche Volksaufklärung im Bann der Französischen Revolution, in: Schreckensmythen – Hoffnungsbilder. Die Französische Revolution in der deutschen Literatur, hg. v. Harro ZIMMERMANN, Frankfurt/Main 1989, S. 24-46.
BURG, Peter: Kant und die Französische Revolution, Berlin 1974.
BUSCH, H. J. / BIERSE, U.: Patriotismus, in: Historisches Wörterbuch der Philosophie, Bd. 7, Darmstadt 1989, Sp. 207-217
DEINERT, Klaus: Konrad Engelbert Oelsner und die Französische Revolution, München 1981.
DÜDING, Dieter: Das deutsche Nationalfest von 1814: Matrix der deutschen Nationalfeste im 19. Jahrhundert, in: Öffentliche Festkultur, 1988, S. 67-88.
ERK, Ludwig / BÖHME, Franz Magnus: Deutscher Liederhort, Bd. 1-3, Leipzig 1925.
FEHRENBACH, Elisabeth: Traditionale Gesellschaft und revolutionäres Recht, Göttingen 1978.
FEHRENBACH, Elisabeth: Über die Bedeutung der politischen Symbole im Nationalstaat, in: HZ 213, 1971, S. 296-357.
FINK, Gonthier-Louis: Das Wechselspiel zwischen patriotischen und kosmopolitisch-universalen Bestrebungen in Frankreich und Deutschland, 1750-89, in: Volk – Nation – Vaterland, 1996, S. 151-184.

FINK, Gonthier-Louis: Die Französische Revolution im Spiegel der deutschen Literatur und Publizistik, 1789-1800, in: Die Französische Revolution und der deutsche Südwesten, hg. v. Hans-Otto MÜHLEISEN, München 1989, S. 60-147.

FRIEDLÄNDER, Max: Das deutsche Lied im 18. Jahrhundert, Bd. 1-2, Stuttgart 1954.

GARBER, Jörn: Geschichtsphilosophie und Revolution. Spätaufklärerische Geschichtstheorien im Einflußfeld der Französischen Revolution, in: Deutschland und die Französische Revolution, 1983, S. 136-193.

GRAB, Walter: Demokratische Strömungen in Hamburg und Schleswig-Holstein zur Zeit der Ersten Französischen Republik, Hamburg 1966.

GRÜNERT, Horst: Sprache und Politik. Untersuchungen zum Sprachgebrauch der Paulskirche, Berlin 1974.

HAASIS, Hellmut G. / GALLE, Volker: Oberrheinische Freiheitsbäume von Mainz über Basel zum Bodensee. Ein politischer Reiseführer, Berlin 1999.

HOCKS, Paul / SCHMIDT, Peter: Literarische und politische Zeitungen, 1789-1805, Stuttgart 1975.

HOFFMANN, Stefan-Ludwig: Mythos und Geschichte. Leipziger Gedenkfeiern der Völkerschlacht im 19. und frühen 20. Jahrhundert, in: Nation und Emotion, hg. v. Etienne FRANÇOIS, Göttingen 1995, S. 111-132.

HOLZAPFEL, Otto: Liedverzeichnis. Die ältere deutschsprachige, populäre Liedüberlieferung, Bd. 1-2, Hildesheim 2006.

KEILHAUER, Annette: Begriffstransfer in französisch-deutsch-französischen Wörterbüchern, in: Kulturtransfer im Epochenumbruch, 1997, S. 769-824.

KLIPPEL, Diethelm: Politische Freiheit und Freiheitsrechte im deutschen Naturrecht des 18. Jahrhunderts, Paderborn 1976.

KRATZER, Wolfgang: Feiern und Feste der Nationalsozialisten, Diss. München 1998.

KRAUSE, Reinhard: Die Predigt der späten deutschen Aufklärung (1770-1805), Stuttgart 1965.

LINDER-BEROUD, Waltraud: « *Freut euch des Lebens* » - Ein Schlager der Goethezeit im Spannungsfeld zwischen Mündlichkeit und Schriftlichkeit, in: Volksdichtung zwischen Mündlichkeit und Schriftlichkeit, hg. v. Lutz RÖHRIG und Erika LINDIG, Tübingen 1989, S. 273-288.

MARTIN, Uwe: Revolution in der deutschen Musik, in: Deutschland und die Französische Revolution 1789/1989, Stuttgart 1989, S. 197-213.

NEUGEBAUER-WÖLK, Monika: Revolution und Constitution. Die Gebrüder Cotta. Eine Studie zum Zeitalter der Französischen Revolution und des Vormärz, Berlin 1989.

NOLTE, Paul: Die badischen Verfassungsfeste im Vormärz. Liberalismus, Verfassungskultur und soziale Ordnung in den Gemeinden, in: Bürgerliche Feste, 1993, S. 63-94.

PELZER, Erich: Die Wiederkehr des girondistischen Helden. Deutsche Intellektuelle als kulturelle Mittler zwischen Frankreich und Deutschland während der Französischen Revolution, Bonn 1998.

PERSONS, James: „*Deine Zauber binden wieder*", Beethoven, Schiller and the Joyous Reconciliation of Opposites, in: Beethoven Forum 9, 2002, S. 1-53.

PETER, Emanuel: Die Revolution als Fest - das Fest als Revolution. Zur Rezeption der französischen Revolutionsfeste in der deutschen Frühromantik und ihrer Geselligkeitstheorie, in: Geist und Gesellschaft. Zur deutschen Rezeption der Französischen Revolution, hg. v. Eitel TIMM, München 1990, S. 107-124.

REICHARDT, Rolf: Die Französische Revolution und Deutschland. Thesen für einen komparatistischen kulturhistorischen Neuansatz, in: Revolution und konservatives Beharren, 1990, S. 23-28.

REICHARDT, Rolf: Die Revolution - „ein magischer Spiegel". Historisch politische Begriffsbildung in französisch-deutschen Übersetzungen, in: Kulturtransfer im Epochenumbruch, 1997, S. 883-999.

RIEDERER, Günter: Feiern im Reichsland. Politische Symbolik, öffentliche Festkultur und die Erfindung kollektiver Zugehörigkeiten in Elsaß-Lothringen (1871-1918), Trier 2004.

SCHELLACK, Fritz: Nationalfeiertage in Deutschland von 1871 bis 1945, Frankfurt 1990.

SCHIEDER, Wolfgang: Brüderlichkeit, in: Geschichtliche Grundbegriffe, Bd. 1, 1972, S. 552-581.

SEIFERT, Siegfried: Die Zeit schlägt ein neues Buch in der Geschichte auf. Zum französischen Revolutionskalender und zu seiner Aufnahme in Deutschland, Weimar, 1989.

STEIN, Wolfgang Hans: Die Zeitung als neues bildpublizistisches Medium. Die Revolutionskarikaturen der Neuwieder „Politischen Gespräche der Todten" 1789-1804, in: Francia 19/2, 1992, S. 95-157.

SZESKUS, Reinhard: Das deutsche Volkslied, Wilhelmshaven 2010.

TACKE, Charlotte: Feste der Revolution in Deutschland und Italien, in: Europa 1848. Revolution und Reform, hg. v. Andreas FAHRMEIR, Bonn 1998, S. 1045-1088.

VALJAVEC, Fitz: Die Entstehung der politischen Strömungen in Deutschland 1770-1815, 2. Aufl. mit einem Nachwort von Jörg GARBER, Kronberg/Ts., Düsseldorf 1978.

VIERHAUS, Rudolf: Patriotismus, in: Deutsche patriotische und gemeinnützige Gesellschaften, hg. v. Rudolf VIERHAUS, München 1980, S. 9-29.

Voss, Jürgen: Die Eudämonia (1795-1798), in: Voix conservatrices et réactionnaires dans les périodiques allemands de la Révolution française à la Restauration, hg. v. Pierre-André Bois e.a., Frankfurt 1999, S. 271-298.

Voss, Jürgen: Mannheim und die Mannheimer im Banne der Französischen Revolution, in: Schriften der Gesellschaft der Freunde Mannheims 22, 1992, S. 45-86.

Voss, Jürgen: Zur Entwicklung der politisch-sozialen Sprache in der deutschen Spätaufklärung, in: Europa in der Frühen Neuzeit. FS für Günter MÜHLPFORDT, Bd. 1-2, Weimar 1997, hier Bd. 1, S. 601-613.

WAGNER, Michael: Die Deutschen Jakobiner im internationalen Vergleich. Anmerkungen zu einem vernachlässigten Forschungsgegenstand, in: Francia 1997, S. 211-224.

WANDEL, Uwe Jens: Verdacht von Democratismus? Studien zur Geschichte von Stadt und Universität Tübingen im Zeitalter der Französischen Revolution, Tübingen 1981.

WEHLER, Hans-Ulrich. Deutsche Gesellschaftsgeschichte, Bd. 1: Vom Feudalismus des Alten Reiches bis zur Defensiven Modernisierung der Reformära, 1700-1815, München 1987.

WIEDEMANN, Conrad: Zwischen Nationalgeist und Kosmopolitismus. Über die Schwierigkeit der deutschen Klassiker, einen Nationalhelden zu finden, in: Patriotismus, hg. v. Günter BIRTSCH, Hamburg 1989, S. 75-101.

WIEN, Bernhard: Politische Feste und Feiern in Baden 1814-1850. Frankfurt 2001.

Verzeichnis 5: Index der Orte und Personen

Aachen, Stadt (Rur) 92
Abbeville, Stadt (F) 224, 231
Achtelsbach, Gde. (K. Birkenfeld)
- Personen s. Bonnet
Alembert, Jean-Baptiste le Rond gen. d' (1717-1783), fr. Philosoph 345
Alpen, Gebirge 26
Andernach, Stadt (Rhein-Mosel) 32
André, Johann (1741-1799), fr. Komponist 382
Angers, Stadt (F) 114, 205, 218, 231, 266, 281
Arndt, Ernst Moritz (1769-1860), Dichter 256, 345, 392
Asbach, Gde. (K. Herrstein)
- Personen s. Stumm
Aube, fr. Dep. 114
Augereau, Charles Pierre François (1757-1816), fr. General 142
Avignon, Stadt (F) 26

Bach, Carl Philipp Emanuel (1714-1788), Komponist 383
Bad Kreuznach s. Kreuznach
Baden-Durlach, Mkgft./Großhzgt. 339, 433
Barras, Nicolas (1755-1829), Mitglied des Direktoriums 30, 33
Barthélemy, François (1747-1830), Mitglied des Direktoriums 30, 33
Bas-Rhin, fr. Dep. 36
Basel, Stadt (CH) 29, 32
Bauch, Kommissar in Herrstein 339, 485-486
Baumholder, Gde. und Kanton (Saar) 65, 68, 117, 119, 207, 232, 240, 242, 259, 277, 287, 294, 306, 323-324, 326, 443, 448-450, 466-468, 479, 486
- Personen s. Euler, Goerlitz, Hepp, Rischmann

Baur, Anton (1760-1840), Chefsekretär in Blieskastel, Kommissar in Grumbach und Pfalzel 5, 63-64, 69, 72, 240, 362, 367, 382, 384, 390, 412-413, 488, 494
Bayern, Kgr. 11
Beaury, Johann Jakob (*1762), Präsident der Munizipalität Manderscheid 342-343, 411, 488
Becherbach, Gde. (K. Grumbach) 142
Bechmann, Vitus (1763-1814), kath. Pfarrer in St. Thomas 189, 335-336, 475
Bechtheim, Gde. und Kanton (Donnersberg) 3, 318, 323, 419
Becker, Wilhelm Gottlieb (1753-1813), Schriftsteller 382
Bécourt (18. Jh.), fr. Komponist 365
Beethoven, Ludwig van (1770-1827), Komponist 383
Belgien (österr. Niederlande, belg. Departements) 18, 26-28, 32, 36-37, 39-41, 168, 364, 392, 414-415
Bender, Matthias (*1766), Präsident der Munizipalität Daun 397, 487
Bernard, Louis Joseph (*1766) Kommissar in Saarbrücken 141, 421
Bernkastel, Stadt und Kanton (Saar) 4, 37, 65, 67-68, 117, 123, 125-126, 141-142, 146, 148, 150-155, 170, 172, 184-185, 187-188, 204, 232, 234, 239, 259-260, 279, 292-293, 299-301, 307-308, 326-327, 336, 339, 346, 373, 406, 411, 413-415, 418, 434, 443, 448-450, 466-468, 479, 488, 492
- Orte s. Kleinich, Lieser, Veldenz
- Personen s. Cetto, Ellinckhuysen, Scheidweiler
Bernkastel, Lion, jüd. Arzt in Trier 330
Biergans, Franz Theodor (1768-1842), Kommissar in Brühl (Rur) 375

X. Verzeichnis 5: Index der Orte und Personen

Billeter, Johann Caspar (1765-1844), Politiker der Helvetik 373
Birck, Damian Ernst (1768-1830), Jurist in Trier 46, 72, 75, 80, 161, 490
Birkenfeld, Gde. und Kanton (Saar) 4, 65, 68, 117, 119, 124, 136, 141-143, 150, 154-155, 157, 165, 170, 184, 193, 197-198, 204, 208, 210, 234-236, 240-241, 243-244, 253, 259, 270, 277, 284, 287, 293-295, 308, 310, 323, 326, 333-335, 347-348, 370-371, 378, 383, 389, 401, 422, 425, 434, 443, 448-450, 457, 466-468, 479, 492
  - Orte s. Achtelsbach, Georg-Weyerbach, Hoppstädten
  - Personen s. Goerlitz, Lichtenberger, Musgang
Bischofsdhron, Gde. (K. Rhaunen)
  - Personen s. Herges
Bitburg, Stadt (Wälder) 37
Blankenheim, Gft. 248
Blankenheim, Stadt und Kanton (Saar) 37, 65, 67-68, 117, 123, 170-171, 194, 197-198, 215, 230, 243, 245, 248, 259, 262, 277, 279, 282, 287, 296-297, 304, 311, 314, 316, 327, 349-350, 353-354, 418, 423, 443, 448-450, 466-468, 479
  - Orte s. Dollendorf
  - Personen s. Dey, Hilscher
Blaumeiser, Gymnasiallehrer in Trier 138, 148, 407, 491
Blechmann, Chefsekretär in Büdlich 235, 240, 310, 413-414, 418, 486
Blieskastel, Stadt und Kanton 5, 37, 64-66, 68, 101, 117, 119, 122, 124, 141, 143, 145, 153, 155, 165, 179, 185, 206, 208, 233, 238, 240, 243, 246, 252, 259, 270, 277, 279, 293, 296, 299, 303, 315-316, 323-325, 329, 337, 340, 347, 359, 362-363, 365-367, 386, 399, 403, 411-413, 416-417, 422, 443, 448-450, 466-468, 479, 486-487, 490, 492, 494-497, 499
  - Orte s. Eschringen
  - Personen s. Baur, Derkum, Kretz, Saal, Schilling, Schlemmer, Schmeltzer, Simonis, Stein
Boistel, Joseph Ferdinand (*1766), Kommissar in Büdlich 206, 488
Bonaparte, Napoleon (1769-1821), fr. General, s. Napoleon 31-33, 40, 44, 48, 68, 79, 93, 111-112, 261-263, 265, 267, 269, 349, 365, 369, 371-372, 423, 427, 430
Bonati, Friedensgerichtsschreiber in Rhaunen 485
Bonn, Stadt (Rhein-Mosel) 10, 58, 113, 228, 321, 324, 329, 376
Bonnet, Karl Friedrich (1767-1833), ref. Pfarrer in Achtelsbach 475
Bonnier d'Alco, Antoine (1750-1799), fr. Diplomat 258-259
Boos, Franz Xaver Anselm (*1759), Kommissar in Schönberg 45, 72, 148, 152-153, 177, 180, 186, 190, 192-193, 219, 377, 379, 384, 399, 409, 411, 416, 487, 490, 493-494, 496
Boucqueau, Philippe-Joseph-Marie (1773-1834), fr. Kommissar bei Zentralverwaltung Saar 41, 46, 138-139, 146, 165, 181-183, 244, 252, 302, 325, 332, 407, 411-413, 491-492
Boy, Adrien-Simon, Chefchirug der fr. Rheinarmee 366
Boye, Johann Georg (*1769), Kommissar in Ottweiler 326, 359, 416, 422, 485
Breitenbach, Gde. (Donnersberg)
  - Personen s. Heinz
Breitenheim, Gde. (K. Meisenheim) 300
Bridoul, Franz Joseph Eustachius (Donatus) de (1754-1828), Mönch in St. Matthias bei Trier 189, 334, 337
Briffault, Jean Baptiste René, fr. Chefsekretär in Prüm 141
Brissot, Jacques Pierre (1754-1793), fr. Politiker 174

Britz, Bg. in Hermeskeil 482
Bruch, Christian Gottlieb (1771-1836), luth. Pfarrer in Veldenz 475
Büchel, Valentin Ignaz (1757-1810), Gerichtspräsident in Trier 162, 498-499
Büdlich, Gde. und Kanton (Saar) 65, 68, 117, 119, 141, 156, 206, 209, 229, 235, 240, 258-260, 283, 287, 304, 310, 342, 359, 361, 364, 413-414, 418, 443, 448-450, 466-468, 479, 486, 488
- Orte s. Detzem, Dhron, Neumagen
- Personen s. Blechmann, Boistel
Bürger, Gottfried August (1747-1794), Dichter 95

Cabanis, Pierre Jean Georges (1757-1808), fr. Philosoph 83
Campo-Formio, Feld westlich von Udine (It) 31-33, 106, 254, 265, 371
Canaris, Georg Joseph (1740-1819), kath. Pfarrer und Präsident der Munizipalität Konz 337
Carnot, Lazare (1753-1823), Mitglied des Direktoriums 26, 29-30, 33
Cavette, fr. Offizier in Trier 502
Cetto, Anton (1775-1823), Chefsekretär in Bernkastel 148, 151-154, 414-415, 492
Cetto, Karl (1774-1851), Kaufmann, Präsident des konstitutionellen Zirkels in St. Wendel 144-145, 168, 176-177, 219, 338, 401, 402, 405, 409, 411, 416, 482, 487, 490
Châteauneuf-Randon, Alexandre Paul (1757-1827) fr. General 228
Chenier, Marie-Joseph (1764-1811), fr. Dichter 364
Cher, fr. Dep. 114
Clemens Wenzeslaus von Sachsen (1739-1812), Kft. von Trier 245
Clemens, Bg. in Trier 135, 359
Compiegne, Stadt (F) 275

Condorcet, Antoine (1743-1794), fr. Philosoph und Politiker 174
Côte-d'Or, fr. Dep. 114-116, 224, 301
Culmann, Friedrich Jakob (1757-1840), ref. Pfarrer in Niederkirchen 337-338, 475
Custine, Adam-Philippe (1740-1793), Graf, fr. General 245-246

Danton, Georges Jacques (1759-1794), fr. Politiker 26
Darmstadt, Stadt (GroßHzgt. Hessen-Darmstadt) 4
Daun, Stadt und Kanton (Saar) 37, 65, 68, 87, 117, 119, 122, 141, 152, 169, 173, 183-185, 236-237, 244, 247-249, 251-252, 259, 286, 296, 304, 313, 346, 392, 397, 401, 403, 443, 448-450, 466-468, 479, 485, 487
- Orte s. Rengen
- Personen s. Bender, Humbert, Voegele
Daunou, Pierre Claude François (1761-1840), fr. Politiker 87
Debry, Jean-Antoine-Joseph (1760-1834), fr. Diplomat 256, 259
Delavigne, Casimir (1793-1843), fr. Dichter 434
Delrieu, Etienne-Joseph (1761-1836), fr. Schriftsteller 366
Denis, Nicolas (*1772), fr. Chefsekretär in Hermeskeil 180
Derkum, Franz Karl (1763-1825), Friedensrichter in Blieskastel 179, 499
Désaix, Louis Charles Antoine (1768-1800), fr. General 380, 265, 502
Detzem, Gde. (K. Büdlich) 156
- Personen s. Kropff
Deutschland (Reich) 9, 10, 11, 20, 29, 32, 34-36, 92, 106, 137, 153, 160-161, 247, 379, 431
Dey, fr. Chefsekretär Blankenheim 418
Dhaun, Gde. (Rhein-Mosel) 280
Dhron, Gde. (K. Büdlich) 150, 156

Dhronecken, Gde. (K. Hermeskeil)
   Personen s. Heusner
Dijon, Stadt (F) 57, 114. 292
Ditsch, Bierbrauer in Trier 434
Dollendorf, Gde. (K. Blankenheim) 171, 300
   Personen s. Weiß
Dominique, Karl (*1772), Chefsekretär in Waldmohr 180, 487
Donnersberg, Departement 3-4, 36, 56, 155, 326, 344
   - Orte s. Bechtheim, Breitenbach, Kaiserslautern, Mainz, Pirmasens, Speyer, Wolfstein, Zweibrücken
   - Personen s. Heintz
Dumey, *Mademoiselle* in Trier 502
Dupré, Franz Matthias Gedeon, Chefsekretär in Trier 138, 162, 332, 493, 498-499

Eifel, Gebirge 37
Eller, Gde. und Mairie (Rhein-Mosel) 269
Ellinckhuysen, Karl Everad (1753-1737), Präsident der Munizipalität Bernkastel 126, 293, 488
Elsass, fr. Provinz 278, 374-375
Engel, Amtmann in Schweich 208
Engel, Peter, Primärschullehrer in Grumbach 63, 181, 305, 374, 382, 384, 477-478, 482
Escherich, Sekretär in St. Wendel 326, 359, 399
Eschermann, Zeitungsverleger in Trier 47
Eschringen, Gde. (K. Blieskastel) 434
Euler, *commis greffier* in Baumholder 232, 240, 486
Eure, fr. Dep. 128

Falkenstein, Gft. 32
Feilen, Matthias (1769-1842), kath. Pfarrer in Hermeskeil 335, 475
Féroux, André, Bg. in Ottweiler 248
Firmond, Georg Ludwig (1733-1810), Chronist in Saarbrücken 5, 318, 388
Flech, Bg. in Morbach 482

Fleith, Bg. in Morbach 482
Fouché, Joseph (1754-1820), fr. Polizeiminister 68, 496
François de Neufchâteau, Nicolas Louis (1750-1828), fr. Innenminister 33, 69, 89, 120, 129, 185, 187, 193, 200-202, 211, 228, 242, 255, 332, 334
Frankreich passim
Freiligrath, Ferdinand (1810-1876), Dichter 280
Freitat, Bg. in Ottweiler 482
Fréjus, Stadt (F) 111

Gand, Johann Wilhelm Jakob, Richter in Trier 247, 332, 379, 413, 491-492, 497, 503
Gattermann, Franz Richard (1753-1830), Gerichtspräsident in Trier 141
Gellert, Christian Fürchtegott (1715-1769), Dichter 383, 385
Georg-Weyerbach, Gde. (K. Birkenfeld)
   - Personen s. Lichtenberger
Gerhards, Johann Heinrich (1757-1826) Mitglied der Zentralverwaltung Saar 41, 46-47, 138, 141, 153-154, 180, 327, 328, 383, 412-413, 493, 499
Gerolstein, Stadt und Kanton (Saar) 65, 67-68, 117-119, 141, 147, 243, 252-253, 258-259, 443, 448-450, 466-468, 479
Giraud, Joseph, fr. Richter in Trier 380, 502
Giroust, François (1737-1799), fr. Komponist 366
Goerlitz, Karl Ludwig (1769-1810), Chefsekretär in Baumholder und Birkenfeld 207, 486
Görres, Joseph (1776-1848), Publizist in Koblenz 10, 35, 44, 48, 210, 270, 495, 497
Goethe, Johann Wolfgang (1749-1832), Dichter 81, 92
Göttingen, Stadt (Kft. Hannover) 95

Goisset, fr. Gerichtskommissar in Trier 108, 502
Gossec, François-Joseph (1734-1829), fr. Komponist 366
Gottlieb, Heinrich (1736-1802), Chronist in Saarbrücken 5, 318, 351, 388
Gottlieb, Johann (1733-1808), luth. Pfarrer in Idar 475
Graff, Bg. in Ottweiler 482
Grétry, André (1741-1813), fr. Komponist 365
Großbritannien, Kgr. 159, 254, 372, 424
Grumbach, Gde. und Kanton (Saar) 5, 63, 65, 68-69, 72, 117, 119, 181, 183-185, 194, 197-198, 204-205, 229-230, 237, 240, 243, 245, 258-259, 281, 283, 291, 296, 305, 308, 313-314, 326, 358, 365-368, 372, 374, 382-385, 390, 412-413, 443, 448-450, 457, 466-468, 477-479, 482, 488
- Orte s. Becherbach
- Personen s. Baur, Engel, Junker
Guadet, Marguerite Elie (1755-1794), fr. Politiker 174
Gusenberger, Peter Anton, Ortsvorsteher in Merzig 146
Gusterath, Gde. (K. Konz) 375
Guttenberger, Karl Abraham (*1762), Kommissar in Hermeskeil und Waldmohr 409, 486

Haag, Gde. (K. Rhauen) 210
- Personen s. Varain
Haan, Johann Jakob (1754-1819), Mitglied der Zentralverwaltung Saar 41, 44-48, 72, 79-80, 93, 108, 123, 141, 151-153, 180, 182-183, 221-222, 225, 235, 307, 324, 326, 330, 348, 399, 401, 406-408, 411, 413, 415, 418-419, 421, 489, 492-494
Hambach, Gde. (Pfalz) 432-434
Hamburg, Hansestadt 73, 89, 94

Hardouin de Péréfixe de Beaumont, Paul Philippe (1606-1671), Ebf. von Paris 236
Heddesdorf, Franz Karl Ludwig [von] (1767-1817/25), Präsident der Munizipalität Trier 332, 491
Heimes, Hugo (*1744), Chefsekretär in Pfalzel 220
Heinz, Friedrich Jakob (1759-1819), ref. Pfarrer in Breitenbach 334, 476
Hepp, Georg Philipp (1760-1825), ref. Pfarrer in Baumholder 476
Herges, Franz Peter, kath. Pfarrer in Bischofsdhron 475
Hermann der Cherusker, dt. Nationalheld 78
Hermes, Johann Peter Job (1765-1833), Richter in Trier 4, 48, 53
Hermeskeil, Stadt und Kanton (Saar) 65-66, 68, 117, 119, 121, 123, 141, 152, 165-166, 172, 180, 183, 189, 195, 197-198, 204-205, 207, 214, 234, 236-237, 240-241, 246, 258-259, 277, 279, 304, 317, 323-324, 330, 335, 341, 346-347, 353-354, 359, 361, 364, 391, 393, 403-404, 409, 414, 417, 422, 443, 448-450, 466-468, 479, 482-483, 486
- Orte s. Dhronecken, Hinzert, Idar
- Personen s. Bauch, Britz, Denis, Feilen, Guttenberger, Hommerich, Schwarz
Herrstein, Stadt und Kanton (Saar) 65-66, 68, 117, 119, 122, 184, 187, 197-198, 204, 214, 217, 219, 247, 259, 262, 279, 287, 336-337, 339, 353, 403, 415, 420, 443, 448-450, 466-468, 479, 482-483, 485-486
- Orte s. Asbach, Bauch, Kempfeld, Niederwörresbach, Veitsrodt, Wickenroth
- Personen s. Bauch, Martin, Schmidt
Hessen-Darmstadt, GroßHzgt. 11
Hetzrodt, Johann Baptist (1751-1830), Jurist in Trier 44, 46-49, 71-72, 79-80, 159-161, 200, 324, 489-490

X. Verzeichnis 5: Index der Orte und Personen 539

Heusner, Wilhelm (1761-1833), Notar in Dhronecken 121
Hilscher, Johann Friedrich (1753-1817), Kommissar in Blankenheim 245, 248
Hiltebrandt, Ferdinand Valerius (1766-1831), Pfarrer in Pferdsfeld 338, 476
Hinzert, Gde. (K. Hermeskeil) 155
Hirzenach, Gde. (Rhein-Mosel) 280
- Personen: Freiligrath
Hoche, Lazare (1768-1797), fr. General 2, 21, 30-31, 33-34, 88, 174, 250, 271, 314, 329
Hochmuth, Friedensgerichtsschreiber in Kyllburg 378
Hölty, Ludwig Christoph Heinrich (1748-1776), Dichter 384-385
Hofer, Zeitungsverleger in Saarbrücken 47
Hoffelt, Dominikus (1751-1825), kath. Pfarrer in Morbach 475
Hohenasperg, Berg (BaWü) 384
Hohl, Agent von Meisenheim 288
Hommerich, Chefsekretär in Hermeskeil 240, 330, 409, 415, 417, 486
Hoppstädten, Gde. (K. Birkenfeld) 257
Horn, Johann Baptist (*1765), Kommissar in Pfalzel 153-154, 358, 411-412
Huber, Ludwig Ferdinand (1764-1804), Schriftsteller 73
Humbert, Laurent (*1767), fr. Kommissar in Daun 141, 244, 248, 487
Hunolstein, Ort (K. Rhaunen) 210
Hunsrück, Gebirge 37, 142, 156, 391

Idar, Stadt (K. Herrstein)
- Personen s. Gottlieb
Igesell, Peter Heinrich, Landwirt in Pfalzel 220-221
Italien (italienische Tochterrepubliken) 19, 31-32, 105-106, 111, 160, 188, 229, 261, 270, 390

Joubert, Barthélemy-Catherine (1769-1799), fr. General 2, 48, 88, 93, 97, 103, 106, 112, 125, 127, 129, 174, 250, 261-262, 271, 284, 299, 310-311, 314, 337, 343, 379, 400, 465, 502
Jourdan, Jean-Baptiste (1762-1833), fr. General und Politiker 29, 105
Jungbluth, Johann, bild. Künstler in Trier 312
Junker, Wilhelm (*1746), Präsident der Munizipalität Grumbach 245

Kaiserslautern, Stadt (Donnersberg) 432
Kant, Immanuel (1724-1804), Philosoph 73, 75-76, 80-81, 161
Kempfeld, Gde. (K. Herrstein)
- Personen s. Vohl
Keucker, Johann Baptist (*1768), Kommissar beim Polizeigericht in Prüm 142, 150, 307, 330
Kiefer, Johann Nikolaus (1734-1808), Rektor der Sekundärschule in Saarbrücken 43, 265, 503
Kindts, Christoph, Kommissar beim Polizeigericht in Trier 141
Kirn, Stadt und Kanton (Rhein-Mosel) 142-143
- Personen s. Oellig
Kléber, Jean-Baptiste (1753-1800), fr. General 29
Kleinich, Gde. (K. Bernkastel)
- Personen s. Schneegans
Klüsserath, Gde. (K. Schweich) 171
Koblenz, Stadt (Rhein-Mosel) 3, 4, 6, 10, 35, 49, 145, 245-246, 366, 369, 371-372, 374-375
- Personen s. Görres, Lassaulx, Türk
Köllner, Johann Friedrich (1764-1853), Pfarrer in Malstatt, Kommissar in St. Arnual 5, 399, 488
Köln, Stadt (Rur) 6, 10, 145, 212, 321, 372, 375, 400
Kondel, Christoph, Landwirt in Pfalzel 220
Konz, Stadt und Kanton (Saar) 60, 65, 68, 117, 119, 122, 124, 141, 146,

148-150, 152-155, 165, 167, 183-184, 187, 189, 194-199, 203-205, 208, 210, 214, 236, 247, 252, 262, 278, 299, 308, 313, 326, 330, 333-334, 337, 345-346, 374, 376-378, 382, 391, 398-399, 403, 409, 411-412, 415, 418, 443, 448-450, 466-468, 479, 492, 500-501
- Orte s. Gusterath, St. Matthias
- Personen s. Canaris, Stammel

Kretz, Nicolaus (1757-1830), Präsident der Munizipalität Blieskastel 240, 412-413, 486, 488, 494

Kreuznach, Stadt und Kanton (Rhein-Mosel) 387, 419

Kronenberger, Ernst (1764-1814), Augustinereremit in Trier 407, 494

Kropff, Lehrer in Detzem 488

Krumeich, Professor in Trier 416, 494

Kusel, Stadt und Kanton (Saar) 65, 67-68, 117-118, 122-123, 171, 187, 213, 217, 246, 252, 296, 299, 322, 351, 443, 448-450, 466-468, 480

Kyllburg, Amt 143

Kyllburg, Stadt und Kanton (Saar) 47, 65, 68, 117, 119, 141, 143, 147, 149, 171-172, 184, 189, 197, 203-204, 208-209, 219, 233, 246, 259, 262, 279, 318, 335-337, 340, 348, 359, 392, 404, 443, 451-453, 457, 469-471, 480
- Orte s. Spang, St. Thomas
- Personen s. Hochmuth

La Harpe, Frédéric-César de (1754-1838), Politiker der Helvetik 373

La Révellière-Lépeaux, Louis Marie de (1753-1824), Mitglied des Direktoriums 29-30, 33, 89, 315, 332

Labourdinière, Jacques Joubert (1726-1803), fr. Mitglied der Zentralverwaltung Saar 41, 49, 107-108, 139, 402, 412, 491, 496

Ladré, Laurent Edouard (1770-1835), fr. Straßensänger in Paris 365

Lafontaine, Damien (*1763) fr. Mitglied der Zentralverwaltung Saar 41

Lakanal, Joseph (1762-1845), fr. Regierungskommissar 40, 81

Lambrechts, Charles (1753-1825), fr. Justizminister 40-41, 92, 165, 244, 256

Lamey, August (1772-1861), fr. Dichter 374

Landau, Stadt (Bas-Rhin) 26-27

Lassaulx, Franz (1781-1819), Journalist in Koblenz 369, 509, 525

Lassaulx, Peter Ernst (1757-1809), Syndikus der kurtrier. Stände 245-246

Latrobe, fr. Kriegskommissar in Trier 46, 108, 200, 402, 487, 498

Lebach, Stadt und Kanton (Saar) 37, 65, 67-68, 117, 119, 141, 147, 184-185, 204, 208, 243, 248, 252, 262, 277, 281, 287, 299, 306, 308, 311, 313, 322, 324, 335, 347, 353, 392, 443, 451-453, 457, 469-471, 480

Lehne, Friedrich (1771-1836), Schriftsteller in Mainz 262, 265, 366, 371-372, 374-375, 379-380, 383, 385-386, 393, 396, 405, 434, 501

Leipzig, Stadt (Kgr. Sachsen) 432

Leistenschneider, Jakob (*1755), fr. Präsident der Munizipalität Trier 47, 162-163, 200, 417, 420, 498-499

Lelièvre, Emmanuel (1776-1806), fr. Domänendirektor in Trier 46, 108, 240, 401, 494

Leoben, Stadt (Österreich) 31, 33, 35

Letourneur, Etienne François (1759-1817), Mitglied des Direktoriums 29-30

Letourneux, François Sébastien (1752-1814), fr. Innenminister 89, 99, 120, 179, 187, 193, 201-202, 211, 228

Leyen, Gft. 143

Lichtenberger, Johann Friedrich Bernhard (*1762), Chefsekretär in Birkenfeld 193, 235-236, 240

X. Verzeichnis 5: Index der Orte und Personen

Lichtenberger, Johann Ludwig (1764-1821), luth. Pfarrer in Georg-Weyerbach 476
Lieser, Gde. (K. Bernkastel) 142
Lille, Stadt (F) 224
Limoges, Stadt (F) 20, 114
Linck, Bg. in St. Wendel 482
Lintz, Johann Friedrich (1749-1829), Präsident der Zentralverwaltung Saar 5, 41, 46-47, 107, 136-138, 141, 148, 152-154, 162-163, 244-247, 326, 329, 401-404, 406, 411-416, 419, 491-492, 495, 497-498, 502
Lissendorf, Gde. und Kanton (Saar) 65, 67-68, 117, 122-123, 141, 204, 209, 233, 283, 299, 327, 398, 443, 451-453, 469-471, 480
- Orte s. Stadtkyll
Lohr, Friedensrichter in Wittlich 241, 346, 415, 417, 486
Lothringen, fr. Provinz 37, 41, 85, 165, 362
Ludwig XVI. (1754-1793), Kg. der Franzosen 162, 241, 245, 249, 381, 394
Lunéville, Stadt (F) 6, 34, 39, 265
Lützerath, Gde. und Kanton (Rhein-Mosel) 353
Luxemburg, Stadt (Wälder) 57, 142

Mailand, Stadt (Hzgt. Mailand / Cisalpinische Republik) 31, 105, 390
Maine-et-Loire, fr. Dep. 116
Mainz, Stadt (Donnersberg) 1, 3-4, 10, 13, 18, 26-27, 32, 35, 59, 100, 131, 148, 228, 235, 245-246, 253, 255-256, 262, 278, 318, 338, 343, 355, 357, 366, 375, 377, 388, 395-396
- Personen s. Lehne
Malstatt, Gde. (K. St. Arnual)
- Personen s. Köllner
Manderscheid, Gde. und Kanton (Saar) 65-66, 68, 117-119, 141, 147, 165, 189, 196-197, 204-205, 219, 229, 236, 240, 246, 253, 258-260, 262, 279-280, 285, 291, 294, 299, 304, 306, 308, 311, 315-316, 328, 334, 342-344, 411, 418, 426, 443, 451-453, 457, 469-471, 480, 488
- Personen s. Beaury, Provot, Ruhé
Mannheim, Stadt (Kurpfalz) 95
Manouisse, François (1763-1839), fr. Chefsekretär in St. Wendel 1-2, 173, 216, 238, 258, 277, 310-311, 321, 348-349
Mantua, Stadt (Hzgt. Mailand / Cisalpine Republik) 31
Marie-Louise (1791-1847), Erzhzgin v. Österreich oo Napoleon 2, 315, 349, 435
Marmontel, Jean-François (1723-1799), fr. Schriftsteller 365
Marquis, Jean Joseph (1747-1822), fr. Regierungskommissar 40, 255-256
Marseille, Stadt (F) 20, 90, 114
Martin, Chirurg in Herrstein 482
Martini, Jakob Heinrich (1767-1842), luth. Pfarrer in Niederwörresbach 339, 476, 485
Méhul, Etienne Nicolas (1763-1817), fr. Komponist 364
Meisenheim, Stadt und Kanton (Saar) 5, 37, 51, 64-65, 68, 117, 119, 122-124, 141-143, 150, 167, 172, 194, 197, 199, 201, 234, 239, 243, 252, 277, 279, 288, 294, 299-300, 318, 322-323, 326, 339-340, 347, 443, 451-453, 458, 469-471, 480, 483
- Orte s. Breitenheim, Merxheim
- Personen s. Hohl, Moog, Neussel
Merlin de Douai, Philippe Antoine (1754-1838), fr. Politiker 28-29, 33, 40, 53
Merxheim, Gde. (K. Meisenheim) 142
Merzig, Stadt und Kanton (Saar) 65, 68, 117, 119, 123, 136, 141, 146-147, 149-150, 165-166, 170, 187-188, 197, 204, 240, 252, 258-260, 270, 278-279, 287, 292, 294, 303,

306-307, 319, 322, 325, 330, 370, 391, 401, 422, 443, 451-453, 469-471, 480
- Personen s. Gusenberger

Metz, Stadt (Moselle) 150

Mirabeau, Gabriel Honoré Riqueti, Graf (1749-1791), fr. Politiker 83

Mömpelgard, Stadt und Gft. (F) 26

Monsieur, Friedrich (1755-1812), kath. Pfarrer und Chefsekretär in Rhaunen 210, 218-219, 327-328, 475

Moog, Georg Daniel (1737-1807), luth. Pfarrer in Meisenheim 476

Morbach, Gde. (K. Rhaunen) 119, 185, 217, 229, 233, 279, 336, 342, 482
- Personen s. Flech, Fleith, Hoffelt

Moreau, Jean Victor (1763-1813), fr. General 33

Moselle, fr. Dep. 36, 64, 214, 217, 280
- Orte s. Saargemünd, Schaumburg, Thionville, Tholey

Mozart, Wolfgang Amadeus (1756-1791), Komponist 382

Müller, Agent von Ottweiler 413, 485

Müller, Ludwig (1750-1813), Chronist in Trier 5, 132, 135-136, 199, 204, 208, 232, 264, 266-267, 280, 289-292, 295, 297, 303, 312, 316-317, 322, 324, 331, 347-348, 351, 388, 389, 392

Müller, Michael Franz Josef (1762-1848), Chronist in Trier 5, 267

Musgang, Jakob Friedrich (1764-1839), luth. Pfarrer in Birkenfeld 476

Nägeli, Hans Georg (1773-1836), Schweizer Komponist 382

Nantes, Stadt (F) 269

Napoleon (1769-1821), Kaiser der Franzosen, s. Bonaparte 2, 192, 267, 280, 315, 349, 364, 411, 418, 431

Nassau-Saarbrücken, Gft. 302

Nette, Bach 32, 34, 43

Neumagen, Gde. (K. Büdlich) 150, 156, 304
- Personen s. Schreiber

Neussel, Johann Wilhelm II (1767-1842), ref. Pfarrer in Meisenheim 339, 476

Niederkirchen, Gde. (K. St. Wendel)
- Personen s. Culmann

Niederlande (Generalstaaten, Batav. Republik) 19, 26, 28, 32-33, 36-37, 111-112, 305

Niederwörresbach, Gde. (Herrstein)
- Personen s. Martini

Novi Ligure, Stadt (Ligur. Republik) 106, 112, 261

Oberstein, Ort (K. Herrstein)
- Personen s. *Vagner*

Odenbach, Gde. (Amt Kyllburg) 143

Oellig, Karl, Apotheker in Kirn 142

Oelsner, Konrad Engelbert (1764-1828), Publizist 10

Österreich, Erzhzgt. 2, 26-28, 31-37, 105-106, 254-261, 263, 306, 349, 362, 390, 393, 424

Ottweiler, Stadt und Kanton (Saar) 60, 65, 67-68, 117, 123, 141, 150, 165, 184, 187, 197, 199, 204-205, 209, 229-230, 237, 243, 248-249, 252, 259, 262, 283, 319-320, 326, 330, 340, 342, 349, 351, 359, 361, 391-392, 399, 413, 416, 422, 443, 451-453, 469-471, 480, 482-483, 485
- Personen s. Boye, Féroux, Freitat, Graff, Müller, Seligmann, Serre, Serres, Weil

Paderborn, Stadt (FürstBist.) 95

Paris, Stadt (F) 4-5, 20-22, 26, 30-31, 34, 39-41, 59, 69, 73, 86, 94, 98-100, 114, 142, 162, 164, 192, 236-237, 251, 256, 276, 305, 313-316, 343, 357-358, 366, 392, 394, 417

Peters, Matthias, Bg. in Pohlbach 410, 416-417, 420, 482, 487

Petitin, Angestellter der Zentralverwaltung in Trier 498

Pfalz, Landschaft 396, 433-434

Pfalzel, Stadt und Kanton (Saar) 5, 46, 65, 68, 117-118, 123-124, 141, 148-

150, 152-155, 208, 214-215, 217, 219-221, 243, 259, 278, 319, 326, 333-334, 337, 340, 371, 391, 411-414, 443, 451-453, 469-471, 480, 492-493
- Personen s. Baur, Heimes, Horn, Igesell, Kondel, Schröder, Willwersch

Pfeffel, Gottlieb Konrad (1736-1809), Dichter 153

Pferdsfeld, Gde. (Donnersberg)
- Personen s. Hiltebrandt

Philippe, Richter in Trier 260

Pirmasens, Stadt (Donnersberg) 147

Pletz, Peter Joseph (1763-1809) Domorganist, Komponist und Konzertunternehmer in Trier 379

Pohlbach, Gde. (K. Wittlich)
- Personen s. Peters

Poitiers, Stadt (F) 275

Poultier d'Elmotte, François-Martin, fr. Volksrepräsentant 70, 80

Poupinet, fr. Professor an der Zentralschule Trier 380, 502

Preußen, Kgr. 9, 11, 29, 32, 34, 362, 434

Provence, fr. Provinz 19, 224

Provot, Nicolas (1775-1805), fr. Kommissar in Manderscheid 328, 342

Prüm, Stadt und Kanton (Saar) 37, 47, 65, 68, 117, 119, 141-142, 148, 155, 184, 187, 197-198, 204, 240, 243-244, 246, 253, 264, 268-269, 278, 280, 293, 307, 316, 318, 332, 355, 358, 364-365, 377, 392, 404, 424, 443, 451-453, 469-471, 480, 483
- Personen s. Briffault, Keucker, Stimper

Pyrenäen, Gebirge 26, 380

Rastatt, Stadt (Baden) 2, 26, 32, 49, 88, 93, 97, 103, 105-108, 111, 115, 119, 125, 127, 129, 159, 164, 189, 254-263, 271, 282, 284, 299-300, 306-307, 309-311, 324, 342, 345, 361-362, 379-380, 390, 393, 424, 429, 465, 501-502

Rebmann, Georg Friedrich (1768-1824), Richter in Trier 51, 400

Regnier, Aloys (1761-1830), kurpfälz. Einnehmer in Sobernheim 5, 331

Reich s. Deutschland

Reichardt, Johann Friedrich (1752-1814), Komponist 382

Reifferscheid, Stadt und Kanton (Saar) 37, 65, 67-68, 117, 119, 122, 184, 188, 194, 197, 204-205, 208, 237, 259, 275, 280-282, 296, 299, 314, 318, 335, 354-355, 443, 451-453, 457, 469-471, 480

Reimarus, Sophie (1742-1817), Intellektuelle in Hamburg 73

Reinhard, Karl Friedrich (1761-1837), fr. Diplomat 73

Rengen, Gde. (K. Daun) 247, 300
- Personen s. Stoll

Reubell, Jean-François (1747-1807), Mitglied des Direktoriums 29-31, 33, 39-40

Rhaunen, Gde. und Kanton (Saar) 65, 68, 117, 119, 123, 141-142, 146-147, 150, 168, 183-185, 197-198, 201, 204, 207, 209-210, 215, 217- 219, 229-230, 233, 247, 258-259, 277-280, 287, 292, 295-296, 299, 323, 326-328, 336, 340, 342, 364-365, 443, 451-453, 457, 469-471, 480, 482-482, 485
- Orte s. Bischofsdhron, Haag, Morbach
- Personen s., Bonati, Monsieur, Schmidt, Weyrich

Rhein, Fluss passim

Rheinland (Dep. Donnersberg, Rhein-Mosel, Rur, Saar) passim
- Personen s. Lakanal, Marquis, Rudler, Shee

Rhein-Mosel, Departement 3, 36, 44, 48, 57, 67, 99, 107, 112-114, 252, 257, 261, 268-269, 275
- Orte s. Andernach, Bonn, Daun, Eller, Hirzenach, Kirn, Koblenz, Kreuznach, Lützerath, Sobernheim, Trarbach, Zell

Rischmann, Ludwig Hartmann (1747-1829), Kommissar in Baumholder 326, 503
Roberjot, Claude (1751-1799), fr. Diplomat 258-259
Robespierre, Maximilian (1758-1794), fr. Politiker 22-23, 27, 53, 86, 129, 227, 231-232, 237-238, 241, 249, 271, 302, 378, 389
Rosbach, Johann Heinrich (1754-1835), Gerichtspräsident in Trier 162-163, 401, 405, 498
Rouen, Stadt (F) 114, 224, 231
Rouget de Lisle, Claude Joseph (1760-1836), fr. Offizier 359
Rousseau, Jean Jacques (1712-1778), fr. Philosoph 73, 80-81, 180, 345
Rudler, Franz Joseph (1757-1837), fr. Regierungskommissar 34-35, 38-40, 55-56, 92-93, 98-100, 130, 134, 167, 181, 187, 192-193, 219, 225-226, 244, 251-252, 271, 298, 323, 330, 414, 417-419, 423, 427, 492
Ruhé, fr. Chefsekretär in Manderscheid 342
Ruland, Johann (1744-1830), Maler in Speyer 1, 145, 149
Rur, Departement 3, 6, 36, 122
  - Orte s. Aachen, Köln
  - Personen s. Biergans
Russland, Ksr. 111, 159, 254, 362, 390

Saal, Johann Peter Joseph (1760-1813), Richter in Trier 399, 416-417, 496
Saal, Mutter in Blieskastel 208
Saar, Departement passim
  - Kantone s. Baumholder, Bernkastel, Birkenfeld, Blankenheim, Blieskastel, Büdlich, Daun, Gerolstein, Grumbach, Hermeskeil, Herrstein, Konz, Kusel, Kyllburg, Lebach, Lissendorf, Manderscheid, Meisenheim, Merzig, Ottweiler, Pfalzel, Prüm, Reifferscheid, Rhaunen, Saarbrücken, Saarburg, Schönberg, Schweich, St. Arnual, St. Wendel, Trier, Wadern, Waldmohr, Wittlich

Saarbrücken, Stadt (Saar) 5, 11, 37, 43-44, 47, 65, 68, 117, 119, 124, 141, 148, 152, 168, 176, 185, 214-215, 236, 244, 246, 252, 259, 265, 268, 270, 278-279, 281, 285, 290, 293-294, 313-314, 318, 320, 334, 349, 351, 358, 365, 388, 401, 403, 421, 434, 443, 451-453, 469-471, 480, 501, 503
  - Personen s. Bernard, Firmond, Gottlieb, Hofer, Kiefer, Schwind
Saarburg, Stadt und Kanton (Saar) 37, 65, 68, 117-119, 143, 154, 252, 259, 398, 443, 451-453, 469-471, 480
Saargemünd, Stadt (Moselle) 64, 325, 362, 367, 421
Saarwerden, Gft. 26
Salm, Gft. 26
Salzburg, Erzstift 32
Schaumburg, Amt (Moselle) 36
Scheidweiler, Johann Matthias (*1771), Kommissar in Bernkastel 327, 418
Schiller, Friedrich von (1759-1805), Dichter 377, 383
Schilling, Jakob (*1760), Präsident der Munizipalität Blieskastel 246, 496-497
Schlemmer, Peter (*1744/48), Chefsekretär in Blieskastel 499
Schmeltzer, Jakob Christian (1770-1864), Bureauchef bei der Zentralverwaltung Saar 143, 347, 399, 411, 490
Schmidt, Christian Philipp (1749-1811), luth. Pfarrer in Rhaunen 476
Schmidt, Johann Peter (1739-1807), luth. Pfarrer in Herrstein 476
Schmitt, Simon Joseph (Gabriel) (1766-1855), Kommissar in Wolfstein 326, 357, 419
Schneegans, Tobias I (1752-1819), luth. Pfarrer in Kleinich 339, 476
Schneider, Johann Philipp Christian (+1816), luth. Pfarrer in Veitsrodt 476

X. Verzeichnis 5: Index der Orte und Personen

Schönberg, Gde. und Kanton (Saar) 37, 46, 65, 67-68, 117, 119-121, 123-124, 141, 148, 152, 153, 155, 177, 180, 184, 186-187, 190, 192, 197-198, 213, 219, 229-230, 259, 262, 280, 287, 291, 319, 322, 341-342, 358-359, 364, 377, 379, 384, 392, 399, 403, 409, 411, 416, 443, 454-456, 472-474, 480, 483, 487, 490, 493-494, 496
- Orte s. Winterscheid
- Personen s. Boos

Schönberger, Ferdinand (1755-1834), Professor in Trier 46, 399

Schreiber, Johann Wilhelm (1756-1818), kath. Pfarrer in Neumagen 156

Schröder, Lorenz, Agent von Pfalzel 220

Schröll, Johann Anton, Drucker in Trier 44

Schubart, Christian Friedrich Daniel (1739-1791), Dichter 384-385

Schwarz, Karl (*1771), Präsident der Munizipalität Hermeskeil 414

Schweich, Gde. und Kanton (Saar) 65, 68, 117, 119, 123, 141, 149, 171, 184, 197, 208, 234, 239, 258-259, 299-300, 308, 322-323, 341, 443, 454-456, 472-474, 481
- Orte s. Klüsserath
- Personen s. Engel

Schweiz (Helvetische Republik) 32, 73, 105, 111, 229, 373, 390, 433

Schwindenhammer, *Souschef de bureau* bei der Zentralverwaltung Saar 347

Seligmann, Calmann, jüd. Schullehrer in Ottweiler 150, 330

Serre, Kaufmann in Ottweiler 482

Serres, Joseph Dominique, fr. Präsident der Munizipalität Ottweiler 320, 482

Shée, Henry O' (1739-1820), fr. Regierungskommissar 38, 40

Sieveking, Georg Heinrich (1751-1799), Kaufmann in Hamburg 94

Sieyès, Emmanuel Joseph (1748-1836), fr. Politiker 29, 73

Simon, Bg. in Wittlich 483

Simon, Johann Philipp (1729-1807), luth. Pfarrer in Wickenroth 476

Simonis, Peter Theodor (*1759), Kommissar in Blieskastel 153, 246, 329, 487, 492

Sobernheim, Stadt und Kanton (Rhein-Mosel) 5, 57, 331, 419
- Personen s. Regnier

Spang, Gde. (K. Kyllburg) 392

Speratus, Paul (1484-1551), luth. Reformator 383

Speyer, Stadt (Donnersberg) 1, 4, 145, 149, 372, 375
- Personen s. Ruland

Spiegel von Pickelsheim, Dieter Ernst, Freiherr von (1737-1789), Dichter 382

Sponheim, Gft. 339

St. Arnual, Gde. und Kanton (Saar) 4-5, 65, 68, 117-119, 124, 126-127, 141, 165, 170, 183, 188-189, 194, 197, 204, 209, 215, 229, 236, 242, 257, 259, 261-262, 275, 280, 284, 287, 299, 311, 335, 341, 346-347, 399, 418, 443, 454-456, 457, 472-474, 481, 488
- Orte s. Malstatt
- Personen s. Köllner

St. Matthias, Gde. (K. Konz) 210, 334, 337

St. Thomas, Gde. (K. Kyllburg)
- Personen s. Bechmann

St. Vith, Stadt (Wälder) 120

St. Wendel, Stadt und Kanton (Saar) 1-2, 4, 37, 60, 65-66, 68, 117, 119, 122, 143-146, 148, 150, 165-166, 168-170, 173-178, 183-184, 188-189, 192, 195-198, 204, 208, 213-217, 219, 230, 233-234, 237-239, 241, 250, 253, 258-259, 270-271, 275, 277, 281-282, 287, 294, 297, 301, 303-304, 306, 309-311, 314, 321, 323-324, 326, 333, 335, 337-338, 347-349, 355, 358, 361, 363,

365-367, 372, 374, 398-402, 405, 409, 411, 416, 424, 426, 434-443, 454-456, 472-474, 481-483, 487, 490
- Orte s. Niederkirchen
- Personen s. Cetto, Escherich, Linck, Manouisse

Staadt, Johann Georg (1767-1853), Professor in Trier 207, 209, 328, 495

Stadtkyll, Stadt (K. Lissendorf) 233

Stammel, Johann Jakob (1771-1845), provisorischer Kommissar in Trier, Kommissar in Konz 45, 47, 136, 150, 152-154, 163, 210, 235, 247, 252-253, 325, 330, 333-334, 337, 362, 366, 369-372, 375-379, 381, 385-386, 399, 404, 407, 409-412, 415, 418, 425, 489, 491-493, 495, 497-501, 503

Stein, Sängerin Blieskastel 359

Stimper, Lehrer (in Prüm ?) 483

Stockach, Stadt (Vorderösterreich) 105, 390

Stoll, Agent der Gde. Rengen 247

Straßburg, Stadt (F) 41, 70

Stumm, Hüttenbesitzer in Asbach 287

Stuttgart, Stadt (Hzgt. Württemberg) 95

Tell, Wilhelm, Schweiz. Nationalheld 73

Thielen, Nikolaus (1750-1831), kath. Vikar und Lehrer in Winterscheid 475, 483

Thionville, Stadt (Moselle) 41, 281

Tholey, Gde. (Moselle) 36

Toulouse, Stadt (F) 65, 114, 201, 277

Trarbach, Kanton (Rhein-Mosel) 107

Trebbia, Fluss (It) 106

Toulouse, Stadt (F) 20, 65, 201, 277

Trier, Stadt (Saar) passim
- Personen s. Bernkastel, Birck, Blaumeiser, Boucqueau, Büchel, Cavette, Clemens, Ditsch, Dumey, Dupré, Eschermann, Gand, Gattermann, Gerhards, Giraud, Goisset, Haan, Heddesdorf, Hermes, Hetzrodt, Jungbluth, Kindts, Kronenberger, Krumeich, Labourdinière, Lafontaine, Latrobe, Leistenschneider, Lelièvre, Lintz, Müller, Petitin, Philippe, Pletz, Poupinet, Rebmann, Rosbach, Saal, Schmeltzer, Schönberger, Schröll, Schwindenhammer, Staadt, Stammel, Weitert, Willwersch, Wirz, Wyttenbach, Zegowitz, Zeininger

Tübingen, Stadt (Hzgt. Württemberg) 95

Türk, Johann Adam (1764-1817), Gymnasiallehrer in Koblenz 330, 374, 388

Türkei (Osmanisches Reich) 150, 159, 236

Turin, Stadt (Kgr. Piemont-Sardinien) 105

Usteri, Johann Martin (1763-1827), Schweizer Dichter 382

Vagner, curé catholique de la commune de Oberstein (nicht identifiziert) 475

Valmy, Gde. (F) 26

Varain, Johannes (1771-1830), kath. Pfarrer in Haag 210, 336, 475

Varennes, Gde. (F) 26

Veitsrodt, Gde. (K. Herrstein)
- Personen s. Schneider

Veldenz, Amt 143

Veldenz, Gde. (K. Bernkastel)
- Personen s. Bruch

Venedig, Republik 32

Vergniaud, Pierre (1753-1793), fr. Politiker 174

Vienne, fr. Dep. 114

Voegele, Joseph (*1771), Chefsekretär in Daun 248, 485

Vohl, Primärschullehrer in Kempfeld 415, 420, 483, 486

Volney, Constantin François de Chasseboeuf, Graf (1757-1820), fr. Philosoph 236

Voß, Johann Heinrich (1751-1826), Dichter 363, 367, 371, 375, 385-386

Wadern, Gde. und Kanton (Saar) 65, 67-68, 117, 119, 170-171, 185, 197, 204, 214, 230, 233, 237-238, 249, 253, 259, 262, 270, 279, 283-285, 287, 299, 304, 306, 311, 323, 347, 391-392, 417, 443, 454-456, 472-474, 481

Wälder, Departement 37, 57, 164
- Orte s. Bitburg, Luxemburg, St. Vith

Waldmohr, Stadt und Kanton (Saar) 4, 65, 68, 117, 119, 124, 141, 155, 165, 180, 217, 252, 259, 262, 268, 296, 309, 326, 334, 346, 354, 443, 454-456, 472-474, 481, 487
- Orte s. Breitenbach
- Personen s. Dominique, Guttenberger, Weyrich,

Wedekind, Georg (1761-1831), Arzt 70

Weil, Bg. in Ottweiler 483

Weiß, P., Agent von Dollendorf 486

Weiss, Peter Joseph (*1765), Präsident der Munizipalität Wittlich 222, 244, 247, 408, 416, 485-487

Weitert, Gerichtspräsident in Trier 141

Weyrich, Ludwig Andreas (1775-1841), Kommissar in Waldmohr, Präsident der Munizipalität Rhaunen 155, 247, 326

Wickenroth, Gde. (K. Herrstein)
- Personen s. Simon

Wien, Stadt (ErzHzgt. Österreich) 11

Willwersch, Johann Peter (*1746), Priester und Präsident der Munizipalität Pfalzel 46, 148, 152-153, 411, 413-414, 492-493

Willwersch, Joseph (1765-1833), Arzt und Armeelieferant in Trier 46, 72, 76-80, 200, 411, 489

Winterscheid, Gde. (K. Schönberg)
- Personen s. Thelen

Wirz, Damian (1761-1845), Professor in Trier 247, 379, 383, 497

Wittlich, Stadt und Kanton (Saar) 4, 59, 64-66, 68, 117, 119, 122, 126-127, 135, 141-142, 146, 150-152, 154-155, 157, 165, 172, 175, 184-185, 187, 195-199, 201, 222, 232, 241, 244, 247, 252, 257, 259, 268-269, 278-279, 292, 299-300, 304, 307-308, 315-316, 323-324, 326, 330, 340, 347-348, 351, 353-355, 358-359, 398-400, 403, 408, 410, 415-417, 420, 443, 454-457, 472-474, 481-483, 485-487, 493, 500
- Orte s. Pohlbach
- Personen s. Lohr, Simon, Weiss

Wolfstein, Gde. und Kanton (Donnersberg) 326, 357, 419

Wyttenbach, Johann Hugo (1767-1848), Pädagoge in Trier 43, 46, 72-74, 80-81, 108, 194-196, 198-200, 265, 308, 369, 377, 399, 403, 489, 500, 503

Zegowitz, Louis Nicolas (*1766-1807), fr. Generalsekretär in Trier 41, 46, 108, 180, 499

Zeininger, Ferdinand (*1774), Publizist in Trier 44, 47

Zell, Stadt (Rhein-Mosel) 147

Zumbach, Karl Anton (*1769), Richter 375

Zürich, Stadt (CH) 105

Zweibrücken, Hzgt. 37

Zweibrücken, Stadt (Donnersberg) 1